吴义雄 著

在宗教与世俗之间

新教传教士
在华南沿海的早期活动

（1807~1851）

社会科学文献出版社
SOCIAL SCIENCES ACADEMIC PRESS (CHINA)

序

陈胜粦

自 1980 年代以来，我国学术界对近代来华传教士的研究一直保持着相当的热度。有关论著不断发表、出版，表明传教士问题的研究已成为一个颇有进展的学术领域。但人们也不难注意到，由于各种原因，从总体上来看，在这方面有深度的研究成果还为数不多，真正有突破性的专题研究则更为少见。因此，吴义雄的这部专门探讨早期来华新教传教士在华南沿海活动的著作的问世，无疑是传教士研究领域中一项很值得珍视的新成果，对中国近代史学科中其他相关问题的研究也必将产生十分有益的推动。

本书的研究对象是 19 世纪前期新教传教士在华南沿海的活动，即新教在华传播开端阶段的历史。对这段历史有关的各方面学术问题，国内学术界或是迄今未曾论及，或是只有局部、片段的了解；境外、国外的一些相关著作，或是资料不够完备，或是由于信仰、观念上的原因而在研究内容和方法上别有侧重。我们可以看到，作者撰著本书的动力显然来自解决这些问题的强烈愿望。因此，本书的内容基本上涵盖了这段历史的各个方面。新教传教士的宗教活动、他们在中外关系中的作用、他们从事的医疗和教育活动、传教士与西学的传播、传教士与近代西方的中国学等方面的诸多问题，都在本书中得到了专门而深入的探讨。作者既注重对具体史实的仔细考察，也注重从理论的层面讨论一些比较重大的宏观问题。例如，作者尽可能细致地讨论了英美各新教差会来华活动的起源，也从中外关系总体演变的角度探讨了传教中心由南往北转移的历史趋势；既对"罗孝全索赔事件"这类国内学术界甚少提及的重要史实进行了集中研讨，也从理论上说明西方各界对"开放的中国"的一致愿望在传教士言行中的体现。

　　我曾多次引用陈寅恪先生的名言："一时代之学术，必有其新材料与新问题。取用此材料，以研求问题，则为此时代学术之新潮流。"① 这段名言精辟地揭示了新材料对于史学研究之意义。在一定意义上可以说，如果没有新的材料，或者不能达到对原有材料成功地进行新诠释的境界，则很难取得真正的学术进展。多年来，制约传教士问题研究的一个关键因素便是不易获得新材料。而本书的一个突出特色，就在于运用了大量国内学术界以往未曾知见的材料。吴义雄利用到国外访问研究的机会，四处访求与本课题相关的史料，使本书的研究建立在十分扎实的资料基础之上。其中如传教士的日记、信件，传教差会的档案，当时的宗教期刊，传教士的著作，他们及后代教会人士所修史书，现代学者的研究论著，等等，很大一部分为国内学界所稀见或未见。这些材料80%以上为英文资料，其中有些是手稿。在中文资料的搜寻运用方面，在中国大陆很少流传的传教士中文作品和传教士所办的中文期刊，也在本书中得到较多的运用。

　　以这样宏富的新材料为基础，作者就能以较为宽阔的视野，将早期来华新教传教士的研究推进到新的高度。以往人们对新教传教士来华的起源和初期活动的历史每每语焉不详，甚至有不少以讹传讹之处。而本书则依据大量的原始材料，对19世纪前期新教传教士在中国传教和世俗活动的各个方面均做了深入细致的研究。例如，作者在讨论美国传教士来华活动的开端时，使用了美部会档案及美国公理会所办的月刊《传教先驱》(*The Missionary Herald*)，从上千件原始文档和长达20余年的杂志中，梳理出该会传教士如裨治文、伯驾、雅裨理等各种活动的细节。又如，对罗孝全这样一位传教士，以往国内学术界主要注意他与太平天国领袖洪秀全的关系，对他的传教活动则甚少提及。本书作者依据与罗孝全关系密切的《中国传教呼声》(*The China Mission Advocate*) 和美国浸礼会的刊物《浸会传教杂志》(*The Baptist Missionary Magazine*)，以及美国学者尚未公开出版的成果，对罗孝全和美国浸礼会其他传教士的活动做了详细的描述。再如，中外学者都注意到，新教传教士在从事宗教活动之余，还在引进西学方面起到相当重要的作用，在一定程度上促进了鸦片战争前后先进的中国人开眼看世界的历史潮

① 《陈垣敦煌劫余录序》，陈寅恪：《金明馆丛稿二编》，上海古籍出版社，1980，第236页。

流，魏源的《海国图志》、徐继畬的《瀛寰志略》和梁廷枏的《海国四说》等风靡晚清知识界的巨著，都不同程度地以传教士的有关中文著述为资料基础。但传教士从事这种著述活动的动机是什么？本书指出，他们介绍世界历史地理知识是为了消除中国人自以为"天朝上国"的观念，以扫清传播基督教的思想障碍。而如此立论的一个重要根据，便是一本集中阐述这种观点的名为《是非略论》的小册子，作者是普鲁士传教士郭士立。以上只是从书中信手拈来的几个例子，书中还有许多内容是以这样的稀见史料为基础的。

在今日资讯发达的时代，真正鲜为人知的秘籍珍本已越来越少。认真研读已知的文献，从中发现问题并解决问题，使旧材料变成新材料是治学的必经之途。研究中国近代史包括传教士问题的不少学者都知道英文《中国丛报》（*The Chinese Repository*）的价值，也不乏使用者。但像吴义雄这样下苦功通读了《中国丛报》全部 20 卷多达 1 万多页内容的，恐怕极少。正因为他对这个近代早期中外关系的资料库做了细致的研读，一些有相当难度的学术问题便在本书中得到了解决。例如，熟悉近代早期中外关系的学者都了解，在鸦片战争前后的中西文化交往中，马礼逊学校、在华实用知识传播会、中国医务传教会等都是很重要的机构。但其具体情况如何，它们的开端、演变过程、最后结局怎样，则很少有人能够说清。本书则以《中国丛报》各卷刊载的这些机构的文献资料为主，参考其他材料，对这几个机构做了迄今为止最为透彻的研究，以大量的事实将中西文化交流史上很有意义的一页呈现在读者面前。作者制作的"1835～1850 年中国医务传教会医院情况""马礼逊学校课程和教科书""早期来华新教传教士翻译中国书籍情况"等表格尤具学术价值。这样，《中国丛报》的资料价值就得到了充分发挥。

本书涉及早期来华新教传教士活动的多个方面。要驾驭这样复杂的研究课题，除了要有较好的英文水平和过硬的史学功底，还需要作者在理论和方法上真正坚持实事求是的原则。我认为，本书的若干重要观点是符合这一原则的。在鸦片战争前后的中西关系中，新教传教士既普遍谴责鸦片贸易"毁灭了数以千计的中国人的身体"，"将他们引入墓地"；又在鸦片战争中欢呼英军野蛮的进军，认为这是"人类最高的主宰利用英格兰来教训中国"。如何理解这种似乎相互矛盾的态度？作者在如实论列了传教士的两种观点后指出，传教士谴责鸦片贸易是从人类普遍的道德原则出发的，而他们对英国发动对华战争的支持，则是因为他们在道德意识与传教利益之间选择了后者。在本书结语部分，作者对传教士的宗教活动与世俗活动的统一性问题进行了集中论述，他认为传教利益和传教动机是新教传教士将活动范围延伸到政治、文化、教育、医疗等领域的最重要原因。这一论点也是建立在大量客观史实之上的，得到了不少知名学者的赞同和肯定。

从以上几个方面来看，本书无疑是一部高质量的学术新著。她的出版，可以弥补中国近代史研究中长期存在的一个薄弱环节，提升相关学术领域的研究水平。

吴义雄曾在复旦大学攻读硕士学位，毕业后到中山大学工作多年。1995～1999年，已经是副教授的吴义雄以在职博士生的身份随我攻读博士学位。他不仅很好地继承和发扬了老一辈史学家严谨的治学态度，而且具有新一代史学工作者的开拓创新精神。他一贯勤奋刻苦，实事求是，从不夸夸其谈，可以说是一位既有较深厚的学问功底，又具有良好学术道德的优秀年轻学者。他的博士论文得到多位著名同行专家的高度评价。本书就是他在博士论文的基础上修订而成的。四载苦读，结出了堪称丰硕的果实。在本书即将付梓之际，我怀着欣喜的心情，写下上述的感想。是为序。

2000 年新春于广州康乐园

目　录

绪　论

近代中国历史究竟在多大程度上受到西方的影响——包括正面和负面的影响，这是中外学者长期关注的问题，而且迄今论说多歧。当我们思考现代生活及其演变的速度为什么与近两个世纪以前有如此重大区别的时候，我们会面对各种不同的解释。这些互相歧异的解释在中外学术界导致了关于中国近代史的多种学说体系的出现。之所以如此，从学术上来看，除研究者本身在信仰、经验、知识背景等方面千差万别外，一个显著的因素是在具体史实研究方面存在诸多欠缺。由于我们对许多事件、人物及其演变的过程缺少全面而清楚的了解，所得出的结论便因各有侧重而众说纷纭。

审视百多年的中国近代史可以发现，基督教传教士曾经在这个历史时期扮演过重要角色，几乎在近代社会生活的所有领域都可以看到他们活动的印迹。他们在中外关系、宗教、文化、政治等各方面的影响尤为显著。本书选择"新教传教士在华南沿海的早期活动"作为研究对象①，旨在通过对这一课题的探讨，弄清鸦片战争前后 40 年间新教传教士在中国活动各方面的基本事实及其相互关系，以考察在近代中国历史的初期阶段，新教传教士这个特殊群体的各种活动，对近代中国社会和中西关系的诸方面所产生的独特影响。由于这个时期是新教传教士在中国活动的初期阶段，对此进行细致的研究还可以为讨论以后各阶段传教士的思想和活动提供清晰的历史背景。

笔者认为，从 1807 年伦敦会的马礼逊到广州，到 1851 年新教传教士所

---

① 本书将基督教新教（the Protestant Churches）简称为"新教"，以下不另说明。

办的《中国丛报》(*The Chinese Repository*)停刊，是近代新教在华传教运动以广州为中心的阶段。不以1840年鸦片战争为界划分研究阶段，是因为在笔者看来，研究这个问题不应过分注重政治事件的象征意义，而应尊重新教在华传教史自身的规律。选择1851年为本书研究时间的下限，理由如下。其一，在这之前的大部分时间，以广州为中心的地区是新教传教士活动的主要范围，到1850年前后，上海开始取代广州成为新的新教对华传教中心。广州作为新教传教中心的时代结束，以《中国丛报》的停刊为标志。其二，这种传教活动中心转移的过程，与近代中外关系中心转移的过程同步，中西贸易和文化交流的中心在大致相同的时间从广州转移到上海。因此，传教活动中心的转移反映了中外关系演变的规律。其三，鸦片战争结束后，传教士在中国的活动在法律上仍属非法，近代第一批中外不平等条约并没有规定中国在宗教上向西方"开放"，因此这场战争实际上并不意味着对华传教运动进入新的时代。其四，新教传教运动的成效也与传教活动中心转移有明显的关系。根据有关统计，1842年，新教传教士在中国吸收的比较正规的教徒仅为6人，在这之后的几年也没有大的进展。从笔者见到的资料看，在1850年之前，各口岸的传教士在这方面均进展甚微。但在1850年之后，吸收教徒的人数直线上升。1854年，中国教徒的总人数为350人，1865年为2000人，到1876年达到13035人。[①] 本书所研究的这个时期，是新教传教士探索传教方法、积累经验和积蓄力量的时期。因此，以1851年为研究的下限，也符合新教在华传教史的阶段性特征。

百多年来，中外学术、宗教界均已对这段历史进行过一定的研究。以下将对有关研究情况进行简要的回顾，为本书的研究提供必要的学术基础。

中国学界研究概览

教会修史与中国早期的新教在华传教史研究

中国学者的著述涉及这段历史者时间较早。梁廷枏的《耶稣教难入

---

① *Records of the Protestant Missionary Conference.* Shanghai, 1890, p. 735.

中国说》、夏燮的《中西纪事》和王之春的《国朝柔远记》等中西关系史著作，以及魏源的《海国图志》、徐继畲的《瀛寰志略》和梁廷枏的《海国四说》等综论外国之书，虽对新教入华史无专门记载，但从其论及西教之内容，仍可窥见中国知识界在 19 世纪中期对新教之认知及态度。

笔者所见最早的关于新教传教士在华活动的中文著作，是王元深（王宠惠的祖父）的《圣道东来考》①。王元深曾是郭士立创立的福汉会的成员，后随德国礼贤会传教士罗存德传教。他在 1899 年撰写了《圣道东来考》，1907 年在香港出版。这本小册子以记述礼贤会在广东的活动为主，兼及其他新教教派在广东的初期活动，所涉及的教派有伦敦会、美国浸礼会、美部会（书中称为纲纪慎会）、英国安立甘会（书中称为安立间会）、美国长老会、英国卫斯理会（书中称为惠斯理会）、福汉会、礼贤会、巴色会、巴陵会、德国小巴陵会，卷首和卷末分别有《景教东来考》和《天主教东来考》。书中最有价值的部分是《德国礼贤传道会入粤记》，几乎占全书一半的篇幅，对礼贤会 19 世纪后期在广东活动的叙述比较详细。因作者本人是该会的会员，他所提供的细节是难得的研究资料。他对福汉会情况的叙述虽篇幅不长，但也提供了一些内部情况。该书对新教其余各派在华早期传教活动的记述虽极简略，但亦具参考价值。

1908 年，上海商务印书馆出版了谢洪赍的《中国耶稣教会小史》，作为"布道小丛书"的第 4 种。作者以将近一半的篇幅追溯景教和天主教在华传教史，然后分 4 个阶段简单地叙述 1807 ~ 1907 年新教在中国传播的经过，其中第二章"教会立基时代"和第三章"教会萌芽时代"，就 1807 ~ 1842 年和 1842 ~ 1860 年新教传教活动提供了一个简略的纲要。这本小书是目前可以见到的第一部关于新教在华活动的专门著作，由于对景教和天主教的传教史也有叙述，故可以将它看作简明的中国基督教通史。它的意义还在于开启了 20 世纪前期教会修史的风气。

---

① 该书复印件及《香港基督教会史研究》《香港教会掌故》二书，承香港基督教文化协会会长李志刚牧师寄赠，谨此致谢。

1920 年，温国符编辑、邝柳春校订的《西广东长老会历史》由启明公司承印出版。这本小书对美国长老会在广东传教以及广东本土长老教会的发展有比较清楚的说明，其中第三章"论长老会传至中国"对早期长老会传教士在广东的活动有一点记载。

1924 年秋，《神学杂志》第 10 卷第 3 号出了一期特刊，名为《中华基督教历史》，由冯玉祥题写书名。该刊叙述各新教差会的简况，侧重于当时的情况，对伦敦会、公理会、圣公会、礼贤会等新教差会来华活动的起源分别在各部分的开头提及。

1934 年，在广州等地活动的浸信会牧师刘粤声出版了《两广浸信会史略》一书。这是关于浸信（礼）会区域活动史的第一部著作。作者对叔未士、罗孝全等早期浸礼会传教士在广东的活动，美国浸礼会分裂后南方浸信会的活动，以及两广本土浸信教会的发展都有叙述，有的部分内容较为详细。刘粤声在广州沦陷前后到香港，1941 年又出版了《香港基督教会史》一书。1940 年 4 月，香港基督教联会开会决议，编写《香港基督教会史》，成立了一个编辑委员会，集体编写，以刘粤声为主编，同时向教友征求资料和文稿。到 1941 年 7 月，该书完成。全书分为 7 个专题，其中第一章"会宗史略"介绍公理宗、信义宗、浸信宗、圣公宗和循道宗传教士在华活动的起源，第七章"个人传记"为马礼逊、裨治文、叔未士等人立传，均有一定的篇幅涉及新教传教士在华南的早期活动。①

1936 年，女教徒余淑心等编纂的《福州美以美年会史》由福州仓前上梅坞知行印刷所印行。其书卷一《布道志》中的第一章"布道之缘起"和第二章"布道开创时代"，很简略地回顾了美以美会派遣传教士到福州开教之情形，以及该会传教士在福州的初期活动。同年，由女教徒吴立乐主编的《浸会在华布道百年史》由上海中华浸会书局出版，刘粤声作序。该书是同类书中部头较大的一种，共 234 页。在每一部分的后面附有与正文有关的问答题，此乃仿效欧美同类著作的做法，供教徒修习之用。作者按地区叙述浸

---

① 该书复印件及《中国基督教史纲》《港粤澳名牧生平》等书，蒙澳门蔡高纪念中学校长潘乃昭牧师寄赠，谨此致谢。

礼会在中国发展的历史，其中华南、江苏（含上海）和华东（浙江、福建）几个部分涉及本书研究的范围，对叔未士、罗孝全、晏玛太等早期活动的叙述相对来说比较详细。

1940 年，时任福建协和大学教授的王治心出版了《中国基督教史纲》，这是一部基督教在中国传播的通史。全书分为 22 章，叙述自唐代景教到晚清以后各大教派在中国活动和传播的历史，其中有 3 章涉及本书研究的范围，即"更正教输入中国的预备时期"、"太平天国与基督教"和"道光以后更正教各宗派的活动"。书中所说的"更正教"即基督教新教。作为一部中国基督教通史，全书各章单独来看均显单薄，也较少专题性的讨论，但总的来说，它还是可以为以后的研究者提供一个入门的途径。书中对相关历史事件的叙述和评价全从教会的立场出发，因此该书仍可归入教会修史的范畴。

教会修史的风气一直持续到 1949 年前夕。1947 年，上海中华浸会书局还出版了上海第一浸会堂编的《上海第一浸会堂百年史略》，专以浸会在上海的发展演变为内容。其中"史略""年表"两部分对叔未士、啤士等人 1840 年代末 1850 年代初在上海的传教经历有所叙述。

这些著作的共同特点在于，它们可以提供新教各教派在华活动的历史与现状的纲要和概况，供一般性了解，也可为后世的研究者提供一定的帮助，但一般不对具体问题做深入的探讨，大都很简略。披览之余，还可以发现，各项著述在叙述同样的史事时均大同小异，且时有错漏之处。

20 世纪后半期中国大陆的研究状况

1950 年由上海浙沪浸礼会出版的《华东浸会百年史》可能是教会修史的余音。自此时直至 1980 年代，中国大陆学术界的有关研究基本上着眼于两个方面：一是进行反洋教运动的研究，代表作是李时岳的《近代中国反洋教运动》；一是着重于揭露、批判西方传教士对中国的侵略。

1970 年代末 1980 年代初，随着学术研究的复苏，基督教在华传教史的研究逐渐得到一些学者的重视。关于早期新教传教士在中国的活动，也有一些文章从各方面加以探讨。进入 1990 年代后，有关传教士的研究，由初期侧重于宏观的评价和长时段的论述转向对具体问题的探讨，标志着研究的深化。① 这些文章或探讨新教在中国的早期传教史，或讨论新教传教士与中外关系和中西文化交流的联系，或论述新教传教士与近代中国文化的关系等，均能通过具体问题探讨新教传教士在中国的早期活动。中国大陆学者对新教传教士的专门研究可以说从 1980 年代才开始。

几部相关的学术著作在 1980～2000 年陆续出版。1981 年，顾长声的《传教士与近代中国》出版。这是 1949 年后中国大陆出版的第一部以近代来华传教士为研究对象的专著，作者搜集了众多研究资料，特别是国内学术界不太常见的外文史料，对传教士（含天主教和新教）在近代中国的活动有比较系统的介绍。因此该书很受学术界的欢迎，分别于 1983 年、1989 年和 1993 年修订再版和重印。该书前 3 章均有内容涉及本书研究的对象。顾长声 1986 年出版了他的另一部研究传教士问题的著作——《从马礼逊到司徒雷登》。这部书是 29 名来华新教传教士的传记汇集。作者对早期的新教传教士很重视，在书中为马礼逊、裨治文、雅裨理、郭实腊（士立）、伯驾、布朗、雒魏林、罗孝全、理雅各等 9 人作传。他们都是早期比较著名的传教士，在不同的方面具有影响。作者在书中提供了关于他们生平和活动的基本资料。

1987 年，张力和刘鉴唐两位学者出版了《中国教案史》一书。这是迄今篇幅最大的中国教案史研究专著。该书有一章（第五章）简略地叙述了鸦片战争前后新教传教士的活动，作为讨论近代教案的历史背景，并对近代

---

① 近 20 年（1980～2000）发表的有关文章约有 20 篇，比较值得注意的有：茅家琦《洪秀全与罗孝全》，《群众论丛》1981 年第 1 期；胡思庸《西方传教士与晚清格致学》，《近代史研究》1986 年第 2 期；邹明德《鸦片战争前基督教传教士在华的文化活动》，《近代史研究》1986 年第 5 期；张子权《厦门基督教的历史概述》，《宗教》1987 年第 1、2 期；郑师渠《论两次鸦片战争间基督教的传播》，《中州学刊》1989 年第 1 期；王立新《近代美国基督教新教在华传教述略》，《历史教学》1991 年第 4 期；梁碧莹《美国传教士与美国对华政策》，《广西社会科学》1992 年第 2 期；汪维藩《〈圣经〉译本在中国》，《世界宗教研究》1992 年第 1 期；王庆成《洪秀全与罗孝全的早期关系（1847—1853）》，《近代史研究》1992 年第 2 期；仇华飞《从〈中国丛报〉看基督教传教士在华的早期活动》，《华东师大学报》1993 年第 3 期；王庆成：《早期基督教在华传教之环境》，《历史研究》1997 年第 6 期；马敏：《马希曼、拉沙与早期的〈圣经〉中译》，《历史研究》1998 年第 4 期等。其中王庆成先生讨论洪秀全与罗孝全关系的文章，马敏先生讨论马希曼、拉沙与早期《圣经》中译的文章，分别是关于这两个问题最有深度的研究成果，对本书亦颇具参考价值。

早期的 3 个教案进行了研究，其中对 1848 年青浦教案的研究比较详细，所征引的资料也较丰富。

1990 年代后，随着学术界对传教士研究的进一步重视，又有两部著作问世。1996 年，顾卫民的《传教士与近代中国社会》出版。这部著作从唐元的基督教说起直至 1949 年，可以看作一部中国基督教通史。该书作者表示要从社会史的角度来研究传教史，搜集了比较丰富的史料，在对问题的分析、论述上也有自己的特色，并在书中反映了中国内地、香港、台湾和国外的一些研究成果，较十多年前顾长声的《传教士与近代中国》一书在学术上有所进展。在基本架构和研究资料上，该书似乎也有所突破。关于早期的新教传教运动，该书第三章有部分内容涉及。

1997 年，王立新的《美国传教士与晚清中国现代化》出版，是一部试图从现代化的角度考察美国传教士对中国近代历史影响的专著。作者尽可能全面地收集了有关中外文献资料，并对若干专题进行了比较透彻的考察和论述。本书的前 5 章均有涉及早期来华美国新教传教士活动的内容，其中第五章讨论美国传教士与鸦片战争后"开眼看世界"思潮的关系，是较有特色的部分。还应提到的一部著作是熊月之 1994 年出版的《西学东渐与晚清社会》。从书名就可以看出，这不是一部研究传教士的专著。但该书的第二章、第三章论述鸦片战争前后西学输入中国的具体过程是以传教士，特别是新教传教士为主要研究对象的。作者对早期来华新教传教士与西学输入的关系进行了细致的探讨。

在研究资料的发掘整理方面，所取得的一项可喜进展是《东西洋考每月统记传》的影印出版。《东西洋考每月统记传》是中国境内出版的第一份中文期刊，但在国内一向难以寻觅。杭州大学（现并入浙江大学）历史系的黄时鉴教授在美国访问研究时获得该刊比较完整的复制件，经整理后由中华书局于 1997 年影印出版。黄教授在卷首所撰的长篇导言，本身也是一篇很有价值的学术论文。

在传教士研究方面，一个取得了比较丰富学术成果的领域是近代教会教育研究，特别是教会大学研究。1989 年和 1994 年，华中师范大学和四川大学分别主办了"中国教会大学史国际学术讨论会"和"教会大学和中国现代化国际学术讨论会"，会议论文均结集出版。1998 年 11 月，珠海市政府主办了"容闳与中国现代化学术研讨会",有一批会议论文与早期教会教育相关。1999 年 8 月,华中师范大学中国教会大学研究中心主办了"近代科技传播与中西文化交流国际学术讨论会",会上有一批论文涉及新教传教士在近代西学传播过程中的地位与作用。

概而言之,中国大陆学术界对近代传教士问题的研究,经过 20 年的努力,已经取得一定的成果,学术研究的领域也正在扩大。在所有论著中,以早期新教传教士为对象的占有相当的比例。但受到各方面条件,尤其是资料的限制,有关的讨论似乎到了某个层次后就再难深入,且常有互相重复之处;对一些表面事实背后的内在联系也缺乏有深度的探讨。因此,可以说这个领域的研究仍处在初期阶段。

20 世纪后半期港台地区的研究状况

1949 年之后,港台地区陆续有一些研究成果发表,数量不多。1957 年,刘瑞滔主编的《港粤澳名牧生平》第一集由中华基督徒送书会印行。该书介绍了广东、香港、澳门早期华人牧师的生平,这些华人牧师活动的时代较晚,与本书直接关系不大,但可从中了解一些背景材料。1960 年,简又文在香港出版了《中国基督教的开山事业》。这本小册子简要叙述了新教在华早期传教事业各方面的情形,作者还撰写了马礼逊等早期来华传教士和梁发等早期华人牧师的小传。1968 年,罗彦彬编著的《中华礼贤会在华传教史》由礼贤会香港区会印行。

香港真正在新教在华传教史的研究方面取得重要成就的,是曾任香港基督教文化协会会长的李志刚。他至今已发表了大量的论文和多种研究著作。1985 年,他的《基督教早期在华传教史》由台湾商务印书馆出版。这部著作以鸦片战争前后新教传教士的在华活动为研究对象,以鸦片战争前的内容为主,部分章节兼及鸦片战争后的史事。作者在第一章"序论"中简述明末清初天主教传教士在华活动的概况,之后各章分别对鸦片战争前新教传教士在华活动的史实,包括马礼逊的来华、传教士与十三行的关系、传教士的中文出版事业、传教士的教育事业、传教士的医药传教事业、传教士的传教事业、郭士立和罗孝全与洪秀全的关系等问题,进行了专门的论述。作者所搜集利用的资料,较之上述大陆的各种研究著作都远为丰富;作者对各方面史实的研究,也大大超过了迄今为止的其他中文著述。因此不少大陆学者的论文和著作，在讨论有关问题时都引用该书的资料作为研究依据。可以说，这部著作是迄今所有研究传教士问题的中文著作中最有学术价值的一部。笔者本人也数次向作者请教，并承蒙他寄赠著作，受益匪浅。但笔者认为，由于可以理解的一些原因，在以下几个方面该书也还存在值得商讨之处：其一，作者对新教传教士与西方政治势力的关系未予充分讨论；其二，由于在时间上大致以《南京条约》签订前后为界，部分问题的论述未能完整；其三，对于马礼逊以外其他差会及传教士的传教活动，该书亦未能予以系统的研究；其四，在资料方面还受到一定的局限。

李志刚还有其他几种著作。1987 年，他的论文集《香港基督教会史研究》由香港道声出版社出版。该书有几篇论文研究早期新教传教士的问题：《早期传教士由澳迁港之事业及贡献》《香港基督教首次会议之新探》《马礼逊纪念学校的创立经过及影响》《郭士立牧师在港之历史及其所遗中文资料》。这几篇论文都能在一定程度上对《基督教早期在华传教史》的相关内容有所补充。1992 年，三联书店香港有限公司又为李志刚出版了《香港教会掌故》一书。这本通俗的历史知识读物以精练而富有趣味的语言叙述香港教会史，其中前面的几篇掌故是以早期新教在华活动为内容的。此外，李志刚还分别于 1989 年、1993 年和 1997 年在台北宇宙光出版社出版了《基督教与近代中国文化论文集》一、二、三集。这其中有多篇文章属于他擅长的领域——早期来华新教传教士研究，对马礼逊、郭士立、裨治文等传教士有较多的论述。

台湾的有关研究成果比香港要少，没有直接研究早期新教传教士的专著。1968 年，杨森富的《中国基督教史》在台湾商务印书馆出版。这部书的写作模式和基本内容均与王治心的《中国基督教史纲》相似，篇幅亦相埒；论述早期新教传教士的部分也基本上与后者相似。1977 年，林治平主编的《基督教入华一百七十周年论文集》由宇宙光出版社出版。这部论文集为纪念马礼逊来华编著，但书中仅有林治平的《平民中的英雄——马理逊》涉及早期传教士，且列为附录。1981 年，宇宙光出版社又出版了林治平主编的《近代中国与基督教论文集》，其中王树槐的《卫三畏与〈中华丛刊〉》一文较详细地论述了卫三畏在《中国丛报》出版过程中的作用。1983 年，查时杰主编的《中国基督教人物小传》由台北中华福音神学院出版社出版，其中包括梁发、王元深和何进善的小传。

西方学术界和宗教界的研究状况

相比之下，西方学者和宗教界人士对新教在华传教问题的研究则起步较早，而且论著较多。据笔者所见所知，已出版的有关基督教在华传教史和中国基督教史的英文资料和著作（含天主教传教士活动的研究）数量在千种以上，此外还有大量的论文。这里仅就与本书论题有关的研究著作略做述评。

在本书描述的历史过程刚开始不久，那些今天被写入历史的人物就开始建构其自身的历史。1817 年 9 月 4 日，马礼逊（Robert Morrison）在抵达广州十周年之际，在给差会的信中提供了他在华十年工作的梗概。他在函末补充说："我起草了一份《新教在华传教早期十年回顾》（*A Retrospect of the First Ten Years of the Protestant Mission to China*），米怜先生将加以扩充，并在马六甲印行。"[①] 可见，米怜（William Milne）在 1820 年于马六甲英华书院印行的同名著作，实以马礼逊的草稿为嚆矢。书中 1812 年之前的部分由马礼逊提供初稿，米怜负责其余的部分。该书既是一部出色的研究著作，按时间顺序比较详尽地叙述了 1819 年之前伦敦会传教士（马礼逊、米怜和麦都思）在广州、马六甲等地活动的情况，又保存了大量的珍贵史料，主要是马礼逊和米怜自己的部分书信、日记及一些统计资料，为现代研究者所珍视。马礼逊在 1822 年还写过一份"早期十五年回顾"，其时米怜已经作古，因而未出版。[②] 十年之后，马礼逊和裨治文（E. C. Bridgman）联合撰写了"在华传教首二十五年告欧美等地教会书"，对新教在华活动 1/4 世纪的历史及现状进行了概括性介绍。[③]

郭士立（Charles Gutzlaff）在 1833 年出版了记述其在中国东部沿海传教

---

① Eliza A. Morrison, ed., *Memoirs of the Life and Labours of Robert Morrison*, vol. 1. London: Longman, Orme, Brown, Green and Longmans, 1839, pp. 475 – 478.

② Eliza A. Morrison, ed., *Memoirs of the Life and Labours of Robert Morrison*, vol. 2, pp. 180 – 185.

③ Eliza A. Morrison, ed., *Memoirs of the Life and Labours of Robert Morrison*, vol. 2, pp. 470 – 474.

活动的《中国沿海三次航行记》（*Journals of Three Voyages Along the Coast of China in 1831, 1832 & 1833*）。在该书的开头部分，他对自己早年的经历和伦敦会传教士在广州和南洋的活动做了简要的叙述，其中关于他本人的情况说明，可以为研究者提供不可多得的研究材料。该书末尾有一部分是"基督教传教士在中国"，再次对新教传教士的情况有所议论。他在次年出版的《中国简史》（*A Sketch of Chinese History*）下卷，有 20 多页的篇幅概述该书出版之前新教传教士在华活动的经过。他在 1838 年出版的《开放的中国》（*China Opened*）讨论中国宗教的一章中，简略地叙述了马礼逊、米怜、麦都思以及他自己的活动。

在米怜之后比较详细地介绍早期新教传教士活动的是麦都思（Walter Henry Medhurst）。他在 1838 年出版了颇有影响的《中国：现状与展望》（*China, Its State and Prospects, with Especial Reference to the Spread of the Gospel*）。该书的大部分内容是叙述新教传教士（以伦敦会为主，含美部会）在广州、澳门和南洋华人居留地的活动，以及他本人和美部会传教士史第芬（Edwin Stevens）1835 年在中国沿海航行传教的过程。由于所述内容大多与他本人有直接或间接的关系，该书的有些章节可以作为研究早期新教在华传教的第一手资料。

应该提到的是，在推动马礼逊来华方面发挥了一定作用的莫斯雷（William W. Mosely）在 1842 年出版了小册子《新教首个对华传教团之起源》，将他自 1798 年开始，为开展对华传教特别是将《圣经》翻译为中文而呼吁的通函，与英国及海外圣经会等机构，与坎特伯雷大主教等宗教领袖各方之间通信等文件汇集在一起。① 这本小册子提供了马礼逊来华前英国宗教界推动对华传教的一些史实，其中收集的多份文献具有研究价值。

卫三畏（Samuel W. Williams）是又一位在自己的著作中记述新教传教活动的传教士。他在 1849 年出版的《中国总论》中，以近百页的篇幅对景教、天主教和新教在中国的传播做了概括的论述。由于写作的时代较后，卫三畏对鸦片战争后新教在新的通商口岸立足和发展的过程也有所叙述。作者是鸦片战争前后新教传教力量的重要成员，参与了许多事件，因此他所提供

---

① W. W. Mosely, *The Origin of the First Protestant Mission to China*, & c.. London: Simpkin and Marshall, 1842.

的资料也是可以依据或参考的。

除以上著作外,《中国丛报》还发表了多篇叙述早期新教传教士在华传教活动的文章,而这些文章的作者也都是传教士。在这些文章中,美国长老会传教士娄礼华(W. M. Lowrie)的《中国大地:或对基督教在华传教史的考察》,是比较全面论述新教在华传教问题的系列论文,分5个部分在该刊第13卷连载。作者虽没有提供太多的资料,但他对新教与天主教在对华传教关系的议论,可以透露鸦片战争前后这两大基督教派别在中国的矛盾与冲突。卫三畏在该刊的最后一号,发表了他整理的1851年之前来华新教传教士比较完整的名单(含在南洋华人居留地活动的传教士),并在名单后附有一篇长文,回顾各口岸新教传教活动的历程,着重叙述其"现状"。这对于现在的研究者来说是非常有价值的参考资料。此外,雅裨理(David Abeel)、波罗满(William J. Polhman)、裨治文等人还在该刊分别发表了介绍厦门、上海等地新教传教士活动情况的文章。

在《中国丛报》发行的同时和停刊后,还有一些英文刊物刊登与早期新教传教士在华活动有关的文章,如在英美发行的《福音杂志》(*The Evangelical Magazine*)、《传教先驱》(*The Missionary Herald*)、《浸会传教杂志》(*The Baptist Missionary Magazine*)、《中国传教呼声》(*The China Mission Advocate*)和《中日丛报》(*The Chinese and Japanese Repository*)等,以及在中国发行的《教务杂志》(*The Chinese Recorder*)等,都刊登过有关这段历史的回顾性文章、总结报告和个人传记资料。虽然这些文章大多为一般性描述和纪念文字,但从中还是可以得到一些信息和资料。

美国浸礼会传教士粦为仁(William Dean)1859年出版了《中国教务,包括各教派在华传教史及传教士略传》(*The China Mission, Embracing A History of the Various Missions of All Denominations Among the Chinese, with Biographical Sketches of Deceased Missionaries*)一书。[①] 这部著作概述中国传教问题,以近百页新教在华传教简史随其后,附录有来华新教差会名录、按来华时间排列的传教士及已故传教士夫人名单,而200余页、占该书大部分篇幅的传教士略传则提供了不少具体资料。

---

① 书名标"已故传教士略传",但内容上则包括裨治文等当时尚健在的传教士。

1860 年，英国学者汤森（William John Townsend）出版了《马礼逊：对华传教的先驱》（*Robert Morrison：the Pioneer of Missions to China*）一书。该书是较早为来华新教传教士立传的专著。作者汤森为英国卫理公会牧师。据其自序，他在写作该书过程中不仅阅读了大量档案文献，还从马礼逊的女儿、来华传教医生合信的妻子（Mrs. Hobson）那里得到了马礼逊的大量未刊书信。布鲁斯（J. C. Bruce）则将其未刊手稿《马礼逊与对华传教事业》赠阅汤森。① 这些条件无疑使这部传教士传记能够提供丰富的历史信息。

1861 年，英国伦敦会派出的传教医生雒魏林（William Lockhart）出版了《在华行医传教二十年》（*The Medical Missionary in China：A Narrative of Twenty Years' Experience*）一书。这是作者主要依据亲身经历、参考其他资料写成的，以新教早期在华医务传教事业为主，兼及新教传教士其他活动的资料性著作。该书对新教在华医务传教活动前 20 余年的历史，包括各地传教医院开办和延续的具体过程均有比较可信的记述，其中提到的一些具体事件和数据可以弥补其他有关史料的不足。

1867 年，英国传教士伟烈亚力（Wylie Alexander）所编《来华新教传教士纪念集》（*Memorials of Protestant Missionaries to the Chinese*）由上海美华书馆印行。这部著作是 1867 年以前所有来华新教传教士传记资料的汇集，按每个传教士来华年代的先后顺序编排。每一篇传记一般由两个部分组成，前一部分是传教士的小传，叙述其生平与主要活动；后一部分是该传教士的中文和外文著作目录，附有简要的内容介绍。这就使该书成为一部研究早期来华新教传教士很重要的工具书。由于其搜罗大致完备，保存的资料相当丰富，现已被有些研究者视为第一手的资料来源。不过应当注意的是，该书在具体史实的叙述、介绍方面有一些错漏之处，使用时须参考其他资料。此后，1877 年和 1890 年在上海举行的来华新教传教士大会所出版的报告，都有一些回顾性的文字涉及新教在华传教的早期阶段。但在《来华新教传教士纪念集》出版后的 40 年中，没有专门的著作出现。1907 年，即马礼逊来华 100 周年之际，在华各新教教派供稿、加拿大传教士季理斐

---

①　William John Townsend, *Robert Morrison：the Pioneer of Missions to China*. New York：Fleming H. Revell Company, 1860, pp. 5 - 6.

（D. MacGillivary）编辑的《新教在华传教百年史》（*A Century of Protestant Missions in China, 1807 – 1907, Being the Century Conference Historical Volume*）由上海美华书馆出版。这部著作由各来华新教教派的活动历史、发展经过、教务现状、所办事业、有关统计资料等内容构成，各教派的资料分开独立编排，自成一体，书后还附有英国与海外圣经会、美国圣经会、爱尔兰圣经会在华传教活动的资料，以及早期传教士开办的一些文化事业，如马礼逊教育会、在华实用知识传播会和中国医务传教会的资料和文献。因此，这部著作也是很有价值的工具性书籍，它侧重于传教团体整体情况的描述、介绍，与以个人传记资料为主的《来华新教传教士纪念集》可以相互参证、补充。

1922 年，由中华续行委办会主持、美国传教士司德敷主编的《中华归主》（*The Christian Occupation of China*）出版。这是一部大型的调查中国基督教（新教）在华事业和活动状况且经过整理的记录，是新教各教派在中国各地势力、所办事业和活动历史的资料汇集，其中广东、江苏、浙江、福建等沿海地区的调查报告，均有追溯新教势力在这些地区早期活动的内容。由于它的编写时间在《新教在华传教百年史》之后，又按中国行政区域划分调查的范围，故既可提供清末民初时期的新教活动状况，又可以从另一个不同的侧面反映新教在华势力。应当注意的是，其中的一些统计数字虽然是比较珍贵的史料，但是不太完备，在讨论具体问题时须参照其他资料加以订正。

在这前后，英美宗教界关于早期在华新教传教运动的研究也经历了一个类似于上文所述的"教会修史"阶段，其承担者一般与在华新教团体或其国内差会有关。由于种类较多，这里只将与本书有关的数种罗列如下。

唐纳德·马泽逊（Donald Matheson）：《英国长老会对华传教史述》（*Narrative of the Mission to China of the English Presbyterian Church*），1866 年出版，叙述英国长老会在华传教史概况。

S. B. 蒂芙林顿（S. B. Tifferington）：《美国浸礼会真神堂在华传教史》（*History of Our Baptist Mission among the Chinese*），1892 年出版，记载美国浸礼会分裂后北方差会在华活动史。

阿米特·里奇蒙（Armette Richmond）：《美国圣公会在中国》（*The American Episcopal Church in China*），1907 年出版。

丽达·耶琳（Lida Ashmore）：《美国浸礼会真神堂华南传教六十年史》

（*The South China Mission of the American Baptist Foreign Mission Society*：*A Historical Sketch of Its First Cycle of Sixty Years*），1920 年出版，较蒂芙林顿书详细。

马格丽特·莱基（Margaret Lachey）：《"同工事神"：美南浸信会在华传教活动研究》（"*Laborers Together*"：*A Study of Southern Baptist Missions in China*），1921 年出版。

海瑞特·诺伊丝（Harriet N. Noyes）：《美国长老会华南传教史（1845~1920）》（*History of the South China Mission of the American Presbyterian Church*，*1845 – 1920*），1927 年出版。

力维弢（Walter N. Lacy）：《美以美会在华百年史》（*A Hundred Years of China Methodism*），1948 年出版。

杰拉尔德·德炯（Gerald De Joung）：《归正会在华传教史（1842~1951）》（*Reformed Church in China*，*1842 – 1951*），1992 年出版。

除以上笔者经眼的著作外，也许还有可以归入"教会修史"这一范畴的著述。这些著作具有和上文提到的中文著作相似的特征。大部分很简略，特别是对各差会传教士早期在华活动都没有详细的记载。而且对现代研究者来说不太方便的是，它们一般不提供资料来源，从而难以准确判断它们在学术上的价值。不过，它们也都可以提供一些线索，在一定程度上可以作为当代学者进行研究的参考资料。德炯的《归正会在华传教史（1842~1951）》是其中的一个例外，它是一部资料详细、内容丰富的学术著作，尤其值得重视的是，作者利用了大量的归正会档案和报刊资料，从而使该书具有较高的学术水准。由于该书的出版，美国归正会在中国的活动可以说得到了很透彻的专门研究。

在 20 世纪前期，也有一些专业的学术研究性著作问世。这里首先应该提到的是赖德烈（Kenneth Scott Latourette）的巨著《基督教在华传教通史》（*A History of Christian Missions in China*）。这部长达 900 余页的著作出版于 1929 年，内容为从唐代到 1920 年代基督教各大派别在中国传播的历史。关于鸦片战争前后新教在中国活动的开端和初期发展，该书也以相当大的篇幅予以叙述，描述了新教在华早期历史的大致轮廓，并能提供一些数字和细节，所引用的资料也可以为研究者指引深入探讨的路径。但作为一部通史性的著作，该书无法超越一般性陈述而进入具体问题的探究，有些叙述也不准确。

　　传教士的传记也开始陆续出版。在早期传教士中，马礼逊是最受重视的一位，据笔者所见，他的传记在 10 种以上。其中英国内地会的海恩波（Marshall Broomhall）撰写的《马礼逊：一位宗师》（*Robert Morrison：A Master Builder*）是质量较高的一种。该书于 1924 年在伦敦出版，1956 年由简又文翻译成中文在香港出版，书名为《传教伟人马礼逊》。1931 年，麦沾恩所著的《中华最早的布道者梁发》由胡簪云翻译，上海广学会出版。赫尔曼·施莱特（Herman Schlyter）所著德文《郭士立的在华传教事业》（*Karl Gützlaff Als Missionary in China*）在 1946 年问世。这也是至今最有分量的郭士立个人传记，其特色在于，它对郭士立的生平和活动有比较完整的叙述；在资料方面，该书利用了很多档案材料和其他德文资料。

　　在 1940 年代，有两部与中国教会教育有关的著作出版。一是玛丽·安德森（Mary Anderson）的《1827 年至日本入侵前华南新教教会女子学校研究》（*A Cycle in the Celestial Kingdom or Protestant Mission Schools for Girls in South China，1827 to Japanese Invasion*）。这部专门研究华南新教女子教育的专著于 1943 年出版，书中征引的各类第一手资料堪称丰富，对华南教会女子教育的早期渊源和在清末民国时期的流变均做了切实的论述。该书涉及鸦片战争前后 40 年新教传教士从事女子教育活动的内容并不多，但因其征引了比较难以寻觅的资料，故笔者对这部分内容还是予以重视的。另一部是郭爱理（Alice Gregg）的《中国与教育自治：新教教育传教士角色转变（1807～1937）》（*China and Educational Autonomy：the Changing Role of the Protestant Educational Missionary in China，1807 – 1937*），出版于 1946 年，论述自马礼逊来华至抗战全面爆发前新教传教士在华所办的教育事业。

　　太平天国与基督教新教的关系是长期以来吸引学者注意的问题。1952 年出版的美国学者尤金·鲍德曼（Eugene Boardman）的《基督教对太平天国思想的影响（1851～1864）》（*Christian Influence upon the Ideology of the Taiping Rebellion，1851 – 1864*）是一部很专门的著作，它对太平天国的宗教和思想与新教传教士之间的关系做了比较有见地的讨论。

　　1960 年代以后，欧美学术界显然加强了对传教士问题的研究。学界主流轻视传教士问题的研究终于引起了一些著名学者的不安。美国历史学家费正清（John King Fairbank）呼吁重视传教士在美国历史中的作用，并带领他在哈佛大学的同事和学生开展新教在华传教活动的研究。从 1970 年代开始，一些有分量的英文研究著作陆续问世。这里仅就与本书有关的著作进行一些说明。

由哈佛大学东亚研究中心编辑的关于传教士问题的论文集，有两部与本书的研究对象有关。一部是费正清主编的《在华传教事业与美国》(The Missionary Enterprise in China and America)，1974 年出版。费正清的导言和该论文集中几篇讨论对华传教理论与方法问题的文章，可以让读者展开多方位的视野。其中斯图尔特·米勒 (Stuart Miller) 的《目的与手段》一文，就美国传教士对近代中西冲突的态度做了出色的研究。另一部出版于 1985 年的论文集《基督教在中国：早期新教传教士的著述》(Christianity in China：Early Protestant Missionary Writings)，由巴奈特 (Suzanne W. Barnett) 与费正清共同主编。这部论文集的特色在于，各位作者利用收藏于哈佛 - 燕京图书馆的原美部会图书中的一批早期新教传教士中文著作，研究他们的活动与思想，其中讨论米怜、裨治文、郭士立等人中文著述的几篇论文均令笔者受益。

1974 年，哈佛大学东亚研究中心出版了艾尔斯沃思·卡尔森 (Ellsworth Carlson) 的专著《福州教士》(The Foochow Missionaries，1847 - 1880)。这部著作将西文档案资料与中文资料相结合，研究福州开埠前期新教传教士的活动、医疗文化事业及其与中国官方、民间的冲突，是一部研究单独一个口岸传教活动的力作。加拿大学者布里安·哈里森 (Brian Harrison) 在 1979 年出版的《等待中国：马六甲英华书院 (1818 ~ 1843)》(Waiting for China：The Anglo-Chinese College at Malacca，1818 - 1843) 则属于另一个类型。它集中探讨早期新教传教士开办的教育机构——英华书院，是迄今为止研究英华书院历史的代表性著作。作者利用了与该书院有关的大量档案资料 (伦敦会档案)，从而使这部著作具有较高的学术价值。

在 1970 年代，还有一个明显的趋势是开展传教士个案研究。先后有两篇博士学位论文研究美国浸礼会早期来华传教士。马格丽特·寇林 (Margaret Coughlin) 的《叔未士与罗孝全》(Strangers in the House：J. Lewis Shuck and Issachar Roberts，First American Baptist Missionaries to China)，是 1972 年美国弗吉尼亚大学的博士学位论文。乔治·普鲁德 (George Pruder) 的《罗孝全与太平天国时期的美国对华外交》(Issachar J. Roberts and American Diplomacy in China during the Taiping Rebellion)，则是 1977 年华盛

顿美利坚大学的博士学位论文。这两篇论文的共同特点在于利用了美国浸礼会的档案材料，揭示了与叔未士和罗孝全有关的史实，其中部分材料是无法从其他来源获得的，因此他们所论述的事实有很多鲜为人知。1974 年哈佛大学出版社出版的古利克（Edward V. Gulick）所著《伯驾与中国的开放》（*Peter Parker and the Opening of China*），是迄今关于美国传教士、外交家伯驾最详细的个人传记，同时是研究鸦片战争前后中美关系的出色著作。该书最明显的价值，在于利用了美国政府档案、收藏于耶鲁大学的伯驾个人档案和美部会档案，从而在具体事实的阐述方面达到了相当的深度。

英国学者关于本课题的现代研究成果相对来说比较少。1985 年，卡尔·史密斯（Carl Smith）出版了《中国基督徒：精英分子、中间人与香港教会》（*Chinese Christians: Elites, Middlemen, and the Church in Hong Kong*）一书。这部著作对早期新教传教士在香港的活动，及其在若干方面的影响做了比较独到的讨论，特别是对中国基督徒和与传教士有关的人物的研究，在资料比较缺乏的情况下仍然进行了有深度的尝试。该书揭示的有些事实是其他著作没有提及的。

尽管 1970 年代后美国和欧洲的中国史研究兴起了柯文（Paul Cohen）所谓的"中国中心观"，但对传教士这种"外来因素"或"西方因素"的研究事实上仍在持续。与本书的研究关系最为密切的英文著作是纽约州立大学教授张格物（Murray A. Rubinstein）的著作《英美在华传教事业的起源（1807 ~ 1840）》（*The Origins of the Anglo-American Missionary Enterprise in China, 1807 - 1840*）。这部著作于 1996 年出版，是作者长期研究的一项成果。他对鸦片战争前伦敦会和美部会传教士在中国（广州 - 澳门地区）的传教活动进行了详细探讨，在对这两个差会传教士在华早期活动的起源、具体事实和演变过程的研究方面超过了迄今为止所有的著作。该书有三个明显的特点，一是对伦敦会和美部会的档案做了比较透彻的考察，使该书具有重要的参考价值；二是作者采用了在当代学术著作中比较少见的类似于编年史的体裁；三是如该书书名所显示的那样，作者重视探讨伦敦会传教士与美部会传教士来华传教活动的关系。由于作者基本上将重点放在传教史的研究方面，又采取编年叙述的方式，因此对传教士其他方面的活动没有进行专门的研究，对档案资料以外的其他文献资料利用不多，对鸦片战争前伦敦会和美部会以外的其他传教士也基本上没有涉及。但正因为如此，作者才可以集中精力对伦敦会和美部会传教士的活动进行研究。

同年史景迁（Jonathan D. Spence）出版的《上帝的中国儿子：洪秀全的太平天国》（*God's Chinese Son：The Taiping Heavenly Kingdom of Hong Xiuquan*）一书，依据相关的研究成果，对早期新教传教士的活动也有所叙述。裴士丹（Daniel H. Bays）主编的《基督教在中国：从 18 世纪到现在》（*Christianity in China：From the Eighteenth Century to the Present*）也在这一年出版。这部论文集尝试在西方学术界主流的研究思想已经改变的情况下，以新的视野进行传教士问题的研究。其中鲁珍晞（Jessie G. Lutz）和瑞伊·鲁兹（Ray Lutz）的《郭士立的本土化之路：福汉会》一文，是笔者所见讨论福汉会始末和内幕最有价值的学术成果。这两位学者之后又出版了《客家人与基督教新教相遇（1850～1900）》（*Hakka Chinese Confront Protestant Christianity, 1850 - 1900*）。[①] 这部著作利用巴色会档案等文献，研究了 19 世纪后期基督教新教在客家地区传播的过程与命运，尤其值得注意的是书中有8 个早期客家信徒的传记，在早期中国基督教徒研究这一具有相当难度的课题上取得了重要的进展。

从以上所述的情况来看，国内外学术界和宗教界对早期来华新教传教士的研究均已取得一定的成果。总的来说，欧美学术界因各种优势，所取得的学术成就较大，在进行专题研究方面尤为如此。这些论著凝聚着历代研究者的心血，都是本书进行研究的基础和出发点，有些著作本身已成为不可缺少的参考资料。

但以往的研究也还存在不少问题。在笔者看来，这些问题在于：各种论著对于这段时期新教在华传教运动的整体情势和演变趋势还没有做出清楚的说明；对新教传教士所开办的各项事业还局限于片段的或局部的了解；对他们在鸦片战争前后中外关系演变过程中思想与活动的认识还有待于深化；对他们学术文化活动的思想背景还缺乏必要的认识；对他们文化活动的演变过程和一些具体方面研究也不充分。而且，由于可以理解的种种原因，前人研究的一些原则和方法也还存在不少可商榷之处。换言之，无论从整体上加以

---

① 鲁珍晞教授寄来该书部分内容的复印件，谨此致谢。

审视，还是从具体的细节来观察，都有必要对这一课题进行一次全面、细致的研究。本书的重点将放在对早期来华新教传教士活动几个主要方面基本史实及其演变过程上。在此基础上，试图通过对这些史实及其相互关系的研究，揭示这个时期新教传教士在华活动的一般规律。另外应当说明的是，本书研究的地域范围，以粤港澳地区为主。但因为这个地区是鸦片战争前后新教传教士在中国活动的主要区域，传教士在其他地区所进行的各项事业都与他们在这个地区的活动有千丝万缕的联系，所以本书的论述也不可避免会涉及传教士在其他地区的活动。

本书初版于 2000 年。正如上一段文字所说，以上关于相关研究史的回顾是 20 多年前开展此项研究和进行本书写作的前提与基础。跨入 21 世纪之后，本书实际上也进入了众多研究者每每提及的"学术史"。此后 20 余年来，日新月异的社会发展为学术研究提供了前所未有的条件，全球化进程更为本书所涉及领域提供了以往难以梦想的机会。过去难得一见的档案、报刊等原始文献变得唾手可得，与海内外同行各种形式的交流成为研究常态，研究资讯的获取乃为"弹指一挥间"之事，互联网工具更是所有研究者的寻常配备，各种数据库的不断上线为开展深度研究提供了可能。在此背景下，与本书主题相关的研究，无论是论题的拓宽、方法的发展，还是史料的发掘，都有十分可观的成绩。新的学术成果堪称丰硕，本书讨论过的每一位主要传教士几乎都有论著从不同角度进行新的研究；早期来华传教士活动的各个方面也都有更多的研究成果予以申论。在这些成果中，苏精教授的研究非常值得关注。他在精研伦敦会和美部会原始档案的基础上，围绕马礼逊等传教士以及华人信徒展开了一系列专题讨论，在课题的开拓和史实挖掘、解读深度方面均做出重要贡献。①

学界同仁推动本书再版，乃是因为它经过 20 年后，可能仍有其学术价值。限于时间，笔者对于 20 年来的研究进展虽难以进行全面总结，但在修订过程中对其中具有重要价值的论著，如苏精教授的著作，将适当加以参考。

---

① 苏精教授出版的相关著作包括《马礼逊与中文印刷出版》，台湾学生书局，2000；《中国，开门！：马礼逊及相关人物研究》，基督教中国宗教文化研究社，2005；《上帝的人马：十九世纪在华传教士的作为》，基督教中国宗教文化研究社，2006；《铸以代刻：传教士与中文印刷变局》，中华书局，2018；《林则徐看见的世界：〈澳门新闻纸〉的原文与译文》，广西师范大学出版社，2017；等等。

第一章

新教传教士在华南沿海的初期
活动（1807～1840）

一　新教来华传教的历史背景

基督教在华传教活动的起源

基督教在中国传播的历史可以上溯到唐代。唐太宗贞观年间，在中亚十分流行的基督教聂斯脱利派（Nestorian）传入中国，中国人称之为景教，在7～10世纪有过一段颇为兴旺的历史。唐武宗严禁佛教之时，该教亦遭波及，很快绝迹中原，但在契丹、蒙古之地依然流行。元代蒙古人一统天下，罗马教廷多次遣使通好并派传教士到中国传教，聂斯脱利派也重回中原开展活动。基督教势力在中国取得的进展，使教廷一时充满了希望和期待。然而随着元帝国的崩溃，基督教在华传播史再告中断。①

地理大发现时代为天主教传播带来了巨大的机会。东方，特别是中国，成为西方冒险家、商人和传教士的共同目标。

1534年，西班牙人依纳爵·罗耀拉（Ignatius Loyola）创立耶稣会，1540年为教皇保罗三世（Pope Paul Ⅲ）所批准。同年，罗耀拉指派方济各·沙勿略（Francois Xavier）到东方传教。沙勿略于1542年到达印度果阿

---

① 关于唐元时期基督教在中国传播的情况，可参见徐宗泽《中国天主教传教史概论》，上海书店，1990，第1～4章；Kenneth S. Latorrette, *A History of Christian Missions in China*. London：Society for Promoting Christian Knowledge, 1929, Chaps. Ⅳ、Ⅴ.

(Goa)，1549年赴日本传教。1551年，沙勿略从日本回到果阿，为进入中国传教做准备，因为他相信："若福音在中国一经传播，必有丰富之收获。若中国人真心归化，日本人抛弃自中国传去之异说，自不难也。"① 1552年，沙勿略满怀希望来到广东沿海，最终却无法进入内地，年底死于上川岛。这次不成功尝试的意义，在于开启了明末清初天主教在华传教事业之先河。其后几十年间，西方传教士经多次努力，终于取得明朝官方的许可，开始在中国传教。

早期来华的天主教传教士中，意大利籍传教士利玛窦（Matteo Ricci）所起的作用最大。他于1581年来到澳门，不久后即到广东、江西、江苏等地活动，后于1601年到达北京，受到万历帝的召见。利玛窦体察中国社会文化的具体情形，认识到如果拘泥于天主教会的一切教义和仪式，传教士势将难以在中国立足。因此他进行了大胆的革新，将天主教教义儒学化，从中国社会的实际情况出发调整传教方法。明末清初耶稣会士和天主教其他修会传教士在中国取得的成功，证明利玛窦这一策略最适合他们的宗教目的。到康熙末年，中国的天主教徒达数十万之众。除传教事业外，天主教传教士一个常为人们称道之处就是将西方科学知识介绍到中国，将中国文化介绍给西方，直接推动了中西文化交流。这个时期天主教传教士在各方面的活动及其取得的进展向为学术界所重视，已有许多专门的论述，此处不赘述。② 他们在传教事业和文化交流方面取得的成就与经验，后来受到来华新教传教士的关注。后者出于宗派的原因，在很多场合对同时代的天主教传教士加以攻讦，然而对早期来华的天主教传教士却很少妄议。事实上，明末清初天主教传教士的作为，客观上为新教传教士来华传教准备了一定的历史条件，主观上也对他们形成了激励。

天主教传教士多年苦心经营赢得的对其极为有利的局面，因罗马教廷企图干涉中国内部事务导致的"礼仪之争"而烟消云散。众所周知，"礼仪之争"最初由在华天主教传教士不同派别之间的争论引起，但不久就将罗马教廷和清政府卷入其中。教会内部的"礼仪之争"较为复杂，此处不论。

---

① 徐宗泽：《中国天主教传教史概论》，第164～166页。
② 徐宗泽：《中国天主教传教史概论》，第6～8章。

使康熙帝与罗马教廷之间形成严重对立的"礼仪之争"，集中于是否允许中国教徒祭祖、祀孔，其实质在于是维持还是废止利玛窦以来实行的天主教义中国化的策略和方法。康熙帝不容外国宗教势力干涉中国的文化习俗，并保护坚持既往原则的耶稣会士。教皇克莱蒙特十一世（Clement XI）则坚持1704 年教廷发布的"禁约"，禁止中国教徒遵从祭祖、祀孔等传统习俗。"礼仪之争"的结果是康熙帝逐步采取禁教政策。其在康熙四十六年（1707）的谕令中说："自今而后，若不遵利玛窦的规矩，断不准在中国住，必逐回去。"[1] 其后随着争端的不断升级，康熙帝采取的措施也愈加严厉。到康熙五十九年，为教廷使者携来的强硬而无礼的禁约文书所激怒，康熙帝终于批示说："以后不必西洋人在中国行教，禁止可也，免得多事。"[2] 康熙帝以后的雍正、乾隆、嘉庆、道光诸帝出于同样的原因，采取愈益坚定的禁教政策，基督教在中国的传播由此失去合法地位，成为清政府取缔和打击的对象。这是新教传教士开始来华活动之时所面临的严峻政治形势。

天主教传教士的活动在清廷采取严禁政策后转入地下，但并没有停止。雍、乾、嘉、道诸朝不断发生的查禁事件，可以从反面证明这一点。[3] 乾隆朝开始实行的闭关政策实际上难以彻底执行。据有关统计，1810 年天主教共有 3 个在华主教区、3 个代牧区、6 名主教、2 名主教助理、23 名传教士、80 名本土神父，在中国 18 个行省及东北地区进行秘密传教活动，全国天主教徒约 21.5 万人。[4] 1839 年的数字是 8 名主教、77 名传教士、144 名本土神父，中国的天主教徒达 30 万人左右（表 1-1）。[5] 天主教势力在全国十几个省份仍拥有相当有组织的传教系统。关于鸦片战争前后天主教在中国的势力，还有其他一些不同的数字，但大体上相近。[6] 这种情况意味着，当新教传教士初到中国之时，天主教势力在中国已有了数百年赓续不断的传教史（从明代算起），其信徒的数目亦相当可观。这在为新教传教士起到某种"示范"作用的同时，更使他们感受到一定的压力。因为在清廷实行禁教政

① 陈垣辑录《康熙与罗马教皇使节关系文书》（二），故宫博物院 1932 年影印本。
② 陈垣辑录《康熙与罗马教皇使节关系文书》（十四）。
③ 张力、刘鉴唐：《中国教案史》，四川社会科学院出版社，1987，第 154～214 页。
④ *The Chinese Repository*, vol. 1, p. 443.
⑤ *The Chinese Repository*, vol. 13, p. 595.
⑥ 参见 Latourette, *A History of Christian Missions in China*, pp. 182–183.

策时期和五口通商时代，外来宗教的活动空间是十分有限的，新教传教士在
想方设法对抗清政府禁令和限制政策的同时，还必须与天主教势力展开
竞争。

表 1-1　1839 年中国天主教情况

单位：人

省份	主教	欧洲神父	本地神父	天主教教徒
广东、广西		9	30	52000
河南、江南		?	?	40000
直隶、山东		?	?	50000
浙江、江西		?	?	9000
山西、湖广	4	10	15	60000
福建、台湾	2	5	9	40000
四川	2	9	30	52000
合计	8	57	114	303000

注：河南、江南、直隶、山东、浙江、江西数省计有 24 名欧洲神父、30 名本地神父，属遣使
会，但其确切分布情况不详。

卫青心统计 1845 年中国天主教徒人数为 253000 人。

麦都思提供的数字：1810 年中国天主教徒人数为 215000 人；1833 年澳门主教区信徒 13090 人。

资料来源：卫青心《法国对华传教政策》下卷，黄庆华译，中国社会科学出版社，1991，第
488 页，"1845 年中国的天主教传教区状况表"；Walter H. Medhurst, *China: Its State and Prospect.*
London: John Snow: 1838, pp. 244 – 245.

俄罗斯东正教自 17 世纪开始到中国活动，并很快在中国北方形成了一
定的势力。在天主教遭到禁止的年代，东正教仍然可以在北京合法地活动。
从新教在华传教史的整个过程来看，东正教在中国的存在也是应当考虑的背
景因素之一。但就本书讨论的这个时期而言，其影响尚不明显。

"福音奋兴"与新教传教运动

当大批天主教传教士络绎东来之际，欧洲正经历着意义深远的宗教改革
运动，新教由此产生。根据西方基督教史家的看法，在精神上对近代新教传
教运动的兴起有重大影响的是 17、18 世纪被称为"福音奋兴运动"
（Evangelical Revival）的宗教热潮。这次奋兴运动包括欧洲大陆的虔敬派运
动、英国的福音奋兴运动和美国的"大觉醒"运动，深刻影响了基督教世
界特别是英国和北美英语民族的宗教和精神生活。福音奋兴运动的高潮在

18 世纪中叶，但其影响及于 18 世纪末。著名基督教史家威利斯顿·沃尔克（Williston Walker）指出："福音奋兴运动的最重要成果之一是近代新教传教事业的兴起。"① 后来在中国颇有影响的新教派别，如循道宗、浸礼宗、长老宗、归正宗、公理宗等均卷入其中。从 17 世纪后期开始，欧洲就陆续形成了一些以向海外非基督教民族传教为目的的新教传教团体。这里只想简单地追溯两个较早成立并且后来在中国影响较大的新教差会，即伦敦传教会和美部会形成的情况。

1792 年，鞋匠出身的威廉·卡瑞（William Carey）创立了英国浸信会（Baptist Missionary Society），该会很快向印度等地派出了传教士。受其影响，英国的公理会、长老会等派别也行动起来，为成立一个联合的传教团体制造舆论，并进行其他准备。1795 年 9 月 21 日，英国国教会、公理会和长老会的领袖人物在伦敦集会，决议成立伦敦传教会（London Missionary Society），一般中文著作简称为"伦敦会"。其后的大会做出决议，规定开展超宗派（non-denominational）的海外传教活动为该会的基本原则，宣称"唯一目的是在异教徒和其他蒙昧民族中传播基督的知识"。② 大会还选出其领导机构。随后又多次举行会议，制定计划和各种规章制度，该会传教士米怜曾对其宗旨和组织原则进行过一段阐述。他认为发起者成立伦敦会的旨趣，不是要将它办成国教会或公理会、长老会的海外传教差会，"而是要将它们结合在一起，使其不带有任何一个单独教派的特征"。因此，它的事务就不是由哪一个教派的机构来决定，而是"由一个理事会来管理，该理事会的成员每年一次从英格兰和苏格兰的两个国教会，各不从国教者的团体，以及该会所派出的，分别来自国教会、长老会、路德会和一些不从国教团体的传教士中选拔"。③ 1796 年 8 月，该会派出第一批传教士前往南太平洋的塔希提岛。之后，东亚、南洋、非洲等地都成为它的传教区域。伦敦会自成立之日起，一直是影响最大的新教差会之一。

---

① 威利斯顿·沃尔克：《基督教会史》，孙善玲等译，中国社会科学出版社，1991，第 595 页。
② 1815 年该会理事会致第 21 次大会的报告，转引自 Murray Rubinstein, *The Origins of the Anglo-American Missionary Enterprise in China, 1807–1840.* Lanham, MD: The Scarecrow Press, 1996, pp. 54–55.
③ William Milne, *A Retrospect of the First Ten Years of the Protestant Mission to China.* Malacca: Anglo-Chinese Press, 1820, pp. 5–6.

美国继 18 世纪中叶的"大觉醒"（Great Awakening）后，在 18 世纪末又开始出现"第二次大觉醒"。这一次宗教热潮遍及整个美国，在 1800 年前后达到高潮。"第二次大觉醒"直接导致了美国传教机构的产生。① 18 世纪的最后几年，纽约、马萨诸塞、康涅狄格等地出现了地方性的传教团体。宗教界对传教的热情空前高涨，有关舆论宣传在新英格兰地区尤为突出，一些神学院和大学的学生对传教表现出异乎寻常的兴趣。从 1806 年开始，威廉学院的一批学生以塞缪尔·米尔斯（Samuel Mills）为首，经常聚集在一起，对"亚洲的道德黑暗"表示"悲哀"，探讨"向那个遥远的大地传送福音"。1808 年，这批学生组织了一个"兄弟会"，宗旨是"在其成员中建立一个或几个向异教徒传教的团体"。② 1810 年 6 月，马萨诸塞的公理会领导机构在布拉福德（Bradford）开会时，收到一封以米尔斯为首的四名学生签名的信，信中表示他们志愿赴海外传教，希望能得到美国成立的传教会的支持，否则将向欧洲的传教团体求援。③ 6 月 29 日，与会公理会领导人议决成立正式的传教机构，美部会（The American Board of Commissioners for Foreign Missions）于是诞生。9 月 5 日，美部会第一次会议在康涅狄格的法明顿（Farmington）举行。会上的一段布道词宣称："当千百万人因未闻救主的福音而死亡，而上帝年轻信徒怀着热切的愿望准备将救赎的福音带给他们之时，我们还有理由任由那千百万人走向灭亡，听任这些信徒的热切愿望冷却消散吗？"④ 美部会虽然由公理会创立，但与伦敦会一样是一个跨教派的（inter-denominational）传教机构。其决策机构叫"咨询委员会"（Prudential Committee），设在波士顿。该委员会由公理会、长老会和归正会的著名人士以及热心传教事务者组成，一般在 12 人左右，每周举行一次会议。在这个委员会之外，设有一名秘书负责日常事务。这个秘书虽然在委员

① 关于美国的"第二次大觉醒"及其对传教运动的影响，参见 Clifton J. Phillips, *Protestant American and the Pagan World, Background of American Foreign Missions*. Cambridge, MA: Harvard and East Asian Research Center, 1969, Chap. 1.

② William E. Strong, *The Story of American Board*. Boston: American Board of Commissioners for Foreign Missions, 1906, p. 7.

③ Strong, *The Story of American Board*, pp. 4 - 5.

④ Joseph Tracy, *History of the American Board of Commissioners for Foreign Missions*. Boston: The American Board Press, 1842, p. 24.

会会议中没有表决权，但实际上掌管该会的所有活动，具有决定性的权力，是美部会的实际领导人。① 美部会成立后不久就派加德生（Adoniram Judson）到英国与伦敦会联络，磋商双方合作向亚洲派遣传教士之事，但为伦敦会婉拒。② 1812 年 2 月，美部会首批四名传教士离开美国前往印度。

除以上两个传教机构外，越来越多的欧美新教差会在 19 世纪早期纷纷成立。至 1851 年，来华新教差会共 19 个。③

以上简单地讨论了新教来华传教的宗教和宗教史背景。如果完全抛开这种背景来研究近代新教来华传教运动，就难以得出真正客观、公正的评价。同样，如果仅仅从宗教的角度讨论近代新教来华传教运动的历史背景，像欧美史家和宗教界的一些著作所述的那样，也难以全面认识这个运动的本质和历史特性。资本主义在近代欧美的兴起，地理大发现后西方殖民侵略势力对外进行的政治、经济和文化扩张为传教活动提供了空前的动力，提供了技术上和经济上的条件，提供了政治保证，但殖民主义在世界各地的扩张在很大程度上得益于传教士的帮助与配合。传教士带着《圣经》，搭乘络绎于海路的商船，与西方强国全副武装所向披靡的炮舰一起到达落后的"异教徒国家"，这是近代基督教传教史的经典场面。沃尔克评论道："英国传教士特别（喜欢）到英帝国提出领土要求的那些地区工作。"④ 这一评论可谓言简意赅。实际上，美国传教士也特别喜欢到美国有重要利益的那些地区去传教。我国学术界对西方殖民扩张作为传教士东来的重要历史背景这一点一向比较强调，已有充分的认识，这里就不展开论述了。

还应该提到的是 19 世纪初期中外关系的状况，因为这种关系决定了新教在华传教运动开初阶段的基本环境。不过，清朝的闭关政策，广州一口通商制度，限制外国人活动的规章和严禁基督教传教活动的措施，西方各国对中国政策的不满和它们冲击这种政策的尝试等，我国学术界都已进行过相当深入的研究，在这些问题上已有基本共识。

---

① Edward V. Gulick, *Peter Parker and the Opening of China*. Cambridge, MA: Harvard University Press, 1973, pp. 135 - 136.

② Strong, *The Story of American Board*, pp. 10 - 11.

③ 见本书附录。

④ 威利斯顿·沃尔克：《基督教会史》，第 631 页。

二　马礼逊来华及其活动

从严格意义上来说，马礼逊来华并不是新教在华传教事业的开始。
1624~1662年，荷兰殖民者占据中国台湾，并于1626年开始向台湾派遣传
教士。这些荷兰传教士进行的活动有一定的成绩，据说在台湾发展了数千名
信徒，开办了学校，其活动持续到荷兰人被逐出台湾之时。① 此后，欧陆和
英国新教团体时有向中国传教之议。② 到19世纪初，向中国派遣新教传教
士渐渐成为英国宗教界关注之事。

马礼逊与伦敦会

马礼逊经常被视作新教来华传教的第一人，是因为从他开始，新教在中
国广袤的内陆传播，并在长达一个多世纪的时间里经历了不间断的扩张，形
成了相当的规模。而且作为一名传教士，马礼逊对新教在华传教史的影响是
很少有其他传教士能与之比肩的。相比之下，荷兰传教士在台湾的活动，到
郑成功收复台湾后便了无痕迹。

1782年，马礼逊生于英国北部诺森伯兰郡（Northumberland）。其父詹
姆斯·马礼逊（James Morrison）是当地的农民，马礼逊为幼子。1785年，
老马礼逊因患足疾举家迁往纽卡斯尔（Newcastle）另谋生计。据一位马礼
逊的传记作者说，在这里，年幼的马礼逊与年龄相仿、后来发明蒸汽机火车

---

① 关于荷兰传教士在台湾早期活动的情况，参见 *The Chinese Repository*, vol. 20, pp. 541 – 545;
Latourette, *A History of Christian Missions in China*, p. 209; Charles Gutzlaff, *Journals of Three
Voyages Along the Coast of China in 1831, 1832 & 1833*. London: Frederick Westley and A. H.
Davis, 1834, p. 164.

② 据说英国公谊会（又称"教友会""贵格会"）创始人乔治·福克斯（George Fox）1661年曾
声言："可以召集一些教友去中国出版《圣经》。"福克斯这一年的日记记载，有三名公谊会
的成员试图前往中国，但在途中遇阻而还。德国哲学家莱布尼茨也呼吁在中国建立超教派
（undenominational）的新教教会，引起了一些注意，但并没有哪个组织派出传教士。1798
年，英国的威廉·莫斯雷（William Moseley）发表文章吁请人们重视《圣经》的汉译与传
送问题，并提醒人们注意在大英博物馆有部分《新约》的中译手稿。成立于1804年的英国
与海外圣经会（British and Foreign Bible Society）在其第一份报告中就提请注意这份手稿，
并考虑将其印刷发行。英国圣公会传教会（Church Missionary Society）在1801年也开始考
虑向中国派遣传教士。Latourette, *A History of Christian Missions in China*, pp. 209 – 210.

的史蒂芬逊相友善。① 老马礼逊笃信宗教，是当地长老会的长老。受其影响，马礼逊 16 岁那年加入了长老会。1801 年开始，他跟随亚当·雷德劳（Adam Laidlaw）牧师学习拉丁文。1802 年，在雷德劳的鼓励下，马礼逊申请进入伦敦的霍斯顿学院（Hoxton Academy）学习神学。他在申请信中表达了想成为牧师的愿望。② 次年，他如愿开始了在该学院的求学生涯。③

霍斯顿学院是当时英国最有影响的非国教神学院。在该学院学习期间，马礼逊开始对海外传教发生兴趣。1804 年 5 月 27 日，他在给伦敦会审查委员会主席亚历山大·沃（Alexander Waugh）的信件中提出申请，表示其第一志愿是到海外"去做传教士"。次日，在寻觅志愿赴海外传教者方面深感不易的伦敦会领导机构约见马礼逊，立即批准了他的申请，并很快送他到伦敦会神学训练机构高斯波特传教院（Gosport Missionary Academy）受训。该院院长宝格（Bogue）认为将《圣经》译为中文是一项重要的工作，应当派遣传教士在中国长期居住，从事翻译。宝格经过观察，认为马礼逊可以承担这项任务，劝他接受伦敦会的派遣。经过一段时间的考虑，马礼逊接受了伦敦会派他到中国传教的决定。④

伦敦会对华传教的决策与不从国教牧师威廉·莫斯雷的呼吁相关，⑤ 而内部推动此事的则是司库约瑟夫·哈德卡索（Joseph Hardcastle）和约瑟夫·雷纳（Joseph Reyner）。⑥ 1805 年 5 月，马礼逊到伦敦出席伦敦会的年会。差会要求他集中时间学习一些专门知识，于是他在 8 月离开高斯波特传教院，在圣巴托罗缪医院（St Bartholomew's Hospital）等处学习医学、天文学知识。此外他还跟一位名叫容三德（Yong Sam-tak，此处采用简又文译法）的中国青年学习中文。容三德当时从广州到伦敦学英文，热心于对华传教事务的莫斯雷在听闻此消息后，到伦敦寻找线索，与伦敦会哈德卡索和雷纳联

① M. Broomhall, *Robert Morrison: A Master-builder.* New York: George H. Doran, 1924. 海恩波：《传教伟人马礼逊》，简又文译，台湾基督教文艺出版社，1987，第 7 页。

② Eliza A. Morrison, ed., *Memoirs of the Life and Labours of Robert Morrison*, vol. 1, pp. 30 – 32.

③ Eliza A. Morrison, ed., *Memoirs of the Life and Labours of Robert Morrison*, vol. 1, pp. 52 – 59

④ Eliza A. Morrison, ed., *Memoirs of the Life and Labours of Robert Morrison*, vol. 1, p. 65.

⑤ 见 Mosely, *The Origin of the First Protestant Mission to China.* 与莫氏通信的包括高斯波特神学院院长宝格（pp. 30 – 33）。小册子中也包括多封莫斯雷与斯当东之间的通信。除小册子中所录通信外，莫氏还在英国散发过其他进行类似的呼吁材料。

⑥ Eliza A. Morrison, ed., *Memoirs of the Life and Labours of Robert Morrison*, vol. 1, p. 67.

系，与马礼逊一同寻访容三德，其时应在 1805 年 8 月。^① 容三德同意教马礼逊中文。此后，在教学中文的同时，二人还到大英博物馆抄录中译《圣经》部分手稿，并从英国皇家学会借抄拉丁文中文字典手稿。^② 这两份手稿后来对马礼逊翻译《圣经》和编纂词典颇有帮助。

伦敦会最初的打算是派遣包括马礼逊在内的三四名传教士组成一个小团体到中国，并打算派一位年资较长、较有经验的传教士负责这个传教团。但除马礼逊外，伦敦会征募其他传教士的努力均告失败，最终只得派马礼逊一人前往。^③ 1807 年 1 月 8 日，马礼逊在伦敦的苏格兰教会被按立为牧师。20日，马礼逊收到两封分别由伦敦会秘书乔治·伯德（George Burder）和司库约瑟夫·哈德卡索署名的信，二人代表伦敦会给他以正式的指示。信中指出，由于他们对中国缺乏了解，难以给他具体明确的计划，要马礼逊自己见机行事。二人建议马礼逊在第一年用尽可能多的时间学习中文，同时利用一切机会"向中国人传授有关西方的知识"，还建议他利用所掌握的数学、天文学等知识达到接近中国人的目的；当他的中文水平达到较高的程度后，他可自行决定留在广州还是到南洋华侨聚居的地区，不管在何处，他随后几年的使命是编纂中文词典和学习指南，并将《圣经》译成中文。^④ 后来的事实证明，马礼逊比较忠实地执行了这个指示。

马礼逊来到广州

伦敦会曾指望让马礼逊搭乘东印度公司的船只，但因当时的东印度公司对传教士怀有戒心，严禁传教士搭乘英国船只到东方，故又决定马礼逊取道美国转赴广州。1807 年 1 月 31 日，马礼逊与前往印度的两名传教士一道，乘船横渡大西洋，4 月 20 日到达纽约。马礼逊在美国逗留了三个星期，在此期间，他想方设法与美国宗教界建立了各种联系。经颇有能量的美国教会

---

① 莫斯雷在其小册子中对此过程有较详细记述，见 Mosely, *The Origin of the First Protestant Mission to China*, pp. 82 - 86. 《马礼逊纪念集》记载其开始跟容三德学中文的时间为 1805 年 8 月。参见苏精《马礼逊与中文印刷出版》，第 11 ~ 12 页。

② Eliza A. Morrison, ed., *Memoirs of the Life and Labours of Robert Morrison*, vol. 1, pp. 77 - 81. 容氏在马礼逊到广州后也回到广州，二人仍有接触，容氏对马礼逊在商馆的居留和译经事业都有帮助。见前书，pp. 167, 265.

③ 参见 Medhurst, *China*, p. 253.

④ Eliza A. Morrison, ed., *Memoirs of the Life and Labours of Robert Morrison*, vol. 1, pp. 94 - 99.

人士的活动，当时的美国国务卿詹姆斯·麦迪逊（James Madison）亲笔致函美国驻广州领事爱德华·卡林顿（Edward Carrington），请他尽一切可能对马礼逊提供帮助。[①] 5月12日，马礼逊携带此信乘坐三又戟号从纽约启程，9月4日到达澳门。他在那里见到了东印度公司大班斯当东（George Thomas Staunton）等。9月8日，他抵达广州。

马礼逊一到广州，就持函往见美国领事卡林顿。卡林顿为他安排了住处。这样，马礼逊作为传教士就开始在广州非法匿居。不久马礼逊为节约费用（伦敦会每年给他200镑薪金），几经搬迁，最后在一间法国洋行住下。

马礼逊此后长期居留在广州和澳门。嘉庆时期，清政府对西方在华传教的戒备持续增强。1805年，北京发生德天赐教案；1811年又发生陕西扶风教案。清朝颁布的禁教法令愈益严厉。在朝廷的重压下，各地官府营造出防范和压制天主教传教活动空前紧张的气氛。[②] 在此背景下，马礼逊的活动只能在隐秘的状态下进行，从清政府的角度来看是非法的。[③] 马礼逊及后来的其他传教士必须在这种状态下从事传教活动，面对随时可至的风险，直至鸦片战争后清廷在通商口岸解除教禁。除了传教士群体面对的这种独特局面，当时西方人普遍抱怨乃至抗议的清政府对外政策，广州商馆区对外人的各种限制，也是传教士群体必须承受的外在环境。外国人被禁止雇请中国人教授中文，更不被允许刻印中文书籍。如果严格遵守这些规定，传教士的使命根本无法履行，而这正是清政府的政策所要达致的效果。

按照伦敦会的指示，马礼逊在中国初期的任务是学习中文。在他离开英国前，伦敦会秘书伯德请求英国皇家学会会长约瑟夫·班克斯（Joseph Banks）将马礼逊介绍给英国商馆的斯当东，请他给马礼逊以方便和照料。[④]

[①]　Eliza A. Morrison, ed., *Memoirs of the Life and Labours of Robert Morrison*, vol. 1, p. 131.

[②]　清朝刑部在1811年制定《西洋人传教治罪专条》，对传教士和教徒的最高刑罚是死刑；对失察或失责官员按责任轻重分别加以处分；不仅惩处西洋传教士和协同传教的中国信徒，而且将信教作为一种恶行正式入罪，这在禁教史上是前所未有的。见《管理刑部事务董诰等奏酌议御史甘家斌所奏之西洋人传教治罪专条折》，陈垣等编《清代外交史料》嘉庆朝（三），故宫博物院，1932，第44～46页。

[③]　传教士群体对此知之甚详。1838年麦都思在书中写道："大约在这一时期（1812年前后），清政府颁布反教谕令。据此，印行宗教书籍、宣讲福音，均面临死罪。" Medhurst, *China*, p. 260.

[④]　Milne, *A Retrospect of the First Ten Years of the Protestant Mission to China*, p. 71.

马礼逊到中国后多次与斯当东联系。斯当东为他介绍了一位名叫云广明（Abel Yun Kwong Ming，音译）的中文教师。云广明是一位山西籍的天主教徒，当时 30 岁，约于 1807 年 10 月开始为马礼逊授课。马礼逊发现，云广明由于在北京与耶稣会士相处时花了太多的时间学习拉丁文，对中国文字反而不甚了了，而他又要求将报酬从每月 10 元提高到 30 元，马礼逊于是在年底便将他解雇。① 他另聘了一位广州本地"有功名"的李先生（Lee Seensang）教他广州话和汉字。李先生也是天主教徒，他的父亲是商人，曾在葡萄牙的一个耶稣会修道院待了 12 年，准备做神父，回国后却结婚生子，成了个商人。马礼逊到广州时，其父的生意已经不好。② 在随后的几年里，马礼逊先后延聘、更换了多名语言教师和助手。③

马礼逊投入了相当多的精力学习中国语言文化。1807 年 12 月，他向伦敦会的哈德卡索报告说，他已经在清政府的禁令之下"偷偷地取得了"四五百本中国图书，内容包括中国语言、宗教、哲学、医药、法律和历史。④ 马礼逊在研习中国语言文字方面取得的进展相当快，1807 年底他已能够向在英国的友人寄送一份广州方言字汇。1810 年，他翻译并雇人刻印了《新约》中的《使徒行传》,⑤ 次年又翻译印刷了《路加福音》。与此同时，马礼逊还在准备编撰中文语法和词典等书。他在 1810 年底一封致友人的信中颇为得意地说："我仅用两年的时间就能用中文写作，而且能用官话和本地土白对话，这让每个人都感到惊讶。"⑥ 马礼逊没有花费太长的时间，就使广州的外国人社区知道，他已成为一位中国语言文化专家。这个身份对他几十年的在华活动起了至关重要的作用。

马礼逊与东印度公司广州商馆

在隐居广州初期，面对各方面困难，他一度想离开广州到南洋活动。适逢在伦敦教他汉语的容三德 1807 年 10 月底回到广州，他得悉马礼逊因非法

---

① Eliza A. Morrison, ed., *Memoirs of the Life and Labours of Robert Morrison*, vol. 1, pp. 153 – 184.

② Eliza A. Morrison, ed., *Memoirs of the Life and Labours of Robert Morrison*, vol. 1, p. 163.

③ 有关马礼逊的中文教师，苏精进行了专门研究，参见氏著《马礼逊与中文印刷出版》，第 55 ~ 78 页。

④ Eliza A. Morrison, ed., *Memoirs of the Life and Labours of Robert Morrison*, vol. 1, p. 183.

⑤ Eliza A. Morrison, ed., *Memoirs of the Life and Labours of Robert Morrison*, vol. 1, p. 293.

⑥ Eliza A. Morrison, ed., *Memoirs of the Life and Labours of Robert Morrison*, vol. 1, p. 293.

居留而感到有精神压力，就向他的雇主、行商谢鳌官说项，准许马礼逊在广州居住。①

马礼逊在到达中国后首先见到的就是东印度公司的大班斯当东，这或许预示了在未来的生涯中他与东印度公司的密切关系。东印度公司对传教士来华一向持冷淡甚至阻挠态度，原因之一是当时清政府厉行禁教政策，外国商行如果与传教士牵连在一起而为清廷所知，势必会对其业务造成不利的影响。然而，东印度公司的大班一旦认识到马礼逊的才能值得他们在一定限度内冒险，他们对马礼逊的态度便有了改变。斯当东从一开始就与马礼逊保持私人关系，并把他介绍给东印度公司特选委员会主席刺佛（J. W. Roberts）。② 刺佛很快注意到马礼逊在中国语言方面展现出的才能。他鼓励马礼逊从事将《圣经》翻译为中文的工作，并答应将为马礼逊编纂英华辞典提供经济上的帮助。1807～1808 年贸易季节结束后，刺佛又邀请马礼逊到澳门的东印度公司商馆休养。马礼逊与特选委员会关系的发展渐渐为他铺平了通向东印度公司商馆之路。

1808 年秋，马礼逊在澳门结识了英国人莫顿医生（Dr. Morton），并与其女儿玛丽·莫顿（Mary Morton）建立了恋爱关系。1809 年 2 月 20 日，马礼逊与玛丽·莫顿结婚。当天，东印度公司聘请他为广州商馆中文译员，年薪 500 英镑，相当于 2000 元③。这不仅使马礼逊在生活上和经济上有了保障，而且使他有了合法居留广州的身份。④ 马礼逊与东印度公司广州商馆长达 25 年的关系从此开始。但东印度公司雇员这一新的世俗身份与传教士作为神职人员的身份从道理上来说是相互冲突的。马礼逊为此专门向伦敦会说明，接受此职可以使他合法地居留广州，进一步掌握中文，减轻伦敦会的经济负担，使东印度公司减少对传教士的敌意等。伦敦会对此表示理解。⑤ 此

① Eliza A. Morrison, ed. , *Memoirs of the Life and Labours of Robert Morrison*, vol. 1, pp. 167, 217.

② Milne, *A Retrospect of the First Ten Years of the Protestant Mission to China*, pp. 11–12.

③ 如无特别说明，本书的元指西班牙银元。

④ Eliza A. Morrison, ed. , *Memoirs of the Life and Labours of Robert Morrison*, vol. 1, pp. 245, 256, 269; 马士：《东印度公司对华贸易编年史（1635～1834 年）》第 3 卷，区宗华等译校，中山大学出版社，1991，第 68 页。

⑤ 海恩波：《传教伟人马礼逊》，第 46～47 页。伦敦会一度担心马礼逊"从此偏离其首要的传教目标"，但后来接受了马礼逊在当时特殊环境下所选择的这一居留策略。Medhurst, *China*, pp. 257–258.

后，马礼逊一直以双重身份生活在中国。一方面，他一直保持着传教士的身份，并因其在传教事务上的影响而在欧美传教士中声誉日隆；另一方面，他又忠实地履行了作为一名东印度公司职员的职责，尽管以后他与东印度公司的关系发生了种种变化，但他始终与它维持着密切的关系。马礼逊的精明之处在于，他不仅能使这两种身份调和一致，还能使之相互补充。

马礼逊是由托马斯·曼宁（Thomas Manning）介绍担任东印度公司译员职务，接替回英国的斯当东的。① 在以后的 20 多年中，马礼逊长期作为译员负责英国商馆与中方的文书往来，并参与特选委员会与中国官员就各类事件进行的谈判，起到不可替代的作用。此外，马礼逊还担负起"将中国语文知识在公司的中国工作人员中更为推广"的工作。1814 年他还提出"商馆应当有些人员学习汉语，并提出一种正规制度"。② 从 1810 年开始，他承担了为商馆的几位雇员教授中文的义务。1826 年，特选委员会对此给予了很高的评价："无论如何，必须永远认为马礼逊博士是把中国语文的途径开辟给他的同仁的主要人物。"③ 此外，马礼逊还为商馆人员提供宗教服务。1812 年，特选委员会主席益花臣（John F. Elphinstone）提出，请他担任商馆的牧师。马礼逊拒绝受薪，义务充任这一角色。④

马礼逊的服务得到了回报。东印度公司董事部在斯当东 1810 年回任后曾想停发给马礼逊的薪俸，但广州的大班深知马礼逊的价值，向董事部要求继续向其支付工资，"作为他担任教员及中国语文临时译员的报酬"。1811年斯当东因健康原因再次离开广州，特选委员会向董事部提出将"汉文秘书一职授予马礼逊，而他的才能在各方面都可以完全保证胜任这个职位的工作"，并把他的薪金提高到每年 1000 英镑。⑤ 付给马礼逊的年薪此后一直维持在 1000 英镑的水平，直至东印度公司广州商馆解散。1823 ~ 1826 年马礼

---

① 曼宁也是当时学习中文的少数几个英国人之一，来广州寻求为朝廷进行天文工作的机会，但其申请被广东当局否决。斯当东回英国后，他一度顶替其工作。后曼宁前往越南，商馆翻译方面的工作他荐马礼逊以自代。马士：《东印度公司对华贸易编年史（1635 ~ 1834年）》第 3 卷，第 68 页。

② 马士：《东印度公司对华贸易编年史（1635 ~ 1834 年）》第 3 卷，第 130、175、208 页。

③ 马士：《东印度公司对华贸易编年史（1635 ~ 1834 年）》第 4、5 卷，第 133 页。

④ Eliza A. Morrison, ed., *Memoirs of the Life and Labours of Robert Morrison*, vol. 1, pp. 355 – 356.

⑤ 马士：《东印度公司对华贸易编年史（1635 ~ 1834 年）》第 3 卷，第 130、161 页。

逊回英国休假，特选委员会所有成员联名写信给东印度公司董事部，请董事部"予以关注"。① 马礼逊返回广州时，东印度公司董事部打算将对他的任用限于三年，使马礼逊感到"对前景相当不安和失望"，特选委员会再次为他力争"永久性的委派"。② 此外，特选委员会对马礼逊编纂、出版《华英词典》等著作，进行《圣经》翻译和印刷，举办英华书院等事业都提供了不可或缺的帮助。

东印度公司对马礼逊的传教活动并非一概反对，特选委员会在一定限度内还会予以支持。但一旦超过了限度，即公司的利益受到传教士活动的威胁，他们就会采取行动来加以限制。1814 年马礼逊被东印度公司解除译员职务一事，就体现了东印度公司的"原则"。此前，马礼逊翻译、印刷了中译《新约》的某些部分 2000 本、传教小册子③10000 本等材料，并加以散发。此事引起中国官府的警觉和追查。从已公布的清朝档案和其他中文史料，以笔者所见，未发现有关记载；但据英文资料、著述，广东官府进行了认真查究，清廷还颁布谕令，嗣后凡印刷中文西教书籍者处以死刑。④ 同时，在伦敦有人将马礼逊印刷的《新约》译本连同伦敦会的有关会议记录，送给东印度公司的图书室主任作为个人赠品。伦敦会为了宣扬其传教士的成绩，以取得各界支持并募得款项，在该会的年度报告中对马礼逊翻译《圣经》等活动大肆鼓吹，称马礼逊为"我们在地球上最重要传教站的最勤勉不懈的传教士"。⑤ 不久，东印度公司董事部注意到这些印刷品，考虑到马礼逊是公司的正式职员，深恐"清政府将以此为借口阻止公司的营业"，于1814 年秋议决解除马礼逊的译员职务，并将其从公司的注册簿除名。这一决议由该公司的商船带到广州，要求商馆的大班宣布执行。同时，东印度公司董事部还将他们的决定通知了伦敦会，由后者向马礼逊解释他被解雇

---

① William John Townsend, *Robert Morrison: the Pioneer of Chinese Mission.* New York: Fleming H. Revell Company, 1860, p. 115.

② 马士：《东印度公司对华贸易编年史（1635～1834 年）》第 4、5 卷，第 133 页。

③ 这里所谓的"传教小册子"，英文为"tract"，或译作"圣书""传道书"，本书按其性质，姑译作"传教小册子"。

④ 海恩波：《传教伟人马礼逊》，第 64、69 页。

⑤ Eliza A. Morrison, ed., *Memoirs of the Life and Labours of Robert Morrison*, vol. 1, pp. 391–392.

的原因。①

1814 年 10 月 14 日，特选委员会主席益花臣与斯当东联名致函马礼逊，信中写道："董事部获悉您在中国印刷出版了《新约》，并将一些传教小册子翻译成中文。嗣后又得知，这些译作的散发引起中国皇帝颁发上谕，要将此类作品的出版者处以死刑。英国对华贸易可能因此遭到严重损害，由此引出的结论是您目前与公司的关系应该终止。"公司还指示他们送给马礼逊4000 元作为酬谢。但是益花臣和斯当东又在信中表示对马礼逊"才能、行为和品格"的高度尊重，表示在接到进一步的命令之前将推迟执行上述命令。马礼逊在回信中极力辩解，否认他的行为给东印度公司造成了损害，并否认违犯了中国的法律。② 他的辩解没有能够改变东印度公司的决定，其正式译员职位还是丧失了。不过，广州的特选委员会仍十分需要马礼逊，希望能继续利用他的语言知识，而马礼逊也继续需要东印度公司这块招牌的保护和那份可观的收入。在此后近 20 年的岁月中，马礼逊继续充当广州商馆的翻译，继续支取数量相同的年薪，与以前不同的只是失去了在东印度公司的正式身份。

马礼逊与东印度公司的长期关系是新教来华传教士中一个特殊的例子。在他之后，极少有人既供职于商业公司同时又保持与差会的正式关系。但是马礼逊的做法也并非没有前例可援。明清天主教传教士供职于中国宫廷，在某种意义上与马礼逊服务于东印度公司是一样的。伯德和哈德卡索给马礼逊的信明确指示，他可以利用数学和自然科学方面的知识在中国获得立足之地，可能是试图借鉴耶稣会士的经验，马礼逊变相地执行了这个指示，运用他在中国获得的语言技能依附于英国的商馆，得以从容实现他在传教方面的计划。

马礼逊的传教活动

虽然马礼逊在中国的许多时光，是在处理中英往来文牍和跟随东印度公司广州商馆的大班来去奔波之中度过的，但他的主要身份还是一名传教士。根据伦敦会的指示，马礼逊来华的具体目标是学习中文并翻译《圣经》，这

① Eliza A. Morrison, ed., *Memoirs of the Life and Labours of Robert Morrison*, vol. 1, pp. 418–419；海恩波：《传教伟人马礼逊》，第 70 页。

② Eliza A. Morrison, ed., *Memoirs of the Life and Labours of Robert Morrison*, vol. 1, pp. 414–417.

也是他作为传教士取得的主要成绩所在。1817 年，为了表彰马礼逊的成就，英国格拉斯哥大学授予他神学博士学位。①

马礼逊所从事的与传教事务直接有关的文字工作，还包括用中文翻译、写作并刻印、散发一些宗教宣传品。除从 1810 年起陆续刻印他翻译的《新约》各部分外，他还翻译和编写、刻印了一些传教小册子，如《神道论赎救世总说真本》（1811）、《问答浅注耶稣教法》（1812）、《古时如氏亚国历代略传》（1815）、《养心神诗》（1818）、《古圣奉神天启示道家训》（1832）等，分别在广州、澳门、马六甲等地出版。② 同时，他还花费了相当多的精力，利用其他传教士和中国雇工在中国本土和南洋散发这些传教小册子。

伦敦会以中文学习和《圣经》翻译为马礼逊的首要工作，起初并未要求他招纳信徒，建立传教组织。但作为一名传教士，马礼逊并不满足于仅仅成为一个为教会服务的翻译家和汉学家，他依然把进行真正意义上的直接传教活动作为他的主要人生目标之一，即使他在这方面的影响难以与他在上述两方面的成就相提并论。伦敦会早期另一位来华传教士米怜说，该会在华传教事务的"近期目的并不是宣道，但宣道是一个明显需长期准备而希望达到的目标；而且本会（给马礼逊）的指示并没有说个人不能尽快地进行口头传教，毋宁说这正是他们所热切期望的"。③

刚到广州不久，马礼逊就在给伦敦会的信中鼓吹要重视对华传教，"要始终考虑到千百万未闻我主耶稣的中国人的可悲境况"。他建议伦敦会考虑在中俄边境地区采取行动，因为那里是中外商贾出入之地。他刚安顿下来，就开始想"设法在礼拜日召集到几个中国人——两个或三个，向他们讲论关于耶稣的事"，尽管这样做要冒被发现、被驱逐的危险。④ 这一计划最初是在他雇用的中国人中间实施的。他的妻子后来记述道，"几乎从他开始定居中国之时起，马礼逊先生就努力引起其中国助手和仆人对礼拜日之事的注意"，他向他们宣扬"崇拜上帝"，又尽力诱使他们与他一起唱圣歌、祈祷。

---

① Eliza A. Morrison, ed., *Memoirs of the Life and Labours of Robert Morrison*, vol. 1, pp. 501 - 502.

② Alexander Wylie, *Memorials of Protestant Missionaries to the Chinese: Giving a List of Their Publications and Obituary Notice of the Deceased with Copious Indexes.* Shanghai: American Presbyterian Mission Press, 1867, pp. 4 - 7.

③ Milne, *A Retrospect of the First Ten Years of the Protestant Mission to China*, p. 81.

④ Eliza A. Morrison, ed., *Memoirs of the Life and Labours of Robert Morrison*, vol. 1, pp. 166, 181.

这样的活动一直"持续到他生命的最后时刻"。① 不过他始终难以把他这种活动的范围在实质上加以扩大。他在 1808 年时只能向他的受雇者读《圣经》，使他的私人教师和仆役与他一起做祈祷，布道演说也"只能向一人或两三人发表"。② 人数比较多的记录是，1814 年 1 月 2 日"聚集了 8 名异教徒，进行祷告并讲道"；4 月 9 日，又向 13 个人宣讲《马太福音》第三章。③ 正如伦敦会的另一名传教士麦都思所说，马礼逊此类活动的范围"仅限于与他同住的人，以及前来听他讲道的少数几个邻居"。④ 文化、信仰、语言等多方面的隔阂所导致的这种情况，到他去世时也没有大的改变。⑤

由马礼逊施洗入教的第一个中国人是蔡高（Tsae A-Ko）。蔡高在 1807年就与马礼逊相识，其后与他的哥哥蔡宪（Tsae A-Heen）一起为马礼逊刻印中文《新约》。⑥ 蔡高在刻印《新约》的过程中，渐渐认为"耶稣的功绩足以拯救万世万国之人"。1814 年上半年的某个时候，他向马礼逊表示希望受洗，并写了一篇表达其信仰基督教的忏悔书给马礼逊。马礼逊先是认为他的品性不太好，一度想辞退他，后经考察，觉得他的向教之心颇为真诚。⑦7 月 16 日，马礼逊在澳门为蔡高施洗。蔡高成为新教传教士在中国吸收的第一个信徒。他 1818 年死于结核病。⑧

经马礼逊施洗入教的中国信徒还有梁进德⑨、屈昂⑩和曾在马六甲英华

---

① Eliza A. Morrison, ed., *Memoirs of the Life and Labours of Robert Morrison*, vol. 1, p. 197.
② Eliza A. Morrison, ed., *Memoirs of the Life and Labours of Robert Morrison*, vol. 1, pp. 226 – 238, 290 – 291, 360 – 361.
③ Eliza A. Morrison, ed., *Memoirs of the Life and Labours of Robert Morrison*, vol. 1, pp. 401, 405. 米怜曾在致马礼逊的信中提到"你的华人会众较我们（马六甲）为多"。Eliza A. Morrison, ed., *Memoirs of the Life and Labours of Robert Morrison*, vol. 2, p. 13. 这当是马礼逊告诉他的信息。
④ Medhurst, *China*, p. 265.
⑤ 他在 1827 年的一封家信中说："我经常为我们在劝化异教徒方面进展如此之小而悲伤。"Eliza A. Morrison, ed., *Memoirs of the Life and Labours of Robert Morrison*, vol. 2, p. 379.
⑥ 关于蔡氏兄弟的姓名，因无相关中文资料留存而难以确定，这里所用为音译。
⑦ Eliza A. Morrison, ed., *Memoirs of the Life and Labours of Robert Morrison*, vol. 1, pp. 408 – 409.
⑧ 有些著作说蔡高死于 1819 年，这里依米怜的说法，参见 Milne, *A Retrospect of the First Ten Years of the Protestant Mission to China*, p. 127.
⑨ Liang Tsin-deh，梁发之子，1823 年 11 月 20 日受洗，当时只有一岁多。Eliza A. Morrison, ed., *Memoirs of the Life and Labours of Robert Morrison*, vol. 2, p. 225.
⑩ Kew A-Gong，1830 年受洗。Eliza A. Morrison, ed., *Memoirs of the Life and Labours of Robert Morrison*, vol. 2, p. 433. 有的文献认为屈昂是由梁发施洗入教的，参见 Medhurst, *China*, p. 274;《中华最早的布道者梁发》,《近代史资料》1979 年第 2 期，第 167 页。

书院任汉文教师的朱先生（Choo Seen-sang）。朱先生名叫朱靖（Choo Tsing），早在英华书院执教时就希望入教，但他曾有一个马礼逊不能容忍的习惯，即吸食鸦片，1832 年受洗时已戒瘾。[1] 1832 年马礼逊和裨治文合撰的《告欧美等地教会书》中说，"迄今只有 10 人领洗"，其中包括被列入"中国传教团"的梁发、屈昂和李阿新（Lee Asin）。[2] 梁发在 1834 年给美部会的一封信中，列出了除他自己之外的 12 名中国信徒的姓名，其中有些是马礼逊在广州施洗的，梁发自己作为"布道者"也为几个人施洗。[3] 马礼逊在几十年传教士生涯中吸收的信徒数量是有限的。[4]

马礼逊在传教方面所做的一项比较重要和较大影响的工作，是策划成立恒河外方传教团（The Ultra-Ganges Mission）。

三　恒河外方传教团与伦敦会的传教策略

米怜在南洋的活动

1813 年 7 月 4 日，伦敦会派往中国的第二名传教士米怜抵达澳门。米怜 1785 年生于苏格兰，1804 年加入公理会，1809 年决定做传教士，即与伦敦会建立正式关系，并进入高斯波特传教院学习。1812 年 7 月，米怜从该学院毕业，被按立为牧师。8 月，米怜携新婚妻子前来中国。马礼逊在孤寂中一直期待伦敦会增派传教士来华，因此对米怜的到来感到非常兴奋。在澳门迎接米怜夫妇登岸后，马礼逊前往谒见葡萄牙总督，请求准许米怜夫妇在澳门居留。但受澳门天主教势力的影响，澳葡当局不允许身为新教传教士的

---

[1]　Eliza A. Morrison, ed., *Memoirs of the Life and Labours of Robert Morrison*, vol. 2, pp. 463-484.

[2]　Eliza A. Morrison, ed., *Memoirs of the Life and Labours of Robert Morrison*, vol. 2, p. 472.

[3]　这些人的姓名为：Le She（李氏，梁发之妻），Leang Atih（梁阿德，即梁进德，梁发之子），Leang Achin, Leang Asun, Leang Atauo, Le Asin, Chow Asin, Woo Achang, Ashun, Afuh, Lew Chechang, Rouh Agang。*Missionary Herald*, vol. 31, p. 230. 从这份名单来看，这些信徒大都与梁发有关系。参见 Eliza A. Morrison, ed., *Memoirs of the Life and Labours of Robert Morrison*, vol. 2, p. 443.

[4]　卫三畏评论说，马礼逊的"天性对那些吹毛求疵者来说了无趣味，因为他并非活泼喜乐之人，才具单调且学识不广，那些对他的灵魂事业并不关注的人，对他是尊敬多于爱戴"。Frederick W. Williams, ed., *The Life and Letters of Samuel Wells Williams*. New York: G. P. Putnam's Sons, 1889, pp. 70-71.

米怜在澳门居住。澳葡立法局开会议决:"米怜先生不得居留澳门。"7月9日,马礼逊应召到总督署,葡萄牙总督宣布,"容许我们居留将与他们的宗教相冲突",故米怜在澳门居住"是绝对不可能的,他必须在8天内离开",后同意展限至18天。7月20日,米怜不得不离开澳门,乘船到广州,① 其夫人则获准留在澳门马礼逊家待产。

米怜在广州待了几个月,因是非法居留,也无法开展活动。这就促使马礼逊和米怜考虑另寻活动地点。马礼逊初到广州时,面临着各方面的困难,就考虑过转移到南洋某一个华人聚居的地方去,考虑得比较多的地方是槟榔屿。在依附于东印度公司而站稳脚跟后,他仍怀有寻找一个"僻静之地"作为能联络各方的永久性传教中心的希望。② 他曾写道:"既然我们不能在此地居留,那就应当在别的地方建立一个恒河外方传教团的耶路撒冷,我们需要一个总部,作为集会商讨之所,从那里派出人员前往各地,并可以为患病或年老的传教士提供一个休养或退隐之地。……我们还要设立一所学校让当地人和欧洲人接受教育。……在那里,我们将有一所中文书院和一个恒河外方传教团的印刷所。"③ 此时米怜所遇到的问题再一次把到南洋寻觅传教据点之事提上议事日程。1813年11月,马礼逊和米怜商量决定,米怜前往马来半岛各埠散发马礼逊刻印的《新约》和其他传教小册子,同时考察各地情况,寻找一个适合来华传教士居留和活动的"宁静和平的隐修之地",将来适合向华人传教的地点,以及拥有在爪哇和槟榔屿刻印书籍之便利条件。④ 为了米怜此行,马礼逊专门印制了中文《新约》和一些传教小册子。这项大规模的印刷活动是在清政府禁令之下,在十分紧张的气氛之下完成的。正是这些出版物,后来导致了东印度公司将马礼逊解雇。

1814年春,米怜动身前往南洋,先后到班加(Banca)、巴达维亚、爪哇、马六甲等地,携带并散发2000份《新约》、10000份传教小册子和5000份教理问答,⑤ 进行布道,学习中文,活动了近7个月。9月5日,米怜回

---

① Eliza A. Morrison, ed., *Memoirs of the Life and Labours of Robert Morrison*, vol. 1, pp. 364 – 368.

② Milne, *A Retrospect of the First Ten Years of the Protestant Mission to China*, pp. 136 – 137.

③ 海恩波:《传教伟人马礼逊》,第65~66页。

④ Milne, *A Retrospect of the First Ten Years of the Protestant Mission to China*, p. 112.

⑤ Milne, *A Retrospect of the First Ten Years of the Protestant Mission to China*, p. 113.

到广州。这时他仍然面临随时被发觉而遭押解出境的可能，到澳门则又要面对葡萄牙人禁止居住的问题。他从南洋回来时曾希望葡萄牙人会解除对他的禁令，但事实证明这只是一厢情愿，因此"米怜先生不能再在澳门逗留"的前景迫使马礼逊和米怜必须做出最后的决定。① 他们考虑过华人众多、交通方便，当地政府又支持传教事务的爪哇。但最后他们认为，马六甲是理想的地点。那里的华人虽然不多，但离中国距离较近，且位处海上地理要冲，与南洋各华人聚居地联系方便，与广州和印度都有经常性的商船来往。它可以成为联络周边各国传教士的传教中心站的所在地，也是设立一所研习中文、马来文和"恒河以东地区其他各种语言"书院的最合适地点。他们甚至考虑到，马六甲可以为生病或退休的传教士及他们的遗孀、孤儿等提供休养之地和避难之所。而且，当地的殖民政府（先后为英国和荷兰）对新教传教事业也比较支持。② 这样，交通便利、由支持新教传教事业的白人政府治理的马六甲就为他们所选定。后来，马礼逊自己甚至也不想继续在华南做孤独的努力而转移到马六甲。1817 年，他在写给伦敦会秘书的信中说："我想去马六甲帮助那里的传教团，同时编写词典和翻译（《圣经》）。……在度过十年的焦虑岁月后，我希望退隐到一个宁静之地，在那里我可以公开地追求自己的目标。此地（广州）是一个令人厌倦之地，是一个与宗教社会真正隔绝的地方。"③

马礼逊和米怜向伦敦会理事会报告建立恒河外方传教团的计划。所谓"恒河外方"是指恒河以东的广大地区，按马礼逊、米怜等人的说法，这些地区包括中国、中南半岛、南洋、日本、琉球、朝鲜等地。他们在报告中说道："中国的现状使我们难以进行印刷及其他几种与传教有关的事项，甚至个人的居留也不能确定。因此我们需要在某个由欧洲新教国家政府治理的地方，寻求一个靠近中国，能够提供更合理的长久前景和方便条件的地点作为我们中国传教团（Chinese mission）的基地。在那里，我们叮以更有效地为

---

① Milne，*A Retrospect of the First Ten Years of the Protestant Mission to China*，pp. 119，135.

② Milne，*A Retrospect of the First Ten Years of the Protestant Mission to China*，pp. 135 – 136；Eliza A. Morrison，ed.，*Memoirs of the Life and Labours of Robert Morrison*，vol. 1，p. 384.

③ 马礼逊致伯德，转引自 Brian Harrison，*Waiting for China*：*The Anglo-Chinese College at Malacca*，*1818 - 1843*. Hong Kong：Hong Kong University Press，1979，pp. 32 – 33.

进入中国做准备，直至神为我们打开中国之门。我们认为马六甲是适合上述目的的地方，因此我们决定由米怜先生前往该地创立传教团。"报告提出，由米怜在马六甲购买或租赁地皮建立传教基地，该传教基地将主要以推进在中国的传教事务为目标，兼及其他国家的传教事务。马礼逊和米怜还提出了在马六甲设立一所培养传教士的免费中文学校，开办印刷业务，建立礼拜堂，发行一份中文月刊和一种英文杂志的设想。①

1815 年 4 月 17 日，米怜和他的家属，连同他的私人教师兼助手和刻工梁发一起离开中国。6 月初他们抵达马六甲，米怜很快就开始了创建恒河外方传教团的活动。从 1815 年至 1822 年去世，米怜一直在马六甲活动，其间只有两次再到中国本土。在这 7 年中，米怜花费了相当多的时间在马六甲的华人及马来人中从事各种形式的传教工作，同时比较刻苦地学习中文。在对中文基本掌握后，米怜协助马礼逊翻译了《旧约》的一部分，并编写、刻印、散发了多种传教小册子。他还主持开办了中、英、马来文印刷所，印刷《圣经》和其他传教资料。1815 年底，经米怜的努力，恒河外方传教团图书馆在马六甲建成并对外开放。②

除了以上这些日常活动，米怜按照给伦敦会理事会的上述报告，积极进行与恒河外方传教团有关的事务。

马礼逊和米怜计划的第 4 条，是在马六甲创办一份中文月刊。米怜很快就将这一设想付诸实施。1815 年 8 月 5 日，《察世俗每月统记传》(*Chinese Monthly Magazine*) 在马六甲创刊。从 1815 年创刊到 1822 年米怜去世，《察世俗每月统记传》前后共发行了 7 年，一直由米怜负责编辑，他同时还是主要撰稿人。伦敦会的其他传教士如麦都思等，在有了一定的中文基础后也为该刊撰稿。该刊以普通下层群众为对象，主要内容为阐释教义，也刊登一些科学知识。

马礼逊与米怜关于恒河外方传教团计划的第 8 条是在马六甲"编印一种小型的英文期刊，用以促进印度（原文如此）各处本会传教团之联合与

---

① Eliza A. Morrison, ed., *Memoirs of the Life and Labours of Robert Morrison*, vol. 1, pp. 385 – 387; Milne, *A Retrospect of the First Ten Years of the Protestant Mission to China*, pp. 137 – 139.

② Robert Philip, ed., *The Life and Opinion of the Rev. William Milne*. London: John Snow, 1839, p. 215.

合作，并促进基督教道德及其实践"。① 1817 年 5 月，《印中搜闻》（*The Indo-Chinese Gleaner*，或译印支搜闻）在马六甲创刊。这份英文季刊也由米怜编辑，米怜也是主要撰稿人。米怜为它确定的宗旨是，报道和刊登"来自中国及其周边国家的各种消息；各种有关印支国家历史、哲学和文学的介绍；中文和马来文作品的译作；关于宗教的文章；关于在印度的各传教团所取得进展的记述；以及基督教的一般状况"。② 从该刊的内容来看，它是以报道和研究中国的现状、历史、文化和基督教在华传教的情况为主的期刊。

米怜等之所以十分重视这两份期刊，是因为他们认识到在中国这样一个有着悠久的、与西方截然不同的文化传统的国家传播基督教，必须从最基本的事情做起。为此他们投入巨大的精力、金钱，以罕见的耐心，不疾不徐地构筑基础，等待"进入中国"。在这方面又一个典型的事例，是米怜和其他伦敦会的传教士在马六甲举办教育活动，设立英华书院。

1815 年 8 月 15 日，《察世俗每月统记传》创刊的那天，米怜在马六甲开办了一所免费的中文男童学校。这可以看作新教传教士举办中文教育事业的开端。由于当时在马六甲的华人主要是福建移民，这个学校聘请了一位以前的塾师用福建话教学。次年米怜又开办了一所广东话学校。到 1816 年，这两所学校的学生总数达到 80 人。③

但这两所学校都只是属于初等教育的范畴，并非马礼逊和米怜报告书上所说的中文学校。长期以来，马礼逊的想法是开办一所中文书院（Chinese college），其短期目标是"推进英国与使用中文作为书面语言的国家之间友好的文化交往"，在宗教方面发挥作用则是下一步的目标。④ 1818 年，马礼逊捐出 1000 英镑，这是书院得到的第一笔捐款。马礼逊还承诺今后 5 年每年捐助 100 英镑。1818 年 1 月 2 日，在马礼逊和米怜拟订的《恒河外方传教团临时委员会决议补充条款》中，他们提出，以伦敦会的名义拨出马六甲恒河外方传教团地产的一部分，兴建英华书院（Anglo-Chinese College）。⑤

---

① Eliza A. Morrison, ed., *Memoirs of the Life and Labours of Robert Morrison*, vol. 1, p. 386.

② Philip, ed., *The Life and Opinion of the Rev. William Milne*, p. 267.

③ Philip, ed., *The Life and Opinion of the Rev. William Milne*, p. 186; Harrison, *Waiting for China*, p. 24.

④ Harrison, *Waiting for China*, p. 34.

⑤ Eliza A. Morrison, ed., *Memoirs of the Life and Labours of Robert Morrison*, vol. 1, pp. 506 – 509.

1817 年底和 1818 年初,马礼逊分别致函伦敦会秘书伯德和伦敦会理事会,一再提出建立英华书院的设想。他说明建立书院的目的是"向中国青年教授英语和基督教原理,特别为传教士和其他人士提供中国语言和文化方面的教育"。[①] 经过马礼逊和米怜的共同努力,英华书院在 1818 年 11 月 1 日正式开办。

1819 年,米怜还在马六甲的华人中组织成立了一个慈善救济团体——呷地中华济困疾会。他在阐述该会宗旨的《济困疾会题引》中说:

> 盖闻众擎可以易举,集腋可以成裘。有济人之心,而后有济人之事者。固不可不有同心为善之人,协力而成其事也。愚观呷地之唐人,富厚殷实者少,贫穷困苦者多,心实怜之。而贫穷困苦之中,又更有身耽残疾,竟不能取升斗以度日者,观之愈觉情伤。斯辈苟无仁人躬会以周济之,则其转徙于沟壑者必矣。……无奈绵力微薄,难以支持,因于今立一周济困疾之会,随人力量,任人乐助。每月或出三钫二钫,或十镭五镭。责成忠实无私之人每月出力,照名敛收,存系一处所。每月之初,则尽所有银镭,量人疾苦,斟酌周济。……中国各省寄寓麻六甲好善乐施诸仁人君子同鉴。[②]

从这段文字可以看出,所谓"济困疾会"乃一慈善性质的团体,它的资金来源应是包括华人在内的各界人士的捐赠。米怜所拟的该会《章程》规定,该会救助的对象是老年人、无父母之人、寡妇、被难之人、衰死之人等,而凡不孝、好斗、好嫖、好赌、懒惰之人则不在救济之列。《章程》还就捐款和周济的具体办法做了规定,并就管理各项事务的办法做了详细的说明,如"每年立首事(董事)八人,英国二人,福省三人,广省三人";八人中要选一人为总理,一人为掌贮银镭(财库),一人为"书记簿数";会中事务由诸首事定期开会表决;所余资金可用于投资生息;每年定期核算;等等。总理为米怜,麦都思列名于米怜之后,财库为西心镜(书记

---

① Harrison, *Waiting for China*, p. 35.
② 《察世俗每月统记传》己卯年七月,第 47~48 帙。

可能为华人，笔者所据影印件不清），华人首事有许希贤、陈光鼎、陈素面等。①

呷地中华济困疾会至少在后来的几年中开展了活动。1821 年的《察世俗每月统记传》曾刊出了一份比较详细的捐款者名单，显示以米怜等为首成立的这个慈善团体在一定程度上实现了对当地华人社会的动员。从名单来看，捐资的既有一些商号，也有个人；数量多者三元，少者数仔（元、钱以下的单位）。另外该刊还刊登了一些外国人捐款的消息。② 通过这个团体的组织和活动，米怜等传教士的声望与影响无疑得到了扩大。而马六甲的华人响应米怜等的号召，也意味着他们在心理上已经接受了这几位洋教士。这个慈善团体的活动对救助当地困苦的华人，无疑是一件有意义的公益事业。同时，它对扩大伦敦会的传教活动基础也可以起到帮助作用。

恒河外方传教团的形成

《察世俗每月统记传》《印中搜闻》的发行和英华书院的开办，都是马礼逊和米怜构想的恒河外方传教团事业的组成部分。米怜在马六甲的头两年，通过布道、散发《圣经》和传教小册子、开办学校、发行刊物、建立中英文印刷所、争取得到地产并兴建房舍等活动，已为在马六甲建立伦敦会的传教基地准备了充分的条件。

在马礼逊和米怜的一再要求下，伦敦会派遣麦都思到马六甲，协助米怜监管印刷事务。麦都思 1796 年生于伦敦，受过系统的普通教育和神学教育，加入伦敦会后又接受了印刷业务方面的专门训练。他于 1816 年 9 月离开英国，1817 年 6 月抵达马六甲。经过努力，他精通中文和南洋当地语言，很快成为传教团的重要成员。③ 他的到来使米怜得以从繁重的事务中暂时脱身。8 月 9 日，他与妻子离开马六甲前往中国，9 月 3 日到广州，直至次年 2 月 17 日才返回马六甲。④

米怜在广州与马礼逊相处期间，从事了一些翻译《圣经》和编写传教

① 《察世俗每月统记传》己卯年七月，第 48～53 帙。该章程英译件 1819 年 10 月发表于《印中搜闻》第 10 号。
② 《察世俗每月统记传》壬午年，第 48～50、57、64 帙。
③ Eliza A. Morrison, ed., *Memoirs of the Life and Labours of Robert Morrison*, vol. 2, p. 364.
④ Milne, *A Retrospect of the First Ten Years of the Protestant Mission to China*, pp. 195 - 197; Harrison, *Waiting for China*, p. 31.

材料的工作。对以后有重要影响的事情是马礼逊和米怜拟写了关于恒河外方传教团的文件。1817 年 9 月，即米怜刚到广州不久，马礼逊就和米怜草拟了恒河外方传教团的章程。11 月 2 日，马礼逊和米怜正式起草了一份恒河外方传教团临时委员会决议。这份决议有 15 条，表明了马礼逊和米怜关于恒河外方传教团的基本设想。① 该决议把在中国和南洋的中国人中间进行传教活动作为恒河外方传教团活动的主要内容，其第四条规定："由于在中国的传教活动是（马六甲）传教总部的主要目的所在，而在马来的传教活动在相当长的时期内难以拓展，我们因此认为，除个人膳宿所需外，（马六甲传教总部）建筑物的主要部分应当用于在中国人中间开展传教事务。"② 马礼逊和米怜还向伦敦会报告了近期工作计划，如在马六甲兴建新的房屋作为总部，翻译和印刷《圣经》的具体设想，对日本开展传教活动的建议等。除此之外，这份文件主要是说明恒河外方传教团组成的基础和组织原则。

马礼逊和米怜成立了一个由他们自己组成的临时委员会（Provisional committee），作为恒河外方传教团的最初架构。之所以称为临时委员会，是要表示仅仅他们这两个成员还不足以构成他们设想中的传教团，期待其他传教士的加入。像米怜所说的那样，他们要求由伦敦会派到中国和南洋的所有传教士组成一个整体，而不是处于分散孤立的状态。该决议规定，加入他们的团体以"不违背个人的意愿和造成不便"为原则，又强调"资深的传教士"有对"新来的传教士"进行引导、教育的权威和义务。他们要求来到马六甲的传教士遵守"现有的传教士大家庭的规章"，而不要另搞一套，即要其他传教士在这个大家庭里服从马礼逊和米怜的权威。③

总之，马礼逊和米怜组成临时委员会并公布这一决议的目的，是宣布以向中国和南洋的中国人传教为主要目标的恒河外方传教团从此正式成立，并

---

① Eliza A. Morrison, ed., *Memoirs of the Life and Labours of Robert Morrison*, vol. 1, pp. 503 – 506; Milne, *A Retrospect of the First Ten Years of the Protestant Mission to China*, pp. 199 – 203.

② Eliza A. Morrison, ed., *Memoirs of the Life and Labours of Robert Morrison*, vol. 1, p. 504. 米怜对此解释说，决议中的条文是要表明"马六甲的传教机构起先是专为对华传教而设的，（以马六甲为基地）是因无法实际在中国居住而选择的最佳替代地点"，因此恒河外方传教团的"所有事务都应服从这一首要目标，对中国做优先考虑，其他事情均附属于此"。Milne, *A Retrospect of the First Ten Years of the Protestant Mission to China*, p. 205.

③ Milne, *A Retrospect of the First Ten Years of the Protestant Mission to China*, pp. 205 – 206.

希望将印度以东地区所有的伦敦会传教士纳入这个传教团。马礼逊和米怜在1818 年 1 月 2 日又制定了一个《恒河外方传教团临时委员会补充条款》（下文简称《补充条款》），第一条开头部分就声明有人（即马礼逊）向英华书院捐赠了 4000 元（1000 英镑）。第三条又决定以后恒河外方传教团的刊物《印中搜闻》的费用"由马礼逊和米怜先生共同承担，而且不管该刊已经花费了多少，这笔费用也由他们向伦敦会偿付"。① 做出这样的规定，乃因此项费用尚未得差会许可。

1819 年 2 月，伦敦会司库汉基（W. Alers Hankey）和秘书乔治·伯德代表差会致函，对马礼逊和米怜创立的恒河外方传教团的各项事业予以批准。② 陆续东来的伦敦会传教士的活动渐渐纳入恒河外方传教团的范围。季理斐编的《新教在华传教百年史》说，自 1817 年该决议拟订之时起，"直到五口通商时代，伦敦会在中国人中的传教活动都被置于这个名称之下"。③ 马礼逊和米怜在上述《补充条款》的第四条决定设立恒河外方传教团孤寡基金，以便在该传教团的传教士死亡后，资助他们的家属。由马礼逊率先捐出 400 元（约 100 英镑）作为启动资金，马礼逊和米怜还许诺以后每人每月至少捐 1 元。④ 以此吸引因生活方式和生活条件的变化而面临颇高死亡率的传教士加入。1819 年，马礼逊、米怜等制定了正式的《恒河外方传教团孤寡基金会章程》，规定基金的来源是成员的捐款，每人每年不少于 12 元，入会费不少于 6 元，由新成立的恒河外方传教士联合会管理。章程还规定了向寡妇、无父孤儿和父母双亡孤儿的资助办法。在这个章程上签名的除马礼逊和米怜外，还有谭信（C. H. Thomsen）、麦都思、斯雷特（J. Slater）、贝顿（T. Beighton）、英士（J. Ince）、斯金纳（J. Skinner）和费维（W. Fyvie）。这意味着恒河外方传教团已有 9 名成员。⑤

1819 年 4 月 27 日，一些传教士在马六甲又公布了《恒河外方传教士联

---

① Eliza A. Morrison, ed., *Memoirs of the Life and Labours of Robert Morrison*, vol. 1, pp. 506 – 509.

② Eliza A. Morrison, ed., *Memoirs of the Life and Labours of Robert Morrison*, vol. 1, pp. 537 – 541.

③ Donald MacGillivray, ed., *A Century of Protestant Missions in China*（1807 – 1907）. Shanghai: Printed at the American Presbyterian Mission Press, 1907, p. 3. 书中说这个决议在马六甲拟订，误。

④ Eliza A. Morrison, ed., *Memoirs of the Life and Labours of Robert Morrison*, vol. 1, p. 508.

⑤ Eliza A. Morrison, ed., *Memoirs of the Life and Labours of Robert Morrison*, vol. 2, appendix, pp. 5 – 6.

合会计划书》和《恒河外方传教士联合会章程》。① 这两份文件宣布将成立恒河外方传教士联合会（The Ultra-Ganges Missionary Union），该联合会的宗旨是将伦敦会的传教士联合在一起，实现相互间的合作，共同组织和资助一个"学校系统"（school system），建立和资助一个神学院，管理"孤寡基金会"，举办一份期刊，等等。该章程规定由理事长、司库和秘书各一名组成三人"委员会"；1819～1820 年度的理事长为米怜，司库为谭信，秘书为麦都思；每月举行一次委员会会议，每年举行一次全体成员会议；等等。在这两份文件上签名的有马礼逊、米怜、谭信、麦都思、斯雷特、贝顿、米尔顿（Samuel Milton）和英士。可见马礼逊、米怜和麦都思这几个从事对华传教的传教士仍在其中担任主角。但正是这一点引起了新老传教士之间的分歧，新来的传教士事实上不能接受米怜等自命的家长式领导者的地位。他们相互间的歧见不可避免地反映到伦敦会总部。米怜的"领导权"遭到后来者的质疑，而差会的指示也要求马礼逊和米怜对年轻传教士的意见予以尊重。另一方面，年轻传教士对马礼逊和米怜建立的既定秩序的挑战也令他们难以接受，被差会批评为缺乏谦恭精神。差会这种模棱两可的态度无助于问题的解决，于是 1819 年前后传教士之间发生争吵，几位年轻的传教士散至南洋各地，各自传教。②

米怜去世后，马六甲的传教基地依然存在。陆续加入和管理这个传教站或到新加坡等地传教的，还有科力（David Collie，1822）、吉德（John Kidd，1824）、史密斯（John Smith，1826）、汤姆林（Jacob Tomlin，1826）、戴耶（Samuel Dyer，1827）、养为霖（William Young，1828）、伊万斯（John Evans，1833）等伦敦会传教士。伦敦会在 1826 年还派了两位代表前往马六甲考察，这两位代表重点考察的是传教士办的中文学校，结果是"表示满意"。③ 1827 年，伦敦会派纽维尔小姐（Miss Newell）到马六甲，她后来陆续开办了 5 所女校。④

---

① *The Indo-Chinese Gleaner*, no. 9, July 1819, pp. 170 – 176. 有关恒河外方传教团的文件，另见 Eliza A. Morrison, ed., *Memoirs of the Life and Labours of Robert Morrison*, vol. 2, appendix, pp. 1 – 6.
② 有关情况见苏精《中国，开门！：马礼逊及相关人物研究》，第 161～167 页。
③ Medhurst, *China*, p. 317.
④ Medhurst, *China*, p. 319.

马六甲时代的英华书院主要发挥知识教育的职能，争取学生皈依并非其办学宗旨，只是其长远目标。麦都思记述，该校 1823 年有学生 15 人，尽管那些学生"无人明确坚定地皈依，但他们全都放弃了偶像崇拜，并远离异教礼仪"；1829 年，吉德将一位叫作泽夏（Tsze-hea）的学生施洗入教。[①]由于传教士长期持续的传教工作，在 1830 年代，马六甲不断有华人和马来人受洗入教。[②]

恒河外方传教团一直存在到 1841 年。[③] 其时，英国人赢得鸦片战争已成定局，香港已处于英国的军事占领之下，各国传教士摩拳擦掌，踊跃前来，利用殖民侵略者的军事胜利来推进他们的"事业"。作为新教在华传教开拓者的伦敦会传教士当然不甘落后，没有必要继续将对华传教中心设在马六甲。

鸦片战争前伦敦会传教士活动的其他情况

恒河外方传教团的奠基者和领袖是马礼逊。在最初的阶段，米怜是一系列计划的执行者，他使马礼逊的理想得到了实现。1822 年 6 月 2 日，米怜在长期积劳和患病之后去世。次年 1 月，马礼逊到马六甲料理英华书院和传教方面的事务，直至 7 月应广州商馆的大班之召才返回广州。他在 1823 年回英国休假，1826 年回到中国。休假期间他仍然从事与恒河外方传教团有关的事务，特别是为英华书院做宣传，进行募捐。他与英国和欧洲其他国家的宗教界、学术界人士进行了广泛交流。他在伦敦还开办了为教会人士学习中文提供教学服务的"语言传习所"，以为扩大对华传教做准备，取得了一定的成效。[④] 其间他于 1824 年 11 月与伊丽莎白·阿姆斯特朗（Elizabeth Armstrong）结婚（他的原配已于 1821 年 6 月去世）。

返回中国后，马礼逊与东印度公司之间产生嫌隙。当马礼逊向后者请求复职时，后者只给他三年服务期。因商馆人员变动，他后来与特选委员会的

---

① Medhurst, *China*, pp. 316 – 317, 318 – 319.

② Medhurst, *China*, pp. 255 – 256, 319 – 328.

③ MacGillivray, ed., *A Century of Protestant Missions in China（1807 – 1907）*, p. 4. 1832 年，马礼逊还应差会之请草拟了《中国半岛（即东南亚）传教大纲》。Eliza A. Morrison, ed., *Memoirs of the Life and Labours of Robert Morrison*, vol. 2, pp. 466 – 467.

④ 关于马礼逊推进中文教学和这个"语言传习所"的情况，见苏精《中国，开门！：马礼逊及相关人物研究》，第 55～61 页。

关系也一度不睦。① 不过，广州商馆离不开他的中文服务，后来他实际上一直工作到商馆关闭。② 马礼逊回到中国后虽然仍以广州为居住地，但他时时关注马六甲的传教基地和英华书院。在英华书院等问题上，马礼逊与伦敦会之间亦生龃龉，后者对马礼逊非常重视的事业态度冷淡，但万里之外的马礼逊依然按既定的策略管理和推进相关事务。③

1833 年前后马礼逊在传教方面的工作，就是召集梁发等华人信徒讲道，进行中文《圣经》的注释工作，为英人主持宗教活动等。他的另一项重要活动就是与儿子马儒翰（John Robert Morrison）一起编印杂志以推进教务。另外，进入老境的马礼逊也开始面对病痛的折磨。④ 1833 年东印度公司对华贸易特许权终结，中英关系进入转折时期。马礼逊看到这种变化对他个人和在华传教事业暂时将有不利影响，而伦敦会对他的冷淡更使他生出前路迷茫之感。他在给伦敦会秘书的信中抱怨，"母会没有时间对英华书院一事做出决议，也没有时间决定是否补助我生病的妻子和无助的儿女在离国七年后回乡"，"商人和政府正忙于中国事务，上帝的仆人却似年复一年对中国冷淡忽视"。⑤ 他又在日记中叹息："在英国的朋友似乎放弃了在中国的传教团。每当我思考个人之前路，便会想到近来似乎无人为在华英国传教团做打算，一旦我因故离开，该如何维持。"⑥ 1834 年 8 月 1 日，在英国驻华首席商务监督律劳卑（William Napier）与广东官府争斗之际，马礼逊病亡。

1833 年，东印度公司的特许状到期，其对华贸易特许权被取消。1834 年 1 月 31 日，东印度公司的最后一支船队驶离广州。马礼逊在商馆的译员工作自然失去。1834 年 7 月 16 日，新到任的英国驻华商务监督律劳卑任命他为中文秘书兼翻译。但 8 月 1 日，马礼逊就在广州因病去世。马礼逊死后，伦敦会在中国本土就没有了传教士。该会在 1834 年 7 月指示麦都思前

① Eliza A. Morrison, ed., *Memoirs of the Life and Labours of Robert Morrison*, vol. 2, p. 434.
② Eliza A. Morrison, ed., *Memoirs of the Life and Labours of Robert Morrison*, vol. 2, pp. 328 – 330, 368.
③ 苏精认为伦敦会对马礼逊的疏远，除了二者在相关开支上的分歧，还在于马礼逊出版的《临别赠言》一书，对差会与传教士的关系进行了有利于后者的阐述。苏精《中国，开门！：马礼逊及相关人物研究》，第 78～84 页。
④ Eliza A. Morrison, ed., *Memoirs of the Life and Labours of Robert Morrison*, vol. 2, pp. 476 – 486.
⑤ 转引自苏精《中国，开门！：马礼逊及相关人物研究》，第 93、94 页。
⑥ Eliza A. Morrison, ed., *Memoirs of the Life and Labours of Robert Morrison*, vol. 2, p. 504.

往中国，与马礼逊共同探讨在华传教问题。① 麦都思于 1835 年 7 月 21 日来
到广州，其时距马礼逊去世已近一年。最初伦敦会是将麦都思作为印刷工派
到马六甲，协助米怜管理那里的印刷事务的。但麦都思不久就在各方面表现
出他的能力。除主管印刷业务之外，他还协助米怜从事传教活动，管理马六
甲的学校，并勤奋地学习中文，很快就达到了能够用中文布道的水平。1818
年，他就"经常顺道访问中国的船只，访问乡村和这个国家的移民"。②
1819 年春，麦都思到槟榔屿散发书籍，建立学校。他在这些活动中显示出
来的才能为米怜等人所赏识。1819 年 4 月 27 日，他在马六甲被按立为牧
师，取得传教士的资格。之后他在马六甲、巴达维亚、槟榔屿、新加坡、婆
罗洲等地从事传教活动，特别是在华人中进行活动。从 1819 年开始到去世，
麦都思一共用中文撰写并出版了 59 种作品，包括他翻译的《圣经》，《新约
全书注解》等注释《圣经》的作品，他编写的《三字经》《耶稣教略》等
传教小册子，以及《地理便童略传》《东西史记和合》等知识性图书。其中
他于 1823~1826 年在巴达维亚编辑出版的《特选撮要每月统记传》，与米
怜的《察世俗每月统记传》风格相似，编者在主观上也是"想竟其绪
余"。③ 在从事这些活动的同时，麦都思还继续学习各种东方语言，编写出
版了多种语言词典。④

　　麦都思到广州后，与这里的中国信徒建立了联系，利用他们开展活动。
这时，他是伦敦会在中国本土的唯一传教士，也是恒河外方传教团资格最老
的成员，在对华传教方面实际上已取代了马礼逊的地位。麦都思到广州后进
行的一项引人注目的活动，就是 1835 年 9~10 月与美国传教士史第芬一起
乘"休伦号"（Huron）在中国沿海地区航行窥探，进行传教活动。1836~
1838 年麦都思回英国休假，之后又回到中国和南洋活动。鸦片战争后，麦
都思主要在上海活动，成为伦敦会在华传教士实际上的领袖。

　　鸦片战争前到过中国本土的伦敦会传教士只有马礼逊、米怜和麦都思三
人，但如前所述，伦敦会以"派赴中国人中间传教"的名义派到南洋的传

---

①　苏精：《中国，开门！：马礼逊及相关人物研究》，第 95~96 页。

②　Philip, ed. , *The Life and Opinion of the Rev. William Milne*, p. 289.

③　Wylie, *Memorials of Protestant Missionaries to the Chinese*, pp. 27 - 36.

④　Medhurst, *China*, p. 342.

教士则不止此数。他们大多与英华书院及其所属初等学校关系密切，有些人参加马礼逊和米怜组织的恒河外方传教团，有的人则在鸦片战争后来到中国。具体情况可参阅本书附录。

与鸦片战争前伦敦会传教士在翻译、出版、教育等方面所取得的成绩相比，他们在吸收信徒方面则显得缓慢而谨慎。在为数不多的中国皈依者中，经常为人们所提到的是梁发。

梁发1789年生于广东高明，1804年到广州开始学习雕版印刷技术，1810年在十三行附近做刻工，开始为马礼逊刻印《使徒行传》。此后的几年中梁发不顾清廷的禁令，多次为马礼逊刻印《圣经》中译本的各个部分，与马礼逊的关系日益密切。1815年，米怜远赴马六甲，梁发应马礼逊的要求跟随米怜前往，成为米怜刻印中文书籍的得力助手。[①] 在此期间，梁发对基督教产生兴趣。1816年11月3日，应梁发的要求，米怜为他施洗。米怜认为他要求入教的心情是真诚的，但要使他能服务于传教事业，则要增加他的基督教知识，所以"从他受洗之日起，私下采取了一些方法以增进他的知识，使他的感悟加深，增强他的信念"。具体方法是米怜每周专门抽出时间对梁发进行宗教教育，包括读《圣经》，相互交谈，并一起祈祷。[②]

米怜对梁发的刻意培训后来对伦敦会乃至新教早期在华传教事业产生了重要的作用。1819年之后，梁发往来奔走于广州、澳门、南洋之间，帮助马礼逊、米怜、麦都思以及后来的美国传教士进行传教活动，被清政府逮捕和多次通缉。梁发在1820年返乡时将他的妻子施洗入教。1822年米怜死后，梁发离开马六甲，回到广州协助马礼逊。1823年马礼逊回国前，感到不能使伦敦会的在华活动中断，便在启程之前将梁发封立为宣教师（evangelist）。"自此以后，以至于死，他的薪水由伦敦布道会支发。"[③] 1826年马礼逊再到中国，从此直至马礼逊去世，梁发一直充当他的助手。[④] 梁发作为一个基督

---

① 麦沾恩：《中华最早的布道者梁发》，《近代史资料》1979年第2期，第142~149页。

② Milne, *A Retrospect of the First Ten Years of the Protestant Mission to China*, pp. 177-179.

③ 麦沾恩：《中华最早的布道者梁发》，《近代史资料》1979年第2期，第159页。

④ 参见 Eliza A. Morrison, ed., *Memoirs of the Life and Labours of Robert Morrison*, vol. 2, pp. 491-493, 502.

徒是鸦片战争前新教在华传教最重要的成果之一。他后来最显著的影响是通过《劝世良言》这一作品彰显的，但在当时，他主要通过做传教士的助手来发挥作用。由于其生长于本土文化环境，在语言、社会关系及对中国文化的了解方面有着外国传教士不可及的优势，他在新教早期在华传教活动中扮演了独特的角色。1820～1840 年代，他在广州、南洋等地十分活跃。麦都思撰写的编年史用大量篇幅记载梁发的活动，显示面对社会大众的具体日常传教事工在很大程度上由他进行。这表明了传教士群体对他的认可。[1]

　　一些著作认为，1830 年屈昂入教也是由梁发施洗的。[2] 但马礼逊自己在 1830 年 2 月 28 日的一封信中说："我在上个星期前的那个礼拜日（21 日），在澳门为一个约 40 岁的中国人施洗，他曾由米怜博士给予基督教的训诲。"[3] 据此推测，很可能马礼逊为屈昂施洗时，梁发在场协助。屈昂也曾是马礼逊从广州派给米怜的刻工之一，跟梁发学习过刻书技艺。他在受洗后即和梁发一起四出散发传教小册子。1831 年他被马礼逊雇用为助手。之后他向马礼逊的儿子马儒翰学习平版刻印技术，在澳门、广州两地刻印散发基督教宣传品。[4]

　　1834 年英国驻华首席商务监督律劳卑与广东官府发生冲突期间用中文张贴公告，导致官府怀疑有中国人为其刻印，于是对刻工出身、正向参加乡试的士子散发传教书籍的梁发及其同伙加以搜捕。梁发在被执后走脱，其他几个人则被收监，[5] 后由裨治文、马儒翰、屈昂等花钱救出。梁发自己后经伶仃洋出逃到新加坡，与美部会传教士帝礼仕（Ira Tracy）一起印刷传教小册子。后又到马六甲活动。[6] 1835 年，屈昂也被告发与外国人勾结，遭官府缉捕，次年经伶仃洋逃亡到马六甲。[7] 这样，梁发和屈昂又一起共事，在南

①　Medhurst, *China*, Chapters 10 - 12.
②　麦都思说，屈昂在为米怜工作期间就希望受洗。"1830 年初，他前往梁发处同住……在祈祷圣灵庇佑后，阿发为屈昂施洗。（屈昂）然后回家，劝其妻子勿拜邪神，转信耶稣。"Medhurst, *China*, p. 274.
③　Eliza A. Morrison, ed., *Memoirs of the Life and Labours of Robert Morrison*, vol. 2, p. 433.
④　Wylie, *Memorials of Protestant Missionaries to the Chinese*, pp. 11 - 12.
⑤　详见梁发致外国传教士信，载 *The Missionary Herald*, vol. 31, pp. 230 - 231.
⑥　麦沾恩：《中华最早的布道者梁发》，《近代史资料》1979 年第 2 期，第 185～194 页。
⑦　Wylie, *Memorials of Protestant Missionaries to the Chinese*, p. 12.

洋一带的华人中间传教，仅 1837 年就将几十人施洗入教。① 梁发于 1839 年回到广州，定居于河南（珠江南岸），此后长期在广州活动，先后在伯驾（Peter Parker）、合信（Benjamin Hobson）开设的医院里从事向病人宣讲基督教教义的工作。屈昂则留在马六甲，1844 年随理雅各（James Legge）到香港，在香港的教会医院里同样从事向病人传教之事。他的儿子屈阿喜（Keuh Ahe）因协助外国人印刷马礼逊的《华英词典》等书，1835 年被逮捕并长期监禁。②

1835 年麦都思到广州时，正是马礼逊去世，梁发、屈昂先后逃亡，由伦敦会的传教士施洗入教的几个信徒群龙无首之际。麦都思住在裨治文那里，最先来见他的信徒是一个叫刘泽春（Liu Tsaechun）的秀才，一年前由梁发施洗入教。麦都思通过刘泽春获悉了其他信徒的情况。根据麦都思的记载，1834 年前后广州由伦敦会传教士施洗入教的，除刘泽春外还有朱阿山（Choo Asan）、阿凯（Akae）、吴阿昌（Woo Achang）、梁阿涛（Leang Ataou）、梁阿苏（Leang Asun）、李阿新（Le Asin）和朱靖（Choo Tsing），此外还有梁发的妻子李氏和儿子梁进德。李阿新作为梁发的助手，于 1832 年被马礼逊列入新教中国传教团的名单。这些人中，除朱靖和梁进德外，大多由梁发施洗入教。据麦都思说，他们此时几乎都已奔逃星散。③

麦都思 1836 年回英国时，带了一个名叫朱德郎（Choo Tih Lang）的中国青年同行。其时麦都思正在从事对马礼逊的《圣经》中译本进行修订的工作，朱德郎作为抄写员协助麦都思。他在英国与麦都思一起生活、活动了 3 年。1838 年 7 月 20 日，随麦都思回中国前夕，他在英国海克尼（Hackney）的圣托马斯广场教堂由麦都思施洗入教。④ 7 月 30 日，他随麦都思等一起离开英国，11 月到达巴达维亚，1839 年 1 月底回到广州。

在此前后，中英关系因鸦片问题趋于紧张。而广东官府对中文传教印刷品的追查使传教士面临的局势更为不利。"在人们眼中，中国接纳基督教的

---

① 麦沾恩：《中华最早的布道者梁发》，《近代史资料》1979 年第 2 期，第 196 页。

② Medhurst, *China*, pp. 299 – 300.

③ Medhurst, *China*, pp. 294 – 300；Eliza A. Morrison, ed., *Memoirs of the Life and Labours of Robert Morrison*, vol. 2, p. 472；梁发致外国传教士信，*The Missionary Herald*, vol. 31, p. 230.

④ *The Missionary Herald*, vol. 35, pp. 36 – 37；Wylie, *Memorials of Protestant Missionaries to the Chinese*, pp. 40 – 41.

前景真的非常暗淡。"① 伦敦会在广州的活动，在鸦片战争前的几年几乎中断。但其传教士所进行的工作，特别是马礼逊和米怜在广州和南洋所做的长期努力，在新教在华传教史上有深远的影响。故在鸦片战争后，他们能够很快恢复在中国的活动，将势力扩大到通商五口，并在相当长的一段时间内继续在新教对华传教活动中扮演主要角色。

在伦敦会之后派遣传教士来中国的，是新大陆的美部会。

四 美部会传教士来华及其早期活动

美部会于 1810 年成立，初期影响不大，但发展很快，到 1830 年代已成为新教传教势力中的主要差会之一。1833 年，它已在世界各地建立了 60 个传教站，所派传教士达 100 人。② 在对华传教方面，美部会后来也一直是一个重要的宗教团体。美部会主要以美国公理会为背景，但在其早期是一个跨教派的传教团体。美国长老会、美国归正会的传教士在开始时都由它资助、派遣并管理。1830 年代由美部会派到中国的几名传教士，就分属不同的教派。

美部会对华传教活动的酝酿

美部会在亚洲的传教活动最初在南亚次大陆展开，其对华传教活动则直到 1820 年代末才提上议事日程。英国传教士马礼逊和美国商人奥立芬（David W. C. Olyphant）是促使美部会做出对华进行传教活动决定的关键人物。

在对华传教方面，伦敦会一直是美部会注意的对象和效法的榜样，声名日益卓著的马礼逊早在 1820 年代初就成为美部会的朋友。1820 年 3 月，美部会秘书塞缪尔·沃瑟斯特（Samuel Worcester）致函马礼逊，聘请他为该会通信委员，要求马礼逊向美部会提供对华传教资料，以便美部会能就派遣传教士的问题做出决定。③ 长期在广州孤独地执行传教使命的马礼逊也非常希望美部会能派来传教士。他按沃瑟斯特的要求，与美部会保持经常性的联系，通报当时在美国还很难得到的有关中国的情况。他的信件经常在美国公

---

① Frederick W. Williams, ed. , *The Life and Letters of Samuel Wells Williams*, p. 104.

② *The Missionary Herald*, vol. 30, p. 8.

③ Samuel Worcester to Robert Morrison, Eliza A. Morrison, ed. , *Memoirs of the Life and Labours of Robert Morrison*, vol. 2, pp. 83 - 86.

理会的著名期刊《传教先驱》（*The Missionary Herald*）上发表。他传递的信息，有时是颇为消极的。1821 年他在一封信中叹息说："唉，这是一片沉闷的土地，以灵性之眼审视，这里没有令人鼓舞的前景。一切都在令人沮丧的黑暗之中。这里的人对上帝之光全然无知。"[1] 但他对美部会加入对华传教的行列则采取鼓励的态度。他强调说："有朝一日，依靠救主的神威而非依靠人力，必定可使中国侍奉神天。"[2] 他建议美部会注意中文的学习与研究，在《传教先驱》月刊上发表文章介绍中国语言文化。通过这些联系，马礼逊成为美部会赖以了解中国情况的最权威人士，他的建议颇具分量。

然而，对美部会来说更关键的问题是，是否有人对它开辟新的传教领域提供经济支持。作为一个旨在开展海外传教活动的宗教机构，它理想中的赞助者是富有的、在将要派遣传教士前往的地区进行贸易的商人。美部会在华传教活动的发端，就是与一位这样的商人联系在一起的。这位商人就是奥立芬。

奥立芬是一位长期从事美中贸易的商人，也是一位虔诚的长老会信徒。他从 1820 年开始来华贸易，1851 年因病回美国，归途中死于海上。在长期的对华贸易生涯中，他是少数不仅自己拒绝从事鸦片贸易，而且公开谴责这种罪恶勾当的正直商人之一。他还对美国在华传教事业和美国国内的宗教事务进行了长期的支持。1820 年，奥立芬初到中国，就经人介绍与马礼逊相识，从此与马礼逊保持了十几年的友谊。奥立芬对马礼逊的活动也给予了诸多关照。美部会派遣传教士来华，乃是由于他们两人的共同推动。

1827 年 11 月中旬，几个美国基督徒在马礼逊的住处进行祈祷聚会。这几个人中包括奥立芬、沃尔特·科洛克船长（Capt. Walter Croker）和查尔斯·布林特沃尔（Charles Brintwall）。会上马礼逊提出美国宗教机构向中国派遣传教士的问题。11 月 29 日，这三位美国人在奥立芬的商行开会，讨论马礼逊的建议，并做出如下决议。

1. 他们认识到，其祖国的基督教会已经受到神的召唤，向此地的

---

① *The Missionary Herald*, vol. 17, p. 97.

② Robert Morrison to the American Board, Oct. 8, 1822, *The Missionary Herald*, vol. 19, p. 188.

异教徒提供帮助；而在访问或居住在这个港口的基督徒中建立基督教的
机构，则是达成这一目标最有效的方法。

2. 他们认为，应当从美国派来一个传教团，由两名传教士组成，
其中一名应为每年来到广州港的成千上万的海员提供宗教服务，这些海
员可以成为基督在中国活着的使徒。另一名传教士应在广州为传播基督
教的精神而劳作，为最终更直接地在中国本土建立基督教会而创造
条件。

3. 他们认为，随传教团送来一个印刷所，以出版宗教书刊和本地
的传教小册子，是很有价值并且很重要的。

4. 这些关于中国宗教需求的观点和对美国教会提出的要求，将向
美部会陈述，因为它是签名者唯一可以呼吁对此种需求和要求进行体察
的团体。

将请求马礼逊牧师与美部会联系，向其说明以上观点，并求得
（他们）希望得到的帮助。①

这个决议很快寄给了美部会。马礼逊也随之写了一封信，就美部会应该
向广州派出传教士的理由做了详细的说明，敦促美部会派人到广州建立传教
机构。他指出英国在广州已有传教士和为海员提供宗教服务的牧师
（chaplain），而"美国的教会既没有为这里的异教徒，也没有为自己的人
民，向此地派遣任何宗教人员"。他认为向本国的海外公民提供宗教服务，
使他们成为"基督的团体的成员"，这样的身份将会对他们的"精神、语言
和行为都有所影响"，使他们成为能影响异教徒的"活生生的使徒"。因此，
"美国的传教机构有义务为他们在中国的同胞提供精神上的援助"。同时，
鉴于清政府禁止公开的传教活动，马礼逊认为在向中国人传教方面，"一个
来华传教士所能做的仅仅是学习语言，私下进行教导，及用中文撰写宗教书
籍"。由于中国人是"喜欢阅读的民族"，因此进行文字宣传是当时条件下
最有效的传教途径。他写道："请考虑中国、交趾支那、东印度群岛中国人

① *Brief History of the American Board of Commissioners for Foreign Missions in China*, *from Its Commencement in Feb.1830*, pp. 2 – 3, in Papers of the American Board of Commissioners for Foreign Missions（以下简称 ABCFM Papers），16.3.11，Harvard Houghton Library.

居住地、琉球群岛、朝鲜王国以及日本帝国的庞大人口，都使用中文作为书面语言，而他们近来除了无神论哲学、谎言和宣扬声色享乐的作品，就无书可读这样的状况。这是一个足够供千百人来开拓的巨大领域。"马礼逊还提出，伦敦会传教士在马六甲开办的印刷所和英华书院，可以为美部会传教士出版书籍和学习中文提供便利条件。①

马礼逊以权威的语气，以来华传教士领袖的资格，不仅向美部会提出了建议，而且为毫无对华传教经验的美部会指出了努力的方向。美部会在对华传教的初期阶段，在很大程度上是以马礼逊的上述建议为指导的。比较一下还可以看出，奥立芬等人的"决议"中的一些语句也来自马礼逊。

马礼逊在另一封与奥立芬共同署名的给美部会的信（1827 年 11 月 19日）中，同样阐述了对华传教的意义和迫切性。他强调说："我的确认为，美国教会现在制订计划以开拓对华传教事业，已是切实可行之事。"奥立芬表示愿意向美部会对华传教活动提供经济上的帮助，包括向来华传教士提供免费搭乘其船只的便利。② 这一点对美部会做出派人来华传教的决定是有着很大影响的。奥立芬还写信给其他美国人士，鼓吹对华传教之事。

以上信件由布林特沃尔带回，于 1828 年 6 月送交美部会。美部会秘书耶利米·埃瓦茨（Jeremiah Evarts）回信给马礼逊等，告知在广州美国人开会之前一个月，美部会已开会讨论过开展对华传教活动的问题，在接到这些信后又进行了讨论。他对马礼逊等人的观点和意见表示同意和感谢。③ 美部会还采取了其他的行动。如以美部会为背景的《传教先驱》1828 年 10 月号发表长篇文章，谈论中国的历史、现状和文化及基督教在华传播的历史、现状等问题，将马礼逊 1827 年 11 月 20 日信的主要内容几乎原封不动地予以引述。文章最后的结论说："现在中国只有一名新教传教士，而他是由英国人慷慨地支持的。没有理由不加派传教士去加强他的力量，而这些传教士也

---

① Robert Morrison to the American Board, Nov. 30, 1829, *Brief History of the American Board of Commissioners for Foreign Missions in China, from Its Commencement in Feb. 1830*, pp. 3 – 7, ABCFM Papers, 16. 3. 11.

② Robert Morrison to the American Board, 转引自 Rubinstein, *The Origins of the Anglo-American Missionary Enterprisers in China*, p. 221.

③ J. Evarts to R. Morrison, June 7, 1828, Eliza A. Morrison, ed., *Memoirs of the Life and Labours of Robert Morrison*, vol. 2, pp. 404 – 406.

没有理由不由我国教会派出。"作者暗示说，由于广州有英国传教士而没有美国传教士，"中国人对英国人比对美国人更为羡慕"。作者呼吁人们在经济上支持对华传教："对华传教的费用的确是非常高昂的，但这迟早要由教会中的先进之士来解决。我国的教会比其他任何地方的教会都更有能力支持对华传教。"① 美部会开始物色合适的人选，作为首批派到中国的传教士。

神治文和雅裨理来华

奥立芬在广州等待着美部会的消息，但美部会迟迟没有做出决定，一位朋友写信告诉他说："美部会还没有同意我们的或你的想法。"② 1829 年 9 月，奥立芬回到美国，向美部会重申他支持派遣传教士到中国的诺言。他还表示，他很快将装运一船货物到中国，届时可以让美部会传教士免费搭乘该船，并可以为一位传教士免费提供一年的食宿。这就促使美部会立即派出传教士。经过多方考察和寻找，他们终于决定派神治文和雅裨理（David Abeel）作为第一批传教士，随同孚洋行的船到广州。

神治文 1801 年 4 月 22 日出生在马萨诸塞州的贝尔切城（Belchertown）。他的父母是公理会教徒，他自己也在 13 岁那年加入了公理会。1822 年，神治文进入阿默斯特学院（College of Amherst）学习，复于 1826 年进入波士顿附近的安多佛神学院（Theological Seminary at Andover）。在此期间，神治文决定做一名传教士。他写信对他的父亲说："我将到未知之地去工作，世界是我的田园。"③ 美部会也看中了这个神学院学生。1829 年 9 月 23 日，即奥立芬回美国并与美部会就派传教士到中国进行磋商之时，美部会助理秘书大卫·格林（David Green）约见了神治文，希望他能接受美部会派遣，到中国做一名传教士。神治文经过一番考虑后，于 9 月 27 日与另一名候选人雅裨理一起，正式表示同意去中国。10 月 3 日，美部会秘书耶利米·埃瓦茨签发了一份文件，将神治文按立为传教士。④

---

① *The Missionary Herald*, vol. 24, pp. 326 – 330.

② *Brief History of the American Board of Commissioners for Foreign Missions in China, from Its Commencement in Feb. 1830*, p. 7, ABCFM Papers, 16. 3. 11

③ 1827 年 7 月 7 日致父亲，转引自 Frederic W. Drake, "Bridgman in China in the Early Nineteenth Century," in *The America Neptune: A Quarterly Journal of Maritime History*, vol. ⅩⅣ.

④ Eliza J. Gillett Bridgman, ed., *The Pioneer of American Mission to China: The Life and Labors of Elijah Coleman Bridgman*. New York: Anson D. F. Randolph, 1864, pp. 10 – 15.

雅裨理与裨治文同时被按立。雅裨理 1804 年生于新泽西州的布伦斯威克（Brunswick）。他是美国荷兰归正会（Dutch Reformed Church）教徒，在到中国之前曾作为独立传教士到太平洋上的维尔京群岛（Virgin Islands）传教，但颇为不顺。埃瓦茨在美部会开始讨论中国传教事务后不久，即与专门向海外美国商船聚集之处派遣牧师的美国海员之友会（Seaman's Friend Society）联系，希望该组织物色人选，与美部会一起派出传教士为广州的美国海员服务。失意归来的雅裨理成为海员之友会的理想目标。奥立芬和海员之友会的人员共同劝说雅裨理，使其接受了该会的派遣。不过雅裨理提出了条件，即他只为海员之友会服务一年，期满之后，如美部会接受，他将转而成为该会的传教士。因此，雅裨理来华虽然与美部会有着密切的关系，但他是作为海员之友会的牧师而不是美部会的传教士来到中国的。

1829 年 10 月 4 日，裨治文和雅裨理搭乘奥立芬的罗马人号商船离开纽约，1830 年 2 月 25 日到达广州，开始了美部会在华传教的历史。这也是美国传教士在中国活动的开端。次日，裨治文和雅裨理就拜会了马礼逊。马礼逊作为传教士在广州几十年活动的经历，他在当时的西方人看来拥有无与伦比的关于中国语言文化和中国社会的知识，以及他因此在西方宗教界乃至在整个西方社会获取的声誉，都使他成为这两个新来的传教士理所当然的指导者。马礼逊不仅在传教事务方面给他们提供许多建议，还运用自己长期建立的各种关系，在各方面对他们进行帮助。

按照原定的计划，雅裨理的使命是在广州的西方商人和海员中从事活动，提供宗教服务。从 1830 年 3 月初开始，雅裨理就在海员聚集的黄埔锚地进行布道等活动。此外他还与马礼逊、裨治文等一起参加一些活动。是年 10 月，雅裨理收到美部会新任通信秘书鲁弗斯·安德森（Rufus Anderson）的信。安德森在这封 5 月发出的信中说，美部会将认可雅裨理来华前提出的条件，即在为海员之友会服务一年期满后，他可以成为美部会的传教士。安德森要求他届时前往南洋各地进行考察，以确定何地可以成为美部会的传教据点。[1]

但是，安德森和雅裨理的愿望没有能够实现。雅裨理很快感到健康状况

---

① R. Anderson to D. Abeel, May 26, 1830, ABCFM Papers, 16.3.8, vol. 1.

不佳，年底开始生病，难以坚持牧师的工作。1830 年 12 月 28 日，雅裨理结束了他在广州担任牧师的生涯，同时也结束了与海员之友会的关系。按照安德森的指示，他乘船到爪哇等地，之后在巴达维亚、新加坡、马六甲、暹罗等地的华人中间从事传教活动，与伦敦会的麦都思、汤姆林、谭信等有所交往。1833 年 5 月，因健康原因，他离开南洋回到美国。① 直到鸦片战争爆发前，雅裨理才再次来到广州。

　　裨治文的使命与雅裨理完全不同。1829 年 10 月 7 日，裨治文来华前夕，美部会秘书耶利米·埃瓦茨给了他一份篇幅很长的书面指示。② 埃瓦茨表示，由于美部会领导机构咨询委员会对中国的情形缺乏了解，无法为他拟订具体的计划，他可以根据自己的判断和马礼逊的意见来确定行动的细节。但这份指示还是规定了裨治文活动的方向，要求他"特别注意研习中国语言"，因为这是他在中国开展活动的前提。裨治文可以选择到英华书院学习，但最好留在广州或澳门。裨治文的另一个重要任务是散发宗教书籍，特别是《圣经》。与中国人接触，向他们传教是裨治文的又一任务。此外，裨治文也应为在广州的外国商人和海员等布道、做礼拜。埃瓦茨在指示中强调："应当牢记在心的是，在你所有的任务中，向中国人传播福音是你的首要目标。"不管要达到这个目标的时间将会多么漫长，也不管他的努力所取得的效果多么微小，他都应该不屈不挠，耐心地等待时机。

　　美部会的这个指示明显采纳和借鉴了马礼逊的建议和经验。裨治文后来的活动基本上遵照了这个指示，并在各方面将马礼逊当作自己的良师益友。

　　裨治文刚到中国不久，就在马礼逊的安排下开始学习中文。在此之前，在从纽约到广州的航程中，裨治文已经开始了他的学习。他的同船旅伴、曾在马六甲英华书院学习过的美国商人威廉·亨特（William Hunter，《广州番鬼录》和《旧中国杂记》两书的作者）从 11 月 2 日起指导他学中文。③ 马

---

① 关于雅裨理在广州及南洋的活动，参见 G. R. Williamson, ed., *Memoirs of the Rev. David Abeel, D. D., Late Missionary to China.* New York：R. Carter, 1848, pp. 52 - 90.

② Eliza J. Bridgman, ed., *The Pioneer of American Mission to China*, pp. 20 - 27.

③ *Brief History of the American Board of Commissioners for Foreign Missions in China, from Its Commencement in Feb. 1830*, p. 9, ABCFM Papers, 16. 3. 11.

礼逊给他找的第一位中文教师是罗先生(Lo-seensang),于 1830 年 2 月 27 日,即裨治文到广州的第三天开始上课。马礼逊还为他准备了一些资料,包括《华英词典》、《广东省土话字汇》、中文《圣经》等。① 马礼逊在写给美部会的信中说:"他每天和我在同一张桌子上学习,由一位有经验的中国秀才任教。他预言裨治文先生将很快学会中文。"② 美部会的档案记载,自 3 月开始,"1830 年所有的时间,裨治文都用来学习语言,还学习广州及其邻近地区的方言"。③ 裨治文从此开始学习和研究中国语言文化,并长期坚持,在这方面取得了比较丰富的知识。他后来用中文出版了一些传教小册子,长期参与并主持中文《圣经》的修订,还编写并出版了对中国学术思想界颇有影响的《美理哥合省国志略》等书。

裨治文还在广州的欧美人士当中布道。他一般是在广州奥立芬的商行举行布道,有时也到黄埔锚地为海员提供宗教服务,夏季非贸易季节则在澳门举行这类活动。④ 他向美部会报告说:"雅裨理先生和我从抵达广州之时起,每个礼拜日都在美国商馆布道。"⑤ 鸦片战争前,为美国和其他西方国家的商人和海员布道,以及提供其他类型的宗教服务,是裨治文最为经常性的活动之一。裨治文和其他的传教士还在美国商馆等地秘密地举行中文布道,每次均有几个到十几个广州本地人参加,其中最引起他们注意的是一个叫阿西(Ase)的人。他曾在美国待过几年,并在康涅狄格州康瓦尔(Cornwall)的一个教会学校读过书。这个阿西表现得对基督教很熟悉,但后来并没有受洗。⑥

美部会的指示中有一条是要求他向中国人散发宣传基督教教义的文字材

---

① *Brief History of the American Board of Commissioners for Foreign Missions in China, from Its Commencement in Feb. 1830*, p. 40, ABCFM Papers, 16. 3. 11.

② *The Missionary Herald*, vol. 26, p. 319.

③ *Brief History of the American Board of Commissioners for Foreign Missions in China, from Its Commencement in Feb. 1830*, p. 9, ABCFM Papers, 16. 3. 11.

④ *Brief History of the American Board of Commissioners for Foreign Missions in China, from Its Commencement in Feb. 1830*, p. 10, ABCFM Papers, 16. 3. 11.

⑤ *The Missionary Herald*, vol. 26, p. 320.

⑥ *Brief History of the American Board of Commissioners for Foreign Missions in China, from Its Commencement in Feb. 1830*, p. 9, ABCFM Papers, 16. 3. 11; Eliza J. Bridgman, ed., *The Pioneer of American Mission to China*, p. 40.

料，包括传教小册子和《圣经》的各部分。在鸦片战争前，裨治文和马礼逊一样，慑于清廷禁止传教的政策，一般不敢自己亲自散发，而是利用与他们接近、受洗的中国人进行此项活动。在律劳卑事件发生之前，在广州散发宗教宣传品的活动主要由以梁发为首的一小批人进行。1830 年 3 月，梁发就被马礼逊介绍给裨治文和雅裨理。① 马礼逊进而还让梁发给美部会秘书耶利米·埃瓦茨写信。这封写于道光十年三月初二日（1830 年 3 月 25 日）的信经裨治文翻译后，在波士顿的《传教先驱》上发表，其主要内容是表达自己对基督教的信仰。② 通过这些方式，马礼逊实际上使梁发在为伦敦会服务的同时，又与美部会合作。作为美部会传教士，裨治文也获得了与马礼逊一样对梁发以及他所掌握的一小批中国信徒进行指导和利用的权利。裨治文在马礼逊的建议下，为梁发编写的传教小册子提供一些基本的材料。③

其后，由美部会和美国圣经会（American Tract and Bible Society）出资印刷的传教小册子，大都由梁发等在广东、广西散发。梁发、屈昂等逃到南洋后，外国传教士在中国本土散发这些材料的机会大减，美部会传教士在珠江沿岸偶尔也会偷偷地上岸活动，带着大量的小册子，散发给遇到的乡民，有时几乎是把这些宣传品倾倒给那些仅仅是希望从洋人手里得到点什么的群众。此外，传教士在中国沿海进行非法的航行窥测时，也携带了大量的这类小册子广为散发。裨治文编写和提供了一些小册子，送往新加坡的美部会传教站印刷，除运回一些供在中国散发外，还有一些由梁发、屈昂在南洋散发。

1830 年 11 月 5 日，裨治文等人在广州成立了"在华基督徒协会"（Christian Union in China）。④ 组成这个协会的有马礼逊、裨治文和雅裨理三名传教士，以及美国商人、奥立芬的合伙人查尔斯·金（Charles King）和

① Eliza J. Bridgman, ed., *The Pioneer of American Mission to China*, p. 44.
② *The Missionary Herald*, vol. 26, p. 319; Eliza J. Bridgman, ed., *The Pioneer of American Mission to China*, pp. 45 – 46.
③ *Brief History of the American Board of Commissioners for Foreign Missions in China*, *from Its Commencement in Feb. 1830*, ABCFM Papers, 16. 3. 11.
④ 有关情况，参见 E. C. Bridgman to J. Evarts, Nov. 13, 1830, Canton, ABCFM Papers, 16. 3. 8, vol. 1.

马礼逊的儿子马儒翰。① 这个组织的宗旨，是使"它的成员在事业中相互支持和鼓励，并在他们传播基督教的知识和虔敬的过程中寻求更多的伙伴和力量"。它的一个主要目的是为印刷出版中文《圣经》和传教资料筹措和提供经费。在其成立之初，裨治文就向美部会报告说，"我们的几个英国和美国朋友已经给了550元"，以供印刷"中文《圣经教程》（Scripture Lessons）之用"。② 这个在华基督徒协会在随后的一些年里继续为传教活动提供资助。

裨治文更为重要的一项活动，就是创办和主编英文《中国丛报》（The Chinese Repository，或译"中国文库"）。裨治文创办这个杂志，起初是根据马礼逊、马儒翰父子以及其他一些人的建议。1832年5月1日，《中国丛报》在广州创刊，以后每月出版一号，不间断地出版了近20年，直至1851年8月终刊。在这漫长的时间里，除1847年到上海后不能再直接主持编辑工作外，裨治文一直是这份刊物的主编。③ 他在这份刊物上花费了大量的精力，从历史的角度来看，这是裨治文一生的主要业绩之一。《中国丛报》办得很成功，最初由在华基督徒协会赞助，使用美部会出版传教读物用的印刷设施。开始时每期发行200份，到1834年出第3卷时已增加到800份。④ 考虑到开始的时候它的读者只是广州一隅的外侨，这是比较可观的增长。奥立芬始终在经济上支持《中国丛报》的印刷和发行，也是这份刊物取得成功的一个重要原因。"在《中国丛报》开办之初，他承诺如果它经营失败，由他而不是美部会来承担损失。"⑤

《中国丛报》是鸦片战争前后在中国出版的最重要的英文出版物。裨治文在他公开发表的日记中说："愿它无论在其开端，还是在这之后，都全然

① Brief History of the American Board of Commissioners for Foreign Missions in China, from Its Commencement in Feb. 1830, p. 10, ABCFM Papers, 16.3.11.

② The Missionary Herald, vol. 27, p. 244.

③ Eliza J. Bridgman, ed., The Pioneer of American Mission to China, p. 74.

④ Brief History of the American Board of Commissioners for Foreign Missions in China, from Its Commencement in Feb. 1830, pp. 11, 13, 17, ABCFM Papers, 16.3.11.

⑤ 美部会传教士对奥立芬的长期帮助心怀感激，"多年以后，当卫三畏最终离开中国时，他还谈起这位慷慨宽仁的人对（美部会）传教团的巨大帮助"，如早期的积极推动，免费提供广州的房舍供传教团和印刷所使用，让"往返中国的传教士及其家人免费搭乘"其公司船只51人次，以及他的其他帮助。Fredrick W. Williams, ed., The Life and Letters of Samuel Wells Williams, pp. 77 - 78.

成为主的事业；愿它所有的篇章都能增加神的荣耀和真理。"但如卫三畏所说，从一开始它的宗旨就是"通过唤起人们对于其亿万民众的精神和社会福祉的兴趣，来传播有关中国的知识"。①

1830 年代，裨治文先后收了几个中国少年做他的学生。1831 年有阿强（Acheong）、阿昌（Achan）和阿德（Ateh）。阿德即梁发的儿子梁进德，早在 1830 年 11 月，梁发就带着他的儿子去见裨治文，请后者教他的儿子学英文，并对他进行阅读英文《圣经》的训练，以便将来能在《圣经》中文译本的修订方面起到作用。② 阿昌则是一个商馆买办的弟弟，目的是来学英文。1832 年又加上阿森（Acen）和阿球（Akow）。前者来自茂官行，后者来自爽官行。③ 裨治文在教他们英文的同时，还让他们与他一起学习中文课程。

相比马礼逊在广州直接传教活动的成果，美部会的成绩更为惨淡。"直到大约 1850 年，传教团尚无记录在案的皈依者。"④ 但裨治文着眼于未来，仍然积极主张扩大对华传教。早在 1832 年 1 月 17 日的一封给美部会执行委员会的信中，裨治文就说："只有八到十个人（从事对华传教），最近则只有我们几个人还在从事这项工作，组成了向中国人传播福音的传教团，需要增加的不是一位，而是一百位（传教士）。"需要传教士"带着原初的使徒的精神，到（中国）内地，到沿海去传播福音，散发圣书"。不仅是中国本土，而且"所有在槟榔屿、马六甲、爪哇、新加坡和暹罗的中国人中的传教站"，以及这个国家的周边，都应派去大批的传教士。为了加强其说辞的分量，他还将当时因与鸦片贩子一起在中国沿海航行而名噪西方世界的普鲁士传教士郭士立所写的一封内容相似的信一并寄给美部会，后公开发表。⑤ 美部会在此之后陆续增派了几名传教士到广州，或多或少是对这种呼吁的反应。

---

① Eliza J. Bridgman, ed., *The Pioneer of American Mission to China*, p. 74.

② Eliza J. Bridgman, ed., *The Pioneer of American Mission to China*, pp. 55, 58.

③ *Brief History of the American Board of Commissioners for Foreign Missions in China, from Its Commencement in Feb. 1830*, pp. 9, 11, ABCFM Papers, 16.3.11. 茂官原文作 Mowqua, 即广利行行商卢文锦；爽官原文作 Samqua, 即同顺行行商吴健彰。

④ Frederick W. Williams, ed., *The Life and Letters of Samuel Wells Williams*, p. 82.

⑤ *The Missionary Herald*, vol. 28, pp. 255–257.

美部会在广州力量的壮大

但紧接裨治文和雅裨理之后来到广州的并非美部会的传教士，而是由美国海员之友会派出的史第芬。史第芬 1808 年 7 月 4 日生于康涅狄格州的新迦南（New Canaan），他的父母都是公理会信徒。史第芬在 1824 年进入耶鲁大学学习，1828 年与该校的神学院建立联系，同年毕业在纽约州教了一年书，1829 年进入纽黑文神学院（Theological Seminary at New Haven），1831~1832 年留在该神学院做助教。1832 年 4 月，史第芬接受了美国海员之友会的招募，1832 年 6 月 7 日受按立，10 月底到达广州，取代已经离开的雅裨理。

史第芬的日常工作与雅裨理一样，主要是在黄埔锚地履行牧师的职责。11 月 1 日，他就前往黄埔考察情况，会见那里的人。① 此后他担任这一职务达 3 年半之久。

但这个耶鲁大学的毕业生、前神学院助教比雅裨理有更大的抱负。显然，对于史第芬这样在宗教"大觉醒"时代和新教传教活动开始盛行的时代成长起来，并且已经来到中国的神职人员来说，直接向他们所说的"异教徒"传教，比向本国的海员和商人们布道，是更有吸引力、更能使他们找到人生意义的工作。史第芬来广州与美部会有着密切关系。他接受海员之友会牧师职位的条件是，为这个组织做不定期的服务，有权随时根据自己的意愿转而成为美部会在中国的传教士。他在履行神职的同时，还学习中文，并与美部会传教士和美部会本部保持联系，这些都是为转成美部会传教士做准备的。他担任海员之友会牧师直到 1835 年，是年 3 月他成为美部会传教士。②

史第芬在加入美部会后立即有一个引人注目的行动。1835 年 3 月，史第芬与在中国沿海活动的老手郭士立，以及另一个从孟加拉来的英国人戈登（G. J. Gordon）一道，携带大批传教书籍，由珠江口北上。戈登奉东印度公司之命前往福建搜集茶树种子。他承担了这次活动的一切费用，带着这两个

① E. G. Bridgman to R. Anderson, Nov. 1, 1832, Canton, ABCFM Papers, 16. 3. 8.
② *Brief History of the American Board of Commissioners for Foreign Missions in China*, *from Its Commencement in Feb. 1830*, p. 12, ABCFM Papers, 16. 3. 11; Eliza J. Bridgman, ed., *The Pioneer of American Mission to China*, p. 100.

传教士同赴武夷山茶区。到福州附近海面后，他们转而逆闽江而上，前往武夷山。① 据史第芬本人的叙述，这艘走私船沿途无耻地贩卖鸦片，而沿岸的中国鸦片贩子则如蚁附膻，"有时一只船会带着 30000～40000 元来换取鸦片"。他们有一次离开所乘船只达一星期，深入离闽江约 200 里的内地，其行为引起了地方官府的注意，在第五天为中国军民所阻，不得已退回。史第芬得出结论说："这件事情和其他所有事实使我相信，到中国内地去旅行是不切实际的。"但他并不因此就认为应该放弃这类活动。他说："尽管进入这个国家之路尚未开放，但在海岸沿线还有乡村和小镇，在那里可以使人们与闻福音。"② 几个月后，他果然又参加了新的冒险。

1835 年 8 月 26 日，伦敦会的麦都思和史第芬一起，租用美国商船休伦号，雇用其船员共 18 人，从黄埔出发，沿着中国海岸航行，携带了约 20000 册传教书籍，其中包括《圣经》中译本、麦都思编写的几种小册子，以及其他宣传品。这次他们先是一路北上到山东半岛，在威海附近活动了几天，遇到地方官干预后再掉头南下，在山东、江苏、上海、浙江、福建的滨海地区活动，主要内容是四处散发所带的那些书籍、小册子，尝试向中国的民众宣讲基督教教义。在各地地方官无一例外地将其"礼送出境"时，他们都尽量拖延，或提出各种要求。而且由于这次没有与鸦片贩子同行，他们有时态度颇为强硬。10 月 31 日，休伦号回到伶仃洋。③ 这次长达两个多月的航行，在新教传教士当中，乃至在英美宗教界都是一个有影响的事件，引起的反响远远超过了上一次在闽江偷偷摸摸的窥探。

在这之后，史第芬与裨治文以及美部会的其他传教士一起，在广州及澳门从事日常的活动，没有进行新的冒险。不久后，史第芬担任了美部会中国传教团的秘书。1836 年 12 月初，在广州的这个传教团决定派人到南洋的华人中间去进一步开拓美部会的传教事业。史第芬与英国海外圣经会的李太郭

---

① *Brief History of the American Board of Commissioners for Foreign Missions in China, from Its Commencement in Feb. 1830*, p. 17, ABCFM Papers, 16.3.11; *The Missionary Herald*, vol. 32, p. 15.

② *The Missionary Herald*, vol. 32, pp. 58–59.

③ 有关这次航行的情况，参见 Stevens, "The Voyage of Huron," *The Chinese Repository*, vol. 4, pp. 308–335, 406–411; Medhurst, *China*, Chaps. 10–19; *The Missionary Herald*, vol. 32, pp. 197–202.

(Tradescent Lay，中国海关第一任总税务司李泰国之父），带着梁发的儿子梁进德和一名中文教师再次乘休伦号前往婆罗洲。这个雄心勃勃的传教士的事业很快就结束了。1837 年 1 月，史第芬病死在新加坡。①

前此，1833 年春，美部会领导机构认为，裨治文的活动表明在华传教是很有前途的事业，而仅有裨治文一人是难以进一步开拓中国的。而且，裨治文在印制传教书籍和编辑印刷《中国丛报》方面，也需要一个专门从事具体印刷事务的人来协助。于是，美部会秘书鲁弗斯·安德森等决定，派帝礼仕作为传教士，派卫三畏（Samuel Wells Williams）作为印刷工一起到广州。

帝礼仕 1806 年 1 月生于佛蒙特州的哈特福德村（Hartford），1825 年进入达特茅斯学院（Dartmouth College）学习。1829 年他从该校毕业，即进入安多佛神学院，1832 年 9 月完成学业，同月 28 日他被美部会按立为传教士。之后他为美部会在美国本土服务了一段时间，直至被派往中国。② 帝礼仕与卫三畏一起于 6 月 15 日离开纽约，10 月 26 日到达广州。他一到广州就开始学中文。与同时到达的卫三畏在口语方面先学广州方言不同，他学的是官话。③ 他们不甘心总是被局限在广州—澳门这个狭小的区域，已在准备向更广阔的地方扩展。除学习语言外，帝礼仕还积极从事乘坐小船偷偷向珠江两岸乡民散发传教书籍的活动，并尽可能地与包括十三行行商在内的中国人接触。④ 他也与裨治文、史第芬等一样，极力主张在中国门户尚未开放的情况下扩大对华传教活动范围。他认为在当时的中外关系条件下，应当把传教事业与西方商人在中国海岸的商业冒险联系起来。他在一封信中说："我们的兄弟郭士立已经把商人和传教士的视线同时引向中国海岸，为他们的事业展现了一个新的世界。""这个巨大、充满希望的领域，商人们是

---

① 有关情况，参见 The Chinese Repository，vol. 5，pp. 513 - 514；Frederick W. Williams, ed. , The Life and Letters of Wells Williams, pp. 91 - 92.

② Brief History of the American Board of Commissioners for Foreign Missions in China, from Its Commencement in Feb. 1830, p. 14, ABCFM Papers, 16. 3. 11；Wylie, Memorials of Protestant Missionaries to the Chinese, p. 79.

③ Brief History of the American Board of Commissioners for Foreign Missions in China, from Its Commencement in Feb. 1830, p. 15, ABCFM Papers, 16. 3. 11.

④ "Journal of Ira Tracy," The Missionary Herald, vol. 31, pp. 67 - 69.

不会忽视的，那么基督徒也不应该忽视。可以肯定，贸易不久就将广泛地开展。"①

不过帝礼仕在中国本土活动的时间并不长。鉴于伦敦会的经验，美部会也把在南洋开展活动看作"向中国人传教"的一个重要途径。而且，由于不断接到有关西方传教士在广州等地印刷、贩卖宗教书籍的报告，清廷一再命令广东地方官员对此类活动严厉查禁，也使得当时以此作为传教活动主要内容的传教士及其国内总部寻求在南洋建立传教据点和印刷机构，这样既可以与当地的中国移民接近，又可以安全地印刷传教书籍。正如《传教先驱》所说："我们在新加坡建立传教站，是因为在那里可以安全而方便地设立一个大型印刷机构。"② 在此背景下，美部会于 1833 年冬花了 1500 元，从新加坡英国传教士谭信手里购买了包括印刷机械在内的一个印刷所，并指示帝礼仕前往新加坡，在那里建立一个新的传教站，作为印刷对华传教所需出版物的基地。1834 年 5 月 19 日，帝礼仕离开广州，于 7 月 24 日到达新加坡。③ 此后，他一直在新加坡从事传教和印刷业务，与美部会的对华传教活动保持着密切联系。梁发从广州逃到南洋后，也一度与他一起从事印刷和其他活动。他还在新加坡开了一家诊所，与他的妻子开办了一所面向当地华人的学校。④ 1841 年，他因健康原因离开新加坡回美。

卫三畏 1812 年 9 月 21 日生于纽约州的尤蒂卡（Utica），他的父母是当地长老会的成员，他的父亲是一名印刷厂主。1831 年，卫三畏到特洛伊的伦塞雷尔学院（Rensselare Institute）上学，在此期间他特别感兴趣的是自然史（博物学）。1832 年，纽约的长老会向广州的美部会传教站运送一套印刷机器，并请卫三畏的父亲威廉·威廉斯（William Williams）帮助他们寻找一名年轻的印刷工。威廉斯立即推荐了自己的儿子。卫三畏在经过考虑之后接受了他父亲的建议。1832 年 7 月，美部会秘书鲁弗斯·安德森正式任命他为广州传教站的印刷工，随后他接受了印刷业务方面的训练。1833 年 6

---

① "Journal of Ira Tracy," *The Missionary Herald*, vol. 31, p. 69.

② *The Missionary Herald*, vol. 32, p. 14.

③ *Brief History of the American Board of Commissioners for Foreign Missions in China, from Its Commencement in Feb. 1830*, p. 14.

④ "Letter from Ira Tracy," August 10, 1835, *The Missionary Herald*, vol. 32, pp. 59–60.

月，卫三畏与帝礼仕一起乘奥立芬的马礼逊号商船前往中国。① 与美部会早期到中国的其他人员，如裨治文、帝礼仕等不同，卫三畏并非严格意义上的传教士，他没有接受过神学教育，也没有被授予过神职。在美部会的正式文件中，他的身份一直是印刷工（printer），直到他最后离开中国都未被按立为传教士（missionary）。但他在中国的活动与一般传教士并无二致，事实上他在很多场合也被称为传教士，他自己亦以传教事业为己任。1836 年美部会的几名传教士组成中国传教团（The China Mission）时，他是其中的一员。

卫三畏在华期间的主要活动是主管美部会的印刷机构，负责印刷出版与传教活动有关的书籍和其他类型的出版物。1834 年 10 月，奥立芬专门花费250 元为美部会在其商馆的后面建了一间印刷所。② 律劳卑事件后，美部会的传教士感到在广州印刷中文传教材料不安全，1835 年 12 月决定将印刷所迁到澳门。在澳门的另一个好处是可以借用东印度公司的中文字模。③ 从此之后，卫三畏长期在澳门活动。

除了管理督印宗教方面的出版物，卫三畏一项重要的工作就是印刷《中国丛报》。"卫三畏一到广州，管理印刷所的任务就交给了他。没过几个月，他就开始从事《中国丛报》印刷事务，他承担这项任务直至这份刊物停刊。"④ 他是除裨治文之外与《中国丛报》关系最密切的人物，不仅长期主持《中国丛报》的印务，而且他在裨治文 1847 年因审定《圣经》中文新译本而到上海后，实际负责《中国丛报》的编纂工作。他的另一个爱好是研究中国历史文化。他刚到广州就开始学中文，在广州和澳门长期居住和活动期间始终没有间断。他在这方面的成就，下文还将提及。

卫三畏也参与一些传教事务，如散发传教小册子等。1836 年 11 月，他曾与英国海外圣经会的李太郭一起到澳门附近的乡村散发这些宣传品。⑤ 他就此

---

① 关于卫三畏的生平，参见 Frederick W. Williams, *The Life and Letters of Samuel Wells Williams*, pp. 1 - 54; *Brief History of the American Board of Commissioners for Foreign Missions in China, from Its Commencement in Feb. 1830*, p. 14, ABCFM Papers, 16. 3. 11; Wylie, *Memorials of Protestant Missionaries to the Chinese*, pp. 76 - 78.

② *Brief History of the American Board of Commissioners for Foreign Missions in China, from Its Commencement in Feb. 1830*, p. 17, ABCFM Papers, 16. 3. 11.

③ Frederick W. Williams, ed., *The Life and Letters of Samuel Wells Williams*, pp. 80 - 81.

④ Frederick W. Williams, ed., *The Life and Letters of Samuel Wells Williams*, p. 63.

⑤ Frederick W. Williams, ed., *The Life and Letters of Samuel Wells Williams*, pp. 87 - 91.

事写给鲁弗斯·安德森的信很快公开发表在《传教先驱》杂志上。他在澳门的印刷所成为广州贸易季节结束后美部会传教士在澳门活动的据点，所以1837年9月28日中国传教团在广州召开的半年度会议上做出决议："卫三畏先生继续留住澳门。我们认为他的住所从1835年他开始住在那里起就成为差会的一个传教站。"① 1837年7月到8月，他还与郭士立、伯驾、查尔斯·金等人一起乘马礼逊号到日本，企图考察在日本通商、传教的可能性，结果被奉行锁国政策的江户幕府驱赶而一无所获，黯然回到澳门。②

美部会在1834年又给它在广州的传教团派来了一名精通医术的传教士，他就是后来著名的传教医生伯驾。伯驾1804年6月出生于马萨诸塞州的佛拉明翰（Framingham），他的父母是公理会信徒，1820年他也成为公理会的成员。1827年伯驾到阿默赫斯特学院求学，1830年他从该学院毕业后转入耶鲁大学。由于耶鲁大学承认他在阿默赫斯特学院的学分，伯驾仅用1年就完成了学业，获得学士学位。1831年4月，美部会秘书鲁弗斯·安德森到纽黑文访问，伯驾与他取得联系。同年9月，伯驾到波士顿附近的安多佛面见安德森，他谈了打算将来成为一名传教士的想法，安德森表示欢迎。10月返回耶鲁后，伯驾同时在该校的医学院和神学院修习研究生课程，为来华传教做准备。1834年春，伯驾获得医学博士学位。1833年8月，他取得布道资格。1834年5月，他在费城被正式按立为传教士。6月4日，伯驾从纽约乘奥立芬的马礼逊号，与奥立芬及其子女同船来华，于10月26日到达广州。③

伯驾离开美国前夕收到了美部会给他的指示。他被告知，到中国后的首要任务，就是花两三年的时间学好中文书面语言和口语。同时，他应该了解和熟悉中国的民族性，包括人民的风俗习惯，以为将来的传教活动服务。所谓"将来的传教活动"，按美部会的指示，就是"在中国的某一个对我们有

---

① *Brief History of the American Board of Commissioners for Foreign Missions in China*, *from Its Commence in Sept. 28*, *1837*, ABCFM Papers, 16. 3. 11

② S. S. Williams to R. Anderson, Frederick W. Williams, ed., *The Life and Letters of Samuel Wells Williams*, pp. 94 – 100. 关于这次航行的情况，参见 George B. Stevens, ed., *The Life*, *Letters and Journals of the Rev. and Hon. Peter Parker*. Boston & Chicago: Congregational Sunday-school and Publishing Society, 1896, Chap. X ; Gulick, *Peter Parker and the Opening of China*, Chap. 4.

③ Gulick, *Peter Parker and the Opening of China*, Chap. 1.

利的地方"建立一个新的传教站,而这个地方,按郭士立的建议以天津或宁波比较合适。美部会的领导人还要求伯驾,"经常在这个国家远足游览",以向中国人散发圣书,进行布道,物色本地助手,并为他们提供医疗服务。但是这份指示一开头就强调,伯驾可以向中国人传播"我们的文化和科学",不过应该仅仅将之作为"福音的婢女"。① 后来正是在这一点上,伯驾与美部会产生了不可化解的矛盾。

伯驾到广州后,在裨治文的帮助下开始学习中文,并医治病人,但他只在广州住了一个月就去了新加坡,这主要是因为受到了郭士立的影响。早在伯驾到中国之前,因在中国沿海冒险航行而名声大噪的郭士立就开始对美部会施加影响。② 他见到伯驾后,极力劝说伯驾去新加坡,说在那里他可以自由地与福建移民交往,更好地学福建话,为将来去福建沿海传教做准备。③ 在此背景下,伯驾听从郭士立的建议是理所当然的。何况当时伯驾因水土不服而深为剧烈的腹泻所苦,急欲换个环境。1834 年 12 月 6 日,伯驾离开广州到澳门乘船,经马六甲到新加坡,加入了帝礼仕主持的美部会传教站。

一开始伯驾很喜欢那里,他参加公开的布道,很方便地在福建移民中找到人教他学福建话。他又开了一个诊所,为当地人治病,很受欢迎。但不久他就离开新加坡回广州,原因是他对那里的热带气候更加不能适应,广州的史第芬、奥立芬等也催促他回去,大量已在新加坡印好的传教小册子需要人运去广州,等等。④ 但在这些因素的背后,是否还有比较隐秘的原因?我们知道,裨治文、史第芬、卫三畏等恪守马礼逊开创的方法,以广州和澳门为

① Stevens, ed. , *The Life, Letters and Journals of the Rev. and Hon. Peter Parker*, pp. 82 - 83.

② 郭士立写道:"我应该向一个即将到中国的传教士建议,他应熟悉眼科疾病,但他不必对眼科学过于精通,因为结膜炎在这里比在世界其他任何地方都更为普遍。"他很希望在中国的中部地区建一所医院,认为:"在广州和澳门,有几位先生在减轻病人痛苦方面所做的值得称赞的努力获得了极大的成功。但我希望能在中国的心脏地带建一所医院,我们需要能专门从事这一工作的人。"他的这段话写在伯驾将受派遣之前,而美部会的指示又要伯驾根据郭士立的建议,将来在天津或宁波建立一个传教站。因此有理由认为,郭士立所说的"一个即将到中国的传教士"就是指伯驾。Gutzlaff, *Journals of Three Voyages Along the Coast of China in 1831, 1832 & 1833*, pp. 269 - 270.

③ P. Parker to R. Anderson, December 4, 1834, ABCFM Papers, 16. 3. 8, vol. 1.

④ Gulick, *Peter Parker and the Opening of China*, pp. 37 - 38.

活动基地，几年间并未突破马礼逊的活动空间，而且在活动的方式方面没有大的创新，也没有招揽到当地人入教。美部会在裨治文来广州时，要他遵循马礼逊的教导，而在派伯驾来中国时，则要他听从郭士立的建议，这显然是想进一步打开对华传教的局面，在传教地域和传教方法方面都能有所突破。但这无疑给裨治文等人带来了一定的压力，也引起了他们对郭士立的反感。郭士立作为传教士在中国沿海的独自冒险在西方世界引起了广泛的关注和赞扬，也使已向中国派了数名传教士的美部会领导人难以自安。在给广州（澳门）传教站传教士的信件中，就流露了他们对郭士立行为的肯定。这就使裨治文等以广州为唯一传教基地（澳门主要是作为贸易季节结束后的居住地）的传统做法遭遇了挑战，也使他们的业绩受到怀疑。裨治文在 1835 年春给鲁弗斯·安德森的回信中，在对郭士立的"成绩"进行赞扬的同时，也委婉地暗示，郭士立的航行记是不能完全相信的，而广州仍然是唯一可以立足的传教基地。[1] 紧接着在 4 月和 8 月，史第芬分别与郭士立、麦都思一起去中国沿海活动，这都可以看作对美部会信件做出的反应。裨治文等不甘心输给郭士立，以后在《中国丛报》等处发表文章，批评他与鸦片贩子一起活动，并为他们服务。在此背景下，伯驾从南洋回广州，应该和裨治文等人与郭士立的暗中较量有关。

1835 年 9 月 27 日，伯驾回到广州。以后也没有按原来郭士立的建议和美部会的安排到华东或华北传教，而是一直留在广州。伯驾在广州的事业主要是开办广州眼科医院。1835 年 1~8 月他在新加坡开办诊所的成功经历使他决定"在广州也开办一个类似的机构"。而东印度公司的医生亚历山大·皮尔逊（Alexander Pierson）、郭雷枢（Thomas R. Colledge）和詹姆斯·布拉福德（James Bradford）在广州和澳门行医成功的经验，更让他相信"中国人将欢迎这样一个尝试"。广州行商伍浩官答应以每年 500 元的低价将他的丰泰行租给伯驾，[2] 而包括房租在内的开办费用则由奥立芬资助。[3] 以后的

① E. C. Bridgman to R. Anderson, March 26, 1835, ABCFM Papers, 16.3.8, vol. 1.

② "Report of the Ophthalmic Hospital at Canton: First Quarterly Report," *The Chinese Repository*, vol. 4, pp. 461–462. 关于布拉福德行医的情况，参见 Gulick, *Peter Parker and the Opening of China*, pp. 45–46, 221 note 30.

③ William Lockhart, *The Medical Missionary in China: A Narrative of Twenty Years' Experience*. London: Hurst and Blackett, 1861, p. 174.

费用多取自外商和其他人士的捐款，美部会承担的费用很少。

1835 年 11 月 4 日，广州眼科医院正式开办。这个医院是近代中国第一家眼科专科医院，也是最早的西医医院之一，在中国近代医疗史上有着重要的地位。根据伯驾的报告，在开办的头三个月就收治了 925 人，一年后超过 2000 人。以后逐年增加，到 1839 年底收治的病人达 7000 人。这些人大部分来自广州附近，但也有一些来自遥远的省份；他们主要是下层的乡民群众，但在其声誉得到传播后，一些官员也前来就医，甚至林则徐也派人就其病情向伯驾求教。《中国丛报》有意识地刊载了不少受惠的病人写给伯驾的感谢信、对联和诗作。① 总之，伯驾开办的这个医院的确取得了较大的成功，在当时享有较高的声誉。西方文献一般称该医院为"广州眼科医院"（Ophthalmic Hospital），中国文献则称为"新豆栏医局"。据有的史料记载，当时医院的入口用中文写着"普爱医院"（Pu Ai I Yuan）② 字样，这可能是伯驾给医院取的中文名字，不过没有叫开。

作为一名传教士，伯驾不能不赋予这个医院以宗教色彩。美部会当初给伯驾的指示暗示，行医是接近和了解本地民众的有效途径，并可以获得向他们灌输基督教思想的机会。从传教的角度来看，开始的几年，伯驾医院的作用是扩大了传教士的影响。把传教活动列为一项必备的内容，是在 1839 年梁发从南洋回广州之后。鸦片战争后，梁发长驻伯驾医院，在每个病人就诊前都要进行一段基督教教义和道德方面的宣传说教。

伯驾在新教传教史上的影响，不仅在于他的医疗活动后来成为其他传教医生效法的榜样，而且在于他是中国医务传教会（Medical Missionary Society in China，或译中国博医会）的主要发起人之一。从 1836 年开始，伯驾和裨治文等就不断鼓吹要建立这样一个组织。1838 年 2 月 21 日，中国医务传教会在广州正式成立。

美部会在 1830 年代派到中国的传教士，如裨治文、伯驾、卫三畏，以及这个时期来华的与美部会有关的传教士，如雅裨理等后来都成为新教在华传教史上的著名人物。在伦敦会实际上退出了华南的几年间，美部会的广州

---

① *The Chinese Repository*, vol. 4, p. 462; vol. 10, p. 453.

② Edward H. Hume, *Peter Parker and the Introduction of Anesthesia into China*, 转引自 Gulick, *Peter Parker and the Opening of China*, p. 55.

传教站（非贸易季节则是澳门传教站）是新教在中国的主要势力。1830 年代后期开始来华南活动的美国浸礼会等传教组织，主要在澳门等地活动，但其声势一时不及美部会。

在美部会传教士中，裨治文资格最老，是实际上的领导者。1835 年初，鲁弗斯·安德森建议在广州的传教士组成一个正式的传教团。1836 年 4 月 7日裨治文向安德森报告说，他们已经成立了一个正式的团体，叫中国传教团，其成员由拥有同等表决权的传教士组成。他们在尊重总部领导和权威的前提下，拥有独立处理传教团具体事务的权力。① 这个传教团后来被称为"华南传教团"（The South China Mission）。1836 年 5 月 2 日，在一封由裨治文、史第芬、伯驾和卫三畏共同签名，由裨治文执笔的信中，这些传教士又向安德森报告，他们几乎在组成中国传教团的同时又成立了一个"联合教会"（The Union Church）。② 此乃传教士和外商共同组成的宗教团体。

1830 年代，在广州的外国人，主要是英美人士先后成立了几个有影响的文化组织，除中国医务传教会外，还有 1834 年底成立的"在华实用知识传播会"（The Society for the Diffusion of Useful Knowledge in China）和 1836年 9 月成立的"马礼逊教育会"（Morrison Education Society）。裨治文、伯驾、卫三畏等均是这些组织的发起人或参加者。这几个组织的日常运作实际上是依靠传教士进行的，美部会的这几名传教士在其中起到了骨干作用。关于这几个组织的情况，下文亦将专门论述，此处不赘。

五　欧美其他新教教派势力之东渐

伦敦会和美部会无疑是鸦片战争前新教对华传教的主角，但随着西方对中国的兴趣日益增加，欧美其他新教教派也开始重视对华传教问题，并尝试派遣传教士来中国。在这些传教士中，郭士立的活动是最为引人注目的。

---

① E. C. Bridgman to R. Anderson, April 7, 1836, ABCFM Papers, 16. 3. 8, vol. 1.

② *Brief History of the American Board of Commissioners for Foreign Missions in China*, May 10, 1836, ABCFM Papers, 16. 3. 11.

郭士立的沿海传教活动

郭士立（Karl Friedrich August Gützlaff，英文名写作 Charles Gutzlaff，其中文名称有多种写法，如郭实腊、郭实猎）1803 年 7 月生于普鲁士波美拉尼亚的皮里茨（Piritz）。他自幼丧母，14 岁因贫辍学，当了一名马具工学徒。但郭士立并不甘心做一名手工艺人，他在业余时间坚持自学各种知识，并对宗教有越来越浓的兴趣，希望能成为神职人员。1820 年，他说服一位朋友与他一起，向到访的普鲁士国王腓特烈·威廉三世（Frederich Wilhelm III）献上一首诗，希望能得到国王的帮助，让他们能继续求学。据说这首诗很拙劣，但他们求知的欲望和表现出来的才能还是得到了威廉三世的同情和支持。① 在经过考察后，国王同意予以资助。由于郭士立表达了想成为传教士的愿望，普鲁士政府 1820 年 11 月颁令支持他继续学业，并于 1821 年 3 月把他送进了柏林的一所训练传教士的神学院。1823 年，郭士立接受了荷兰传教会（The Netherland Missionary Society）的招募，于是年 5 月到鹿特丹学习马来语，准备将来到东南亚的荷属殖民地做牧师或传教士。在此期间，郭士立一度想接受英国一个传教组织的资助去希腊传教，还专门去巴黎学了土耳其语和阿拉伯语。后因荷兰传教会坚持要他去东南亚，他只得放弃了这个打算。1826 年，郭士立又被送到英国学习传教事务，其间结识了正回国休假的马礼逊。②

1826 年 9 月郭士立动身前往荷属东印度群岛，1827 年 1 月到达巴达维亚。荷兰传教会给他的使命是在苏门答腊从事传教活动，但他很快就将此置诸一旁，而与伦敦会的麦都思等人打得火热，参与恒河外方传教团的活动，先是跟着麦都思等四处访问中国移民，散发传教书籍，但不久就独自进行这类活动。③ 他在 1827 年 1 月 14 日，即刚到爪哇时写的一封信中，就声称将要到暹罗、婆罗洲，甚至日本去传教，④ 可以说一开始就把荷兰传教会的期望视为无物。他在爪哇待了 3 个月，在此期间开始学习中文，不久又到槟榔

---

① Gutzlaff, *Journals of Three Voyages Along the Coast of China in 1831, 1832 & 1833*, p. 50.
② 以上关于郭士立的生平，主要参考 Gutzlaff, *Journals of Three Voyages Along the Coast of China in 1831, 1832 & 1833*, pp. 49 – 53.
③ Herman Schlyter, *Karl Gützlaff Als Missionar in China*. Hakau Ohlssons Boktryckeri, 1946, pp. 292 – 293.
④ Gutzlaff, *Journals of Three Voyages Along the Coast of China in 1831, 1832 & 1833*, pp. 53 – 54.

屿以及新加坡、马六甲等地的中国移民中间传教，并应一位荷兰人的邀请，在新加坡附近一个有 5000 华人的里奥（Rio）小岛住了 1 年，专心学习中国语言文字，并做一些传教工作。① 1828 年 6 月，他获准去暹罗旅行，8 月 23 日与伦敦会的汤姆林一起到曼谷，在葡萄牙领事的帮助下布道、散发《圣经》和传教小册子，并在下层群众中行医。在两个月的时间里，他在曼谷周围的华人居住区频繁活动。②

郭士立回到新加坡后，与管理伦敦会女校的纽维尔小姐结婚。在此期间，郭士立向荷兰传教会表示想到暹罗的华人中间传教，但与这位不听话的传教士之间"有很多麻烦"的荷兰传教会不同意他的计划。这意味着郭士立要么放弃自己的打算，要么面临断绝经济来源的威胁。郭士立的选择是断绝与荷兰传教会的关系，时间是在 1828 年。③ 此后，郭士立成为一名独立传教士。他与伦敦会有比较密切的关系，有一段时间在新加坡和马六甲协助伦敦会传教士活动，但始终没有成为伦敦会的正式成员。

1830 年 2 月，郭士立带着他的夫人到暹罗，④ 在曼谷活动了 1 年。除进行通常的传教和行医活动外，他还继续花费大量时间学习中文，对中国官话和广东、福建方言都有一定的认识。这为他后来在中国沿海活动准备了条件。此外他也学习暹罗语，并将《新约》中的《路加福音》和《约翰福音》翻译成暹罗语。

郭士立不仅在东南亚华人中间从事传教活动，而且与来自中国沿海各地的商人、水手有直接的接触。他认为这样可以"得到进入中国的机会而不会引致大的个人风险"。⑤ 在遭到中国商人的几次拒绝之后，郭士立终于得到了这样的机会。

1831 年 2 月，郭士立遭受丧妻之痛，尚在襁褓中的幼女奄奄一息，他自己也是重病在身。但 6 月一位来自粤东、名叫林炯（Lin-jung）的中国商人极力劝他到天津一行，林氏所乘的顺利号船主辛顺（Sin-shun）也邀他同

---

① I. J. Roberts, "Early Life of Charles Gutzlaff," *The China Mission Advocate*, 1839, vol. 1, pp. 30 - 31.

② Gutzlaff, *Journals of Three Voyages Along the Coast of China in 1831, 1832 & 1833*, pp. 54 - 55.

③ Schlyter, *Karl Gützlaff Als Missionar in China*, p. 293.

④ Wylie, *Memorials of Protestant Missionaries to the Chinese*, p. 54.

⑤ Gutzlaff, *Journals of Three Voyages Along the Coast of China in 1831, 1832 & 1833*, pp. 88 - 89.

行。郭士立接受了他们的建议。6月3日,这艘满载木材、布匹、糖、胡椒、皮货等的中国商船启航前往中国。① 据他自己说,在离开暹罗之前,他已归宗于来自福建同安的郭姓家族,并给自己取了"士立"这个中文名,又时常穿中国服装。"现在,我得完全遵守中国习俗,甚至不再看欧洲的书籍了。"②

7月10日,郭士立所乘的商船进入中国水域。这艘船沿中国海岸北上,沿途仅在广东南澳、山东半岛等地短暂停留,于9月22日到达天津。郭士立成功到达了中国的腹心地带,这使他产生了更为大胆的念头。他希望能到近在咫尺的北京去,那样可以使他的这次冒险增添更为传奇的色彩,在新教传教士中将可以与跟随阿美士德使团到过北京的马礼逊相提并论。他写道:"去访问中华帝国的首都——在历经许多艰险,耗费大量时光后产生的深深的渴望——现在已是近在眼前的事了。"③ 但他毕竟还是畏惧闭关时代清廷的禁令,在无法找到可以使他安全地探访北京的关系的情况下,最后只得放弃这个打算。

郭士立在天津活动的时间不到一个月。10月17日,他仍然乘坐那艘顺利号中国船离开了天津。这艘船到辽东半岛附近游弋了一阵后,调棹南返,12月13日抵达澳门。郭士立登岸后,受到马礼逊夫妇的欢迎。④

对郭士立来说,这次活动的主要意义在于他能以自己的亲身经历证明,可以冲破而且应该冲破清政府的重重禁令,到广州以外的中国沿海地区寻求更广阔的传教地域和贸易市场。在这次沿海航行的过程中,他利用自己粗浅的医术,在海上为船员、在天津为港口周围的各类人士,主要是下层缺医少药的人们免费看病。这立刻使他的周围聚集了大量的病人。他说,"聚拢前来的人如此之多,以至我不得不躲起来";"从清晨直到深夜,我都被他们包围着,而且时常要努力挣扎。但我还是经常抓住机会向他们讲解福音之箴规,指出通往永生之路"。⑤ 他认为他的航行在政治方面也有意义。他写道:

---

① Gutzlaff, *Journals of Three Voyages Along the Coast of China in 1831, 1832 & 1833*, p. 90.
② Gutzlaff, *Journals of Three Voyages Along the Coast of China in 1831, 1832 & 1833*, p. 92.
③ Gutzlaff, *Journals of Three Voyages Along the Coast of China in 1831, 1832 & 1833*, p. 121.
④ Gutzlaff, *Journals of Three Voyages Along the Coast of China in 1831, 1832 & 1833*, p. 137.
⑤ Gutzlaff, *Journals of Three Voyages Along the Coast of China in 1831, 1832 & 1833*, p. 127.

"我诚挚地希望，为了打开与中国自由交往的局面，能进行一些更有效的活动。如果我能尽绵薄之力加快这一进程，我将深感荣幸。在上帝和救主仁慈的眷顾下，我们可以满怀信心地期待中国之门不久将被打开。"① 西方各界人士，包括政治家、商人和传教士后来之所以对郭士立的所作所为发出一片喝彩之声，就是他证明了打开"中国之门"的可能性。

他关于进行"更有效的活动"的呼吁马上得到了响应。鉴于郭士立的航行所显示出来的前景，1832 年 1 月 12 日，时任东印度公司广州特选委员会主席的马治平（Charles Marjoribanks）给了广州商馆大班林赛（Hugh Hamilton Lindsay）"一个秘密训令"，要他乘东印度公司的武装单桅帆船克莱武号（Clive）去中国沿海航行，以"查明这个帝国可以渐次对不列颠商业开放最适宜的北方口岸有多远，以及土著和当地政府对此事的好感程度"。马治平因健康不佳于 1 月 17 日返回英国，继任特选委员会主席的德庇时（John Francis Davis）对此计划予以全力支持。由于克莱武号的船长采取了不合作的态度，德庇时决定林赛等换乘阿美士德号（Lord Amherst）。他还指示林赛"不要试图深入这个国家的腹地，而且小心地避免使用任何武力，除非是在自卫所需的情况下。你要极度留意防止船上收受或出售任何鸦片"。② 郭士立因有过在中国海岸航行的经验，又"通晓福建话"，被邀请担任该船的翻译和医生。③

1832 年 2 月 27 日，阿美士德号载着棉布、棉纱等货物从澳门出发。林赛化名为"胡夏米"，是这次航行的指挥官。阿美士德号在广东海丰、南澳，福建厦门、台湾、福州做了或长或短的停留，其中在福建的几个港口活动了一个多月，5 月下旬才离开福建进入浙江海面。他们在宁波附近盘桓多日，又继续北上。6 月 19 日，阿美士德号抵达长江口，闯入内河，郭士立和林赛等在上海及其附近地区进行了近 20 天的活动和考察，7 月 8 日才离开长江。该船从这里一路北上，7 月 14 日到达山东半岛的威海卫，接着把船开向朝鲜。在归途中，他们又顺访了琉球群岛。9 月 5 日，阿美士德号回到澳门。这一次，迎接招待他们的又是马礼逊。

①　Gutzlaff, *Journals of Three Voyages Along the Coast of China in 1831, 1832 & 1833*, p. 137.
②　马士：《东印度公司对华贸易编年史（1635～1834 年）》第 4、5 卷，第 344～345 页。
③　Gutzlaff, *Journals of Three Voyages Along the Coast of China in 1831, 1832 & 1833*, p. 138.

正如上文所指出的，郭士立的目的不是要进行这种游击式的传教活动，而是要探索新的传教领域，因此他没有满足于这两次航行为他博得的声誉。回到澳门不过一个月，他又得到一个"尽绵薄之力"的机会，进行了他的第三次中国沿海航行。

这一次雇用他的是大鸦片贩子查顿（William Jardine）。查顿从郭士立的所作所为看到了他的利用价值，请他乘装满鸦片的飞剪船气精号（Sylph）再次到中国沿海航行，一方面充当鸦片贩子的翻译，另一方面利用他对中国海岸、港口及中国人民、社会、文化的了解，让他充当兜售鸦片的向导。作为条件，查顿许诺为郭士立的传教活动提供捐款。这对郭士立这样一个已经断绝了与差会关系的独立传教士来说，无疑是很有诱惑力的，即使他一直起劲地抨击中国人抽鸦片的癖好。1832年10月20日，"经过与他人的多次商讨，经过自己心灵的斗争"，他登上了气精号。① 他后来说："这个新的尝试在某些方面非常令人不快，但我还是上了船，并充当了一个伟大商行的医生和翻译。"②

这艘鸦片走私船在中国沿海航行达半年之久，活动的范围从广东沿海到山东半岛和辽东半岛，沿途大肆贩卖鸦片，直到1833年4月29日才回到澳门。由于这次活动是彻头彻尾的犯罪行为，大部分时间是偷偷摸摸度过的。对这次航行的主要"业务"，即走私鸦片，郭士立的航行记只字不提。他对从这种昧着良心的"服务"中得到多少好处更加讳莫如深，其他资料也未见记载。

郭士立在这几次航行中进行的传教活动，都以讲道、行医、散发传教书籍为主要内容。他对上述三次航行的过程都用"航行记"加以详细记录。这些航行记很快在广州的英文《中国丛报》和欧美的一些出版物上发表，1834年又结集成《中国沿海三次航行记》出版，以后多次再版。此外，如上所述，他还就第二次航行写了正式的报告，英国下议院刊印后又公开出版。这些在欧洲、北美以及在华外国人当中产生了广泛而且重大的影响，郭士立一时闻名遐迩，宗教界和其他各界人士都在谈论他的传奇经历。这位独

---

① Gutzlaff, *Journals of Three Voyages Along the Coast of China in 1831, 1832 & 1833*, p. 254.

② Charles Gutzlaff, *An Appeal to Christians in Behalf of China*. Canton: Published at the Office of the Chinese Repository, 1833, p. 7.

立传教士之所以一举成名，不是他个人的冒险行为能给人们提供精神刺激，而是他的航行记和报告鼓吹了一种能够迎合西方各界急于打开对华关系格局的观点，并用自己的冒险经历为这种观点提供实际的、不亲历其境无法得到的证据。他的观点就是，西方对华传教活动和商业贸易的发展，都需要突破清政府将中外交往限于广州一口的政策。而他的经历证明，在广州以北的中国沿海地区完全可以冲破清廷的禁令，使对华传教事业和整体上的中外关系，走出广州一隅而扩大到整个中国的沿海地区。正如在他之后也到中国沿海航行的麦都思所说的："长期以来，人们都假定中国对基督教真理的传播者是完全封闭的；踏足其海岸就意味着死亡；而到这些地方宣布福音的任何企图都是疯狂的。但现在有一个人，他去了并毫发未损地回来了；他曾与那些地方的人们进行了广泛的交往；他在他们的城市和各省一共居住了几个月之久；他会见过声名远播、令人生畏的中国官员；他不仅没有被逮捕、监禁，装在笼子里送回广州，相反，他在一系列的接触中得到友善的，有时甚至是尊敬的对待。"① 这段话集中概括了郭士立航行对新教在华传教事业的冲击性影响。麦都思本人就在伦敦会的指示下，成为第二个到中国沿海航行的传教士。美国传教士在郭士立所造舆论的影响下也急迫地考虑采取类似的行动，他们也认为"福音不能被局限在如此狭窄的范围内"，甚至希望拥有一艘专门用于传教的船只。②

郭士立的行动和观点对其他方面的影响将在下文予以讨论，这里先简单地考察他的沿海传教观点。

郭士立多次攻击中国人根深蒂固的"异教徒"信仰，特别是所谓的"偶像崇拜"。他描述道："他们歪曲关于最高主宰的知识，向木头或石头的偶像膜拜，说'这就是我的造物主'。"③ 他又把中国船员和其他人群中存在的赌博、吸食鸦片等不良行为泛化为中国道德水平的象征。他声称这种普遍存在的宗教和道德状况，正是对传教活动"不容忽视的需求"。④ 在此前提下，郭士立用大量的篇幅，不厌其烦地描述那些初次接触到传教士的乡民，

---

① Medhurst, *China*, p. 364.

② E. C. Bridgman to the American Tract Society, June 2, 1834, ABCFM Papers, 16.3.8, vol. 1.

③ Gutzlaff, *Journals of Three Voyages Along the Coast of China in 1831, 1832 & 1833*, pp. 130 - 131.

④ Gutzlaff, *Journals of Three Voyages Along the Coast of China in 1831, 1832 & 1833*, p. 131.

那些沉迷在迷信和邪恶之中的百姓，是如何高兴地欢迎"福音"的来临。他向读者介绍说，还在暹罗的时候，他所遇到的中国人就"特别乐意阅读圣书，并谈论福音中之箴规"。第二次航行到台湾嘉义时，他发现"这里有很多读者急于得到我们的书"。据他说，在浙江金塘山，他"向聚拢在周围的人们朗读和讲解传教小册子的一些段落，他们对这新的教义感到很新奇。他们怀着感激的心情接受了我们的小册子，非常爱惜地带回去"。他还这样告诉他的读者：他在上海附近某地散发传教书籍时，乡民们"起初犹豫不决，但是，稍稍看了一下其中的内容，他们马上嚷着要求得到更多。我尽可能地满足他们的要求，但后来只得带着歉意送走不少空手而回的人"。他的航行记中充满了诸如"大量小册子发给了焦急地想要得到的人们"，"心怀感激而心情迫切的读者"争抢传教书籍之类的描述。在他的笔下，甚至佛教名山普陀山的和尚都急于得到宣扬基督教的小册子，"当他们得不到时，几乎失望得要哭出来"。① 郭士立把无数这样的事例，夹在他那引人入胜、探险记一样的航海日记当中，用夸张的笔法向他的西方读者描绘了一个有"三亿五千万个灵魂"、欢迎并急切地等待基督教福音前来滋润的"异教徒"国度。这与马礼逊、裨治文等人谨慎而悲观的报告所介绍的情形真有天壤之别。

郭士立在写作、发表他的航行记的时候，还没有鼓吹到全中国所有的地方去传教。他向新教各教派重点推荐的地区是中国沿海，在他看来，那是当时西方的商船和炮舰势力可以达到的地区。郭士立还告诉人们，在中国沿海地区传教实际上也没有什么困难。这些地区基本上不设防，"没有遇到战船或是士兵，即使后者据说是存在的"。② 他在航行中所遇到的中国官员，虽然碍于国家法令对他们持不欢迎的态度，但也没有什么人对他们进行多少刁难，更没有真正的威胁，常常是官员提供给养后将他们礼送出境。他报告说："官员们为我们所行之事提供了一切便利条件。"③

这样，郭士立就描述了一个居住着千百万渴望基督教福音的"异教

---

① Gutzlaff, *Journals of Three Voyages Along the Coast of China in 1831, 1832 & 1833*, pp. 99, 166, 168, 218, 268.

② Gutzlaff, *Journals of Three Voyages Along the Coast of China in 1831, 1832 & 1833*, p. 129.

③ Gutzlaff, *Journals of Three Voyages Along the Coast of China in 1831, 1832 & 1833*, p. 220.

徒"，同时又不存在真正风险的传教区域。他认为西方新教以前仅将传教地域限制在广州—澳门地区，乃是"以想当然的不可能性为借口的"。① 由此引出的结论就是要立刻改变对华传教的态度与方法，向广州以外的中国沿海广大地区派遣传教士，在那里开拓对华传教的新局面，使新教对华传教事业进入一个新的时期。这在当时意味着要摒弃原有的对华传教思想，从而对伦敦会和美部会这两个最有影响的新教差会提出了挑战。

在将他的三次航行记发表的同时，郭士立感到意犹未尽，继续制造内容相同的舆论。1833 年 11 月 24 日，他从广州写信给美部会，这封信后来发表在《传教先驱》上面。信中重弹"成千册的书籍在几分钟之内就会被心情迫切的读者抢光，官府却不干预"这样的老调。他建议假如美部会派遣新的传教士到中国，而这些传教士又需要中文等方面的训练，那就"让他们在暹罗和新加坡待一段时间，让他们完全在中国人当中做准备工作，然后进入这个广袤的帝国"。他公开说"广州不是合适的做准备工作的地点"，因为广州话只有一小部分地区的人听得懂，而且在这里与中国人接触也很困难。② 这实际上否定了美部会广州传教团的价值。这封信以及他的航行记等对美部会的领导机构产生了相当大的影响，以致后来在给伯驾的指示中强调他要尊重郭士立的意见。③ 1833 年 5 月，郭士立又写了一本名为《为了中国向基督徒呼吁》的小册子，叙述了他的经历，对他的上述观点进行了集中阐述。他反驳了"迄今为止将中国视为福音不能进入之地"的传统认识，认为天主教在中国成功活动的历史经验，其坚定的立场，为达到目的勇于冒险的"英雄主义，是非常值得向新教传教士推荐的"。他要求英国"心地淳朴的基督徒"捐款支持他继续进行他的海岸传教活动，说"在写这个小册子的时候，我在想象着不久之后重温身处中国北方港口的快乐，并希望可以不限时间地留在那里"。④

后来的情况表明，并没有什么"心地淳朴的基督徒"来资助他，倒是

---

① Gutzlaff, *Journals of Three Voyages Along the Coast of China in 1831, 1832 & 1833*, p. 221.

② *The Missionary Herald*, vol. 30, p. 308.

③ 美部会也表示不能因为郭士立的"成功"经历"就推测其他传教士理所当然也能做郭士立做过的事"，但这句话显然把郭士立的言行当作一种表率。美部会 1834 年度报告，参见 *The Missionary Herald*, vol. 31, p. 16.

④ Gutzlaff, *An Appeal to Christians in Behalf of China*.

有鸦片贩子需要与他继续互相利用。伟烈亚力为郭士立写的小传说，1834年的"大部分时间他乘坐不同的船只在沿海航行，散发书籍并向人们演说，偶尔从伦敦会得到一些资助"。① 除此之外，他的活动费用还来自鸦片贩子。查顿再次雇用了他。1834年和1835年，他还至少有两次与前面提到的戈登一起到福建沿海，当然一切费用是由戈登承担的。其中1835年4月那一次，郭士立还带了美部会的传教士史第芬同行，其情况上文已有叙述。

与鸦片贩子一起航行去"传播福音"这种不名誉的方式，常常使郭士立处于难堪的境地，也使心怀不满的裨治文等有了指责他的把柄。但郭士立幸运地得到机会，使他摆脱了在"事业"和生活上仰给于鸦片贩子的困境。1834年3月，郭士立在马六甲与英国的沃恩斯托尔小姐（Miss Warnstall，后任英国驻华公使巴夏礼的表姐妹）结婚。1834年12月，郭士立又被任命为英国驻华商务监督的中文秘书兼翻译，地位次于马礼逊的儿子马儒翰，年薪800英镑。

郭士立所鼓吹的海岸传教，除了美部会的史第芬和伦敦会的麦都思，鸦片战争前很少有其他传教士响应。他企图把伯驾拉到他的传教道路上的努力最终也没有成功。但郭士立没有等待将他的这种传教思想付诸实施，又在对华传教方面做进一步探索。比以前体面得多的职业和稳定的收入，为他的独立传教活动提供了更好的条件。有关研究成果显示，"从1833年到1839年，他大约进行了十次旅行"。这些所谓旅行"大都是到福建内地活动"。"通过到内陆地区的这些旅行，进行传教演说和散发出版物，郭士立认为他证明了这些地带和海岸地区一样是对外开放的。"② 1838年6月，郭士立出版了一本介绍中国概况，包括中国地理、历史、语言、文化、地形、物产、人口、政府组织等内容的书。他给这本书取了一个哗众取宠的书名，叫《开放的中国》。该书的出版商在广告中总结了郭士立的观点："中国现在令人兴奋地对我们的商业开放；中国不久就将对我们更广泛的交往开放；中国最终将对传教事业开放。"③

鸦片战争前郭士立在传教方面所做的工作还包括用中文撰写出版了40

---

① Wylie, *Memorials of Protestant Missionaries to the Chinese*, p. 55.

② Schlyter, *Karl Gützlaff Als Missionar in China*, pp. 294, 295.

③ Charels Gutzlaff, *China Opened*. London: Smith, Elder & Co., 1838, "Advertisement".

余种传教小册子和介绍西方情况的书籍，与裨治文、麦都思合作修订《圣经》中文译本，编纂出版中文期刊《东西洋考每月统记传》等。他还是1837年试图进入日本的航行活动的主要策划者之一。为了扩展新教对华传教事业，郭士立呼吁更多的西方青年像他一样，自费来中国传教，[①] 但和者寥寥。他曾致信瑞士的巴色会，要他们给他派两名传教士做助手，由他来负担这两个人的费用。但巴色会拒绝了他的建议，认为不能承担"将兄弟们置于如此不稳定的处境并使他们依赖于单独的个人"的责任。[②] 不过到1837年，他终于等到了一个追随者，即美国浸礼会传教士罗孝全（Issachar Jacox Roberts）。

美国浸礼会的早期活动

罗孝全并不是美国浸礼会最早的来华传教士。美国浸礼会最初的对华人的传教事业是在暹罗进行的。对一些新教差会来说，在东南亚的华人中传教是对华传教事业的一个组成部分。1833年12月，美国浸礼会海外传教会派到暹罗的传教士琼斯（J. T. Jones）为曼谷的3名华人施洗，这个事件被当作该会对华传教的开端。[③] 1834年，该会派粦为仁（William Dean）到暹罗的华人中间传教。粦为仁于1835年6月到达曼谷，在那里的华人中间建立了传教站。粦为仁的传教工作似乎很快有了具体的成果，年底就将3个中国人施洗入教。[④] 1836年，该会派叔未士（John Lewis Shuck）夫妇去曼谷的传教站。次年，该会又派身份有些特别的传教士罗孝全到中国。

叔未士1812年9月生于哥伦比亚特区的亚历山德里亚（Alexanderia）。还在列维斯堡学校（Lewisburg Academy）读书期间，他就决定将来做一名传教士。1831年，他进入里士满的弗吉尼亚浸礼会神学院（Virginia Baptist Seminary）研习神学，由里士满的第一浸礼会提供资助。[⑤] 1835年，叔未士

---

① Charles Gutzlaff to the American Board, Jan. 14, 1832, *The Missionary Herald*, vol. 28, p. 257.

② Schlyter, *Karl Gützlaff Als Missionar in China*, p. 295.

③ Lida Scott Ashmore, *The South China Mission of the American Baptist Foreign Mission Society: A Historical Sketch of Its First Cycle of Sixty Years*. Shanghai: Printed by Methodist Publishing House, 1920, p. 2.

④ S. B. Tifferington, *History of Our Baptist Mission Among the Chinese*. Philadelphia: American Baptist Publication Society, 1892, pp. 7 – 8.

⑤ Margaret Morgan Coughlin, *Strangers in the House: J. Lewis Shuck and Issachar Roberts, First American Baptist Missionaries to China*, PhD Diss., University of Virginia, 1972, p. 19.

写信给在里士满召开的美国浸礼会大会，要求成为浸礼会海外传教士，被大会接受。同年9月，叔未士与出身于浸礼会牧师家庭的亨丽埃塔·霍尔（Henrietta Hall）结婚。9月22日，受浸礼会海外传教会的派遣，叔未士夫妇启程前往曼谷，准备加入由粦为仁在那里创办的以华人为对象的传教站。

　　差会的意图是让这些传教士在当地华人中一面传教，一面进行准备，等待中国的开放，但叔未士夫妇没有按差会的指示去曼谷。他们1836年3月31日到达新加坡后，认为从对华传教的角度来看，新加坡是比曼谷更合适的地方。叔未士夫人在4月致函其父说："新加坡在未来的两三年内，或至少（如果神能开辟一条道路的话）在我们进入中国之前，将是我们的家。"① 在另一封信中她又说："我们在新加坡比在其他地方有更多学习中文的便利条件。"② 但没过多久，叔未士决定马上就到中国来。他把想法告诉了差会，未等答复就于当年9月乘船来到澳门。他这个做法引起了差会的不快。③

　　在澳门的郭士立则对他们的到来表示欢迎，在生活上对他们加以关照。叔未士到澳门后，很快就独自到广州做了为期10天的考察，④ 回澳门后他就在郭士立的指导下开始学习中文，并做一些诸如散发传教材料之类的工作。他的夫人也一面学习中文，一面收留并教导几个中国孩子，后来形成一个小规模的学校。她在以后几年中时常写信向国内亲友募捐，以维持她所热心的这项事业。叔未士在给差会的报告中谈到在澳门活动的情况，并为自己擅自来到澳门辩解说："我内心日益增长的与中国语言、人们和政府亲身接触的意愿，促使我早早来到了澳门。……在这里学习这个伟大民族的语言文字的条件，也许在中国以外的任何地方都得不到。在澳门35000个异教徒当中，可以找到学习任何一种方言的教师，而且可以挨家挨户地访问这里的人民，与他们就所有话题进行交谈。有多少基督教书籍都能散发出去。"⑤

---

①　J. B. Jeter, ed. , A Memoir of Mrs. Henrietta Shuck, The First American Female Missionary to China. Boston: Gould, Kendall & Lincoln, 1846, p. 63.

②　Jeter, ed. , A memoir of Mrs. Henrietta Shuck, p. 67.

③　Coughlin, Strangers in the House, p. 27.

④　Jeter, ed. , A memoir of Mrs. Henrietta Shuck, p. 95.

⑤　"Communications of Mr. Shuck," The Baptist Missionary Magazine, vol. 18, p. 55.

叔未士并不甘心总是在澳门及附近的乡村活动，因为外国人可以公开活动的广州—澳门地区被美部会传教士当作自己享有独占权的传教区域，他们对浸礼会传教士的到来持冷淡甚至不欢迎的态度。叔未士在 1837 年 5 月向美国浸礼会海外传教会秘书卢修斯·博勒斯（Lucius Bolles）报告说，那些"没有皈依者、没有教堂也没有积极进取的传教活动"的美部会传教士竟认为"浸礼会传教士来到澳门是对他们的妨碍"，暗示他们离开这里。[①] 他在另一份报告中写道："美部会在这里和广州有 4 名男传教士，而且裨治文先生一年多以前还写信要求派遣一个传教士家庭到澳门。伦敦会也打算在这里安置一个家庭。"因此他的想法是，不把澳门作为永久性传教基地，"如果差会同意，在可能的情况下，我很想尽快去占领中国的另外一个地方，或是去交趾支那"。他计划将"两三个传教士家庭联合起来，在中国长达 2000 英里的海岸线的某个地方建立一个居留地，尽管其政府对所有的外国人不加选择地采取傲慢无礼的态度"。这个想法表明他受到了郭士立的影响。他所说的"某个地方"，此时是指海南。他认为海南在地理位置、气候、物产等方面均有其优势。[②] 同时他留意越南的情况。1837 年 2 月 21 日，叔未士搭乘一艘中国小船准备前往海南和越南考察，以为建立他所说的居留地做准备。但船行不久即遇到海盗的威胁，船员不肯继续航行，无功而返。[③] 在以后的几年里，包括鸦片战争期间，叔未士继续在澳门周围活动，直至《南京条约》签订后移往香港。在这几年里，他坚持中文学习，他的夫人在信中总是向亲友报告她的丈夫在这方面不断取得进步。同时，他和夫人仍然进行一些传教活动。1837 年 8 月他向差会报告说："在过去的几个月中，我每天坚持到人们中间，向他们派发传教小册子。"[④] 他在 1840 年元旦的日记中说："9 个月来我用中文进行礼拜日布道，每天走家串户进行访问，不断得到鼓励，而没有受到打扰。"[⑤] 此外，对叔未士夫妇来说，能够说明其传教活动具体成果的是，叔未士在 1837 年 1 月

① Coughlin, Strangers in the House, pp. 47 - 52.
② Coughlin, Strangers in the House, pp. 47 - 52.
③ Coughlin, Strangers in the House, pp. 57 - 61.
④ Coughlin, Strangers in the House, p. 27.
⑤ *The Baptist Missionary Magazine*, vol. 20, p. 265.

31 日将他们从新加坡带来澳门的中国仆人夏阿罗（Ahea A Loo）施洗入教。[①] 据他们夫妇说，这个阿罗变成了一个虔诚、忠实的基督徒。但此人后来跟一个美国商人去了缅甸，不久死在那里。[②]

罗孝全是继叔未士之后来到澳门的又一名美国浸礼会传教士。他 1802 年 2 月出生于田纳西州桑纳县（Sumner）的农庄。由于受家庭环境所限，罗孝全没有受到正规的教育。他的母亲是浸礼会信徒，哥哥莱维·罗伯茨（Levi Roberts）是当地浸礼会的一名牧师，其家庭生活的宗教色彩较为浓厚，对罗孝全有比较大的影响。[③] 19 岁那年，他受洗加入浸礼会，后在家人的支持下决心成为一名神职人员。当地浸礼会授予他布道资格，但他没有薪金，也没有资格主持正式的宗教仪式。[④] 他做过马具工，当过学校教师，1827 年又到南卡罗来纳州的一所学校进修过一个学期的神学课程，在 1828 年前后被正式按立为牧师。他于 1830 年结婚，但妻子次年病逝。在这之后罗孝全在密西西比州活动了一段时间，并成功地聚起了一笔约 3 万美元的财富。

在此期间，罗孝全思考未来的生活道路，决定做一名海外传教士。他于 1834 年 7 月写信给波士顿的浸礼会海外传教会，表达了成为该会传教士的愿望。[⑤] 当时正值美国新教各派纷纷对中国发生兴趣之时，到中国传教是经常被讨论的话题。在此背景下，1835 年初罗孝全决心前往中国传教，之后他穿行美国西部 5 个州筹集资金。1835 年 2 月，罗孝全写信给在俄亥俄州辛辛那提举行的浸礼会海外传教大会，要求该会派他到中国。[⑥] 但由罗孝全自己提出的 4 个评审人均认为他没有资格做传教士，很明白地说他"资质

---

① *The Baptist Missionary Magazine*, vol. 18, pp. 56 - 57.

② Jeter, ed., *A memoir of Mrs. Henrietta Shuck*, pp. 95, 114, 121 - 122.

③ Coughlin, *Strangers in the House*, pp. 37 - 38.

④ Clifton Judson Allen, ed., *Encyclopedia of Southern Baptists*, 2. Nashville: Broadman Press, 1958, pp. 1056 - 1057.

⑤ I. J. Roberts to Lucius Bolles, July 5, 1834, 转引自 George B. Pruder, Issachar Jacox Roberts and American Diplomacy in China During the Taiping Rebellion. PhD Diss., American University, 1977, p. 31.

⑥ Pruder, Issachar Jacox Roberts and American Diplomacy in China During the Taiping Rebellion, p. 33.

平庸"。在次年 3 月举行的浸礼会海外传教会上，他的申请被否决。①

罗孝全没有放弃努力，他决定首先由自己来创造条件。他以自己在密西西比州积聚的那笔财富为基础，吸收美国西部各州支持者的捐款，创建了"罗氏基金会"（Roberts' Fund）。又以他为首，成立了"密西西比谷地中国传教会"（China Mission Society of the Mississippi Valley），作为他到中国传教的组织和后援机构。二者都设在肯塔基州的路易斯维尔（Louisville）。之后，罗孝全再次向美国浸礼会海外传教会提出申请，要求该会承认他为美国浸礼会独立传教士，但再次被拒绝。罗孝全仍不气馁，他设法说服浸礼会海外传教会接受了这样一种安排，即由他的"中国传教会"将资金交给浸礼会海外传教会，该会把这笔钱转给它在远东的委托人，然后再由委托人把经费交给罗孝全。② 通过这样复杂的过程，罗孝全终于实现了到中国做传教士的愿望。当然，他只是一名非正式、得不到传教机构经济支持的传教士。

1836 年 10 月，罗孝全乘船离开波士顿，第二年初到达巴达维亚，在那里学了一段时间的中文后，于 1837 年 5 月来到澳门。起初叔未士夫妇对他的到来很欢迎。叔未士夫人在 6 月的一封信中谈道："罗孝全兄弟和我们住在一起。他是一名虔诚的基督徒。我们一起学习中文，我们在读一本叫作《三字经》的中国书。"③ 但很快他们之间就产生了矛盾，并终生没有和解。叔未士希望罗孝全与他一起共同努力建立浸礼会的传教基地，但罗孝全作为事实上的独立传教士热衷于独自外出布道、散发宗教书籍，对与这个比他小 10 岁却是浸礼会选中的传教士合作的兴趣不大。

除了这个因素，郭士立对罗孝全的影响是他与叔未士疏远的重要原因。罗孝全这样一个千方百计要到中国来做传教士的人，对郭士立在中国沿海多次航行的传奇经历早已熟知，而郭士立独立传教士的身份对处境相似的罗孝全来说更有亲切之感。更加巧合的一点是，他们都做过制造马具的学徒。在罗孝全离开美国之前，他就让中国传教会的会长威廉·巴克（William Buck）写信给郭士立，请他给予支持。郭士立写了一封热情洋溢的回信，对罗孝全基金会和

---

① Coughlin, Strangers in the House, pp. 39 – 41.

② Coughlin, Strangers in the House, p. 41; Pruder, Issachar Jacox Roberts and American Diplomacy in China During the Taiping Rebellion, p. 34.

③ Jeter, ed. , *A Memoir of Mrs. Henrietta Shuck*, p. 106.

专门以中国为对象的中国传教会的成立，对同样是独立传教士的罗孝全的来华表示非常欢迎。^① 罗孝全从叔未士那里搬出来后，就与郭士立夫妇同住。

从 1837 年前来澳门到 1842 年移往香港，罗孝全除学习中文外，大部分时间独自进行传教活动，主要是在澳门及附近的村庄和在澳门水域停泊的中国船只上散发传教书籍，并进行布道。^② 他相信这样的活动能取得效果，"我认为如果有一打勇敢的传教士来到这里，精诚合作，再有一打勇敢的本地皈依者甘冒生命危险，在他们的努力和神的保佑下，福音将像电流一样传遍这个国家"。^③ 他还在 1839 年前后收了几个中国孩子做学生，认为这样所费不多，是开展传教活动的一个好方法。^④ 由于美国浸礼会海外传教会此时不向他提供经费，为了弥补中国传教会资金的不足，他甚至重操旧业，利用自己制造马具的技艺赚钱。事实上，就国内的支持而言，罗孝全更多依赖美国西部五个州的浸礼会。^⑤ 罗孝全还写信向美国圣书会（American Tract Society）要求资助。他在信中说，在对中国人传教方面，"至少在最近的几年内，（散发）圣书将是主要的、切合实际的手段"。就他自己而言，澳门半岛和"周围视野可及的几个村庄"是他活动的主要范围，"此外，我估计我每个月可以在过往商船上散发五千到一万页的传教材料"。除希望该组织资助印刷传教书籍外，罗孝全还说，他和郭士立都认为，"现在中国之友应当祈求并慷慨捐助的首要目标，是一艘可以专门用于对华传教的船只"，用它可以在中国海岸进行持续的传教活动。^⑥

在与其他传教士的关系方面，罗孝全与叔未士因同属美国浸礼会，不可避免在传教和其他宗教活动方面仍进行一些合作。他与美部会传教士也有一些往来，但与他关系最密切的是郭士立。^⑦ 罗孝全经常与郭士立一起活动，将郭视为自己的良师益友。郭士立不仅在传教方面给他很多帮助和指导，而

---

① Coughlin, Strangers in the House, p. 42.

② The China Mission Advocate, vol. 1, pp. 46 – 47, 56 – 63.

③ I. J. Roberts to John T. Jones, Feb. 8, 1838, The China Mission Advocate, vol. 1, p. 57.

④ I. J. Roberts to "China Mission Advocate", May 31, 1839, The China Mission Advocate, vol. 1, p. 323.

⑤ The China Mission Advocate, vol. 1, pp. 28 – 29.

⑥ I. J. Roberts to William A. Hallock, Dec. 14, 1837, The China Mission Advocate, vol. 1, pp. 46 –47.

⑦ Pruder, Issachar Jacox Roberts and American Diplomacy in China During the Taiping Rebellion, p. 38.

且是他学中文的导师，他在《中国传教呼声》上发表的日记和信件中，把郭士立对他的有关评价作为衡量他取得进展的标准。1839 年 2 月，郭士立和罗孝全共同署名撰写了一份"年度报告"，同年 7 月在《中国传教呼声》上发表。这份报告讲述他们的传教活动和传教方法，希望得到美国的"中国之友"的支持。[1] 二人俨然结成了一个实际上的传教团体。

叔未士和罗孝全鸦片战争前的活动基本上局限在澳门一地。他们在这段时间主要是为自己、为美国浸礼会以后的在华活动打下基础，总的来说其影响不及美部会传教士。

其他新教教派的早期对华传教活动

鸦片战争前到中国活动的还有美国圣公会传教士和英国圣经会、美国圣经会的人员。

美国圣公会国内和海外传教会于 1821 年 10 月成立。到 1830 年代初，该会开始考虑向中国派遣传教士。1834 年 5 月，该会在费城举行年度会议，做出在中国建立传教基地的正式决议。同年 7 月，毕业于纽约综合神学院（General Theological Seminary）的亨利·洛克伍德（Henry Lockwood）被指定为到中国的传教士。根据该会的指示，他在到中国之前学习了一段时间的医学知识。第二年 3 月，该会又接受马里兰州乔治王子县（Prince George County）圣公会教区长汉森（Francis Hanson）为来华传教士人选。1835 年 6 月 2 日，洛克伍德和汉森免费搭乘塔尔博特 - 奥立芬公司的马礼逊号从纽约启程，10 月 4 日到达广州。[2]

但是这两位传教士很快发现广州不是他们的立足之地，因为在广州，外国传教士的活动这时还是非法的，受到许多限制。广州的生活费用也很昂贵。此外还有一个可能的原因，即已在广州发展了一定势力的美部会传教士对他们的到来不一定欢迎，这从伯驾等对叔未士和罗孝全的态度可以推测。洛克伍德和汉森在广州只待了约一个月就前往新加坡，[3] 并于 12 月从新加

① "To the friends of China," *The China Mission Advocate*, vol. 1, pp. 213 –215.

② Ametle B. Richmond, *The American Episcopal Churchin China*. New York: Domestic and Foreign Missionary Society of the Protestant Episcopal Church in the United States of America, 1907, pp. 6 –7.

③ *Brief History of the American Board of Commissioners for Foreign Missiona in China*, p. 19, ABCFM Papers, 16. 3. 11.

坡到爪哇的巴达维亚。此后，他们就在当地的华人和马来人当中从事传教活动，与东南亚一带来自英美的传教士互有交往，并分别开办了以华人和当地原住民的孩子为对象的学校。洛克伍德 1836 年 2 月与伦敦会传教士麦都思的女儿萨拉·索菲亚结婚，但几个月后即遭丧妻之痛。1838 年他还到广州和澳门活动了几个月。①

1837 年 1 月，美国圣公会海外传教会决定增派文惠廉（William Jones Boone）到巴达维亚的传教站。此人后来是美国在华传教士中的重要人物。文惠廉 1811 年生于美国南卡罗来纳州，1829 年从南卡罗来纳学院（South Carolina College）毕业。1837 年 7 月 8 日，文惠廉携妻从波士顿启程，10 月底到达巴达维亚。从这时直到 1840 年，文惠廉在爪哇一面从事传教活动，一面学习中国语言文化。他的主要活动之一是协助洛克伍德开办华文和马来文学校。但美国圣公会这几个传教士在巴达维亚的事业并不顺利。先是 1837 年，文惠廉到那里不久，汉森就因健康原因回美国，次年干脆终止了与该会的联系。接着洛克伍德和文惠廉发现，因学生退学现象严重，学校也办不下去。1839 年 4 月，洛克伍德也因"健康不佳"回国。② 第二年 9 月，文惠廉也因"健康状况需要较冷的气候"携妻子经新加坡到澳门。这样美国圣公会在巴达维亚的传教站就空无一人了。1841 年初，文惠廉建议将传教站移往澳门，5 月总部批准了这个计划。但到是年 9 月，随着鸦片战争形势的发展，文惠廉写信给总部，表示根据实际情况他希望去厦门。1842 年 2 月，文惠廉到厦门建立美国圣公会的传教基地。③

英国与海外圣经会（British and Foreign Bible Society，或译大英圣经会）成立于 1804 年。鸦片战争前它在对华传教活动中所起的作用，主要是资助《圣经》中译本和其他传教书籍的印刷和散发。仅 1812 ~ 1816 年，该会用于资助马礼逊翻译、印刷《圣经》的费用就超过 6000 英镑。马礼逊、米怜、麦都思、郭士立等写的许多传教小册子，郭士立、麦都思等于 1835 ~ 1839 年修订的《圣经》中译本等，其印刷乃至散发都得到该会的巨额资

---

① Richmond, *The American Episcopal Church in China*, pp. 8 – 9, 11.

② Richmond, *The American Episcopal Church in China*, pp. 9 – 12.

③ Richmond, *The American Episcopal Church in China*, p. 12.

助。① 从 1831 年开始，郭士立以及麦都思、史第芬等在中国沿海的航行传教活动，引起了英国与海外圣经会对中国更大的兴趣。1836 年底，该会的李太郭来到澳门，与卫三畏等人共同进行过一些活动。他的主要目的是散发传教书籍。由于当时在中国本土进行此类活动还不很顺利，李太郭后来主要在马六甲、婆罗洲等地的中国人居留地大量散发这些书籍。② 李太郭虽在东南亚一带活动的时间较多，但与广州和澳门的传教士也有不少联系，他曾列名于 1830 年代传教士在广州组织的几个团体，如马礼逊教育会等。此外，他还在《中国丛报》上发表过一些关于宗教和语言文化方面的文章。鸦片战争期间他随英军活动，战后在几个口岸任领事之职。

美国圣经会（American Bible Society）成立于 1816 年。在美国传教士来中国之前，马礼逊与它已有联系。③ 裨治文等到广州后，除用美部会的经费从事印刷、传播基督教书籍的活动外，还使用了不少美国圣经会的经费，所印行的书籍包括中文《圣经》以及马礼逊、米怜、麦都思、郭士立等写的传教小册子，其中不少是送到由帝礼仕在新加坡主持的印刷所印刷，再分别运到广州、澳门和东南亚各华埠去散发的。美国圣经会在这方面拨出的第一笔款项是 1834 年用于中文《圣经》印刷的 3000 元。据有关资料，1862 年前美国圣经会用于中文《圣经》印行的经费达到 10 多万元。④

此外，美国长老会、英国圣公会在鸦片战争前都派出传教士到东南亚的华人中传教。从这些教派本身的角度来看，这是其对华传教活动的早期形式。限于篇幅，此处不赘述。

欧美新教传教士在华南沿海的传教活动，因鸦片战争而受到较大影响。战争前夕，因中英矛盾的激化，外国传教士已难在广州立足。已成为英国政府官员的郭士立在鸦片战争时期跟随英国"远征军"行动。伯驾在广州眼科医院不得不关门后回到美国；卫三畏早已长住澳门；裨治文也退居澳门。美国浸礼会的叔未士和罗孝全一直在澳门及其周围活动。澳门一时成为传教

---

① MacGillivrary, ed., *A Century of Protestant Missions in China* (1807 – 1907), pp. 553 – 555.

② MacGillivrary, ed., *A Century of Protestant Missions in China* (1807 – 1907), p. 555.

③ MacGillivrary, ed., *A Century of Protestant Missions in China* (1807 – 1907), pp. 574 – 575.

④ MacGillivrary, ed., *A Century of Protestant Missions in China* (1807 – 1907), pp. 576 – 577.

士云集之地。由于战争时期的特殊形势，他们在传教方面并没有什么大的作为，不过他们都没有放弃在中国扩展传教事业的期望，都在等待着战争的结束与和平的到来。在他们看来，那将意味着他们梦寐以求的机会——"中国的开放"。在鸦片战争硝烟正浓之时，他们已经看到广袤的中华帝国对他们紧闭的大门正在被打开。

第二章

清廷弛禁政策与新教在华传教事业的
扩展（1840～1851）

一 清廷对传教活动的弛禁

鸦片战争对新教传教士活动的不利影响是暂时的。鸦片战争后，随着五口通商时代的到来，随着西方对中国政治控制的开始和对华商业贸易的扩张，新教在华传教活动从非法走向合法，开始了郭士立在10年之前就极力鼓吹的进程。传教士迅速在华南和东南沿海各开放口岸建立据点，积极扩充势力。如果说鸦片战争前传教士活动的基本背景是清廷的禁教政策，那么鸦片战争后其活动的基本背景则是清政府被迫实行的对基督教的弛禁政策。在1858年的《天津条约》彻底解除对基督教传教士活动的限制之前，清政府的弛禁政策还是有保留的、有条件的，实为初步之弛禁。

《望厦条约》的有关规定

《南京条约》确立了西方在华的一系列政治经济特权，但对传教问题没有做出任何规定。传教士虽然公开在通商各埠进行各种活动，但在理论上，这些活动仍属非法。故在新的时期使传教活动也获得法律上的保障，是所有传教士梦寐以求的目标。

最先为实现这一目标做出努力并取得实际效果的是伯驾和裨治文。伯驾在鸦片战争爆发后关闭了他的眼科医院，于1840年12月回到美国。伯驾参加了美国新任总统威廉·哈里森（William Harrison）1841年初举行的就职典礼，并拜会过哈里森，与他讨论了对华关系的问题。① 此后他还多次与美国政要接触，鼓吹重视对华关系。1844 年 2 月，美国全权公使顾盛（Caleb Cushing）到澳门，将伯驾和裨治文任命为美国使团的中文秘书。裨治文同时还是美国使团的牧师。②

他们因为精通中文、熟悉中国情况，在《望厦条约》谈判过程中对美国攫取利益起到很大作用。他们与中国官员就条约中文本逐条进行讨论。裨治文和伯驾，特别是伯驾可以说对清廷采取弛禁基督教政策有最早的、最直接的影响。

1844 年 7 月签订的《望厦条约》与传教士关系较大的是第 17 款和第 18 款。第 17 款规定："合众国民人在五港口贸易，或久居，或暂住，均准其租赁民房，或租地自行建楼，并设立医馆、礼拜堂及殡葬之处。"第 18 款规定："准合众国官民延请中国各方士民人等教习各方语言……并准其采买中国各项书籍。"③ 由于当时学习中国语言文字的人大部分是传教士，可以说顾盛与裨治文、伯驾等在谈判第 18 款时已考虑到传教士因素。不过这一款适用对象比较广泛，而且耆英等中国官员当时对新教传教士在中国活动情况基本上还不了解，因此也没有意识到这一款的主要受益者是传教士。但是第 17 款关于美国人可以在通商口岸建"礼拜堂"的规定，从美国人的角度来说乃专为传教士而制定。据伯驾说，在条约中加入这一条出自潘仕成的建议。潘仕成原为十三行商人，鸦片战争时期从事过购买洋炮、制造水雷等事务。耆英到粤后看中他"与米利坚商人颇多熟悉，亦素为该国夷人所敬重"，"将其札调来署，饬令与赵长龄协同黄恩彤襄理夷务"。④ 潘仕成参加了《望厦条约》的一系列谈判。伯驾 1872 年在耶鲁大学神学院成立 50 周年大会上演讲时说："在其中的一次会议上，当讨论到条约第 17 款，涉及在通商口岸商务和住宅、墓地以及医院的租地问题，其父母曾是我病人的潘仕成（我曾为他的父亲从每个鼻孔割出一大块息肉），知道我将为他所做的事情而感到非常高兴，建议加上一个补充性的然而最重要的条款，'和礼拜

① Gulick, *Peter Parker and the Opening of China*, p. 100.
② Eliza J. Bridgman, ed., *The Pioneer of American Mission to China*, pp. 126 - 127.
③ 王铁崖编《中外旧约章汇编》第 1 册，三联书店，1957，第 54 页。
④ 中国第一历史档案馆编《鸦片战争档案史料》(7)，天津古籍出版社，1992，第 459 页。

堂'。"伯驾进而阐述加上这个条款的意义："当那个打入的楔子'和礼拜堂'被写进中美条约的第 17 款时，我感到促成此事的成功本身就值得任何一个人为之奉献终生。"① 伯驾说得并不十分具体。他没有交代潘仕成是在谈判桌上还是在私下提出这个建议的，耆英的态度如何，更没有说明在潘仕成提出此项建议的背后，有没有他和裨治文两人的幕后活动。

耆英给清廷的报告，则提供了关于这个问题的另一个版本。耆英在《与美使商定条约三十四款折》中就条约第 17 款、第 18 款谈判过程写道，顾盛等提出的条约草案中，先有租地"自行建设礼拜堂"及"延请中国士人教习方言，帮办笔墨，并采买中国各项书籍"等内容，他一开始"驳斥不准"，但

> 据该夷使复称：大西洋之在澳门，英吉利之在香港均得建堂礼拜，择地殡葬，俾生者得以祈福，殁者得以藏骸，伊国前来中国贸易之人为数不多，既不敢求赏地基，若再不准租地建设，实属向隅。至伊等延请中国士人，采买各项书籍，乃系旧有之事，只求载入条约，免致官役借端陷害等语。复查礼拜堂及殡葬处，既系该夷租地自行建设，有未便固执严驳之处……如果绅民不肯租给，该夷亦无从借口。②

按他的说法，提出建礼拜堂等要求完全出自美国人，但他的这段话也明显有为对方辩解之处。穆障阿等奉旨议奏条约草案时就指出："臣等伏思设堂礼拜，夷俗固然，但事属不经，见闻易惑。"在他们看来，"绅民不肯租给"是不太可能的，但他们也没有否定耆英的意见。作为补救措施，他们建议"地基一经择定，即当划明界址，永远遵循"，以免以后"借词占越"。③

笔者认为，把伯驾和耆英的两种说法结合起来考虑，也许有助于推测当时的真相。很可能是潘仕成向伯驾等暗示可以在条约中加入上述内容，伯驾、裨治文再请求顾盛正式提出，并在谈判中坚持要求，耆英同意后再将这

---

① Stevens, ed., *The Life, Letters and Journals of the Rev. and Hon. Peter Parker*, pp. 328 - 329.
② 《筹办夷务始末》道光朝，第 6 册，中华书局，1964，第 2843～2844 页。
③ 《筹办夷务始末》道光朝，第 6 册，第 2850 页。

些内容写进条约。耆英之所以同意，是因为他希望在此类次要的问题上做些让步，以尽快结束谈判。他生怕美国这些坐着炮舰来的外交家在所求不遂后挑起新的事端。顾盛一到中国海岸，就一再声称要到北京去见道光帝。对英国"远征军"记忆犹新的道光帝当然不会答应，忙派耆英到广州与他们谈判。耆英如果不能顺利地将其"羁縻"，导致顾盛率舰队北上，后果是不难想象的。此外，耆英本人也曾是伯驾的病人，[1] 这一点也许使他更加愿意在谈判中对美国人的次要要求做出让步。

这样，自 1727 年签订的《中俄恰克图界约》第 5 款规定允许俄国人在北京建造庙宇后，清政府在美国人的压力下，首次以条约的形式规定外国人可以在通商五口建礼拜堂。允许修建礼拜堂并不等于清政府允许传教士在中国传教，但毕竟标志着清政府在法律上允许基督教势力的活动。这确实是在清政府对基督教的政策方面打进了一个"楔子"，而伯驾和裨治文则为打入这个"楔子"发挥了自己的影响。伯驾在 1844 年 8 月 1 日写信向差会报告说："这次谈判所取得的重要成果之一，就是那个许可在五口修建医院和礼拜堂的条款。"[2]

中法首次弛禁传教谈判

伯驾在 1872 年的那次演讲中还说到，顾盛在回国之前邀请他一起去会见刚到澳门的法国公使剌萼尼（Théodore Marie de Lagrené）。剌萼尼向他们表示，由于英国和美国已在法国之前与中国签订了条约，"我的目的就是要补充前面两个条约的遗漏"，"如果还有什么我可以做的话，那将是在你们条约的第 17 款这个方面"。[3] 剌萼尼在给法国总理基佐的报告中也说："从商业贸易方面来看，英国人和美国人并没有给我们留下什么事情做，然而，从精神和文化方面来看，我认为该轮到法国和法国政府运筹决策和采取行动了。"[4] 剌萼尼动身来华之前，法国天主教会和罗马教廷就开始对他施加影响。他在来华途中有多名天主教传教士随行。在他的使团中，随团神父李播（Napoléon Libois）是巴黎外方传教会（Etrangerès de Paris）账房，中文秘书

---

① Gulick, *Peter Parker and the Opening of China*, p. 118.

② *The Missionary Herald*, vol. 41, p. 53.

③ Stevens, ed., *The Life, Letters and Journals of the Rev. and Hon. Peter Parker*, p. 328.

④ 卫青心：《法国对华传教政策》上卷，黄庆华译，中国社会科学出版社，1991，第 316 页。

加略利（Joseph-Marie Callery）是曾在中国活动多年的天主教传教士。他到澳门后，在中国的法国传教士更是多方活动，想方设法利用这个机会来达到迫使清政府解除传教禁令的目的。① 剌萼尼虽然也说过"我绝不是来解决传教问题的，更不能让法兰西民族的利益服从纯精神利益"，但向中国政府争取在宗教方面的权益，无论是对他个人的声誉，还是对法国政府都是非常有利的。他的中文秘书加略利就指出："他想首先争取中国颁布弛教禁法令，然后再去对付法国政府的敌人。"②

中法会谈，即耆英与剌萼尼之间的谈判，于1844年10月1日在澳门开始。耆英对法国在通商方面的要求，比照英美两国条约予以应允。但没过几天，剌萼尼就向耆英暗示，"现在所定条约既不能出乎二国之外，则伊回国系属徒劳往返，难以上复君命"，要后者"代为设想"。在另一次会谈时，剌萼尼再次说："（他）奉本国差遣，统带兵船多只，度越数万里重洋，所费不下百万……若仅如英、米二夷订以通商条款，于伊国有名无实，将来何颜回国上复主命，殊觉进退两难。"③ 据剌萼尼、加略利等的记载，剌萼尼第一次向耆英提出由清政府在条约中宣布宽禁基督教问题是在10月5日。耆英这次没有答应法国人的要求，因为他知道这是一个重大的政策问题，与同意在通商口岸修建礼拜堂不同。虽然宣布基督教为合法并不是规定外国传教士可以在中国公开传教，但把这样的内容写进条约实际上就意味着清政府放弃一百多年来的禁教政策。第二天一早，广东布政使黄恩彤派随耆英效力的江苏上元知县吴廷献前往法国使团驻地，告诉加略利，让法国人"不必再提基督教一事"，理由是中国从来没有禁止基督教，无须就此进行谈判。耆英还指出："天主系西洋国之教，不便行于中国，亦犹中国儒教不能行之西方，何得遽改定例。"在这里，耆英等将禁止基督教与禁止传教区别开来了。剌萼尼在后来几天的谈判中还一再坚持，想把弛禁基督教的内容写进中法条约，但屡为耆英所拒绝。④

---

① 卫青心：《法国对华传教政策》上卷，第322～332页。
② 卫青心：《法国对华传教政策》上卷，第336页。
③ 《鸦片战争档案史料》（7），第509、511页。
④ 卫青心：《法国对华传教政策》上卷，第340～342页；《鸦片战争档案史料》（7），第511～512页。

其后直至《黄埔条约》签订，双方就是否把中国政府公开承认天主教为合法写进条约的问题进行了多次谈判，法国学者卫青心的《法国对华传教政策》一书对其过程做了详细的研究。从该书提供的材料，结合中方的档案史料，可以看出，关于宗教问题的讨论在整个谈判过程中占用的时间最多。剌萼尼最后失去耐心，把这方面的谈判任务交给了传教士出身且对该问题异常关心的中文秘书加略利，而耆英则让黄恩彤对付法国人。加略利一度节外生枝地提出中国把琉球群岛割给法国，"想以割让琉球，胁迫中国人在传教问题上改变以往的态度"。而黄恩彤则提议与法国"缔结一项有关军事援助的条约，以使中国在对付外国人侵时不致陷入孤立无援的境地"。[1] 有关这个问题的谈判迁延时日，希望早日了事，以与法国签订类似于英国、美国通商章程的耆英渐渐感到了压力。同时，英国按照条约交还他们军事占领下的舟山群岛和鼓浪屿的日期临近，但英国人在不断制造借口，希图拖延时间。在此背景下，耆英既害怕法国人在条约未订之际与英国人同流合污，趁火打劫，使中国政府，也使他个人的政治命运蒙受无法承受的损失，同时心存侥幸，希望以在宗教问题上的让步换取一直声称与英国"不睦"的法国人的合作，以在新的中英危机中得到他们的支持，以收"以夷制夷"之效。黄恩彤之所以在10月8日提出与法国人结成军事联盟，未尝不是怀着一线希望，而非完全出于谈判策略的考虑。加略利的日记记载了黄恩彤交给他的一份声明草案，其中说道："我们已经同法兰西结下了万年之好，一旦西方某一列强对中国宣战，中国将立即函告法兰西总理大臣，请求出面斡旋，使中国摆脱险境；或请求法兰西派使臣前来了解事态的发生和发展。中国声明：法兰西人所信奉之宗教并非异端邪教，而是与崇奉上帝同属一类。因此，中国允许法兰西人在中国允许出入之口岸享有信教之自由。"[2]

耆英的立场在10月中旬开始松动。之后的谈判大致是由黄恩彤与加略利具体进行的，而耆英与剌萼尼则掌握局面。10月18日，耆英上奏道光帝，第一次报告法国人提出了弛禁天主教的问题。这份奏折同样写得不尽不实，看上去似乎他对法国人的要求仍持反对立场，其关键处却在结尾部分。

① 卫青心：《法国对华传教政策》上卷，第353、350页。
② 卫青心：《法国对华传教政策》上卷，第352页。

耆英写道："至续请天主教弛禁一款，与各款兼权熟计，尚有轻重缓急之分。但定例攸关，亦未便稍为迁就，除仍督同藩司黄恩彤等设法开导，尽力羁縻，但能遏其所请，必不遂彼所求；仍随时体察夷情，酌量妥为办理，勿致别生枝节。"① 既想避免将来条约交付廷议时再遭"事属不经，见闻易惑"之类的讥评，又可为他打算之中的妥协预留地步。耆英自己也意识到这种妥协将会引起的后果，他曾对加略利说，"这是一次比把香港割让给英国人还难做到的让步，因为这是一次更改国法民俗的让步"，"信教方面的问题并非局部问题，它关系到更改民族风俗习惯和彻底修改律例，会在帝国引起一次全面的动乱"。②

但他没有料到，法国人的要求比他想象的更加广泛。耆英在 10 月 22 日的奏折中所提出的方案是，"据该夷使剌萼尼再四吁请……将中外民人凡有学习天主教并不滋事为非者概予免罪，如有诱污妇女、诓取病人目睛及另犯别项罪名，仍照定例办理"，"至法兰西及各外国习教之人，止准其在通商五口地方建堂礼拜，不得擅入内地传教煽惑，倘有违背条约，越界妄行，地方官一经拿获，即解送各国领事官管束惩办，但不得遽加刑戮，致生衅隙"。③ 他在同一天给法国人的照会中也提出同样的条件，即弛禁传教有两个前提：一是中国地方官有权自行惩办中国不法教徒，二是禁止欧洲传教士到五口之外的中国内地传教。④ 但是剌萼尼反对把这样的内容写进条约，他既不同意耆英坚持的对中国教徒区分良莠的原则，也不同意公开宣布将传教士的活动限制在五口。因为条约里有这样的规定，就意味着中国政府不仅可以对中国教徒进行严密监视，还可以随时合法地驱逐潜入内地的外国传教士，包括当时正在中国许多省份潜藏活动的法国传教士。同时，这还意味着法国领事和法国政府将承担管束传教士不得逾越只在五口活动之限制的条约义务，而这是剌萼尼所不愿接受的。剌萼尼在给基佐的报告中说，他担心在这个问题上说得过多，会"使我们在传教问题上陷入困境"。他还认为，在他的意图不能完全实现的情况下，双方关于传教问题的协商应该保持在默契

---

① 《鸦片战争档案史料》（7），第 510～512 页。
② 卫青心：《法国对华传教政策》上卷，第 380、381 页。
③ 《鸦片战争档案史料》（7），第 514 页。
④ 卫青心：《法国对华传教政策》上卷，第 383 页。

阶段,"用不着作为一项声明直接或间接地写进条约"。[1] 由于双方都不想做出让步,《黄埔条约》就没有对传教问题做出具体的规定。

《黄埔条约》于1844年10月24日签订。该条约涉及传教士的内容有第22款、第23款、第24款,分别规定法国人有权在通商五口建造礼拜堂,中国地方官应对礼拜堂加以保护,法国人可以在五口延请士民等教习中国语言文字、采买各样书籍,中国官方有权查拿、解送越界进入内地的法国人,等等。[2] 可以说基本上重复了中美《望厦条约》的有关内容。弛禁天主教成为一个悬而未决的问题。

清政府的弛禁决策与中法第二次谈判

对耆英在《黄埔条约》签订前关于法国提出弛禁天主教问题的奏折,道光帝直到11月6日才颁布谕旨,要他"婉转开导","坚持定见,折以大义",不要答应对方的要求。然而这位对英国的军事侵略心有余悸的道光帝,很怕由8艘战舰组成的法国使团重演英国"远征军"的暴行,又模棱两可地指示耆英"仍随时体察夷情,妥为驾驭,不可节外生枝"。[3] 这既使耆英感受到不能因宗教问题的分歧而引起事端,又使他认识到道光帝的反对态度并不坚定。11月11日,道光帝连发两道上谕,先是要耆英向"该夷"开导,"天主教来自西洋,在中国并未指为邪教,亦未尝严申禁令",中国以前所惩治乃是"借教为恶之人……与该国天主教毫无关涉。即内地近来并无习教犯案之人,可见此教实未禁止,既未申禁,更无所谓弛禁"。他认为这样去说,等于表明了中国不禁天主教,"虽杜其所请,即所以遂彼所求……正不必家喻户晓也"。[4] 第二道上谕给了耆英更多的余地,说只要法国人答应只在"五口地方建堂礼拜,断不越界传教,即许以开禁,亦无不可"。但他又说"惟此事大有关系,万无明降谕旨通谕中外之理"。[5] 显然,道光帝的意思是可以达成弛禁的默契,但不能在条约之外再发上谕公开声明。

道光帝提出的这种解决办法,与耆英所答应法国人的条件可以说相去甚

---

① 卫青心:《法国对华传教政策》上卷,第388页。
② 王铁崖编《中外旧约章汇编》第1册,第62页。
③ 《鸦片战争档案史料》(7),第528~529页。
④ 《鸦片战争档案史料》(7),第531页。
⑤ 《鸦片战争档案史料》(7),第532页。

远。在接到道光帝的上述谕旨后，耆英在 11 月 26 日连上两份奏折。第一份奏折重复了他在 10 月 22 日奏折中提出的方案，但将之说成"佛兰西使臣剌萼尼"的请求。[①] 但问题是，道光帝只愿承诺今后在行政上采取那样的政策，而不肯通过明降谕旨的办法将这种政策法律化。这与剌萼尼不愿意承担将传教士的活动限制在五口的条约义务，反对把耆英的方案写进条约形成了明显的对照。耆英处在这两者之间，却决心要为这个问题取得法律上的解决，以免给将来留下争端。针对道光帝的态度，耆英采取了迂回的办法。他在当天的第二份奏折即《奏为酌拟天主教弛禁简明节略呈览折》中，按他的需要，简述了他与法国使团就弛禁天主教问题进行的交涉，但隐瞒了交涉过程中的一些重要事实。该折最后说，关于弛禁之事，"万无明降谕旨通谕中外之理，似亦无庸颁发檄谕，晓谕该夷"；他已"细心筹度，谨依贴黄述旨事例，由奴才将天主教弛禁之处，酌拟简明节略附陈，并拟谕旨'依议'二字，粘贴黄签，恭候钦定。如蒙谕允，奴才即行知该夷使钦依遵照。并移咨各省督抚，一体查照办理"。[②] 这样，他既向道光帝暗示谕旨中所说的办法实际上是行不通的，又提出一个折中并且可行的方案，给了道光帝一个台阶下。

道光帝果然批准了他提出的办法。12 月 14 日，道光帝发布上谕，表示对法国人弛禁天主教的要求，"不得不稍示变通，以消疑贰"。放弃了先前的态度。他又说耆英"酌拟具奏"的文件，他"详加披阅"后认为"所拟妥协周密，于俯顺夷情之中，实能无失大体，可嘉之至！"这应该是指耆英拟订的"简明节略"。道光帝对耆英"另折所拟准将习教为善之人免罪之处，于滋事为非者仍治以应得罪名，于外国习教者仍禁其擅入内地，所奏自属可行，已于折内明批依议。着该督即将原折行知该夷，使俾益感天朝宽大之恩"。[③] 这份"另折"即耆英 11 月 26 日的第一份奏折。

耆英于 12 月 28 日收到道光帝连同《黄埔条约》批准文本一道发回的朱批"依议"的奏折。他于 1845 年 2 月将其奏折"抄录原本及钦奉朱批，

---

①　《鸦片战争档案史料》（7），第 534 页。

②　《鸦片战争档案史料》（7），第 535 页；《筹办夷务始末》道光朝，第 6 册，第 2899～2900 页。《筹办夷务始末》所标日期为 12 月 14 日，应为朱批日期。

③　《鸦片战争档案史料》（7），第 543 页。

移咨各直省督抚将军，遵照画一办理"。① 按道光帝"将原折行知该夷"的谕令，他于 1845 年 1 月上旬发了两份照会给剌萼尼，并在第二份照会中附上他已为皇帝批准的奏折。② 这份带有道光帝朱批的奏折，是清政府实行了一百余年的禁教政策后，第一份正式宣布弛禁天主教的文件。它先是声明中国从未禁止"西洋各国所尊崇"的天主教，有关"治罪专条"只是"禁中国借教为恶之人"，并宣布：

> 嗣后无论中外民人，凡有学习天主教并不滋事为非者，仰恳天恩，准予免罪。如有诱污妇女，诓取病人目睛，及另犯别项罪名，仍照定例办理。至佛兰西及各外国习教之人，止准其在通商五口地方建堂礼拜，不得擅入内地传教，倘有违背条约，越界妄行，地方官一经拿获，即解送各国领事官管束惩治，不得遽加刑戮，以示怀柔，庶良莠不至混淆，而情法亦昭平允。③

剌萼尼后来证实，他看到了这份文件的原本，"耆英禀文正本上有皇帝御笔朱批的两个大字，字体同皇帝在《黄埔条约》上的批字一样"。④

剌萼尼已于 12 月 21 日离开澳门，到东南亚为法国寻找军事和航海基地，法国使团留在澳门与中国政府保持联系的是加略利。加略利先后两次向剌萼尼报告这个重要消息，又向基佐写了一份报告，其中说到，广东藩司黄恩彤在给他的信中指出："这种让步只能在两国全权代表换文时才能公诸于世，才能向各省督抚通报并命令他们竭尽全力保护基督教。"⑤ 7 月 14 日，剌萼尼返回澳门，他照会耆英，在得到法国政府的训令之前，他不能做出任何表示。这是因为耆英得到道光帝批准的方案还没有满足他的要求，有些传

---

① 《鸦片战争档案史料》(7)，第 554 页。
② 卫青心：《法国对华传教政策》下卷，第 425～426 页。
③ 《鸦片战争档案史料》(7)，第 534 页。
④ 卫青心：《法国对华传教政策》下卷，第 427 页。按剌萼尼给基佐的报告，这份原件在剌萼尼的一再坚持索要下被耆英交给了剌萼尼，后来收藏在法国外交部档案中（同前书第 465～466、497 页）。但《鸦片战争档案史料》(7) 第 534 页所收的这份文件藏在中国第一历史档案馆。耆英后来的奏折说是将"定稿钞给阅看"（同书第 584 页）。真相如何，待考。
⑤ 卫青心：《法国对华传教政策》下卷，第 428～429 页。

教士也认为清政府的弛禁方案"没有使我们得到彻底保护，保证我们不受中国官吏的欺压"。[①] 8 月 1 日，剌莩尼的副手、法国使团头等参赞斐列勒（Jean Théophile Ferriére）带着法国政府批准《黄埔条约》的副本从巴黎回到澳门，并"奉政府命令，向剌莩尼转达了有关以废除禁教谕旨的谈判取代通商条约谈判的训令"。[②] 在得到法国政府的支持后，剌莩尼向耆英提出新的要求。他认为："既然北京朝廷原则上同意给予信奉基督教的自由，而且法国政府又准许我在中国处理这个问题，我就要求北京采取多方面措施，使皇帝给予的这种自由付诸实践。"[③]

　　1845 年 8 月，剌莩尼开始与耆英就弛禁天主教的问题进行进一步谈判。他在照会中提出：不能将基督教徒与罪犯相提并论；向全国公布上述弛禁上谕，"使皇帝谕旨家喻户晓"；放归以前被流放的教徒；允许中国教徒自己修建教堂。[④] 但是这时情况又有了新的变化。清廷弛禁天主教的消息传开后，早已急不可耐的天主教传教士开始大胆地活动，并唆使、策动中国教徒公开对抗各地官府。5 月 7 日，道光帝又向除广东、福建、浙江、江苏这四个有通商口岸的省份之外的各省督抚发布密谕，指出各地都有"愚民设教惑人"，担心将"拜师授徒与别教无异"的天主教明示弛禁，会引起"狡狯之徒借端影射，阳为崇奉天主教，实则隐与别项教会潜相勾结"。[⑤] 显然，在此情况下耆英不可能马上对剌莩尼做出让步。他在照会中对剌莩尼上述明显干涉中国内政的要求进行了逐条反驳。[⑥] 但是已经在与耆英打交道的过程中尝到甜头的剌莩尼没有因此而放弃既定的目标，8 月 15 日又派加略利到广州，专门就进一步弛禁天主教的问题与黄恩彤进行谈判。加略利在谈判过程中软硬兼施，甚至以推迟交换《黄埔条约》相威胁。这一点可谓触到了耆英的痛处，因为他最担心的就是在条约谈判完成后，再在换约时生出枝节，从而受到道光帝的责备和廷臣的攻击。他后来又以此向道光帝施加压力，报告说："察其情词甚为迫切，实因所请未能满愿，又被他国嗤笑，遂

---

① 卫青心：《法国对华传教政策》下卷，第 431、432 页。
② 卫青心：《法国对华传教政策》下卷，第 449 页。
③ 卫青心：《法国对华传教政策》下卷，第 450 页。
④ 卫青心：《法国对华传教政策》下卷，第 451～452 页。
⑤ 《鸦片战争档案史料》（7），第 568～569 页。
⑥ 《鸦片战争档案史料》（7），第 453～457 页。

致积疑生嫌，变羞成怒，若不稍为笼络，决裂即在目前，殊于抚夷全局有碍。"① 8 月 18 日，耆英向剌莘尼递交了一份照会，表示可以允许中国基督徒集会，但对大赦以前被定罪的教徒和允许中国教徒修建教堂两条则没有答允。不过，对中国教徒修建教堂问题，耆英又同意做出变通，说"如有设立供奉天主处所并会同礼拜为善之人，应听凭自便"。② 8 月 23 日，耆英与剌莘尼在虎门会面，就天主教的问题进行商讨，耆英再次正式向他说明了上述解决方案。③

8 月 25 日，《黄埔条约》的换文仪式在虎门举行。耆英约在 9 月初才向道光帝报告法国人在传教方面提出的新要求，以及由此引起的交涉情况。卫青心在《法国对华传教政策》中说，耆英 8 月 18 日给剌莘尼的照会中，"无条件地接受了剌莘尼提出的前两条要求"，④ 但从耆英的奏折来看，他只是同意让中国教徒"按期会同礼拜，供奉十字架图像，诵经劝善"。⑤ 9 月 20 日道光帝给耆英等发布上谕，说剌莘尼"所请各条，如习教辨别善恶，及习教办罪之人概予释放两条，均已据理驳斥"。宣布："惟所称供奉十字架等项，既系天主教规，自可无庸查禁，其设有供奉天主处所，亦可听从其便。但不得招集远乡之人勾结煽诱，并不法之徒借称习教结党为非，及别教之人溷迹假冒，俱属有干法纪，仍各按旧例治罪。"⑥ 由于法国方面的记载有相当的可信性，而耆英往往在奏折中对谈判的事实加以虚饰隐瞒，很可能这次耆英又没有如实报告谈判的情况。

道光帝的上谕意味着承认了耆英做出的一项新让步。但由于剌莘尼的要求没有完全得到满足，而且耆英答应他的其他让步还没有得到道光帝的同意，甚至还没有向道光帝报告，因此中法有关传教问题的谈判还没有完结。

新教传教士的反应

由于剌莘尼是一个来自天主教国家的使节，他本人也是一名天主教徒，新教传教士难以对他施加直接的影响。但他们始终密切关注中法之间关于传

---

① 《鸦片战争档案史料》(7)，第 583 页。
② 卫青心：《法国对华传教政策》下卷，第 461~463 页。
③ 《鸦片战争档案史料》(7)，第 582~584 页。
④ 卫青心：《法国对华传教政策》下卷，第 461 页。
⑤ 《鸦片战争档案史料》(7)，第 583 页。
⑥ 《鸦片战争档案史料》(7)，第 584 页。

教问题的谈判。1844 年 12 月 28 日耆英给剌萼尼的照会，以及抄示的关于弛禁的朱批奏折很快为新教传教士获悉。那件朱批奏折及其译文于 1845 年 4 月在英文《中国丛报》上发表。①

　　1845 年 11 月，在上海的美国圣公会传教士文惠廉②和伦敦会的麦都思，分别写信给《中国丛报》，告诉读者，他们得到有耆英与黄恩彤共同署名、由上海道衙门于 11 月 2 日张贴的关于弛禁天主教的文告。《中国丛报》以英文译文的形式刊登的这份文告对天主教的定义是："天主教为向善避恶之教……故兹告示，天主教者按期会同礼拜，供奉十字架圣像，且诵读该教经书；凡不按上述规矩行事者即非天主教……"③ 当时剌萼尼与耆英谈判所涉及的宗教在中文中写作 "天主教"，是明清间罗马天主教所遣传教士对其宗教长期沿用的称呼。由于新教传教士在中国活动的时间不长，他们对自己的新教还没有确定一个中文称谓；而且他们的活动一开始就处于非法状态，清政府对他们的情况所知甚少，更不清楚在新教与罗马天主教之间还有区别。本来中文 "天主教" 一词当时在英文文献中翻译为 "the religion of the Lord of Heaven"。在西方人看来，这相当于意指广泛意义上的基督教，而并非特指罗马天主教（Catholicism）。《中国丛报》刊登耆英关于弛禁天主教的朱批奏折时，并没有做出什么反应，就是因为编者认为 "天主教" 乃是指广泛意义上的基督教，其英译用的也是 "the religion of the Lord of Heaven"。但耆英等对将要弛禁的 "天主教" 做出如此定义，就等于把没有 "供奉十字架圣像" 等特征的新教排斥在弛禁范围之外。

　　新教传教士对此非常不安。麦都思愤愤不平地写道："由于英国首先、美国第二与中国缔结条约，二者无论在数量上还是在实质上都是新教徒国家，似乎他们的统治者及其代表应该看到，他们的人民不应被排斥在罗马天主教国家的代表为其同胞争取到的权益之外。"④ 文惠廉也对新教被排斥在弛禁范围之外的前景感到忧虑。《中国丛报》的编者裨治文则怀疑上述文告的真实性。他告诉读者："据从法国公使剌萼尼阁下直接传来的消息说，弛

---

① The Chinese Repository, vol. 14, pp. 195 – 198. 按该刊所载中文文本与原件稍有出入。
② 他在澳门停留一段时间后回到美国，被选为中国教区主教，此时已回到上海。
③ The Chinese Repository, vol. 14, pp. 541 – 542.
④ The Chinese Repository, vol. 14, p. 540.

禁上谕是包罗广泛的，至少包括新教和罗马天主教在内。在该谕令（即上引耆英等文告）的真实性被否定后，《中国丛报》编者在剌萼尼阁下动身前往北方前夕写信给他，要求由合适的机构来宣布此事，但尚未收到答复。我们的请求是在假定弛禁是包罗广泛的，是将天主教和新教都包括在内这一前提下提出的。我们不知道'耆英通告'是因谁的要求而获取的，也没有看到该文告的中文原件……我们过去相信，现在仍假定——直至知道相反的情况——法国公使希望弛禁是广泛的，包括基督教所有的名称在内。"①

　　由于缺乏相关的材料，确实难以弄清这个所谓"耆英通告"的情况。道光帝1845年5月7日还要粤、闽、苏、浙以外各省督抚不要公布弛禁天主教之事，直到1846年1月17日才要耆英拟订谕示文稿供五口张挂，次日又命两江、闽浙各督抚在接到该谕示文稿后张挂，因此按理不可能有苏松太道在1845年11月张贴"耆英通告"之事。但《中国丛报》上刊登的文告内容与历次耆英奏折和道光帝谕旨的精神相符，并非空穴来风。② 很可能这个"耆英通告"是耆英寄给江苏官员的内部通报，但被上海道泄露了出去，而为在上海的天主教传教士蓄意加以利用。这个问题姑置不论。耆英与清廷之所以把将要弛禁的西方宗教称作"天主教"，将其特征定义为"按期会同礼拜，供奉十字架图像，诵经劝善"，③ 特别是"供奉十字架图像"这种罗马天主教特有的信仰方式，有两方面的原因。

　　其一，在中法传教问题谈判过程中有重要地位的法国使团中文秘书加略利，利用职务之便发挥了他的影响。加略利出生于意大利，1834年成为一名天主教传教士，后加入巴黎外方传教会，被派往朝鲜传教。1835年到达澳门，在澳门居住了6年，其间学习中文并有一定造诣。1838年进入朝鲜的尝试失败后，他放弃了传教士生涯，退出巴黎外方传教会，于1841年回到巴黎。之后他经人引见结识法国王后，进入法国外交部，1842年11月被任命为法国驻广州领事馆翻译，1843年初再到中国。剌萼尼使团到中国后，

① *The Chinese Repository*, vol. 14, pp. 539 – 540.
② 卫青心的《法国对华传教政策》也说上海道于1845年12月2日"张示了耆英有关自由信奉天主教的通告"，又说英国驻上海领事巴富尔（George Balfour）收到了上海道发来的通告副本。《法国对华传教政策》下卷，第514页。
③ 《鸦片战争档案史料》（7），第583、607、631页。

他被任命为使团中文秘书。[①] 他虽然不再是传教士，但仍然对天主教传教事务有很浓的兴趣，在中法传教问题谈判中扮演了重要角色，为了达到目的有时甚至不惜超越剌萼尼给他的权限，利用耆英、黄恩彤等的疑惧心理进行放肆的讹诈。他具有比较强烈的教派观念。他在日记中写道，"我的所做所为，将证明我不过是在中国传教的传教士。我能协助执行一项与天主教关系不大，甚至可称做折中的计划吗？永远也做不到。要么中国政府一概拒绝，要么就只承认天主的崇拜者"，"我宁肯破坏谈判，也不去配合一项与我的性格和我的经历不大相符的行动。我要坚决维护经过长期争论才确定下来的、中国人对天主教的叫法"。[②] 剌萼尼虽然是一名天主教徒，不过由于他的上司基佐是新教徒，"他关心的是基督教所有各派"。但由于不懂中文，他在宗教用语问题上还是接受了加略利的提议。他报告说："我在同钦差大臣的往来信件中，只好采纳我们的传教士惯用的汉字'天主教'称呼基督教。"[③] 这样，耆英等自然不懂得其中的区别，但由于中方有关文件中使用的是"天主教"——罗马天主教传教士对其教派的汉译，即使在泛指来自西方各国的基督教时，也容易被解释成作为基督教三大教派之一的天主教。

其二，清政府对其统治稳定性的异常关注，使他们要给将被弛禁的西方宗教以一个明确的定义，这是更为重要的原因。清廷对习教集会之事向来防范甚严。在遵旨议奏中美《望厦条约》时，穆彰阿等就指出："臣等伏思设堂礼拜，夷俗固然，但事属不经，见闻易惑，愚民喜新厌故，难免效尤，应由该督咨商各该抚设法谕禁，不得转相传习，务使沿海居民晓然于夷言之不可效，夷礼之不可行，似于风俗人心不无关系。"[④] 耆英深知亲身经历过八卦教起义的道光帝在这方面的忧虑，在奏折中特别指出："天主教自前明西洋利玛窦传入中国，各省愚民被惑入教，所在难免。惟二百年并未滋事，究与白莲、八卦、白阳等项邪教不同。"[⑤] 但道光帝在接到这份奏折后，还是强调"惟此事大有关系，万无明降谕旨通谕中外之理"，[⑥] 就是惧怕一旦公

---

① 卫青心：《法国对华传教政策》上卷，第 309 页。
② 卫青心：《法国对华传教政策》上卷，第 339、340 页。
③ 卫青心：《法国对华传教政策》上卷，第 339、340 页。
④ 《筹办夷务始末》道光朝，第 6 册，第 2850 页。
⑤ 《鸦片战争档案史料》（7），第 513～514 页。
⑥ 《鸦片战争档案史料》（7），第 532 页。

开宣布弛禁天主教，使其他一向被禁止的民间宗教和秘密会社也闻风而起。在与剌莩尼、加略利等人进行第二次关于传教问题的谈判及《黄埔条约》换约后，耆英再次开动脑筋，来减少道光帝对公布弛禁天主教社会后果的担忧。他在奏折中说："惟是习教之人散在各省，若准其聚会，则流弊滋多。况近年以来，白莲、八卦等教屡经惩办，而青莲教复正在查拿，倘闻知天主教奉有免罪新例，因而诡托其中，尤不可不预防其渐。"这段话意在表明他对道光帝所担心的事情有充分的认识。他接着才说出"预防其渐"的办法："当复与该夷使议定，中国习天主教为善之人供奉十字架等项，既系教中规矩，自可无庸查办，其设有供奉天主处所亦可听从其便。但招集远乡之人，勾结煽诱，并不法之徒借称习教结党为非，及别教之人溷迹假冒，俱属有干法纪，仍各按旧例治罪。如此明定限制，庶地方官易于稽查，流弊不至丛生。"① 道光帝见他考虑得如此周全，不得不于 1845 年 9 月 20 日向耆英发下谕旨，正式表示同意他的方案，已如前述。② 自此之后，"设立供奉天主处所，会同礼拜，敬供十字架图像，念诵本教之书讲说劝善道理"，就成为耆英的奏折和道光帝的谕旨中描述"传习天主教为善之人"的全部特征，"俱无庸查禁"，③ 并被当作各地方官识别是否天主教徒的标志。从上文所说的情况来看，耆英对"天主教"的特征做出这样的规定，很有可能受到了加略利的影响。从 8 月 15 日到 8 月 21 日，加略利在广州与耆英、黄恩彤等就弛禁天主教的问题磋商了一个星期之久。

总之，按照清政府当时对"天主教"的定义，新教确实不在弛禁范围。

《中国丛报》的编者在给剌莩尼的信中提出的"由合适的机构来宣布"清廷弛禁的对象包括新教在内的请求起到了作用。巴富尔在与剌莩尼交涉后，也得到后者"我们从来没有排斥任何人的用意"的保证。④ 剌莩尼于12 月 5 日在澳门就此事给耆英发了一个照会，声明："彼此在商谈弛禁教过程中，虽然未对与我信奉同一宗教的教友做特别明确的保证，但这并不意味着将其他教徒排斥在外。为此，我必须请阁下对此做出肯定的保证，即阁下

① 《鸦片战争档案史料》(7)，第 583 页。
② 《鸦片战争档案史料》(7)，第 584 页。
③ 《鸦片战争档案史料》(7)，第 607、608 页。
④ 卫青心：《法国对华传教政策》下卷，第 514 页。

从来没有想对未被提及的教友采取任何限制措施。我当然更不可能产生类似想法。"① 耆英在收到剌萼尼的照会后，马上在 12 月 13 日答复剌萼尼，表示对西方各国的宗教不分教派，概不禁阻。耆英还于 12 月 22 日分别札行英国公使德庇时、美国驻广州领事福士（Paul S. Forbes）以及其他各国领事。其中给福士的札文 1845 年 12 月在《中国丛报》上发表。原文不长，且在中方档案史料中未见收录，兹摘录如下：

> 大清钦差大臣、太子少保、协办大学士、兵部尚书、两广总督部堂、宗室耆，为札行事。现接哷唛西拉公使来文，内开："昔请奏弛禁天主教，原想凡有奉教为善之人皆沾帝泽，泰西各国皆如一体，得邀习教免罪之恩。惟前所开之规矩，乃本国习教之规矩，其有别国人不全如此者，亦勿分拒，以示广大，等因。"查前此酌定通商章程，即有准在五港口设立礼拜堂之条，业经通行各国，一例照办，本无区别。迨经拉公使请将中国习教为善之人概行免罪，复经本大臣据情入奏，奉朱批"依议"，嗣因地方官误行查拿，有将十字架图像销毁之事，遂复议定准其供奉。本大臣于各国习教规矩有无分别，本不知晓。今天主教无论供奉十字架图像，与不供奉十字架图像，凡习教为善者皆应免罪。泰西各国事同一体，但系习教为善，中国概不禁阻。至规短（矩）之或异或同，断无分拒之理。合就札行。札至该领事，即便知照。须至札者。
>
> 　　　　　　　　　　　右札合众国福领事，准此
> 　　　　　　　　　　　道光二十五年十一月二十二日②

从这篇札文可以看出，耆英承认他对基督教内部的教派区分"本不知晓"，但他认为弛禁的对象包括西洋各教派在内，而且他继续将"天主教"作为各教派的统称。笔者也没有看到耆英为此事上奏清廷的文件，可能他认为这无须报告。这件札文将新教传教士面临的与罗马天主教传教士地位不同的问题彻底解决了。这件事情给新教传教士的教训是，他们必须为自己的教

---

① 卫青心：《法国对华传教政策》下卷，第 515～516 页。
② *The Chinese Repository*, vol. 14, p. 589.

派取一个明确的、与"天主教"不同的中文名称,《中国丛报》的编者建议用"耶稣教"。[1] 以后"耶稣教"这个名称确实被长期使用。

中法第三次传教问题谈判

剌萼尼在《黄埔条约》换约后,于 9 月离开澳门北上,到其他开放口岸游览。他到上海后,上海的天主教传教士要求他向中国政府施加压力,要中国政府发还过去没收的教堂和墓地;巴富尔则要他澄清是否将新教排斥在弛禁范围之外的问题。剌萼尼 12 月 2 日回到澳门后,首先解决了后一个问题,并在 12 月 8 日至 12 月底再次与耆英进行传教问题的谈判。

此次会谈由加略利与黄恩彤具体进行,剌萼尼和耆英则在幕后操纵。除坚持以前提出的要求外,剌萼尼等提出的新要求主要有:发布上谕将弛禁基督教的消息广为宣布;发还在禁教时期没收的天主教堂;惩治"迫害"教徒的地方官;等等。[2] 到 28 日,耆英同意了剌萼尼提出的所有要求,其中关于归还教堂等,耆英指出"须将改为庙宇、废为民居房屋概予开除"。[3]

耆英此次很快接受剌萼尼的要求,原因之一是他此时还有一个更为棘手的交涉事项。按照《南京条约》《虎门条约》等的规定,清廷已交清鸦片战争的赔款,英军应交还舟山群岛。但当时英国人进入广州城的要求因广州人民的反对而一直无法实现,于是英军拒绝按约交还舟山以为要挟。剌萼尼与加略利深知耆英在此问题上焦头烂额的处境,故意暗示如果他们的要求被接受,可以在解决舟山问题上帮助中国。[4] 这其实已是法国人数次运用的惯技。剌萼尼在给基佐的报告中说,"我认为,基督教传教之所以能不断取得让步,这在钦差大臣的思想中,恐怕与请求法国在英国不能恪守诺言时从中斡旋的打算有间接的关系","假如舟山交还中国了,我就没有取得信教自由的把握了"。[5] 耆英在报告此次中法谈判的奏折中的言论表明他确实有这种想法。他说法国人"所称因恐英夷不肯退还舟山前来相助之说,虽未可信,而亦不得不暂为笼络,借其虚声,使英夷闻之有所畏忌"。[6] 在另一个

---

① *The Chinese Repository*, vol. 14, p. 587.

② 卫青心:《法国对华传教政策》下卷,第 528 页。

③ 卫青心:《法国对华传教政策》下卷,第 528 页。

④ 卫青心:《法国对华传教政策》下卷,第 526 页。

⑤ 卫青心:《法国对华传教政策》下卷,第 537 页。

⑥ 《鸦片战争档案史料》(7),第 605 页。

要求准许公布弛禁之事的奏折中，他还说："欲使英夷有所畏忌，必先不失佛、米二夷之心。"① 但是剌萼尼在他的要求得到满足后，决定"在一场有趣的冲突即将爆发之前"，"远离这个是非之地"，因为他认为自己"没有干预这场冲突的任务"。② 并于 1846 年 1 月 9 日率领他的使团启程回国，耆英那一点"以夷制夷"的幻想最后只能落空。

耆英关于中法第三次传教问题谈判的奏折于 1845 年 12 月 19 日呈上，向道光帝报告剌萼尼提出的新要求，即将弛禁谕令"通行各省地方官一体张挂晓谕"和发还"康熙年间天主堂房产"。10 天后，因与法国人的谈判事实上已经结束，耆英未待道光帝的谕旨，再次上奏要求道光帝批准法国人的要求，将康熙年间天主堂"除改为庙宇、民居外，如有原旧房屋尚存者，给还该处奉教之人。其地方官如将习教为善之人滥行拿办，予以应得处分之处，亦如所请"。③ 道光帝于 1846 年 1 月 17 日发给耆英上谕，同意耆英所请，要他"酌定告示"，"一面通行五口地方张挂晓谕；一面将示谕底稿抄录进呈，以归建议而顺夷情"。④ 同日，道光帝还谕令两江、闽浙各督抚"俟粤中咨行到日，饬令该地方官于上海、宁波、厦门、福州海口贸易马头夷踪可到之处，即行张挂晓谕，不得迟延"。⑤ 他在给耆英的上谕中就归还天主堂问题，"着该督等谕以阅时已久，原旧房屋岂能至今犹存？应俟随时查明，再为酌办"。⑥ 对此，耆英在 2 月 4 日再上奏折，说明此条也可以答应，"但须将改为庙宇、民居概予开除，则亦办而不办"。为了促使道光帝同意，他利用道光帝对"夷务"颇为畏惧、厌烦而又无知、无奈的特点，告诉道光帝剌萼尼虽然已经回国，还留下加略利在澳门等候谕旨，又说"佛夷素与英夷不睦，我若善抚佛夷，英夷未尝不稍存畏忌；倘佛夷心怀觖望，难保不暗结英夷，别生枝节，办理更为棘手"。这样权衡利弊，"与其留此不定之局，俾该夷使折回后或有他求，似不若稍从权宜，可期迅速葳

① 《鸦片战争档案史料》（7），第 611 页。
② 卫青心：《法国对华传教政策》下卷，第 543 页。
③ 《鸦片战争档案史料》（7），第 608 页。
④ 《鸦片战争档案史料》（7），第 620 页。
⑤ 《鸦片战争档案史料》（7），第 620 页。
⑥ 《鸦片战争档案史料》（7），第 620 页。

事"，使"该夷使安静回国矣"。①

耆英对道光帝以吓唬为主的方针颇为奏效，道光帝在 2 月 20 日发布上谕，将弛禁天主教、发还天主堂、惩办"滥行查拿"各地教徒的地方官等各条，按耆英的要求全部旨准。② 这不仅使一百多年来在中国一直处于非法地位的基督教势力合法化，而且含有对传教士和中国教徒予以特别保护的意味。这道上谕标志着五口通商时期清廷对基督教传教初步弛禁的政策正式确立。

耆英 3 月 6 日接到上谕。3 月 18 日，他和黄恩彤将上谕的内容告示公布，命各地张挂。他所极力促成的弛禁政策，使他在西方特别是在传教士当中获得一片喝彩之声，将他吹捧为"中国进步力量的代表"。新教传教事业，在清廷实施新政策的背景下进入了快速扩张的阶段。

二　新教传教士在华南沿海活动的恢复与发展

如上所述，战争期间，澳门成为传教士躲避战争、等待时机的避难所。从 1839 年底广州外国商馆关闭，到 1842 年《南京条约》签订，留在中国的新教传教士，除在英军占领舟山和鼓浪屿后到这两个地方建立传教基地者外，基本上在澳门活动，或以澳门为活动基地。据美部会传教士 1841 年 1 月的报告，"目前居住在中国的传教士以及他们夫人的数目达 16 人。其中 5 人属美部会，3 人属伦敦会，2 人属英国圣公会，2 人属美国浸礼会；此外，还有 1 人来自密西西比河谷的一个浸礼会（即罗孝全），2 人属马礼逊教育会，1 人为英国商务监督的译员（即郭士立）"。加上在南洋华人居留地的传教士，"西至槟榔屿，东到广州，有五六十名男女传教人员献身于向中国人传教的事业"。③ 澳门在这段时间无疑是新教传教士在华活动的中心。

但澳门的外国宗教势力毕竟以葡萄牙人支持的罗马天主教为主，新教传教士在此只是暂时栖身。所以，当英国侵略军在中国沿海频频取得军事胜利，并在 1841 年强行占领香港岛后，舟山群岛、鼓浪屿和香港岛这些

---

① 《鸦片战争档案史料》（7），第 628、629 页。

② 《鸦片战争档案史料》（7），第 631 页。

③ *The Missionary Herald*, vol. 36, p. 319.

可供他们自由活动的地方，就成为他们向往的传教区域。由于在清廷弛禁基督教政策确立之前，在五口地区进行传教仍属非法，而英国对舟山群岛和鼓浪屿的军事占领，必须在条约规定的赔款付清后结束，英国割占的香港岛就成为不少传教士的首选地点。这样，在鸦片战争结束后，一些新教传教士及其所办的各项文化和医疗卫生事业从澳门向香港迁移，美部会、美国浸礼会以及伦敦会的主要传教士大都到香港建立基地，马礼逊教育会、中国医药传教会、英华书院、《中国丛报》等由传教士开办的机构和报刊均陆续迁到香港。但同样，香港作为新教传教士活动中心的历史也很短暂。清廷宣布弛禁政策后，在香港的传教士又纷纷从香港迁往广州和其他口岸。

美部会传教士在三地的活动

上面引文中所说的美部会的五名传教士，包括裨治文、卫三畏、伯驾、雅裨理和戴弗尔（William Beck Diver）。据美部会的记载，在1840年，"所有新教传教士，无一例外都住在澳门，从事（中文）语言的学习"。[①] 在这5个人中，始终在澳门活动的是主持美部会印刷所的卫三畏。《南京条约》签订后，他仍然留在澳门。其他几个传教士的情况则各不相同。伯驾在广州的医院关闭后，1840年7月回美国。雅裨理1839年2月再次来到中国。他先是在广州学习了一段时间的福建话。1841年3月他与马礼逊教育会的布朗（Samuel Robbins Brown）夫妇一起到马六甲等地活动，[②] 年底返回澳门。在此期间他先后在新加坡、马六甲和婆罗洲进行了一些传教活动。[③] 1842年2月1日他和文惠廉一起到英军占领下的鼓浪屿，并很快在那里开始活动。因此他真正待在澳门的时间不长。戴弗尔是美部会派到中国的一名传教医生，1839年9月从美国来到澳门。[④] 他在传教士在澳门开办的医院工作了一

---

① *Brief History of the American Board of Commissioners for Foreign Missions in China*, p. 78, ABCFM Papers, 16. 3. 11.

② *Brief History of the American Board of Commissioners for Foreign Missions in China*, p. 79, ABCFM Papers, 16. 3. 11.

③ *The Missionary Herald*, vol. 38, p. 337.

④ Wylie, *Memorials of Protestant Missionaries to the Chinese*, p. 115.

段时间，但因不适应华南的气候，1841 年 3 月离开澳门到新加坡，① 不久后回到美国。

禅治文在澳门成为新教传教士的核心人物。在他的安排下，新教传教士联合举行了一些宗教活动。他在卫三畏的协助下，继续编辑出版《中国丛报》。在这个受到特别限制的时期，他依然保持着活跃的姿态。他以《中国丛报》为阵地，密切注视着中国局势的发展。这个时期的《中国丛报》发表了大量关于鸦片战争的消息和评论，其中不少出自禅治文之笔。他认为鸦片战争的结局将是英国打败中国，中国将向外国开放。"我们正处在一个新时代的前夜，一场伟大的革命已经开始……现在，我们相信，上帝将为那些福音宣讲者开辟一条坦途。"② 他不断向美部会和美国公众呼吁，要求支持和扩大对华传教事业。他在 1842 年 6 月发表的一封公开信中强调，1700 万美国人都应该为这个事业效力，"要训练大量有能力、虔诚的传教士，为此要建立传教会，要开办学校，要设立有关机构，要号召全国所有的教派为此贡献智慧和力量"。他鼓吹要采用一切方式，向中国人传播基督教，"在香港、厦门和舟山，已经可以和千万中国人自由接触；而且我们还相信，传播福音的使者在整个帝国的范围内得到自由和保护，受到衷心欢迎的日子也为期不远了"。③

1842 年 7 月 1 日，禅治文前往香港，"开始修建一个传教会所，同时监管马礼逊教育会和中国医务传教会房舍的修建"④。其后他又将《中国丛报》迁往香港，并在香港设立了传教站，后来又开办了一所小学校。⑤ 美部会新派来的传教士波乃耶（Dyer Ball）携妻于 1843 年 4 月离开澳门到香港居住并从事传教活动。波乃耶 1796 年生于马萨诸塞州，曾作为美国国内传教会的传教士在佛罗里达活动过，1838 年接受美部会的派遣到新加坡的华人中

---

① *Brief History of the American Board of Commissioners for Foreign Missions in China*, p. 78, ABCFM Papers, 16.3.11.

② Eliza J. Bridgman, ed., *The Pioneer of American Mission to China*, p. 113.

③ *The Missionary Herald*, vol. 39, p. 55.

④ *Brief History of the American Board of Commissioners for Foreign Missions in China*, p. 81, ABCFM Paper, 16.3.11.

⑤ 有关这所小学校的情况，参见雷孜智《千禧年的感召：美国第一位来华新教传教士禅治文传》，尹文涓译，广西师范大学出版社，2008，第 189～190 页。

传教。1841 年，因其夫人不适应当地的气候，波乃耶与她来到澳门，加入了以裨治文为首的传教团。① 到香港后，他协助裨治文从事传教及中文印刷出版业务，也进行一些医疗活动。裨治文和波乃耶组成了美部会传教团的香港传教站。由于裨治文是美部会在华传教士的实际首领，经常作为美部会中国传教团的代表与美部会联系，可以认为在裨治文离开香港之前，香港是美部会在华传教士的活动中心。

1843 年 7 月 13 日，裨治文在香港主持了美部会中国传教团会议，雅裨理、伯驾、波乃耶、卫三畏等参加。② 其时清廷禁止传教活动的禁令仍未取消，裨治文等通过决议确定了五口通商时期他们在中国活动的 5 个目标，即在广州、香港、厦门、宁波、上海各设立一个传教团，为此他们要求美部会马上派 6 名传教士到厦门，其他每个口岸也需 4、5 名传教士，他们还建议将在婆罗洲传教、懂得中文的美部会传教士抽调到中国；将福音传教活动作为首要工作，采取一切可能的方法和手段；修订《圣经》中文译本，编写传教小册子，尽可能地加以散发；在每个主要传教站开办一所初等学校，目的是将学生培养成基督徒；在这些初等学校之上，尽快设立一所高等神学院，以对那些信仰基督教并愿意成为传教士助手的学生进行培训。③ 裨治文在 1844 年 2 月与伯驾一起被任命为顾盛使团的中文秘书和译员，因此这一年的大部分时间他不在香港，而是在澳门和广州。这样，香港的传教站就由波乃耶负责。

1845 年 1 月，美部会中国传教团一分为二，分成"华南传教团"（South China Mission）和"厦门传教团"（Amoy Mission），其中华南传教团由广州传教站和香港传教站组成。分立的原因，是因为雅裨理以及随后到厦门的罗啻（Elihu Doty）和波罗满已经在厦门建立了一个颇有规模的传教站，而且厦门与广州、香港相距遥远，联络不便，设立新的传教团势在必行。

如上所述，1844 年的中美《望厦条约》和中法《黄埔条约》做出了允许外国人在五口设立礼拜堂的规定，这就使传教士可以合法地在通商口岸活

① Wylie, *Memorials of Protestant Missionaries to the Chinese*, pp. 107 – 108.

② *Brief History of the American Board of Commissioners for Foreign Missions in China*, p. 82, ABCFM Papers, 16. 3. 11.

③ *The Missionary Herald*, vol. 40, pp. 32, 109 – 112.

动；1845 年，剌萼尼与耆英关于弛禁天主教初次谈判的结果为传教士逐渐知悉。这些新的有利条件，就使得在华新教传教士的各个团体重新考虑他们的前景。其结果之一是，在香港的传教士开始向广州等口岸迁移。因为传教士虽然可以在香港享有传教的完全自由，但从地域和人口两个方面衡量，香港都无法与内地的口岸相比。基于这种考虑，裨治文等决定从香港"迁往广州，打算以后集中精力在那个城市进行努力。有 15 名学生的学校和中国刻工于（1845 年）9 月初转到广州"。① 波乃耶也于同月到广州，从而结束了美部会在香港早期活动的历史。裨治文夫妇〔1845 年 6 月，裨治文与刚到不久、本属美国圣公会的吉勒特（E. J. Gillett）结婚〕租住了属于潘仕成的一栋住宅，并将印刷设备装配起来。② 《中国丛报》则于 1845 年 7 月迁回广州。③ 香港的传教站被取消，广州重新成为美部会在华南活动的中心。

鸦片战争后最早回到广州的是伯驾。伯驾回美后，除极力鼓吹迫使中国与美国订立条约外，还在美国及欧洲各地巡游，为争取欧美各界对在华传教事业，特别是医务传教事业的支持进行了大量的游说活动。他于 1842 年 10 月携新婚夫人回到广州，很快就将他创办的眼科医院重新开业。伍崇曜允许他继续使用原来的房子作医院，并免收房租。④ 伯驾的主要时间用于行医。在其他传教士回到广州之前，他还负责主持广州外国人的周日礼拜仪式，"有时到黄埔的外国船只上去布道。但为了使伯驾夫人能在广州待下去，除在医院和自己的房间外，伯驾很少进行传教活动"。⑤ 顺便说一句，伯驾夫人是第一位公开在广州长期居住的外国妇女，并且没有受到中国官方的干预。伯驾夫妇的做法使在广州口岸长期实行的禁止外国妇女居住的规定无形中失效。梁发也很快与伯驾恢复了联系，并经常到医院向病人进行宗教宣传。从 1844 年 2 月底开始，伯驾与裨治文一起，作为顾盛使团的中文秘书兼译员，充当了顾盛与耆英谈判的助手，而且如前所述，在制定允许外国人在通商口岸建立礼拜堂条款的过程中起到了重要作用。在这段时间，他把医

① *The Missionary Herald*, vol. 42, p. 49.
② Eliza J. Bridgman, ed., *The Pioneer of American Mission to China*, p. 138.
③ *The Chinese Repository*, vol. 14, p. 351.
④ *Brief History of the American Board of Commissioners for Foreign Missions in China*, p. 81, ABCFM Papers, 16. 3. 11.
⑤ *The Missionary Herald*, vol. 40, p. 277.

院交给了一个跟他学医的中国学徒关亚杜（Kwan A-to，或称关韬）掌管，关亚杜是鸦片战争前他所收几名中国学徒中最受他赏识的一个。裨治文和波乃耶等到广州后，伯驾除参加传教士经常性的活动外，更加专心致志于医院的工作。

伯驾认为他的医务传教方法是推进传教活动取得进展的一个重要的发明，他在传教士当中也因此博取了相当的声誉，然而美部会领导机构却改变了对这种方法的评价，从而改变了对他的态度。美部会秘书鲁弗斯·安德森是掌握管理该会海外传教士的实际权力人物。他一度对伯驾的医务传教方法予以支持，但到 1840 年代初，他更为强调直接的传教方法，越来越质疑其他传教方式，以致对医务传教方法采取明显的否定立场。1844 年 10 月他写信质问伯驾等，开办医院等活动"在宗教上可以产生什么结果？差会应当在什么程度上与该医院的医疗活动相关联？"① 这封信是他要采取行动的信号。1845 年 3 月，安德森组织了一个委员会讨论伯驾的问题。3 月 11 日该委员会做出决议，"怀疑"伯驾花费太多的时间从事医疗工作，表示差会将取消给伯驾的传教士经费，"如果本委员会的怀疑不能被消除，将劝告他另找资助。如果广州的医务传教会能够提供资助，他就有权更加自由地做一个传教医生的工作"。② 安德森接着写信将该委员会的决议通知了伯驾。

伯驾对此迅速做出了回应。他从创办医院之日起就定期发表报告，公布医院的情况。在以前的报告中，伯驾一般着力描述其医疗服务受欢迎的程度，并报告病例。但他 1845 年 10 月在《中国丛报》发表的《广州眼科医院第 13 次报告》一开始就强调，传教是常记在心的主要目的，医疗活动或其他方式均不能取代。③ 在报告的一些病例中，伯驾又描述了如何向病人宣传教义，如何向他们散发传教书籍，病人如何感激，得到传教医生良好的医疗服务本身如何使病人对基督教发生兴趣，"以虔诚之心倾听宗教教诲"，等等。伯驾还写道，在医院近期举行的礼拜仪式中，"平均每次有 100 位以上的中国人参加。没有比那些其动脉瘤得到治愈，视力得到恢复，肿瘤被摘除，身体里的石头被取出的人更为虔诚的了。在这些仪式中，笔者与裨治

---

① R. Anderson to Peter Parker, ABCFM Papers, 16. 3. 8.
② 美部会会议记录，转引自 Gulick, *Peter Parker and the Opening of China*, pp. 136 – 137.
③ *The Chinese Repository*, vol. 14, pp. 449 – 450.

文、波乃耶及伦敦会的中国布道者梁发共同合作"。他最后总结说:"中国人在其个人安全危急的时候接受圣书,在其生命面临灾难的时候接受基督教。"他还报告说,梁发在他的医院从事大量的传教工作。① 我们可以把这个报告看作伯驾为他所发明的传教方法、为他的传教士身份所做的辩护。

1845 年 7 月,伯驾被任命为美国驻华使团秘书和中文翻译。② 年底,他接受了这一任命,他这就为自己准备了后路。1846 年 1 月 1 日,伯驾又写信给美部会,对上述决议表示震惊和不解,阐述了医务传教的独特意义,同时说:"现在由差会来决定保留或是断绝它与我的关系,决定是维持它的一位最卑微的传教士的影响和经验的现状,还是将之置诸一旁。"伯驾在信中还告诉差会,他已接受了美国驻华使团秘书和中文翻译的职务,并说:"我自己的看法是,我的情况与马礼逊的情况并无不同。他在担任东印度公司翻译的同时,还保持着与伦敦会的老关系。我的愿望是,如果经济上对我的资助终止的话,能让我在其他方面像迄今为止那样保持与差会的关系。"③ 1 月 31 日,伯驾再次写信给安德森,就医务活动与传教的关系阐述了自己的观点。1847 年 5 月,他再次要求美部会按伦敦会对待马礼逊的方式对待他。④他的朋友如裨治文、卫三畏等也都为他向差会求情。

但安德森不仅不为所动,而且从伯驾的信中得到了新的把柄,因为伯驾接受美国驻华使团的任命违背了美部会关于传教士不得承担世俗职务的规定。不过直到 1847 年 8 月 17 日,美部会才最终做出解除伯驾传教士身份的决定。正式的理由不再是伯驾过多地从事医疗活动,决议写道:"伯驾博士与差会的关系,因他接受了美国驻华使团秘书的职务而终止,他不能再被当作本差会的传教士。"⑤

伯驾和其他传教士对差会这个不可改变的决定只能无可奈何地接受。伯驾在这之后除担任美国使团的秘书、代办等职务外,还以独立传教士自居,主持医务传教会的事务,继续在广州眼科医院从事了一段时间的医务

---

① *The Chinese Repository*, vol. 14, pp. 452 – 461.

② *Brief History of the American Board of Commissioners for Foreign Missions in China*, p. 84, ABCFM Papers, 16. 3. 11.

③ Stevens, ed. , *The Life, Letters and Journals of the Rev. and Hon. Peter Parker*, pp. 258 – 260.

④ Peter Parker to R. Anderson, May 22, 1847, ABCFM Papers, 16. 3. 8, vol. 2.

⑤ Gulick, *Peter Parker and the Opening of China*, p. 141; *The Missionary Herald*, vol. 44, p. 9.

活动，直到 1855 年将医院交给嘉约翰（John Glasgow Kerr）管理。从美部会华南传教团的角度来看，伯驾与美部会正式关系的断绝是一个较大的损失，因为他在来华新教传教士中已属资深，而且因开办眼科医院，参与中美谈判，在广州的外国人和中国官员中都有一定的影响力。正因为如此，卫三畏在 1849 年给安德森的一封信中还皮里阳秋地写道："伯驾博士已经离开了传教团，而我从未怀疑开除他的正当性；但是我们认为 13 年前如此成功地开始的这种传教方法，是直接布道工作一种辅助手段的观点则没有改变。您定会高兴地获悉，（广州）眼科医院现在通过它所提供的内外科医疗服务，比以前任何时候从事更多的直接传教工作，并散发更多的传教小册子，进行更多的布道工作。"① 这明显表露了对安德森开除伯驾决定的不满。

裨治文回到广州后，正值清廷刚刚宣布弛禁基督教，因此他积极从事各项传教活动，包括进行公开布道，撰写并到处散发传教小册子等。1847 年 5 月 2 日，他还第一次将一个叫杨兰赢（Yang Lanyen）的中国人施洗入教。杨兰赢是裨治文主持的圣经班的学员，他的身份是通事，多年前就与马礼逊打过交道。② 在这之后，裨治文很快就离开广州，到上海加入修订《圣经》中译本的活动。以后他虽然名列广州传教站，但长期待在上海。这样，美部会华南传教团几乎是同时失去了两位最有影响的传教士。

美部会在 1851 年之前先后给广州传教站即华南传教团补充过两位传教士。1846 年 4 月，美部会将邦尼（Samuel William Bonney）派到广州的传教站。邦尼 1815 年出生于康涅狄格州，1844 年毕业于纽约大学，同年受美部会的派遣打算前往印度，后因故未行，转而受聘为马礼逊教育会学校教师，1845 年 3 月到达香港，两年后成为美部会的传教士。③ 开始时，他的身份是助理传教士（assistant missionary）。1846 年 5 月 31 日，裨治文的堂弟裨雅各（James Granger Bridgman）在广州被按立为美部会传教士。仪式由路过广州的麦都思主持，所有在广州的新教传教士都出席了仪式。裨雅各 1844 年初到澳

---

① S. S. Williams to R. Anderson, January 29, 1849, Canton, ABCFM Papers, 16.3.8, vol. 3.

② *The Missionary Herald*, vol. 43, pp. 355－356.

③ Wylie, *Memorials of Protestant Missionaries to the Chinese*, pp. 149－150.

门，次年 8 月到广州，身份也是助理传教士，至此成为正式的传教士。①

在裨治文离开广州和伯驾被美部会除名后，美部会华南传教团只剩下波乃耶、邦尼、裨雅各和卫三畏。马礼逊学校的教师咩士（William A. Macy）在 1849 年前后一度是该传教团的助理传教士，但时间不长。这几个人中，只有卫三畏资格最老，在新教传教士中也颇有影响，但他的正式身份始终只是印刷工，而且他在 1844 年底回美国，直到 1848 年 6 月才再次到广州。②1853 年卫三畏接受了美国赴日本使团翻译的任命，以后长期在美国驻华使团任职，从而脱离了美部会。1850 年 12 月 1 日，裨雅各因精神抑郁，在其往所用剃刀切喉自杀，虽经伯驾尽力抢救，几天后还是不治身亡。③ 他可以说是第一个在中国自杀的传教士。他的自杀使美部会广州传教团的颓势更为明显了。

《中国丛报》在 1851 年停刊是美部会华南传教团丧失重要地位的正式标志。到 1860 年代，该传教团与美部会在厦门、上海等地的传教团一起被关闭，直到 1883 年才恢复。④

伦敦会传教士在华南

恒河外方传教团成立后，马六甲就取代广州成为伦敦会对华传教活动的中心。马礼逊死后，伦敦会在广州的活动据点只剩下梁发和一帮受洗入教的中国人，依附于裨治文等美国传教士，做一些散发传教出版物之类的事情，而且很快因清政府的查究而逃散。1835 年麦都思到广州，但只做了短暂的停留。在这之后的几年中，伦敦会的势力在中国本土基本上不存在，虽然恒河外方传教团仍以对华传教作为其活动的主要目标。

1838 年底，麦都思带着前面提到的朱德郎，与雒魏林一起再次东来。雒魏林 1811 年生于英国的利物浦，早年行医，1838 年被伦敦会招募为传教医生，是年 7 月随麦都思东来。麦都思后来在巴达维亚的华人中传教，雒魏

---

① *The Chinese Repository*, vol. 15, p. 328.

② 卫三畏经新加坡、印度、埃及、耶路撒冷、法国、英国回美国。此行一项事务是寻求中文、满文铅字字模，以为回中国后开展印刷活动服务。Frederick W. Williams, ed., *The Life and Letters of Samuel Wells Williams*. pp. 132–152.

③ *The Chinese Repository*, vol. 19, p. 680; Pruder, Issachar Jacox Roberts And American Diplomacy in China During the Taiping Rebellion, pp. 193–194.

④ MacGillivray, ed., *A Century of Protestant Missions in China (1807–1907)*, p. 292.

林则于 1839 年 1 月来到广州。伦敦会招募他的原因是中国医务传教会成立，需要传教医生到华南充实该会。雒魏林到广州后，中国医务传教会的伯驾等人指定他去澳门，主持伯驾 1838 年夏天开办的中国医务传教会的另一家医院。这样雒魏林在广州学习了几个星期的中文后，就在 1839 年 1 月底到澳门行医。① 其时中英冲突已经开始，林则徐在英国人拒绝交出杀害林维喜的凶手后将所有英国人驱逐出澳门。雒魏林 8 月离开澳门去巴达维亚，跟麦都思学了一段时间的中文，次年 5 月又悄悄返回澳门，重新开起了医院。他的这项活动得到了来自美国的戴弗尔和来自英国的合信的帮助。②

合信在来华前也是一名医生，毕业于伦敦大学，1839 年伦敦会也将他招募为传教医生，同年 7 月 28 日与伦敦会传教士理雅各、美魏茶（William Charles Milne）一起东来。合信于 12 月 18 日到达澳门，开始时与裨治文同住。③ 雒魏林重开澳门医院后，合信成为他的助手。但雒魏林在澳门不到一个月就前往英军占领下的舟山，在那里开办了另一所性质相同的医院，澳门的医院留给合信和戴弗尔共同掌管。④ 不久戴弗尔因健康原因离开了澳门，合信于是独自承担了该医院的事务。《南京条约》签订后，合信于 1843 年初将医院迁往香港。⑤ 作为一名传教医生，合信的精力主要用于从事医疗工作。据他自己说，从 1840 到 1845 年在澳门和香港行医期间，他医治病人达 15000 人次。⑥

美魏茶（William Charles Milne）是米怜之子。他出生于 1815 年，其时他的父母正从广州到马六甲的航程中。美魏茶遭父母之丧时尚在稚龄，被送回英国接受教育。1839 年，他作为伦敦会传教士被派遣到中国，与理雅各和合信同行。他与合信同日抵达澳门，受到裨治文的接待，不久搬到当时在澳门的马礼逊教育会，协助马礼逊学校的布朗处理该会的有关事务。在布朗与雅裨理一起到南洋巡游期间（1841），他与美国圣公会的文惠廉共同管理马礼逊教育会。⑦ 1842 年初，他到当时英军占领下的舟山活动，次年还到宁

① *The Chinese Repository*, vol. 7, p. 551.
② Wylie, *Memorials of Protestant Missionaries to the Chinese*, p. 112.
③ *The Chinese Repository*, vol. 8, p. 626.
④ Wylie, *Memorials of Protestant Missionaries to the Chinese*, p. 125.
⑤ 合信与澳门医院的情况，参见 *The Chinese Repository*, vol. 10, pp. 465 – 471; vol. 11, pp. 659 – 672.
⑥ *The Chinese Repository*, vol. 19, p. 300.
⑦ Wylie, *Memorials of Protestant Missionaries to the Chinese*, p. 122.

波住了 7 个月。美魏茶从 1843 年 7 月开始，花了一个多月的时间由宁波经陆路穿行到广州，在当时的传教士和其他外国人看来，这是富有冒险色彩的壮举。

英国割占香港对英国的传教士来说，是特别令他们感到振奋的事件。1843 年 8 月 22 日至 9 月 4 日，以伦敦会传教士为主，邀请了几乎所有的在华新教传教士在香港开会，讨论对马礼逊所译《圣经》中文本做全面的修订。① 伦敦会在中国的合信、美魏茶及来自南洋的麦都思、理雅各、塞缪尔·戴耶尔（Samuel Dyer）、施敦力亚历山大（Alexander Stronach）和施敦力约翰（John Stronach）均参加，麦都思是实际上的召集人。在当时，确定一个合适的《圣经》中译本是新教各教派共同关心的一项重要事务，由伦敦会传教士召集这样的会议，就意味着他们认为自己在新教对华传教方面还拥有由马礼逊开创的领先地位，虽然美部会在广州和澳门的长期活动已使他们渐有凌驾于伦敦会之上的趋势。

理雅各将英华书院从马六甲迁往香港是伦敦会在鸦片战争后加强对华传教的一个更为重要的步骤。理雅各 1815 年生于英国，1839 年 4 月被伦敦会按立为传教士，派往马六甲的中国传教团，7 月底与美魏茶、合信同船东来。一起抵达巴达维亚后，理雅各又经新加坡到马六甲，时为 1840 年 1 月。自此到 1843 年，理雅各一直在马六甲，主要从事英华书院的管理和教学工作，以及监管恒河外方传教团在马六甲的印刷所，同时学习中文。《南京条约》签订后，伦敦会理事会做出决议，将马六甲的传教站和英华书院、印刷所以及戴耶尔多年经营的汉字铸造厂迁到香港。② 理雅各刚一得知《南京条约》签订的消息，就把条约内容翻译成中文，张贴在英华书院的墙上。他认为："从马六甲迁到香港是前进中的一个伟大步骤——一次向撒旦统治之地靠近的漫长进军，因此我们有理由为这一迁移感到高兴。"他又写道："对于传教工作来说，香港和中国本身无疑是更有前途的地方。"③ 理雅各起初还有更加大胆的幻想。他写信给在英国"远征军"中充当翻译、当时在

---

① 有关这次会议的情况，参见 *The Chinese Repository*, vol. 12, pp. 550-554.

② Helen Legge, *James Legge: Missionary and Scholar*. London: The Religious Tract Society, 1905, pp. 24-25.

③ Helen Legge, *James Legge*, p. 25.

南京参加谈判的马儒翰，表示他想"迁移到南京甚至北京"。马儒翰回信说，这是"不可想象的"，劝他应"定居在英国的土地上，如我已经说过的，香港就是合适的地方"。①

理雅各 1843 年 5 月离开马六甲，经新加坡和澳门，7 月初到达香港。这样就结束了伦敦会在长达 1/4 个世纪将对华传教机构设立在中国以外地方的历史，恒河外方传教团也由此结束了它的使命。② 理雅各参加了 8 月底至 9 月初修订《圣经》中文译本的会议。英华书院、印刷所等也很快陆续安置好，马儒翰成为英华书院校长。③ 在麦都思等在上海建立起颇有影响的伦敦会传教站之前，香港一时也成为伦敦会对华传教活动最重要的传教站。理雅各则进行传教活动，1845 年 3 月还到广州散发过传教书籍。这年 11 月，理雅各携妻女回英国休假，直到 1848 年才再到香港。

虽然伦敦会可以依托香港开展对华传教活动，但香港毕竟是一个弹丸之地，当时人口很少。因此，鸦片战争结束后，伦敦会传教士就开始到中国的通商口岸开展活动。麦都思和美魏茶 1843 年将他们活动的重点转移到上海。在清廷弛禁基督教的政策公布后，华南再次受到伦敦会的重视，除努力经营好香港的传教基地外，他们还尝试恢复在广州的活动。1844 年 7 月，伦敦会传教士吉勒斯皮（William Gillespie）到香港。④ 次年他到广州，得到梁发的协助。梁发一直以伦敦会中国布道者的身份待在广州，鸦片战争后在伯驾的医院里向前来看病的同胞派发传教书籍，并进行一些讲道的工作。梁发在吉勒斯皮到广州后主持修建了一座教堂。根据裨治文的描述，这座教堂在广州城西门附近，位于珠江边，距外国商馆约 1 英里，楼高三层，显得很宽敞。吉勒斯皮住在教堂中，"教堂面向大街，对外开放。阿发按自己的口味和判断力对之加以装饰，所有的东西都朴素、整洁并摆放妥当。这在中国是一件非常新鲜的事物。教堂上用朱红色楷书写着'真神堂'（temple of the true God）几个大字"。裨治文又介绍说："这栋新奇的建筑吸引了许多人来围观，所以现在的困难不是去寻找听众，而是阻止那些暴民的聚会和捣乱行

---

① Helen Legge, *James Legge*, p. 26.
② MacGillivrary, ed., *A Century of Protestant Missions in China*（*1807－1907*），p. 4.
③ Wylie, *Memorials of Protestant Missionaries to the Chinese*, p. 118.
④ Wylie, *Memorials of Protestant Missionaries to the Chinese*, p. 140.

为。"① 他还说该教堂已经举行了几次星期日礼拜，这说明至少在 1845 年 7 月教堂已经建成，而吉勒斯皮应该是在 1845 年上半年到广州的。宗教仪式由吉勒斯皮和梁发共同主持。吉勒斯皮不在广州时，梁发一般邀请裨治文、伯驾等其他外国传教士前来布道。② 吉勒斯皮 1848 年回英国度假，次年又来中国，但 1850 年又一次回国后就没有再来。③

1848 年，合信也来到广州。他于 1845 年回英国，他在夫人病死后娶了马礼逊的女儿。合信在 1847 年 7 月底回到香港，重新主持中国医务传教会在香港的医院。这年 10 月合信到广州的伦敦会教堂小住，1848 年 2 月就离开香港到广州，4 月在广州西关附近、距外国商馆约 4 里的一个叫金利埠（Kam-li-fau）的地方租用民房开设了一个诊所，每周三次接待病人。礼拜日由梁发到该诊所布道。④ 这个规模不大的医院是除梁发所建的教堂之外，伦敦会在广州另一个有一定影响的机构。

美国浸礼会传教士在三地的活动

鸦片战争后美国浸礼传教士在广东沿海地区的活动地域，经历了典型的澳门→香港→广州的演变过程。

叔未士夫妇和罗孝全在鸦片战争前一直在澳门。战争期间其活动基本上没有什么变化，但罗孝全的身份有了改变。到 1841 年，罗孝全自己的财产和"中国传教会"的其他资助已不能满足他在经济上的需要，所以他写信给设在波士顿的浸礼会差会，要求成为该会的正式传教士，其经济资助由差会提供，条件是他答应遵守该会的章程。这样在 1841 年，罗孝全就成了美国浸礼会的正式传教士。⑤

英国对香港的占领同样引起了叔未士和罗孝全的强烈兴趣。叔未士在 1842 年 2 月报告说："香港将是一个舒适、不受打扰的居住地，可以马上在那里建立学校教堂……我已见过义律大佐，谈到这一问题，他给了我最令人鼓舞的肯定。"⑥ 同月，罗孝全就从澳门搬到香港。叔未士夫

① *The Missionary Herald*, vol. 42, p. 134.
② *The Missionary Herald*, vol. 42, pp. 134 – 135.
③ Wylie, *Memorials of Protestant Missionaries to the Chinese*, pp. 140 – 141.
④ *The Chinese Repository*, vol. 19, pp. 300 – 306.
⑤ Pruder, *Issachar Jacox Roberts and American Diplomacy in China During the Taiping Rebellion*, p. 41.
⑥ Coughlin, *Strangers in the House*, p. 62.

妇则于 3 月搬迁。在澳门，他们募到了 1200 元捐款，用作到香港开创传
教站的费用。①

　　1842 年 2 月底，他们以叔未士的名义向英国香港当局租赁了地皮。
5 月，叔未士开始在香港的皇后大道修建教堂，至 7 月落成。该教堂既用于
传教活动，也为在香港的西方人举行宗教仪式。另一个教堂设在当时的市场
附近，6 月底就对外开放，那里有很多潮州人居住。5 月，叔未士还在香港
成立了有 5 名成员的第一个浸礼会教会，自任该教会的牧师。② 此后直至
1845 年，皇后大道的浸礼会教堂一直由叔未士掌管。叔未士夫人像在澳门
时那样，收留了几个中国儿童，教他们读书。③

　　1835 年到暹罗华人中传教的美国浸礼会传教士粦为仁也于 1841 年底离
开曼谷，1842 年初到澳门。④ 之后他花了两个月的时间到厦门和舟山游历，
当年 10 月 24 日与其家人搬到香港。由于暹罗的华人有相当一部分讲潮州
话，粦为仁在那里学的也是潮州方言。1843 年，鉴于当时在香港的中国人
中使用潮州方言的占有一定的比例，粦为仁后来专门掌管由叔未士在这些人
中建立的教堂。他还从暹罗带来了两个华人教徒。⑤ 1843 年 5 月 28 日，粦
为仁以该教堂为基础，成立了“香港潮州教会”（Hongkong Tie Chiu
Church），这是专门以在港的潮籍居民为对象而成立的教会。他自己任该教
会的牧师。⑥

　　罗孝全则被叔未士派到香港岛南端的赤柱，在当地的英国驻军和中国村
民中传教。当时赤柱的中国人约有 1000 人，依所操方言分为广州人、客家
人和潮州人。罗孝全在向中国人传教方面很花力气。他在 1842 年 6 月 12
日，将一个叫阿春（Achun）的中国人施洗为教徒。此后阿春长期跟随罗孝
全，成为他的得力助手。罗孝全带着阿春以及另外两个杨姓（Young）和王
姓（Wong）助手，在中国居民区走家串户，派发传教小册子，宣扬基督教

①　Pruder, Issachar Jacox Roberts and American Diplomacy in China During the Taiping Rebellion,
　　p. 42.
②　The Baptist Missionary Magazine, vol. 23, p. 157.
③　The Baptist Missionary Magazine, vol. 24, p. 209.
④　Wylie, Memorials of Protestant Missionaries to the Chinese, p. 85.
⑤　The Baptist Missionary Magazine, vol. 23, p. 21.
⑥　The Chinese Repository, vol. 12, p. 440.

教义。① 罗孝全的住所也成为接待来访者、开展传教活动的场所。

　　这样，美国浸礼会的传教士一到香港就拥有两个教堂，还有罗孝全在赤柱的传教站。叔未士以此为条件，建立了美国浸礼会的香港传教团，时间在1843年3月前后。② 就开展直接的传教活动而言，这个传教团可以说是最为活跃的一个。与其他教派的传教士不同的是，他们吸收中国教徒的速度比较快。禆治文1830年来到中国，1847年才为他的第一个信徒施洗，而浸礼会的传教士在1844年就将19个中国人施洗入教，其中二人由罗孝全施洗。③ 叔未士仅在1845年上半年就为9名中国人和3名外国人施洗。④ 他们不仅在英国人割占的香港岛传教，还到附近九龙半岛及周边的中国居民村落如长洲、昂船洲、深水埗等地活动。⑤ 根据他们的报告，在皇后大道和中国人市场附近的两个教堂，都有大批中国人前来参加宗教仪式；而他们在各处派发传教书籍也受到中国人的欢迎。除港口地带外，这个传教团还在赤柱、九龙和长洲设有传教站，由中国教徒照管。

　　但是从一开始，这个新建的传教团就潜伏着不和的因素。前已述及，早在澳门时期，罗孝全和叔未士就不能密切合作。美国浸礼会差会开始时勉强接受了罗孝全，以后也一直对罗孝全另眼相看，没有像对叔未士等那样把他当作自己人。这样叔未士实际上处在较罗孝全优越的地位上。然而罗孝全是一个喜欢独自行事，不愿受别人约束的人，即使他领取差会薪俸，而叔未士成为香港传教团的首领之后依然如此。与罗孝全出身于当时的美国西部边鄙地带，所受正规教育不足相比，叔未士出身于美国东部地区，受过良好教育（毕业于弗吉尼亚浸会学院），对罗孝全的能力深为怀疑，对他的处事作风则心怀不满或是鄙视。叔未士在差会将罗孝全接纳为正式的传教士后，抱怨说差会"将我置于一个困难和羞辱的位置。很难理解他，更难与他共事。因为尽管他的动机很好，他的无知却是难以形容的"。⑥ 他把罗孝全派到远离港口地带的赤柱，在一定意义上是不愿与其一起共事。而罗孝全则对叔未

---

① "Journal of Mr. Issachar Jacox Roberts," *The Baptist Missionary Magazine*, vol. 23, pp. 278 – 281.
② Coughlin, Strangers in the House, p. 67.
③ *The Baptist Missionary Magazine*, vol. 25, p. 183.
④ *The Baptist Missionary Magazine*, vol. 25, p. 318.
⑤ *The Baptist Missionary Magazine*, vol. 24, pp. 97, 349.
⑥ Coughlin, Strangers in the House, p. 76.

士在到香港之初接受了英文报《中国之友》编辑一职，以换取每月50元的
薪酬和免费住房一事加以抨击，① 要求他辞去这一职务。

罗孝全到赤柱后不久，就对那个狭小、人口不多的乡野感到厌倦，要求
离开，并不顾叔未士和粦为仁两人的反对，坚持在1843年2月离开了赤柱，
住到了叔未士等修建的传教团房屋，而把赤柱的传教站交给了阿春。② 在这
期间，他与叔未士等参加了伦敦会传教士召集的修订《圣经》中译本会
议。但由于难以与叔未士以及倾向于叔未士的粦为仁和平相处，又看到
其他教派传教士纷纷到通商五口建立传教基地，罗孝全开始寻找其他出
路。恰逢郭士立在1843年底到香港，接替在这年夏天死去的马儒翰任英
国驻华使团中文秘书。罗孝全对这位老朋友的到来很高兴，与他同住，
并在一段时间内与郭士立在香港及九龙一带传教和散发传教书籍。

罗孝全向叔未士和粦为仁提出要到广州去活动一段时间，得到二人勉强
同意。1844年5月14日，罗孝全离开香港，带着他的两名助手于次日抵达
广州。这样就开始了美国浸礼会在广州活动的历史。

罗孝全到广州后，很快就在外国商馆之东约一英里处租到房屋。作为美
国浸礼会第一个到广州的传教士，又摆脱了叔未士等的牵制，罗孝全实际上
又恢复了独立行动的自由。他在到广州后不久就为一名中国人施洗，又开办
了一个圣经班。但在香港的叔未士和粦为仁不甘心让罗孝全摆脱他们的控
制，一面向差会报告罗孝全的放任自流，一面以传教团的名义做出决议，要
罗孝全在6个月期满后回香港，并决定把他派到另一个当时比较偏僻的乡村
黄泥涌（Wongnichung）去。③ 罗孝全自然全力拒绝，甚至以退出美国浸礼
会海外传教会相威胁。与此同时，罗孝全还接受郭士立的经济资助，以使自
己不因经济来源问题而妥协。罗孝全写信要求差会对他留在广州一事与叔未
士等发生的争执进行裁决，在等待裁决期间，他对香港的传教团置之不理，

---

① Coughlin, Strangers in the House, p. 77.
② Pruder, Issachar Jacox Roberts and American Diplomacy in China During the Taiping Rebellion, p. 44.
③ Pruder, Issachar Jacox Roberts and American Diplomacy in China during the Taiping Rebellion, pp. 47 – 50.

继续在广州活动。①

罗孝全在广州的传教活动至少从表面上看是有成效的。1845年7月26日，罗孝全在广州南关天字码头东石角成立了粤东施蘸圣会（The Uet-tung Baptist Church）。这是罗孝全自己成立的浸礼会组织。他自任牧师，成员开始时有5名中国教徒，即周道行、温德祥、蓝道英、曾道新和黄道谦。此外还设了4名长老，分别是裨治文、罗孝全、吉勒斯皮和梁发。② 这个粤东施蘸圣会又隶属于罗孝全在1845年成立的广州浸礼会传教会（Canton Baptist Missionary Society）。这是他自己建立的传教组织，由他自任"总干事"，并由5名在广州的外国人，加上他自己组成董事会。这5名外国人分别是福士、布尔（I. M. Bull）、亨特（R. H. Hunter）、吉丁·奈伊（Gideon Nye）和托马斯·亨特（Thomas Hunter）。由于罗孝全不能确定波士顿的浸礼会差会是否会批准他在广州传教的做法，他以广州浸礼会传教会的名义向在广州的外国人筹款，到1845年底共筹到3241.85元。这笔款项，加上郭士立给他的资助足以支持他在得不到差会资金的情况下，在广州进行各项活动。罗孝全宣布，在1845年该会"组成了一个教会（即粤东施蘸圣会）；为两名成员施洗，并即将为另一名施洗；为两对中国人举行基督徒婚礼；在广州建立了一个有两处传教所的传教站，并在佛山（Fat-san）建立了另一个传教站；还在广州获得了一处房产的长期租赁权，打算按照主的旨意建立我们的主要传教站"。③ 按照这段话，罗孝全除了东石角的教堂，还有另一处"传教所"，并可能派了他的中国助手到佛山传教，而且真的做独立传教的打算。

以上两个组织都是罗孝全独立活动的结果，但他在广州独自进行传教的愿望因叔未士等的到来而再次落空。1845年2月，叔未士到广州考察，结果一改反对罗孝全在广州开展传教的态度，决定把在香港的传教团一举迁移到广州。广州较香港多得多的人口（当时外国人普遍估计广州的人口为100

---

① Pruder, Issachar Jacox Roberts and American Diplomacy in China During the Taiping Rebellion, pp. 47–50.

② 罗孝全：《粤东施蘸圣会历史》，转引自王庆成《洪秀全与罗孝全的早期关系（1847—1853）》，《近代史研究》1992年第2期。

③ I. J. Roberts, "Report of the Canton Baptist Missionary Society in 1847," in Coughlin, Strangers in the House, Appendix Ⅶ.

万，香港人口为 2 万）及其所预示的传教前景，无疑是叔未士做出这一决定的主要原因。粦为仁已于 1844 年底回美国，直至 1846 年重来中国。① 叔未士在香港的新同事是 1844 年 10 月抵达的地凡（Thomas T. Devan）。地凡是一名医生，刚到香港时住在叔未士家里。他在罗孝全与叔未士的明争暗斗中很快站到叔未士一边。他们决定，不能让罗孝全独占广州这个广阔的传教地域。罗孝全得知他们的想法后，写信给差会表示坚决反对叔未士等抛弃在香港几年努力的成果而迁移到广州。② 但叔未士像当初不去曼谷而到澳门那样，再一次采取先斩后奏的办法，一面向差会递交了一份报告，一面不等差会的指示就于 1845 年 4 月 1 日，与地凡一道带着 9 名中国助手离开香港，两天后到广州。叔未士到广州的当天就成立了一个拥有 24 名成员的广州第一浸礼教会（the First Baptist Church of Canton Church），而美国浸礼会差会的香港传教团就变成了广州传教团。差会"考虑到他们这样做的原因"，对他们的这种做法"予以批准"。③ 叔未士后来又在广州联兴街（Lune-hing-ky）建立了教堂，协助他们的是一个叫作杨庆的中国人。④ 不仅如此，叔未士在 1845 年 7 月还写信给差会秘书，对罗孝全进行指责："尽快中止差会与罗孝全的正式关系，将能极大地提高本会在中国的传教组织，特别是广州传教团的效率。"⑤

罗孝全的粤东施蘸圣会 1845 年 7 月成立，后于叔未士的广州第一浸礼教会。这样，广州就存在两个浸礼会教会，而主持这两个教会组织的传教士却来自同一个差会，并且都属于广州传教团，这种状况反映罗孝全与叔未士已势同水火。叔未士的夫人 1844 年 11 月在香港病故，他安排了广州传教团的事务后，1845 年底带着孩子回了美国。罗孝全的对手于是换成了地凡。同时，他与从未赏识过他的美国浸礼会差会的关系，因他一贯自行其是的作

① Wylie, *Memorials of Protestant Missionaries to the Chinese*, p. 86.
② Pruder, *Issachar Jacox Roberts and American Diplomacy in China During the Taiping Rebellion*, pp. 51 – 52.
③ *The Baptist Missionary Magazine*, vol. 26, pp. 196 – 197.
④ 王元深：《圣道东来考》，香港，1907 年排印本，第 10 页。另外，美国驻广州领事福士在 1846 年 10 月 13 日给耆英的一份申陈也提到地凡"奉准设立礼拜堂在联兴街"。福士的这份申陈，专为地凡向耆英转交一封信和一份礼单、一包礼物。地凡为何向耆英送礼，原因不详。两广总督衙门档案，英国外交部文件，档案号：FO931/742。
⑤ Coughlin, *Strangers in the House*, pp. 90 – 91.

风和到广州后威胁要退出差会的行为，以及他在美国西部浸礼会的出版物上发表信件抱怨受到不公正的待遇也陷入麻烦。美国浸礼会差会在1845年的年度报告中公开说："罗孝全与差会的关系从1844年开始便不正常并捉摸不定，那一年他违背适用于我们所有传教团的纪律，迁移到广州居住，他还提出有条件地中止与差会的关系，以后独自活动。差会拒绝接受他有条件的辞职，继续将他视为我们的传教士，向他提供正常的薪金费用，他接受这样的资助直至1845年12月31日。"[①]

美国浸礼会差会这样公开它与其属下传教士的不愉快关系，是因为到1845年12月31日，它与罗孝全的关系最后终止了。其原因并不是罗孝全违反了纪律，而是美国国内形势发生了变化。1840年代，美国南部和西部边疆蓄奴州与北部的自由州在维护还是废除奴隶制的问题上成越来越尖锐的对立。这种对立也影响到宗教界。1845年5月8~12日，美国南部及西部边界几个州的浸礼会人士在佐治亚州的奥古斯塔（Augusta）开会，联合成立了美国南部浸信会（Southern Baptist Convention），该会很快成立了海外传教差会。北部各州浸礼会人士则于1846年5月在纽约成立美国浸礼会真神堂（American Baptist Missionary Union），作为北部各州浸礼会的海外传教差会。这样，原来由设在波士顿的浸礼会差会派出的传教士，特别是来自蓄奴州的传教士就必须决定是加入北部的差会，还是加入南部浸信会差会。[②] 出身于肯塔基州（蓄奴州）又对原差会满腹怨气的罗孝全闻讯马上写信到波士顿，表示要加入南部浸信会。[③] 叔未士这时在美国，先于罗孝全加入南部浸信会。地凡则留在原来的差会，于1846年下半年他的妻子死后离开广州回国。[④]

这样，广州的浸礼会传教团就转而归属于美国南部浸信会差会。美国南部浸信会差会向波士顿的差会支付了一笔钱将该传教团的财产买了下来。[⑤] 从1846年1月1日开始，罗孝全就成为美国南部浸信会的传教士。但从一

① *The Baptist Missionary Magazine*, vol. 26, p. 197.
② Ashmore, *The South China of the American Baptist Foreign Mission Society*, pp. 7 – 8.
③ Pruder, Issachar Jacox Roberts and American Diplomacy in China During the Taiping Rebellion, p. 56.
④ Wylie, *Memorials of Protestant Missionaries to the Chinese*, p. 143.
⑤ Tifferington, *History of Our Baptist Mission Among the Chinese*, p. 14.

开始，罗孝全与新差会就处于不妙的境地。鉴于罗孝全与波士顿差会的争拗，在国内也加入了南部浸信会的叔未士又散布了不利于罗孝全的言论，而罗孝全既在国内有自己的"密西西比河谷中国传教会"支持，在广州又自己组织了广州浸礼会传教会，南部浸信会差会坚持不给罗孝全普通传教士的待遇，只同意给他部分资助。① 6 月，南部浸信会差会所派的传教士塞缪尔·克劳朴顿（Samuel Clopton）和啤士（George Pearcy）到达广州。由于新差会也给了罗孝全一个不尴不尬的身份，而已经在中国活动了近十年的罗孝全又不把这些新手放在眼里，他的个人品德和作风可能也确实有别人无法容忍之处，他与这两位传教士的关系又很快陷入以前他与叔未士和地凡的关系状况。克劳朴顿一年后因病死于广州。② 几乎与此同时，该会另一名传教士赞臣（Francis C. Johnson）到来。赞臣对罗孝全的印象如此恶劣，以致仅仅几个月后就利用自己的身份（他是南部浸信会第一任会长之子）多次写信给差会，对罗孝全的宗教信念和个人品德都进行了指责。他在 1847 年 11 月 25 日给差会秘书的信中，以啤士和他自己两个人的名义，要求"差会马上采取行动解除现在罗孝全与我们之间名义上的关系"。③ 他是继叔未士之后第二个要求将罗孝全撵出传教团的浸信会传教士。鉴于当时招募愿意到中国来的传教士并不容易，而罗孝全在中国已进行了 10 年之久的传教活动，差会没有同意他们的要求。但罗孝全几乎可以说是一团糟的人际关系，是他最终被南部浸信会差会除名的一个重要原因。

虽然美国南部浸信会的传教士内部不和，而且他们的传教方法也比较单一，例如他们既没有专门研究中国语言文化，又没有像伦敦会和美部会的传教士那样提供正规的医疗服务，但是他们在开展直接传教活动方面花费了大量精力。而作为这种活动的成果，他们吸收的中国教徒人数也大大多于其他教派的传教士。差会对他们的传教士在同一个地点建立了两个地方教会、在两个互相没有联系的教堂布道感到不安，要罗孝全与啤士等联合到一起。但这两个人彼此都不能接受对方。啤士 1848 年 6 月带着他的妻子离开广州，

---

① Pruder, Issachar Jacox Roberts and American Diplomacy in China During the Taiping Rebellion, p. 57.

② Wylie, *Memorials of Protestant Missionaries to the Chinese*, p. 156.

③ Coughlin, Strangers in the House, p. 98.

经澳门、香港，9月到达上海。① 这样在广州只剩下罗孝全和年轻的赞臣。

赞臣与罗孝全的关系后来有所好转。罗孝全第一次在传教团内享有宽松的气氛，但他并没有充分利用这个机会。他感到自己非常寂寞，写信给差会诉说："一天又一天，一周又一周，一个月又一个月，没有一个活的灵魂陪伴我。一个人孤独是不好的。"他认为缺乏妻子是他痛苦的根源。他在1847年写信给差会，要求差会"派给我一个身体健康、心肠好，愿意做传教士并且是浸信会信徒的女性；这个人要能很好地与我在广州合作——她首先是作为助理传教士，其次是作为我的妻子"。② 南部浸信会差会这一次却很想满足罗孝全的要求，专门组成了两个人的委员会来物色人选，但没有成功。差会只得在1848年4月准许罗孝全自己回国，寻找结婚对象。这样罗孝全于1849年初，带着另一个叫阿春（Achun）的中国教徒做仆人，启程回美国。③

就在罗孝全动身回美国之际，前来取代啤士位置的传教士维尔登（W. B. Wilden）到了广州。赞臣在1849年底也回了美国，这样在一段时间内，美国南部浸信会在广州的传教团就只有新来的维尔登一个传教士。罗孝全带着新婚的夫人于1850年7月回到中国。同船前来的还有美国南部浸信会派到广州的第一个女传教士哈瑞特·贝克尔（Harriet Baker），她的使命是到广州妇女中传教。④

摆脱了孤独之苦的罗孝全最后却被美国南部浸信会差会除名。就在他逗留美国期间，维尔登发现他在广州教会的账目上弄虚作假，写信向差会提出指控。他在美国旅行期间对阿春进行了虐待，引起旁观者的愤慨，其中一人也向差会正式举报。差会负责人对他进行了质问，并提出警告，罗孝全表示愿意改正。⑤ 导致他被美国南部浸信会差会开除的直接起因是他在裨治文的

---

① Wylie, *Memorials of Protestant Missionaries to the Chinese*, p. 156.

② Pruder, *Issachar Jacox Roberts and American Diplomacy in China During the Taiping Rebellion*, p. 163.

③ Coughlin, *Strangers in the House*, p. 104.

④ Pruder, *Issachar Jacox Roberts and American Diplomacy in China During the Taiping Rebellion*, p. 168.

⑤ Pruder, *Issachar Jacox Roberts and American Diplomacy in China During the Taiping Rebellion*, pp. 164 – 168.

堂弟裨雅各自杀时的表现。当时裨雅各与罗孝全夫妇及哈瑞特·贝克尔住在一起。裨雅各用剃刀割喉后手拿剃刀出现在罗孝全的妻子和贝克尔小姐面前。两位女士既不知如何救治裨雅各，又害怕受到仍然活着但显然精神错乱的这位自杀者的攻击，就让仆人送便条给外出布道的罗孝全，要他立即回来。但罗孝全在让仆人带回的便条上写着轻佻冷漠的字句，表示他要布道，不能回家，让裨雅各自己照顾自己，云云。他事实上很快就赶回了，但字条内容经贝克尔小姐看到后传了出去，引起了在广州的外国传教士和其他人士的指责。罗孝全于是转而指责贝克尔小姐偷看他给自己妻子的便条，但不想这更引起人们对其品德的不满。这时远在上海的啤士将这件事报告给差会，其他在广州的传教士也通报了这件事。1851 年 10 月，美国南部浸信会差会将罗孝全正式除名。① 罗孝全先后与两个差会的关系的结局都是黯淡而难堪的。他从此成为一位独立传教士。

至于叔未士、粦为仁等原来在香港建立的教会及教堂，当他们刚刚迁移到广州时，交给由叔未士选择的 3 名中国助手照管。原来在九龙、长洲和赤柱的传教站，则因他们及大部分助手的离去而被削减。② 叔未士到广州后，还回香港照料过留在那里的教会。他在 1845 年 6 月 16 日向差会报告说："我本月去香港做传教旅行，第一个星期天是在香港度过的……我为 3 名皈依者施洗。"③ 美国南部浸信会分裂出去后，北部的浸礼会差会接管了香港的教会及其财产。④ 1846 年粦为仁与克劳朴顿、啤士等同船到中国，此后他负责香港的浸礼会传教活动多年，但到 1865 年他又离开香港回曼谷去了。⑤

郭士立与福汉会

郭士立在 1830 年代鼓吹的中国沿海传教，在五口通商后，特别是在清廷实行弛禁政策后基本上实现了。这却不是郭士立可以感到满足的目标。前面已经提到，他从 1830 年代中期开始就多次进入福建内地从事传教活动和调查情况，为此不惜再次与鸦片贩子合作。他企图以自己的行动证明，对华

---

① Pruder, *Issachar Jacox Roberts and American Diplomacy in China During the Taiping Rebellion*, pp. 193 – 200.

② *The Baptist Missionary Magazine*, vol. 26, p. 196.

③ *The Baptist Missionary Magazine*, vol. 25, p. 318.

④ Ashmore, *The South China of the American Baptist Foreign Mission Society*, p. 8.

⑤ Wylie, *Memorials of Protestant Missionaries to the Chinese*, p. 86.

传教可以进入比沿海传教更为深入的新阶段——内地传教。直到 1851 年病故，在中国内地进行大规模的传教活动，一直是郭士立传教思想的主要部分，也是竭力实践以力求达成的具体目标。这是他的传教活动最有特色之处。

如前所述，清廷对传教活动的宽容只限于五口地区。而郭士立在 1843 年得到英国驻华使团中文秘书的优缺，须忠于职守，常年住在香港，也无暇再像当年那样，一再违背中国法律私自闯入中国内地。因此他经过摸索，又形成了他的传教思想另一个富有特色的方面，这就是训练并主要依靠中国人向中国人传教。正如一位研究者所说的："他相信，中国人与西方人之间的文化差距，以及真正自如地掌握中国语言的难度都如此之大，以致很少有传教士可以与大众有效地沟通。而一个中国的基督徒，尽管他的神学知识程度不深，却能够比外国传教士更好地与群众交流。"①

福汉会（Chinese Union，或 Chinese Christian Union，中文名或称"汉会"）就是从这两种传教观念孕育而出的。早在 1838 年前后，郭士立就开始宣扬利用中国信徒到内地传教，并进行了这方面的尝试。1839 年 2 月 17 日，郭士立和罗孝全在他们共同署名的年度报告中说：

> 从这个省（广东）东部来的一位先生到这里告诉我们说，有几千个中国人，其中包括两名军官已经放弃了偶像崇拜，现在崇拜独一真神！他说他们没有宣教师，并说他很乐意把我们包含救主信条的书带给他们，如果可能的话，与我们建立起联系。他现在带着许多书走了，但我们还没有听到他成功到达的消息。②

这个故事的真实性值得怀疑。因为在没有与外国传教士接触的情况下，几千个中国人崇拜的是不是基督教的"独一真神"是靠不住的。但郭士立需要证明的是，在中国存在进行大规模传教的基础。郭士立和罗孝全进一步报告说：

---

① Jessie G. Lutz and R. Ray Lutz, "Karl Gützlaff's Approach to Indigenization: The Chinese Union," in Daniel H. Bays, ed. , *Christianity in China, from the Eighteenth Century to the Present.* Stanford: Stanford University Press, 1996, pp. 270 – 271.

② *The China Mission Advocate*, vol. 1, p. 214.

一位中国基督徒已到他的家乡去传播福音，该地位于广东省靠近江西的边界上。他在那里建了一所学校，由他的亲属在学校中教授我们的传教小册子；他带回一个少年，该少年的父亲希望他将来做一名布道者。现在这个少年由郭士立先生照管，他已开始向荣耀的救世主屈膝膜拜，而他的引路人最近已回到其同胞当中继续他的工作。①

该报告还告诉人们，他们建立了一个基金，"约有 138 个中国人，还有 30～50 个葡萄牙人，每周根据他们的需要可以得到一笔小小的津贴，还在他们当中分发寒衣"。这是他们所办的一个慈善事业，但也含有一定的目的："有几个本地人受雇为教师、职员或助手，他们当中有几个有希望接受福音之光。"② 他们这些行动可以说是后来组织福汉会的早期尝试。

福汉会正式创立的时间，现在一般认为是 1844 年。③ 但以上所述表明，早在鸦片战争前，郭士立就在罗孝全的协助下，在澳门一带以经济手段聚集并雇用了一批生活困苦的中国人，派遣他们去内地传教。鸦片战争期间，郭士立随英军行动，1841 年他回澳门后发现原来那些聚集在其身边的人多已星散，只剩下少数人。郭士立又像以前那样把他们组织起来，将其中有些人吸收为教徒，让他们四处散发传教书刊并讲道。1844 年，郭士立已在香港，他将那些追随他的人组成一个团体，叫"福音传教圣会"（Christian Association for Propagating the Gospel），后改名为福汉会。④

福汉会初期的成员都是与郭士立相接近的中国人，几个核心成员，如杨志远（Yeang Chi-yuen）、秦继尧（Chin Ke-yaou）、武田新（Woo Teen-sin）、吴卫（Wu Wei）等，都是郭士立中文秘书衙门的雇员，或任抄写，

---

① *The China Mission Advocate*, vol. 1, p. 214.

② *The China Mission Advocate*, vol. 1, pp. 214 - 215.

③ P. Clarke, "The Coming of God to Kwangsi: A Consideration of the Influence of Karl Gützlaff and the Chinese Union During the Formative Period of the Taiping Movement," *Paper on Far East History*, No. 1, 1972, p. 154; Jesse G. Lutz and R. Ray Lutz, "Karl Gützlaffs Approach to Indigenization: The Chinese Union," in Bays, ed., *Christianity in China*, p. 271; Schlyter, *Karl Gützlaff Als Mission in China*, p. 297.

④ Jesse G. Lutz and R. Ray Lutz, "Karl Gützlaffs Approach to Indigenization: The Chinese Union," in Bays, ed., *Christianity in China*, pp. 271 - 272.

或为杂役。① 此外，还有些人是其他传教士如美国浸礼会的叔未士、粦为仁等施洗入教的，或者与这些人有过接触，例如做过他们的语言教师、抄写员等。郭士立在向这些人宣讲了基督教的基本教义，经过短期考察后，就将他们施洗入教，成为福汉会的骨干。据郭士立的报告，福汉会有一个由中国人组成的"管理委员会"（Committee of Management），由武田新任审计员，秦继尧任书记（secretary），并从1844年起任"管账"。② 这就使该会显示出很浓的本土色彩。

郭士立将早期入会的部分福汉会骨干派往各地活动。他们的身份是布道者（preacher）和散书者（tracts distributor）。他们从郭士立那里领取经费和传教小册子，前往指定地点。这些人通常会发展一些新的信徒，其中有些被带到香港，由郭士立亲自加以考察，在福汉会的香港基地接受基本教义训练，几个月后由郭士立施洗入会，再加以进一步神学训练，包括研读《圣经》和传教小册子、参加礼拜仪式等。经过大约一个月的时间，这些新的福汉会会员掌握了基督教的一些基本教义后也成了布道者和散书者，接受郭士立的派遣，到各地去散书、传教，重复与老会员类似的经历。而那些不到香港的信徒，则由发展他们入会的人负责保持联络。各"宣教师"发展入会的成员从几个到几十个不等。③ 这种方式需要郭士立付出巨大的精力。福汉会的成员之一王元深在晚年回忆说："其初学道者，不满十人，渐招渐众，皆自备资斧而来。稍明达者，郭君即遣之入内地传道。"④ 这种运作模式使福汉会滚雪球似的迅速发展。

郭士立虽然声称在福汉会中成立了"管理委员会"这样的机构，以突出由中国教徒进行自治的理念，但实际权力则操诸己手。通过组织福汉会，郭士立实际上让传教活动脱离了由一个或几个教派组织海外传教差会，由差会派遣传教士，由传教士到海外传播"福音"、建立教会，这样典型也是传统的做法，而创造了一种新的对华传教模式，即由传教士组织独立的、没有

① 参见杨志远等证词，《福汉会调查纪录》。笔者所见此调查记录存于ABCFM Papers, 16.3.8, vol.2，由《香港纪事报》（Hongkong Register）印刷，原文无标题、页码。
② 福汉会调查委员会1850年2月21、22日调查纪要，《福汉会调查纪录》。
③ 《福汉会调查纪录》所载各日调查记录。
④ 王元深：《圣道东来考》，第15页。

教派背景的传教团体，由中国信徒自己管理并从事传教活动，从而完成了传教方法的另一个革新。一些研究者指出，郭士立之所以这样无视传统和成规，在神学上受到了在德国有较大影响的"莫拉维亚兄弟会"（Moravian Brethren）的宗教信仰和在德国流行的浪漫主义精神的影响。[1]

这种方式需要郭士立付出巨大的精力。他"日间办理公事，朝晚教授耶稣道理"。[2] 在福汉会成立初期，罗孝全也是其成员。他后来在给差会的信中声明自己已于1845年脱离了福汉会，但在这之后，由于上文交代过的原因，他依然接受郭士立的资助。[3] 罗孝全所能起到的作用，应该是协助郭士立对福汉会的事务进行管理。他退出后不久，郭士立对西方基督教组织要求支持的呼吁得到了回应。1846年底，瑞士的巴色会派韩山文（Theodore Hamberg）和黎力基（Rudolph Lechler）前来协助郭士立。这两位传教士1847年3月18日到达香港，很快就被郭士立安排有关福汉会的工作，主要是对那些将要派出传教的"宣教师"进行训练，并管理福汉会的日常事务。韩山文和黎力基还受命负责广东东部地区的教务。[4] 韩山文后来与太平天国的洪仁玕关系密切，是《太平天国起义记》的作者。与韩山文和黎力基同时到达的还有礼贤会（Rhenish Missionary Society）的叶纳清（Ferdinand Genähr）和柯士德（Heinrich Küster）。郭士立委派这两位传教士负责广东西部的传教事务。[5] 具体来说，1847年11月，郭士立派王元深、李清标与叶纳清一起到东莞虎门，以行医为掩护，后来叶纳清回香港，同黎力基再次到镇口（虎门）建立传教站。郭士立又派蔡福与柯士德一起到新会、江门，但为地方官所阻止，折返香港，不久柯士德因染痢疾而死于香港。郭士立还

---

① P. Clarke, "The Coming of God to Kwangsi: A Consideration of the Influence of Karl Gützlaff and the Chinese Union During the Formative Period of the Taiping Movement," *Paper on Far East History*, No. 1, 1972, p. 148; Jesse G. Lutz and R. Ray Lutz, "Karl Gützlaffs Approach to Indigenization: The Chinese Union," in Bays, ed., *Christianity in China*, p. 271; 李志刚:《基督教早期在华传教史》，台湾商务印书馆，1985，第300页。

② 王元深:《圣道东来考》，第15页。

③ P. Clarke, "The Coming of God to Kwangsi: A Consideration of the Influence of Karl Gützlaff and the Chinese Union During the Formative Period of the Taiping Movement," *Paper on Far East History*, No. 1, 1972, p. 172.

④ Wylie, *Memorials of Protestant Missionaries to the Chinese*, pp. 159－160.

⑤ MacGillivray, ed., *A Century of Protestant Missions in China (1807－1907)*, p. 492.

派潮州人亚爱与黎力基一起到汕头传教，派徐道生与韩山文一起到新安客籍区域传教。总的来说，作为郭士立援军的这几位传教士的活动范围还是在广东沿海地区，未敢真正深入内地。[①] 此外，港英当局牧师文森特·斯坦顿（Vincent Stanton）、伦敦会传教医生赫希伯格（Henri Hirschberg）、英国长老会的宾维廉（William Burns）等也偶尔参加过福汉会的活动。

关于福汉会的成员人数，有各种不同的说法。克拉克（P. Clarke）的文章根据郭士立的一些信件等材料，提供的数字是1844年，37人；1845年底，210人；1849年，1800人；到1846年底在华南的13个地方建立了据点。[②] 而鲁珍晞和瑞伊·鲁兹的文章根据其他一些材料包括档案材料，得到的数字如表2-1。

表2-1　福汉会成员人数

单位：人

年份	成员	宣教师	受洗信徒
1844	20	—	262
1845	80	—	88
1846	179	36	601
1847	300	50	655
1848	1000	100	487
1849年1~9月		130	695

资料来源：Jesse G. Lutz and R. Ray Lutz, "Karl Gützlaffs Approach to Indigenization: The Chinese Union," in Bays, ed., *Christianity in China*, p. 273.

此外，还有其他一些数字。[③] 这些数字大都出自郭士立本人的报告或信件，因提供的时间不同和统计的角度不同，难以判断何者更为精确。但不管是哪一个数字，考虑到当时新教在华传教的具体状况，以及福汉会存在时间

①　王元深：《圣道东来考》，第16页。

②　P. Clarke, "The Coming of God to Kwangsi: A Consideration of the Influence of Karl Gützlaff and the Chinese Union During the Formative Period of the Taiping Movement," *Paper on Far East History*, No. 1, 1972, p. 154.

③　李志刚《基督教早期在华传教史》第301页的数字为：该会信徒1844年，37人；1845年，210人；1847年，900人；1848年，1300人；1849年，1800人。克拉克的论文所引数字与此相似。

之短暂，都是比较庞大的。据郭士立自己提供的情况，福汉会在地域上的扩展也是很迅速的。在 1846 年前，福汉会成员活动的范围主要是广东，[①] 后来也一直以广东为主。大约一半的福汉会布道者在广东的乡村和城镇，另一半则主要分派到江西、广西和福建。但到 1848 年，郭士立报告说，他的"宣教师"已经分布到中国 18 个省中的 12 个。[②] 1849 年郭士立在其印行的《福汉会之进展》（*Progress of the Chinese Christian Union*）中，收录了该会秘书秦继尧（Chin Ke Yaoh）的多份报告，以及他与欧洲妇女组织之间的通信。这些报告和信件都被翻译为英文，描述了福汉会在中国大部分行省乃至西藏、蒙古、满洲等地发展的情形，以很多具体事例说明基督教在中国各地民众中受到热忱欢迎，福汉会作为一个基督教组织迅速扩大影响。这本小册子甚至还收录了广东韶州知府和广东按察使赞扬基督教、要求民众接纳的谕令的英译件。[③] 郭士立计划在一些像北京这样的大城市建立传教中心，在各个省会建立福汉会的分支机构，要做到在每个省会由本省的人来传教。为了培训这样的"宣教师"，郭士立打算在香港建立一个学院。在缺乏传教士的情况下，由他最可靠的助手来负责掌管各省教务。郭士立声称，福汉会 1847 年已在 70 个地方建立了稳固的基地，到 1848 年发展到 80 个。[④] 1849 年的《福汉会之进展》称"福汉会成员达 1800 人，并且仍在持续增加"，其中布道员（preacher）100 人。该书附录列表显示，到 1847 年 12 月，传教站（stations）和聚会处（congregations）共 75 处。[⑤] 但郭士立提供的这些信息和数字后来受到普遍的质疑。

　　福汉会没有固定的经济来源。要维持这样一个越来越大的摊子，仅靠郭士立个人的薪俸收入是不够的。而要实现他那野心勃勃的计划，更需要巨大的财力。他的办法是向欧洲社会求援，郭士立撰写了不少文章、报告，发表公开信，通报福汉会的动态，并将其成员的信件、日记之类翻译成欧洲文字发表，以大造舆论，使人们相信他的传教事业取得了惊人的成就，并在快速

①　Schlyter, *Karl Gützlaff Als Mission in China*, p. 298.
②　Jesse G. Lutz and R. Ray Lutz, "Karl Gützlaffs Approach to Indigenization: The Chinese Union," in Bays, ed., *Christianity in China*, p. 273.
③　*Progress of the Chinese Christian Union*. Cork: Guy Brothers, 1849, pp. 3 - 5.
④　Schlyter, *Karl Gützlaff Als Mission in China*, pp. 298 - 299.
⑤　*Progress of the Chinese Christian Union*, pp. 32, 33.

发展，极有前途，从而争取欧洲各界的经济支持。这种方法取得了很大的成功。他在1847年前主要得到了德国南部人克里斯蒂安·巴思（Christian Barth）的资助，此后的资助则主要来自艾尔弗思（Elvers）。① 甚至连普鲁士国王也捐赠了400元。②

1849年4月，郭士立的第二任妻子死于新加坡。9月，郭士立在阔别多年后回欧洲度假，到1851年1月返回香港，在欧洲的时间约有一年。这时，他在欧洲已有相当的名声，而他在欧陆各国和英格兰连续不断的宣传活动又引起人们新的兴趣。他不仅博取了各种各样的个人荣誉，而且为福汉会争取到很多舆论支持和经济支持。由于他很强的号召力，当时欧洲各地成立了几百个支持福汉会的团体。其中以英国商人理查·鲍尔（Richard Ball）为最热心的支持者。他主持成立了中国福音会（Chinese Evangelization Association）作为支持福汉会的机构，并专门出版杂志。郭士立的事业至此达到了顶峰。

但是，福汉会的致命危机也倏然到来。

郭士立离开香港后，以理雅各为首的一些传教士开始公开揭露福汉会令西方人炫目的光环后面那些被有意无意掩盖起来的内幕。③ 韩山文和黎力基在参与福汉会的活动不久后就发现，郭士立所吹嘘的那些"宣教师"关于他们到遥远内地传教的报告，包括他们的日记都是不可信的。有些人根本没有离开香港周围，而是把郭士立发给的川资据为己有，用于赌博和吸食鸦片。郭士立也知道他的那些助手及派往各地的"宣教师"对他有欺诈行为，但他无法进行有效控制，而他在给欧洲各界传去的消息里对这些是只字不提的。他对韩山文等反映的情况也未予重视。④ 跟随郭士立的王元深也承认："时游郭门学道者甚众，领洗者约有一百余人，其间良莠不齐，扶同作弊者

① Schlyter, *Karl Gützlaff Als Mission in China*, p. 297.

② Jesse G. Lutz and R. Ray Lutz, "Karl Gützlaffs Approach to Indigenization: The Chinese Union," in Bays, ed., *Christianity in China*, p. 272.

③ 苏精根据对伦敦会档案的研究，指出香港的传教士群体自1847年中起，就福汉会问题与郭士立先后展开了数次争论，直至1850年的大规模调查。苏精：《上帝的人马：十九世纪在华传教士的作为》，第51~70页。

④ Jesse G. Lutz and R. Ray Lutz, "Karl Gützlaffs Approach to Indigenization: The Chinese Union," in Bays, ed., *Christianity in China*, p. 274; Schlyter, *Karl Gützlaff Als Mission in China*, pp. 298 - 299.

有之，郭君不暇察觉。"① 韩山文加入福汉会不久，就与郭士立在教务上产生分歧。郭士立离开香港时，将该会交给韩山文管理。韩山文早已对福汉会内部弄虚作假现象难以容忍，此时终于有了独立行动的机会。

理雅各等具有差会背景的传教士，对福汉会神话般的"成就"和急剧的扩张，对其异乎寻常的运作方式，早已公开提出质疑。郭士立以一人之力，发起并进行了大规模的行动。他那要把福汉会的势力推广到整个中国的野心勃勃的计划，不仅使欧美各国新教差会派出的传教士相形见绌，而且几乎使他们在中国的活动显得毫无意义。由于郭士立在欧洲引起的广泛注意，本来可以由伦敦会争取到的资助却流向了福汉会。这都是理雅各等要对福汉会采取行动的原因。理雅各在写给伦敦会的信中说："我个人的印象是，那个所谓的基督徒协会（即福汉会）是一个罪恶的渊薮，其情形比我们的报告要糟糕十倍，我认为鸦片贸易对基督教在中国的事业造成的损害也没有那个所谓基督徒协会造成的恶果严重。"②

理雅各提到的报告，就是他们在郭士立回欧洲后对福汉会展开调查的结果。理雅各和韩山文利用伦敦会海外事务秘书 1849 年 12 月给理雅各等的信作为调查的"基础"，即合法的借口。该信要求他们提供福汉会的真实情况。理雅各等以无法以其他方式取得"有关福汉会的信息"为由，要求在香港的新教传教士召开"全体会议"，就福汉会的问题展开调查。于是，由理雅各和韩山文等共同策划，组成了一个由如下 12 人组成的委员会：港英政府牧师文森特·斯坦顿，伦敦会的理雅各、吉勒斯皮、吉尔菲兰（T. Gilfillan）、赫希伯格和柯理（前美华书馆印刷工，后受雇于伦敦会），英国长老会的宾维廉和杨（J. H. Young），美国浸礼会真神堂的赞臣（John Johnson），瑞典传教会的吕吉士，巴色会的韩山文和英国圣公会英华学校（Anglo-Chinese School）的教师撒默斯（Summers）。③ 从 1850 年 2 月 20 日到 26 日，这个以斯坦顿为首的委员会分别召集了多场听证会，就福汉会的内情展开调查。被传召作证的既有福汉会在香港的许多"布道者"，也有一些与该会有关系的人物，

---

① 王元深：《圣道东来考》，第 16 页。
② Jesse G. Lutz and R. Ray Lutz, "Karl Gützlaffs Approach to Indigenization: The Chinese Union," in Bays, ed., *Christianity in China*, p. 281.
③ 调查委员会第一次会议记录，《福汉会调查纪录》。

其中韩山文既是调查委员会的成员，但因他在郭士立离开香港后负责福汉会的活动，所以又是被传召作证的对象。伦敦会属下的华人牧师何福堂也就他了解的情况向委员会作证。① 调查的内容集中在以下几个方面。

①福汉会的具体运作方式，已见前述。调查这一问题的目的是要揭露，在福汉会人数快速增长的背后，普遍存在福汉会"布道者"随意将成批人拉入该会的草率行为，因此该会成员大部分不是真正的基督徒。

②关于福汉会的人数。韩山文向调查委员会作证说，1850 年以香港为活动基地的福汉会员人数是 199 人。② 至于香港以外的人数，传教士都认为难以确定，但他们在调查纪要中暗示郭士立历次报告中提供的数字都不可信，因为福汉会成员提供的数字都含有虚假的成分。所以当秦继尧在作证时声称福汉会有近 2000 名成员时，他们都不予采信。③

③关于福汉会的活动范围。《福汉会之进展》等宣传材料宣称已达到中国 18 个省和西藏、满洲、蒙古等地，但韩山文作证说，据他了解，"那些声称自己来自遥远省份的人，实际上来自本省（广东）的一些地区"。有一个叫戴文光的中国人作证说，他认为声称来自广东以外地区的福汉会员一半以上是在撒谎。那些操外省口音的人，大都是从那些省份到广州谋生的。④韩山文还以亲身经历揭露，他在郭士立走后，派出了 44 个人到各地活动，却发现其中有人多日后还躺在家里吸鸦片。⑤ 李泰国也作证说，秦继尧亲口对他说过："福汉会派出的大部分人进行欺诈，他们中许多并没有到过声称去过的地方传教。"调查还表明，郭士立给这些人的路费根本不够用，这意味着郭士立的运作方式本身就存在产生欺诈的漏洞。⑥ 因此，该会成员基本上在香港附近和广东一些地区活动。

④福汉会成员的其他欺诈行为与恶劣品质。韩山文又作证，他指定外出散发传教小册子的 16 人中，有些人根本没有外出，而是将发给他们的 200 部《新约》以极低的价格（每市斤 15 或 16 枚铜钱）卖给原来承印的书贾，

① 《福汉会调查纪录》。
② 韩山文 2 月 21 日证词，《福汉会调查纪录》。
③ 22 日调查记录，《福汉会调查纪录》。
④ 25 日调查记录，《福汉会调查纪录》。
⑤ 韩山文等证词，《福汉会调查纪录》。
⑥ 21、22 日调查记录，《福汉会调查纪录》。

而书贾又以高价将这些书再卖给韩山文，其中有些书已经过多次这样的倒卖。这就是说，"散书者"一面从郭士立或韩山文那里领取路费和津贴，一面还可以卖废品似的用大批的传教小册子换些小钱。这些"布道者"和"散书者"领取津贴和路费后却暗中待在香港不走的行为，就是理雅各等指责福汉会中充斥最严重的欺诈现象。[①]　另外，那些确曾离开香港的福汉会员在工作量方面打折扣，或是在香港附近转悠一段时间就谎称到了安徽或湖北，或胡乱上报吸收信徒的数字。至于福汉会员其他方面不端的品行，调查中提到较多的是吸鸦片。正因为吸鸦片需要钱，才有那么多的人蒙骗郭士立。有人估计，在所有福汉会会员中，大约有40％的人吸鸦片。[②]

　　⑤此外，在调查过程中还有人指出，郭士立关于福汉会有华人任审计、书记等职务，有华人组成的所谓"管理委员会"等说法，都不可信。[③]　还有几位传教士有意通过调查证明，郭士立在明知杨志远等品行不端而被其他传教士解聘或赶出教会的情况下，仍然将他们罗致门下。[④]　这就显示郭士立的品质也有问题。

　　这样，这次调查就向人们揭露了福汉会虚假、欺瞒和藏污纳垢的丑陋形象，揭露了郭士立虚伪、夸诞和为求名誉不择手段的个人品质。

　　在调查过程中，韩山文起到了从内部攻破堡垒的作用。福汉会的成员中，虽有人承认存在欺诈现象，但真正了解内情的骨干分子如秦继尧等并不理会理雅各等的诱导，坚持与郭士立一样的口径，或拒绝回答问题。这就使调查委员会无法掌握确凿有力的证据，来彻底否定郭士立的宣传。然而，对理雅各等人来说，7天的调查已使他们达到了目的。因为他们至少已可以证明，这个曾经令郭士立享尽风光的大事业存在太多的疑点，存在肮脏卑污的方面。因此，委员会在26日决定结束这项调查，而且"不做一般性结论"，让所得材料"自身去说明问题"。他们决定将调查记录编印散发，寄给寻求福汉会信息的人"作为参考资料"。委员会在作为材料附件的决议中声称，他们无力进行"完整的调查"，因为那将"迁延时日，所费不赀"，暗示福

---

① 韩山文等22、25日证词，《福汉会调查纪录》。

② 戴文光25日证词，《福汉会调查纪录》

③ 21日等调查记录，《福汉会调查纪录》。

④ 22日调查记录，《福汉会调查纪录》。

汉会的内幕还有不少东西有待揭露，他们今后可能还会继续调查。该决议还说明："也许作为福汉会的基础观念——由本国信徒在中国传播福音——是极其重要的，但是福汉会迄今为止的实际工作中充斥的虚假和欺诈达到如此的程度，以致使其他传教士都拒绝对它予以信任和合作。"[1] 韩山文也公开说，福汉会是"真实与虚假、善与恶的混合体"。[2] 这实际上就是他们的"一般性结论"，宣告了香港的新教传教士团体对福汉会的唾弃。会后，委员会将其调查记录印了 100 份寄到欧洲散发。1850 年 4 月，这个记录开始在欧洲流传。[3]

这对正在欧洲为福汉会做巡回宣传的郭士立是一个沉重的打击。他迅速采取措施进行辩解，然而纪录中那些难以否认的内容，使郭士立一度享有的支持迅速消失，甚至连他的长期资助人巴思也失去对他的信任，建议由香港的传教士从郭士立手中接管福汉会。[4] 郭士立结束了在欧洲的巡游，1851 年 1 月返回香港。他发现韩山文管理下的福汉会已面目全非。韩山文从 1848 年底就开始遣散那些他不信任的"宣教师"。他在郭士立离开香港期间，不顾有福汉会员要杀死他的威胁，遣散了大批人员，收缩了福汉会的规模。[5] 1850 年春，福汉会在香港的成员只剩下大约 40 名，分成拥护韩山文和拥戴郭士立两派。[6]

韩山文在上述调查记录寄出后，继续进行调查。1851 年 2 月，他将调查结果汇集成册。他在开头声明，自己与福汉会关系密切，却与郭士立的观点大异其趣；郭士立返回后他曾建议对福汉会进行更全面的调查，但无结果；由于郭士立声明自己将从该会退出而使该会陷入混乱，他只能将自己的

---

[1]　调查委员会 2 月 26 日会议决议，《福汉会调查纪录》。

[2]　2 月 23 日会议纪要，《福汉会调查纪录》。

[3]　Jesse G. Lutz and R. Ray Lutz, "Karl Gützlaffs Approach to Indigenization: The Chinese Union," in Bays, ed., *Christianity in China*, p. 275. 据苏精研究，宾维廉对调查结论有不同意见。苏精：《上帝的人马：十九世纪在华传教士的作为》，第 64、65 页。

[4]　Jesse G. Lutz and R. Ray Lutz, "Karl Gützlaffs Approach to Indigenization: The Chinese Union," in Bays, ed., *Christianity in China*, p. 276.

[5]　22、25 日等调查记录，《福汉会调查纪录》。

[6]　Jesse G. Lutz and R. Ray Lutz, "Karl Gützlaffs Approach to Indigenization: The Chinese Union," in Bays, ed., *Christianity in China*, pp. 284 – 285.

调查结果公之于众以"自证诚实"。① 1850 年 5 月到 6 月，他取得 42 名福汉会成员的证词。其中不少人承认他们家在广州和香港附近，却冒称来自遥远的省份，曾被郭士立派往其所谓"家乡"传教但根本未去，撰写虚假报告交差，这说明福汉会员中存在普遍的欺诈行为。有些人则称，由于郭士立提供的经费不够，他们也无法去那些遥远的地方，这暴露了福汉会运作方面的根本性漏洞，即在人力、物力不够的情况下强行推进。② 这本小册子中还有一篇比较长的文章，题为《爱汉的中国报道摘要》，对郭士立以德文发表的《爱汉的中国报道》中的一些关键性说法，逐条加以驳斥或证伪，旨在继续戳穿郭士立为自己制造的传教神话。③

戴文光等 7 名福汉会成员撰写了一份《福汉会概况》，比较真实地说出了这个组织的情况。

> 郭先生创会之初，（中英）两国交战，觅人不易。仅萧道明（Siao Tao Ming）、戴道群（Tai Tao Kiun）君等入会为徒，宣道于四邻，其时并无欺诈作假，赖上帝之助以遂其职，每月按需支领供给。其后入会者渐众，加增甚速，宣道之地渐远。（郭士立）遣众至他省路遥之地送书，然梯航既远，川资复薄，何能冀其径往他省？其人遂奄留匿居其家，待时至则伪作日程，以欺长上。其所带返之新人，谎作来自他省，以证其真，来者既众，而遂以徒众至自十八省矣……④

郭士立在这种局面下所能采取的行动是很有限的。他尽力将以前的福汉会会员重新召集到一起，在那些拥戴他的成员中搜集相反的证据。他找到 30 个曾承认自己有过错的福汉会成员，这些人声称韩山文采用胁迫手段，

① Theordore Hamberg, *Report Regarding the Chinese Union at Hongkong*. printed at the Hongkong Register office, 1851, p. 1. 该小册子中所收福汉会员中文文件由叶纳清翻译为英文。

② Hamberg, *Report Regarding the Chinese Union at Hongkong*, appendix no. 6, pp. 6–11. 附件 6 显示，1849 年派到全国各地的"本土助手"中，有 46 名在领取 6～40 元的川资回家后未再返回香港（p. 13）。

③ "Extract from 'The Chinese Report of Gaehan（Charles Gutzlaff）'," in Hamberg, *Report Regarding the Chinese Union at Hongkong*, appendix no. 7, pp. 14–20.

④ Tai-wun-kong & c., "Summary of the Chinese Union," in Hamberg, *Report Regarding the Chinese Union at Hongkong*, appendix no. 4, pp. 11–12. 笔者自英译件回译。

让他们承认自己从未犯过的过错。郭士立将这类证词向欧洲社会公布，企图以此证明理雅各等人的行为和得到的结论是偏见的产物。① 为了保住这个作为他一生成就的最重要象征，他打算改组福汉会，由在香港的传教士和外国商人组成一个执行委员会，来对福汉会进行领导，他自己则放弃与它的联系。但这个计划因无人响应而作罢。② 他请了一位名叫卡尔·沃格尔（Carl Vogel）的牧师做福汉会秘书，但后者因郭氏拒绝他"改革福汉会"的建议，几天后就辞去这一职位。③ 1851 年 8 月 9 日，郭士立在失意中因病去世。

郭士立死后，他的遗孀和巴陵会（Berlin Missionary Society）的那文（Robert Neumann）还想将福汉会维持下去。那文是巴陵会响应郭士立的号召于 1850 年派到香港专门协助郭士立管理福汉会的。但这个组织本已声名狼藉，加上失去郭士立这个创始人，其境遇可想而知。有些福汉会成员后来曾跟随黎力基、叶纳清、罗存德、韩山文等传教士谋生，但不久大部分被遣散。④ 那些继续在原有模式下传教的福汉会成员，仍留下了其活动的记录。⑤ 但 1855 年那文回国后，福汉会就最终停止了活动。

上述调查的结果基本上展现了福汉会的真相。福汉会中当然也有一些因信仰而加入的成员，但从调查的结果来看，大部分人无疑是为了那份菲薄的薪水和川资。可以说，福汉会作为一个传教组织，不是在当时的历史条件下宗教传播的正常结果，而是郭士立个人意志和想象的产物。郭士立对福汉会内部的种种问题不可能一无所知，但他显然认为，为了实现他"基督教征

---

① 韩山文对此的回应是，那些没有改变自己说法的人说的是真话，而在郭士立的影响下重新表白者则是些"说谎者"。"Remarks," in Hamberg, *Report Regarding the Chinese Union at Hongkong*, p. 11.

② Jesse G. Lutz and R. Ray Lutz, "Karl Gützlaffs Approach to Indigenization: The Chinese Union," in Bays, ed., *Christianity in China*, pp. 276 - 277.

③ "Remarks," in Hamberg, *Report Regarding the Chinese Union at Hongkong*, p. 11.

④ 25 日会议纪要，《福汉会调查纪录》。

⑤ 笔者见到两种福汉会成员日记，其中一种为陈兑所记，日期为咸丰二年（1852）四月至五月，内容为其在黄埔建有礼拜堂，在潮州、惠州水手和渔民当中聚众崇拜、讲道，训练"书童"外出散书等活动之记录。在与传教对象谈话中，陈兑云"今之信者数百人"（五月初二日）。另一种为陈孙所记，有日期而无年月，内容与陈兑所记相似，其中提到在"平海钓艚之兄弟"，疑是惠州之平海。其中提到"花旗国先生过有千山万水，来唐山救吾等灵魂"（初四日〔礼〕拜一）。实际上，他们与美国浸礼会传教士联系。这两种日记原件均藏荷兰莱顿大学图书馆，蒙桃园中央大学王成勉教授见赠复制件，谨此致谢！

服中国"的野心，可以容忍信徒在道德上的瑕疵，大胆地加以利用。而郭士立这种狂放的作风，也被广东沿海寻求生计的游民所利用。

不过，福汉会在新教对华传教史上的影响却不应被忽视。所谓"三巴会"（巴色会、巴陵会和巴满会①）和受郭士立欧洲之行影响而成立的柏林妇女中国传教会（Berlin Women's Missionary Society for China）在中国传教活动的开端，都与郭士立和福汉会有直接的关系。有的学者认为太平天国的初期活动与福汉会也存在联系。② 更值得注意的是，理雅各等也承认郭士立关于由中国人向中国人传教的观念"极其重要"，而欧洲的福汉会后援组织也继续宣传郭士立的传教方法。③ 中国内地会的创始人戴德生（Hudson Taylor），最初是由鲍尔为支持福汉会而成立的中国福音会资助来到中国的，而中国内地会的创立又与中国福音会有密切的关系。④ 戴德生在中国内地传教的方针和内地会避开教派背景的组织形式，都从郭士立和福汉会那里得到启发和借鉴。正因为如此，戴德生才将郭士立称为"中国内地会的祖父"。⑤ 这些都使福汉会的短暂活动成为基督教在华传播史上值得注意的一页。

其他教派传教士在广东沿海的活动

除上述几个差会的传教士和郭士立的福汉会外，鸦片战争后 10 年间在广东沿海地带活动的新教传教士还来自美国长老会、英国长老会和上面所说

---

① 即礼贤会。

② P. Clarke, "The Coming of God to Kwangsi: A Consideration of the Influence of Karl Gützlaff and the Chinese Union During the Formative Period of the Taiping Movement," *Paper on Far East History*, No. 1, 1972；李志刚：《基督教早期在华传教史》，第 297～325 页。

③ 如在英国有一个"中国及邻国福音协进会"（The Chinese Society for Furthering Promulgation of the Gospel in China, and the Adjacent Countries）。其与上文提到的中国福音会的关系待考。在上述福汉会调查记录发布后，该会在 1851 年 6 月将原来一份杂志 *The Gleaner in the Missionary Field* 改为 *The Chinese and General Missionary Gleaner* 月刊发行。改刊后首期刊发的该会年度报告，对郭士立及福汉会的作为大加宣传；为在郭士立返回香港后对福汉会没有进行"进一步的公开调查"鸣不平；又特别表示认同其关于对华传教的重要理念，即"本土人士传教"（native evangelization），认为不应放弃已经打开的局面，见"Report of the Chinese Society," *The Chinese and General Missionary Gleaner*, vol. 1, no. 1, pp. 1–8. 在获知郭士立去世的消息后，该刊登载长篇纪念文章，称赞郭氏"开创了一个由本土同工传教的卓越计划"；引述一篇布道词说"他的体系之细节或可议，而基本原则却无可置疑"。"Death of Dr. Gutzlaff," *The Chinese and General Missionary Gleaner*, vol. 1, no. 6, pp. 41–43.

④ Jesse G. Lutz and R. Ray Lutz, "Karl Gützlaffs Approach to Indigenization: The Chinese Union," in Bays, ed., *Christianity in China*, p. 291.

⑤ Schlyter, *Karl Gützlaff Als Mission in China*, p. 301.

的"三巴会"。现将有关情况做扼要介绍。

美国长老会海外传教差会成立于1837年，成立之初就为到中国传教做准备。差会秘书沃尔特·娄瑞（Walter Lowrie）在巴黎订购了一套中文字模，以备印刷中文传教小册子之用。① 该会从1838年开始向新加坡派出传教士，在当地的华人中传教。② 1841年10月30日，原来在新加坡的该会传教士麦多马（Thomas L. McBryde）夫妇因不适应南洋的气候来到澳门，待了半年多，次年6月经香港前往英军占领下的鼓浪屿。③

美国长老会派到中国本土的第一位传教士是娄礼华（Walter Macon Lowrie，或作娄理华）。他是沃尔特·娄瑞之子，1819年出生于宾夕法尼亚州，1838年进入普林斯顿神学院学习，1840年底受按立为美国长老会传教士，1842年5月27日到达澳门。自此到1845年4月，娄礼华在澳门活动了3年。在这期间，他的主要精力用于学习中文，此外就是为美国长老会选择在华传教的基地。由于《南京条约》签订前传教士认为香港将是唯一由英国控制的中国土地（当时盛传所谓"穿鼻草约"已将香港割给英国），娄礼华首先看中的是香港。④ 1842年6～10月，娄礼华曾打算到新加坡，将其差会设在那里的传教站搬到中国，但因遇船难，无功而返。⑤ 五口通商后，娄礼华决定到广州以北的口岸寻找传教基地。1843年8～9月，娄礼华欲往舟山群岛，结果中途因季风改变方向而无法前往。船到厦门后，他与在鼓浪屿的雅裨理一起私自到当时未开放的漳州活动。⑥

1844年，将中国作为其主要传教对象的美国长老会派了7名传教士到中国。2月，该会传教士麦嘉缔（Divie Bethune McCartee）与印刷工柯理（Richard Cole），带着娄礼华的父亲沃尔特·娄瑞在巴黎订购的那套中文字模以及西文字模、印刷机械来到澳门，不久就开办了花华圣经书房（上海美华书馆的前身），

① MacGillivrary, ed. , *A Century of Protestant Missions in China* (1807 - 1907), p. 379; Gilbert McIntosh, *The Mission Press in China.* Shanghai: American Presbyterian Mission Press, 1895, pp. 2 - 3.

② MacGillivrary, ed. , *A Century of Protestant Missions in China* (1807 - 1907), pp. 379 - 380.

③ Wylie, *Memorials of Protestant Missionaries to the Chinese*, p. 128.

④ Walter Lowrie, ed. , *Memoirs of the Rev. Walter Lowrie, Missionary to China.* New York: R. Carter & Bros. , 1850, pp. 134 - 138.

⑤ Lowrie, ed. , *Memoirs of the Rev. Walter Lowrie*, pp. 178 - 179.

⑥ *The Chinese Repository*, vol. 12, pp. 522 - 533; Lowrie, ed. , *Memoirs of the Rev. Walter Lowrie*, pp. 215 - 233.

印制各种传教书籍。① 1845 年，娄礼华及该会其他传教士认为澳门不是建立
传教基地的理想地点，遂决定分别到宁波、厦门、舟山和广州建立传教站，
其中到广州的是哈巴安德（Andrew Patton Happer）。

　　哈巴安德 1818 年 10 月生于宾夕法尼亚州一个长老会信徒家庭，据说他
14 岁时就决心献身传教事业。1835 年哈巴安德从杰弗逊学院毕业，后教了
几年书，1840～1843 年在西部神学院（Western Theological Seminary）学习，
1844 年从宾夕法尼亚大学获得医学博士学位，同年受按立为长老会传教
士。② 哈巴安德于 1844 年 10 月 23 日与长老会的另外几名传教士卢壹（John
Lloyd）、露密士（Augustus Ward Loomis）、克陛存（Michael Simpson Culbertson）
同船到达澳门，和已在那里的娄礼华等会合。因马礼逊教育会学校的布朗生病，
他应邀前往香港顶替布朗，1844 年 11 月到 1845 年 4 月在香港的马礼逊学校任
教。嗣后哈巴安德回到澳门，自己开办了一所学校，同时开始学习中文。③

　　1846 年，美国长老会又有两名传教士来到澳门，他们是施慧廉
（William Speer）和花珘治（John B. French）。但施慧廉的夫人到澳门后不久
即病故，他本人于 1850 年回美。④ 1847 年春，哈巴安德等将澳门的学校迁
移到广州继续开办。⑤ 他们的夫人也招收了一些女童就学。同年，哈巴安德
看到广州的民众对外国传教士举办的医疗机构很欢迎，就开办了一个小型诊
所，到 1851 年，他的诊所每年有 5000 人次就诊。⑥ 他在广州一直活动到
1890 年代，是岭南大学的倡办者。花珘治长期在广州传教，直到 1858 年回
国，在归途中病逝。⑦

---

① Walter Lowrie, ed. , *Memoirs of the Rev. Walter Lowrie*, pp. 266 – 267.

② Loren W. Craftree, "Andrew P. Happer and Presbyterian Mission in China, 1844 – 1891," *Journal of Presbyterian History*, vol. 62, no. 1（Spring 1984）, p. 20.

③ Loren W. Craftree, "Andrew P. Happer and Presbyterian Mission in China, 1844 – 1891," *Journal of Presbyterian History*, vol. 62, no. 1（Spring 1984）, p. 20. 又见 Wylie, *Memorials of Protestant Missionaries to the Chinese*, p. 144.

④ Wylie, *Memorials of Protestant Missionaries to the Chinese*, p. 380.

⑤ Robert E. Speer, *Report on the China Missions of the Presbyterian Board of Foreign Missions*. New York: Board of Foreign Missions of the Presbyterian Church in the U. S. A. , 1897, p. 4.

⑥ Loren W. Craftree, "Andrew P. Happer and Presbyterian Mission in China, 1844 – 1891," *Journal of Presbyterian History*, vol. 62, no. 1（Spring 1984）, p. 21.

⑦ Harriet Newell Noyes, *History of the South China Mission of the American Presbyterian Church, 1845 – 1920*. Shanghai: Presbyterian Mission Press, 1927, p. 11.

关于"三巴会",笔者看到的资料很有限。巴色会的韩山文和黎力基虽然与郭士立式的传教方法分道扬镳,但他们后来的传教活动继续在以前郭士立指定给他们的范围内进行,主要在广东东部的客家人中传教。韩山文先在新安一带传教,后以香港为活动基地。① 黎力基则在 1847 年由福汉会成员引到汕头一带,他在那里进行了几年的努力,但可能成效不大,于 1852 年离开。② 巴满会(礼贤会)的柯士德到香港后 6 个月就病死了,叶纳清则在东莞活动。1850 年底,他离开香港到镇口(虎门)住下来,以摆脱福汉会的那些"无赖",但是看来他对于郭士立的传教思想比较愿意接受。他"进入(广东)内地,穿着中国服装,将头发染变颜色,召集少数几个学员,向他们传授福音,直到他们具备了传教的资质。为了这个学校,叶纳清在中国度过 17 个春秋"。③ 美部会的邦尼 1851 年底访问了叶纳清,据他说,叶纳清住在一个叫"西乡"(Saiheong)的村庄,距黄埔约 50 英里,他在那里设了一个传教站,并负责那个以培训本土传道人为目的的学校。该校有 13 名学员,其中 3 人已经受洗。所有课程用中文授课,教材则有《圣经》、郭士立翻译的巴思《教会史》,还有自然科学和算术课。算术课采用阿拉伯数字教学。音乐和体操也被列入学校课程,大一点的学生已能熟练地拉小提琴。除叶纳清负责的这个传教站外,还有 3 个范围在 15 英里以内的传教点,由另一位礼贤会传教士科容(Krone)负责。他们为了换取周围村民对他们活动的许可,业余也行医发药。叶纳清等一共吸收了 60 人入教。④ 从这个数字来看,郭士立的行事风格在叶纳清这里部分地得到了保留。

英国长老会也是在华南开始其对华传教事业的。1845 年,该会议决派遣赴华传教团,但此后无进展。英国长老会大会在两年后甚至有动议放弃中国,以印度作为替代。但宾维廉向该会表示愿意前往中国。⑤ 宾维廉 1847 年 11 月抵达香港,开始了英国长老会在华活动的历史。他先在香港学习中文,一度尝试到广州建立传教站而未果。1850 年,传教医生杨雅各(James

---

① MacGillivray, ed., *A Century of Protestant Missions in China* (1807 - 1907), pp. 474 - 475.

② MacGillivray, ed., *A Century of Protestant Missions in China* (1807 - 1907), p. 179.

③ MacGillivray, ed., *A Century of Protestant Missions in China* (1807 - 1907), pp. 492 - 493.

④ *The Missionary Herald*, vol. 48, pp. 165 - 166.

⑤ Donald Matheson, *Narrative of the Mission to China of the English Presbyterian Church*. London, James Nisbet & Co., 1866, p. 1.

H. Young）在香港与宾维廉相会，加入英国长老会传教团，不久前往厦门。而宾维廉因无法在广州打开局面，也于 1851 年到厦门，与杨雅各一同传教。①

除以上这些在澳门、香港、广州及附近地区建立传教基地或长期活动的各教派传教士外，其他一些新教传教士也有不少在这几个地区进行过活动，或是路过中转，或是短期逗留，或是考察情况。如英国圣公会的爱德华·斯夸尔（Edward Squire）1837 年底被派到新加坡，与那里的伦敦会传教士一起活动。1838 年底，斯夸尔带着妻子一起到澳门，并到广州的商馆进行考察，以为英国圣公会的传教工作打基础。② 但是不久中英冲突爆发，他的妻子也不适应东方的气候，1840 年 2 月他们回英国，"根本没有再来的意思"。③ 诸如此类的情况，这里就不一一叙述了。

三　五口通商时期传教活动中心的北移

五口通商使中外关系进入一个新的时期，新教传教士活动向广州以外的其他口岸发展是必然的趋势。随着中西交往的重心逐渐北移，新教在华传教活动的中心也渐渐从广州向北移动，上海变成新的传教中心。这个过程的完成并不需要多年时间。本节将对鸦片战争后 10 年间新教传教士在厦门、福州、宁波和上海的传教活动做简略的介绍，以考察新教传教活动中心北移的历史趋势。

厦门：美部会（美国归正会）和伦敦会

美部会是最早向厦门派出传教士的新教差会，而这些传教士都来自美国归正会（The Reformed 〈Dutch〉Church in America）。这是因为，美部会在其初期阶段是一个跨教派的海外传教组织，其成员也包括美国长老会和美国归正会。美国归正会在 1832 年也成立了自己的海外传教差会，但在开始阶

---

① Matheson, *Narrative of the Mission to China of the English Presbyterian Church*, pp. 1 – 4.

② Wylie, *Memorials of Protestant Missionaries to the Chinese*, pp. 102 – 103.

③ *Brief History of the American Board of Commissioners for Foreign Missions in China*, p. 77, ABCFM Papers, 16. 3. 11.

段，他们在传教经验和财政方面都还继续依靠美部会。① 1857 年前到厦门的美国归正会传教士都由美部会派出。

1830 年与裨治文一起到广州的雅裨理属美国归正会。他在 1839 年再次由美部会派来中国后，适逢鸦片战争，在澳门和南洋活动了几年。1842 年 2 月 24 日，雅裨理与美国圣公会的文惠廉一同乘船到达英国占领下的鼓浪屿，开始了美部会和美国归正会，也是基督教新教在厦门活动的历史。1842 年 6 月，来自美国但不属于任何差会或教派的传教医生甘明（William Henry Cumming）也来到鼓浪屿，在雅裨理的住所开了一个诊所。② 这个诊所开设后不久，就有不少乡民前来就医，这对雅裨理的传教活动是有利的。雅裨理和甘明，以及次年到此的美国长老会传教医生合文（James Curtis Hepburn）还经常到厦门城以及周围的地区进行考察、布道并派送传教小册子。1844 年 1 月，这几位传教士在厦门官方的允许下开始在厦门城租屋居住，有了专门用作教堂和医院的房舍。③ 在厦门期间雅裨理除在下层群众中传教外，还有意识地与当地官员接触。不久后雅裨理的健康状况就再次恶化，1844 年 8 月他乘船前往香港，希望海上旅行能帮助他恢复健康。当时不少不能适应东方气候的西方传教士都采用这种办法来改善身体状况，雅裨理本人也采用过，但这一次没有奏效。9 月，他回到厦门。12 月 19 日，他离开厦门回美国，次年即在纽约州的奥尔巴尼去世。④

在雅裨理离开之前，同属美国归正会但由美部会派出的罗啻和波罗满来到厦门。他们分别于 1836 年和 1838 年被派到南洋。⑤ 1844 年春雅裨理写信到新加坡，要他们马上到厦门协助他开拓教务。6 月 1 日，这两位传教士到达厦门。⑥ 这样就组成了一个传教站。前已述及，到 1845 年，因厦门、广州两地相隔遥远，原美部会中国传教团分成厦门传教团和华南传教团。这样

---

① Gerald F. De Joung, *The Reformed Church in China*, *1842 – 1851*. Grand Rapids：William B. Eerdmans Publish Co.，1992，p. 14.

② De Joung, *The Reformed Church in China*, p. 15；Wylie, *Memorials of Protestant Missionaries to the Chinese*, p. 129.

③ De Joung, *The Reformed Church in China*, pp. 15 – 16.

④ De Joung, *The Reformed Church in China*, pp. 16 – 17.

⑤ Wylie, *Memorials of Protestant Missionaries to the Chinese*, pp. 97，111.

⑥ *The Missionary Herald*, vol. 41, p. 52.

因厦门传教基地的建立，美部会在中国就有了两个传教团。① 罗啻和波罗满是继雅裨理之后真正为美部会和归正会在厦门的传教活动打下基础的传教士。在这一年，这两位传教士都遭丧妻、丧子之痛，罗啻将两家剩下的各两个孩子送回美国，到 1847 年 8 月 19 日带着续弦再次来厦门。与他们同来的有另一名美部会（归正会）传教士打马字（John Van Nest Talmage）。打马字后来在中国活动长达 40 年。②

这些传教士继承了雅裨理的做法，即一面以下层群众为主要传教对象，一面极力与厦门乃至福建省官方人士打交道。他们谈及当地政府情况的信件也是美国国内宗教刊物喜欢发表的文字，公理会刊物《传教先驱》就发表过多封罗啻、波罗满的有关信件。这可以看作这个传教团的一个特点。到 1849 年，经该传教团的传教士施洗入教的中国教徒共有 5 人，这些人基本上来自社会下层。③ 其中祖籍广东嘉应州、自暹罗而来的伍登安（U Teng-an）后来成为他们的得力助手。④ 他们还采取其他措施来扩大影响。1846 年底，波罗满向美部会报告，要求批给经费在厦门修建一座正规的教堂，以吸引民人前来参加基督教的活动。美部会同意了他们的计划。1847 年底，厦门最先由美部会（归正会）传教士施洗入教的当地教徒福贵伯（Hok-kui-peyh），出面在厦门一个叫"新街巷"（Sin-koe-a）的地方以 550 元的价格购买了一块地皮，传教团再向他支付这笔款项，取得实际上的所有权。该教堂在 1849 年 2 月落成，叫作"上主真神堂"（A Temple for the Worship of the True God, the Great Sovereign Ruler）。这座教堂的建成是该传教团早期历史上的一件大事。⑤ 该教堂建筑期间，波罗满却在海上淹死。他在 1848 年底陪伴与他同住的妹妹到香港，也是想通过旅行来改善她的健康状况。1849 年 1 月他从香港乘船回厦门，5 日遇船难丧生。⑥

厦门传教团是美部会在鸦片战争后在华传教的一个重要机构，但这个传

① *The Missionary Herald*, vol. 41, pp. 305 – 306; vol. 42, p. 11.

② De Joung, *The Reformed Church in China*, p. 20.

③ De Joung, *The Reformed Church in China*, p. 40.

④ De Joung, *The Reformed Church in China*, pp. 55 – 56. 又见 *The Missionary Herald*, vol. 43, p. 415.

⑤ De Joung, *The Reformed Church in China*, pp. 25 – 26.

⑥ Wylie, *Memorials of Protestant Missionaries to the Chinese*, p. 111.

教团的归正会色彩是很明显的。1857 年，美国归正会海外传教差会决定停止与美部会在传教方面长达 25 年的合作，美部会将厦门传教团转交给归正会差会。美部会秘书鲁弗斯·安德森感叹说，他交给归正会的是美部会"最耀眼的明珠之一"。①

伦敦会在厦门的传教活动是由两个从南洋来的传教士施敦力约翰和养为霖开始的。施敦力约翰 1810 年生于英国爱丁堡，1837 年作为伦敦会传教士被派到新加坡，此后他一直在那里传教，并从事一些教育、出版工作，参加过 1843 年在香港举行的新教传教士大会。养为霖生于马来半岛，从 1828 年开始跟随麦都思，做他的助手。他们于 1844 年 7 月 8 日来到厦门。② 1846 年，施敦力约翰的哥哥施敦力亚历山大也从南洋来到厦门。③ 这样就组成了一个传教站。这几位传教士在南洋时，经常在那里的福建移民中传教，与他们接触甚多，并熟悉闽南方言，因此他们在厦门的传教工作开展得颇为顺利。伦敦会传教士与美部会传教士经常在一起合作举行宗教仪式。到 1848 年，伦敦会在厦门将一对父子施洗入教。④ 从 1847 年中期开始，施敦力约翰作为厦门新教传教士的代表，到上海参加修订《圣经》中文译本的工作，此后几年长住上海。在后来麦都思与文惠廉、裨治文关于译名问题的著名争论中，施敦力约翰站在麦都思一边。施敦力兄弟和养为霖（开始时的身份是助理传教士）在厦门的初期活动，为伦敦会在这个地区扩展势力奠定了基础。

1850 年前后到过厦门活动的还有美国圣公会、美国长老会、英国长老会和美国浸礼会的传教士。1842 年 2 月与雅裨理一起到厦门的文惠廉，是第一个到厦门的美国圣公会传教士。他在当年 4 月回澳门，将他的夫人和孩子一同接到厦门。但他的夫人 8 月死于热病，次年 2 月他离开厦门，经澳门将他的孩子送回美国，以后就再也没有到厦门。⑤ 1842 年 4 月，与文惠廉一家以及独立传教医生甘明一起从澳门到厦门的还有美国长老会传教士麦多马。他原在新加坡传教，1841 年底来到澳门，但次年 1 月就因为他与他的

---

① MacGillivrary, ed., *A Century of Protestant Missions in China* (1807 – 1907), p. 366.

② Wylie, *Memorials of Protestant Missionaries to the Chinese*, pp. 66 – 67, 104 – 105.

③ Wylie, *Memorials of Protestant Missionaries to the Chinese*, pp. 103 – 104.

④ De Joung, *The Reformed Church in China*, pp. 24, 41.

⑤ Wylie, *Memorials of Protestant Missionaries to the Chinese*, pp. 99 – 100.

夫人健康不佳而离开厦门回美。① 随后，原来也在新加坡的美国长老会传教士合文 1843 年 11 月 25 日经香港来到厦门。他于次年春在厦门城开了一个诊所，行医一年多后回美。② 1850 年 5 月，英国长老会的杨雅各医生到厦门，行医至 1854 年离去。次年 7 月英国长老会的宾维廉也到厦门传教，成为该会在厦门及附近地区开展传教活动的第一个传教士。③ 美国浸礼会的劳德（E. C. Lord）和休·布朗（Hugh Brown）1847 年也到厦门进行过活动。④

福州：美部会和美以美会

第一位到福州的新教传教士是郭士立。1832 年，他与林赛（胡夏米）一起乘阿美士德号闯入闽江，乘船在福州附近盘桓过数日。1835 年，伦敦会的麦都思与美部会的史第芬乘船沿中国海岸线活动时也到过福州。《南京条约》签订后，福州开埠通商，成为新教传教士扩大对华传教的一个重要目标。据当时西方人士估计，福州的人口约为 25 万，在通商五口中位居第二，这对传教士是很有吸引力的。1845 年 12 月 15 日，英国圣公会的传教士四美（George Smith）在巡游五口时到福州考察。他认为这里是一个理想的传教地点，建议母会尽快在此建立传教站。⑤ 但看来英国圣公会没有采纳他的意见，最早来福州建立传教基地的是美部会和美以美会传教士。

早在 1843 年，在厦门的雅裨理就打算尽早到福州建立一个传教站。⑥ 1846 年 2 月，厦门传教团的罗啻写了一封长信，正式向美部会建议在福州设立一个传教团。据他说，伦敦会曾准备派两名传教士到福州，但其中一名传教士戴耶尔病死在香港，这个计划只得取消。美国长老会曾有类似的意向。这就说明了福州在传教士心目中的地位。他认为福州作为省城，其政治文化影响大，极具商业贸易潜力，而且人口众多，气候也很好。罗啻指出，在其他差会"占领"该地之前，美部会应马上向那里派出传教士。⑦ 他们的

---

① Wylie, *Memorials of Protestant Missionaries to the Chinese*, p. 128.

② Wylie, *Memorials of Protestant Missionaries to the Chinese*, pp. 128 – 129.

③ MacGillivray, ed. , *A Century of Protestant Missions in China（1807 – 1907）*, pp. 175 – 176.

④ *The Chinese Repository*, vol. 16, p. 149.

⑤ Issac W. Wiley, *The Mission Cemetery and the Fallen Missionaries of Fuh Chau, China, with an Introductory Notice of Fuh Chau and Its Missions*. New York: Carlton & Porter, 1858, pp. 40 – 41.

⑥ *The Missionary Herald*, vol. 40, p. 110.

⑦ *The Missionary Herald*, vol. 42, pp. 162 – 163.

呼吁对美部会的决策起到了推动作用。

美部会原在暹罗的传教士杨顺（Stephen Johnson）首先来到福州。杨顺1833年就被美部会派到南洋，先后在巴达维亚、新加坡和暹罗传教，来福州前在曼谷传教12年。他在来中国前原打算去厦门，但到广州后经与裨治文等讨论，决定先去福州考察。1847年1月2日，杨顺抵达福州，乘坐的是一艘鸦片船。他到福州后很快就得出结论，认为那里是理想的传教地。①9月，与杨顺一起从曼谷到广州的美部会传教士弼莱门（Lyman Burt Peet）夫妇也来到福州。1848年5月，确定将福州作为其在中国主要传教地之一的美部会，一次就派了3名传教士到福州。他们是保灵（Caleb C. Baldwin）、简明（Seneca Cummings）和历浃（William L. Richards）。② 这些传教士就组成了美部会的福州传教团。1850年5月，美部会又派卢公明（Justus Doolittle）加入这个传教团，使美部会在福州的传教士增加到6名，相当于广州和厦门两个传教团传教士之和。除历浃单身外，其余的人都有配偶，她们也有助理传教士的身份。③ 加上这些助理传教士，美部会的福州传教团共有11人。这种情况表明，美部会的领导机构已将福州作为其在华传教的重点区域。若干年后，广州、上海等地的美部会传教团一度被裁减，厦门的传教团则移交给美国归正会，福州于是成为该会在中国最重要的传教地点。

美部会福州传教团的活动内容并无特别之处。在最初的一些年里，该传教团的一个大问题是寻觅地皮建造教堂和房舍，因为当时地方官府不允许他们在福州城内居住。他们先是住在闽江上的江心洲中洲，1850年杨顺和卢公明等在闽江北岸一个叫保福山的地方租得一块地皮，在那里建起了教堂，原来在中洲的房产则在1853年卖给了来福州经商的外国商人。④ 1856年4月，卢公明在福州开办的学校聘请的一名叫陈永高的教师受洗入教。⑤ 可以说，开头的10年基本上是准备时期。

美以美会（The Methodist Episcopal Church）是美国的一个新教教派，

① The Missionary Herald, vol. 43, pp. 226 – 228.

② Wylie, Memorials of Protestant Missionaries to the Chinese, p. 254.

③ 美部会各传教团概括，参见 The Missionary Herald, vol. 47, p. 11.

④ Ellsworth C. Carlson, The Foochow Missionaries, 1847 – 1880. Cambridge, MA: Harvard University Press, 1974, pp. 13 – 14.

⑤ Wiley, The Mission Cemetery and the Fallen Missionaries of Fuh Chau, pp. 357 – 361.

其海外传教差会成立于 1819 年。① 1835 年，美以美会开始讨论向中国派遣传教士。1845 年，毕业于密歇根大学的柯林（Judson Dwight Collins）向美以美会提出申请，要求作为该会传教士到中国传教。这对美以美会做出决定是一个推动。1846 年 5 月，该会做出决议，每年拨出 3000 美元的经费用于对华传教，派两名传教士到中国。② 同年 10 月，该会正式任命柯林为到中国的传教士。次年 1 月，另一名传教士怀德（Moses C. White）也得到正式任命。1847 年 3 月，美以美会差会决定将其中国传教团设在福州。③

怀德夫妇和柯林于 1847 年 9 月 6 日到达福州。在他们安顿下来后，美以美会又陆续派来几位传教士。1848 年 4 月，喜谷（Henry Hickok）夫妇和麦利和（R. S. Maclay）一同到达福州。喜谷被指定为福州传教团的主管。1849 年喜谷因病离去后，由柯林接任主管之职。1852 年，在柯林离开后，麦利和受命负责该传教团。④ 在福州的这些传教士一面适应环境，学习语言，进行日常的传教活动；一面继续向国内呼吁，要求增派传教士来华。1850 年，在麦利和的要求下，美以美会派亨丽埃塔·斯百瑞小姐（Henrietta Sperry）前来与他结婚。1851 年，这个传教团又增加了高礼（James Colder）夫妇、怀礼（Issac W. Wiley）夫妇等传教士，以及玛丽·西丽小姐（Mary Seely）。后者在到达 5 天后与丧偶的怀德结婚。⑤ 这样，美以美会的福州传教团也有 6 名传教士，加上他们的配偶则超过了 10 人。这在当时属于较大的规模。以后美以美会在中国的传教活动向北方发展，但其福州传教团始终是该会在中国的主要传教机构之一。

美以美会传教士在闽江以北租地建教堂的努力遭到了失败。1848 年他们在闽江以南的天安山租到了地皮，并向差会申请到专项经费兴建教堂。1856 年他们的"真神堂"落成。⑥ 1857 年，福州一名叫陈安的商人被美以

---

① Walter N. Lacy, *A Hundred Years of China Methodism*. New York and Nashville: Abingdom-Cokesburg Press, 1948, p. 21.

② Lacy, *A Hundred Years of China Methodism*, pp. 28 – 29.

③ Lacy, *A Hundred Years of China Methodism*, pp. 32 – 33.

④ Carlson, *The Foochow Missionaries*, p. 10.

⑤ Carlson, *The Foochow Missionaries*, p. 10.

⑥ Lacy, *A Hundred Years of China Methodism*, p. 46; MacGillivrary, ed., *A Century of Protestant Missions in China* (1807 – 1907), p. 429.

美会传教士施洗入教。[1]

1850年1月，瑞典信义会（Lutheran Church Missionary Society of Sweden）的两名传教士发士（C. J. Fast）和吕吉士（A. Elquist）到福州。他们觅到一个住处，打算建立传教站。但因当时福州还不能处理对外金融业务，这两位传教士随身携带的汇票无法兑现，年底他们到停泊在闽江的一艘鸦片船上去换钱，不料在一旁窥测的海盗突施袭击。他们虽然带有武器，也打死一名盗匪，但因寡不敌众，发士被打死，吕吉士则逃脱。虽然后来福建官府将涉案的朱青青等5名盗匪处死，但吕吉士很快离去，该会在福州的传教活动也因此中断。[2]

1850年5月，英国圣公会传教士札成（Robert D. Jackson）和传教医生温敦（William Welton）与美部会的卢公明同船来到福州。[3] 他们在寻觅住处时看中了乌石山的神光寺，在英国领事馆翻译、暂时代理馆务的金执尔（William Raymond Gingell）的支持下，向管理该寺的和尚租借房屋，并得到不知其传教士身份的侯官知县兴廉的批准。此事后来引起"神光寺事件"，下文将述及。

从1847年到1851年，上述几个新教差会到福州的传教士连同他们的配偶共达27人。[4] 在短短的几年中，福州就成为新教在华传教的一个区域中心。

宁波与舟山：伦敦会、美国长老会和美国浸礼会

舟山群岛在鸦片战争中两度被英军占领，其中第二次占领一直持续到1846年。当1845年《南京条约》规定的中国向英国的赔款付清后，英军本应撤离，但英国以广州入城问题为由借词延宕，直到1846年才将舟山交还给中国。在此期间，有不少新教传教士访问过舟山，如麦都思、雒魏林、美魏茶、四美等。伦敦会派出的传教医生雒魏林一度以中国医务传教会的名义在此开设医院。

1840年9月13日至1941年2月22日，英军第一次占领舟山期间，雒

---

[1] Carlson, *The Foochow Missionaries*, p. 66.

[2] *The Missionary Herald*, vol. 47, pp. 138 – 139；《鸦片战争档案史料》（7），第1056页。

[3] Carlson, *The Foochow Missionaries*, p. 11.

[4] Carlson, *The Foochow Missionaries*, p. 11.

魏林在定海开办了医院。英国军队撤离时，雒魏林回到澳门。据他的报告，在 5 个多月的时间内，他共治疗病人 3502 例。① 1843 年 6 月 13 日，雒魏林带着他的妻子再次从澳门来到舟山。7 月，他开办了舟山医院，面向当地群众，直到 1844 年决定与麦都思去上海建立伦敦会的传教基地后才将舟山的医院关闭。② 他是这一时期在舟山活动时间最长的传教士。

伦敦会另一名传教士美魏茶则于 1842~1843 年在舟山、宁波传教。1842 年 2 月，美魏茶从香港来到舟山，并在定海住了几个月，在此期间他还到镇海、宁波活动。到 1843 年初，美魏茶换了个地方，到宁波居住了近 7 个月，成为第一个到宁波活动的新教传教士。③ 他将在宁波的经历以日记的形式在《中国丛报》上发表。④ 1843 年 7 月，他花了一个多月的时间从宁波经陆路到广州，这是新教传教士第一次这样长时间地在通商口岸以外的地方活动。不过，伦敦会传教士显然没有把宁波作为长期进行传教活动的对象，没有在这里建立传教站或其他机构。

美国长老会的麦嘉缔于 1844 年 2 月与印刷工柯理一起来到澳门。他到中国后很快成为中国医务传教会的成员。6 月 20 日，他以此身份到宁波行医，同时也为美国长老会在宁波建立传教站打下基础。⑤ 1844 年春，一度聚集在澳门的该会传教士娄礼华、克陛存、露密士和祎理哲（Richard Q. Way）等确定将宁波作为他们的主要传教站。祎理哲于 1844 年先期前往宁波，其余的几个传教士则于 1845 年 4 月后陆续到达宁波。在舟山交还给中国前，露密士在舟山传教，因此舟山一度是美国长老会的一个传教站。⑥ 同年，这几名传教士组成了"宁波长老会"。⑦ 原在澳门的花华圣经书房也随他们迁到宁波，从 1844 年开办到 1851 年，这个印刷所共印制了 2100 万页出版物，其中绝大部分是传教士用来派发的传教材料，包括《圣经》。⑧

---

① *The Chinese Repository*, vol. 10, pp. 450–453.

② Wylie, *Memorials of Protestant Missionaries to the Chinese*, pp. 112–113.

③ Wylie, *Memorials of Protestant Missionaries to the Chinese*, pp. 122–123.

④ *The Chinese Repository*, vol. 8. 各期连载。

⑤ Wylie, *Memorials of Protestant Missionaries to the Chinese*, pp. 140–141.

⑥ Walter Lowrie, ed., *Memoirs of the Rev. Walter M. Lowrie*, pp. 266, 286; Culbertson, "Memoirs of the Rev. M. Lowrie," *The Chinese Repository*, vol. 19, p. 495.

⑦ Walter Lowrie, ed., *Memoirs of the Rev. Walter M. Lowrie*, p. 332.

⑧ *The Chinese Repository*, vol. 20, p. 531.

由 5 名传教士组成的中国传教站不仅是美国长老会在中国的主要传教机构，也是宁波人数最多的一个新教传教组织。因此，已对中国语言文化比较精通的娄礼华得以作为宁波口岸的传教士代表，1847 年到上海参加新教传教士修订《新约》中文本的工作，为具有一定权威性的 5 名代表之一。但 1847 年 8 月，他在从上海回宁波的途中，所搭乘的船只在浙江乍浦附近海面遇海盗袭击，他被抛到海中淹死，[①] 成为第一个在中国被杀死的新教传教士，引起了中美之间的交涉。

1850 年前后来宁波的美国长老会传教士还有兰显理（H. V. Rankin）和怀特（J. K. Wight），他们在 1848 年到达。1850 年，丁韪良（W. A. P. Martin）也来到宁波，后来成为有较大影响的传教士。[②] 据《中国丛报》所载，1851 年在宁波的美国长老会传教士还有卦德明（J. W. Quarterman）、孟子元（Samuel N. D. Martin）。[③]

美国浸礼会第一位到该地的传教士是玛高温（Daniel Jerome MacGowan）。玛高温作为美国浸礼会派出的传教医生，于 1843 年 2 月来到香港。[④] 在香港他与叔未士一起活动，并参加了由伦敦会传教士发起的修订《圣经》中译本的会议。9 月底，玛高温乘船北上，先到舟山，然后到宁波，11 月初在宁波开办了一家医院。[⑤] 但医院只开了 3 个月，他就离开了宁波，到孟加拉找到一位女士结婚，1845 年 4 月才重新回到宁波。他从孟加拉来宁波的途中经过香港，在那里加入了中国医务传教会，[⑥] 因此他在 4 月重开的医院就被纳入该会的体系。玛高温在从事医疗活动的同时还进行传教活动，他说"这个医院的首要目的是在人民当中传播一种纯洁的信念"，要让前来求医的人在得到治疗的同时"接受救主的宗教"。[⑦] 玛高温在宁波所开办的医院，同时就是美国浸礼会的传教站。他在美国南北浸礼会分裂后属于

① *The Chinese Repository*, vol. 16, p. 463; Walter Lowrie, ed., *Memoirs of the Rev. Walter M. Lowrie*, p. 457.
② MacGillivray, ed., *A Century of Protestant Missions in China* (1807–1907), pp. 381–382.
③ *The Chinese Repository*, vol. 20, p. 531.
④ *The Chinese Repository*, vol. 12, pp. 205–206.
⑤ *The Chinese Repository*, vol. 13, p. 111.
⑥ Wylie, *Memorials of Protestant Missionaries to the Chinese*, p. 132.
⑦ D. J. MacGowan, "Report of the Ningpo Hospital, 1845," *The Chinese Repository*, vol. 15, p. 344.

北方的浸礼会差会（美国浸礼会真神堂）。

1847年，美国浸礼会真神堂又派劳德到宁波传教，使其宁波传教站增加到两人。1849年，在暹罗传教10年之久的美国浸礼会传教士高德（Josiah Goddard）也来到宁波。①

此外，1850年前后到宁波的还有英国安立甘会和英国浸礼会的传教士。英国圣公会的哥伯播义（Robert H. Cobbold）和陆赐（William A. Russel）1848年到宁波建立了传教站。② 1848年，在宁波有两名英国浸礼总会（English General Baptist Society）的传教士，一是胡德迈（Thomas Hall Hudson），一是嘉维廉（William Jarrom）。胡德迈的儿子胡约瑟（Joseph Hudson）也在那里协助其父开办教会学校。③

上海：新的传教中心

上海于《南京条约》签订后开埠。在此之前，郭士立、麦都思和史第芬等新教传教士在进行沿海航行时曾数次到过上海，对这里深感兴趣。1843年，伦敦会传教士首先到上海建立传教站，到1851年已有6个新教差会在上海设立了传教机构。在五个通商口岸中，以上海的新教传教士人数最多。在短短几年中，上海取代广州成为新教对华传教新的中心。

麦都思和雒魏林是1843年12月中旬一同到上海的。④ 当时麦都思根据伦敦会的指示，从香港北上，到舟山邀雒魏林一起到上海考察。他们很快就决定放弃在舟山的工作，而将上海作为该会在华传教的重点。雒魏林在这之后返回舟山，关闭了那里的医院，带着夫人到上海。他的主要使命是在上海另开医院。⑤

在麦都思和雒魏林正式设立传教站后，伦敦会传教士接踵而来。1845年7月，菲尔布拉泽（W. Fairbrother）到达上海。1846年11月，回英国度

---

① MacGillivrary, ed., *A Century of Protestant Missions in China*（*1807 – 1907*），p. 336.

② Latorrette, *A History of Christian in China*, p. 252.

③ *The Chinese Repository*, vol. 16, p. 149; vol. 20, p. 537.

④ 但褝治文的《上海见闻：新教传教事业》一文说，雒魏林1843年11月5日到上海，开始了该会在上海的传教活动，而麦都思则于12月24日到达。*The Chinese Repository*, vol. 18, p. 516.

⑤ Wylie, *Memorials of Protestant Missionaries to the Chinese*, pp. 26, 113; MacGillivrary, ed., *A Century of Protestant Missions in China*（*1807 – 1907*），p. 4; Latorrette, *A History of Christian in China*, p. 247.

假的美魏茶带着新婚妻子前来加入上海传教站。1847 年 8 月，慕维廉
（William Muirhead）和伟烈亚力一起来到，后者当时的身份是印刷工。1848
年夏，艾约瑟（Joseph Edkins）又来到上海。到 1849 年，伦敦会在上海的
传教士已达 7 人。1846 年 8 月，伦敦会传教士在洋泾浜与苏州河之间，靠
近苏州路和南京路的地方购买了 4 英亩的土地，陆续兴建了医院、印刷所和
几栋宿舍。同时，他们在上海城内也买得一块地皮建造了一座教堂，于
1846 年 8 月落成使用。① 这些都使伦敦会成为当时在上海势力最雄厚、影响
最大的新教传教差会。

美国圣公会的文惠廉 1843 年离开厦门回美国，1844 年 10 月被选为中
国传教团主教。同年 12 月 14 日，文惠廉夫妇动身再次到中国，经香港于
1845 年 6 月 17 日到达上海。与他们一同来到上海的圣公会传教士还有伍兹
（Henry Woods）、格拉汉（Richardson Graham），以及 3 位女助手吉列特
（Eliza J. Gillett，不久与裨治文结婚）、琼斯（Emma G. Jones）和莫丝
（Mary J. Morse）。这年的 11 月，另一名圣公会传教士塞尔（Edward Syle）
也从美国来到上海。② 1847 年，伍兹和格拉汉回美国后，该会的司伯丁
（Phineas D. Spaulding）前来作为补充。③ 以后两年还有两位女助手来到。
1851 年底，美国圣公会又派克斯（Cleveland Keith）前来加入这个传教团。④

文惠廉等希望把上海传教团建成美国圣公会对华传教的总部。该传教团
开始时在上海南郊王家码头附近，1848 年在苏州河以北黄浦江边购得一块 4
英亩多的地皮，在那里兴建了住宅、图书馆和学校，其影响逐渐扩大。1850
年 1 月，该传教团的新教堂落成。⑤

美国南部浸信会在上海的传教活动是由晏玛太（Matthew Tyson Yates）
开始的。晏玛太于 1847 年 9 月经香港到上海，与他同来的有托弼（Thomas
W. Tobey）。⑥ 不久，重回中国的叔未士也到上海加入该传教站。叔未士本来

---

① *The Chinese Repository*, vol. 18, pp. 49, 516. 伦敦会在上海的初期事业，苏精《马礼逊与中文
　　印刷出版》（第 203～242 页）述之甚详。

② Richmond, *The American Episcopal Church in China*, pp. 14, 15, 76.

③ *The Chinese Repository*, vol. 18, p. 520.

④ Richmond, *The American Episcopal Church in China*, p. 71.

⑤ *The Chinese Repository*, vol. 18, p. 520; vol. 19, p. 338.

⑥ *The Chinese Repository*, vol. 18, p. 523.

属广州传教团，但因与罗孝全关系极为恶劣，表示坚决不同罗孝全再有"正式关系"，遂被差会派到上海。但他在上海与晏玛太等也搞不好关系，后于 1854 年回美国，到加州的华人中传教。[①] 1848 年 8 月，在广州与罗孝全同样势同水火的啤士也转到上海的传教团。1848 年 5 月，该传教团也在洋泾浜建了一座教堂，并在上海城南设立了一个传教站，建有教堂一座、学校一所。该传教团的传教士与叔未士和罗孝全等在华南一样，在吸收教徒方面的进展较其他差会迅速，当年就为 3 个人施洗。[②]

1851 年之前在上海设立传教机构的新教差会还有英国安立甘会、美国监理会和美国安息浸信会。

英国安立甘会的麦丽芝（Thomas McClatchie）1845 年 4 月 1 日到上海，开始了该会在上海的传教活动。此后他在中国活动达 37 年之久。1848 年初，该会又遣传教士法默（William Farmer）到沪。麦丽芝等在黄浦江边靠近苏州河一带购买了土地，1849 年 1 月建起了教堂。法默到上海后不久就因健康不佳而回国，并死于归途。[③]

1848 年秋，美国监理会（Methodist Episcopal Church, South）传教士戴乐安（Charles Taylor）到上海，开始了该会在中国的传教活动。次年春，该会的另一名传教士秦右（Benjamin Jenkins）及其妻子也前来加入。他们也修建了教堂并开办了一所小学校。[④]

美国安息浸信会（Seventh Day Baptists）也将上海当作其对华传教的首选地点。1847 年 6 月，该会传教士贾本德（Soloman Carpenter）到沪。8 月，另一传教士内森·瓦德纳（Nathan Wardner）前来与贾本德合作，共同建立该会在中国的第一个传教站。[⑤]

此外，裨治文在修订《圣经》的"代表委员会"工作期间，也为建立美部会上海传教站进行了努力。[⑥]

---

① Coughlin, Strangers in the House, pp. 129 – 140.
② The Chinese Repository, vol. 19, p. 336.
③ The Chinese Repository, vol. 18, p. 520; vol. 19, pp. 336 – 337.
④ The Chinese Repository, vol. 18, p. 524; vol. 19, p. 335.
⑤ The Chinese Repository, vol. 19, p. 335.
⑥ 参见雷孜智《千禧年的感召：美国第一位来华新教传教士裨治文传》，第 259～268 页。

传教中心北移的趋势

鸦片战争前广州作为新教对华传教活动中心的历史，是与中外贸易的"广州体制"（Canton System）联系在一起的。1840年代初广州以外的四口开埠后，新教传教士获得了比以前远为广阔的活动空间，尽管他们已经在广州—澳门地区苦心经营了几十年，但他们还是把活动的中心转移到东南沿海地带。大致说来，在1845年之前，包括广州、香港和澳门在内的华南沿海地区仍然是新教传教士最为集中的地区，而1845年之后，新教传教活动的中心迅速向江浙地区移动，导致上海成为新教在华活动新的大本营，并且移动的速度也在加快，其情形见于表2-2。

表2-2　1847～1854年新教差会和传教士分布情况

单位：个、人

年份	广州		香港		厦门		福州		宁波		上海		合计	
	差会	传教士	差会	传教士	差会	传教士	差会	传教士	差会	传教士	差会	传教士	差会	传教士
1847	4	13	6	13	4	9	2	6	3	9	5	15	14	65
1848	4	14	6	12	2	7	2	9	4	11	6	19	15	72
1851	5	12	7	11	3	6	3	13	5	17	6	20	19	79
1854	6	29	10	21	5	18	4	19	4	20	10	48	21	155

注：1847年、1848年的数字减去参考资料原表中暹罗的数字。

资料来源：*The Chinese Repository*, vol. 17, p. 103; vol. 18, p. 49; vol. 20, p. 520.

笔者注意到，《中国丛报》上的统计数字也有若干不准确之处，但是大致来说差错不大。表2-2显示，1847～1854年在上海的传教士大幅度地增加，在广州的人数1851年反而有所减少，直到1854年才有较快的增长，但远较上海为少。与此同时，宁波和福州的传教士在不长的时间内也达到可观的数字。这种变化说明，1845年以后广州作为新教对华传教中心的时代已经结束，上海则已明显成为新的中心。若以广州与香港为一组，代表华南地区；厦门与福州为一组，代表福建沿海地区；上海与宁波为一组，代表江浙地区，则表2-2的数字可以显示，新教在华传教的重点区域有从华南向江浙移动的趋势。1847年，华南的新教传教士有26名，福建沿海有15名，江浙有24名。1848年，华南的数字保持不变，福建沿海增加1名，江浙增加 6 名，增幅为 25%。到 1851 年，华南地区减为 23 名，福建地区上升为 19 名，而江浙地区的新教传教士则达到 37 名。这些数字表明，华南在新教对华传教方面已不再有特殊地位。

除数字上的差异外，同样能反映这种变化趋势的是，新教传教士中的精英分子逐渐向上海集中。鸦片战争前，来广州的传教士不少在新教对华传教史上占有重要地位，像马礼逊、米怜、雅裨理、裨治文、卫三畏、伯驾、郭士立等都是很有影响的人物，其中有些在鸦片战争后的几年仍然在华南活动。但从 1840 年代中期开始，新教传教士中的重要人物大多流向上海，如伦敦会的麦都思、雒魏林、美魏茶，美国圣公会的文惠廉，美国南部浸信会的叔未士，以及后来在来华传教士中有重要地位的慕维廉、艾约瑟、伟烈亚力、晏玛太等。美部会的裨治文从 1847 年开始就因修订《圣经》中译本而长期在上海居住。华南的传教士中，伯驾在 1847 年被美部会除名，卫三畏在 1850 年代也脱离了美部会，罗孝全则在外国人当中声名狼藉，只有在香港的理雅各后来成为著名的汉学家。身为英国官员的郭士立也长期在香港。如果说 1843 年伦敦会的传教士将新教传教士中的重要人物邀集到香港开会，商讨译经之事，说明那时新教活动的重点区域还在华南，那么 1847 年后一批著名传教士集中在上海进行实际上的翻译工作，则标志着在传教士的心目中，上海已是他们活动的重点。

此外，我们还可以看到，几个主要的新教差会的活动重点也有所变化。伦敦会和美部会是最早来中国并将广州作为其长期活动地点的差会，但鸦片战争后，以麦都思为代表的伦敦会传教士的活动主要在上海，而美部会在 1847 年后则渐渐将其活动的重点转移到福州和厦门（主要是归正会传教士）。美以美会的重点也在福州，美国长老会的重点在宁波。美国浸礼会原来以广州为活动重点，但南北浸礼会分裂，叔未士等转到上海，罗孝全被开除，这几个事件使得广州的浸礼会传教团（1846 年后属美国南方浸信会）失去原有的影响。其余新来的差会也大多将上海作为首选的传教地点。

这个历史过程的最后一个重要事件是《中国丛报》的终刊。自 1832 年到 1851 年，作为来华新教传教士喉舌的《中国丛报》出版了整整 20 年。它曾因政治形势的变化而经历了广州—澳门—香港—广州的迁移过程，但它始终在华南不间断地出版，并且始终是来华新教传教士最重要的共同舆论阵地。它是广州作为新教传教士活动中心的历史时代的产物，对新教在华传教势力的扩大起到了较大的推动作用；各差会来中国的传教士也以它为中心，在一定程度上结成了一股有影响的势力。即使1840年代后期，新教传教活动重心北移，但《中国丛报》在广州出版的事实仍然在一定意义上表明，华南在新教对华传教活动中有特殊的地位。正因为如此，它的停刊标志着新教对华传教史一个时代的结束。

导致传教中心北移的原因，笔者认为主要有以下几个方面。

首先，从传教活动的角度而言，江浙地区的地理环境比较优越。各新教差会把中国当作主要传教对象之一，是因为中国有着占人类1/3的庞大人口，"三亿六千万异教徒"是吸引他们派传教士来中国的首要原因。仅就口岸城市本身而论，广州当时的人口最多，据当时外国人的一般估计为100万左右；福州为次，在25万以上；上海的人口位居第三，约25万。但江浙地区人烟稠密，并且有长江连接中国的广大腹地，大运河连接着中原和华北地区，为传教士扩大影响、发展势力提供了更大的可能性。

其次，从1840年代开始，中外商业贸易的中心也从华南沿海逐渐北移到以上海为中心的江浙地区，这是传教活动中心北移的又一个基本背景。广州在对外贸易中的地位，在1850年前后为上海所超越，这与广州在新教传教活动中的中心地位为上海所取代在大约相同的时段，并不是偶然的。在近代中外交往的历史中，商人与传教士一直是两个关系十分密切的群体。传教士不仅可以在商人赚取巨额利润的同时，使他们在异国他乡也能得到宗教服务；而且可以利用自己在中国语言、地理和其他方面的知识，以及接近中国人的机会，为商人们提供信息、建议，并进行翻译、引路等直接的帮助。作为回报，商人为传教士提供至关重要的经济支持。上文提到的美国商人奥立芬和他的商行促成和支持美部会以及美国其他差会在中国的传教活动，以及罗孝全在广州依靠外国商人的帮助成立广州浸礼会教会，都是很好的例子。至于郭士立与鸦片贩子一起在中国沿海所进行的活动，更是肮脏的奸商与狡黠的传教士狼狈为奸、相互利用的典型。下文将要讨论的传教士在华南开办的各项文化事业，无一例外都得到外国商人，包括鸦片商人的资助。由于贸易活动与传教事业存在相互依赖的关系，当商业贸易的中心北移后，传教中心的北移就带有必然性。《中国丛报》之所以停刊，就是因为它在后期失去了商人的资助。前文说过，《中国丛报》在其发行的第三年订数就达到800份，全年定价6元，以后若干年其销量为1000份左右，仅这笔收入就足以维持这份月刊，此外它还得到奥立芬在经济上的保证。但据卫三畏说，《中国丛报》"在它最后的7年中，每年都短缺300～400元。最后一年它的订户只有300个，每份定价3元，还不够支付工人的薪水"。[1] 这种状况与原来的大量商人订户和支持者离开广州应有一定关系。1860年代以后，《教会新报》《万国公报》等中文期刊和《教务杂志》等英文期刊在上海的兴旺局面，与《中国丛报》在广州的黯然收场形成鲜明的对照。

最后，传教士对广州的环境感到不满。从1807年马礼逊到广州至1840年代，除郭士立的福汉会虚虚实实地招纳了大量"教徒"外，只有叔未士、粦为仁、罗孝全等浸礼会传教士吸收了比较多的教徒，其他差会的传教士在这方面取得的进展都很小。1840年2月19日是裨治文等到达澳门10周年纪念日，美部会传教团在这一天的大事记中写道："回顾这10年，我们在神的面前感到巨大的耻辱，因为在这一非常兴旺的时期，我们在教化中国人的心灵方面做得如此之少；（中国传教团的）任何成员都未能将中国人施洗入教。"[2] 如裨治文1830年来到广州，直到1847年才为他的第一个皈依者施洗。这种情况使得一些差会和传教士个人认为应到其他口岸寻求新的传教环境。1840年代，广州人民开展的反租地、反入城斗争也使传教士感到在广州没有他们所需要的"友好"气氛。从《中国丛报》《传教先驱》等刊物上发表的文章来看，当时大部分传教士认为，华南沿海特别是广州的人民很"排外"，而厦门、宁波、福州和上海则大不相同。1846年7月，裨治文带着几个人，乘着一条小船沿广州附近的一条小河散发传教书，遭到附近村民长时间的围攻。[3] 此事令他刻骨铭心。以后裨治文多次发表文章，认为广州不是理想的传教地点。他1847年到上海参加修订《圣经》中译本后一去不回，与这件事情有一定的关系。罗孝全在澳门附近也有被追打的经历。总

---

① Frederick W. Williams, ed., *The Life and Letters of Samuel Wells Williams*, p. 178. 该刊停刊的其他原因见后文分析。

② *Brief History of the American Board of Commissioners for Foreign Missions in China*, ABCFM Papers, 16. 3. 11.

③ *The Missionary Herald*, vol. 43, pp. 22 – 24.

之，由于在华南一带没有找到他们原来所期望的机会，一些传教士便将目光转向其他地方。

当然，在近代 100 多年的历史时期，作为华南中心城市的广州与处于英国殖民统治下的香港仍然是新教对华传教的区域中心，一些差会经过多年的经营在这里发展了庞大、盘根错节的势力，对华南社会产生了较深的影响。

第三章

新教传教士与鸦片战争前后的中西关系

对传教士来说，到中国的主要目的是传播基督教，让他们心目中"唯一真正的宗教"征服"三万万异教徒"的心灵。但是，基督教向东方的传播，与西方政治、经济势力之东渐有着相同的历史背景；基督教势力在中国势力扩张的过程，与欧美列强在华政治、经济势力扩张的过程基本上同步；更重要的是，在鸦片战争之前，传教士与西方的政客、商人有着同样的迫切要求——打开中国的大门。在《南京条约》将中国门户打开了一道巨大的缝隙之后，他们希望这曾经使他们止步不前的门户全然洞开。而且，迫使清政府逐步放弃严厉禁教政策的有效手段和必要前提，不是传教士沉默的努力，而是欧美列强的炮舰，以及在清政府屈服之后订立的不平等条约。这些就使得传教士的活动没有限于单纯的宗教领域，而是以各种方式卷入了西方列强的对华政治、经济关系，甚至参与这些国家对中国的政治凌迫和军事征服行动。本章将对新教传教士与鸦片战争前后的中西关系问题进行一些具体的考察。

一 马礼逊、郭士立与"中国的开放"

鸦片战争之前，清政府将中西关系限制在商业贸易的范围之内，中英关系当然也以经贸关系为主要内容。但在尽可能利用清朝对外关系体制争取商业利益的同时，以英国为首的西方列强也一直希望越过所谓"广州体制"的限制，让中国对他们"开放"。在鸦片战争之前，实际参与了西方试图打开中国大门具体活动的新教传教士有马礼逊和郭士立。

马礼逊与阿美士德使团

1834 年之前，东印度公司在英国对华关系中扮演了主角。马礼逊作为广州英国商馆的中文秘书，在长达 20 多年的时间内，亲身经历了该商馆与中方的无数次交涉活动，在相当长的时间内是英国商馆不可或缺的人物。例如，1810 年 1 月 16 日，一位叫黄亚胜的中国人，在广州十三行附近被英国船皇家夏洛特号（Royal Charlotte）上的几个水手杀害，南海县令等官员与大班刺佛等交涉，要他们交出凶手，否则停止贸易，这就是所谓的"黄亚胜案"。由于英国商馆其他懂得中文的人如斯当东等不在广州，马礼逊的作用便显现出来。"1810 年 2 月 1 日，在紧要关头，据记载说，'马礼逊已经返回澳门他的家，在当前的事件中，他的帮助是重要的，于是派羚羊号往澳门接他回来。'在 2 月 10 日，与广州府及南海县的一次重要会谈中，他担任翻译工作。"① 这个案件后来因为凶手已经离去，刺佛等又坚决否认是英国人，拒绝与中国官府合作而不了了之。② 这是 20 多年中马礼逊参与中英无数次交涉谈判的一个早期例子。在以后的漫长岁月中，马礼逊一直扮演诸如此类的角色。除东印度公司外，马礼逊还曾直接为英国政府服务，即在 1816 年担任阿美士德使团中文秘书。

1816 年初，英国摄政王乔治（George Prince Regent）代表英国国王，任命阿美士德（William Pitt Amherst）为赴华特使。2 月 9 日，阿美士德从朴次茅斯出发，7 月 10 日抵达澳门附近南丫岛海面。③ 英国政府派遣这个使团的目的，是要求清廷放宽对广州贸易的限制，试图与清廷建立直接联系，为其在华商业势力争取权益。

5 月 28 日，英国商馆已将阿美士德来华的消息正式通知了广东巡抚董

① 马士：《东印度公司对华贸易编年史（1635～1834 年）》第 3 卷，第 101 页。
② 马士：《东印度公司对华贸易编年史（1635～1834 年）》第 3 卷，第 148～151 页。
③ Robert Morrison, "A Memoir of the Principal Occurrences during An Embassy from the British Government to the Court of China in the Year 1816," *The Pamphleteers*, vol. 15. London: dedicated to Both Houses of Parliament, 1819, pp. 6-7. 这本小册子是马礼逊给英国议会的日记体报告。

教增。5 月 30 日，广州商馆特选委员会成员觅加府（Theophilus John
Metcalfe）又带来英国印度事务部主席白金汉希尔（Buckinghamshire，中方
文献中称其为"英吉利国宰相部京咸啥"）给两广总督的信。6 月 4 日，觅
加府与马礼逊以及广州商馆的另一名成员将信件交给了董教增，以便让中方
有所准备。7 月 10 日，已被选定为使团译员的马礼逊，又同广州英国商馆
加入使团的斯当东等人一道，在海上迎接阿美士德。阿美士德使团此后在澳
门与香港之间的海上正式组成，由阿美士德本人任特使（Embassador
Extraordinary and Minister Plenipotentiary），斯当东任第一专员（the first
Commissioner，中国文献称"副使"），依礼士（Henry Allis）为第二专员
（中国文献称"二使"），马礼逊与德庇时、曼宁（Manning，中国文献称万
宁）、图恩（Toone，中国文献称端）等被任命为使团中文秘书兼翻译。①

　　使团 7 月 13 日从广东海面启程。马礼逊在途中将英国王子给嘉庆帝的
信、礼单和使团名单，以及其他一些公文翻译成中文。广东官员在向朝廷报
告时将阿美士德说成"贡使"，而精通中文的马礼逊为了表明这次通使并非
中国人所理解的"朝贡"，而阿美士德也不同于藩属国的"贡使"，在这些
公文中将阿美士德和两个副使翻译为"王差"（Wang Chae），将礼品译为
"礼物"而非"贡物"等，以示英国与中国的"平等"。② 但附于长芦盐政
广惠折内的"英贡使致直隶总督书信"，起首仍称"英吉利国正贡使阿美士
德"云云，疑是广惠等因想避免引起嘉庆帝的不快而另抄该信，改动字句
之故。使团 7 月 28 日到达大沽口附近，次日上述文件被送给当地官员。据
广惠的报告，7 月 31 日下午（闰六月初七日申刻），马礼逊受阿美士德的差
遣进入大沽口，到广惠的"公寓"联络，就使团将要使用的船只等事与广
惠商议。③ 但马礼逊的报告则称，他是 8 月 1 日在科克上尉的陪同下，到大
沽口附近的一座庙宇面见广惠的，广惠向他询问了一系列的问题。8 月 9
日，广惠又遵照嘉庆帝的谕旨，在英国使团的船上向马礼逊详细询问使团人

---

①　Robert Morrison, "A Memoir of the Principal Occurrences during An Embassy from the British
Government to the Court of China in the Year 1816," *The Pamphleteers*, vol. 15, p. 7.

②　Robert Morrison, "A Memoir of the Principal Occurrences during An Embassy from the British
Government to the Court of China in the Year 1816," *The Pamphleteers*, vol. 15, p. 8.

③　《长芦盐政广惠奏拆阅英吉利贡使书信并传问译生各情形折》，《清代外交史料》嘉庆朝
（五），第 12～13 页。

员的情况，并纠正马礼逊有关译文的一些不当之处，如马礼逊原来将中文秘书译作"笔帖式"，广惠则建议写作"译生"，为马礼逊所接受。① 其后，嘉庆帝派工部尚书苏楞额为钦差赴天津迎接英使，苏楞额也将通晓汉语的马礼逊当作英方的重要交涉对象。由于嘉庆帝命广东方面派送通事一直没有结果，此后直至使团从天津返回广州，马礼逊始终是使中英双方得以沟通的主要翻译和联络人员，而中国方面始终陪同英方的则是广惠，其中的细节就不一一叙述了。

阿美士德使团从天津到北京期间的活动，英国使团因"叩头问题"与中方产生争议，由此引起的矛盾，以及英国使团被驱逐离京的结局等问题，中外不少学者已进行过研究，这里不再赘述。但马礼逊后来所写的《1816年英国使团赴华纪事》，提供了理藩院尚书和世泰和工部尚书苏楞额等安排阿美士德等仓促觐见嘉庆帝，而被阿美士德所拒绝这一关键性事件的细节，与中文资料互相参证，可以更具体地展现当时的情形。马礼逊作为翻译，也是被安排觐见嘉庆帝的几个英国人之一，因而目睹了在圆明园发生的颇富戏剧性的一幕。据他的叙述，8 月 29 日早晨，使团经一夜奔波从通州赶到圆明园的正大光明殿，和世泰企图让阿美士德马上觐见嘉庆帝。② 阿美士德以身体不适为由，要求推迟觐见。这时和世泰说："你可以行你们自己的礼节。"英方理解此即让阿美士德等像马戛尔尼那样，行单膝下跪鞠躬之礼。他以为这样就可以打消阿美士德的疑虑，让阿美士德等在嘉庆帝面前蒙混过关，这样他就可以交卸皇帝派给他的这件难办的差事。但阿美士德坚持不肯马上见嘉庆帝。这个没有预料到的情况就使和世泰面临无法向嘉庆帝交代的危险，马礼逊描述他"非常着急"（此时和世泰出去向嘉庆帝报告，谎称阿氏"不能快走"，要嘉庆帝等待）。之后和世泰再次走进阿美士德的临时休息室，竟抓住阿氏的胳臂，并招呼他的一个随从帮忙，想以强迫的方式架着阿美士德去见嘉庆帝。但阿美士德奋力挣扎，将他们推开，并一再通过马礼

---

① Robert Morrison, "A Memoir of the Principal Occurrences during An Embassy from the British Government to the Court of China in the Year 1816," *The Pamphleteers*, vol. 15, pp. 9 – 14;《清代外交史料》嘉庆朝（五），第 25 ~ 34 页。

② 据有关资料，其时阿美士德还不知道要马上觐见，更没有答应向嘉庆帝行三跪九叩首大礼；而嘉庆帝则因和世泰等奏称礼仪问题已经解决，英人已答应行跪叩礼，已定于此时上朝会见。

逊的翻译要求推迟觐见。这个奇景又引来了一群官员的围观，都怒视着这个不听话的番邦夷使。而此时嘉庆帝想必已等得不耐烦，派来一个太监，将正在与阿美士德拉扯的和世泰怒声叫了出去（和世泰只好再次向嘉庆帝撒谎，说阿美士德"病泄"）。之后和世泰又一次来到阿美士德休息的房间，几次进进出出，但始终束手无策，无法把固执的阿美士德弄去见等得不耐烦的嘉庆帝，只好不断向嘉庆帝撒谎。在这过程中马礼逊多次要求围观的中国官员离开，却没有效果。最后和世泰等总算捱到嘉庆帝一怒之下，下令将英国使团驱逐，才带着这一帮英国人离开了正大光明殿，结束了这荒唐的一幕。① 次日，阿美士德使团被命令离开北京回国。英国政府寄予希望的这次遣使行动就这样草草收场了。

马礼逊在华期间第二次由英国官方正式任命官职，是在他去世前不久。1833年，英国国会和政府先后决定废止东印度公司垄断东方贸易的特权。12月10日，英国政府任命律劳卑为驻华商务监督。律劳卑到达澳门不久，就将马礼逊任命为英国驻华商务监督的中文秘书兼译员，级别为副领事，年薪比以前也有所增加，为1300英镑。② 这样，马礼逊在保留传教士身份的同时，成了英国政府的正式官员，脱下传教士的道袍，换上副领事的制服。7月23日，马礼逊随律劳卑从澳门前往广州，在此后的几天里"忠实"履行他的职责——为律劳卑与两广总督卢坤等的交涉充当翻译。但他还没有来得及在新的职位上"大显身手"，就在8月1日卒于广州。

郭士立的沿海航行活动及其影响

鸦片战争前郭士立在中国沿海的多次航行，其目的也可以用寻求"中国的开放"来概括。这里打算对他的前三次航行进行具体的考察。

鸦片战争前，郭士立在中国沿海的十多次航行无疑具有宗教上的目的。但郭士立也相当明确地赋予他的航行活动以商业和政治的目的，那就是探索在广州以外的沿海口岸进行商业贸易的机会，以及通过商业贸易来突破西方史家所谓的"广州体制"的可能性。他的《中国沿海三次航行记》在西方引起轰动，就是因为它在鼓吹扩大在华传教范围的同时，提出在中国沿海开

---

① Robert Morrison, "A Memoir of the Principal Occurrences during An Embassy from the British Government to the Court of China in the Year 1816," *The Pamphleteers*, vol. 15, pp. 39 – 41.

② 海恩波：《传教伟人马礼逊》，第152～155页。

拓贸易的建议，讨论通过政治甚至军事手段迫使中国向西方"开放"的可能性与迫切性，而这正是西方商业巨头和各国政府日益重视的事情。

郭士立在航行过程中非常关注的一个问题，就是中国沿海的商业机会。

从第一次航行时起，他就一直注意中西贸易问题。他把注意力首先集中于中国沿海的几个港口城市。1831 年 7 月他第一次经过厦门，就立刻为这里繁忙的贸易景象所吸引。他告诉人们，这个"福建省首要的商业中心"聚集着数以百计的商人，他们的商船不仅往来于中国各个港口，而且沟通着中国与南洋的贸易关系。"尽管要承受沉重的进出口课税，这些商人还是坚持他们的贸易，并挫败官员的企图。如果有机会开通与欧洲的贸易关系，他们将会欢呼雀跃，而且毫无疑问将使这里的贸易比在广州进行的贸易大有改进。"① 郭士立对厦门的好感在次年他的第二次航行时继续升温。这一次他作为广州英国商馆林赛的助手，乘坐装满货物的阿美士德号巡游中国海岸。他的航行记再次称赞这个有着优越港口条件的"中国最大的商业中心之一和亚洲最重要的市场之一"的岛屿城市，"无论是从它的地理位置和富庶程度，还是从它所囤积的中国出口货物来看，这里对欧洲的商业和企业来说都是最好的港口之一"。他进而赞扬厦门人是"天生的贸易商和航海家"，"勇敢、骄傲和慷慨大度是本地人的特性"。他提醒西方读者注意："厦门从前就是各国商船汇集之地。"他认为这里的人们渴望与欧洲的商人贸易。例如，一个老税吏"坦率地告诉我们，这是我们能到达的最佳（贸易）地点，因为这里居住着最富有的商人，他们会很高兴地与我们做生意"。他们在厦门上岸后，造访了几个"受尊敬的商人"，结果显示，"他们对我们很友善，如果不是有官员前来吓阻他们的话，他们会和我们做生意"。② 对等待进入更广阔中国市场的西方商人来说，这样的消息无疑是兴奋剂。

郭士立考察的第二个目标是天津。他介绍说，天津是华北重要的商品集散地，他甚至在那里遇到了他以前在暹罗或南洋结识的水手——可以证明，这里也是与海外贸易有关的重要港口。不过与他对厦门的看法不同，他提出天津应当在商业上开放给外国的理由是，这样做可以为其附近人烟稠密但极

---

① Gutzlaff, *Journals of Three Voyages Along the Coast of China in 1831, 1832 & 1833*, p. 104.
② Gutzlaff, *Journals of Three Voyages Along the Coast of China in 1831, 1832 & 1833*, pp. 159 - 160, 149 - 152.

度贫穷的地区，"提供足够的就业机会和维持生计的手段"。不然的话，贫困而饥饿的民众会"毁灭"自己的统治者。① 当然，他真正重视的是，"天津的贸易规模相当庞大。每年有五百多艘商船从中国南部港口，以及交趾支那和暹罗前来。河里挤满了中国帆船，商业交易使这里的景色如此富有活力和动感，以致令我想起了利物浦"。他得出的结论是，"天津可以为外国企业提供可观的市场"。②

　　与厦门一样受到郭士立特别关注的是上海。他认为上海不仅是"江南省的中心市场"，它"或许还是整个中国的首要商业城市"。③ 1832 年 6 月，他和林赛等在上海及长江口附近活动了将近一个月之久，对上海各方面的情况进行了比较深入的观察。他认为上海当时在商业上的重要性仅次于广州，"贸易活动总是生气勃勃，如果欧洲人被许可进入该埠，贸易额还将大为增加。居住在中国中部④的千百万人口消费的外国商品数量是很庞大的"。⑤ 应该说，他对中国市场状况的判断还是相当准确的。

　　此外，郭士立在几次航行中从欧洲对华贸易的角度着意考察的港口城市，还有宁波、福州和广东的潮汕沿海地区，所得出的结论和他对厦门、天津等地的看法一样，即这些港口和地区都是欧洲商人和企业家理想的市场，蕴藏着无限的商业机会。例如在结束对汕头附近南澳岛周围情况的叙述后，他写道："当地人对我们的货物感到很好奇，并对官员采取的孤立政策怨声载道。"⑥ 关于宁波，他提醒西方读者注意的是，"上个世纪东印度公司在这里拥有一个商馆"。⑦ 在早期来华新教传教士中，如此关心中西贸易问题的，只有郭士立一人。他的航行活动和有关言论，在当时的欧美产生了广泛的影响。

　　郭士立把他观察到的情况和他的感想写在他的航行记中。他的《中国沿海三次航行记》的一个突出主题，就是鼓吹突破清政府广州一口通商政

① Gutzlaff, *Journals of Three Voyages Along the Coast of China in 1831, 1832 & 1833*, pp. 124, 131.
② Gutzlaff, *Journals of Three Voyages Along the Coast of China in 1831, 1832 & 1833*, pp. 128 - 129.
③ Gutzlaff, *Journals of Three Voyages Along the Coast of China in 1831, 1832 & 1833*, p. 109.
④ 原文作 Central Asia，当为 Central China 之误。
⑤ Gutzlaff, *Journals of Three Voyages Along the Coast of China in 1831, 1832 & 1833*, p. 220.
⑥ Gutzlaff, *Journals of Three Voyages Along the Coast of China in 1831, 1832 & 1833*, p. 148.
⑦ Gutzlaff, *Journals of Three Voyages Along the Coast of China in 1831, 1832 & 1833*, p. 189.

策的限制，打通东南和华北各口岸与欧洲的贸易关系。

郭士立还实际参与了试图打开中国门户的活动，这主要表现在，他于1832年作为广州英国商馆高级大班林赛的翻译、医生和助手，乘坐阿美士德号在中国沿海航行，并发挥了重要作用。这次航行是鸦片战争前中西关系史上的一个重要事件，也是新教传教士参与打开中国大门，与中国地方官府多次接触最典型的事例，应加以详细的考察。

受郭士立第一次航行的启发，英国商馆特选委员会主席马治平在1832年初，挑选林赛去侦察在广州以北沿海口岸开拓通商的可能性。"他准备了一定数量的英国产品，以便查明可能的需求和能获得的价钱，又要查茶、丝及其他中国商品的价格，以及装货和购买的方便与困难。"① 在这次长达大半年的航行中，郭士立与林赛一起，按照东印度公司的指示，到上述口岸进行了一次详细的考察。在此过程中他们以种种方式与各地的官员进行接触，试图冲破清政府的贸易政策，为迫使中国"开放"做准备。

4月4日，阿美士德号刚到厦门海面就引起厦门官府的注意，福建水师提督陈化成当即派人，在木板上写着要"夷船"马上离开、不许当地人与其接触的大字向阿美士德号展示。第二天，就有几名中国地方官员前去要求他们马上离开。这几名官员还带来陈化成写给林赛和郭士立的一封信，信中附有1817年嘉庆帝关于对待"夷人"政策的上谕，命令不准"夷船"在中国海岸航行，更不得抛锚逗留，将他们立即赶走。② 但这几个官员没有执行嘉庆帝严厉的谕令，而林、郭等也没有理睬要他们离开的要求。相反，他们坚持让这些官员答应安排他们在中午面见陈化成。陈化成与驻在金门的"总兵官"在一座庙宇会见了林赛和郭士立，林、郭向他递交了一份正式的禀帖。在这份禀帖中，林赛以"英吉利国客商胡"的名义，伪称阿美士德号来自孟买，目标是"日本和其他地方"，带有布匹、羽纱及其他货物，进港后想进行交易，并"愿以公价买粮"。禀帖还说英国人允许中国商人在其（南洋）殖民地自由贸易，"安居如英民人一

---

① 马士：《东印度公司对华贸易编年史（1635~1834年）》第4、5卷，第344页。
② Hugh Hamilton Lindsay, *Report of Proceedings on a Voyage to the Northern Ports of China in the Ship Lord Amherst*. London: B. Fellowes, 1833, pp. 18 - 20.

般，故无人敢欺之、害之"，这样的情形应该发展成"相互的"友谊关系。① 林、郭等在禀帖中还宣称："英国的力量是强大的，它的船只不计其数，它的疆界与中国相连，它的君主许可它的臣民到世界上所有地方去贸易……"②

在禀帖交出后，提督要他们退出，然后派人通知他们，不准许他们在厦门贸易，但可以给他们委派一个买办，帮他们采买生活用品。林、郭进行了辩解，说自由通商符合康熙帝的政策，又说中国沿海商人已经在英国的殖民地享受到自由通商的优惠政策，英国商人也应在中国对等地享受这一政策，并说这是"国际通则"（common law of nations）。郭士立的语言知识在这个过程中发挥了作用。③

被拒绝的结果早在他们的意料之中，但他们决心继续努力。他们离开了厦门海域后，在澎湖和台湾活动了一段时间。阿美士德号 4 月 19 日来到福州附近"大练洋面，向渔船用米换鱼，并给予书本"。④ 24 日，他们将船驶入闽江口，在这里受到闽安协副将沈镇邦等率领的水师船的拦截。但这些水师船对装备精良的阿美士德号无可奈何，只得任由它驶向福州。像在别的口岸一样，林赛、郭士立等轻易冲破了清朝的海防守卫。他们拿着事先写好的禀帖，上岸后到处寻找总督衙门，准备呈递。在无法找到目的地的情况下，郭士立等找到了福州城内的"县衙门"，一位自称闽县知县的黄（Hwang）姓官员接待了他们，并在当天晚上安排了他们的食宿。第二天又安排他们游览福州及城外一些地方。所到之处，均由郭士立出头露面。两三天后他们才上船回到海上。郭士立利用机会散发了一些传教小册子，并"医治了很多病人"。在这期间，他们的禀帖被接收后，上交给了署理闽浙总督、福建巡抚魏元烺。⑤ 禀帖中除说明他们带有"西洋布、羽纱、大呢、棉花、时辰

---

① 许地山编《达衷集》，商务印书馆，1931，文海出版社 1974 年影印本，第 2～3 页。

② Lindsay, *Report of Proceedings on a Voyage to the Northern Ports of China in the Ship Lord Amherst*, pp. 21 – 23. 《达衷集》收录的《胡夏米上福建水师提督禀》中缺这段话。

③ Gutzlaff, *Journals of Three Voyages Along the Coast of China in 1831, 1832 & 1833*, pp. 155 – 156; Lindsay, *Report of Proceedings on a Voyage to the Northern Ports of China in the Ship Lord Amherst*, pp. 23 – 25.

④ 《鸦片战争档案史料》（1），第 110 页。

⑤ Gutzlaff, *Journals of Three Voyages Along the Coast of China in 1831, 1832 & 1833*, pp. 171 – 177.

表、千里镜"等货物外，还特别提出，"我英国闻盛地出香茶叶，故情愿或以银买之，或以货贸易之"。①

魏元烺下令送给他们食物，但不敢答应他们的要求。4月27日，魏元烺在给护理盐法道、福州知府桂芬等的批札中说，"福省向无夷船销卖货物，内地所产茶叶亦系例禁出洋，该夷人自应凛遵天朝法度"。②29日，林赛和郭士立被叫到一个军营附近，听候一群官员传达魏元烺对他们请求的答复，并要他们立即离开。但他们没有因总督的拒绝而罢休，当场又写了另一份请求书，说他们如果在福州"未买卖，大损失本钱"，表示"我到福州一定要售卖"。③他们还要求下次由魏元烺本人亲自答复，而不要由别人"代表"。④

这样他们又有了借口可以在马江口一带多停留一些日子。5月2日，魏元烺发布了两道"极其凶狠"的谕令，严禁任何人到阿美士德号上交易，真正的闽县知县袁某也发布了同样的告示。郭士立在《中国沿海三次航行记》中对这次"自由交往"的幻想再度破灭表达了深深的愤懑之情。他和林赛决定不理会魏元烺的态度，再次闯入闽江。从5月3日到17日，他们公然蔑视中国官府的拒绝和警告，在闽江口一带肆无忌惮地活动。这种活动"产生了直接的效果"——他们可以很自在地做生意，"每天八到十小时"，直到16日沈镇邦和闽安左营都司陈显生到他们的船上要他们离开时为止。⑤

魏元烺等拒绝他们的要求，发布措辞严厉的谕令，只不过是用这些表面文章敷衍塞责，对他们长达十几天的活动则视而不见。他把让阿美士德号闯入闽江的责任推给了沈镇邦等，奏请给沈、陈"摘去顶戴"的处分。在5月28日给道光帝的奏折中，他对林赛、郭士立等的上述活动，福州官员与他们的交往，竟一字不提，对英国人在福州附近活动的全过程不尽不实地轻描淡写，欺瞒道光帝，目的当然是避免道光帝的斥责和追究。⑥而最后前往

---

① 许地山编《达衷集》，第5页。
② 许地山编《达衷集》，第10页。
③ 许地山编《达衷集》，第11～12页。另见 Lindsay, *Report of Proceedings on a Voyage to the Northern Ports of China in the Ship Lord Amherst*, pp. 64–65.
④ Gutzlaff, *Journals of Three Voyages Along the Coast of China in 1831, 1832 & 1833*, pp. 177–178.
⑤ Gutzlaff, *Journals of Three Voyages Along the Coast of China in 1831, 1832 & 1833*, pp. 178–183.
⑥ 《鸦片战争档案史料》（1），第110～111页。

劝说林、郭等离开的沈镇邦等，提出的理由不是英国人的活动违背了清朝的法令和政策，而是这样可以使他们受到的处分得以取消。陈显生在此前曾给林赛等写过一封信，称林为"老哥"，说英船来闽"有碍我们功名"，滞留不走使"我们获罪靡浅。我与老哥无怨无仇，老哥于心何忍?"① 16 日沈镇邦到阿美士德号上也说:"只要（英国人）离开港口，我就可以重新得到失去的恩宠。"② 果然，魏元烺后来在奏折中以"夷船远扬"为由，要求道光帝"给还"他们的顶戴。③

林赛和郭士立的下一个目标是宁波。5 月 25 日他们到达旗头猫港，次日他们就将船开往宁波。浙江巡抚富呢扬阿事先已得到魏元烺的通报，采取了一些措施，派人在甬江口拦截，结果又重演了闽江口的那一幕，英国人未加理睬就径直闯了进去。他们先去鄞县衙门，该县知县又带他们去见宁波知府。宁波的冀知府接收了林赛递交给他的请求通商的禀帖，并主动提出当天晚上为他们提供食宿。④ 第二天他们返回阿美士德号，据富呢扬阿的报告，该船停泊在游山洋面。⑤ 28 日，当地官员派人到阿美士德号上，大抵是察看动静，而没有带来林、郭等希望得到的消息。宁绍台道方道台谕示林、郭，申明不能允许英船贸易。⑥ 当天，他们再次闯入甬江口，到镇海县衙门试探。该县知县和其他官员都指出他们不应擅自来到镇海，而且地方官员也必须遵守自己国家的法律，无法答应他们的通商要求。郭士立在《中国沿海三次航行记》中对此忍不住发牢骚:"看上去奇怪的是，不管我们采取了什么步骤，我们都被指责任意妄为，触犯了天朝的法律。对那些不熟悉孤立排外法令的人来说，这真是令人费解的。"⑦

浙江提督戴雄 29 日赶到这里，成为处理此事的主要人物，他安排了对付这些"夷人"的一些措施。30 日，林赛和郭士立等被叫到镇海县衙门，知县告诉他们，没有皇帝的特许，不可能准许他们贸易。他还出示了署理闽

---

① 许地山编《达衷集》，第 33~35 页。
② Gutzlaff, *Journals of Three Voyages Along the Coast of China in 1831, 1832 & 1833*, p. 183.
③ 《鸦片战争档案史料》（1），第 111 页。
④ Gutzlaff, *Journals of Three Voyages Along the Coast of China in 1831, 1832 & 1833*, pp. 185 – 190.
⑤ 《鸦片战争档案史料》（1），第 112 页。
⑥ 许地山编《达衷集》，第 43~45 页。
⑦ Gutzlaff, *Journals of Three Voyages Along the Coast of China in 1831, 1832 & 1833*, pp. 190 – 191.

浙总督魏元烺严禁与英国人贸易的通告。林、郭认为这还不是对他们吁请的正式答复，加之镇海知县官位太低，于是又提出书面请求，要求中方第二天派级别较高的官员与他们会晤。这样，戴雄在次日正式会见了他们。他在这次半小时的会见中几次强调，"最好由你们的国王给皇帝送一份正式的文件，那样的话你们就可前来贸易，商人们和每一个人都会很高兴见到你们"。① 林、郭在其要求被拒绝后，继续在甬江口附近活动，与当地商人做了一些生意，郭士立还进行了一些传教活动。6月7日，宁绍台道方道台正式答复他们禀帖的文件被送到他们手里，强调他们必须"无条件地遵守威加四海、万国来朝的天朝法令"，命令他们立即退出港口。接着，为了防备阿美士德号再次闯进甬江，当地官员用竹料将船只连在一起锁住江口，受到郭士立的讪笑。但这个姿态表明宁波的官员已下决心要他们离开，再待下去已无意义。13日，阿美士德号终于离开了浙江海面，继续向北航行，进行新的试探。②

林赛和郭士立一行在上海的经历与在以上几个口岸有点不同。阿美士德号在6月19日到达长江口附近，第二天找到江口后直接向上海开行。清军的炮台和水师船只都试图吓阻阿美士德号，令其退出，但没有成功。③ 林赛、郭士立等到上海后上岸，直奔苏松太道衙门，很快见到了上海知县和苏松太道。这两位官员对这些可能给他们带来麻烦的"夷人"态度冷淡，极不耐烦。当林赛陈述贸易要求后，苏松太道吴其泰要他们回广州去做生意。郭士立等又照例递上禀帖，吴其泰等稍加阅看就想把禀帖退回了事。林、郭又重施故技，声称这份禀帖是给道台的上司的，不肯收回。④ 22日，吴其泰再次对他们的要求做了"粗暴的回答"，将"原呈掷还"。⑤ 但林、郭等已经有了与中国官员打交道的经验，知道色厉内荏的地方官对他们无可奈何，停留在江中不走，并到宝山、吴淞一带观光，毫不理会吴其泰等要他们退出

---

① Lindsay, *Report of Proceedings on a Voyage to the Northern Ports of China in the Ship Lord Amherst*, pp. 126 – 127; Gutzlaff, *Journals of Three Voyages Along the Coast of China in 1831, 1832 & 1833*, pp. 191 – 194.

② Gutzlaff, *Journals of Three Voyages Along the Coast of China in 1831, 1832 & 1833*, pp. 200 – 202.

③ Gutzlaff, *Journals of Three Voyages Along the Coast of China in 1831, 1832 & 1833*, pp. 205 – 208.

④ Gutzlaff, *Journals of Three Voyages Along the Coast of China in 1831, 1832 & 1833*, pp. 208 – 210.

⑤ 许地山编《达衷集》，第50页。

长江的要求。

27 日，两名水师官员到阿美士德号上，要送他们出江口。像福州的官员一样，这两个人要他们离开的理由不是他们的行为侵犯了中国的主权，而是如果不能使阿美士德号离开，他们就要受到处分。其中一人居然挤出眼泪假哭，想博得这些"夷人"的同情，自动退出长江。郭士立等当然不为这种儿戏般的交涉所动，"简单地告诉他们，我们只是要做生意，做完生意后就马上离开"。眼看无法使英国人退走，两名军官说，他们的上司想知道他们究竟想要卖多少东西才离开。郭士立随后却交给他们一份要购买的物品清单。① 这就意味着，上海的官员对他们与当地商人的交易给予了许可。林、郭张贴了贸易揭帖，招揽商人前往交易。② 自此时到 7 月 6 日，林赛、郭士立等在上海附近进行了近 10 天的交易活动。这是他们在其他口岸没有得到过的优惠待遇。

但他们享受的"自由交往"的好时光到 7 月 6 日宣告结束，笔者认为这与林则徐赴任江苏巡抚有关。林则徐在赴任途中，在镇江与两江总督陶澍会晤，"商及驱逐，所见相同。初八日（7 月 5 日）抵江苏（苏州），复加札飞饬速办"。③ 郭士立叙述道，第二天，"从苏州派来的两名信使前来解决我们这件事，其中一个是红顶子的副将，一个是戴水晶顶子的文官"。这两个人一个应该是太湖协副将鲍起豹，另一个应该是候补知府程铨，他们可能就是林则徐"加札飞饬"差遣来的。他们与郭士立、林赛等进行了交谈，郭、林可能也意识到这次不答应走是不行了，便没有再提出异议，但还是坚持要这两名"信使"答应，把他们关于开通贸易的请求转达给"江苏总督"。7 月 8 日，阿美士德号离开了长江，继续北上。④

离开上海后，阿美士德号还到山东、朝鲜等地航行。如前所述，林赛和郭士立在山东也进行了类似的要求通商的活动。林、郭对此未加详细记载，山东巡抚讷尔经额的奏折也语焉不详。他们在山东威海向当地官员递交的禀

---

① Gutzlaff, *Journals of Three Voyages Along the Coast of China in 1831, 1832 & 1833*, pp. 212 – 213.

② 许地山编《达衷集》，第 62 ~ 64 页。

③ 《两江总督陶澍江苏巡抚林则徐奏报查明英人胡夏米之船业已押送出境折》，《鸦片战争档案史料》（1），第 115 页。

④ Gutzlaff, *Journals of Three Voyages Along the Coast of China in 1831, 1832 & 1833*, pp. 221 – 223.

呈，讷尔经额附在折内上奏道光帝，表明他们在山东的目的与在其他几个口岸一样。①

阿美士德号 9 月初回到澳门，结束了这趟叩击中国门户的航行。笔者之所以不厌其烦地叙述林赛和郭士立与各地中国官员交涉的细节，是想表明，他们如此不怕四处碰壁，说明了他们打开中国大门要求的急迫性和坚定性。不能否认，林赛和郭士立等要求突破清政府广州一口通商的限制，在一定意义上有其合理性，而清政府的闭关政策与世界潮流相悖，也扼杀了中华民族的生机，不值得为之辩护。但也要看到，林、郭等这次航行的出发点，是要为英国工商业和东印度公司寻求新的市场和贸易机会。他们为此蔑视和破坏中国主权，在当时的情况下，他们所采取的这种方式也使得道光帝和清政府加深了对西方的疑惧心理。而这次航行所造成的更坏的历史影响，是通过对中国沿海政治、经济、军事和社会状况的窥探，为后来英国的侵华战争做了准备。

在行将结束的东印度公司商馆的某些人看来，这次航行意义不大，未达预期目的，携带的约 200 包货物，"大部分原封不动地带回，而没有带回的物品中有相当一部分是送掉的。整个航行的损失达 5647 镑"。② 但从其影响来看，阿美士德号的航行是鸦片战争前中英关系，乃至整个中西关系的重要事件。表现之一就是郭士立通过这次航行，制造了一种以强硬手段解决所谓"中国问题"的舆论。

如上所述，郭士立通过公布他在航行中的所见所闻，向西方社会传达了中国沿海存在巨大商业机会的信息。而他与林赛率领阿美士德号航行的经历，又证明了和平的要求是不起作用的。郭士立在《中国沿海三次航行记》中一再企图以实际事例证明，他们所到之处都受到商人和普通民众的欢迎，而实现"自由交往"的障碍是各地的官员，如厦门的陈化成、福州的魏元烺、宁波的戴雄、江苏的林则徐，以及他们之下大大小小的官员。郭士立进一步告诉西方读者，这些官员遵从的是道光帝的旨意，而道光帝所维护的是一种使他们"每采取一个步骤都被指责为违犯了天朝法律"的制度。

① 《鸦片战争档案史料》（1），第 120 页。
② John Davis, *The Chinese*. London: Knight, 1836, pp. 125 – 126.

　　郭士立和林赛一起在他们的航行中，就这种制度向中国官员提出了质疑，并在航行结束后把他们发明的、自认为在与中国官员辩论时最有力的辩词告诉了他们的西方读者，即将中外通商和交往限制于广州一口并不是清朝的一贯政策。每当中国官员告诉他们一口通商是不可更改的法律时，他们就争辩说："如果法律真是不可改变的话，那么我们就应该可以自由地来到这里，因为康熙帝所颁布的古老谕令允许外国人进入所有的中国港口。"① 郭士立在他的《中国沿海三次航行记》中就他们的观点进一步解释说："我们当然没有权力干涉一个国家的内部法律，在这里我们仅仅作为商人而被许可存在；但我们应该遏制其法律的守护者加诸我们的非法行径。"② 这里所谓"非法行径"，就是指中国官员禁止外国人"自由通商"，甚至威胁、驱逐前来寻求通商的外国人。到这里，他的思维逻辑已经带有强权政治的特点了。

　　渴望到广州以外口岸通商的西方商人，在清朝闭关政策依然存在的情况下，应该采取什么办法？郭士立暗示阿美士德号的航行可以作为榜样。他的《中国沿海三次航行记》对他们在每一个港口冲破清朝的禁令、实现或部分实现贸易目的，而清朝的官员和军队对此无可奈何，最后只得闭上眼睛迁就的情景，都做了详尽、炫耀式的描述。这个当时并没有在中国生活过多长时间的传教士，却能敏锐地看透清朝官场上有令难行、敷衍塞责的腐败局面。在喜欢自作聪明的道光帝在富呢扬阿充满欺瞒之词的奏折上朱批"所办甚是"③ 之前，郭士立就先知先觉地在《中国沿海三次航行记》里告诉"将来到（中国）海岸的贸易者"，宁波的官员不会真正把他们一再重复的禁令付诸实行，"他们唯一要做的是，在任由港口（开放）一定的时间后，才向上级官员报告说，他们已经撵走了夷船"。这是清朝业已腐败的政治体制所导致的必然结果。西方的商人"越是懂得这一制度的特质，就会越能干，不会因对官员造成了伤害而招致他们的反对"。④ 沿海各省官员事后的奏折实际上都验证了郭士立的这种猜测。

　　但他建议的这种通商方法多少有些偷偷摸摸，对从事普通交易的商船来

① Gutzlaff, *Journals of Three Voyages Along the Coast of China in 1831, 1832 & 1833*, pp. 155, 194.
② Gutzlaff, *Journals of Three Voyages Along the Coast of China in 1831, 1832 & 1833*, p. 162.
③ 《鸦片战争档案史料》（1），第 113 页。
④ 《鸦片战争档案史料》（1），第 192 页。

说不太合适，而比较适合鸦片走私。郭士立在 1833 年第三次航行时服务的气精号就是一艘鸦片船。英国传教士麦都思 1838 年在谈论中国沿海航行情况时说："非法航行的不安全本质上是不适合普通货物的交易的，这种交易可以在广州进行。因此除贩卖鸦片外，极少有商人考虑派船只到中国沿海去。"① 中文档案资料也记载："闽省洋面，时有夷板夷舡往来游弋……委系奸民图利，勾引前来贩卖鸦片烟土。"②

郭士立更重要的建议是确立一种长远的中西通商体制，那就是订立通商条约。他在阿美士德号航行结束后给东印度公司的报告中说："商业企业可以得到的领域是广大的。如果对（中国）海岸进行适当的考察，如果能够订立通商条约，企业主和贸易商都将发现广大的市场。"③ 他在《中国沿海三次航行记》的结论性文字《与中国的关系》中更明确地说："英中关系的现状，使订立一份明确的条约成为迫切的需要。"④ 在中西关系史上，郭士立是最早提出订立条约的人士之一。

要固守闭关政策而又蔑视所有"夷狄之邦"的清政府自愿与外国订立通商条约，在当时还是不可能的，对此郭士立了然于胸。他认为在解决通商问题上存在两个巨大的障碍："中国优越于所有国家的幻想，及她对所有比她强大的强权的恐惧。"⑤ 寻求突破中西关系格局的郭士立由此把他的建议推到最狂妄的极端。他要求已成为世界第一强权的英国政府，采取殖民征服时代最激烈也最有效的手段——战争，来打开中国只开了一道小小缝隙的大门。他写道："几个世纪以来的经验让欧洲人明白，中国政权在其自身及其利益不受损害的情况下，会把一重又一重的侮辱加在他们身上；但当其对手诉诸实力时，或是出于利益上的需要时，他们会变得低头屈膝、温和甚至友善。"⑥ 这实际上已经是在鼓吹用武力解决问题。他进而更露骨地说，西方

---

① Medhurst, *China*, p. 365.

② 《鸦片战争档案史料》（1），第 177 页。

③ Charles Gutzlaff, *Report of Proceedings on a Voyage to the Northern Ports of China in the Ship Lord Amherst.* London：B. Fellowes, 1833, p. 293. 按：郭氏报告与林赛的报告合订为一册，页码连续编排。

④ Gutzlaff, *Journals of Three Voyages Along the Coast of China in 1831，1832 & 1833*, p. 307.

⑤ Gutzlaff, *Journals of Three Voyages Along the Coast of China in 1831，1832 & 1833*, p. 307.

⑥ Gutzlaff, *Journals of Three Voyages Along the Coast of China in 1831，1832 & 1833*, p. 305.

的征服有可能给中国带来"进步"："虽然他们极其警惕，中国人还是不断地沦落在外来强权的统治之下，甚至现在他们就是鞑靼游牧部落首领的臣民。如果欧洲人曾经计划征服中国，并把这计划付诸实施，中国还不会像现在这样受到悲惨的奴役。看看印度现在享有的民权和宗教自由，那里在科学上取得的快速进步，以及他们得到的基督教真理，再看看中国；中国！永不进步，总是在倒退，呻吟于专制统治之下，在永远的与世隔绝之中灭亡……"① 郭士立就这样肆无忌惮地把已经沦为殖民地的印度当作中国的榜样。在他的眼里，成为第二个印度是中国最好的前途。

郭士立告诉西方人，对中国进行军事征服是没有什么风险的。第一，他认为中华民族爱好和平的民族特性可以加以利用。"在要用实力来实现受到争议的要求的情况下，中国人已被证明通常是处于弱势的，他们已变得倾向于避免诉诸实力。他们不愿抛洒热血，而喜欢挥洒墨汁，他们已向整个世界证明，中国在赢得纸面上的战争方面是所向无敌的"。② 他认为他的航行经历可以验证这种"与我们大不相同的民族性特征"。阿美士德号在厦门与清朝官员的接触使他认为，"没有什么东西比我们架置妥帖的长炮更能激起他们对我们的尊敬，它无声的语言对我们更有用，胜过德摩斯梯尼（古雅典雄辩家）最出色的雄辩"。③ 郭士立的这些言论令人觉得他更像一个黩武的政客，而不像一个劝人为善的传教士。

第二，他认为清朝的海岸防卫是不堪一击的。在第一次航行的时候，他就注意到华北最重要的港口天津几乎是不设防的，"既没有看到战船，也没有见到士兵，尽管据说后者是存在的"。④ 宁波的军政官员能想出的最妙的办法，是用竹料连接船只来阻挡阿美士德号，"这道防线今天被我们的长船冲破，连一些（中国）官员也感到很好笑"。⑤ 至于上海的防卫，郭士立用一个事例做了生动的诠释。6月21日，一位"总兵官"（应是指苏松镇总兵关天培）指挥水师和"炮声像放鞭炮一样"的海岸炮台联合行动，试图逼

---

① Gutzlaff, *Journals of Three Voyages Along the Coast of China in 1831, 1832 & 1833*, p. 308.
② Gutzlaff, *Journals of Three Voyages Along the Coast of China in 1831, 1832 & 1833*, p. 304.
③ Gutzlaff, *Journals of Three Voyages Along the Coast of China in 1831, 1832 & 1833*, p. 151.
④ Gutzlaff, *Journals of Three Voyages Along the Coast of China in 1831, 1832 & 1833*, p. 129.
⑤ Gutzlaff, *Journals of Three Voyages Along the Coast of China in 1831, 1832 & 1833*, p. 201.

使阿美士德号退出去，但阿美士德号的船长只是下令放了一响礼炮，其巨大的声音就使得总兵畏惧地命令他的船只退到岸边。① 可能是想为他的读者提供尽可能详细的情报，郭士立对长江口的防卫状况用很长的篇幅做了介绍，尤其是对清军堡垒的落后和兵器的腐败，以及清军本身的腐朽都做了淋漓尽致的描述。②

由此可见，郭士立虽然没有直接说"英国应该对中国发动战争"，但他实际上相当明确地提出了一种论点，即以武力来解决令英国政客和东印度公司董事和大班及港脚商人（包括鸦片贩子在内）困扰已久的对华关系问题。诚然，郭士立也表示要向"荣耀的、全能的"上帝祈求"指引和力量"，也说过"我不反对通过商业企业努力打开与（中国）沿海省份的贸易之门，但毋宁将这种努力当作将福音传入一个只有从海上才能接触的国家可能的手段"。③ 这些说法更符合一个传教士的身份。但很明显，他更倾向于上述那种与宗教没有直接关系的"世俗"的论点。郭士立提出这个论点之时离鸦片战争还有 7 年，那时甚至连英国政府都还没有认真考虑要发动战争，这就使郭士立的上述论点在历史上显得很突出。他对鸦片战争前中外关系的影响，绝不限于很多历史著作所说的"在中国沿海从事收集中国政治、军事、经济等情报的活动"。考虑到郭氏的《中国沿海三次航行记》在西方，首先是在英国的广泛影响，至少可以说，他的论点对鸦片战争前的舆论酝酿具有导向作用。事实上，不仅他的论点对殖民侵略者有这样的价值，他的经验、中国语言和地理知识及对军事侵略抱有的狂热，都被英国"远征军"明白无误地加以利用。而了解了郭士立的以上观点，也就不难理解，这个来自普鲁士、宣称要以"上帝的语言"来教化中国人的传教士，为什么那么直接地卷入了英国的侵华战争。他虽然不一定是第一个提出要以武力对付中国的西方人士，但由于他的特殊经历，他的这种建议更能引起西人的重视。

前文也已提到，在 1833 年之后，郭士立还在中国沿海进行了 10 次以上的航行，其活动主要在福建沿海地区进行。1834 年后，郭士立被任命为英国驻华商务监督的中文秘书兼翻译，具有了官方身份，参与中英交涉中的具

① Gutzlaff, *Journals of Three Voyages Along the Coast of China in 1831, 1832 & 1833*, p. 209.
② Gutzlaff, *Journals of Three Voyages Along the Coast of China in 1831, 1832 & 1833*, pp. 210 – 223.
③ Gutzlaff, *Journals of Three Voyages Along the Coast of China in 1831, 1832 & 1833*, p. 312.

体事务，从而可以在中英关系方面发生更直接的影响。例如在 1835 年 1 月，郭士立协助英国驻华商务监督罗便臣、第三监督义律，就 1 月 21 日英国阿基勒号（Argyle）在上川岛被抢一事向广东官员交涉。2 月 1 日，郭士立还陪同义律和船长麦克唐纳（McDonald），到两广总督衙门前递交"信件"但被拒绝。最后该船于 2 月 19 日被还给英国人。①

二　在道德与利益之间：新教传教士论鸦片贸易与鸦片战争

传教士论鸦片贸易

1840 年前，传教士中与鸦片贸易有直接关系的，只有鼓吹迫使中国"开放"的郭士立。郭士立参与鸦片贸易的主要活动，就是跟随鸦片贩子在中国沿海售卖鸦片，充当鸦片贩子的助手和翻译。他充当这种角色一方面可以说是由于情势所迫，另一方面也是心甘情愿的。大鸦片贩子查顿在邀请郭士立为气精号飞剪船带路并做翻译时坦率地说："我们主要依靠的东西是鸦片……很多人认为这是不道德的交易，但这种交易是绝对必要的，它可以给任何船只提供合情合理的、可以赚取其所支出的机会，我们相信您在每一个需要您提供服务的场合都不会拒绝充当翻译。……这次冒险越是利润丰厚，我们拨给您支配、可供您今后用于推进传教事业的（金钱）数目就越大。"查顿还答应负担郭士立将要创办的月刊《东西洋考每月统记传》6 个月的费用。② 渴望经济来源以支持其野心勃勃传教活动的郭士立，无疑为查顿开出的条件所吸引。他在《中国沿海三次航行记》中自称"经过自己心灵的冲突"才接受了与鸦片贩子之间的这项交易，但他仿佛在这"冲突"之后就被查顿之流所同化，在长达几个月的走私活动中变成鸦片贩子麦凯（McKay）的忠实助手，并且在思想上也很接近鸦片贩子。如他在写给查顿的信中竟说："我为这样一种贸易日益增长的普遍前景而由衷地欢欣鼓舞，但同样为一个村庄居民（的行为）而感到痛心。这些村民我们以前没有接触过，当我们的船靠岸（准备取淡水）时，表现出很深的敌意。这使我们

---

① *The Chinese Repository*, vol. 11, pp. 122 – 126.

② Jack Beeching, *The Chinese Opium War*. New York：Harcourt Brace Jovanovich, 1975, p. 61.

对这班群氓没有好感。我们实际上是与一些衣着褴褛的人打交道，他们是这个国家的渣滓，本质上是些卑鄙可耻的恶棍。"① 这样撕破传教士道貌岸然的外衣而放肆地破口大骂，原因可能是中国村民的"敌意"使他受到的难堪和挫折太大。但如此露骨地欢呼鸦片贸易的扩大，咒骂反对这种肮脏贸易的中国人民，只能证明这个宣称要以"上帝之光"来照耀"异教徒黑暗心灵"的传教士，自己的心灵真正走向了黑暗。

气精号在卖完鸦片后于 1833 年 4 月底返回澳门。4 个月后，郭士立再次为查顿服务，又一次与麦凯合作，带着约翰·比加号（John Biggar）到泉州湾一带活动。关于郭士立的表现，带回价值 53000 镑白银的麦凯满意地向查顿报告说："我得到郭士立博士的大力协助……泉州湾的贸易现在可以说已经获得了稳固的基础。"② 在以后几年的 10 次左右的航行中，郭士立至少还有两次是为鸦片贩子服务的。他来到中国没有几年，就完全堕落为鸦片贩子的同路人。

大部分传教士则从人类基本的道德准则出发，对鸦片贸易这种罪恶的现象进行谴责。他们对鸦片问题表示关注的一个途径，就是利用《中国丛报》这一舆论工具进行有关讨论。据笔者统计，从 1836 年到 1840 年，即在中国的禁烟问题最突出的几年里，《中国丛报》发表了 48 篇有关鸦片问题的专题文章，此外还有大量的消息报道，足以显示传教士对这个问题的重视。这些文章大部分是对鸦片贸易的历史与现状、清政府的鸦片政策和禁烟动态的评论和报道，以及对中国重要禁烟文件的翻译，但也有相当一部分是谴责鸦片贸易的。裨治文是主要作者，写了 15 篇文章；马儒翰则是主要的译者，翻译了 12 篇中国官方文件。值得注意的是，从 1836 年底到 1837 年，有几位作者在《中国丛报》上就鸦片贸易问题进行了讨论。一位叫斯图尔特（J. C. Stewart）的作者先在《中国丛报》上发表题为《评鸦片贸易》的文章，对鸦片贸易进行谴责，引起一个有名的鸦片贩子因义士（J. Innes）的反驳，接着另一位名叫基廷（A. S. Keating）的作者著文批驳因义士的文章，

---

① Gutzlaff to Jardine, Jan. 2, 1834, John King Fairbank, *Trade and Diplimacy on the China Coast: The Opening of the Treaty Ports, 1842 – 1854*. Cambridge, MA: Harvard University Press, 1969, p. 70.

② Beeching, *The Chinese Opium War*, pp. 61 – 62.

其后基廷与因义士又数次相互驳难，形成一次小小的论战。① 虽然没有传教士参与，但裨治文让本来见不得人的鸦片贸易问题在《中国丛报》上得到公开讨论，本身就表明了一种态度。另外还有一件较为引人注目的事情。被鸦片贩子嘲笑为住在"锡安之角"（Zion's Coner，指广州商馆美国行 2 号）、坚持不从事鸦片贸易的美国商人奥立芬，于 1837 年 1 月在《中国丛报》上刊登启事，以 100 英镑的奖金征求研究鸦片贸易及其后果的文章，② 希望有人对鸦片贸易在商业、政治、道德、国家利益和个人利益等方面的恶果做全面、有力的论述。裨治文作为编辑，对此事显得颇为积极，先后两次专门刊登启事，将征稿的期限向后推延，以求征得满意的文章。这件事情后来没有见到下文，但它表明，一些比较正直的西方人士对鸦片贸易是持反对态度的。

其他传教士也纷纷表明态度。英国伦敦会派出的传教医生合信刚到中国不久，就著文从医学角度讨论吸食鸦片的危害。例如 1840 年 11 月，也就是鸦片战争正在进行之时，他在《中国丛报》发表了《一个瘾君子的自白，以及吸食鸦片的后果》一文，介绍了 1826 年伦敦一个鸦片吸食者对吸毒成瘾后的主观感受，并论述了自己对此问题的看法。③ 裨治文、雅裨理也发表了类似的文章。卫三畏则对鸦片贸易的危害进行了比较全面、深入的论述。他于 1839 年 5 月，即林则徐在广州采取严厉的禁烟政策之时，给美部会秘书鲁弗斯·安德森写了一封关于这个问题的长信。这封信当年底在美国公开发表，相当典型地表达了大部分传教士对鸦片贸易的态度，这里不妨引述其中片段。

虽然年度进出口货值达 1600 万元贸易的中止必然会引起部分的苦恼，但我们对这种（鸦片）贸易受到的制止只会感到鼓舞。它耗尽了这个国家的财富，带来的是死亡和疾病；这种药品毒性如此强烈，以致鸦片贸易的辩护者自己完全不会吸食它，同时他们却说它对中国人没有造成什么伤

---

① *The Chinese Repository*, vol. 5, pp. 297 - 305, 367 - 370, 407 - 412, 524 - 527; vol. 6, nos. 1, 2. 相关文章共 8 篇。

② *The Chinese Repository*, vol. 5, pp. 413 - 418, 573.

③ *The Chinese Repository*, vol. 9, pp. 425 - 436.

害。……中国人中较好的部分将会高兴地看到（鸦片贩子）的毁灭，在政府不承认鸦片贸易合法化的时期，他们将形成维护正当贸易扩大之屏障。它（鸦片贸易）每年使在广州进行的贸易支付巨大的额外关税，这样就使大部分人为少数人的罪孽付出代价，最终增加英国和美国消费者的负担，使他们为鸦片贸易的扩大付出代价。它毁灭了数以千计的中国人的身体，使这个国家道德败坏……它对民众的戕害要远远超过我们能够描述的状况，但仅从我们所了解的情况来看，其程度也是很可怕的。

这段话可以说相当全面、尖锐地抨击了鸦片贸易对中国民众、国家及正当贸易的危害。同时，卫三畏还指出，鸦片贸易也对基督教的传播造成损害。

它与我们为敌，破坏了我们所有行善的努力，任何人类的科学、技术和热情都不能克服它。因为它使人们漠视所有的指引，使人们沉迷于坟墓的气息，将他们引入墓地。作为外国人，我们受到别的外国人罪行的牵累，因此无法发挥影响，使人们接受训诲。在这种贸易横亘在我们道路的中间时，我们看不到向他们行善的希望。因为当我们散发告诫人们悔罪的圣书之时，却有人轻易出售带来死亡和疾病的奢侈品。

卫三畏在信中再次为林则徐的禁烟运动欢呼："我们对它受到如此严厉的打击而感到欢欣鼓舞，尽管不可能一次就将它彻底毁灭。"他认为"钦差大臣已经觉察到"伶仃洋和其他地方仍在出售鸦片，必定会继续采取措施。他还认为："有道德感的英国人将很少会对从事鸦片贸易者的失望心理产生同情，相反，他们会为中国人的坚定而欢呼，考虑到中国人进行的驱除死亡梦魇的努力，他们会忽略（中国人）对所谓国际法的小小违犯。"① 他这个

---

① S. S. Williams to R. Anderson, May 17, 1839, ABCFM Papers, 16.3.8, vol. 1 a. 又见 *The Missionary Herald*, vol. 35, p. 464. 美部会传教士1840年1月1日撰写的年度报告也指出鸦片问题对传教事业的危害："我们在室内，在户外，在生活琐事中，在传教事业中都遭遇到鸦片的影响。尽管我们做了非常清楚的规定，以将沉迷于这种嗜好的人排除在我们使用的仆役之外，尽管我们已有的仆役也受这种规定的约束，但甚至在我们的监督之下，他们的承诺和对被开除的恐惧也敌不过这种癖好的引诱。我们之中有些人遇到过这样极为尴尬的情况：我们所能找到的最好的（中文）教师因其影响而变得蠢笨无能。" ABCFM Papers, 16.3.8, vol. 1 a.

善良的愿望虽然没有实现，一年后英军的炮舰就出现在中国的海岸，但不难看出卫三畏在鸦片贸易问题上鲜明的立场。

这些传教士与沦为鸦片贩子同伙的郭士立有着明显的不同，他们也极力想把自己与郭士立区别开来。郭士立在传教问题上那种咄咄逼人的态度，已经使其他传教士，特别是美部会传教士感到不快，而他的传教活动与鸦片贸易如此紧密地结合在一起，无疑使裨治文、卫三畏等对他所极力宣扬的传教方法提出质疑有了有力的证据。卫三畏给安德森的这封信，与美部会在广州的传教士的这种立场应该是有一定关系的。英国传教士也有意地与郭士立拉开距离。如麦都思在1835年到中国海岸航行时，也遇到是否跟随鸦片船的问题，而且在他到广州之后1个月，就有一艘鸦片走私船愿意带他北上。但他认为，乘这样的船去散发圣书是"令人厌恶的"。他提到，"在现今的情况下，有人曾经认为这样的机会不应放弃"，但他还是感到，"传教士与鸦片船联系在一起，会被发现是不名誉的"，"传教士利用鸦片船作为交通工具，去传播神圣的知识是很不合适的"。这是明显地批评郭士立，因为当时传教士中只有郭士立乘坐鸦片船去从事传教活动。更耐人寻味的是，麦都思在他的著作里用近10页的篇幅来讨论这样一个问题，把他的意见从各个角度反复地表达出来，这很明显是要告诉人们，郭士立的行为在其他传教士中是不受欢迎的。[①]

由此可见，在鸦片贸易的问题上，新教传教士大都从人类道德和基督教伦理的立场出发加以抨击和反对，郭士立只是一个例外。鸦片战争前传教士对鸦片贸易的这种态度，在鸦片战争后他们依然坚持。说明在这个问题上传教士对于基本的道德原则还是坚守的。[②] 然而在近代中外冲突中，传教士集体站在中国人利益一边的情形是不多见的。在更多的情况下，宗教信条和道德原则往往会服从利益的需要。[③] 传教士对鸦片战争的态度，就很鲜明地反映了这一点。

---

① Medhurst, *China*, pp. 356 – 365.

② 有关传教士与鸦片问题的争论，参见笔者的后续研究，《在华英文报刊与近代早期的中西关系》，社会科学文献出版社，2012，第221～278页。

③ 美国学者雷孜智说："很明显，美部会的主要赞助人中肯定有不少人与在华美商有着这样那样的关系，他们很有可能微妙地向美部会施加压力，要求广州的传教士专心于纯粹的宗教活动，而不插手其他事务。"雷孜智：《千禧年的感召：美国第一位来华新教传教士裨治文传》，第168页。

新教传教士对鸦片战争的态度

新教传教士中直接参加鸦片战争的也只有郭士立。他在 1835 年受雇为英国驻华商务监督的秘书，在战争中很自然地成为英国侵略军的翻译。当时为英军做翻译的还有马儒翰、罗伯聃（Robert Thom）、李太郭、麦华陀（Walter H. Medhurst, Jr. , 麦都思之子）和费尔罗（Samuel Fearou）等人。① 郭士立以此身份参与了鸦片战争全过程。

在英国"远征军"到达之前，郭士立就跟随义律与林则徐等交涉。1839 年 9 月 1 日，林则徐将英国人驱逐出澳门时，郭士立曾辩解说他是德国人，但中方官员说，因为他与英国人关系密切，"所以不可以给他地方住"。② 9 月 4 日（阴历七月廿七日）中午，林则徐因林维喜事件将英国人逐出澳门，禁止民人卖给食物后 3 天，"义律忽带大小五只夷船，先遣一只拢上师船递禀，求为买食"。③ 中英船只相会地点是在九龙锚地。其后发生"九龙之战"，而郭士立与这次战斗有相当大的关系。④

鸦片战争爆发后，郭士立随英军北上。英军 7 月 5 日攻陷定海，7 日，英军军官克拉克（Clarke）被任命为"民政官"（civil governor），不久被布泽尔（Buzell）取代，郭士立则在他之下负责"民政部门"（civil department），与马儒翰等一起住在定海县衙门，从 16 日起"履行职责"。⑤ 郭士立后来成为伪"县令"，直至英军结束对定海的第一次占领。1841 年 2

---

① *The Chinese Repository*, vol. 11, pp. 115, 223.
② Stevens, ed. , *The Life, Letters and Journals of the Rev. and Hon. Peter Parker*, p. 174.
③ 《鸦片战争档案史料》（1），第 679 页。
④ 在靠近中国师船"递禀"的英国船只上就有义律和郭士立。郭士立后来说，当义律与"中国低级官员"（大鹏营参将赖恩爵等）交谈时，他作为译员在场。由于当时英国人中只有他懂得中文，郭士立成为英方交涉的发言人。他对当时情景的叙述可在一定程度上弥补中方史料的不足，有助于我们更详细地了解交涉的情形。"如果不向钦差的代表做适当的说明，似乎什么事也办不了。在将由义律上校口授的一份文件交给他们后，我在口头上庄重地宣称，他们禁止民人前来我们船上售卖货物所引起的不幸将导致他们自己受到报应，并恳求他们不要把事情做绝了，因为那将必然引起最严重的灾难性后果。在他们的要求下，我开列了一个所需物品的单子，但被告知他们无法采买，不过有些东西他们可以作为礼物送给我们以解燃眉之急，且不收价款。……在这样哀婉地求取他们的同情，并一再重复地描述他们的固执必定会引起的灾难后，我离开了他们，回到了船上。" *The Chinese Repository*, vol. 11, p. 467. 这一段细节中方史料未见记载。在这之后不久，义律率英国军舰对中国水师发动突然袭击，引起"九龙之战"。其情况相关研究著作已有论述。
⑤ *The Chinese Repository*, vol. 9, pp. 229 – 231.

月他回到澳门。但 1841 年英军再度北犯，10 月攻占宁波后，他又被指定为宁波的"民政长官"，在中文史料里亦被称为"伪县令"。1842 年 5 月他又跟随英国舰队离开宁波进犯长江，7 月占领镇江后，他再次被任命为那里的"民政长官"。《南京条约》签订后，他又被派到宁波，从 1842 年 11 月到 1843 年秋任驻定海英国商务监督。在这之后，他接替病死的马儒翰，任英国驻华全权公使和香港英国殖民政府的中文秘书。① 这些职务完全是为英军的侵略活动服务的。为了这个目的，他甚至将原有的一点伪善也彻底抛弃，而暴露出赤裸裸的强盗面目。他甚至伙同中国地方上的地痞，任意讹诈勒索中国居民的钱财。② 其品格之坏已不用多说了。郭士立在《南京条约》的谈判中与马儒翰一起充当英方的翻译，也是人们熟知的事实。据当时的报道，郭士立以"杰出的中文专家"身份，作为翻译"出色地扮演了他的角色"。③ 他不仅参与了鸦片战争的全过程，而且在鸦片战争后担任了英国香港政府总督、英国驻华公使（英国驻华商务监督）的中文秘书长达 8 年，在中英关系中发挥更重要的作用。

虽然大部分传教士反对郭士立与鸦片贩子同流合污，但郭士立鼓吹在中国寻求"自由交往"的论点在这些传教士中引起普遍的赞同。仍以《中国丛报》为例，从创刊之日起，这份刊物就以中西关系为其重要论题之一。当年 8 月，它就刊登了美国商人京氏（C. W. King）的一篇文章，题为《与中国的交往》。文章除对清朝的对外政策表示强烈的不满，希望"另一个王朝来夺占'龙位'，另一位忽必烈或康熙"来把中国治理成一个欢迎外国人的国家。文章还强调了清朝的不堪一击，并露骨地提出要"解放中国"（Liberate China）。④ 他的另一篇题为《与中国人订立条约》的文章几年后也发表在该刊上。这篇文章在对清政府的闭关政策进行了抨击之后，得出的结

---

① 郭士立在鸦片战争期间活动的简要情况，参见 Arthur Waley, *The Opium War Through Chinese Eyes*. London: George Allen & Unwin Ltd., 1960, pp. 229 - 232.

② 例如，1842 年春被奕经作为汉奸处死的定海县民刘幅桧曾供认，1840 年 12 月 19 日在宁波，他"带郭士立到认识的协和当铺内索取银钱，我曾分用，即写给我夷字一张，算作护牌。我又领他到鼓楼前当铺，也是一样办理。……宁波府内我不熟，陈先生（始沣）告诉鬼子，何处有当，何处有行，好去讹钱。又向各当行说鬼子要去抄抢，各当行即托他说情，出钱了事"。《鸦片战争档案史料》（5），第 134 ~ 135 页。

③ *The Chinese Repository*, vol. 13, p. 69.

④ *The Chinese Repository*, vol. 1, pp. 144 - 146.

论是，"不能指望谦卑的请求可以带来什么东西"，而要 "通过加农炮的炮口来进行辩论"，用这样的方式与中国订立条约，取得公使驻京、港口开放、自由交往等权利。① 神治文在文末加了按语，说清政府是"傲慢的、半开化的、暴虐的"，跟它打交道应采取"有力而果断的措施"。② 神治文不主张欧洲人到中国来占领土地，表示"不希望看到他们的人民沦于外国人的统治之下，相反，我们乐见他们享有完全的自由和幸福"，③ 但他主张迫使清政府订立条约。其他传教士也发表了类似的言论。美国浸礼会传教士高德1834 年初在《中国丛报》发表《对华自由贸易》一文，同样主张寻求扩大对华贸易，鼓吹要利用"炮舰的威力"，并公开提出"占领一个岛屿"。④这些都表明，郭士立所主张的用武力迫使中国与西方订立通商条约，从而达到使中国走向"开放"的论点，在新教传教士中并不是孤立的。

对中西关系的这种认识，就决定了传教士对英国发动的鸦片战争采取积极支持的态度。对鸦片贸易进行过严厉谴责的卫三畏的态度可以说有一定的代表性。虽然在林则徐为迫使义律交出鸦片而围困商馆时，他还认为这种"违犯所谓国际法"的行为应当得到谅解。但随着中英矛盾的激化，道光帝下令停止所有中外贸易后，卫三畏就从同情禁烟运动转向赞成对中国进行侵略。在英国人已经决定对中国发动侵略战争时，他说："我肯定在所有发生过的事件中都有神之手发挥作用，他正在利用那些主角实施他的计划，在这些计划完成之前，他的臣民会被迫放弃他们拒绝交往的制度，并接纳外国人为他们的同胞。"⑤ 他认为中国需要 "一记重击，使她从优越和安全的幻想中醒悟过来"。⑥《南京条约》签订后，卫三畏欢呼说："神眷顾这个民族的道路终于打开了。"⑦

其他新教传教士则对英国的侵略战争抱着更狂热的态度。美国传教士在一封致美国公众的集体公开信中说："神经常利用世俗权力的强大武力来为

①　*The Chinese Repository*, vol. 4, pp. 441 – 449.

②　*The Chinese Repository*, vol. 4, p. 449.

③　*The Chinese Repository*, vol. 6, p. 390.

④　*The Chinese Repository*, vol. 2, pp. 355 – 373.

⑤　Frederick W. Williams, ed., *The Life and Letters of Samuel Wells Williams*, p. 117.

⑥　*The Missionary Herald*, vol. 36, pp. 115 – 116.

⑦　Frederick W. Williams, ed., *The Life and Letters of Samuel Wells Williams*, p. 123.

他的王国开辟道路。"① 1840 年 5 月，鸦片战争将要爆发之时，裨治文在《中国丛报》上发表文章，叫嚣"中国必须屈服，或者灭亡"（China must bend or break）。8 月，英国军队占领定海后一个月，他再次发表这种论调。② 他把鸦片战争描绘成"人类最高的主宰利用英格兰来教训中国，使她谦卑。他不久还将利用英格兰向中国的千百万人传播基督教文明"。美国浸礼会的叔未士甚至反对英国人在彻底打垮清政府之前就进行谈判，鼓吹不能给中国以喘息的机会组织抵抗。他认为除非打到"皇宫门口前，否则事情不会有真正的解决"。美部会和美国长老会的传教士都几乎一致认为英国在战争期间与清政府举行的谈判是"耽误时间"，太有"耐心"。③ 对于英国军队大规模屠杀中国军民，叔未士竟冷酷地说："我认为这样的场景……是神清除阻碍神圣真理传播的垃圾之意志的直接体现。"④ 而对于《南京条约》，所有的传教士都无一例外地表示欢迎。

但是，派遣成千上万的"远征军"，开着炮舰到几万里以外的国家进行杀戮和劫掠，毕竟是违背人类基本道德的赤裸裸侵略行为。甚至连美国宗教界人士也对其来华传教士如此嗜血好战的言论感到惊讶。例如有一篇文章说："奇怪的是，这些善于思考的心灵竟会相信，人的仇杀可以实现神的正义；更奇怪的是，他们竟会希望耶稣基督的福音可以或者可能可以通过刀剑带给不信者的心灵，或者说他们竟会希望通过成千地屠杀我们的同类，可以建立平安的天国。"⑤ 对此，传教士们用上帝的意志来开脱。在文惠廉看来，"对于在这个确确实实正在衰朽、崇拜偶像的异教民族中建立千百个传教团的事业来说，只有一个障碍，这个障碍本质上是政治性的"。不言而喻，他说的这个政治障碍就是清朝的对外政策，而英国"远征军"在政治上的目标也是结束这种政策。因此，在支持英国对华战争的问题上，"我们也许在

① Stuart Creighton Miller, "Ends and Means," in John King Fairbank, ed., *Missionary Enterprise in China and America*, Cambridge, MA: Harvard University Press, 1974, p. 255.
② *The Chinese Repository*, vol. 9, pp. 1 – 9, 229.
③ Stuart Creighton Miller, "Ends and Means," in Fairbank, ed., *Missionary Enterprise in China and America*, p. 255.
④ Stuart Creighton Miller, "Ends and Means," in Fairbank, ed., *Missionary Enterprise in China and America*, p. 255.
⑤ Stuart Creighton Miller, "Ends and Means," in Fairbank, ed., *Missionary Enterprise in China and America*, p. 256.

犯错误，但这是神理所当然会原谅的错误"。英国人的征服行动本身可能是非正义的，"却可能导致一个良好的结果"。① 叔未士的解释与文惠廉相似，他表示，"我反对所有形式的战争，但中国政府是充满敌意的，特别是从根本上对伟大的神和神子的事业怀有敌意"，而鸦片战争就可以迫使清政府放弃这种敌意。② 这种认识部分地体现了新教传教士支持英国侵华战争的心态。他们反对英国全权代表"过早地"谈判，原因之一就是担心英国人只追求通商利益，而缺乏迫使中国全面"开放"，包括在宗教上向这些徘徊在华南沿海的传教士开放的"远大眼光"。正如卫三畏在家信中透露的："大家都担心，英国全权代表最终不能像我们希望的那样，在扩大交往方面做足够的努力。"③

众所周知，鸦片战争的起因是鸦片贸易，而鸦片贸易则是传教士们大力抨击的。卫三畏承认，考虑到英国侵略军的派遣"与鸦片贸易有密切的联系，我在内心认为整个远征都是非正义的"。④ 为了对付这个矛盾，"神"或"上帝"这块盾牌再一次被传教士们肆意地使用。美国长老会的麦多马说"鸦片贸易确实是不人道的"，但"对我们有限的心灵来说，神的方法是隐秘的和不可理解的"，通常"只有他自己才能完全理解"。神可以"使用任何方法"，他会用"人的仇杀来赞美自己"，因此，甚至像鸦片贸易和鸦片战争这样的恶行"也可以为他服务"。⑤ 裨治文强调说，"神的方法与我们的方法不同，他的思想与我们的思想也不同"，重要的是要让"'中华帝国'感受到外国军队的威力"。他认为由于鸦片战争的爆发，"我们正处在一个新时代的前夜，一个伟大的革命已经开始。我们曾长期为包围我们的孤寂而哀叹，福音是我们唯一的安慰。但现在我们相信，统管世界的神正准备为福音的宣讲者打开一条宽阔的道路"。⑥

---

① Stuart Creighton Miller, "Ends and Means," in Fairbank, ed., *Missionary Enterprise in China and America*, pp. 255 – 256.

② Stuart Creighton Miller, "Ends and Means," in Fairbank, ed., *Missionary Enterprise in China and America*, p. 256.

③ S. W. Williams to his father, April 26, 1841, Frederick W. Williams, ed., *The Life and Letters of Samuel Wells Williams*, pp. 121 – 122.

④ Frederick W. Williams, ed., *The Life and Letters of Samuel Wells Williams*, p. 122.

⑤ Fairbank, ed., *Missionary Enterprise in China and America*, p. 254.

⑥ Eliza J. Bridgman, ed., *The Pioneer of American Mission to China*, p. 113.

不难看出，这是传教士在道德与利益之间选择了后者之后而进行的狡辩。他们对鸦片战争采取如上所述的态度，是因为他们看到，这场战争可以使他们长期渴望的目标——打开中国的门户，通过与中国人的"自由交往"快速地传播基督教——得以实现。鸦片战争前新教的传播一直被限制在广州和澳门附近的狭小范围内，而且在吸收教徒——传教活动取得进展最重要的标志——这方面，英美传教士在几十年中努力的结果是很微小的。他们把这种状况归咎于清朝的闭关与禁教政策，而且他们把禁教看作闭关政策的一部分。在他们看来，一旦他们可以在中国 3.5 亿人口中"自由交往"，他们自己和皈依于基督教的中国百姓都不必担心清政府的"宗教迫害"，那么基督教历史上最具规模的扩张是必然会到来的。在迫使清政府"开放"这一点上，英美传教士与英国的政客、商人的目标是一致的。麦多马说，"如果英国人最后不会虎头蛇尾，则中国不久就会向福音开放"，① 所表达的就是在传教士中普遍存在的想法。鸦片战争期间，雅裨理和文惠廉 1842 年 2 月 7 日在香港乘坐英国的澳大利亚人号（Australian）战舰，到英国军队占领下的鼓浪屿，英国"远征军"司令璞鼎查亲笔写信，把他们介绍给驻在厦门的英军首领，让他们给予这两位传教士以"良好的关照"，使他们"马上就开始自己的工作"。② 而英国传教士雒魏林和美魏茶到英军占领下的舟山，开创在那里的传教事业，与英军的关系就更密切了。这些都是传教活动与炮舰政策相结合的典型事例。

因此，急欲推进传教事业是传教士支持鸦片战争的一个重要原因。他们反对鸦片贸易的一个重要原因是这种贸易威胁了基督教的传播，而他们支持鸦片战争则是因为这场战争可以扫除传教道路上的障碍。在这里我们看到，传教士对中外关系中具体事件的态度，是根据它对传教事业的影响来确定的。当西方列强迫使"东方从属于西方"的进程与基督教传播的进程相一致的时候，道德的因素在传教士们那里便退居次要的地位，一切都必须服从传教利益。在近代，列强对中国奴役程度的加深总是意味着更有利传教条件的出现，鸦片战争后清廷被迫弛禁基督教就是典型的例证。而传教士也总是

---

① Fairbank, ed., *Missionary Enterprise in China and America*, p. 252.

② *The Chinese Repository*, vol. 11, p. 505.

希望借助列强的政治、经济势力来达到宗教上的目的，因此他们在列强侵略中国的重大事件中总是抱着支持的态度。这种共同的利益关系就使得传教士成为西方殖民势力天然的同路人，而传教士对鸦片战争的支持就成为他们与西方强权政治同盟关系的开端。

当然，传教士对鸦片贸易的谴责并非完全出于传教利益上的考虑，其中还有道德的因素。同样，传教士对鸦片战争的支持也不能说完全由于宗教上的原因。他们并没有因为特殊的身份而丧失其民族意识，当中国与英国或美国之间发生冲突时，这些国家的传教士一般不会有足够的道德勇气站在被侵略者的一边。甚至当中国与西方某个国家之间发生冲突时，大部分西方的传教士一般会因为文化上的原因而站在西方国家一边，除非传教士自己的国家与侵略者有这样那样的矛盾。这些因素是我们在认识传教士与列强政治势力的关系时应该考虑到的。这里所要说明的是，在鸦片战争前后的具体历史条件下，在一定意义上，传教士在宗教上的利益与英国的侵略利益是一致的，这是传教士支持鸦片战争的基本动力。

三 伯驾、裨治文与中美外交关系的开端

与英国不同，美国这个年轻的国家在鸦片战争前还没有把建立持久的对华外交关系提上议事日程。可以说美国政府在国家关系方面对中国发生兴趣，是在中英鸦片战争的刺激下开始的。美国政客敏锐地认识到这场战争对他们国家利益的意义，抓住时机展开对华外交，很快迫使中国与它签订了《望厦条约》。在这过程中，美部会传教士伯驾和裨治文起到了一定的作用。由于研究中美关系史的学者对此已经进行过较多的讨论，这里侧重在细节方面做一些补充。

伯驾、裨治文与林则徐的交往

伯驾和裨治文与中国官方的接触，早在鸦片战争前夕就已开始。不过那时他们的身份还是旁观者。这里所说的他们与中国官方的接触，具体说来，就是他们与钦差大臣林则徐的交往。

林则徐在虎门销烟时曾邀请裨治文前往观看，这是研究鸦片战争的学者

都注意到的事实。① 据记载，裨治文是与同孚洋行的合伙人京一起，乘坐该商行的马礼逊号从澳门到虎门的。② 林则徐在奏折中提道："并有米利坚国之夷商经（京）与别治文、弁逊等，携带眷口，由澳门乘坐三板向沙角守口之水师游击羊英科递禀，求许入栅瞻视。……且查夷商经等平素系作正经买卖，不贩鸦片，人所共知，因准派员带赴池旁，使其看明切土捣烂及撒盐燃灰诸法。该夷人等咸知一一点头，且皆时时掩鼻。旋至臣等厂前，摘帽敛手，似以表其畏服之诚。当令通事传谕该夷等……随即公同赏给食物，欢欣祗领而去。"③ 与英文资料中记载的情况大致相似。但有一个学者没有注意到的情况是，林则徐派去邀请裨治文的人，以及他的奏折中提到的通事，就是梁发的儿子梁进德。卫三畏在信中说："（林则徐）派裨治文以前的一个英语说得很好的学生来，建议他去虎门，这个学生被林雇用，承当翻译他所感兴趣的西方报刊内容。"很明显，这个"学生"就是曾长期跟随裨治文的梁进德。卫三畏还说："裨治文博士在虎门停留了一到两天。林想让他带一封信给义律上校。博士则提出，如果告诉他这封信内容，他就答应这个要求；但林拒绝透露，裨治文于是声称他不愿意像一个普通的信使那样带这封信。后来该总督同意写那封信，但当裨治文博士前去拿时，信还没有写好，以后（林）也没有送出这封信。"④ 这段话透露了林则徐曾想通过裨治文与义律联系。

　　林则徐与伯驾的交往同样已引起国内外学者的注意，⑤ 一般以为他们之间的交往始于 1839 年 6 月 1 日林则徐派人去见伯驾。但林则徐如何注意到伯驾，则是一件值得探讨的事情。据笔者看到的材料，伯驾与林则徐的

① 国内学者的研究，参见陈胜粦《林则徐与鸦片战争论稿》增订本，中山大学出版社，1990，第 251～253 页。
② The Chinese Repository, vol. 8, pp. 70－77.
③ 《鸦片战争档案史料》（1），第 610－611 页。
④ Frederick W. Williams, ed., The Life and Letters of Samuel Wells Williams, p. 115.
⑤ 如陈胜粦教授的《关于林则徐研究的若干史实补正》一文，对林则徐先后多次与伯驾的交往进行了详细的论述，并指出，第 6 次以林则徐弟弟的身份到伯驾寓所治疗疝气，并代林则徐选择治疝气的托带的人，"可能就是毕生以化装私访、微服出行著称的林则徐"。陈胜粦：《林则徐与鸦片战争论稿》增订本，第 245～251 页。美国学者古利克《伯驾与中国的开放》一书，利用美部会和伯驾私人的一些档案材料，对伯驾与林则徐交往的情况做了很具体的讨论。Gulick, Peter Parker and the Opening of China, pp. 88－92.

交往起因是他写给林则徐的一封长信。伯驾似乎对当时的中英关系乃至中西关系有一个全面的考虑。他与其他传教士一样，反对鸦片贸易，并对广东官场在禁烟方面的腐败有深入的了解，所以当他通过观察，认为林则徐是一个真正决心禁绝鸦片、有才干、值得信赖的政治家后，他就将自己的一些想法告诉这位地位崇高的钦差大臣，试图对他有所影响。伯驾写信的日期已不可考，但根据这封信的内容来看，应该是在 1839 年 6 月 1 日之前。

他在信中自称"一个外国人，一个全人类特别是中国的朋友"。他按中国人的做法，将林则徐恭维了一番，说久闻钦差大人的"廉洁、爱国和仁慈"，"自听闻如此人物要来之时，我的心就非常快乐，因为上天悯世，终于派遣一位拯救者，前来将他的国家救出如此悲哀和邪恶的境地。我还每日热诚祈请天神，引领钦差大人完成他艰难的重任"。伯驾在信里表示了他和"我珍贵的朋友奥立芬、京等"对"鸦片烟魔"的憎恶。接着他笔锋一转，说由于林则徐对"外国的法律和外国的强大"都茫然不知，因此"采取了与友好国家的习俗相冲突的一些措施，这样他在不适当的程度上冒犯了英国"。在伯驾看来，冒犯英国这样的强权是很危险的，因为"在最近的一次事件中，这个国家一支数量较小的（武装）力量就封锁了南美洲的两边，炮击了那里的城市和村庄"。我们可以从以上这些话猜测，伯驾所说的"与友好国家习俗相冲突的措施"，指的可能是林则徐采取措施包围外国商馆，迫使义律全部交出鸦片；而所谓"冒犯"英国，可能是指林则徐坚持要英国和各国商船出具"永不夹带鸦片"的甘结，义律抗拒不遵，5 月 24 日带领所有英国人离开广州到澳门，而此时美国人还都留在广州。因此，伯驾这封信很可能是在 5 月 24 日到 6 月 1 日之间的某一天写的。

在为自己的观点做了上述铺陈之后，伯驾表示，如果事先预见到所发生的事，他会"采取任何方法，使两个伟大的国家和好"，即使这会使他"付出生命"。他认为在事情已经发展到较为严重的地步时，应该思考"造成目前中国与外国之间不幸状况的原因是什么"，他的答案是"这些国家相互之间对对方的状况和特性的误解"。由此他进入了正题："那么解决的方法是什么？可以用两个词来表达：'体面的条约'（honorable treaty），这样的条约存在于所有友好的国家之间（有些这样的条约，例如美利坚与英格兰、法兰西与美利坚之间的条约可以见到）。让所有过去的仇恨都被忘却吧。让每一个国家，无论是中国人、英国人、荷兰人、法国人，还是美国人，都相互建立起牢不可破的友谊，根据条约和睦相处。"

可见，伯驾的真实想法是：必须用条约的形式来规范中国与外国（西方各国）的关系，而这种条约应该以西方各国之间的条约为榜样，这样既可以解决中国与西方的冲突，使中国像西方各国长期希望的那样对外"开放"，使西方人可以在中国实现"自由的交往"，又可以结束中英之间的敌对状态，使西方人士在中国重新享有"和平"。伯驾认为林则徐这样既廉洁、开明而又握有主持对外交涉大权的人物，也许可以接受他的建议并付诸实施，至少可以对他施加影响。他的目的在于使林则徐减少对英国人的敌意，让他愿意接受这样一个建议。伯驾又说："从英国人在世界各地拥有许多土地的角度来看，人们也许会担心，他们也想占领这个国家。但我很高兴地向钦差大人肯定，他们只想贸易，由'体面的条约'所规定的贸易。（条约订立）之后，英国将再也不会准许她的船只携带鸦片，也不许她的人民种植和贩卖鸦片。"最后，伯驾表示说："如果钦差大人嘉许此种友好的感情，我将最荣幸地再次申陈，并在我能力的范围内为他做任何事情。"① 也许，这几句话暗示他愿意在中英之间斡旋。

这就可以解释，为什么伯驾愿意与林则徐接触，为他翻译滑答尔（Emer de Vattel）的《国际法》。伯驾主动与林则徐联系，并不是为了攀附权贵，而是有更深刻的目的。可以说作为传教士的伯驾，已经具有了外交家的意识和眼光。伯驾后来极力推动美国政府与中国建立外交关系，与他的这种思想是分不开的。

当然，伯驾这个举动含有以政治手段达到英国准备用军事手段达到目的之意味。伯驾想通过林则徐实现几年来传教士经常谈论的中国的"开放"，他的出发点是为了扩大西方在中国的势力与影响，并使中国接受西方世界的国际关系准则。这种与外国建立新型国际关系的建议或有其可取之处。但以林则徐当时对世界的认识，自不可能接受与"英夷"或"米夷"订立条约，发展"平等关系"的建议，客观上也没有这样做的国内政治环境。不过，

① Stevens, ed. , *The Life, Letters and Journals of the Rev. and Hon. Peter Parker*, pp. 170 – 172.

林则徐在广东如饥似渴地收集有关世界历史地理的资料，组织人员编译西文报刊文字，乃至同时要伯驾和袁德辉翻译《国际法》，是否在一定程度上受到伯驾建议的影响却是值得推敲之事。

现在也无法知道，伯驾这封信是如何送达林则徐之手的。但可以肯定的是，林则徐一定看到了这封信，这才出现了他与伯驾多次交往的故事。

根据《伯驾与中国的开放》一书提供的有关伯驾与林则徐交往的材料，有几件事情值得注意。其一，1839年6月10日林则徐第一次派去见伯驾的有"3名使者"。伯驾在答应帮助翻译《国际法》，写出关于鸦片对人体的危害及治疗方法外，还主动提出送给林则徐一份地图、一本地理书和一个地球仪，而3名使者的反应是，让伯驾在送这些东西的同时，还写一份请求接受之类的禀文，被伯驾拒绝，认为"要请求的不是他这一方"。后来这几个人收回了这个要求，接受了伯驾的赠品，并保证林则徐会写信给他，向他提供一个"路单"（passport），以便伯驾可以去见林则徐。当时林则徐正在虎门督促销烟。这说明林则徐一开始就有会见伯驾的打算。[1] 其二，林则徐的代表与伯驾的会面引起行商首领伍浩官"焦虑不安的干预"，他要求伯驾如见到林则徐本人时只谈医疗方面或者是"政治上无害的话题，例如外国的风俗"，告诫他说："贸易的事你不懂。鸦片船的事你也不懂。"行商在中外关系存在矛盾时，总是处在动辄得咎的境地，伍浩官小心谨慎的背后一定隐藏着特定的原因。林则徐后来对伯驾有所要求时，总是通过伍浩官这个渠道，[2] 表明伍可能在林则徐那方面做了工作，让他来负责与伯驾打交道。其三，林则徐要求伯驾提供治疗鸦片烟瘾的方法，也是人们感兴趣的事。伯驾起先在他写给林则徐的材料里，只是叙述了鸦片对人体的影响和治疗烟瘾的一般原则。但林则徐又要求他提供治疗瘾君子的具体方法，"一个适合于不分年龄和性别的所有鸦片的吸食者使用的，并能医治由鸦片引起的其他各种病症的处方"。林则徐希望能够医治普通鸦片吸食者的心情，从这个要求就可以体现出来。精通西医的伯驾却无法给他提供这样一个中医式的处方。伯驾告诉他，没有这样的灵药，只有通过逐渐减少吸食来戒除，这个过程需要

---

[1]　Gulick, *Peter Parker and the Opening of China*, p. 88.

[2]　Gulick, *Peter Parker and the Opening of China*, pp. 88 – 89.

两个月到两年。① 其四，林则徐请伯驾翻译滑答尔《国际法》，并不是要他全译，而是要他翻译关于"战争，以及与战争相关的敌对方法，如封锁、禁运，等等"，此外还有"一个国家驱逐外商和没收走私物品的权利"等内容。可见，林则徐所选择的内容具有很强的现实性和针对性，对英国人将采取的侵略及其手段已经有所预料。伯驾在 8 月下旬到 9 月初译完了这些内容。② 不过美国学者徐中约认为，伯驾的翻译表达得不清楚。③ 这也许是林则徐同时要求袁德辉翻译同样内容的原因。

广州眼科医院关闭后，伯驾先到澳门，并很快回到美国，与林则徐的联系也就此中断。

伯驾、裨治文与美国对华交涉

伯驾 1840 年 7 月 5 日离开澳门，12 月回到美国，直到 1842 年底再次到广州。在这期间，他的主要活动是为中国医务传教会募捐和进行宣传，顺便解决了婚姻大事。他在政治上也有值得注意的活动，即游说美国政府关注对华关系。

伯驾在 1841 年 1 月底到美国首都华盛顿活动。他在华盛顿的活动带有相当浓厚的政治色彩，而中美关系则是他谈论的主要话题。他约请国务卿丹尼尔·韦伯斯特（Daniel Webster）与他会面，就中美关系问题提出自己的看法。1 月 30 日，他给韦伯斯特写了一封全面阐述他对中美关系看法和建议的信。他在信中首先强调，他谈论中美关系的动机是"无私"的，而解决中美关系中的"危机"（指 1839 年 12 月后道光帝下令停止与所有外国包括与美国的贸易）又是至关重要的。这封信的主要内容是"满怀敬意向美国行政部门提出建议"，这个建议关乎"改善现存在于美国与中国之间关系的危机状况"，简单地说，就是"直接地、不拖延地向道光帝的宫廷派遣一位全权公使"。接着他陈述了更具体的 6 条意见，可简要概括如下。其一，美国公使应要求中国政府注意，美国与中国之间的关系问题有待解决。其二，最重要的是，要派出的美国公使在年龄、能力和地位方面的条件，必须能够被中英双方接受为调停人，调解这两个国家之间关系中存在的困难，并

---

①　Gulick, *Peter Parker and the Opening of China*, p. 89.

②　Gulick, *Peter Parker and the Opening of China*, p. 90.

③　Immanuel C. Y. Hsü, *China's Entrance into the Family of Nations: The Diplomatic Phase, 1858 – 1880*. Cambridge, MA: Harvard University Press, 1960, pp. 123 – 125.

能在使各方都有利且体面的情况下恢复中国的对外贸易。其三，应认识到贸易带来的税收在中国的岁入中占有重要地位。其四，应认识到中国人希望在不"丢面子"的情况下恢复贸易。其五，应严肃地认识到，如果对华关系问题不能及时得到处理，中国所有的对外交往都会被切断，中国将会采取日本那样的政策。例如一位御史就曾提出"封关禁海"的建议。伯驾强调说："不应忘记，年交易额达 1200 万元的贸易是值得维持和保护的。"在提出此点时，他还没有预料到英国人能迫使中国答应《南京条约》中那样"开放"的条款。其六，伯驾认为中国人对美国人有较好的看法，"美国商人卷入被禁止的物品（即鸦片）的交易是有限的"，很多在中国的美国人反对鸦片贸易，而且美国又以"非殖民民族"而闻名。至于出使中国的人选，他认为必须选择"具有最高级外交手腕"的人物，像派到欧洲大陆国家那样的使节是不足以担负此任的，最好派遣曾经担任过美国总统的人士，这样的人在中国人的眼里会被当作"美利坚合众国皇帝"，其身份能够保证他赢得尊敬，并被准许进入"天朝的朝廷"。①

伯驾的建议说明，发展或者说开拓美国与中国的关系，防止中国退缩到完全的"闭关自守"状态，并使美国在中英冲突中扮演调停者的角色，是他从美国的利益出发，在中国与西方关系问题上产生的主要见解。他给韦伯斯特的信和给林则徐的信，动机和出发点都是一致的，只不过在广州时他企图充当阻止中国关闭大门、调停中英冲突的角色，而在华盛顿他则把这个任务交给美国政府。看来，伯驾在广州和华盛顿的活动都不是孤立的，而是他经过深思熟虑后采取的行动。

他在这之后继续向美国政要阐述他在对华政策方面的主张。1841 年 1月 31 日，应美国国会牧师阿尔弗雷德·库克曼（Alfred Cookman）的邀请，伯驾在国会山向参众两院的议员做礼拜日布道演说，"前总统亚当斯和其他杰出人物也在场"。② 他主要谈他在中国的经历，特别是医务传教方面的情况。2 月 11 日，他被选为国家科学进步学院会员。③ 不久，他又出席了美国新任总统威廉·哈里逊的就职仪式，并在 3 月 15 日，由哥伦比亚大学教授、

---

① Stevens, ed., *The Life, Letters and Journals of the Rev. and Hon. Peter Parker*, pp. 184 – 188.

② Stevens, ed., *The Life, Letters and Journals of the Rev. and Hon. Peter Parker*, p. 188.

③ Stevens, ed., *The Life, Letters and Journals of the Rev. and Hon. Peter Parker*, p. 193.

他未来妻子的叔父西华尔（Sewall）陪同觐见哈里逊。伯驾与总统讨论美国与中国的关系问题，引起了后者的兴趣，并表示将把这一问题提交给内阁讨论。同一天，伯驾还见到了美国前总统约翰·昆西·亚当斯（John Quincy Adams），与其讨论向中国派遣外交使团之事。①

在这之后不久，伯驾到英国和欧洲大陆活动，但他在中美关系问题上对美国政府的游说并没有结束。9 月回到美国后，他发现美国政府并没有在派遣赴华使团方面采取行动。9 月 16 日，他再次由西华尔陪同觐见继任的美国总统约翰·泰勒（John Tyler），讨论对华关系问题，并再次拜访了韦伯斯特，进行了长时间的交谈。② 可见，他对于推进美国对华关系是非常热心的。

虽然没有直接的证据表明，美国政府在 1843 年决定向中国派遣使团是根据伯驾的建议，但伯驾在这个问题上与美国总统和国务卿的接触，可以肯定对美国的对华政策产生了不可忽视的影响。

伯驾是在 1842 年 10 月带着妻子回到广州的。12 月，在韦伯斯特的推动下，泰勒提请美国国会批准了派遣使团到中国的决定。泰勒挑选的全权公使不是像伯驾建议的那样，由某一位美国前总统担任，而是他自己的朋友、来自马萨诸塞州的律师顾盛（Caleb Cushing），而顾盛的副手则是韦伯斯特的儿子弗莱切·韦伯斯特（Fletcher Webster）。顾盛在来华前与美部会联系，在得到该会提供帮助的许诺后，他直接写信给伯驾，要伯驾做他的助手。当顾盛于 1844 年 2 月 27 日到达澳门时，前往迎接的人中就有伯驾。③ 伯驾在 3 月 4 日成为顾盛的中文秘书兼翻译，与他共同担任这一职务的还有裨治文。④

早在顾盛使团到来前，裨治文就已经为美国政府出过力。从 1842 年 5 月起，"裨治文博士花了两个月的时间，运用他的能力在黄埔和广州担任中文翻译，帮助克尼准将（Com. Kearny）与广州的总督（祁𡎴）谈判"。⑤ 这

---

① Gulick, *Peter Parker and the Opening of China*, p. 100.

② Gulick, *Peter Parker and the Opening of China*, p. 107.

③ Gulick, *Peter Parker and the Opening of China*, pp. 113 – 114.

④ *Brief History of the American Board of Commissioners for Foreign Missions in China*, p. 83, ABCFM Papers, 16. 3. 11.

⑤ *Brief History of the American Board of Commissioners for Foreign Missions in China*, p. 81, ABCFM Papers, 16. 3. 11.

里的"克尼准将"就是指美国派往东方的第一支舰队——"东印度舰队"
(East India Squadron)司令克尼(或译加尼),这支舰队当时在珠江口一带
活动。克尼与两广总督祁埙的接触,他为美国争取权益的作为,以及裨治文
在此过程中提供的"不可或缺"的语言服务,裨治文的传记作者进行了专
门的叙述,可以参看。① 克尼后来在《南京条约》签订前后,与耆英就美国
的利益和地位问题做过交涉,要求确定美国有权享受最惠国待遇,即《南
京条约》所规定的英国在华权益,美国可以"一体均沾",② 但没有实现。
在此情况下,克尼催促美国政府派遣正式使团来中国。当顾盛使团到达后,
克尼就不再承担交涉的使命。

顾盛使团一度要求北上进京,向道光帝递交国书,但为道光帝所拒绝,
要他们在广州等候钦差大臣耆英办理有关交涉。在此过程中,裨治文力主顾
盛进京,与清廷直接交涉,并对他后来放弃这一目标颇有微词。③ 在耆英到
达之前,由护理两广总督程矞采与顾盛等进行了一些文书往来。伯驾和裨治
文在这段时间主要为顾盛起草和翻译文书,包括翻译《南京条约》中文本
的条款。伯驾还往来于广州和澳门之间,充当信使角色。④ 耆英5月30日
到广州,6月17日带着广东布政使黄恩彤等到澳门,第二天就与顾盛使团
会谈。美国方面除顾盛外,还有"夷目伯驾、裨治文等"。⑤ 此后谈判分别
在澳门顾盛租住的寓所和耆英驻节的望厦村庙宇进行。

伯驾和裨治文在谈判中所起的作用,除翻译、起草文件和充当译员外,
还参与谋划。6月19日,耆英要求美国方面提供一个条约的草案。两天后,
弗莱切·韦伯斯特、伯驾和裨治文就依照《南京条约》和《虎门条约》的
条款草拟出一个中美条约方案。耆英和顾盛还指定黄恩彤和伯驾就条约的某
些内容进行具体讨论。从6月27日开始,弗莱切·韦伯斯特、伯驾和裨治

---

① 雷孜智:《千禧年的感召:美国第一位来华新教传教士裨治文传》,第181~185页。
② 克尼与耆英交涉的情况,参见 Tyler Dennett, *Americans in East Asia.* New York: Barnes and
  Noble, 1922, pp. 108 – 110.
③ E. C. B. , "Message from the president of the United states to the senate, transmitting the treaty
  concluded between Mr. Cushing and Kiying, in behalf of their respective governments," *The Chinese
  Repository*, vol. 14, p. 358.
④ Gulick, *Peter Parker and the Opening of China*, p. 116.
⑤ 《两广总督耆英奏报连日接见美使顾盛大概情形折》,《鸦片战争档案史料》(7),第457页。

文等又和黄恩彤、潘仕成等就条约的文本逐条商讨核对。[①] 在 7 月 3 日中美
《望厦条约》签订前，伯驾和裨治文都是美国使团最忙碌的人物。按古利克
的研究，根据保存在美国国会图书馆的顾盛文件，伯驾和裨治文所做的翻译
工作基本相当。[②] 在条约内容的谋划方面，对中外关系十分熟悉、曾经发表
大量文章的裨治文，以及长期在广州、澳门生活的伯驾，对顾盛施加的影响
是不可低估的。

但伯驾的一个独特之处，在于他可以利用在行医过程中积累起来的与
中方官员的一些关系来为谈判服务。在这方面表现得比较明显的是，他利
用为耆英、黄恩彤及潘仕成的父母治病的机会，为美国方面的谈判争取好
处。特别是潘仕成，对伯驾医治其父母的疾病确有感恩的心理。前文已经
提到，潘仕成在支持将允许在通商口岸建造"礼拜堂"的条款塞进《望厦
条约》这件事上起到一定的作用。而耆英将潘仕成招进谈判班子，也可能
正因为他与伯驾之间关系颇为熟悉。耆英向道光帝报告谈判不易，调潘
"襄理洋务"的理由是，"米夷止有伯驾、裨治文二人，所识汉字无多，仅
能为粤省土语，以致两情难以相通，甚为吃力。奴才因思即补道潘仕成久
任部曹，极知轻重，生长粤东，明习土语……与米利坚商人颇多熟识，亦
素为该国夷人所敬重"。[③] 这里的"该国夷人"，应该包括与潘仕成的确
"颇为熟识"的伯驾在内。伯驾能够利用他的关系为美国方面服务，就使
他在谈判过程中的作用较裨治文更为重要。笔者未看到裨治文单独向中国
方面行文的文件，但第二次鸦片战争中被英军劫掠的两广总督衙门档案中
保存了一件就中国方面通知美国使团道光帝已批准《望厦条约》给伯驾的
复照，全文如下。

　　亚美理驾合众国水师提督驻中国任办理合众国事务伯驾，为照复事：
　　现在七月二十七日照会，近日顾盛大臣接拉翻译，阅明知悉，本大
人十分欢喜。给知军机大臣会同各部，按照所议各条，一一照复准行，
大皇帝朱批本年五月十八望厦所定条约。即相应本大臣此欢喜知会，交

---

① Gulick, *Peter Parker and the Opening of China*, pp. 118 – 120.
② Gulick, *Peter Parker and the Opening of China*, p. 122.
③ 《鸦片战争档案史料》(7)，第 459 页。

属本国商民人等，亦无疑各恪守条约。顺候

　　升祺。须至照会者，右照会

　　大清钦差大臣太子少保兵部尚书两广总督部堂宗室耆

　　　　　　一千八百四十四年九月十四日，即

　　　　　　　道光二十四年八月初三日 ①

　　这份照会显示，伯驾可能在中美谈判期间负责美国使团与中国谈判代表之间的文书往来。裨治文是否负有同样的责任，尚未发现有关材料。

　　《望厦条约》签订后，裨治文与美国使团的关系就此结束，而伯驾则被正式任命为美国驻华使团的中文秘书，年薪 1500 元。② 两年后因美部会将伯驾除名，伯驾正式接受这一职务，成为职业外交官，其过程前文业已论述。在那之后，伯驾由中文秘书而任美国驻华使团代办，进而担任美国驻华公使，在中美关系中的作用和影响越来越大。他甚至否认台湾与中国大陆的密切关系，极力向美国政府建议派兵占领台湾，可以说是美国人鼓吹"台湾地位未定"的始作俑者。③ 但他在扮演这些角色、从事这些活动时，是以美国官员而非传教士的身份进行的，这里就不再赘述了。

四　寻求新权益：新教传教士与鸦片战争后的中西关系

　　对鸦片战争一致热烈欢迎的新教传教士，在这场战争硝烟未散之际，就急迫地想要从珠江口向北方的沿海地区发展势力。《南京条约》订立后，他们更是进入了一个前所未有的亢奋期。各新教差会纷纷充实在华传教团体，原来没有派出传教士的差会也开始派遣传教士来华。他们的活动范围当然也终于突破原有的地域，而遍及所有的"条约口岸"。这个局面一度使来华新教传教士对中西关系的现状相当满意。他们感到"（神）所预定的在中国传播福音的时刻从未像当今时代的征象所显现的那样与我们如此接近。我们似

---

① 两广总督衙门档案，英国外交部文件，档案号：FO 931/564。

② Gulick, *Peter Parker and the Opening of China*, p. 123.

③ 关于伯驾占领台湾的言论和行动，参见 Gulick, *Peter Parker and the Opening of China*, Chap. 12; Dennett, *Americans in East Asia*, Chap. 15.

乎处在一个新时代的前夜，在这个时代，阻挡我们进入这个帝国的障碍必将崩塌。"① 裨治文在中美《望厦条约》签订后，也赞叹鸦片战争带来的巨变："中国政府在对外态度和宽容精神方面的变化多么大！中国与世界其他国家关系的变化多么大！外国人在这个国家境遇的变化多么大！"他评论说："很清楚，一个伟大的革命开始了，天朝的古老政策已被改变。我们欢呼庆祝，与其说是因为已经发生的事件，不如说是因为即将到来的事情。很明显，全能的巨手在指引着这些变化，使我们在实践神旨的道路上可以前进无阻。"②

但是传教士们很快就不满足于已经发生的演变，裨治文的言论表明他们在期待更大的变化。因为在他们看来，中国在"开放"的道路上只是迈出了第一步，而无论是为了实现"神的旨意"，还是为了实现西方政治经济的世俗利益，这种不情愿的初步"开放"都是不够的。他们承认："这里发生了伟大的变动，但是这只是将来更伟大变动的前奏。我们希望会如此，预计会如此，并相信会如此。因为中国不可能，肯定不可能再回到她先前孤立排外的状态中去。"③ 随着时间的推进，这种期待变成了越来越急迫的需要，并再次汇合到欧美强权压迫中国继续屈服的潮流中，表现为对英法联军发动的第二次鸦片战争的喝彩乃至同流合污。④

传教士在第二次鸦片战争中的表现和活动已不在本书论述范围内。本节只对鸦片战争后十年间，与新教传教士有关、对西方强国迫使中国扩大"开放"的进程有所影响的几个个案做一些具体考察。

雅裨理与娄礼华私闯漳州

雅裨理1842年2月到厦门后，就一直在那里从事传教活动，开辟了美部会（归正会）在该地的传教事业。娄礼华的情况前文已有所介绍。他在1843年8月从澳门出发，准备去舟山群岛，途中曾在厦门雅裨理处盘桓。其后他继续北上，但因天气的原因不得不于9月下旬折返厦门，又与雅裨理聚在一起。为了进一步了解厦门附近社会情况，探索在这些地区开展传教活

---

① 《美部会传教士半年报告》（1842年1月1日），ABCFM Papers, 16.3.8, vol. 1 a.

② *The Chinese Repository*, vol. 13, p. 386.

③ *The Chinese Repository*, vol. 14, p. 1.

④ Fairbank, ed., *Missionary Enterprise in China and America*, pp. 257–264.

动的可能,雅裨理和娄礼华商议,到稍远一点的地方去"远足"。他们选定
漳州为目标。10月4日,他们租了一条小船,雇了一名中国人做向导,前
往距厦门约40千米的漳州。他们大约在下午1点到达漳州,被那名向导带
到一家简陋的客栈。不久,先后有5名地方官员,包括漳州知府赶来劝说他
们离开这个城市。这些官员向他们指出,他们来到漳州既违反了中国法律,
也不符合《南京条约》的规定,因为漳州并不是通商口岸。但是雅裨理辩
解说,《南京条约》只是规定外国人只能在五口"贸易",并没有规定外国
人不可以到五口以外的地方"行走";他们是美国人,而不是英国人(因此
中英之间的条约不能约束他们);等等。缺乏经验的漳州知府显然不知道如
何应付这两个能言善辩的美国人,也没有弄清他们的传教士身份,最后做了
让步,同意让他们在城外的船上留宿一夜,并让他们在第二天游览漳州城。
但过了一会儿,他又觉得这样做欠妥,再次派人劝说他们离去,被雅裨理
和娄礼华拒绝。10月5日,他们在向导的陪同下对漳州城做了仔细观察,
举凡人民的生活状况、风俗习惯、宗教信仰、城市建筑等均是他们考察的
对象。他们在城内整整活动了一天,5日晚才乘船离开漳州,6日回到厦
门。沿途他们还在几个城镇做了逗留。在这两天中,他们还向遇到的人
群,包括会见他们的官员派发传教小册子。雅裨理还做了几次传教演说。[1]

　　雅裨理和娄礼华对漳州的这次探访,可以看作他们从传教的角度,对鸦
片战争后清政府以五口通商为中心的对外政策的一次冲击,也可以说是传教
士在新形势下要求中国向他们更加"开放"的表现。娄礼华在事后总结这
次探访,认为他以亲身经历所得到的几点感受对新教在华传教事业有重要意
义。这些感受是:中国有令人震惊的庞大人口,可为传教活动提供广阔的领
域;人民很容易接近,在他们中传教并不困难;中国人口的大部分处于贫困
状态,这也是对传教活动有利的一项条件;中国人中有很多吸食鸦片,需要
"神之手"来加以拯救。[2] 然而,按当时清政府的政策,传教士的活动必须
限于通商五口。正像娄礼华所认识到的:"的确,我们还得不到去其他城市
的许可。北京政府依然禁止外国人越过规定的界限,我们在漳州遇到的官员

---

① 以上关于雅裨理和娄礼华在漳州活动的情况,参见 Walter Lowrie, ed. , *Memoirs of the Rev. Walter M. Lowrie*, pp. 215 - 233; *The Chinese Repository*, vol. 12, pp. 523 - 533.

② Walter Lowrie, ed. , *Memoirs of the Rev. Walter M. Lowrie*, pp. 231 - 233.

们的反对态度就很明显地体现了这一点。"但他预言，或者说希望，"这个排外的体制不会继续存在很久。它已经受到致命的一击，而所有的事情都在加速它的崩溃。外国人将要访问他们的内陆城市，其人民将要看到这些外国人，与他们交谈，并会感到奇怪，为什么中国政府要拒绝这些外国人进入这个国家。他们将会到已经开放的口岸看到我们，他们会受到所见所闻的影响，受到贸易扩大的影响，受到偶尔探访内地的（外国）人的影响"。① 而他们到漳州的"远足"就属于这样可以影响中国人的探访。至此，娄礼华已经越出传教事务的范围，而赋予他们私闯漳州以更广泛的意义。他断言："我们作为传教士的身份已为他们所知悉，我们受到官员们尊敬的对待，这些都会发生影响。"②

雅裨理和娄礼华到漳州的活动，是鸦片战争后新教传教士第一次公开到通商口岸以外的地方游历，进行传教。在他们之前，郭士立也到过福建内地，但那时还没有《南京条约》，而雅裨理和娄礼华的行动故意违反了条约规定。因此，他们的冒险精神获得了其他传教士的赞赏。《中国丛报》编者裨治文要求娄礼华将他们这次活动的情况公开发表，1843 年 10 月号《中国丛报》发表了娄礼华在这期间的日记。但他们没有料到这引起香港英国殖民当局的不快。英国驻华全权公使、香港总督璞鼎查决定公开谴责这两位美国传教士的行为。11 月 18 日，璞鼎查写信给两广总督祁墫，向他通报雅裨理和娄礼华到漳州之事，声明违反条约的这两个人"是美国人而不是英国人"，并表示："我向阁下重申我一向的、诚挚的愿望，即约束所有英国人，使其不会像（美国人）那样，或在其他方面对条约的条款有任何违犯；如果他们今后试图——无论其借口是什么——违犯已经确定的规章和业已发布的宣言，我相信中国地方官员会抓住他们并加以监禁，并将他们就近送给英国领事官，对他们采取必要的和合适的措施，以使他们无条件地服从（条约）。"③ 11 月 27 日，港英当局根据璞鼎查的命令发布了一份通告，就雅裨理和娄礼华二人私闯漳州之事，对"英国臣民和住在英国军事力量占领下的中国土地上的其他所有国家的公民"发出警告，并对"涉及此事之人的

---

①　Walter Lowrie, ed. , *Memoirs of the Rev. Walter M. Lowrie*, pp. 231 – 232.

②　Walter Lowrie, ed. , *Memoirs of the Rev. Walter M. Lowrie*, p. 232.

③　Walter Lowrie, ed. , *Memoirs of the Rev. Walter M. Lowrie*, p. 263.

行为表示不满和极大的惊讶"，因为他们"不仅无理地公然蔑视中国地方政府，而且还试图对条约的某些部分（私自）加以解释，而这将引起中国政府的警觉和忧虑，也会引起所有具有正确思想的人们，对如此公然违背两个伟大帝国之间庄严条约的行为感到愤慨"。① 同时，璞鼎查给祁墳的信也被公开发表。

娄礼华对此的反应是，向香港的英文报《中国之友》（*Friend of China*）投书进行辩解，说他们去漳州时《虎门条约》还没有公布，因此他们对有关外国人在五口租地居住的规定还不了解。② 但这显然只是一种辩词，因为《南京条约》除规定五口通商外，并没有说明外国人可以到这五口以外的地方活动，因此娄礼华和雅裨理到漳州的"远足"是没有任何法律上的根据的。璞鼎查显然也没有接受娄礼华的辩解。祁墳在接到璞鼎查的信后，札行美国驻广州领事福士，要他管束在华美国人遵守《南京条约》及《虎门条约》。福士则在回信中强调了与娄礼华所说的一样的理由，并向娄礼华本人做了通报。③ 这件事就此结束。

璞鼎查对此事的态度是颇为耐人寻味的。作为英国侵略军的头目、逼迫中国签订不平等条约的英国全权代表、统治中国领土香港的英国殖民官员，他谴责雅裨理和娄礼华的动机，是希望表明只有英国才是主导西方对华关系的主角，不能容忍其他国家的人士有超越中英条约的举动。另外，他想向中国官方表明，英国愿意遵守刚刚签订的条约，但不愿为其他国家人士违背条约的行为承担责任。而可叹的是，负责中国对外交涉的官员只是在璞鼎查通报后，才知道发生了美国传教士违犯中国法律之事。

娄礼华命案

娄礼华1847年6月从宁波到上海参加《新约》中译本的修订。8月中旬，美国长老会宁波传教站要娄礼华回宁波商量一些事情。8月16日，娄礼华带着他的中国仆人和送信的宁波人一道，乘船离开上海，18日晨到达浙江乍浦。他们在那里游览了一天，19日搭乘一艘赴镇海的船。船行"约有四十里之远，突遇阔头三板盗船一只……有二三十人驾驶，船上

---

① Walter Lowrie, ed., *Memoirs of the Rev. Walter M. Lowrie*, pp. 262 – 263.
② Walter Lowrie, ed., *Memoirs of the Rev. Walter M. Lowrie*, pp. 261 – 262.
③ Walter Lowrie, ed., *Memoirs of the Rev. Walter M. Lowrie*, p. 262.

刀枪炮械齐备，其人面色黑紫，类似打鱼人无异，皆是乍浦土音，拢近船来"。这时娄礼华"用本国旗摆动，遥为止之，不料该盗等不惟不止，且将炮火齐放轰击"。① 一群海盗上船对乘客包括娄礼华在内进行了洗劫。这时"事主外国人声称，把物件抢去，他要报官的话"。② 另据记载，乘客中有人抱怨娄礼华挥动旗帜之举。为了安慰这些人，娄礼华许诺，一到镇海他就将为他们向官府要求补偿。娄礼华的这些话被海盗听见，为了避免麻烦，这群海盗的头子曹四老大与一个叫高兴的骨干将娄礼华抛进大海。娄礼华很快被淹死，其尸体后来也没有找到。海盗离去后，他们所乘的船开回乍浦。娄礼华的仆人等向当地官府报案。23 日，他们回到宁波，又向宁绍台道报案。③

宁绍台道接获报案后，即允缉捕海盗。英国驻宁波领事苏利文（G. Sullivan）也帮助美国传教士向宁波官府交涉。8 月 28 日，消息传到上海，美国代理领事贝茨当即向上海道咸龄交涉。8 月 31 日，咸龄答复说，他已分别向两江总督、闽浙总督和苏浙两省的巡抚报告，并已向下属行文，就处理娄礼华命案做了安排布置。同时他还悬赏 300 元捉拿首犯，悬赏 100元捉拿其他海盗。④

9 月 13 日，已是美国驻华使团正式中文秘书的伯驾（此前数月任美国驻华代办。发照会时新任美使已到，但中方未予承认，故伯驾仍被称为副使），就娄礼华命案向钦差大臣、两广总督耆英照会，向他询问情况，催促办案。耆英 11 月 24 日复照通报，浙江方面已经捕捉到一个参与此案的名叫华坤元的海盗。据其供称，8 月 19 日在浙江王盘山海面的袭击事件是由头领曹四老大和高兴决定的，将娄礼华抛入大海的也是这两个人。⑤ 11 月，咸龄又与美国驻上海领事见面，告知已经捕获娄礼华命案中的 6 名海盗，其余

---

① 《美副使伯驾致钦差大臣耆英照会》（道光二十七年八月初五日），中研院近代史研究所编《四国新档·美国档》，1986，第 79 页。
② 《钦差大臣耆英致美副使伯驾照会》（道光二十七年十月初八日），《四国新档·美国档》，第 88~89 页。
③ 《钦差大臣耆英致美副使伯驾照会》（道光二十七年十月初八日），《四国新档·美国档》，第 88~89 页。又见 Walter Lowrie, ed., *Memoirs of the Rev. Walter M. Lowrie*, p. 457；*The Chinese Repository*, vol. 16, p. 463；vol. 17, pp. 484-486.
④ *The Chinese Repository*, vol. 16, p. 463.
⑤ 《四国新档·美国档》，第 88~89 页；*The Chinese Repository*, vol. 16, pp. 607-610.

13 人正在加紧追捕中。①

此案后来有一段时间没有进展。1848 年 7 月 11 日,伯驾照会新任钦差大臣、两广总督徐广缙,质问娄礼华一案为何未见下文,要求"将供出之伙党姓名、年貌、住址,犯人曾否获案照例惩办缘由早日照知"。他傲慢地说:"此等命盗重案,在合众国不能轻忽漠视,任该海贼安然漠网,故以速闻置之王章为快。"② 徐广缙在 3 天后复信,他在信中说,根据两江总督李星沅和浙江巡抚梁宝常通报的情况,曹四老大等多名海盗已经被捕,正在接受审讯。9 月 22 日,徐广缙再次向伯驾通报,浙江巡抚已将此案中的 9 名犯人定罪,其中曹四老大、华坤元和张苏春(音)被判斩首示众,其余 6 人被判流放新疆为军奴,"刑部已核准,并已奏明皇上"。③ 至此,这场涉外命案才告结束。

娄礼华命案对中美关系没有大的影响,但它是在中国发生的第一起新教传教士被杀事件,也是鸦片战争后最早的一个教案,在基督教在华传教史上有一定影响。

罗孝全索赔事件

国内的有关论著对这个事件同样大多没有提及,或语焉不详,但其在中外关系史上的影响是比较深远的。

罗孝全在 1840 年代后期一直以他设在广州东石角(今天字码头附近)的粤东施蘸教会为活动基地,在广州继续进行传教活动。但他在东石角修建的教堂和住所距广州外国商馆区——外国人聚居的地带有数里之遥,事先并没有得到中国官方和美国领事官员的许可,因此违反了条约。他在此居住后,与周围邻居的关系也不好。他在他的教堂顶上安了一座从纽约运来的钟,在从事宗教仪式时敲打,与附近佛寺的钟声相冲突,引起附近居民的不快。④ 这些与后来发生的事件有间接的关系。

1847 年 5 月 23 日,罗孝全的住所和教堂失窃,具体情形有不同的说

---

① *The Chinese Repository*, vol. 16, p. 567.

② 《四国新档·美国档》,第 119 页。

③ *The Chinese Repository*, vol. 17, pp. 485 – 486.

④ Pruder, Issachar Jacox Roberts and American Diplomacy in China During the Taiping Rebellion, p. 107.

法。罗孝全自己说，他在白天拒绝见一群"愤怒地跟他吵嚷"的人，而在晚上，很可能是这些人乘他外出闯进他的住处和教堂，窃去了那口钟、他的个人文件、家具和存放的传教小册子，并将他的一艘用于传教的小艇毁坏、弄沉。① 王元深说这个小艇乃"一紫洞艇，在海面作浮水讲堂"。② 而番禺县令的告示则说，当天因"听经人等（向罗孝全）索钱不遂，混行吵闹，毁坏门窗桌椅，并掠取衣服物件"。③ 这说明罗孝全平时可能以小钱为诱饵，吸引人们前来参加宗教仪式。总之，罗孝全的个人物品和传教工具在这一天遭到了一番洗劫。

事发时美国驻华公使义华业（Alexander Hill Everett）在澳门，故罗孝全在第二天早晨向美国驻广州领事福士报告了这个事件。罗孝全一开始声称他失窃的物品价值"五千到一万元"。不久中国地方官员通知福士，已经抓住十多名盗窃者，他们偷窃的物品也已追回。但罗孝全向义华业报告说，被追回的都是些无关紧要的物品，他对此远远不能满意。义华业问他到底损失了多少东西，罗孝全开列了一份清单，声称大约价值 2800 元。这就比他起初所说的数目大大降低了。④ 义华业虽然相信罗孝全所失物品未能全数追回，但对这个数目仍然表示怀疑。他在 6 月 19 日照会耆英，其中说道："据罗孝全称，当时所失家伙、书籍、衣服、快艇、毁屋各项，总共估计约值银二千有余元，今尚未能全追，其给还之物不过约值百余元云云。然本公使不能断其所报失之数是否的确，自应设法查出真妥数目，照追给足。"他建议由双方共同派员联合调查，得到耆英的同意。耆英委派署南海县委候补知县施禹泉与伯驾和福士一起，查实罗孝全所失数目。⑤ 7 月 19 日，这 3 人在福士的"领事衙门"进行查询，认为"赃值所开约该银二千七百三十元之数未免过多，因公同核定该失赃物约值银一千两，若能将罗孝全所失之自撰书

①　Pruder, Issachar Jacox Roberts and American Diplomacy in China During the Taiping Rebellion, pp. 107 – 108.
②　王元深：《圣道东来考》，第 10 页。
③　《番禺县示》（道光二十七年九月三十日），《四国新档·美国档》，第 85 页。
④　Pruder, Issachar Jacox Roberts and American Diplomacy in China During the Taiping Rebellion, p. 108.
⑤　《义华业、耆英相互间的照会》，《四国新档·美国档》，第 72～74 页。

籍追回给还，则于所失一千两之数内扣回四百两，以抵书价……"① 由此可见，罗孝全原来是打算趁此机会漫天要价，狠敲一笔的。

6月28日，在上述数字核定之前，义华业在广州去世，在新任公使到广州前由伯驾任美国驻华代办，罗孝全被窃事件亦由他负责处理。义华业当初在照会中向耆英提出的要求是，由中国官府依照将要核定的数字"照追给足"。伯驾在7月24日给耆英的照会中也提出：1000两之数，"此系两国委员凭公酌夺之议，似可照数追赔"。② 耆英等理所当然将"追赔"理解为，中国政府负责通过司法手段，使被定为窃犯的中国人交出赃物或进行赔偿。对此，耆英在复照中表示："自应在于获到各犯名下切实讯追。"③ 但伯驾在7月27日照会中又要耆英"早日转饬照数给与本国领事，传交罗孝全收领"。同一天，伯驾在第2次照会中说，根据中美《望厦条约》第19条"'嗣后合众国民人在中国安分贸易，与中国民人互相友爱，地方官自必时加保护，令其身家安全'等语，可知若是地方官失于保护本国民人身家安全，则合众国惟有望中国赔还而已"，要耆英"勿延给还"。④ 这就是说，罗孝全所失财物的索赔对象，不是那些偷盗者，而是中国政府，而提出这种要求的根据是中美条约。按伯驾的解释，中国政府对美国公民在中国因治安原因而造成的财产损失，负有如数赔偿的条约责任。

对此，耆英在照会中予以断然拒绝。他指出，伯驾对条约的援引和解释是片面的，紧接伯驾所引条约文字后面的还有如下文字："（中国地方官）并查禁匪徒不得欺凌骚扰，倘有内地不法匪徒呈凶放火，焚烧洋楼，掠夺财物，领事官速即报明地方官派拨兵役弹压查拿，并将焚抢匪徒按例严办。"另外，条约还载明，美国商船在中国海面被劫，中国地方官亦有惩凶追赃的责任，同时写明："但中国地广人稠，万一正盗不能缉获，或有盗无赃，及

---

① 《伯驾致耆英照会》，《四国新档·美国档》，第75页。后伯驾将罗孝全书籍文件之价值更正为400元。《四国新档·美国档》，第76页。另据 Pruder, Issachar Jacox Roberts and American Diplomacy in China During the Taiping Rebellion（p. 109）所引伯驾致美国国务卿詹姆斯·布坎南（James Buchanan, 后任美国总统）信，双方核定的数目为1400元，"如果罗孝全所失文件和日记能够追回，则可在这数字中再减去400元"，则当时将1000两折合为1400元。

② 《四国新档·美国档》，第75页。

③ 《四国新档·美国档》，第76页。

④ 《四国新档·美国档》，第76页。

起赃不全，中国地方官例有处分，不能赔还赃物。"① 据此，耆英指出："此案罗孝全被匪掠抢，当时起获各赃业经给领，其未经起获者，自应仍向该犯等严追，地方官不应赔还。来文所称，核与条约不符，碍难照办。"②

伯驾不甘罢休。他在 8 月 4 日再次向耆英发出照会，说"地方官保护美国人身家安全"的意思，就包括赔偿其因治安原因而造成的经济损失在内，否则，"若合众国人被匪徒毁抢，而但望匪徒人、不法人、贫人赔还，又何能得其身家安全"。这样的解释，已近于以一国使者的身份而无理狡辩。伯驾也深知其要求是完全缺乏条约根据的，所以他在照会中又提出，中国地方官赔偿外国人因盗窃所造成的损失是有先例的。"如道光廿二年十一月初六日闹事，本国商人喝等失去赃物，于廿三年四月廿八日，中国令赔还银二十四万六千六百八十元半。又香港英官报纸云，去年福州港闹事，英人四名失却赃物，中国赔还银四万六千元各在案。"他认为这就表明"失去赃物，中国赔还，历为条约成规"。而耆英所引的《望厦条约》第 26 款关于海盗抢劫造成损失概不赔偿的条文，伯驾认为不能适用于陆地城市。他再次明说"失去赃物，惟望中国赔偿，不望犯人赔偿"。耆英仍然拒绝答应伯驾的这种无理要求，只表示"惟有严饬该县迅向所获各犯名下着追，以期速结"。③

此后该案拖了 3 个多月，伯驾见久无下文，11 月 15 日又发出照会向耆英追讨，所陈述的"理由"没有什么变化，只是强调中国必须赔满罗孝全1000 两，"若不足此数，则断难照收"。④ 在第二年 1 月的几份照会中，除重弹老调外，还声明他"未曾问及地方官赔还，但知问中国赔还而已"。他甚至说条约并没有规定要"向犯追赔……因为犯人多系贫苦，如何能赔几万银两"，那么索赔的对象只能是中国政府了。他并威胁说如再拖延下去，"则合众国必要按照加息，以昭公道"。⑤ 耆英在历次复照中都照例予以拒绝，至于伯驾提出的"先例"，耆英说一宗是在中美条约签订之前，不能用以解释条约；另一宗他则未曾听说。他两次通知说，番禺县已向犯人分别追

① 王铁崖编《中外旧约章汇编》第 1 册，第 54～55 页。
② 《四国新档·美国档》，第 76～77 页。
③ 《四国新档·美国档》，第 77、78 页。
④ 《四国新档·美国档》，第 86 页。
⑤ 《四国新档·美国档》，第 100、104 页。

出 170 元和 240 元，还会再追下去，但"中国赔偿"之说他则始终不肯答应。①

从伯驾和耆英在罗孝全索赔事件中争论的过程来看，伯驾突然提出要"中国赔偿"，原因之一可能是，他看到在被逮捕的 12 个人身上榨不出什么油水，被毁坏的房屋和小艇是赔不出来的，因此起意将索赔的对象转为中国政府。但更为野心勃勃的动机，显然是想通过这个案件向中国榨取更多的利益，并将这种利益与条约联系起来，从而使原本就不平等的条约更具掠夺性。他所着眼的不是罗孝全那 1000 两银子，而是将来要涉及的"上万甚至上百万元"的利益。② 而耆英虽然在办理交涉近十年的时间中签订了不少屈辱的条约，但这一次他不再让步，因为他认识到这将使中国陷入一个赔偿的无底洞，仅对美国一个国家就将穷于应付，而一旦承认"中国赔偿"是一种条约利益，其他各国势必援引"最惠国待遇"条款同样要求"一体均沾"，后果不堪设想，道光帝也是不可能批准的。

就在伯驾喋喋不休之时，1848 年 3 月，耆英被道光帝召去北京（中途改赴南京处理青浦教案），终于得以摆脱罗孝全失窃一案，以及更为麻烦的英国人进入广州城问题。伯驾交涉的对象变成了新任钦差大臣、两广总督徐广缙。他在一段时间内放下此事，直到 8 月 16 日才为罗孝全之事照会徐广缙。但这次他不是催讨赔款，而是告知，据罗孝全禀称，修建房屋欠工匠周插、张贵银两，而周张二人又欠店铺银两，罗孝全改请工匠后，这些店铺却要求罗孝全还清欠二人之款，以便他们能够讨债，否则不准修缮工程继续下去。伯驾的照会是要求对铺户阻挠工程之事"设法禁止，使罗孝全获保身家安全，一如条约所载"。他还特别声明，"本摄理原不欲再为罗孝全之事吁恳中国为之保护"，③ 说明他已经暂时放弃"中国赔偿"的要求了。

但这并不意味着他放弃了原来的目的，罗孝全也没有放弃索赔的要求。伯驾之所以改变了态度，一方面可能是看到无望实现目的，暂时知难而退；另一方面是因为新任美国驻华公使德威士（John Wesley Davis）即将抵达，

① 《四国新档·美国档》，第 87 ~ 88、101、106 页。
② 伯驾致詹姆斯·布坎南信，转引自 Pruder, Issachar Jacox Roberts and American Diplomacy in China During the Taiping Rebellion, p. 110.
③ 《四国新档·美国档》，第 120 页。

交涉之事将由德威士负责。

德威士于 8 月 21 日到广州，伯驾不久就提请他处理罗孝全索赔之事。德威士开始时听信了伯驾的建议，但他对此案加以研究后，就对这起索赔事件的合法性表示怀疑。他认为从国际法的一般原则来看，中国政府不应该对被盗贼偷窃的外国人负赔偿责任；而《望厦条约》第 19 条实际上也不包含伯驾所说的那种意思；同时他还认为罗孝全在这个事件中也有责任，他没有遵守该条约第 27 条的规定，未经中美官员的同意就在东石角建房子。在此情况下，他要求美国国务院给他明确的指示，在接到指示前他不向中国官员提出要求。另外，原来支持罗孝全的美国领事福士也采取与德威士同样的看法，他在 1849 年初写信给德威士说，罗孝全和伯驾滥用了条约规定的权利，制造了不必要的麻烦，使中国官员日益关注传教士的行为，而使中美关系和美国的利益都受到损害。这封信也被德威士寄给了美国国务院。[①] 与此同时，罗孝全自己写信给国务卿詹姆斯·布坎南，坚持要求美国政府支持他向中国政府索赔。伯驾也在给布坎南的信中阐述他的上述立场，继续主张采取措施要“中国赔偿”。但当时的美国政府正面临换届，布坎南并没有给德威士明确的指示。[②] 而继任的美国政府处在南北分裂趋势日益加剧的考验中，更无力顾及一个传教士价值 1400 元的索赔，即使罗孝全始终不撤回他的索赔要求。

德威士在 1850 年辞职，美国驻华公使一职虚悬了两年多，在此期间伯驾再次代理馆务，被称为“美国副使”。他虽没有向广州当局重提罗孝全索赔一案，却向美国国务院建议，将远征日本的佩里舰队召到中国水域，以帮助实现美国人向中国的所有索赔要求。在当时，罗孝全的 1400 元索赔额是几宗美国人索赔案中最大的一笔。[③]

1852 年，马沙利（Humphrey Marshall）被任命为驻华公使。在他赴任前，美国国务院指示他研究处理几个美国人对中国政府的索赔要求，包括罗

---

① Te-kong Tong, *United States Diplomacy in China*, *1844 - 60*. Seattle: University of Washington Press, 1964, pp. 100 - 103; Pruder, Issachar Jacox Roberts and American Diplomacy in China During the Taiping Rebellion, p. 111.

② Pruder, Issachar Jacox Roberts and American Diplomacy in China During the Taiping Rebellion, p. 113.

③ Tong, *United States Diplomacy in China*, p. 116.

孝全仍继续坚持的索赔要求。① 1853 年 7 月 10 日，马沙利照会两广总督叶名琛，提出将核定的 1400 元 "即行发给，并按自定案之日为始，至给银之日止，清算利息，一总交给。……但一时未便，请即订明期日复达"。② 7 月 30 日，他又向美国国务院报告说，他认为 "中国政府有义务根据条约满足" 包括罗孝全在内的美国人士的赔偿要求，否则美国应封锁广州口岸，或从支付给中国的关税中截取相应数目，或采取其他除战争以外的手段，来迫使中国就范。他甚至提出或是中国赔偿，或是美国撕毁条约的主张。③ 但他这种强硬的主张没有得以实现。叶名琛在复照中简单地说："再查来文所称第一件罗孝全被抢之案，业经前大臣徐于戊申年照复德前公使结案，此时毋庸再述。"④ 可知德威士也做过试探而被徐广缙拒绝。美国政府对马沙利狂妄的建议也没有理睬。于是这一轮索赔又没有下文。

继马沙利任美国驻华公使的麦莲（Robert M. McLane）1854 年到中国后，也没有就罗孝全固执的索赔要求采取行动。次年，伯驾升任驻华公使，当时美国政府正关注所谓 "修约" 问题，国务卿威廉·马西（William Marcy）在要求他关注索赔之事的同时，警告他不要让这件事冲击 "更重要的事务"，禁止他采取激烈的行动。⑤ 1857 年 4 月，美国特命全权公使列威廉（William B. Reed）到中国。罗孝全像历次新任公使履新时一样，又向列威廉递交了请求索赔的文件，他要求赔偿的数字变成了 2400 元。列威廉则认为这笔钱连本带息已达 2800 元。⑥

1858 年 6 月，中美《天津条约》签订。11 月 8 日，花沙纳和桂良等与列威廉又在上海签订了《赔偿美商民损失专约》，其中规定将美国船只在广州、福州和上海交纳的所有货税和船钞的 1/5，总额在 60 万元之内，用来

① Pruder, Issachar Jacox Roberts and American Diplomacy in China During the Taiping Rebellion, p. 114.

② 《四国新档·美国档》，第 134 页。

③ Pruder, Issachar Jacox Roberts and American Diplomacy in China During the Taiping Rebellion, p. 115.

④ 《四国新档·美国档》，第 137 页。

⑤ Pruder, Issachar Jacox Roberts and American Diplomacy in China During the Taiping Rebellion, pp. 117, 135 - 136.

⑥ Pruder, Issachar Jacox Roberts and American Diplomacy in China During the Taiping Rebellion, p. 117.

偿付尚未了结的美国人对中国的索赔款项；"拟于咸丰九年正月初一起，由广东、福州、上海三港海关，将该银五十万两分别立单，颁给美国使臣所定应收之人领取；其三港该派之额数，现拟定：广东三十万两，上海十万两，福州十万两，以上款项于中国征美国出入口货税、船钞，以五分之一扣抵，言明作为清结历年至今中国赔偿美国各口商民之数"。① 罗孝全的索赔要求在经过长达 11 年的争论，经过几任美国公使的努力后，终于由新的不平等条约予以满足。②

很明显，罗孝全向清政府索赔是在西方列强对中国恃势凌迫的背景下提出的无理要求，而他最后的成功则更是以第二次鸦片战争和新一轮不平等条约的签订为前提的。因此，这个事件是传教士借助西方政治和军事势力来实现无理和不义要求的一个典型事例，为近代基督教传教士与帝国主义势力之间的关系做了一个有代表性的注脚。可以说罗孝全索赔事件开了传教士依靠本国政府向中国地方政府和中央政府勒索"赔偿"的恶劣先例，这样的事件在此后的几十年中屡见不鲜，在义和团运动前后达到了顶点。而且，如前所述，伯驾企图通过推动索赔事件达到攫取新的条约利益、扩大美国人在华特权的目的。除了同情罗孝全的处境，伯驾主要着眼于这个事件的政治意义。所以，这个事件也是近代列强利用传教士达到新的侵略目的的模式的一次早期预演。凡此，都可以表明罗孝全索赔事件在近代中西关系上的影响。从另一个角度来看，伯驾和罗孝全坚持"因地方官保护不力，外国人财产受到损失，须由中国政府赔偿"的要求，虽然在近代还有不少外国传教士效法并取得成功，但以后历次不平等条约均没有正式做出这样的规定，这就说明了这个要求蛮横无理的程度。③

罗孝全长期坚持索赔有很明显的个人经济动机。但在另一方面，罗孝全也和伯驾一样，看到了他个人行为的普遍政治意义。他在 1849 年 1 月为重

---

① 王铁崖编《中外旧约章汇编》第 1 册，第 142 页。
② Tong, *United States Diplomacy in China*, pp. 249 – 250.
③ 中美《天津条约》第 11 款也只是规定："大合众国民人在中华安分贸易办事者，当与中国人一体和好友爱，地方官必时加保护，务使身家一切安全，不使受欺辱骚扰等事。倘其屋宇、产业有被内地不法匪徒恐吓、焚毁侵害，一经领事官报明，地方官立当派拨兵役弹压驱逐，并将匪徒查拿，按律重办。"并未有伯驾、罗孝全等"解释"的那种规定。见王铁崖编《中外旧约章汇编》第 1 册，第 91 页。

申索赔要求而写给美国国务卿詹姆斯·布坎南的信中就提出，如果他获得成功，将为其他美国人和外国人树立一个"有益的先例"。① 这就表明，他是自觉地置身于列强不断扩大对华侵略的历史过程之中的。

英国传教士与"青浦教案"

1848 年3 月8 日（阴历二月初四），英国伦敦会在上海的传教士麦都思、雒魏林和慕维廉三人，坐船到离上海约 90 里的青浦县城散发传教书籍。当他们挨家挨户散发时，遇到一些看管漕粮船的山东水手。据麦都思事后的叙述，双方发生冲突的起因是，这些水手想要得到大批的传教书籍，被他们拒绝后，水手向他们掷石头。雒魏林让麦都思和慕维廉走在前面，他自己则在后面给了这些水手一些书，并张开双手挡住人群，手里还拿着手杖。麦都思说此时雒魏林背对群众，有一个水手试图绕过他时，被他"轻轻打了一巴掌"，引起众水手的鼓噪，再次投掷石块。于是麦都思转回来，威胁说要把领头的人送到县令那里究办。这句话似乎起了一定的作用，他们在其他几条街道散发书籍时没有再遇到麻烦。但当他们从东门离开县城约半英里时，大批的群众追赶上来，而这些人中并没有在县城遇到的水手。麦都思估计这些人是听说有水手被洋教士殴辱赶来泄愤的。这些人带着愤怒的表情和手势，拿着木棒、竹竿、刀枪、铁链等"武器"。接着就发生了后来引起交涉的所谓"暴民"殴打传教士的事件。先是落在后面的雒魏林，后是回来救他的麦都思和慕维廉，先后在几个地点被打，并被抢去手表等物。打他们的人还数次威胁要把他们杀死。在被追打的过程中，这三位传教士转而向县城的方向奔跑逃避。最后，一些新来的人制止了进一步对他们进行攻击的企图，并把他们送到县衙。麦都思估计他们之中有人来自县衙。此后他们受到县令的接待和保护，县令派出船只并派了几个人护送他们回到上海。②

关于这次事件，中英双方有两点说法不同。其一是关于麦都思等被殴的程度，三位传教士在事后都写了事情的经过，向英国驻上海领事申诉，都把自己所受到的殴辱和伤势说得很重。如麦都思说他被人用锄头"打晕在

---

① Pruder, Issachar Jacox Roberts and American Diplomacy in China During the Taiping Rebellion, p. 119.

② *The Chinese Repository*, vol. 17, pp. 151 – 155.

地"，慕维廉的腿被打得不能行走，而雒魏林更是几次被手持铁链的人打得死去活来。① 而苏松太道咸龄则说他们"与看守粮船舵水争殴，受有微伤"。② 这两种说法估计都与事实有出入，因为假如大批"暴民"想把这三位传教士置于死地或殴成重伤，他们是难以回到县城的。但如果仅"受有微伤"，也不太会引起传教士郑重其事的申诉。

另一个分歧是，麦都思等到青浦传教是否违反了条约和协议。耆英受道光帝之命处理青浦事件，在给道光帝的奏折中说："其上海口岸，前经英夷德酉会同前任苏松太道宫慕久议定，该夷行走之地以一日往还为断。前夷目巴富尔照会苏松太道文内，亦有准其雇买船只轿马，水陆往来，均不得在外过夜之语。今青浦县离上海九十里，来回一百八十里，穷日之力，断难往返，该夷违约远行，地方官公事繁多，安能照料周遍？"③ 在两江总督李星沅和其他地方官员的奏折中，也指出麦都思等到青浦是"违约私行"。而麦都思在申诉书中则说："慕维廉和雒魏林先生以前曾数次造访该城，它处在24小时内可从上海往返的位置，因此被认为是在领事协议规定的（行走）范围之内的。"④ 这就显示，在青浦是否属于德庇时和宫慕久的协议所规定的外国人可以活动的范围之内，双方的意见是完全相反的。也许可以说，原来含糊其词的规定就使类似争议的发生成为可能。或者说，麦都思等故意利用这种状况来达到越出条约和协议限制的目的，而清朝官员提出的"一日往还"这样不明确的区域范围，使得麦都思等外国人有机可乘。

麦都思等三人回上海后，当即向英国驻上海领事阿礼国（Rutherford Alcock）申诉，阿礼国则立即向苏松太道咸龄交涉，提出惩凶、赔偿的要求。咸龄一时没有满足他的要求，竟遭阿礼国以扇柄拍击头部。⑤ 之后咸龄也采取了一些措施，包括写信向麦都思等慰问，批准将两名参与斗殴的群众逮捕等，但撇开了阿礼国，使其非常不满。阿礼国马上着手扩大事态，使交涉升级。3月13日，"该夷目阿利（礼）国复以犯未全获"，召来上海附近

---

① 慕维廉和雒魏林的补充叙述，参见 *The Chinese Repository*，vol. 17，pp. 155 – 157.
② 《鸦片战争档案史料》（7），第846页。
③ 《鸦片战争档案史料》（7），第861页。
④ *The Chinese Repository*，vol. 17，p. 151.
⑤ 中国史学会主编《第二次鸦片战争》（2），上海人民出版社，1978，第334页。

的英国兵舰，"借沙船运米出口之时，欲行阻止"。① 他向中国方面宣布，在问题得到满意的解决之前，英国进出口船只将一概不付关税，并将阻止1400 艘将要经海路运米到北京的粮船出长江口。次日，他调来英国军舰契尔顿号（Chiltern）封锁江口。② 这对极其重视南米北运的清政府来说确是具有威胁的。阿礼国在布置武力威胁清政府的经济命脉后，又进一步采取外交措施。他派英国驻上海副领事罗伯孙（Daniel B. Robertson）和翻译巴夏礼（Harry Smith Parkes），于 3 月 20 日从上海乘船到南京，向李星沅投诉。根据中法《黄埔条约》中规定的"倘有不平之事，该领事官径赴总理五口大臣处控诉，如无总理五口大臣，即申诉省垣大宪"的条文，罗伯孙等应到广州向两广总督——当时例兼总理通商口岸交涉事务的钦差大臣"控诉"。但阿礼国等显然不愿舍近求远，而直接向李星沅交涉。

深知米船海运之重要的李星沅，在接到咸龄关于上述事态的报告后马上重视起来，立即委派署理江苏臬司倪良耀和候补道吴健彰"驰赴上海，分别查办"。3 月 28 日，麦都思等由倪良耀陪同，在青浦县衙门指认了"首犯"王名付和倪万年，以及其他 8 名水手。阿礼国于是宣布结束封锁江口的行动。30 日，阿礼国又将麦都思等提供的"失物单"交给倪良耀等，迫使地方政府赔银 300 两。③ 事件基本上得到解决。

在此情况下，李星沅派委京口游击陈柏龄等军政官员拦截罗伯孙等的船只，告知两江总督等已获知情形，派员查办，要他们回上海。但巴夏礼以完成阿礼国所委之命为由，坚持要去南京。3 月 31 日，李星沅在南京接待了罗伯孙和巴夏礼一行。李星沅据此要他们回去，但巴夏礼等"总以未接阿利国明文为词，且称臬司现系道员署理，再三渎恳，由江宁另派大于道员者前往会查"。李星沅在他们的纠缠之下，不得不一面以咸龄"办理此事，原欠紧速"为由，将其"暂行撤任"，派吴健彰代理苏松太道；一面派江宁藩

---

① 《江苏巡抚陆建瀛奏报亲赴上海确查咸龄有无不协英情片》，《鸦片战争档案史料》（7），第848 页。
② 张力、刘鉴唐：《中国教案史》，第 337~338 页。
③ 《鸦片战争档案史料》（7），第 846 页。又该资料集第 848 页陆建瀛折谓："正在查办间，即据上海局员等具禀，青浦县续获数犯，发交上海县确讯究办。"张力、刘鉴唐：《中国教案史》，第 338 页。

司傅绳勋和直隶候补道陈之骥"再往确查"。[①]

　　道光帝在获悉以上情况后，4 月 8 日派"总办夷务"的耆英"驰赴江苏，就近查看大局"，协同李星沅了结此事。[②] 李星沅在耆英到南京之前，已应阿礼国的要求，令傅绳勋将"案犯"带回南京，"由署臬司倪良耀讯明，妥速详办"。[③] 耆英到后，参与对该案的处理。结果是，对被"拿获"的 10 名水手，"照律将为首之王名付拟流，为从之倪万年拟徒"。[④] 一场水手与传教士之间并未造成严重后果的斗殴事件，由于清政府屈从于英国领事的压力，就这样以对群众的严厉处置而结案。咸龄没有丢掉官职，耆英建议将他与宁绍台道台对调。[⑤] 这是因为他在鸦片战争期间跟随耆英办事，二人之间有较深的私交。

　　青浦教案在中外关系上的恶劣影响在于，它使得鸦片战争后包括传教士在内的外国人不断越出条约规定的界限、侵犯中国主权的行为显得合法化。在这一点上，麦都思等的青浦之行与雅裨理和娄礼华私闯漳州事件的性质是一样的，而且影响更大，因为英国人在这次事件中使中国官方屈服，而麦都思等的行为则没有受到正式的谴责，等于他们的做法得到了肯定。在这个事件之前，道光帝鉴于外国人在各口岸因不遵守条约规定而滋生了种种事端，几次令耆英通知各国领事约束本国人士"不得越界游历"。[⑥] 青浦教案办理期间，道光帝又在上谕中指出，"倘有违约私行，必致斗殴以启事端"，要耆英"勿令该夷人再有越界散行致启争斗之事"。[⑦] 但青浦教案的结案方式，使这样的命令成为一纸空文。

神光寺事件

　　发生在福州的神光寺事件，在当时曾引起清廷上下的关注，咸丰帝多次为此发布上谕，刘韵珂、徐继畬这两员大吏先后因此去职。故这个事件已引起有关研究者的注意，一些研究中外关系的学术著作也多所提及，本处对此

① 《鸦片战争档案史料》(7)，第 846、847 页；*The Chinese Repository*，vol. 17，p. 310.
② 《鸦片战争档案史料》(7)，第 850 页。
③ 《鸦片战争档案史料》(7)，第 860 页。
④ 《鸦片战争档案史料》(7)，第 861 页。
⑤ 《鸦片战争档案史料》(7)，第 862 页。
⑥ 《鸦片战争档案史料》(7)，第 820、842 页。
⑦ 《鸦片战争档案史料》(7)，第 850 页。

只做简略的叙述。

英国圣公会传教士札成和传教医生温敦 1850 年 5 月来到福州。他们带有香港圣公会主教给英国驻福州领事若逊（R. B. Jackson）的信，该主教要求若逊在当时尚未有传教士居住的福州城内，为这两个传教士代觅住所。当时若逊不在福州，由领事馆的翻译金执尔帮助这两位传教士租房子。金执尔了解到，距福州英国领事馆所在地乌石山不远的神光寺可以租赁，于是他与该寺的僧人订立了租约，租屋两间，并将租约送交侯官知县兴廉盖印生效。① 6 月 27 日，两位传教士搬进神光寺居住。

但神光寺乃当地生童读书之处，且"彼僧人但守香灯，而出租原不能作主"。② 福州士绅对该寺出租给英国传教士难以接受，非常愤慨。他们以林则徐为首，一面致书英国领事官员，经兴廉送达，一面上书徐继畬等，提醒他注意英人动向，防止其侵犯。绅士、生童等还不断张贴告白，向英国人发出威胁。翰林院侍读学士孙铭恩、给事中林扬祖和湖广道御史何冠英等则弹章迭上，参劾徐继畬、刘韵珂等办理谬误，孙铭恩还指出："该夷借住该寺，意在讲经，外夷所讲之经大半邪说，诬民惑众，关系匪浅。"③ 咸丰帝也连降谕旨，要刘韵珂和徐继畬体察民情，设法使"该夷"出寺，并下令将兴廉革职。④

刘韵珂和徐继畬在此情况下极力与金执尔等交涉，理由是中英条约只规定外国人可在"港口"居住，而未说可在城内居住；福建官员已特许英国官员入城居住，传教士与商人一样，只是普通外国人，故不可在城内定居。他们向道光帝报告，已命神光寺僧人不得收租金，以示传教士只是借住，而非租赁；又派兴廉向金执尔等讲明，上次在租约上盖印乃是无心之错，请传教士在城外另行租赁。"金执尔当将照会钞呈在粤夷酋文安（文翰）查核，并复兴廉，以应否出城，须俟文安批回办理。"⑤ 此外，他们还要属员密谕各地民人，"除南台港口房屋准照条约租与夷人居住外，其城内及东西北各

① Carlson, *The Foochow Missionaries*, p. 21；《鸦片战争档案史料》（7），第 997～999 页。
② 《鸦片战争档案史料》（7），第 995 页。
③ 《鸦片战争档案史料》（7），第 994 页。
④ 《鸦片战争档案史料》（7），第 994～1057 页。
⑤ 《鸦片战争档案史料》（7），第 998～999 页。

关外所有寺庙，士民公议，一概不准租与夷人居住，均令住持僧具结存案"。这样可以在原租约 6 个月期满后，让"夷人"自动出城。① 刘韵珂和徐继畬在咸丰帝的严令、御史言官的弹劾及福州绅民的多重压力下，确实向英国人进行了多次交涉，除不断劝说金执尔等人外，刘韵珂还在 1850 年 8 月 21 日直接写信给文翰，强调两名传教士必须搬出福州城。② 但另一方面，因英国人态度坚决，他们生怕引起更大的纠纷乃至引发重大事变，又不愿向其施加太大压力，以致引起从朝廷到地方更多的申斥和指责。特别是徐继畬，因倾向于从缓解决，更是成为不满的对象。徐继畬"以讲经夷人现尚未得住处，岂忍逼令迁移，致使露处。但省中绅民既不甘愿，必难日久相安，只好在神光寺暂行借住，不准租赁，一俟城外觅有妥善房屋，即行退还"。他还派兵役在神光寺附近进行保护，以免肇生事端。③ 他向金执尔交涉，语气也很温和，只是说相信传教士来此是为了传教，而非制造事端，一定不会想在人民中引起怨恨，等等。④ 这种态度招致了很多非议。

英国人方面，金执尔和两位传教士坚决拒绝中国官员的要求，他们认为在城内居住是条约赋予他们的权利，将"港口"与城市区分开来是不能接受的。而且，正如美国学者卡尔森所说的，英国人将"争取外国人在福州城的居住权当作一场更大规模斗争的一部分"，即将之与广州入城问题联系在一起。⑤ 英国外交大臣帕默斯顿致函文翰，强调《南京条约》赋予了英国人在条约口岸居住的权利。而文翰在给英国驻福州副领事康纳尔（W. Connor）的信中，就温敦和札成的居住问题，指示他告诉中国官员，他们不会要求传教士离开福州城，因为他们根据条约有权在那里居住，并要求中国官员保护他们的安全。⑥ 这样，这起由传教士引起的争执又一次被英国政府利用，成为他们追求在华权益的工具，而这两位传教士也乐于依靠其政府的保护来达到自己的目的。

在这样僵持了几个月后，刘韵珂到浙江阅兵，12 月又因病请假，剩下

---

① 《鸦片战争档案史料》（7），第 1021 ~ 1022 页。
② Carlson, *The Foochow Missionaries*, p. 29.
③ 《鸦片战争档案史料》（7），第 999 ~ 1000 页。
④ Carlson, *The Foochow Missionaries*, p. 25.
⑤ Carlson, *The Foochow Missionaries*, p. 26.
⑥ Carlson, *The Foochow Missionaries*, p. 26.

徐继畲面对这个棘手的局面。但徐继畲发现了一个变通的办法。他在 12 月 23 日向咸丰帝报告说，英国领事星察理（Charles A. Sinclair）等在闽省官民的抵制和压力下，"无可如何，始称租屋本是小事，既系士民不愿，官府为难，若不搬移，恐伤和好。惟城外一时难得住处，应先搬至伊国翻译官所租赁之道山观暂住，即将神光寺交还，以免口舌等语。……今该夷目将两夷搬至伊处暂住，意在转圜，并非别租城内房屋，自不便过于较论，致令借口"。① 实际情况是，徐继畲了解到传教士和英国官员意在争得在城内居住的权利，并非一定要住在神光寺，而福州士绅虽然反对外国人住在城内，但当时事情的焦点是，能否将英国人从神光寺赶出去。因此，徐继畲在 11 月就想到一个转圜的办法，即让两位传教士搬到道山观，既可满足英国人住在城内的意愿，又可暂时平息众怒，向咸丰帝交代。他先让美以美会的怀德从中牵线，然后在 12 月又安排被咸丰帝下令革职的兴廉与温敦和星察理会面。据说兴廉"满怀忧伤"，劝说温敦等"搬迁到另一个离此不远、不会为绅士反对的寺庙里去"。温敦在 12 月 13 日同意了这一建议。英国圣公会的一个报告声称，英国人同意这个建议的理由之一是"希望帮助中国官员摆脱麻烦"。② 保存下来的温敦等租赁道山观的正式契约和徐继畲报告的英国人提出要在道山观"建盖楼房"的要求③ 均可以证明，徐继畲等与英国人达成的协议绝不是让他们搬出福州城。

1851 年 1 月 1 日和 21 日，温敦和札成终于先后搬出了神光寺。④ 4 月 8 日，新任闽浙总督裕泰在奏折中说，他们搬进道山观后，"该士民等即无异说，并以道山观居住夷人已历多载，彼此相安，如必急令出城，转恐酿事为患"。因此他提出搬迁之议应当从缓，"俟该夷更换新领事到闽后，由臣察看情形，相机劝谕"。⑤ 这当然是裕泰迫于情势，不得不在徐继畲之后，继续蒙骗不谙"夷情"的咸丰帝的言词。总之，引起颇大风波的神光寺事件以两位传教士事实上获胜而告终。

① 《鸦片战争档案史料》（7），第 1050～1051 页。

② Carlson, *The Foochow Missionaries*, p. 30.

③ Carlson, *The Foochow Missionaries*, pp. 30–31；《鸦片战争档案史料》（7），第 1051 页。

④ Carlson, *The Foochow Missionaries*, p. 30.

⑤ 《筹办夷务始末》咸丰朝，第 1 册，第 137～138 页。

以上几个个案，除娄礼华命案外，都是传教士与英美政府相互勾结利用，以在第一批不平等条约的基础上进一步扩大西方在华侵略利益的早期事例。这几个事件单独看来对中外关系的大局均无特别重大的影响，但综而观之，它们又都是鸦片战争后中西关系演变的重要组成部分，与西方列强实现第一批不平等条约规定的在华权益，并突破这批条约而追求更深入、更广泛特权的过程有不可分割的关系。无论是罗孝全索赔事件，还是青浦教案，或是神光寺事件等，都体现了近代来华传教士与西方列强之间关系的一般模式，即传教士仰赖各国政府的支持与保护，尽可能地维护与扩大自己的利益；而各国政府则利用传教士制造的事端进一步扩大事态，将传教士追求的特权上升为有普遍意义的侵略权益。将这些事件与新教传教士在鸦片战争前和鸦片战争期间的言论和表现联系起来看，便不难得出这样的结论：由于本章开头所说的那些原因，在西方对中国进行侵略扩张的基本历史背景下，来自欧美的传教士绝不可能将他们的活动限于单纯的宗教范围，而是都或深或浅地以各种形式卷入了西方在中国实施的强权政治。

也许新教传教士在中外关系方面影响最大的事件，是罗孝全与洪秀全的交往。他们之间的关系，引起了所有研究太平天国史和中外关系史学者的重视，有关资料基本上得到了发掘，这里已不必多论。[①]

---

① 国外关于罗孝全与洪秀全关系的研究较有代表性的论述，参见 Pruder, Issachar Jacox Roberts and American Diplomacy in China During the Taiping Rebellian, pp. 156 – 161；Eugene Power Boardman, *Christian Influence Upon the Ideology of the Taiping Rebellion*, *1851 – 1864*. Madison：University of Wisconsin Press, 1952. 国内的研究成果，参见王庆成《洪秀全与罗孝全的早期关系（1847—1853）》，《近代史研究》1992 年第 2 期。

第四章

新教传教士在华医务
和教育活动的开端

新教传教士在中国的活动，没有局限于进行布道演说、散发传教书籍、举行宗教仪式等"直接的"传教内容。这是因为中国是一个拥有数千年古老文化的国度，一般民众也普遍怀有文化优越感，在大部分中国人的心目中，基督教教义并没有不言而喻的真理性。传教士要想使他们接受基督教，甚至要想获得接近他们的机会，就需要采用上述方法之外的其他手段，采用一些非直接的、着眼于长期效果的方法。他们一开始就认识到，"将福音传播给这一伟大民族的首要困难，不在于这个帝国物质上和政治上的状况，而在于民众自身的冷漠"。[①] 在1830年代中期以前，伦敦会和美部会的传教士所能接触到的中国人，通常只是为他们所雇用的语言教师、刻印工人和家务仆役。新教传教士早期所吸收的中国信徒大部分是在这些人中产生的。而对于一般的民众，他们所能做的主要是派发传教小册子，进行有限的接触，效果也不大。鸦片战争前后，新教传教士在中国活动的政治空间和社会文化空间也都受到很大限制。这就促使他们一方面想方设法冲破清政府的禁教政策，另一方面又探索和调整传教方法以突破这种无形的屏障。在客观上，基督教传教士对这些方法的实践也促进了中国与西方的文化交流，是对近代中国影响深远的"西学东渐"历史潮流的重

---

① *The Chinese Repository*, vol. 2, p. 565.

要部分。本章将对鸦片战争前后新教传教士举办的医务和教育事业进行
探讨。

一　"医务传教"方法的形成与实践

"医务传教"方法的形成

"医务传教"（medical mission）是早期来华新教传教士在实践活动中总结
出来的一种传教方法。明清时期，西方医学曾通过各种途径进入中国沿海地
区特别是华南一带。1805 年，东印度公司医生亚历山大·皮尔逊将欧洲种牛
痘术引入广州。而新教传教士在中国民间从事医务活动，则是从马礼逊开始
的。马礼逊在来华前即被要求学习一些数学和医学知识。1820 年，他与东印
度公司的医生约翰·李文斯顿（John Livingston）一起，在澳门开设了一间诊
所。马礼逊在到中国前虽曾在伦敦学过一段时间医学，但显然对医术并不太
精通。这间诊所在医治病人方面以李文斯顿为主，他邀请马礼逊参加诊所的
活动，是要利用马礼逊在中文方面的丰富知识。除为当地人治病外，李文斯
顿和马礼逊开办这间诊所的另一个目的是考察中医的治疗方法。[①] 他们在诊所
建起了一个小型的中文医学书籍图书馆，后拥有图书达 800 册。他们还聘请了
一位颇有名望的中医在该诊所行医。这个医疗机构大约存在到 1825 年。[②]

郭士立则是第一个提出以医务活动作为传教手段之设想的新教传教士。
前已述及，他在中国沿海航行传教期间，就向天津和江南一带的贫困阶层行
医发药，以赢得人们的好感。他在《中国沿海三次航行记》中一再强调，
在中国人当中行医送药的绝佳效果和人们对西医治疗的渴求。郭士立在航行
中接触的大都是下层的民众，他们对行医传教士的好感就意味着传教机会的
存在。郭士立表示，"我曾想要在这个帝国的中部地区（长江口一带）某个
水陆交通便利的地方建立一所医院"，但他没有接受过系统的医学训练，因

---

① W. Cadbury and M. Jones, *At the Point of Lancet—100 Years of the Canton Hospital*, *1835 –*
1935. Shanghai: Kelly & Walsh, 1935, p. 13; Lockhart, *The Medical Missionary in China*, pp. 121 –
122. 另参考约翰·李文斯顿致米怜的信，Eliza A. Morrison, ed. , *Memoirs of the Life and*
Labours of Robert Morrison, vol. 2, pp. 20 – 21.

② Cadbury and Jones, *At the Point of Lancet*, p. 13.

此他转而建议英美差会，对将要派往中国的传教士进行正规的医学训练，到上述地区行医，"我们需要在中国的腹心地带有一所医院，而且我们需要有人为了此项事业在那里独自生活"。①

这是最早的关于派遣专门从事医务活动的传教士的建议。郭士立所描述的那种以行医为主要业务的传教士，已大体上与后来的"传教医生"（medical missionary）概念相似。但这在当时并无先例，他也没有把他的想法上升为一种传教理论和方法。所以他又写道："我不知道是否会有一个聪明的医务人员，本着传布荣耀的福音和改善他同胞健康状况的目的，而成为献身于一个遥远国度的先例。"② 裨治文也曾提出医学知识对传教事务之助益，一再向美部会秘书鲁弗斯·安德森建议派遣懂得医学的传教士来广州。③

但相比之下，伯驾的医疗实践是导致医务传教方法形成的更重要因素。正如笔者在前面所指出的，郭士立的有关议论和建议对美部会派遣伯驾到中国的决定有一定影响。美部会也指示伯驾运用医学技术为传教对象服务。但是美部会的初衷，并不是让伯驾做一个以向中国人行医为主的传教医生。早在 1824 年，美部会就决定其中国传教团成员中应有一名医生。做出这样的决定，是因为前往国外的传教士在物质生活条件方面通常会遭遇特殊的困难。当时该会有许多传教士因不能适应气候和生活条件的改变，健康状况普遍不佳。在美部会开展传教活动的最初二十几年中，该会有 45 名传教士死于国外，还有 31 人因自己或家属的健康问题而回国。其他差会的传教士及其家属也存在平均寿命明显低于国内民众平均寿命的情形。针对这种状况，美部会让其部分传教士接受医学训练，然后分别派往不同的地区，为他们的同伴提供医疗服务。从 1819 年到 1834 年，在派伯驾到中国之前，美部会派遣了 7 名精通医术的传教士到世界各地。④ 美部会的执行委员会希望"这些医生只将少量的时间用于在'当地居民'中行医"，主要精力应用于"照料他们的同事"。⑤ 因此，伯驾的使命是在从事传教活动的同时，照顾美部会

---

① Gutzlaff, *Journals of Three Voyages along the Coast of China in 1831, 1832 & 1833*, pp. 269 – 270.

② Gutzlaff, *Journals of Three Voyages along the Coast of China in 1831, 1832 & 1833*, p. 270.

③ Gulick, *Peter Parker and the Opening of China*, pp. 48, 222, 223 note 44.

④ Gulick, *Peter Parker and the Opening of China*, pp. 46, 48, 60 – 61. 古利克认为，美部会派往锡兰等地的医生中，在伯驾之前有两人"符合医务传教士"之特征。

⑤ Gulick, *Peter Parker and the Opening of China*, p. 48.

广州传教团成员的健康。

这个背景，说明伯驾在广州进行的医务活动既不是差会的指导方针，也不是早已有之的约定俗成的方法。伯驾在广州开办医院，以行医为主业，以广州的下层群众为主要对象（后来其病人的阶层有所扩大，且来自中国各地），从而开始了在华进行"医务传教"的历史，是他特有的经历和面临的特殊环境所决定的。当时新教传教士在广州开展活动是比较艰难的。由于当时外国人的活动受到种种限制，西方传教士的活动更受到清政府的一再厉禁。普通民众在宗教信仰上与完全陌生的基督教格格不入，在当时普遍视外人为夷狄的社会心理的支配下，他们对传教士的说教也抱着漠视态度。在此情况下，如果要在传教方面取得进展，但又不必像郭士立那样四处冒险，甚至与鸦片贩子结盟，那么开设一所医院，为社会下层缺医少药的民众提供医疗服务，则是接近中国民众的一个有效途径。这种特殊的政治和文化环境，是"医务传教"方法得以产生的主要因素之一。伯驾在耶鲁大学受过正规的医学教育，拥有丰富的医学专业知识，使他具备了开创这种传教方法的必要条件。当然，伯驾在广州居民中的行医活动也并非完全出于传教事业上的功利目的，基督教新教所倡导的"博爱"主义也是他进行此项活动的精神因素。他的医院以"普爱医院"或"博爱医院"[1] 为中文名称，也是这种精神的反映。

1835 年 11 月 4 日，伯驾的"广州眼科医院"即"普爱医院"，在美国商人奥立芬的资助下在伍浩官的丰泰行 7 号正式开业。这是新教对华传教史上的一个重要事件。这个事件标志着以行医治病为主要手段的"医务传教"方法的正式形成。伦敦会派出的第一位传教医生雒魏林说美部会派伯驾到中国的动机是要使医务活动成为传教活动的辅助方法，这个说法不太确切。但他指出美部会传教士即伯驾首先使用这种方法，却符合历史的真相。[2] 伯驾的医院在其开初阶段即获较大成功，《中国丛报》报道说："在 6 个星期的时间内，我们看到有 450 名病人得到了一个外国人的医治。"[3] 这家医院很快在广州及邻近地区的居民中产生了影响，"人们从不同省份涌来求医。医

---

[1]　Pu Ai I Yuan, 有人把这当作"博济医院"的对音，但从发音来看，似乎更像是"普爱医院"或"博爱医院"，且从其英译 Hospital of Universal Love 来看亦是如此。

[2]　Lockhart, *The Medical Missionary in China*, p. 122.

[3]　*The Chinese Repository*, vol. 4, p. 386.

院没有遭到反对，地方政府知悉并准许其存在。广州主要行政长官的一位私人助手多次前来察看，并赋诗赞扬其恩人"。[1] 在此过程中，伯驾得到了英美来华商船、军舰一些随船医生的帮助。[2]

随着伯驾医院的顺利开办，在传教士和有关外国人士中酝酿已久的关于"医务传教"的理论开始得到阐述。最早系统论述这种理论的是原东印度公司医生郭雷枢，他在东印度公司广州商馆解散后成为英国政府雇员，在广州和澳门为英国商务官员和职员服务。1828 年，他在澳门开办了一所眼科医院，面向当地居民。他虽然没有传教士的身份，但在为中国人治病施药方面有较长的经历，也有足够的声望。郭雷枢 1835 年底在《中国丛报》上发表题为《关于雇请开业医生作为传教士来华的建议》一文。他从中国民族性的角度论述开展医务传教活动的基本理由。他认为，"中国人经常表现出对世俗的或身体上的利益，比对任何旨在提升他们道德和智慧状况的努力更有兴趣。……已经发现，希望改善这样一个民族状况的人们，通过在他们当中行善，即满足他们的欲望，祛除他们的病痛，一句话，通过改善他们的世俗境遇以引起他们的注意，赢得他们的尊重，比通过任何对他们道德感情的直接呼吁更能得到令人满意的结果。因为对这样的民众来说，现世就是一切，而来世则是子虚乌有的"，"据我的观察，要把他们引导到精神反省之路并最终符合所有关怀他们心灵的人们的热切希望，唯一的办法是在他们当中展示慈善和人道的德行，然后渐渐引导他们思考这些德行赖以产生的动力和原则。希望吸收信徒的人，必须首先表现为对他们是有用的人"。他指出，那些献身于"对中国人进行启蒙和革新的无私的人们"，即热衷于运用直接的传教方法的传教士，之所以所获甚微，就是他们的活动与中国人的上述特性格格不入。"要让中国人理解基督教真理的伟大与崇高，首先必须让他们相信这些真理是有用的。"在提出以上基本认识后，郭雷枢建议："现在派遣传教士的差会同时向这个愚昧的民族派遣医生。他们在来到中国后首先应学习语言；在进行常规的说教和布道的场所，让他们医治疾病，满足人们的愿望，将他们的医务活动与宗教、哲学、医药、化学等方面的教导结合在一

---

① Medhurst, *China*, p. 536.
② 据说，行商对伯驾这种慈善行为充满猜疑，故派人前往监督，监督者后来却成为为医院服务的通事。Gulick, *Peter Parker and the Opening of China*, pp. 57 - 58.

起，以使人们渐渐接受这些教导。"① 1836 年 3 月，《中国丛报》又发表了一封未署名的论述医务活动与传教之间关系的来信。② 郭雷枢 1838 年底在美国费城发表题为《中国医务传教会》的演说，内容和语句均与这封来信相似，故此信作者应为郭氏。郭雷枢在费城演讲时再次强调，西方医术有助于达到传教士和慈善家希望在中国实现的目标。他认为："中国人……不能理解抽象的真理，但事实和行动的效果则不言自明。"他还指出："中国人因他们的生活方式而多灾多病，访问过'天朝'的人每天都能看到此情此景。其下层民众之生存完全依赖于体力劳作，故丧失劳动能力对他们来说是最大的灾难。"此外，"中医的医疗充满了儿戏般的迷信；即使是富人也无法得到外科手术的治疗，因为他们不懂得任何外科医术"。他呼吁，由于医务活动所能产生的巨大影响，"英美两国的传教差会和宗教团体都来考虑医务传教之事"。③

1838 年 4 月，"中国医务传教会"成立，郭雷枢、伯驾和裨治文共同署名发表了一封公开信，在郭雷枢上述思想的基础上对医务传教理论做了系统的、进一步的阐述。除郭雷枢所论述的那些观点外，他们着重从以下几个方面说明医务传教的理论和现实基础。第一，通过为人们治病送药，解除病痛，可以消除中国人的排外心理和蔑视态度，赢得理解和尊敬，"打破偏见的厚墙和彼此畛域之见，教导中国人，他们假装轻蔑不屑的这些人，却有能力也很愿意做他们的恩人"，这样就有希望使中国采取"对我们更友好的政策"，从而既可以顺利地传播基督教，又能"将我们与这个国家的商业和其他方面的交往置于一个更有利的基础之上"。第二，通过在中国进行医疗实践，可以使西方医学得到进一步发展。因为每个民族都有特定的病症，普遍性的病症在不同地区也有程度不同的差别，中国也不例外。中国医务传教会的每家医院都会对重要的病例进行记录并报告，以为医学研究提供宝贵的文献。第三，在行医过程中"所得到的信息，对传教事业和贸易事业都有极高的价值"。"医院设立之后，在与民众的这种交往中，通过某种办法可以

① *The Chinese Repository*, vol. 4, pp. 386 – 389. 又见 *The Medical Missionary Society in China*, printed by the Chinese Repository Press, 1838, pp. 23 – 24.
② *The Chinese Repository*, vol. 4, pp. 575 – 576.
③ *The Medical Missionary Society in China*, appendix, pp. 3 – 5.

获知事情的真相，并取得许多我们现在感兴趣的问题的答案，因为病人常常会对自己的医生坦诚以待。"第四，在中国进行医务传教，包括对中国年轻人进行西医教育，而"受到这种教育的年轻人将分散到这个帝国的各个地方"，在这些地方行医，"他们的成功将使他们受到尊敬，当然也会提高教会他们医术的人的信誉。他们的病人将不仅听说，而且还会亲身体会到从西方来的人士是好人"。这将进一步扩大西方在中国的影响。第五，西方医学的影响还会改变中国人的宇宙观，有助于"对中国人错误的思想体系进行革命"，特别是纠正关于人类躯体的认识。第六，他们还宣称："世界是一个整体，……全人类联合之原则和抱与之感情将越来越具普遍性。培根、牛顿或富兰克林的学说不能由某个民族所独享。这些人不仅属于他们所生长的国度，他们还属于整个世界。"他们的学说不受时间和地域的局限，"最先受其恩惠的人们，有义务使他们发明的、导致了欧洲哲学和科学革命的普遍原理发扬光大"。在他们看来，将西医介绍到中国就是一个有效的途径。①

来华新教传教士中资格最老的麦都思，也在他1838年出版的《中国：现状与展望》中呼吁："对华传教事业最为实质性需要之个人，当包括兼具科学品质与慈善心灵的敬虔的内外科医生，他们能够将二者结合以在世界上传播并确立真理与正义。对人类病痛的医治经常能够密切地帮助基督教的传播。"在中国这个依然对基督教紧闭大门的国家，医务传教这种方式对于传教士开辟接触世界上最庞大人口之途径显得尤为必需。传教士们规模较小的医疗行为已被证明有利于传教方面的努力，但"限于传教士之知识，这些零星的医疗活动效果有限。他们希望看到更具（医学）素养之人为这一事业奉献其时间和才干"。他认为已经进行的努力正在中国人当中"逐渐地消除（对西方人的）偏见"，故"除了将医疗作为宗教之前锋，我们实无更有效推进对华传教之途"。麦都思还就传教医生的训练及其意义进行了长篇阐述。② 同一年，英国皇家医学院院长亨利·海尔福德（Henry Halford）在演讲中也说，"即使是骄傲和排外的中国人"也接纳身怀医术的西方人，美国传教士伯驾"身心兼治"的实践，"会在其民众中造成良好的印象，令地球

① *The Medical Missionary Society in China*, pp. 11 - 21. 以上所述为中国医务传教会创始时期相关人士的一些思考。医务传教理论后来在长期的实践中还在继续发展。
② Medhurst, *China*, pp. 534 - 544.

上三亿众生由此接触福音"。他认为身怀医术的人们应该仿效伯驾，践行治病与救心并行的事业，"到异教徒当中传播神圣的真理"。① 这表明，医务传教方法很快在西方社会得到认可和重视。

我们从以上言论可以看出，在这几个代表性人物的心目中，"医务传教"的基本原则较之郭雷枢的初期认识又有了很大的改变。"医务传教"已不仅仅是为传教事业开辟道路的方法，而是上升为开辟并全面扩大中西方政治、经济和文化交往之道路，即西方打破中国闭关自守的壁垒，全方位进入中国，并按他们自己的方式对中国加以改造的手段。前述公开信所表达的不仅是急于打开局面的传教士的心态，它还表露了西方各界关于对华关系的普遍看法。它在表露西方传教士、商人和政治势力希望加快使"东方从属于西方"的进程之急切心情的同时，也反映了上升时期的资产阶级对自己的成就和文化充满自信的心态。这种着眼于"医务传教"世俗意义的思想，并不是因为这篇作品有前东印度公司医生、英国政府雇员郭雷枢参与起草，相反，伯驾和裨治文这两位传教士的参与，使这份文件较之郭雷枢先前的言论，从根本上扩大了"医务传教"的理论基础。也就是说，正是传教士自己在宗教的目的之外赋予"医务传教"以世俗的意义。正是他们使一种传教思想超越了纯粹的宗教内容。认识到这一点，有助于我们加深对传教活动的理解。

"医务传教"理论的另一个方面，是对医务传教者即传教医生职业范围的界定。在这方面也是郭雷枢首先发表看法。他认为应该把行医和传教这两种职业在具体的活动中"完全区分开来"，让传教士和行医者"沿着各自不同的道路追求相同的伟大目标"，只有这样才能很好地完成各自的工作。他认为伯驾成功地集职业传教士和职业医生二者于一身只是一个例外，"不能作为普遍的规律"看待，"我认为将这两种职业分开，可以取得更多的成就"。② 他在《中国丛报》1836 年 3 月号上发表的那封来信和在费城发表的演说也表达了相同的观点。《中国丛报》的编者裨治文也认为，需要在这两种不同的工作之间"进行区分"，"特别是因为与需要完成的任务相比，目前传教士的数目是如此之少。当一个人身兼二任时，他会不由自主地忽略其

---

① Medhurst, *China*, pp. 538 – 542.
② *The Medical Missionary Society in China*, p. 24.

中的一个，而他的全部时间和精力只能应付一个这样的职责，甚至还不够"。裨治文承认，在特殊情况下由一个人来担负两种角色是必要的，但是这个人"必须有足够的素质，不致使（传教或行医）这两种职业的任何一种蒙羞"。这也是在暗示伯驾是一个例外。① 此外，雒魏林后来也强调："传教医生应当是平信徒——是医生，而非受过按立的牧师。我相信，假设一个牧师经过几个月的听课和医院实习后，就可以变成一个胜任愉快的传教医生，这是错误的。"他的主要理由是，由传教士兼任医生，在医疗技术方面难以适应实际需要，从而无法达到帮助传教事业的目的。② 总之，上述人士都一致认为，传教士就是传教士，传教医生就是传教医生，二者的职责不可混淆；传教医生首先是医生，其次才负有传教之责，即便其活动的最终目的是传教活动的顺利开展。这种观念对以后欧美新教差会的在华医务传教活动产生了深远的影响。

综上所述，所谓"医务传教方法"，是新教来华传教士根据中国的政治和文化状况，具体说来是根据广州的实际情形所总结出来的一种传教方法。这种方法就是由差会派遣受过医学专业训练的医生，到作为传教对象的国家开办医院、诊所以及医疗教育机构，以协助传教士的传教活动为目的，以向所在地居民提供义务性的医疗服务为主要活动内容。传教医生的行医送药活动，与传教士的布道、派发宣传品、举行宗教仪式等活动相辅而行，但并不把医治对象接受或信仰基督教作为提供医疗服务的前提。传教医生的使命还包括照料传教士和西方其他人士的健康。在新教传教史上，伯驾的广州眼科医院是第一个医务传教机构，他本人是第一个将医务传教方法付诸实施的传教士，但按照以上定义，他不是真正意义上的传教医生。

中国医务传教会

伯驾医院取得的成功和医务传教理论的形成，使得建立一个正式的组织，推广这种传教方法，推进新教在华传教事业，成为在华新教传教士和关心医务传教事业的其他西方人士关心的问题。1836 年 10 月，郭雷枢、伯驾和裨治文联名发表了一份倡议书，呼吁成立中国医务传教会。倡议书首先对

---

① *The Medical Missionary Society in China*, pp. 22 – 23.
② Lockhart, *The Medical Missionary in China*, pp. 117 – 120.

成立这个组织的原因做了概括。

　　我们怀着特殊的兴趣看到，在中国人当中开展医疗服务活动可能产生良好的影响，特别是（这种活动）有助于促使中国人与外国人进行积极和友好的交往，有助于传播欧洲和美国的文化和科学，最终将有助于传入救主的福音，以取代现在统治着他们心灵的令人悲悯的迷信，因此决定创立一个叫作中国医务传教会的组织。

　　倡议书强调，该会将不负责指派传教医生，而只是协助来华传教医生，使他们尽快适应环境，给他们提供必要的帮助，"到目前外国人尚不能前往的地区"开展活动。此外，该会还接受以资助医务传教活动为目的的捐款。按照这份倡议书的规划，在中国医务传教会之下，除已有的广州眼科医院外，还要分别设立外科、耳科、皮肤科、妇科、儿科等部门，每个专科由一名传教医生负责。倡议书重申了医疗服务对于传教事业的重要意义。[1]

　　1838 年 2 月 21 日，由郭雷枢、伯驾、裨治文等召集，在广州外侨总商会（Canton General Chamber of Commerce）举行了中国医务传教会的成立会议。出席会议的还有一些英美商人和其他人士。会议首先做出正式成立中国医务传教会的决议，讨论了该会的领导机构。决定由会长、副会长、秘书、司库和审计员组成"管理委员会"，负责日常活动；由会长、司库和审计员组成理事会；由"管理委员会"在英美的一些城市指定代理机构，接受捐款。会议还讨论了会员、董事的资格和传教医生的资格等问题，议决设立中国医务传教会图书馆、中国医务传教会解剖学博物馆。这次会议选举郭雷枢为会长，伯驾、查顿、李太郭、裨治文为副会长，亚历山大·安德森（Alexander Anderson）为会议秘书，查尔斯·京为通信秘书，约瑟夫·阿切尔（Joseph Archer）为司库，约翰·格林（John Green）为审计员。2 月 23 日，管理委员会召开会议，将罗伯特·英格利斯（Robert Inglis）和约瑟夫·阿切尔增补为副会长，会议秘书则改由马儒翰担任。郭雷枢、伯驾和裨

---

[1]　*The Medical Missionary Society in China*, pp. 26 – 29. 又见 *The Chinese Repository*, vol. 5, pp. 370 – 373.

治文还分别在 2 月 23 日和 4 月 24 日的会议上，被委托起草并发表一份宣言，阐明中国医务传教会的宗旨和规则。这份文件，上文已经引述。①

中国医务传教会在 1838 年 11 月召开了首次年度会议。1839 年后，随着中英关系的持续紧张，该会活动一度中断。但鸦片战争期间，在华传教士和其他有关人士仍力图维持该会。第二次年度会议于 1841 年 7 月在澳门亚历山大·安德森的住所举行。会议由裨治文主持，罗孝全、合信、雒魏林、卫三畏、马儒翰等出席。会议继续选举郭雷枢为会长，伯驾、裨治文等 10 人为副会长，马儒翰为会议秘书，马礼逊学校的校长布朗为通信秘书。司库、审计的人选也有所变动。②

这个机构的成立，是新教在华传教早期历史上最为重要的事件之一。同时，中国医务传教会也是世界范围内的第一个医务传教会，③ 在世界基督教传教史上也有重大的意义。

中国医务传教会的主要职能，是向各新教差会派来的传教医生提供各种帮助。从 1838 年到 1850 年，来到中国并曾隶属于中国医务传教会的传教医生，除伯驾外，还有雒魏林（1839 ～ 1858、1861 ～？，伦敦会派遣，1839 年到广州，后到澳门、舟山、上海、北京等地行医）④、戴弗尔（1839 ～ 1840，美部会派遣，在澳门行医）、合信（1840 ～ 1859，伦敦会派遣，在澳门、香港、广州、上海等地行医）、合文（1843 ～ 1845，美国长老会派遣，在厦门行医）、玛高温（1843 ～ 1859，美国浸礼会派遣，在香港、舟山、宁波等地行医）、麦嘉缔（1844 ～ 1862，美国长老会派遣，在宁波行医）、地凡（1844 ～ 1846，美国浸礼会派遣，在广州、香港行医）、哈巴安德（1844 ～ 1891，美国长老会派遣，在澳门、广州行医）、赫希伯格（1848 ～？，伦敦会派遣，在香港行医）、温敦（1850 ～？，英国圣公会派遣，在福州行医）等 10 人。此外还有与差会组织和中国医务传教会都没有正式关系的独立传

① 以上所引关于中国医务传教会成立情况的资料，参见 *The Medical Missionary Society in China*, pp. 3 –8；*The Chinese Repository*, vol. 7, pp. 32 – 44.

② *The Chinese Repository*, vol. 10, pp. 448 – 453.

③ Cadbury and Jones, *At the Point of Lancet*, p. 6.

④ 古利特指出，1839 年在澳门开设医院的雒魏林是第一位由中国医务传教会资助的医生。 Gulick, *Peter Parker and the Opening of China*, p. 74.

教医生甘明（1842～1847 年在厦门行医）。① 除甘明外，其他传教医生分别
在广州、澳门、香港、舟山、厦门、福州、宁波、上海开办了由中国医务传
教会资助的医院。甘明的医院另有经济来源。合信在 1847 年从香港转到广
州金利埠行医后，中断了与中国医务传教会的联系，其原因将在下文讨论。
其他传教医生与中国医务传教会的关系也有中途停止的情况，这里就不一一
说明了。

　　中国医务传教会的管理委员会后来分别在英国的伦敦、爱丁堡、格拉斯
哥和美国的波士顿、纽约、费城、巴尔的摩、华盛顿等城市指定了 9 个代理
人或代理机构。这些代理者大部分是商行或类似的机构，② 说明他们的任务
主要是筹集款项。

　　中国医务传教会成员还利用他们在本国的影响，分别在英国和美国成立
了后援机构。郭雷枢回英国后，在各种场合为该会做宣传。李太郭也积极活
动，筹划成立"中国与远东医疗慈善会"（Medical Philanthropic Society for
China and the Far East），1840 年发表了计划书。这个计划书回顾了西医在中
国传播的历史，阐述了中国医务传教会的宗旨与意义，呼吁"在英国建立
一个协会，以向中国和其他东方民族传播欧洲的医疗技术和基督教为目
的"。李太郭提出，这个拟议中的团体将与中国医务传教会进行"友好的合
作"，派出传教医生，并在国内为在华开展医务传教活动培养后备力量。③
1841 年 7 月 14 日，该会人士在伦敦举行了一次与医务传教有关的会议。会
议由前英国驻华商务监督罗便臣主持，被林则徐驱逐的查顿也前往与会。会
议决定将中国与远东医疗慈善会与刚刚组成的中国医务传教会伦敦分会筹备
委员会合二为一。伦敦会也表示将对这个团体给予支持。④ 1841 年底，英国
爱丁堡有关人士成立了"爱丁堡医务传教会"（Edinburg Medical Missionary
Society）⑤ 以及其他一批后援团体。

　　伯驾在鸦片战争期间回美国，并于 1841 年 4 月赴英国和欧洲大陆访问，

---

① 据 *Memorials of Protestant Missionaries to the Chinese* 等传记资料。
② *The Medical Missionary Society in China*, p. 10.
③ *The Chinese Repository*, vol. 10, pp. 21 – 24.
④ Cadbury and Jones, *At the Point of Lancet*, p. 73.
⑤ Lockhart, *The Medical Missionary in China*, pp. 146 – 147.

利用公众对中国的兴趣，挟成功开办广州医院之声誉，在各地为在华开展医务传教事业进行了积极的宣传，引起了较大的反响。[1] 伯驾在美国取得了更大的成功。1841 年冬天他在费城活动，费城各界对他和中国医务传教会都表现出支持的态度。著名的宾夕法尼亚大学医学院学生尤其热情高涨，其中有些人找到伯驾，要求到中国做传教医生。费城的有关人士成立了"费城中国医务传教会"（China Medical Missionary Society of Philadelphia），它的章程除规定对中国医务传教会给予支持外，还包括向中国青年提供医学教育的内容。在纽约也成立了宗旨相似的"纽约中国医务传教会"（New York Chinese Medical Missionary Society）。此外，在费城还成立了一个"费城妇女中国协会"（Ladies Chinese Association of Philadelphia），它也是支持对华医务传教的一个团体，不久就为伯驾募得 350 美元。[2] 伯驾在英美共筹得 6000 多美元的款项，绝大部分是在美国筹集到的。

通过诸如此类的努力，中国医务传教会在英美社会获得了比较广泛的支持，医务传教作为新教传教活动一个新的组成部分，也很快获得了扎实的基础，为以后医务传教方法在中国的长期实施准备了条件。

值得一提的是，中国医务传教会内部也隐伏着矛盾。随着五口通商后传教范围的扩大和传教医生的增多，其矛盾便逐渐暴露出来，并集中体现为该组织的分裂。

这个跨教派、跨国界团体的分裂是在 1845 年春天公开化的。英国割占香港后，英国在华传教士大多到香港建立活动基地，其中包括一些中国医务传教会的成员。香港成为英国在华新的传教和商务活动中心。从这种情况考虑，1845 年 1 月，在香港的中国医务传教会执行机构的成员（主要是英国人）写信给在广州的伯驾，要求他以"资深副会长"的身份在香港召集一次全体会议。[3] 但以广州为主要活动地的伯驾，深知这样的会议意味着中国医务传教会的基地将转移到香港，而对该会的控制权也将由立足于香港的英国传教士、传教医生等掌握，所以立即表示反对。他在 2 月于澳门举行的一

---

[1]　Gulick, *Peter Parker and the Opening of China*, pp. 102 – 108.

[2]　*The Chinese Repository*, vol. 12, pp. 198 – 200; Cadbury and Jones, *At the Point of Lancet*, pp. 68 – 69.

[3]　Gulick, *Peter Parker and the Opening of China*, p. 125.

次管理委员会会议上，仍然对英国人的这种意图极力反对。但与会的人员大都来自香港，伯驾在会上势孤力弱，会议以六比一的票数通过将中国医务传教会的领导机构迁移到香港的决议。

伯驾拒绝接受这种结果，回广州后马上发布了一份公告，宣布他将按照该会的章程，以资深副会长的身份，"于 3 月 26 日上午 11 点在广州美国行 1 号召开中国医务传教会的全体会议，进行选举并处理本会的全部事项"。① 并不顾香港方面宣布他的行动为非法的声明，按期举行了有 17 人参加的会议，选举了新的领导团体。香港方面也不甘示弱，于 4 月 19 日在香港举行了一次"全体会议"，并选举了另一套管理委员会和其他部分的成员。这样就出现了两个中国医务传教会并立的局面。广州的中国医务传教会以伯驾为首，得到广州的美国商人和传教士的支持；而香港的中国医务传教会则以合信和亚历山大·安德森为首，并得到雒魏林等英国人的支持。伯驾出席了香港的会议，目的却是去宣布广州会议的结果，并宣布香港的会议"不合法"。②

之后，伯驾与合信等人互相指责，分裂的局面持续了几年。双方也都做出了一些和解的姿态。香港方面一直把裨治文选为该会的副会长，而广州方面也像香港方面一样，一直选举早已离开中国的郭雷枢为会长。因此，远在英国的郭雷枢终身享有中国医务传教会会长的头衔，直至 1879 年去世。香港的中国医务传教会在 1848 年 11 月 10 日召开了由港英当局牧师斯坦顿主持的年度会议。会上通过的一个决议提到，斯坦顿代表一个曾与伯驾协调关系的特别委员会，报告与伯驾商讨重新联合之事。但该委员会显然没有取得什么进展。③ 1848 年 12 月 28 日，伯驾也主持召开了广州的中国医务传教会年度会议，他在会上也提到广州和香港的两个医务传教会之间进行过协商，希望能在取得相互理解后，实现这两个事实上独立的医务传教团体之间的统一。会议还通过一项决议，为促成"本会两个部分的重新联合"，而指定一个委员会"与香港的那个团体再次进行通信联系"。④ 但从后来的情况看，

---

① *The China Mail*, no. 3, p. 9, 转引自 Gulick, *Peter Parker and the Opening of China*, p. 126.

② Gulick, *Peter Parker and the Opening of China*, pp. 127 - 128.

③ *The Chinese Repository*, vol. 18, p. 55.

④ *The Chinese Repository*, vol. 18, p. 56.

这两个医务传教会最终未能消除歧见而实现联合。

广州的中国医务传教会后来逐渐取得了优势，而香港的中国医务传教会则日趋式微。从上述两个团体分别举行的年会来看，广州的会议参加者众，阵容颇为可观，在经济上有实力雄厚的旗昌洋行人员作为其司库直至1891年。① 而香港会议的参加者人数寥寥，选出的"管理委员会"中缺乏有影响力的人物。② 合信于1848年到广州开办金利埠医院后，与香港的中国医务传教会断绝了关系，可能是为了避免与伯驾同处一城而分属不同的中国医务传教会的尴尬。香港的中国医务传教会在1848年的会议后便渐趋于无声无息。1852年底理雅各向伦敦会报告说这个团体已经消亡。③

中国医务传教会之所以在1840年代发生分裂，原因是多方面的。郭雷枢的离去使这个团体失去无可争议的首领。伯驾挟首创传教医院的声望，又有受到欧美政、商、宗教等各界普遍欢迎、赞誉的经历，并在英美募得大笔款项，自然不愿受制于人口尚为稀少的香港岛上的英国人。他所募得的6000余美元中，5286美元是在美国募到的，④ 一旦把中国医务传教会的总部迁到香港，就意味着这笔钱将脱离他的掌握和支配，这将使他全力从事的行医事业受到影响。他与美部会的关系也在同一时间弄僵，这笔经费对他来说更为重要。⑤ 但另一方面，英国人作为打开中国大门的主角，有着打败清政府、割占香港的"业绩"，希望在对华事务的所有方面居于支配地位，包括医务传教方面。鸦片战争后英国传教士在华南的势力集中于香港，在广州几乎没有什么影响，将当时已有很大影响的中国医务传教会迁到香港，是他们理所当然的希望。因此，在双方争执的背后发生了很大作用的是英美两国人士的民族意识和实际利益。从双方各自选出的医务传教会成员名单来看，香港的中国医务传教会主要由英国传教士、传教医生和商人组成，而广州的

① Cadbury and Jones, *At the Point of Lancet*, pp. 87 – 88.
② *The Chinese Repository*, vol. 18, pp. 55 – 56.
③ Gulick, *Peter Parker and the Opening of China*, p. 130.
④ Gulick, *Peter Parker and the Opening of China*, p. 132.
⑤ 1846年11月，波士顿的22名主要捐款人联名给中国医务传教会发来一封信，声明："我们希望将这笔款项置于（伯驾）支配之下，用于通过介绍医疗技术和医学科学来减轻中国人的病痛，从而取得此项捐赠最佳效果之目的。"这使伯驾合法地拥有了支配该款项的全权。Cadbury and Jones, *At the Point of Lancet*, p. 88.

中国医务传教会则几乎由清一色的美国人组成。只有裨治文似乎能够比较超脱，他同时在两个医务传教会中当选为副会长。可见，民族意识在鸦片战争后成为影响新教在华传教进程的一个重要因素。下文还要谈到，稍后两年两国传教士在《圣经》翻译问题上再次决裂，从而使鸦片战争前后二者之间密切合作的时代走向终结。

医务传教方法的实践

从伯驾开始的医务传教活动，经过中国医务传教会的倡导和推动，在鸦片战争前后，成为英美新教各教派和医学界、商界等各界共同参与进行的一项规模最大的事业。在鸦片战争前，医务传教活动限于广州和澳门两地。1838 年 7～10 月，伯驾在澳门为医务传教会购置一处房产，开办了一所医院，收治病人达 700 人次。① 雒魏林受伦敦会派遣来华，随即掌管这所因伯驾离开而暂时关闭的医院。这所医院在中英冲突期间又一度停顿，直至1840 年 6 月。英军占领舟山群岛后，雒魏林赴定海开办医院。而当英军自舟山撤退后，他在 1841 年回到澳门。② 五口开埠通商后，中国医务传教会的医疗机构迅速扩展到香港和其他通商口岸。医务传教活动的主要形式，是由中国医务传教会、各差会、各种其他团体提供赞助，由传教医生择地开办医院或诊所诊治病人，一般免费提供医药服务。在此过程中，由传教士或传教医生等向民众宣讲教义，散发传教书籍，借以影响中国民众的宗教信仰和对外国人、对西方文明的态度与看法。有关各地开办的中国医务传教会医院的基本情况略示如表 4－1。

表 4－1　1835～1850 年中国医务传教会医院情况

医院名称	开办者	开办时间	医治病人次数	备注
广州眼科医院	伯驾	1835.4～1855.12	53000	1855 年伯驾离开该医院
广州金利埠医院	合信	1848.4.1～1850.12.31	71517	1848 年 1849 年的数据系据有关资料推算

① Lockhart, *The Medical Missionary in China*, pp. 124 – 125.
② Lockhart, *The Medical Missionary in China*, pp. 125 – 126.

医院名称	开办者	开办时间	医治病人次数	备注
澳门医院	伯驾、合信、雒魏林、戴弗尔等	1838.7 ~ 1843.6	8022	该医院在此期间曾多次关闭
香港医院	合信、巴尔福尔、赫希伯格	1843.6.1 ~ 1847.6	12139	1847 年 6 月后未见统计数据
厦门医院	甘明、合文	1844.2 ~ 1845.6;1846.1 ~ 12	2250	其他时间未见报告统计数据
宁波、舟山医院	雒魏林	1840.8 ~ 1841.7;1843.7 ~ 1844.1	5144	
宁波医院	玛高温	1843.1.1 ~ 1845.3;1848.1 ~ 1850.12	11559	其他时间未见报告统计数据
上海医院	雒魏林	1844.2.18 ~ 1850.12.31	58471	其中缺 1847 年 7 月至 1848 年 12 月数据

　　注:1. 本表据《中国丛报》第 4 ~ 20 卷各期所载中国医务传教会有关资料、统计数据、雒魏林《在华行医传教二十年》所载数据等资料制成,出处不一一注明。

　　2. 除本表所列外,其他传教医生开办的医院,如温敦在福州、哈巴安德在广州、麦嘉缔在宁波主持的医院等的情况,因缺乏资料,未列入。

　　表 4 - 1 中各医院医治病人的数据,除合信的金利埠医院（中文名惠爱医馆）的数据外,其他都是可信的。合信医院的报告称,1848 年夏季平均每个工作日接待病人 250 人次,冬季每个工作日接待 100 人次,1849 年每个工作日在 150 人次以下（表 4 - 1 按每日 120 人计算）。合信于每周一、三、五接待诊治病人,每年约 156 个工作日。[①] 表中这两年的数据即依此推算。即使合信每个工作日连续不断地看病 10 小时,他必须每 2 ~ 3 分钟就诊治一位病人,还包括一些需要做外科手术的病人,这是难以置信的。因此,合信医院的情况需进一步的材料才能弄清。不管怎样,从 1835 年到 1850 年这 15 年,依表 4 - 1 的不完全统计,中国医务传教会名下各医院所诊治的病人在 15 万到 20 万人次;加上表 4 - 1 未能列入的医院,以及一些传教士个人诊治的病人,数据应在 20 万人次开外。这个数据体现了英美在华医务传

————————

　　① *The Chinese Repository*, vol. 19, pp. 302, 305.

教活动最主要、最直接的结果。

英美在华医务传教活动的另一个重要目的，是向中国输出"西方的文明和科学"，特别是西方的医学科学和医疗技术。在这方面，早期医务传教活动最值得注意的作用，是通过在各通商口岸开办各种医疗机构，将西方的一整套医疗体制引进中国。除此之外，传教医生还通过以下两个途径传播西医知识和制度。

其一，在中国青年中培养西医人才。伯驾在开办广州眼科医院之初，就寻觅了几个当地青年作为助手，并向他们传授了医术。1837 年伯驾在一封信中说："现在有两个很有前途的年轻人跟我学英语，他们希望将来自己能做医生。还有几个申请医院的差事。这些年轻人中有一个是钱纳利（George Chinery，英国画家）的学生兰官（Lam Qua）的兄弟。他对医术如痴如醉，但自愧年纪太大，不能独自行医。"① 这个人就是关亚杜（Kwan A-to，或译关韬）。通过长期的学习、锻炼和实践，关亚杜成了一个比较出色的西医医生，是伯驾最得意的弟子。1840 年伯驾回美国后，关亚杜在广州维持眼科医院的运行。伯驾加入顾盛使团期间，又将医院交给关亚杜管理。② 在此前后，关亚杜已能够独立进行眼科和外科手术，包括切除肿瘤这样在当时尚属复杂的手术。③ 他一直做伯驾的助手，伯驾 1855 年将医院交给嘉约翰后，他又成为嘉约翰的助手。第二次鸦片战争期间他为中国军队服务，为此被咸丰帝赐予五品顶戴。④ 除关亚杜外，伯驾在 1842 年以后还招收了一些中国青年作为助手，并向他们传授医术，其人数保持在四五名。

其他的传教医生如雒魏林和合信，也都在行医的过程中招收了一些学生兼助手，在不同程度上向他们传授医术。雒魏林的学生中没有像关亚杜那样出类拔萃的人才，大都浅尝辄止，令他"经常感到失望"。但也有一个较为出色一直待在上海医院的青年，他"学了很多内外科的医术"，先后协助雒魏林和合信开办医院，"当合信因健康原因离开中国时，他已能够使医院的工作继续下去……他能很好地主刀进行一些小手术，并能为医院碰到的一些

① Stevens, ed. , *The Life, Letters and Journals of the Rev. and Hon. Peter Parker*, pp. 132 – 133.
② Gulick, *Peter Parker and the Opening of China*, p. 114.
③ Gulick, *Peter Parker and the Opening of China*, pp. 149 – 150.
④ Cadbury and Jones, *At the Point of Lancet*, pp. 50 – 52.

常见病例开处方"。① 合信在香港时期就开始注意物色学生,有一个叫阿心(Assam)的青年很得他的好感。合信甚至认为他"完全可以负责一间眼科医院",并希望他"不久以后能独立行医,并开设一间(与香港的中国医务传教会医院)旨趣相似的医院"。② 不过后来未见到关于这个阿心的资料。合信在开设广州惠爱医院(金利埠医院)时也带过几个学徒,但他们或是品行不良,或离职他就,未有实际的成效。③

其二,除以上这类学徒式的医学教育外,热衷于医务传教方法的人士还试图在中国建立系统的西医教育。中国医务传教会在成立时已讨论过派遣中国青年到西方学医的问题,郭雷枢、伯驾和裨治文三人的宣言书也阐述过为中国培养西医人才的意义。伯驾与英美有关人士谈论过此事,伦敦的皇家外科学院对此很有兴趣,该院院长"同意接受6名以上的中国青年在伦敦的医院学习",并且"已有几个人为此捐款"。伯驾在给中国医务传教会的报告中指出:"培养一批能干的有科学知识的内外科医生是一个既定的方针。"他提出先在中国建立一个"学院",学生从马礼逊教育会学校(以下简称马礼逊学校)挑选,在完成基本的教育后,再将他们送往美、英、法等国的医院实习。伯驾还催促中国医务传教会马上讨论派6名中国青年到伦敦学习之事。④ 合信曾在他撰写的香港医院报告中表示,他"急切地想要看到,在紧邻香港医院的地方建立一所医学校","招收8~10名青年"。他并且提出初步的教学计划。⑤ 不过他们的设想都没有变为现实,后来只有随布朗到美国求学的黄宽转到英国爱丁堡大学学医,取得医学学位后于1858年回到广州,接替合信主持惠爱医院。⑥ 但他们的建议为近代中国西医教育发出了先声。

在介绍西医知识方面,合信做出了突出成就。他从1850年开始,陆续用中文撰写并出版了一系列通俗的西医学著作。其中第一部《全体新论》在1850年初出版于广州,主要介绍西方关于人体结构和解剖学的研究成果及基本知识,内容虽浅显,但它是第一部中文西医学专著。此后,他又出版

① Lockhart, *The Medical Missionary in China*, pp. 141 – 142.
② Lockhart, *The Medical Missionary in China*, p. 140.
③ *The Chinese Repository*, vol. 19, p. 305.
④ *The Chinese Repository*, vol. 12, pp. 200 – 204.
⑤ 转引自 Lockhart, *The Medical Missionary in China*, pp. 140 – 141.
⑥ Lockhart, *The Medical Missionary in China*, p. 142.

了《博物新编》（广州，1855 年。其第二部分《天文略论》曾单独刊印于
1849 年）、《西医略论》（1857 年刊于上海，介绍西医外科各分支的知识）、
《妇婴新说》（1858 年刊于上海，介绍妇科和儿科知识）、《内科新说》
（1858 年刊于上海，介绍内科学的基本医药知识）等。① 这些著作构成第一
批中文西医学教科书。此外还有帝礼仕的《鸦片速改文》，署名"仁爱者"，
1835 年刊于新加坡，只有 6 页，由梁发助编。1842 年，美国长老会的麦嘉
缔将此文与他所写的《鸦片六戒》（7 页）合编，于 1847 年在宁波再版。
当年，麦嘉缔在加上前言后又出版了一次。同年这个几页纸的印刷物又以
《鸦片速改七戒文》为题在上海印刷散发。② 罗孝全曾翻译过一本叫作《家
用良药》的书在广州出版。③ 英国圣公会的温敦也于 1856 年在福州出版了
《劝戒鸦片论》。④

医务传教运动的历史影响

根据表 4－1 各传教医院就诊病人统计数据，在鸦片战争前后 15 年间，
由英美传教医生、传教士等诊治的中国病人约在 20 万人次，而当时中国五
个通商口岸和澳门、香港的人口约为 200 万。⑤ 这意味着，华南和东南沿海
这几个城市有将近 1/10 的人口接受过英美传教医生或传教士免费的医疗服
务。即使就医人数当中包含多次得到医治的人数，其在所有人口中所占的比
例仍然是值得注意的。如果考虑到患者的亲属也间接地与那些传教医生和传
教士有所关联，那么受到医务传教活动影响的人口及其所占的比例就更为可
观。这是对早期医务传教活动的社会影响进行估价的基本依据。

我们从上述郭雷枢、伯驾、裨治文等医务传教理论和方法的开创者关于
医务传教目的和宗旨的论述可以看出，鸦片战争前起源并实施于华南沿海的
医务传教活动并非单纯的慈善事业。医务传教方法的具体实践过程也表明，
传教医生时刻没有忘记他们活动的宗教、政治和文化目标。中国医务传教会

---

① Wylie, *Memorials of Protestant Missionaries to the Chinese*, pp. 126 – 127；Lockhart, *The Medical Missionary in China*, pp. 157 – 160.

② Wylie, *Memorials of Protestant Missionaries to the Chinese*, pp. 79 – 80.

③ Wylie, *Memorials of Protestant Missionaries to the Chinese*, p. 97.

④ Wylie, *Memorials of Protestant Missionaries to the Chinese*, p. 199.

⑤ 据当时外国人的有关记载，1845 年前后，广州人口约 100 万，福州人口 25 万以上，上海、宁波人口各约 25 万，厦门人口约 10 万，澳门人口约 3.5 万，香港人口约 2.5 万。

所辖各医院，以及一些传教士和传教医生个人，都把医疗活动作为传播基督教信条最重要的机会之一，往往医院本身同时就是举行宗教仪式的场所。伯驾医院典型地体现了这类医院的宗教性质。伯驾本人在治疗过程中经常向病人赠送传教书籍，而从南洋归来后的梁发，在鸦片战争后长期在伯驾的医院向自己的同胞传教，"毫无顾忌地宣讲福音"。① 正如卫三畏所说："在东方，没有任何一个传教机构比这个医院更为著名，或是在广泛意义上更为成功。它对在这个民族各阶层中传播福音的直接作用是难以估量的。"② 合信每个礼拜日都在他的金利埠医院举行布道仪式，梁发同样是主要的布道者，他的听众很多就是合信的病人。③

接受传教医生和传教士治疗的人，大部分是社会下层无力负担医药费用的民众，或是有久治不愈的疑难杂症病人。这是早期受洗入教者多为贫苦百姓的原因之一。但也不乏地方绅缙和高官显宦向这些他们经常表示瞧不起的"夷人"求医的例子。林则徐请求伯驾帮助治疗疝气是人们经常提到的事例。先后总督两广的耆英、徐广缙，参与交涉事宜的余保纯，以及督抚衙门的大小官员等人则直接请伯驾治病。④ 至于为中国官绅治病的政治影响，前述潘仕成建议在《望厦条约》加入准许在五口修建礼拜堂和耆英对此条款的认可是一个明显的例子。

当然，受惠于医务传教活动的人加入基督教的比例是很低的；传教医生对中国官员外交活动的影响更不能过高估计。但是，医务传教活动使如此众多的人处于其长期的影响之下，这对于实现其创始者提出的另一个主要目标——"使中国人改变对我们的看法"，改变对外国人蔑视、冷漠的心理，承认西方文明的优越性，这种潜移默化的作用是不容低估的。它的发起者不无自豪地说过，清朝"虚弱而专制的政府"限制外国人与本国人民"自由交往"的"特殊法律"，"在人民心目中所引起的（对外国人的）偏见和厌

① *The Chinese Repository*, vol. 14, pp. 449－461.

② Stevens, ed. , *The Life, Letters and Journals of the Rev. and Hon. Peter Parker*, p. 119.

③ *The Chinese Repository*, vol. 19, pp. 301－302. 伯驾等在给差会的报告中详细描述了给余保纯治病的经过，参见 E. C. Bridgman, P. Parker and others to the Prudential Committee, Jan. 1, 1844, ABCFM Papers, 16.3.8, vol. 1 a.

④ *The Chinese Repository*, vol. 13, pp. 302－303；vol. 19, pp. 253－254. 据说耆英还赠"妙手回春"等条幅给伯驾的医院。Lockhart, *The Medical Missionary in China*, p. 131.

恶之感，现在已部分地为本会医务人员的劳作所消除。我们可以满怀信心地期待，在神的庇佑下，在基督教真理的熏陶和它的宣扬者无私的努力之下，这种态度不久之后就会完全消散"。① 华南和东南沿海地区在近代率先引进西洋文化，与医务传教活动这样实在而又影响广泛的事业的长期开展是有一定历史联系的。

在指出鸦片战争前后的医务传教运动在一定程度上达到了其发起者的主观目的的同时，还应认识到，它在客观上也有明显的积极作用。20 万人次得到医治的事实说明，这个运动的发起者尽管带有这样那样的目的，但它作为一个较大规模的慈善活动给众多病人带来了实际利益，也是应该得到肯定的。当贫困的社会下层群众无力负担恢复健康的费用，而且传统的中医无法治疗超出其能力范围的病症时，医务传教所提供的医疗卫生服务便体现了比较突出的人道主义精神。实际上，不少长期在中国从事医务活动的传教医生，在一定程度上也是带着人道主义的目的而工作的。

医务传教运动另一项值得肯定的后果，是给近代中国带来了西医科学，从而为近代中西文化交流做出了一定的贡献。在医务传教运动开展之前，西方医术在中国的应用只有一些零星的记载。明清间天主教传教士进行过一些医疗和著述活动，住在澳门的葡萄牙人不可避免也会行医治病，从而引起一些中国作者的注意，但这些对中国的医学发展没有什么影响。广州外国商馆的医生偶尔也给当地市民治病，但次数非常稀少，引进西方医学则完全谈不上。第一个给中国带来西方医术并产生历史性影响的是东印度公司的医生亚历山大·皮尔逊。他于 1805 年将种牛痘之法正式引进中国，用中文写了一本《英吉利国新出种痘奇书》，首次向中国介绍了种痘免疫之法。他还将广州英国商馆的一个中国杂工游贺川训练成他的助手。游贺川从 1806 年起跟皮尔逊学习种牛痘之法，皮尔逊回国之后，他在十三行富商伍浩官的支持下坚持为附近的民众种痘免疫。② 但这还不是系统地引进西医科学，而且还没有广泛的社会影响。比较系统、全面地引进这一科学，是从本节所论的医务传教运动开始的，包括西医理论、西医药知识的介绍和传播，通过各医务传

---

① *The Chinese Repository*, vol. 12, p. 190.
② Cadbury and Jones, *At the Point of Lancet*, pp. 10 – 11；李志刚：《基督教早期在华传教史》，第 254 页。

教医院和诊所的开设而在中国建立的西方式的医院体系，以及由传教医生和一些传教士具体实施并向中国人传授的西医治疗技术，等等，其情形如上所述。

总之，鸦片战争前后在中国形成的医务传教方法及其实践，无论在新教传教史上，还是在近代中外关系史和中外文化交流史上都具有深远的影响。

二 英华书院与来华新教传教士教育活动之嚆矢

开办学校，将西方教育制度和方法引入中国，是鸦片战争前后新教传教士非常重视的另一项文化活动。这种活动亦不以宗教传播为直接目的，但其长远目标则是通过对中国教育文化的影响来开辟传教的道路，扩大基督教的势力。因此，这种教育活动既是一种有重要意义的文化交流，也是能产生深远影响的传教方法。1830 年代前来华新教传教士的教育活动，以英华书院的开办最为引人注目。

英华书院始末

本书第二章已经说明，开办英华书院（Anglo-Chinese College）是恒河外方传教团计划的一个部分。1818 年 10 月，《印中搜讯》发表了《马六甲英华书院计划书》，当出自马礼逊和米怜之手。计划书指出，"学院"（college）这一名称比普通的书院（academy）、学校（school）或任何其他的名称都更适合将要开办的教育机构，这表明马礼逊和米怜的最初设想是将其办成一所高等学府。计划书阐述英华书院的宗旨是"进行中西文化交流和传播基督教"，进行中英语言文化方面的教育，其目的"一方面是使欧洲人能接触中国语言和文化，另一方面是使恒河以东以中文为书面语言的诸民族能接触英语和欧洲的文化与科学"。"这些恒河以东的国家是指中国、交趾支那、东印度群岛的中国殖民地、琉球、朝鲜和日本。"计划书的作者希望英华书院的教育事业最终将"有利于基督教信条的和平传播和东半球向普遍的文明境域迈进"。

该计划书还列出了英华书院具体的章程和规则。它规定要在书院附设一个图书馆；聘请欧洲教师为中文教授，并延请中国人为书院教师；向一定数量的学生提供食宿；为贫困的中国学生建立基金；向以从事宗教、文化和商业活动为目的的欧洲学生教授中文；向本地中国学生教授英语以及地理、历史、算术和其他学问，传授道德哲学、基督教神学和中国经学知识；设立中英文印刷所和植物园等。还规定：书院接受欧洲和美洲大陆任何携有介绍其品德和学习动机的可信推荐书的人士，以及欧洲各大学前来游学的人士、基督教传教士、各国商业机构和领事机构的人员入学肄业；接受"恒河以东"各国青年入学。计划书宣布，获准入学的东方各国青年"将不被要求宣布自己信仰基督教，也不会被迫参加基督教礼拜仪式——但将要求他们这样做"，还要求他们参加所有公开的宗教讲座。计划书还说明，书院的资金来源为学费和各种捐助，由书院的庇护人和理事会管理。①

马礼逊 1818 年 10 月底将这份计划书寄给伦敦会的司库汉奇（W. A. Hankey），敦促伦敦会给予支持。② 11 月 11 日（英华书院建筑奠基典礼举行的当日），伦敦会东方委员会（Eastern Committee）开会讨论马礼逊和米怜的方案，宣读了《恒河外方传教团临时委员会决议》和《马六甲英华书院计划书》。伦敦会理事会后来也进行了讨论，批准了该计划书，同时同意将马六甲传教团地产的一部分用于兴建英华书院。③

在伦敦会的批准到达之前，经过米怜等人的努力，恒河外方传教团已经得到了建立传教基地和书院的土地。1816 年，米怜到槟榔屿，要求英国殖民总督威廉·波特利（William Potrie）在马六甲拨给一块土地建立传教基地，允许设立一个印刷所等。按照 1802 年英、法、荷、西等国签订的《亚眠条约》，英国即将把 1795 年从荷兰人手中夺取的马六甲交还给荷兰，故无权批地。但该总督答应暂时拨给一块废地，待将来荷兰当局认可。总督还批准了米怜在马六甲设立印刷所的请求。④ 米怜等后来辗转寻觅到一块地皮，1816 年夏开始陆续兴建房屋。1818 年 9 月 16 日，荷兰人接管马六甲前夕，英军驻马六甲的司令官、行政官法夸尔少校（Major William Farquhar）写信给荷兰特使，要求承认英国当局批给以米怜为首的中国传教团的土地。

---

① William Milne and Robert Morrison, "General Plan of the Anglo-Chinese College," *The Indo-Chinese Gleaner*, no. 6, Oct. 1818. 又见 *The Chinese Repository*, vol. 1, pp. 105 – 106; Eliza A. Morrison, ed. , *Memoirs of the Life and Labours of Robert Morrison*, vol. 1, pp. 512 – 516.

② Harrison, *Waiting for China*, p. 42.

③ Harrison, *Waiting for China*, pp. 46 – 47.

④ Philip, ed. , *The Life and Opinion of the Rev. William Milne*, pp. 217 – 219.

米怜本人也于 9 月 21 日英荷正式交接之后，向荷兰当局递交了关于其传教团情况的说明，要求准许继续使用土地。荷兰当局随后对米怜等英国传教士使用土地从事传教和教育活动予以认可。①

1818 年 11 月 11 日，米怜等在这块土地上举行了兴建英华书院的奠基典礼。典礼由法夸尔主持，荷兰总督泰森（J. S. T. Thyson）、槟榔屿等地的殖民地官员、军官和马六甲当地的名流均出席。② 到 1820 年，英华书院的建筑基本完成。从此，在数十年的时间内，英华书院一直是新教传教士在东方开办的规模最大、最重要的文化机构。

英华书院自 1818 年开办，到 1843 年迁往香港，在马六甲存在了 25 年。在此期间，对书院的命运影响最大的是马礼逊、米怜和理雅各。

书院的校长（principal）由恒河外方传教团在马六甲的资深传教士担任，第一任校长是米怜。马礼逊远在广州，英华书院开办和早期经营的具体事务均由米怜负责。他将书院建成当时马六甲最好的建筑，耗资 8016 元。③米怜不仅创建了书院，而且在计划书的原则之下，为它确立了具体的规章制度和运作方式。④ 他还将书院与《印支搜讯》《察世俗每月统记传》及马六甲传教团紧密结合在一起，形成一股颇具影响的宗教 - 文化势力。

米怜在 1822 年 6 月去世，之后英华书院校长先后由伦敦会传教士汉弗雷斯（James Humpherys，1822 ~ 1824）、科力（1824 ~ 1828）、吉德（1828 ~ 1832）、汤姆林（1832 ~ 1834）、伊万斯（1834 ~ 1840）、理雅各（1840 ~ 1843）等担任。不过在 1834 年之前，对书院事务拥有最后决定权的是马礼逊。

直到 1834 年，马礼逊一直是该校主席（President of College），是实际上的最高决策者。1822 年 6 月 2 日米怜去世后，英华书院一度在管理上陷入混乱。马礼逊在 1823 年 1 月至 7 月，到马六甲掌管书院达半年之久，帮它

---

① Harrison, *Waiting for China*, pp. 39 – 40.

② Eliza A. Morrison, ed., *Memoirs of the Life and Labours of Robert Morrison*, vol. 1, p. 515.

③ Robert Morrison, *To the British Public Interested in the Promotion of Christianity, Morals, and Useful Knowledge among Heathen Nations*. London, 1825, p. 22. 一说所费资金为 7500 元，参见 Harrison, *Waiting for China*, p. 55.

④ 各种文件见 Eliza A. Morrison, ed., *Memoirs of the Life and Labours of Robert Morrison*, vol. 2, pp. 40 – 56.

度过了一段困难时期。这段时间马礼逊进行的与书院有关的另一件要务，是探讨将英华书院迁往新加坡的可能性。

马礼逊在前往马六甲的途中，1月29日到2月1日在新加坡前后停留了4天，其间受到英国新加坡殖民地行政长官赖福士（Stamford Raffles）的接待。赖福士告诉马礼逊，他计划在新加坡兴建一所与英华书院性质相似的马来书院（Malayan College），也将依靠传教士执教。① 他建议马礼逊将英华书院迁到新加坡，与他计划中的书院合并。马礼逊到马六甲后，与汉弗雷斯等讨论了此事，并做出了迁移的决定。赖福士也宣布将拨给马礼逊50英亩的土地用于安置英华书院。他还在1823年4月正式公布，要建立以"研究中国、暹罗和马来群岛的语言，及提高这些国家的道德与知识水平"为目的的新加坡学院（Singapore Institution），这个学院将包括马来书院、中文书院和一个科学书院（College of Science）。② 马礼逊此后又先后两次到新加坡，与赖福士及英国的新加坡驻防官法夸尔等人进行了深入讨论。他们决定由法夸尔任学院董事长，马礼逊为副董事长。③ 马礼逊还参加了6月23日新加坡学院的奠基仪式和董事会会议。

但是，这件事情到此便戛然而止。马礼逊在这之后不久就回英国休假。1825年，他还在英国期间，得知英华书院迁址已不可能，因为新任新加坡驻防官约翰·克劳福德（John Crawfurd）反对此事，而赖福士已回到英国，致原计划无疾而终，而新加坡学院亦告夭折。到1827年，马礼逊还在为此感到可惜，认为计划失败的原因是赖福士所用非人。④

马礼逊在英国度假期间的主要活动之一，是呼吁英国公众支持英华书院。他访问各地，发表演说，其中1825年1月25日在伦敦发表的演说《致英国公众》还公开印行。他的这些活动的确引起了比较广泛的注意，显著的成果是为英华书院募得相当可观的捐款。⑤

---

① Eliza A. Morrison, ed., *Memoirs of the Life and Labours of Robert Morrison*, vol. 2, pp. 185 – 186.

② *The Chinese Repository*, vol. 4, pp. 524 – 528. 马礼逊的活动参见 Eliza A. Morrison, ed., *Memoirs of the Life and Labours of Robert Morrison*, vol. 2, pp. 185 – 190.

③ *The Chinese Repository*, vol. 4, pp. 524 – 528.

④ Eliza A. Morrison, ed., *Memoirs of the Life and Labours of Robert Morrison*, vol. 2, pp. 397, 402.

⑤ 到他发表这篇演说时，所获捐款已达2590英镑，约合1万元。Morrison, *To the British Public*, p. 23.

马礼逊在财政上为英华书院所做的贡献远不止于此。前已述及，他在1818 年捐出的 1000 英镑是书院获得的第一笔捐款。到 1823 年，他个人共捐款 1500 英镑，这个数字约为当时英华书院所得捐款总额的 1/3。① 到 1829年，马礼逊又一次挽救英华书院于财政危机。是年，英华书院的一位英文教师约翰·摩尔（John Moor）② 任编辑兼发行人、英华书院印刷所印刷的一份名为《马六甲观察家》（*Malacca Observer*）的小报，发表了批评英国槟榔屿殖民当局的文章，引起该岛总督的不快。其后果是，自 1827 年起由东印度公司提供、槟榔屿当局拨付给英华书院的 1200 元补贴被停止。但在广州商馆的东印度公司特选委员会认为，英华书院所提供的语言文化教育，可以推进中英"两个帝国人民之间的相互交往"，他们决定由广州商馆自 1830 年恢复给书院每年 1200 元的津贴。这其中，供职于该商馆的马礼逊起到了关键作用。③ 1832 年，吉德回英国，由汤姆林接任校长之职。次年，他进行了一次"激进的改革"，即取消一直按月发给学生的津贴。他认为，这种做法在学校的开创时期有其必要，"但随着学校教育提供的好处彰显出来，（校方）认为这种津贴可以逐渐取消"，故在 1833 年初接受申请之际就告知申请人，"不会再像从前那样发放津贴，入学者不要指望会有收入"。尽管如此，当年仍有 20 人申请入学。④

马礼逊去世后，对英华书院的维持和发展起到一定作用的是伊万斯。伊万斯 1833 年由伦敦会派遣到马六甲，1834 年接替汤姆林任英华书院校长。他对书院这项事业有较高的热情，并且精于管理。到 1837 年，在该校注册的学生达到 80 人，为开办以来的最多人数。为适应需要，他还将校舍扩大。⑤ 伊万斯任校长之职到 1840 年 12 月。当时一场流行性霍乱袭击了马来半岛，伊万斯和另一位传教士约书亚·休斯（Josiah Hughes）死于这场瘟疫，⑥ 接替他的是刚到马六甲不久的理雅各。

---

① Morrison, *To the British Public*, pp. 20, 22. 按 1 英镑折合 4 元计算。
② 摩尔生于澳门，在英国接受教育。他于 1827 年进入英华书院学习中文，以同时教授英文而得免交学费。
③ Eliza A. Morrison, ed., *Memoirs of the Life and Labours of Robert Morrison*, vol. 2, pp. 445 – 447.
④ Medhurst, *China*, pp. 319 – 320.
⑤ Harrison, *Waiting for China*, pp. 100 – 101.
⑥ *The Chinese Repository*, vol. 10, p. 54.

身为校长的理雅各对在西方引起广泛赞誉的英华书院却抱着强烈的批评态度。他当时可谓初出茅庐，但对伊万斯管理下的英华书院和传教站都感到失望。① 他认为将一个以研究和传授中国语言文化知识为目的的教育机构，设在远离中国的马六甲是一个根本的错误；而且由于书院的事务占用了传教士的精力，马礼逊等为它规定的另一个目的——促进对华传教事业——也无法达到，它反而阻碍了传教事业的进行。理雅各向伦敦会建议，将英华书院与马六甲传教团分离，并将它迁到中国。② 马礼逊的儿子马儒翰也向伦敦会提出了类似的建议，并提出将它迁到香港，与已在那里建立的马礼逊教育会合并。③

理雅各和马儒翰提出上述建议的时间均为1841年，背景是英国侵略军在中国沿海发动鸦片战争并取得了军事胜利。他们认为英国的最终胜利已成定局，中国必将开放，包括对基督教的开放。理雅各将战争描述力"神的意志正在中国进行着伟大的事业"。④ 伦敦会领导机构也认识到，将对华传教的重点从南洋中国人居留地转移到中国本上的时机正在到来，"借助这些事件，一条能够让福音在那个庞大帝国不受约束传播的道路正在打开"。⑤ 于是他们决定关闭英华书院，这是当初马礼逊所拟《英华书院契约》所许可的。⑥ 伦敦会在1842年初将其意向通知了理雅各。伦敦会在《南京条约》签订后决定，将英华书院连同其规模颇大的印刷所和中文字模铸造厂迁往已正式割让给英国的香港。⑦ 理雅各1843年4月28日出售了英华书院的房产，结束了英华书院在马六甲25年的历史。⑧

1842年12月，伦敦会理事会指示它在东亚的传教士到香港开会，讨论在新的时期如何开展对华传教，并就英华书院有关事宜与港英当局协商。理雅各与麦都思、美魏茶等7名伦敦会的传教士1843年8月在香港开会，议题之一便是英华书院的安置。马儒翰也出席了会议。他们向香港总督璞鼎查

① 古瑞德：《朝觐东方：理雅各评传》，段怀清、周俐玲译，广西师范大学出版社，2011，第23～24页。
② Harrison, *Waiting for China*, pp. 106 - 108.
③ Harrison, *Waiting for China*, p. 108.
④ Harrison, *Waiting for China*, p. 107.
⑤ Harrison, *Waiting for China*, p. 109.
⑥ Eliza A. Morrison, ed., *Memoirs of the Life and Labours of Robert Morrison*, vol. 2, p. 50.
⑦ Helen Legge, *James Legge*, pp. 24 - 25.
⑧ Helen Legge, *James Legge*, p. 110.

递交了拨给地皮的正式请求。然而出乎意料的是，璞鼎查答复说，他已将一块范围广大的上好地皮划给了先期来到的马礼逊教育会，以为马礼逊教育会已取代了英华书院。更为严重的是，他还宣布，原来由东印度公司广州商馆特选委员会和英国驻华商务监督（璞鼎查当时兼任此职）提供给英华书院每年1200元的津贴，也决定转给马礼逊教育会。① 在英华书院得到捐款日益减少的情况下，这等于从财政上消除了英华书院继续存在的可能性。1823年1月前，英华书院募集到的捐款总额约5000英镑，马礼逊回英国后募得约2600英镑，② 这些款项构成1827年前英华书院开支的主要来源，伦敦会为书院提供的经费则是非常有限的。因此，英华书院前10年平均每年得到的捐款在1000英镑以下，约合3000元。笔者看到的数据显示，1823年前书院的支出总额为11010元，即平均每年的费用在2500元左右，但这笔钱包括书院初期的建筑费用在内，正常开支则不到此数。③ 马礼逊1825年回英国募捐后，未再看到英华书院有收到大笔捐款的记载。现在取消这笔1200元的津贴，便将书院置于严重的财政困难之中。

在此情况下，传教士们只得在8月26日的会议上做出决议，将书院的主要职能转变为训育中国教徒和传教士，不再面向一般世俗人士；放弃原有教育内容中的世俗部分，即语言文化方面的内容；书院的名称也改为"伦敦会中国神学院"（The Theological Seminary of the London Missionary Society's Mission in China），这意味着伦敦会将在财政上对它负责。④ 据刘粤声《香港基督教会史》，这个神学院"初在荷里活道与士丹顿，伊利近与鸭巴甸街之中间地点开设"。⑤ 原来的学生跟随理雅各到香港的仅有何进善等4人。⑥

马礼逊曾在《英华书院契约》中规定，任何机构，包括他自己、米怜和董事会成员在内，都"永远不得"改变书院的宗旨和它的基金用途。⑦ 这份契约的地位高于任何具体的章程，因此伦敦会传教士在香港会议上的决定

① Harrison, *Waiting for China*, pp. 111 – 112.
② 见 Morrison, *To the British Public*, pp. 18 – 20, 23
③ Morrison, *To the British Public*, p. 22.
④ Harrison, *Waiting for China*, pp. 112 – 113.
⑤ 刘粤声：《香港基督教会史》，1941，第155页。
⑥ Harrison, *Waiting for China*, pp. 130 – 131.
⑦ Eliza A. Morrison, ed., *Memoirs of the Life and Labours of Robert Morrison*, vol. 2, pp. 48 – 49.

违背了本来不可违反的规定。不过理雅各等走到这一步，也是迫于无奈。

这样，英华书院向香港的迁移导致了它实际上的终结。伦敦会中国神学院也没有维持太长的时间，于 1856 年最终关闭。① 1911 年，香港道济会堂长老区凤墀、何芹浦、尹文楷等商议复办英华书院。1914 年春，在伦敦会的支持下，英华书院在香港重新开办。②

教师与学生

英华书院的管理层由庇护人、董事会和校务委员会构成。庇护人为斯当东（东印度公司）、法夸尔（新加坡驻防官）、菲利浦斯（E. Phillips，槟榔屿总督）和艾尔斯盖因（J. Erskine，槟榔屿政府成员）。初期的董事会由马礼逊、汉奇（伦敦会司库）、乔治·伯德（伦敦会秘书）、克罗墨林（C. W. Crommelin，孟加拉殖民地政府成员）、那裨尔（A. Napier，新加坡官员）、汉弗雷斯和科力组成。庇护人长期维持不变，而董事会则根据人员的变动常有更改。

书院章程规定，由主席、校长和中文教授（Professor of Chinese）组成校务委员会，其职责分别为：

　　主席：改善、提高书院的福利，当他在书院时，教授于他方便的课程。
　　校长：负责书院的日常管理，教本地学生英语、地理、地球仪的用法、算术，以及簿记、历史和条件允许情况下其他门类的知识。
　　中文教授：教欧洲学生中文；教本地学生逻辑、神学、伦理学或道德哲学；在需要时，如时间许可，协助校长履行职责。

此外还聘请中国人担任中文教师（Native Chinese Master），他不是校务委员会成员，薪金也比较低（校长和中文教授每人每年 100 英镑，校长每年还享有额外的津贴 200～300 英镑，中文教师的薪水则为每月 66 卢比，约合 25 元）。他的职责是：教授中国经典；（在宗教仪式上）以中文诵读《圣

---

① Eliza A. Morrison, ed., *Memoirs of the Life and Labours of Robert Morrison*, vol. 2, p. 114.
② 刘粤声：《香港基督教会史》，第 156 页。

经》和其他基督教书籍；帮助欧洲学生学中文；教中外学生中文写作。①

按马礼逊 1820 年所拟《英华书院契约》的规定，他本人是书院的"永久主席"，米怜则是书院的永久校长。但米怜不久即去世。1825 年时，校务委员会的成员为主席马礼逊、校长汉弗雷斯和中文教授科力，中文教师是李先生。② 此外，还有马来语教师、暹罗语教师，临时聘请的英语教师，以及印刷所职员，均未被马礼逊列入职员名单，这说明在马礼逊的心目中，这是一所以中文和英文教学为主的机构。以后人员虽有变化，但书院管理层和教职的构成没有什么改变。

马礼逊去世后，便不再有特殊的主席一职。历任校长已叙述如前，米怜之后的校长基本上是从中文教授提拔而成。先后任职于英华书院的伦敦会传教士除马礼逊和米怜外，还有麦都思、汉弗雷斯、科力、吉德、伊万斯、理雅各等共 20 人。先后任中文教师的有李先生（Lee，1820～1830）、朱靖（Chu Tsing，1820～1832）、姚先生（Yaou，1824～1834）、冉先生（Yim，1827）、高先生（K'o，1834～1835）和崔钧（Chuy Gwan，1835）。此外还有马来语和暹罗语教师各一名。③

学生方面，英华书院章程规定，所有申请入学并由学校基金资助的东方学生须品质纯正，在被正式接纳前须经过 3 个月的试读期，期满后与校方签订合同。除供给膳宿外，早期的学生在第一年每个月可得 3 卢比的零用钱，第二年每个月 5 卢比，第三、四年升为 6 卢比，第五、六年则分别为 7、8 卢比。另外每人每年还可得到两套校服。学校还接收由私人赞助的学生，其中 12～18 岁的中国学生，每年须由赞助人缴纳 100 元；而欧洲的学生每年须缴纳 100 英镑；书院的管理者可以为赤贫的中国儿童提供膳宿、衣物，并教他读书，还可以收留丧父的或无父无母的孤儿入学读书，每年赞助费用为 25 英镑。④ 享受基金资助的本地学生必须完成规定年限的学习。在 1823 年前

---

① 以上名单和章程，参见 Morrison, *To the British Public*, p. 15；Eliza A. Morrison, ed., *Memoirs of the Life and Labours of Robert Morrison*, vol. 2, pp. 40－42, 46.

② Morrison, *To the British Public*, p. 17.

③ Harrison, *Waiting for China*, pp. 188－191.

④ Morrison, *To the British Public*, p. 16；Eliza A. Morrison, ed., *Memoirs of the Life and Labours of Robert Morrison*, vol. 2, pp. 44－45.

后，这类学生的学习年限为 6 年，1830 年前后为 5 年，到 1837 年减为 4 年。①

书院的课程设置，最初没有完全实现章程的规定。米怜在 1820 年曾给马礼逊写过一封信，就当时书院的教学状况做了说明。他叙述道，每天早晨、上午、下午和晚上均有课程安排，早餐前高年级班（当时有两个班）由李先生教《书经》，米怜和梁发等也参加。饭后该班学生读《幼学诗》，读"四书"，并进行翻译。低年级班则在中午念《明心宝鉴》，尝试将之译为英文。晚上他们又温习这些中文功课。这是日常中文学习的情形。在英文学习方面，两个班都学习会话、写作、语法等课程。神学方面的布道、礼拜、晨读等也是长期坚持的。按米怜的说法，学生在中文课程和英文课程上花的时间大致相等。当然，神学教育是每天都有的，并很快导致教师、学生和印刷工中出现了几名皈依者。② 米怜去世后，书院的课程才逐渐健全起来，除中国经典课程、中英文语言学习方面的课程和神学方面的训练外，地理、天文、数学（包括欧几里得的几何学）、科学常识等英文课程都比较全面地开设起来了。③

1819 年，英华书院招收了第一批 7 名学生。之后其规模不断扩大，到 1820 年代末学生人数达到 30 名左右，1835 年为 70 人，1837 年则有 80 人。④ 另外，从保存下来的两份名册来看，1823 年在册的学生有 13 人，其中有一名欧洲人；1834 年在册的有 39 人。这些学生大多是马六甲和南洋各地的中国人子弟。在这两份名册之外值得注意的还有前面提到的发行《马六甲观察家》的约翰·摩尔、马儒翰、《广州番鬼录》和《旧中国杂记》的作者亨特，以及后来追随理雅各到香港的何进善等 4 名中国人。⑤ 值得一提的还有在书院学习了 4 年的袁德辉（Shaou Tih，1823 ~ 1827）。袁德辉是四川人，在到英华书院之前曾在槟榔屿的一所天主教学校学习了 3 年的拉丁文。他在英华书院学习期间与出生于澳门的摩尔是同窗，一起研习欧几里得

---

① Harrison, *Waiting for China*, p. 126.
② Eliza A. Morrison, ed., *Memoirs of the Life and Labours of Robert Morrison*, vol. 2, pp. 53 – 58. 关于英华书院学生学习的情况和书院的其他具体情况，可参考亨特《旧中国杂记》，沈正邦译，广东人民出版社，1992，第 244 ~ 276 页。
③ Eliza A. Morrison, ed., *Memoirs of the Life and Labours of Robert Morrison*, vol. 2, pp. 56 – 58.
④ Harrison, *Waiting for China*, p. 125; *The Chinese Repository*, vol. 5, p. 90.
⑤ Harrison, *Waiting for China*, pp. 192 – 194.

的几何学。使他受到众人瞩目的一件事，是他在入学仅一年多的时候就将凯思（Keith）的《天体论》（*Treatise on Globes*）从英文译为中文，还在就读期间将一部拉丁文的希伯来词典翻译为中文。他还协助科力编纂了一本名为《英华学生口语手册》（*English and Chinese Students' Assistant, or Colloquial Phrases*）的教材。但他在 1827 年突然离开马六甲回到广州，据英华书院 1829 年的年度报告，原因是他要躲避三点会的威胁。① 袁德辉后来供职于清廷理藩院，为当时中国不可多得的精通外语的人才。林则徐到广东查禁鸦片时，将他也带到广州。他与梁发的儿子梁进德一起，成为帮助林则徐翻译、介绍外文著作、报刊的重要助手。此外，由米怜施洗入教，在书院印刷所刻印中文传教书籍的梁发、屈昂等也曾在书院学习。

历史影响

英华书院的历史影响，首先在于它造就了一批为中西文化交流做出贡献的人士。

在书院受过中文教育的人当中，伦敦会的一些传教士是较为特殊的一个群体，这些人先以学生的身份学习中国语言文化知识，后来成为英华书院的教师，其中以吉德和理雅各最有成就。吉德离开书院后返回英国，成为伦敦大学也是英国的第一位中文教授。理雅各是众所周知的中国经典的权威英译者，离开香港后成为牛津大学的第一位中文教授。

与书院有关的其他西方人士，后来有较大影响的还有麦都思和马儒翰。前者没有在书院学习过，但曾在书院任教，是近代早期西方研究中国语言，特别是福建方言的出色学者，也是鸦片战争后伦敦会在华传教士的首领。后者是书院的学生（1827～1830），后来也子承父职做了英国驻华商务监督中文秘书，鸦片战争后又当上港英当局中文秘书，位列郭士立之前。但他没有传教士的身份，尽管他以马礼逊之子的身份参与过伦敦会在中国的传教事务。美国旗昌洋行的亨特，后来写下了至今仍为人们经常引用的《广州番鬼录》和《旧中国杂记》，也曾是英华书院的学生（1825～1827）。

英华书院的声誉和影响，在很大程度上是与这些人士的成就与名声联系在一起的。

---

① Harrison, *Waiting for China*, pp. 126 – 127.

但书院华人学生中的绝大部分，后来既没有入教或从事神职，也没有进行文化交流和传播方面的活动，而是将所学的知识变成了谋生的资本。1834年的那份名单附有学生毕业后的去向，从中可以看出，除8人去向不明或去世者外，经商者最多（11人），其次为受雇于商家的文员（7人），再次为政府雇员（5人），其余的从事航海、医疗等行业。① 其他年代学生的去向，虽没有具体的记载，但从后来的一般情况看，大致与1834年在册的这批学生相似。广州英国商馆特选委员会主席马治平约在1828年、1829年访问过英华书院，他对该书院各方面的情况做过概略的叙述。在谈到学生的去向时，他说："许多在书院受过教育的中国人现在选择了不同的生活，他们与没有那么幸运的同胞相比显示出的优秀素质，极大地增加了这个学府的知名度和声誉，很多人受雇于商人，有些人成为（南洋）公共机构的职员。"②

华人学生在传教和语言文化研究方面产生影响者为数很少。袁德辉可以算是华人学生中较为出色的一个。他在拉丁文、英文等西方语言方面均有一定造诣。在传教方面有影响的梁发和屈昂的正式身份都是米怜等雇用的刻工，曾在书院听课。鸦片战争前后他们在协助英美传教士开展传教活动方面发挥过比较大的作用，颇受传教士的重视和好评。正式在册的华人学生后来成为传教士并有一定影响者，当推何进善。何进善又名何福堂，是英华书院刻工何亚新（Ho Ah Sun）之子，香港近代著名人士何启的父亲。他1840～1843年在英华书院学习，1843年追随理雅各到香港，后受洗入教，1846年被按立为牧师，是香港最早的华人基督徒之一。③ 这些就是书院华人学生中较有影响的人士。

从近代教会教育史的角度来考察，笔者认为英华书院的历史地位在于，它在办学宗旨和教学内容两个方面开创了近代基督教新教在华教育活动的先河。马礼逊和米怜的英华书院计划书，将中西方语言、历史文化和科学的交流，与促进基督教在中国的传播，作为书院的两个基本目标，可以说奠定了近代基督教在华开展教育活动的基本思想。英华书院结束后的一个世纪里，

---

① Harrison, *Waiting for China*, pp. 192 – 193.
② Eliza A. Morrison, ed., *Memoirs of the Life and Labours of Robert Morrison*, vol. 2, p. 62. 马治平对英华书院的全面评论见前引书，pp. 59 – 64.
③ Harrison, *Waiting for China*, p. 194.

欧美基督教传教士在中国开办了许多教育机构，其程度和质量渐次提高，但它们的教育方针可以说并没有超越这两点。马礼逊和米怜的计划书还体现了西方近代宗教自由的思想，对来自欧洲的学生不问其教派背景，对华人学生不要求其信仰基督教，也不强迫他们参加宗教仪式。这种精神对后来的许多教会学校有不同程度的影响。马礼逊1825年在英国出版的《致英国公众》对此问题续有申论。他虽强调英华书院在宗教上的意义，①声称对华人学生，"要求他们每天早晚参加中文祈祷，并参加每个礼拜日在书院礼堂举行的布道会"，②但这是因为马礼逊要向欧洲的基督徒寻求经济支持。③字里行间还是可以看出宗教宽容精神的。

在教学内容上，英华书院对华人学生采取了中英文教育并举的方法，一方面让他们学习英语和欧洲文化科学，另一方面又聘请中国的"先生"教授中文和中国经典。这也是以后教会学校广泛采取的模式。甚至英华书院具体的课程安排，如将英文、历史（英国和欧洲历史）、地理、算术、逻辑学、天体运行、道德哲学（伦理学）、神学等列为学生的必读课程，还计划在适当的时候将力学、化学、自然史、植物学、几何学和数学科学其他较高级的分支纳入教学内容。④这些都为早期教会学校所采纳或借鉴。

南洋的其他中文学校

除英华书院外，传教士在南洋还开办了一些中文学校。其中新加坡学院是与英华书院类似的机构。如前所述，1823年赖福士与马礼逊等就计划创办新加坡学院，之后因人事变动，此计划遭搁浅。据现在可以看到的资料，新加坡学院在1830年代正式设立，具体时间约在1834年。⑤它设有中文部（Department of Chinese）。1838年4月，中文部有5名中文教师，教3种中

---

① 他宣称书院的开办是为了满足三方面的需要。第一，培养大批虔诚的欧洲中国文化学者，使他们能够在宗教、道德和一般文化方面进行教育和著述活动；第二，培养中国本土的教师和基督教传教士；第三，将学校办成一所预备性神学院。Morrison, *To the British Public*, p. 5.
② Morrison, *To the British Public*, p. 16.
③ 他写道："英华书院以其既定的宗教性质，同时以其非宗派的宽容，以及它将基督教的神恩传送给人类如此庞大部分（中国人）的直接倾向，请求基督教社会的公众给予帮助。"Morrison, *To the British Public*, p. 9.
④ Morrison, *To the British Public*, pp. 15-16.
⑤ 《中国丛报》刊登了该校1839~1840年年度报告，注明为第6次年度报告，以此推知。*The Chinese Repository*, vol. 10, p. 53.

国方言，在册的学生有 95 人。此时新加坡学院的学生总数为 239 人，以华人学生所占的比例最高。[1] 到次年，新加坡学院的学生人数有所下降，为 208 人。[2] 从零星的资料来看，新加坡学院所开设的课程与英华书院相似。[3]

在南洋各地还有一些初等的中文学校，以语言学习为主，兼及一些初等的算术、地理、历史、神学等课程。在马六甲有附设于英华书院的中文学校。米怜在开办英华书院前已办过两所中文学校，一所为福建话学校，一所为广东话学校。1818 年，由恒河外方传教会在马六甲开办的学校增加为 3 所。[4] 英华书院开办后，这些中文学校成为它的附属机构，数量也有所增加。除传教士聘请的教师外，英华书院的高年级学生也受命在这些学校承担教学和管理的任务。1834 年有 5 所男童学校，学生 200 名；2 所女童学校，学生 60 名。到 1836 年，在英华书院所属的男女生学校就读的华人学生分别达到 220 名和 120 名。[5] 在英华书院迁到香港之前，历年学校的数量和学生的人数都有起伏变化，但基本上差别不大。[6] 随着马六甲英华书院的关闭，这些学校也停办了。

除此之外，麦都思在巴达维亚也开办过一些中文学校。槟榔屿、曼谷、马尼拉等地都有传教士办的中文学校。这些学校对中国本土的教育进程没有直接的影响，但从中国近代教会教育史的角度来看，它们都为后来的教会教育活动提供了历史的经验和借鉴。

三　马礼逊教育会与马礼逊学校

马礼逊教育会的成立及其初期活动

1834 年 8 月马礼逊去世，不久之后，"他在广州和澳门的朋友"即有成立马礼逊教育会（Morrison Education Society）之议。他们于 1835 年 1 月 26 日发布了一份有 22 人签名的通告，并很快募到了 4860 元捐款。为了进一步

---

[1]　*The Chinese Repository*, vol. 7, pp. 307 – 308.

[2]　*The Chinese Repository*, vol. 10, p. 53.

[3]　*The Chinese Repository*, vol. 7, p. 548.

[4]　Harrison, *Waiting for China*, pp. 134 – 135.

[5]　Harrison, *Waiting for China*, pp. 142 – 143.

[6]　如 1835 年男、女校总数为 11 所，男生 230 名、女生 130 名。

推动该计划的实施，由英国商务监督罗便臣、英商查顿、美商奥立芬、英商颠地、马儒翰和裨治文等6人组成了一个临时委员会，以英商怡和洋行为司库，裨治文为秘书。① 这个临时委员会2月25日在广州又发出一份通告，为裨治文所起草。该通告叙述了倡办马礼逊教育会之缘起，并以一段文字简要阐述了设立该会的宗旨，兹译录如下：

> 正如中国语言文字的知识给外国人带来了巨大的利益，对英语的掌握也将为这个帝国的人们带来同样的或更大的好处。为实现将这一利益带给中国人，并帮助马礼逊所开创的伟大事业之目的，现准备建立一座以他奉献了一生的目标为思想特征，比大理石和黄铜更为持久的纪念碑，它叫作"马礼逊教育会"。这个机构的目的，是在中国建立并资助一些学校以教育本地的青年，使他们在掌握本国语言的同时，能够阅读和书写英文，并能借助这一工具掌握西方各种门类的知识。在这些学校，将要求阅读《圣经》和基督教书籍。②

通告要求人们在财政上支持创立马礼逊教育会，并指定了广州、澳门、加尔各答、伦敦、曼彻斯特、巴黎、波士顿、纽约、费城共9个城市接受捐款的代理人或代理机构。

1836年9月28日，有关人士在广州美国行2号集会，由临时委员会主席颠地、英商托马斯·福克斯（Thomas Fox）主持，通报筹办情况，讨论由裨治文起草的《马礼逊教育会章程》，并选举职员。11月9日再次举行会议，正式宣布成立马礼逊教育会，并通过该会章程和条例。会议选出颠地为该会主席，福克斯为副主席，查顿为司库，裨治文为通信秘书，马儒翰为会议秘书。以上5人组成马礼逊教育会理事会。③

这次会议通过的章程规定，"本会之目的，是通过学校教育和其他手段来改善并提高中国的教育"，还规定了会员资格和理事会各成员的职责。同时通过的章程和条例就资助中国学生做了具体规定。

---

① "Circular of the Provisional Committee," in ABCFM Papers, 16.3.11.
② "Circular of the Provisional Committee," in ABCFM Papers, 16.3.11.
③ *The Chinese Repository*, vol. 5, pp. 373 – 375.

1. 任何年龄的中国男女青年，无论是否居住在中国本土，均可成为本会资助对象；由理事会认可的学校，亦可接受本会资助。

2. 在可能的情况下，年幼的 6 岁、8 岁或 10 岁的儿童为优先考虑之对象。

3. 经理事会之提议，以及本人父母或监护人之许可，可将他们送往马六甲、印度、欧洲或美国完成学业。

4. 如有需要，儿童可从本会获得食宿、衣物、书籍、学费等方面的全额资助；但除捐款人特别指定或本会有特别表决外，不另设其他奖赏。

条例部分就从英国、美国和本地聘请教师及教师的任职资格做了规定。条例的第三部分规定，学校选用最好的中英文教科书；向每个学生发放《圣经》，并进行讲解，但"是否接受其教义不作为是否接收入学的条件"；设立图书馆，由理事会直接管理，向在华外国居民和访问者开放；等等。[①]

有的学者认为马礼逊教育会的成立日期是 11 月 9 日，[②] 但从上面所说的情况来看，应以 9 月 28 日为其成立时间。1837 年 9 月和 1838 年 10 月如期召开了会员年度会议——该会最重要的例行活动。因鸦片战争的影响，第三次年度会议到 1841 年 9 月才在澳门召开。1842 年 9 月 28 日，第四次年会在澳门举行。但到第二年，因五口开埠，英美传教士和商人遂分散各地，无法召集年会。以后的几年虽能维持常规活动，但人员变化较大，财力雄厚的赞助者不断离去，终于使 1848 年 11 月 14 日在香港召开的年会成为该会最后一次公开活动。但其活动的终止，应以 1850 年马礼逊学校的结束为标志。

从裨治文起草的章程来看，会员年度会议是马礼逊教育会的最高权力机关，但决定权在由正副会长、司库和两位秘书组成的理事会。颠地担任会长到 1842 年，是年开始由裨治文代理，1843 年后一直由裨治文任会长。实际上，在颠地任会长期间，起决定作用的也是裨治文。担任会议秘书的马儒翰也是会中比较活跃的人物。颠地的作用主要在于为该会提供经济支持。

按章程的规定，马礼逊教育会应建立一个图书馆。在该会正式成立之

---

① *The Chinese Repository*, vol. 5, pp. 375 – 378.

② 李志刚：《基督教早期在华传教史》，第 215 页。

前，已收到 1500 册图书，其中郭雷枢捐献 700 册，雷维思（J. R. Reeves）捐献 600 册，颠地、福克斯、马儒翰和基廷各捐献 200 册。① 这批图书成为马礼逊教育会图书馆的第一批藏书。一年后，赠书续有增加，使馆藏达到 2310 册。② 以后尽管经历了鸦片战争，又从澳门迁到香港，但该图书馆的规模持续扩大，到 1845 年，在淘汰了一批不再适合收藏的图书后仍有 4140 册，由马礼逊学校教师布朗主持编印了一份书目。③ 裨治文撰写的评介文章介绍，这 4000 多册图书包括各国语言文字著作 40 本；各种版本的《圣经》和有关研究著作 70 余种；政治、司法、经济、商业贸易（特别是西方与东方国家的政治经济关系）的书籍多种；自然史方面的书籍多种；205 种（373 册）地理方面（包括游记、航行记）的著作；250 种（553 册）历史、传记著作；大量有关中国及东亚各国的著述，其中包括几乎全部的耶稣会士的著作，以及马礼逊、儒莲（M. Stanislas Julien）、麦都思、德庇时等传教士或西方汉学家的著作；等等。④ 这个图书馆长期附属于马礼逊学校，由教师布朗等管理，向所有来访的西方人士开放。

马礼逊学校始末

马礼逊教育会以在华开办和资助学校为目的，其活动的主要内容是开办并维持马礼逊学校。它成立伊始，即着手调查中国教育状况，特别是初等教育情形，作为举办教育活动之参考。该会在中国内地（以广州周围地区为主要对象）调查的内容分为 18 个项目：人口、社会阶层、男女比例、学校种类、男性识字率、女性识字率、儿童入学年龄、蒙学读物、教学法、儿童学习年限、每日学习时间、学校状况、学生人数、教师素质、教师薪金、考试、奖赏、惩处。这种调查应是由裨治文等传教士进行的。通过调查，他们获得了关于中国初等教育一般状况的第一手资料。他们还请求马尼拉、巴达维亚、槟榔屿、马六甲、新加坡、曼谷等地的一些人士代为调查当地中国人社区的教育状况，调查内容与中国内地相似，一项额外要求是请他们提出改

---

① *The Chinese Repository*, vol. 5, p. 375.
② *The Chinese Repository*, vol. 6, p. 241.
③ 马儒翰在 1838 年也编过一份书目。
④ *The Chinese Repository*, vol. 14, pp. 288 – 290.

进中国教育制度和教学方法之措施。①

该会成立之初本身并无学校。1837 年裨治文撰写的年度报告说，马礼逊教育会已收留了 5 名儿童，并使他们受到教育，其中两名在新加坡，3 名在广州。从有关资料来看，在广州的 3 名少年是跟随伯驾的。此外，马礼逊教育会还向郭士立夫人在澳门开办的学校提供资助，数额为每年312 元。②

但开办学校是马礼逊教育会的既定目标。1837 年 1 月，该会即分别致信美国耶鲁大学和英国与海外学校协会（British and Foreign School Society），请他们代为物色教师，以开办教育会自己的学校。③ 耶鲁大学很快有了回音，3 名教授向马礼逊教育会推荐了该校毕业、曾任教于纽约聋哑学校的布朗。布朗 1839 年 2 月 19 日抵达澳门。④ 不久他又到广州，与马礼逊教育会理事会成员见面并交换意见。⑤

布朗在开始的一段时间主要是学习中文。头几个月与卫三畏住在一起。1839 年 11 月 4 日，布朗夫妇搬到原郭士立夫妇的住所，并正式开办马礼逊教育会学校。⑥ 第一批学生 6 名，此后至 1841 年，虽中间有所变化，但学生人数则保持不变。⑦ 因布朗夫人健康不佳，布朗夫妇于 1841 年 3 月 31日与美部会另一名传教士雅裨理一起到南洋休养，观摩了马六甲、新加坡等地中文学校的教学状况，9 月 7 日返回澳门。在此期间，马礼逊学校的管理和教学由美国圣公会传教士文惠廉的夫人和伦敦会传教士美魏茶负责。⑧

1840 年 3 月，马礼逊学校又招收 5 名学生入学，组成一个新班。⑨1840 年

① *The Chinese Repository*, vol. 6, pp. 232 – 241.
② *The Chinese Repository*, vol. 6, pp. 230 – 232.
③ *The Chinese Repository*, vol. 6, pp. 229 – 231.
④ *The Chinese Repository*, vol. 7, pp. 550 – 551.
⑤ *The Chinese Repository*, vol. 10, p. 569.
⑥ *Brief History of the American Board of Commissioners for Foreign Missions in China*, ABCFM Papers, 16. 3. 9.
⑦ *The Chinese Repository*, vol. 10, p. 53.
⑧ *Brief History of the Arnericon Board of Commissioners for Foreign Missions in China*, ABCFM Papers, 16. 3. 9, p. 79; *The Chinese Repository*, vol. 10, p. 578.
⑨ *The Chinese Repository*, vol. 10, p. 578.

11 月，容闳入学。① 1840 年进校的这些学生，与以前入学的几个学生，中途均有人退学，到 1841 年 10 月总的人数仍为 6 人，后来组成布朗所称的"第 1 班"。容闳在他的《西学东渐记》中也说，他与在他之前入学的其他 5 名学生是"开校之创始班"。② 1841 年 10 月 29 日，又有 12 名新生入学，加上不久后增加的两名，成为"第 2 班"。③

1843 年，因英国已割占香港，马礼逊教育会及马礼逊学校，在得到港英当局的许可后搬到香港。因大部分学生来自澳门周围地区，有 6 名学生的家长不欲孩子离开家乡，将他们领走；再加上历年退学、逃学和因"顽劣""愚钝"等原因而被除名者多人，到香港时学校只剩下 11 名学生。1843 年 4 月，该校将 12 名新生录取入校，5 月、9 月又各有一名学生入学。这些学生中，除来自广州、澳门、香港的占大多数外，还有来自南京、宁波和新加坡等地的幼童。他们构成"第 3 班"。④ 1844 年下半年，陆续有 10 名学童进入马礼逊学校，被编为"第 4 班"。⑤

这 4 个班级一直维持到马礼逊学校解散，其间也没有增加新的班级。先后在马礼逊学校就读的学生有 50 多名，其中据布朗公布的学生名单，1843 年 9 月前先后有 44 名学生就读，1844 年有 10 名学生进入学校，即"第 4 班"。此后未再成批招收学生，学生人数呈下降趋势。

马礼逊学校自开办之日起，长期由布朗任校长兼教师。在他到南洋航行度假期间曾代为照管学校的文惠廉夫人和美魏茶，后来分别前往厦门和舟山。马礼逊教育会理事会原本打算请英国与海外学校协会在英国代觅教师，并负担这名教师的费用，结果却久无下文。布朗面对学生增加而他无力兼顾的局面，曾在 1843 年的年度报告中呼吁教育会尽快增加教师。⑥ 马礼逊教

---

① 容闳在《西学东渐记》中说他 1841 年入学，但根据布朗在 1843 年 12 月公布的学生名单，他应为 1840 年 11 月入学，名单中 Awing 即容闳。容闳：《西学东渐记》，恽铁樵等译，岳麓书社，1985，第 46 页。

② 容闳：《西学东渐记》，第 46 页。

③ S. R. Brown, "Fourth Annual Report of Morrison Education Society," *The Chinese Repository*, vol. 11, pp. 545 – 546.

④ 学生名录见 S. R. Brown, "Fifth Annual Report of Morrison Education Society (include list of students)," *The Chinese Repository*, vol. 12, p. 623.

⑤ *The Chinese Repository*, vol. 13, p. 629.

⑥ *The Chinese Repository*, vol. 12, p. 629.

育会只得再次委托耶鲁大学代请教师。耶鲁的几位教授这次又不负所托，1844 年为马礼逊教育会请到该校的另一位毕业生威廉·麻西（William Macy，或译咩士）。麻西经一年多的准备，于 1846 年 3 月来到香港，成为布朗的助手，并马上就承担了第 2 班和第 4 班的教学任务。① 马礼逊学校于是短暂地拥有两位英文教师。但布朗这时决定离开学校回美国，原因是他的夫人以及他本人健康状况不佳，需要回新大陆休养。1847 年 1 月 4 日，布朗夫妇携带 3 名学生，即容闳、黄胜、黄宽启程赴美。这样，麻西就完全取代了布朗的角色。布朗回国名义上是为了休假，但他一去不回，留下麻西坚持到 1850 年。

在麻西到中国之前，有两位美国传教士到香港的马礼逊学校协助过布朗。一个是哈巴安德，他是美国长老会传教士，1844 年 10 月 23 日到达澳门。因布朗生病，他应邀前往香港顶替布朗一段时间，从 1844 年 11 月到 1845 年 4 月在香港的马礼逊学校任教。嗣后哈巴安德回到澳门，自己开办了一所学校，同时开始学习中文。② 另一位是美部会的邦尼（Samuel William Bonney）。邦尼 1844 年毕业于纽约大学，同年受美部会派遣打算前往印度，后因故未行，转而临时受聘为马礼逊学校教师，1845 年 3 月到达香港后即任教于该校，负责第 2 班和第 4 班的教学。次年 3 月麻西到任后，他解除教职，转而成为美部会广州传教站的传教士。③ 此外，麻西的母亲也于 1847 年 4 月来到香港。据麻西所写的报告，她在 1848 年负责照管第 4 班，从而减轻了麻西的负担。④

还应提到的是，马礼逊学校自始至终聘请了中国教师，按中国的传统方法教授中文知识和四书五经。该校学生每天有一半时间学中文，由中国教师承担教学任务。布朗在历年年度报告中对他们也有所提及，但语焉不详，没有提供中国教师的个人资料，连前后有几人都没有说明，容闳的《西学东

---

①　Wylie, *Menmorials of Proiestant Missionaries to the Chinese*, p. 233；S. R. Brown, "Eighth annual report of Marrison Education Society," *The Chinese Repository*, vol. 15, pp. 607, 609 - 614.

②　Loren W. Craftree, "Andrew P. Happer and Presbyterian Mission in China, 1844 - 1891," *Journal of Presbyterian History*, vol. 62, no. 1, Spring 1984, p. 20.

③　Wylie, *Menmorials of Proiestant Missionaries to the Chinese*, pp. 149 - 150；*The Chinese Repository*, vol. 14, p. 473.

④　*The Chinese Repository*, vol. 18, p. 39.

渐记》则只字未提。因此这些教师尽管在马礼逊学校的教学活动中有不可替代的地位，有关他们的情况却难以明了。

马礼逊学校后因经费困难，于 1850 年最终停办。出现这样的结果，是因为马礼逊教育会没有及时适应鸦片战争前后中外关系的巨大变化。它的建立与生存，在经济上主要依赖于在华外国人尤其是英美商人的捐资赞助。在鸦片战争以前，广州是唯一的通商口岸，是富商云集之地，也是鸦片贩子活动的主要地点。但鸦片战争后五口通商，各国商人迅速分散到各个通商口岸。对马礼逊教育会来说，原来的经济来源也大大分散了，创办之初的主要赞助人或退出对华贸易，或死去，更多的是将视线转移到其他地方。而马礼逊教育会不仅没有设法开辟财源，反而僻处香港一隅，将其生存空间局限在当地的外国人社区，遂不可避免地每况愈下。笔者看到一份 1842～1843 年马礼逊教育会所收捐款的记录，上面没有一个原来主要赞助人的名字，而且大部分捐款数额不大，最大的一笔私人捐款为 170 元，最少的为 3 卢比（约合 1.2 元）。①

为了缓解经济上的困难，1846 年 1 月 10 日，马礼逊教育会举行纪念马儒翰的活动，并向与会人士募捐。会上通过一项决议，将该会剩下的 12000元作为永久性的基金，即"马礼逊基金"（Morrison Fund）。该基金可用于投资，每年的利息用于该会的事业。会议请求宝顺洋行（Messers Dent & Co.）继续担任司库，管理上述基金，每年支付 7% 的利息，至少 3 年。与此同时，原外商广州商会（Commerce Chamber in Canton）亦因形势的变化而解散，余下的 890 元公款由其司库连治加行（Lindsay & Co.）转交给马礼逊教育会，并入马礼逊基金。此外，在华实用知识传播会解散后剩下的1300 元余款，也经这个组织的孖地臣和裨治文授权，由司库怡和洋行同样交给马礼逊基金会。② 这样，马礼逊基金就达到 14190 元，每年可得利息993.3 元。

基金会的成立仍无法改变马礼逊学校资金困难的局面。马礼逊教育会的

---

① "List of Subscriptions and Donations, received in 1842 – 1843," attached to Circular by S. W. Willians, Corresponding Secretary of Morrison Education Society, ABCFM Papers, 16.3.8, vol. 1 a.

② *The Chinese Repository*, vol. 15, p. 56.

最后一次年度报告也坦承它得到的捐款逐年减少，1845～1846 年度为 3092
元，1846～1847 年度为 2390 元，到 1847～1848 年度只有 1366 元，而它的
预算却至少是 3375 元，加上马礼逊基金会的利息，仍然要面临数目颇大的
赤字。它寄希望于港英当局恢复以前给它的每年 1200 元的津贴，[①] 以将学
校维持下去。但看来这个愿望最终也落了空。卫三畏在 1849 年的一封信中
说，该校因负债运行而难以为继，只能遣散学童，依靠基金利益清偿债务后
方可重开，而布朗也决定留在美国，不再重返。[②]

　　当然，英美传教士像商人一样分散到各地，也使马礼逊教育会失去了另
一种支持。如担任马礼逊教育会会长的裨治文 1847 年离开广州后，已不过
问该会的事务。

马礼逊学校的教育状况

　　马礼逊学校实行的是中英文双语教育。考虑到所收的学生将来要在中国
谋生，布朗在开始时便将学生的学习时间分为两部分，"半日中文，半日英
文"。[③] 一般上午学中文课程，下午和晚上学英文课程。[④] 这样的安排一直到
布朗回美国均无大的改变。容闳后来回忆，"英文教课列在上午，国文教课
则在下午"，[⑤] 可能有误。

　　负责中文教学的是由马礼逊教育会雇来的本地先生。从布朗所提供的情
况来看，先后几位教中文的先生都"忠实地按中国方式教书"，教学生"记
诵中国经典"，即四书五经，并学习书写。[⑥] 1842 年 10 月，布朗在《马礼逊
教育会第 4 次年度报告》中对该校的中文教育状况叙述道："在中文教育方
面，学生们仍被教给这个国家最流行的东西，由去年所雇的那位教师任教。
他在教书方面可能与中国大部分教师水平相当，对教书的兴趣亦与众人相

---

① *The Chinese Repository*, vol. 18, pp. 34 - 35. 这笔津贴原为东印度公司给马六甲英华书院的拨
　　款，每年 1200 元，后由英国驻华商务监督继续拨付。1843 年英华书院迁往香港时，这笔款
　　项被当时兼任英国驻华商务监督的璞鼎查转给了马礼逊教育会。但德庇时继任港督兼英国
　　驻华商务监督后将这笔拨款停止。到文翰继任时，马礼逊教育会再次提出了要求。
② 雷孜智：《千禧年的感召：美国第一位来华新教传教士裨治文传》，第 267 页；Frederick
　　W. Williams, ed., *The Life and Letters of Samuel Wells Williams*, p. 165.
③ *The Chinese Repository*, vol. 10, p. 569.
④ *The Chinese Repository*, vol. 10, p. 571.
⑤ 容闳：《西学东渐记》，第 46 页。
⑥ *The Chinese Repository*, vol. 10, p. 571.

仿。有 10 名学生已背会或接近背会"四书"的全部内容,并进行了复习。而第 1 班的一个学生则致力于朱子的《四书集注》,现正努力加以理解。大部分学生能理解孟子的著作,少数人可以懂得孔子的著作,但除一些片段外,《诗经》的大部分内容不能为学生所理解,因为这是最难的经典之一。有些人试图将《孟子》译成英文,在我的指导下,他们还打算练习将中文版《圣经》译成英文。有时要求他们用中文写信,与中国人办的学校对学习了相同年数学生的要求相比,这显得有些过早。"① 次年,马礼逊学校的学生在中文学习方面似乎继续有所进步。布朗报告说,学生的中文教育"现由一位本地教师负责。我能肯定的是,这些学生在他的教导之下学习中文,可以像在本地其他学校中学得一样好"。布朗按自己对教育的理解,决心在中文教育方面尝试进行一点改革。他报告说:"我终于找到一位教师,可以每天花上部分时间,向两个高年级的班级讲解课文。我相信,对水平如此参差不齐的学生这样做是前所未有的。"② 这种以班级为单位学习中国经典的形式,确是中国私塾里所没有的。

1844 年换了一位中文教师,布朗报告说,这名年轻人"表现令人满意,是迄今请到的最好的中文教师。他向听得懂的学生讲解以前背诵过的内容,学生们就围坐在他的周围"。这位布朗很欣赏的、作风比较欧化的中国先生,同时还教学生"中文作文,或是从经典中摘出句子,然后缀上一些相对应的意思不同的文句;或是以同一作者的某种论点为中心,以相似的文笔,或多或少地加以推衍扩充"。从这样简单的介绍来看,这位老师似乎是在教学生学做八股文章。布朗还介绍说:"他已教完《大学》,现已开始讲'四书'中的另一部。"因为他一个人忙不过来,布朗又将一名已读完"中国所有教科书"并在其父亲的私塾里帮过忙的男孩录取入学,以帮助这位中文教师,条件是让他免费在校学习英语,并给他提供衣着。③ 在这之后,就很少看到有关马礼逊学校中文教育的资料。布朗和麻西的年度报告都只是轻描淡写地说学生们仍在学习中文。

从上面提到的有限资料来看,马礼逊学校的中文教育虽不能称卓有

---

① *The Chinese Repository*, vol. 11, pp. 546 – 547.
② *The Chinese Repository*, vol. 12, pp. 624 – 625.
③ *The Chinese Repository*, vol. 13, p. 630.

成效，但与当时普通中国私塾相比，也并非有所逊色。以容闳所在的第 1 班而论，3 年左右的时间（部分学生 2 年或 1 年多）学完"四书"，进度并不慢。而且布朗还在学习过程中加进讲解经典内容的课程，相当于"提高课"，较之一般私塾还有其优势。容闳声称，他从美国回国之时需花时间在广州补习中文，"以予久居美洲，于本国语言，几尽忘之。至是乃渐复其旧。不及六月，竟能重操粤语，惟唇舌间尚觉生硬耳。至予之汉文，乃于一八四六年游美之前所习者，为时不过四年。以习汉文，学期实为至短，根基之浅，自不待言。故今日之温习，颇极困难，进步亦缓"。① 从这段话来看，容闳在马礼逊学校时期打下的中文基础似乎不甚牢固。但与其他学生相比，容闳的情况似乎比较特殊。他 7 岁时（1835）进郭士立夫人在澳门设立的学塾，这个学校也有中文课程。② 1839 年该校停办后，容闳有一年多的时间为生计奔波，然后才进入马礼逊学校，学习中文课程 5 年。故他学习中文的时间前后有 8～9 年，不可谓太短。然而容闳可能在英文方面更加用功，"读音颇正确，进步亦速"。③ 他对中文可能没有给予同样重视。

容闳在学习上的这种取向，是对马礼逊学校办学宗旨非常典型的反映。虽然中文教育在马礼逊学校始终占有一席之地，但该校的重点是英文教育，包括英语课和主要以英语讲授的其他课程。英语教育在马礼逊教育会所举办的事业中拥有优先的、主要的地位，这一点在前引临时委员会的通告和该会的其他文件中都很明确。马礼逊学校开办后，布朗将这一宗旨落实到具体实践中。在历年的年度报告中，布朗和后来的麻西所津津乐道的，都是学生在英语学习方面的情况，包括课程教学的内容和学生所取得的进步。从中可以了解到，英语阅读、写作等课程是始终列入教学日程的。而不少课程都用英语上课，学生在英语听、说等方面自然得到很多锻炼机会。关于学生在英文学习方面所达到的水平，可以从现在能看到的第 1 班学生所写的两封英文信件和 6 篇英文作文来衡量。

---

① 容闳：《西学东渐记》，第 68 页。
② 见马礼逊教育会第 1、2 次报告。*The Chinese Repository*, vol. 6, pp. 231－232; vol. 7, pp. 307－308.
③ 容闳：《西学东渐记》，第 46 页。

这里提到的两封信写于 1842 年 6 月 20 日，收信人均为裨治文。实际上是第 1 班，即容闳所在班级的 7 名学生，应裨治文的要求而分别给他用英文写了一封信，而裨治文则在《中国丛报》上将其中的两封"未加删改"地加以刊登。① 尽管他认为这 7 封报告学习情况的信"都值得赞扬"，但选登的两封显然是其中写得最好的。写信人的姓名被隐去。

6 篇英文作文则是为 1845 年 9 月 24 日马礼逊学校举行的公开考试而作的。所谓公开考试，是布朗和裨治文等邀请马礼逊教育会成员和其他各界人士，到学校观看对学生进行的各科考试，有的应邀主持考试，以检验学生的学习状况，展示学校取得的成绩，以争取各方资助，缓解资金短缺的窘境。这 6 篇作文均为第 1 班学生所作，当时这个班有 6 名学生，每人 1 篇，全部在《中国丛报》上发表，也声明"未经删改"但同样都未注姓名。② 这些作文所谈论的内容各不相同，涉及人生观、政治、地理、中国民间文化和《圣经》的来源与结构等多方面的问题，比较综合地反映了这个班学生的知识水平。

这些信件和文章可以体现马礼逊学校学生的英文水平。笔者阅读这些信和作文，虽觉各篇的语言水平和知识、思想水平尚有参差，在表达方面当然也还达不到纯正优雅，但总的来说，没有在其中看到哪一篇有明显的语法或用词错误，语义含混的也不多，句子大都顺畅，遣词造句也有一定的变化，文章结构大致清楚。其中写得比较好的是两封信中的第一封和名为《中国政府》《一次幻想之旅》的两篇作文。总的来看，马礼逊学校在英文教学方面是有一定成效的。

除英文外，马礼逊学校用英语教学的还有地理、历史、天文、算术、代数与几何、力学、生物学、音乐、伦理学、圣经讲解等课程。马礼逊学校规定，学生入学以后必须保证在校学习 8 年，学完之后达到相当于中学的水平。这些课程中，除英语学习从进校时就开始外，其余从第 2 年或第 3 年开始陆续开设，持续到结业时为止。但因学校于 1850 年初最终解散，除第 1 班外，其余班级均未完成学业。这些课程的设置参考了马六甲英华书院、新

---

① *The Chinese Repository*, vol. 11, p. 339 - 340.
② 各篇的题目分别是《人生是一座建筑，青年时代是基石》《中国政府》《劳动》《一次幻想之旅》《圣经》《中国人关于来世的观念》。*The Chinese Repository*, vol. 14, pp. 497 - 519.

加坡学院等校的经验。由于教科书、教学用具和教师都很缺乏，布朗等要求学生对有些课程多次进行复习，因此总的来看，进度并不快。代数课在算术课之后开设，几何课一般又比代数开得晚。力学课开得更晚，1844 年 5 月开课，从三大运动定律和万有引力定律开始讲。1846 年 4 ~ 8 月，布朗请在香港的一位英国医生巴尔福尔（Dr. Balfour）给第 1 班的学生上化学课，每周两次。一开始学生还可以跟得上，但学到化学元素和化合物时，学生便对那些复杂的化学名词术语望而生畏，最后除年纪最大、成绩最好的一名学生外，其他学生均表示不愿再学，遂停课。①

现将马礼逊学校第 1 班历年所学课程及有关情况整理成表 4 - 2。

表 4 - 2　马礼逊学校课程和教科书

年度	所学课程与教科书			备注
1839 ~ 1840	英语、阅读和口语，布朗编写的教材	地理，Parley 编写的教材	算术，Gordon 编写的教材	
1841 ~ 1842	英语、阅读，Gallaudet's *Child's Book on the Soul*	地理，Guy's *Geography*	算术	历史，Peter Parley's *Method of Telling Stories about the World*	历史课讲授英国与美国史上的重要事件
1842 ~ 1843	英语、阅读、写作、书写练习	地理	算术、代数，Colburn's *Intellectual Arithmetic*；*Sequel*	历史，Keightly's *History of England*，罗马人入侵至查理一世时期	
1843 ~ 1844	英语、阅读、写作、英文书写	地理 欧洲、非洲、美洲及部分亚洲地区的自然地理	算术、代数、几何，Colburn's *Sequel*	历史，教材同上年度，查理一世至维多利亚女工时期	1844 年 5 月开始学习力学三大运动定律和万有引力定律

---

① "Eighth annual report of Morrison Education Society," *The Chinese Repository*, vol. 15, pp. 611 - 612.

续表

年度	所学课程与教科书				备注
1844～1845	英语、阅读、写作,Goodrich's *Third Reader*	地理,各种地图	算术、代数、几何	力学,结束初等课程	本年度开设声乐课程
1845～1846	英语、阅读、作文,以《圣经》为教材	地理	代数 Colburn's *Algebra*,几何 Euclid's *Elements of Geometry*		

资料来源:马礼逊教育会 1839～1846 年各年度报告, *The Chinese Repository*, vol. 8 – 15.

表 4 - 2 所依据的资料还不够完整,但大致可以反映马礼逊学校英语学习和以英文讲授的课程内容。从中可以看出,完成在马礼逊学校的学业等于具备了英美初级中学的水平。马礼逊学校对学生最为有用的课程当为英语语言课程,这对学生在五口通商初期中国外语人才奇缺的情况下谋求良好的职位和薪俸是极为有利的。

马礼逊学校的历史影响

与英华书院相比,马礼逊学校在中国近代教育史上的影响更为直接。它是近代中国本土第一个以新教传教团体为背景、以普通教育为内容的正规学校,标志着近代教会教育史的开端。它将西方式的教育制度和教学方法引进中国,同时又在学校中保留了中国传统的教学法,进行了长达 10 年的实践。这既是对其他类似学校经验的借鉴,也对后来的教会教育产生了重要的影响。在中英文语言的教学之外,马礼逊学校还开设其他西式知识教育课程,这既在中国近代教育史上有不容忽视的标志性意义,也在西学东渐的历史上写下引人注目的一笔。

由于马礼逊学校留下来的资料非常有限,除布朗带到美国去的容闳、黄胜和黄宽外,其他人的去向不得而知。布朗在回美国前几个月宣布,愿意带几名学生到美国完成学业,当时只有容闳、黄胜和黄宽 3 人自愿前往,均为第 1 班学生。1847 年 1 月 4 日,3 人跟随布朗夫妇,在黄埔乘同孚洋行的女猎神号赴美，于 4 月到达纽约。[①] 其后容闳在马萨诸塞州读完中学，又进入著名的耶鲁大学，于 1854 年毕业，学成归国后成为近代著名的活动家。黄胜 1848 年因病回香港，以后长期在香港活动。黄宽则于 1849 年转赴英国爱丁堡大学学医，[②] 毕业后受伦敦会的派遣，作为传教医生回中国，长期在广州金利埠医院（惠爱医馆）行医，以医术精湛著称。

作为一所传教士管理、执教的学校，基督教信条的灌输仍是马礼逊学校的日常教学内容之一。布朗等将《圣经》作为英语教材之一，又以讲解、祈祷等方式作为辅助，以使学生的心灵受到潜移默化。上面提到的 6 篇作文中，有一篇的题目是《圣经》，作者详细说明了《圣经》的来源、构成和要义，显示他对这部经典相当熟悉。这可以看作该校宗教教育程度的一种反映。在马礼逊学校的 50 多名学生中，容闳和黄宽在出国后成为基督徒，其他还有多少人入教难以明了。但可以肯定的是，这数十名对基督教有一定了解的学生将来会成为一股同情基督教传教活动的力量。这是马礼逊教育会所要达到的目的之一。

广州、澳门、香港的其他学校

早期在广州、澳门和香港活动的传教士，或多或少都收留一些当地儿童，教他们学习英文。如裨治文在到广州后不久就收了 3 个小孩为学生，其中包括梁发的儿子梁进德。[③] 梁进德长期跟随裨治文，以后受马礼逊教育会的资助。这一类学童往往还跟传教士一起学习中文，其中有些人同时是传教士的童仆。因资料过于零散，以致无法做系统的论述，但传教士个人的这种私塾式的教育也是不可忽略的现象。

由于广州在鸦片战争前禁止外国人从事商务以外的其他活动，所以传教士不可能开办学堂。但在澳门，除马礼逊学校外，还存在过两个小型的学塾，开办者分别是郭士立夫人和叔未士夫人。

郭士立夫人的学校于 1835 年 9 月 30 日开学，[④] 由英国的一个叫作印度

---

① 容闳：《西学东渐记》，第 49～51 页。

② 容闳：《西学东渐记》，第 56～57 页。

③ Eliza J. Bridgman, ed., *The Pioneer of American Mission to China*, p. 58.

④ 容闳的《西学东渐记》说开设于 1834 年，为多年后的回忆，不确。此处据《马礼逊教育会第 1 次年度报告》。

与东方女性教育促进会（Association for the Promotion of Female Education in India and the East）的妇女组织资助。开学时有 12 名女生和 2 名男生，以后几年人数时有增减，保持在 20 人左右。[①] 容闳对该校的一些情况和他本人在校中 4 年的学习经历有生动的回忆。[②] 学生以学习英文为主，也聘请中国塾师教中文，教材为"四书"。1838 年 9 月，郭士立向马礼逊教育会报告说，学校有 16 名男童和 5 名女童。这说明学校的男女比例与开办初期恰好相反，原因在于招收女童比招收男童更为困难，还有不少人中途退学。郭士立还说，学生就寄宿在他家中，主要由他夫人管理，他自己从旁协助。他们将学生分为 3 个班，第 1 班除学习英文外，还学习历史、地理知识；第 2 班和第 3 班都学英文，但程度不同。[③]

这个学校在 1839 年关闭，原因是当时中英矛盾激化，林则徐将英国人驱逐出澳门，担任英国商务监督秘书的郭士立和他的夫人也在被逐之列。自 1836 年起，这个学校受马礼逊教育会的资助，每年金额为 312 元。这是根据该会章程中的有关条款进行的。容闳在回忆中将这种资助关系理解为马礼逊教育会"以（男）生徒附属古夫人（即郭士立夫人）塾中，酌拨该校经费，以资补助"，[④] 是不准确的。

稍晚于郭士立夫人，美国浸礼会传教士叔未士的夫人也在澳门开设了一个学塾。1836 年 11 月底，刚到澳门后不久，她就在给友人的信中说她收留了一个男孩，并教他英文。[⑤] 此后她陆续收容并教养了一些中国儿童。1839 年 2 月，她在家中接收的学生为 15 名。她的计划是收齐 20 名学生，经济来源是广州、澳门的外国商人和美国国内基督教社区的捐款。[⑥] 这所学校的规模比不上郭士立夫人的学校，与马礼逊教育会也没有发生关系。叔未士夫妇与罗孝全搬迁到香港后，继续开办学塾。当时他们香港传教团的建筑即名

---

① E. C. Bridgman, "First Annual Report of the Morrison Education Society," *The Chinese Repository*, vol. 6, p. 232.

② 容闳：《西学东渐记》，第 41 ~ 44 页。

③ E. C. Bridgman, "Second Annual Report of the Morrison Education Society," *The Chinese Repositary*, vol. 7, pp. 307 – 308.

④ 容闳：《西学东渐记》，第 43 页。

⑤ Jeter, ed. , *A Memoir of Mrs. Hennritta Shuck*, pp. 95 – 96.

⑥ Jeter, ed. , *A Memoir of Mrs. Hennritta Shuck*, pp. 138 – 139.

"宏艺书塾"。1844 年 9 月 23 日，他们在香港修建的一栋两层校舍落成并开学，招收了 20 名男生、6 名女生，以中英文双语教学。① 但不久叔未士夫人就因病去世。

与此同时，新到香港的美国浸礼会传教士粦为仁也开办了一所小学，但他在 1844 年底回美国。1845 年叔未士等将浸礼会传教团从香港迁到广州。这样，他们在香港开办的教育机构就很可能无法维持下去。

1844 年，伦敦会和美部会也分别在香港开办学校。伦敦会的学校招收了 18 名男生，同时在修建该会的大楼，俟其完工后就开始扩大学额，并招收女生。这是英华书院关闭后该会再次举办普通教育的尝试。美部会的学校规模很小，只有 6 名学生，由当时在香港的裨治文等人管理。② 次年裨治文等也陆续到广州活动，这个学校也只能停办。

从直接的效果来看，传教士的医务和教育活动也没有给他们带来多少信徒。传教士没有把皈依基督教作为提供医疗服务和受教育机会的条件。对受传教士这些活动影响的中国人来说，传教士这两种活动作为慈善事业的意义要远远大于作为传教事业的意义。马六甲英华书院和马礼逊学校的学生最后受洗的并不多，传教医生医治的病人中皈依了基督教的更为鲜见。最有典型意义的一个事例是梁进德。他作为"中华最早的布道者"梁发的儿子，尚在襁褓之中就由马礼逊施洗，13 岁起长期跟随裨治文，又在英华书院受过教育。他有近 20 年的时间在传教士的身边度过，在物质、精神生活方面可谓受惠于传教士甚多。然而，这个似乎没有理由不成为基督徒的人，在他父亲去世后，"竟并未到医院去守过一次礼拜，而他与别人交接的时候也似乎并不自承其为基督徒"。③ 但另一方面也要看到，这两种慈善事业及其在专业上比较先进的特点，渐渐在其周围营造出对西方文明信任、欣赏的气氛和对传教士的感恩心理，而这正是新教传教士所追求的传播基督教的必要条件。

---

① *The Chinese Repository*, vol. 13, p. 503.

② *The Chinese Repository*, vol. 13, p. 503.

③ 麦沾恩：《中华最早的布道者梁发》，《近代史资料》1979 年第 2 期，第 217 页。

第五章
新教传教士的中文著译与知识引进

前一章所述表明，在鸦片战争前后的特定历史条件下，新教传教士为了达到宗教目的，逐渐在传教方法上进行了调整，使其事业越出直接的传教活动范围，通过举办医疗和教育这样的世俗事业，来适应新教在华传教运动的需要。在"文字布道"方面，出于同样的背景和原因，新教传教士也没有把自己的努力局限于对基督教教义的阐发，而是在翻译《圣经》和以中文撰写传教书籍之外，有意识地从事介绍西方近代科学知识的工作。本章将对这两个方面的情形做一些探讨。

一　早期的《圣经》中译与修订

《圣经》中译和传教小册子的撰写、印行，与传教活动之关系极其密切。鸦片战争前后传教士进行的《圣经》翻译和印发传教小册子的活动，对近代基督教在华传教事业有着长期的影响。

天主教传教士的译经活动

近代将《圣经》完整地翻译为中文，最初是由英国伦敦会传教士马礼逊和美国浸礼会传教士马希曼（Joshua Marshman）进行的。在他们之前，也有一些零星的翻译活动。唐代景教徒曾翻译了一些该教的文献，但该派是否翻译过《圣经》或其某些部分，现在似乎没有明确的证据。有学者根据法国汉学家伯希和在敦煌见到过一份译为汉语的 35 种聂斯脱利派"箴言集"(Sutras) 目录的信息，推断这些"箴言集"很可能就是《圣经》的组成部分。他认为"Sutras"意为"标准书籍"(standard books)，可以理解为《圣经》，而著名的景教碑碑文则表明，聂斯脱利派的传教士有能力将基督教书籍译为中文。①

元代，基督教传教士看来也没有留下什么翻译作品。明末清初，天主教在华传教曾取得令人瞩目的进展，传教士开始在《圣经》中译方面进行探索。据说徐光启曾提出将《圣经》译为中文的计划，但没有被接受。② 明末，耶稣会士的译经活动开始展开。当时游历过北京的一位意大利人写道："欧洲传教士为促使中国人醒悟，印行了 500 部上帝律法之书，这是他们在不到一个世纪的时间内完成的；他们还翻译了圣托马斯的著作和《圣经》。"③ 这至少透露了天主教传教士翻译欧洲宗教书籍和《圣经》的意图和动向。在这之后，资料显示不断有传教士进行翻译《圣经》和相关宗教书籍的努力。1636 年，葡萄牙传教士阳玛诺(Emmanuel Diaz, Jr.) 将《圣经》中的福音书和其他一些部分翻译为中文，加上注释和自己的论说，以《圣经直解》为名付梓。④ 从一些零星的记载来看，还有一些传教士进行了译经方面的尝试。⑤

清初，天主教传教士继续进行这方面的活动。意大利传教士马国贤(Matteo Ripa) 1732 年在那不勒斯创办了"中国学院"，招收中国和其他远东国家的青年学习天主教神学。他在其回忆录中透露，中国学院有部分的《圣经》中文译本，并说"有一个中国学生诵读已译为中文的《新约》的一些段落，听起来非常奇怪，因为大部分的词都是单音节的"。⑥ 法国传教士李明(Louis Le Comte) 曾向法国国王路易十四的忏悔神父介绍说，教皇已

① Marshall Broomhall, *The Bible in China*. London：The China Inland Mission, 1934, p. 20.

② Broomhall, *The Bible in China*, pp. 40 – 41.

③ Broomhall, *The Bible in China*, p. 41.

④ Alexander Wylie, *Chinese Researches*. Shanghai, 1897, p. 94.

⑤ Wylie, *Chinese Researches*, pp. 95 – 96.

⑥ 引自 Broomhall, *The Bible in China*, p. 42. 参见司德敷主编《中华归主：中国基督教事业统计 (1901 ~ 1920)》(下)，蔡咏春等译，中国社会科学出版社，1987，第 1035 页。

经接受了中文本的《弥撒书》，并得到许可，但"现在就使用它还是不方便的"。① 他后来在《中国》一书中又说，天主教传教士"已将《圣经》完整地译成中文"，不过"现在就将其出版是很不慎重的"。② 他的话可以与后来新教传教士所了解的情况互相参证。马礼逊说过，罗马天主教传教士曾在中国出版过袖珍本《祈祷书》，"而且如果教皇许可的话，他们会印行《弥撒书》。科普勒神父（Father Couplet）向罗马呈送了其译本和准许印行的请求，但教皇陛下除了拉丁文的祈祷词，对别的文字都不相信"。③ 还有天主教传教士告诉马礼逊，已经有来华天主教士将《旧约》和《新约》全部译成中文，并且在传教的过程中使用。马礼逊本人也看到过天主教传教士使用的中文《福音书》。④ 1808 年 5 月，一个叫瑞内兹（Richnez）的天主教传教士告诉马礼逊，若干年前，有一位天主教士将《圣经》译为中文，但流传下来的很少，未能印行的原因是"中国人不喜欢读"。⑤ 另据记载，1770年到中国的耶稣会士贺清泰（Louis de Poirot）曾译《古新圣经》32 卷，将《旧约》的大部和《新约》全部译为中文。⑥ 1790 年前后，在四川传教的几名法国传教士，在"许多受过良好教育的当地人"的帮助下，将《马太福音》译为中文。⑦

现存最早的《圣经》中译本，是保存在大英博物馆的部分《新约》中译手稿。1737 年，东印度公司广州商馆的霍季逊（Hodgson, Jr.）请人抄写他得到的一份由天主教传教士翻译的部分《新约》中译手稿。1738 年手稿抄写完毕，次年 9 月他将这份抄写稿赠送给英国皇家学会会长汉斯·斯隆（Hans Sloane），斯隆后来将其转赠大英博物馆。在他去世后，该手稿（准确地说是抄写稿）被编为"斯隆藏书"第 3599 号。⑧ 后来马礼逊和马希曼都参考过这份手稿，但当时并不知道其译者。20 世纪上半叶经一些学者研

① Broomhall, *The Bible in China*, p, 42.
② Le Compte, *China*, p. 391，转引自 Philip, ed., *The Life and Opinion of the Rev. William Milne*, p. 140.
③ Philip, ed., *The Life and Opinion of the Rev. William Milne*, p. 157.
④ Broomhall, *The Bible in China*, p, 42.
⑤ Eliza A. Morrison, ed., *Memoirs of the Life and Labours of Robert Morrison*, vol. 1, p. 210.
⑥ 李志刚：《基督教早期在华传教史》，第 158 ~ 160 页。
⑦ Wylie, *Chinese Researches*, p. 96.
⑧ Thor Strandenaes, *Principle of Chinese Bible Translation*. Almgvist & Wiksell, international, 1987, p. 22.

究，确定其为法国巴黎外方传教会传教士白日昇（Jean Basset）所译。①　白日昇 1662 年生于法国里昂，后作为天主教传教士来到中国。一位李姓（André Ly，或写作 Andrew Li）中国籍神父在 1746～1763 年写于四川的日记中，大量征引了白日昇的译作。据他提供的情况，白日昇 1707 年 12 月死于广州，他翻译《新约》直到《希伯来书》，相当于《新约》的近 7/8。"斯隆藏书"中的《新约》中译稿包括《福音合参》（四部《福音书》）、《使徒行传》、《保罗书信》（《哥林多书》至《腓利门书》共 12 部）和《希伯来书》的第一章。②　根据现在保存下来的抄件，其中文名称为《四史攸编基利斯督福音之会编》。③　据一位研究者提供的资料，还有两份比大英博物馆更早的抄本。对于其中的《福音合参》，研究者却怀疑不是白日昇所译，有人认为是白日昇的一位苏姓中国助手（Jean Su）翻译的。④　具体情况，现在已难以明了。

　　根据白日昇的译稿，那位李姓中国籍神父 1751 年翻译了耶稣受难、复活和升天的故事，以及一种更加口语化的《福音合参》。1759 年，他又翻译了《福音书》和《使徒行传》。⑤　不过，这些译作和上面提到的种种《圣经》中译作品似乎都没有在中国流传下来。而白日昇翻译的《新约》，通过对马礼逊和马希曼等的译经活动的影响，却获得了比较长久的生命力。⑥

----

①　Strandenaes, *Principle of Chinese Bible Translation*, pp. 22 – 23.

②　Strandenaes, *Principle of Chinese Bible Translation*, p. 23 note 10.

③　李志刚：《基督教早期在华传教史》，第 160、174 页注 11。李先生提到，在香港大学和香港思高圣经学会都藏有抄件，分别是马礼逊的抄本和 1938 年直接抄自大英博物馆的抄本。此外据伟烈亚力说，在罗马传信部图书馆藏有白日昇的译本，可能也是抄本。Broomhall, *The Bible in China*, p. 42. 《中华归主》的说法是："罗马传教总会（*Propaganda*）图书馆里有很古老的七卷本中文《新约全书》译本。"司德敷主编《中华归主：中国基督教事业统计（1901～1920）》（下），第 1035 页。

④　Hubert W. Spillett, *A Catalogue of Scriptures in the Language of China and the People's Republic of China*. London：British and Foreign Bible Society, 1975, p. 4；preface, p. vi.

⑤　Spillett, *A Catalogue of Scriptures in the Language of China and the People's Republic of China*, p. 4；preface, p. vi.

⑥　马礼逊在 1808 年底给伦敦会的信中说，他的手中除《福音合参》外，尚有《使徒行传》《罗马书》《歌林多前后书》《加拉太书》《以弗所书》《腓立比书》《歌罗西书》《帖撒罗尼迦前后书》《提摩太前后书》《提多书》《腓利门书》的译本，且认为译笔"忠实而完善"。他表示希望"此勤勉之士乃信主之人"，说明他仍不知道译者为谁。Eliza A. Morrison, ed., *Memoirs of the Life and Labours of Robert Morrison*, vol. 1, p. 268.

马礼逊与米怜的译经活动

马礼逊来中国之前，在容三德的帮助下将白日昇的译文全部抄录，① 后携至广州，成为他翻译《圣经》的重要基础。

马礼逊到中国不久，在对中文有了初步的掌握后，即开始翻译《圣经》，以此为最高使命，全力以赴。② 1808 年 7 月，他向伦敦会报告说，他将很快出版《新约》一部分的中译本。③ 他还在 1810 年将他修订的《使徒行传》付梓。④ 次年，他又将他翻译的《路加福音》刊刻，取名《圣路加氏传福音书》。⑤ 在这之后，马礼逊致力于翻译《新约》的其余部分，到 1813 年夏将《新约》全部译竣。⑥ 从有关资料来看，马礼逊在翻译的过程中雇用了一些中国人作为助手。在初期，一般是马礼逊依据外文本《圣经》，⑦ 将其译为中文草稿，再由中国助手用比较畅达的文字表述出来，然后由马礼逊进行校阅改正。这样的中国助手，当时被称为 "书写者" 或 "写手"（writer）。⑧ 在当时，这种方式不失为翻译西文文献的一条有效途径，既可以节省译者的时间，也可以使译文比较顺畅，接近于特定风格的中文表达习惯。在鸦片战争后相当长的时间里，这种方法一直是西方人士将西

---

① 据米怜所言，抄录白日昇译《圣经》抄件是由容三德进行的，马礼逊则抄录藏在英国皇家学会的那部由天主教传教士编纂的拉丁文 - 汉文词典的主要部分。Milne, *A Retrospect of the First Ten Years of the Protestant Mission to China*, pp. 55 - 56.

② Eliza A. Morrison, ed., *Memoirs of the Life and Labours of Robert Morrison*, vol. 1, p. 201.

③ Eliza A. Morrison, ed., *Memoirs of the Life and Labours of Robert Morrison*, vol. 1, pp. 306 - 307.

④ Milne, *A Retrospect of the First Ten Years of the Protestant Mission to China*, p. 83. 据马敏先生的论文，马礼逊将其中文书名定为《耶稣救世使徒行传真本》。马敏：《马希曼、拉沙与早期的〈圣经〉中译》，《历史研究》1998 年第 4 期，第 50 页。

⑤ 米怜称该书 1811 年印于广州，其他有关著作亦多称该书刻于 1811 年。但笔者在哈佛大学图书馆见到这一刻本，线装一册，70 余页，扉页标明为 1812 年刻于澳门。Milne, *A Retrospect of the First Ten Years of the Protestant Mission to China*, pp. 84, 267.

⑥ 他在 7 月 4 日的日记中说："在前一段时间，我的日日夜夜都用来翻译《新约》的剩余部分。" 9 月 30 日记述："今天到达广州。……在离开澳门前夕，我完成了《新约》的翻译。" Eliza A. Morrison, ed., *Memoirs of the Life and Labours of Robert Morrison*, vol. 1, pp. 364, 370.

⑦ 马礼逊所依据的希腊文、拉丁文和英文《圣经》文本，见马礼逊 1819 年给伦教会的报告。Eliza A. Morrison, ed., *Memoirs of the Life and Labours of Robert Morrison*, vol. 2, p. 9. 另外，*Principle of Chinese Bible Translation*（pp. 23 - 36）对此有详细的讨论。

⑧ 有关 "写手" 的事例，可参考 Milne, *A Retrospect of the First Ten Years of the Protestant Mission to China*, p. 128；Eliza A. Morrison, ed., *Memoirs of the Life and Labours of Robert Morrison*, vol. 1, pp. 377, 399.

文著作翻译为中文的常用方法。马礼逊曾向伦敦会报告，他和米怜译经过程中参考的各种文字版本甚多。① 但他翻译《新约》之译文，则在很大程度上依靠和参考了白日昇的译稿。他在 1819 年全部《圣经》翻译完毕后给伦敦会理事会的信中，坦承这份当时他还不知道译者姓名的译稿是他翻译《新约》的"基础"。② 但他依靠或参考这份译稿的程度如何？无论是他在 1819 年给伦敦会的这份报告中，还是他在 1814 年 1 月 11 日给英国与海外圣经会的信中，他都说《四福音书》和《希伯来书》至《启示录》的部分"完全是我自己所译"，而二者"之间的部分则是以一位不知其名人士的工作为基础的，他虔诚的劳作成果现在保存在大英博物馆。我冒昧对其做了修改，并进行了必要的补充；我很愉快地记下我从那位不知名的前辈那里得到的教益"。③ 据此，则马礼逊完全独立翻译的篇幅约占《新约》的 5/8。

马礼逊译完《新约》后，即刻印了 2000 部，取名《耶稣基利士督我主救者新遗诏书》。④ 这是一种被称为"8 开本"的版本。马礼逊分别给伦敦会和资助他翻译刻印的英国与海外圣经会寄送了样书，这件事导致了他被东印度公司从正式的职员名册中除名。他在 1814 年又刻印了一种"12 开本"的小型版本，米怜称之为"袖珍本"。1815 年 8 月，马礼逊对译本进行了修订。⑤

1813 年译毕《新约》后，马礼逊在译经方面致力于《旧约》的翻译。据米怜记载，1814 年马礼逊将《创世记》译为中文，并在 1815 年初对之进行了校对修正，然后刻印成"12 开"的单行本。⑥ 在这之后，可能是因为马礼逊的中文水平日渐提高，同时又得到米怜的协助，翻译的速度大大加快。仅仅 4 年之后，即 1819 年，全部《旧约》就翻译完毕。马礼逊翻译《旧约》主要是在 1818 年和 1819 年春进行的，⑦ 在此过程中他获得米怜的

---

① Eliza A. Morrison, ed., *Memoirs of the Life and Labours of Robert Morrison*, vol. 2, p. 9.

② Eliza A. Morrison, ed., *Memoirs of the Life and Labours of Robert Morrison*, vol. 2, pp. 3 - 4.

③ BFBS Annual Reports 3 (1814 - 1815), 转引自 Strandenaes, *Principle of Chinese Bible Translation*, p. 45. 另见 Eliza A. Morrison, ed., *Memoirs of the Life and Labours of Robert Morrison*, vol. 2, p. 3.

④ 马敏：《马希曼、拉沙与早期的〈圣经〉中译》，《历史研究》1998 年第 4 期，第 51 页。

⑤ Milne, *A Retrospect of the First Ten Years of the Protestant Mission to China*, pp. 120 - 123, 142.

⑥ Milne, *A Retrospect of the First Ten Years of the Protestant Mission to China*, p. 132.

⑦ Milne, *A Retrospect of the First Ten Years of the Protestant Mission to China*, p. 216.

合作。米怜翻译了《旧约》39 篇中的 13 篇，即从《申命记》到《约伯记》的部分，约占三成半的篇幅，其余为马礼逊所译。米怜所译的部分还寄给马礼逊进行校阅。至 1819 年 11 月 25 日，漫长的译经工作终于告成。①

从 1810 年到 1819 年，马礼逊和米怜先后刻印了《新约》各篇的单行本共 7170 册，《旧约》各篇单行本共 2909 册，合计 10079 册。② 完成《旧约》的翻译后，将《圣经》中译本完整出版的时机就已经成熟。但因经费问题，直到 1823 年马礼逊和米怜翻译的《圣经》全本才在马六甲英华书院刊刻成书，取名《神天圣书》。其时米怜已经去世，马礼逊亲自到马六甲，在处理恒河外方传教团其他事务的同时，以一定的精力督印《神天圣书》。他雇请了"8 个人从事《圣经》中译本的刻印。如果没有不可预见的事情发生，整部书的刻板和印刷工作可在 3 个月后完成"。③ 可知《神天圣书》的刻印大约是在 1823 年夏天完成的。全书线装 21 册，其中《旧约》名为《神天上帝启示旧遗诏书》，共 17 册；《新约》名为《神天上帝启示新遗诏书》，分为 4 册。从经费和方便阅读等方面考虑，马礼逊将书刻为所谓的"12 开本"，尺寸为 12cm×17cm。④ 此后，《神天圣书》又数次由英华书院再版。

关于《圣经》中译的文体，马礼逊曾进行过专门思考，并与米怜讨论。马礼逊面临着三种选择，即文言文、俗语和介于二者之间的普通书面语（马氏称为 literary Chinese）。他认为文言文会将读者限制在狭窄的范围，而不能方便主要的传教对象——下层群众阅读，所以开始时打算使用俗语（"北京一带使用的汉语口语"），例如像《三国演义》那样在民间很流行的白话小说的文体。但经过反复考虑，他最终决定采用一种"中间的文体"（middle style），即接近于清朝上谕那样既非艰深华丽又非通俗白话的文体。马礼逊认为，这种文体"一方面具备古典著作的严肃与庄重，但没有这些著作语句过于简略而导致的晦涩难懂；另一方面它对任何粗具阅读能力的人

---

① Eliza A. Morrison, ed., *Memoirs of the Life and Labours of Robert Morrison*, vol. 2, p. 3; Milne, *A Retrospect of the First Ten Years of the Protestant Mission to China*, p. 268.

② Milne, *A Retrospect of the First Ten Years of the Protestant Mission to China*, pp. 267 – 268.

③ Fifteenth Report of the British and Foreign Bible Society, 转引自 E. C. Bridgman, "The Chinese Version of the Bible," *The Chinese Repository*, vol. 4, p. 258.

④ 笔者所见为纽约哥伦比亚大学东亚图书馆藏本。

来说都通俗易懂，但又不会被认为俚俗不文。对受教育程度较低的人来说，它不会显得高不可攀；而在精通诗书的人看来，又不至于低劣不雅"。① 从笔者所看到的《神天圣书》和《路加福音》等译本来看，马礼逊和米怜的翻译确实力图遵循这一原则。但他们的译文并没有达到预期的水准，在总体上无法与清代的上谕等文献相比，往往表意不准，文句流畅程度不够，间或有欠通难解之处。② 所以，他们翻译的《神天圣书》虽在相当长的时间内成为来华新教传教士使用的标准文本，成为后来人们进行修订的重要依据，但这种状况也使一些传教士越来越感到它有不足之处，在马礼逊去世后不久就希望加以修订。

马希曼与拉沙等的译经活动

在马礼逊和米怜翻译《圣经》的同时，在印度的塞兰坡（Serampore），拉沙（Joannes Lassar）和马希曼也在进行同样的工作。

拉沙是一位出生于澳门的亚美尼亚人。在他的幼年时代，其父母雇用的男女两仆是他学习中文的启蒙老师。这两个仆人都是天主教徒，这就更加有利于拉沙掌握一些基本的宗教词语在中文口语中的表达方式。稍长，他的父亲为他从广州请到一位中文教师，教他读写。③ 他因长期的学习而精通中文，曾是澳门葡萄牙当局负责与北京朝廷之间文书往来的官员。1802 年，他离开澳门前往印度，由印度加尔各答英印学院（Fort William College）校长布朗牧师（Rev. Brown）聘为该校中文教授。④ 他后来从加尔各答转去塞兰坡的英国浸礼会传教团，专门从事译经活动。拉沙的生卒年代均不可考，但可以肯定他在 1835 年已去世。⑤

根据英国与海外圣经会的报告，拉沙早在 1805 年 3 月就翻译了《创世记》和《马太福音》，并将之付印。次年，他又将三份样书交给布朗校长。

---

① Milne, *A Retrospect of the First Ten Years of the Protestant Mission to China*, pp. 87 - 90; Eliza A. Morrison, ed., *Memoirs of the Life and Labours of Robert Morrison*, vol. 2, p. 4.
② 对此，马礼逊本人也并不讳言。他在 1814 年 1 月给英国与海外圣经会助理秘书约瑟夫·塔恩的信中说："我给世人的这个译本并不完美。有些句子含糊不清，有些本应译得更好，我觉得这都是外国人翻译在所难免之事。《圣经》翻译尤其如此，因为不能意译。" Eliza A. Morrison, ed., *Memoirs of the Life and Labours of Robert Morrison*, vol. 1, p. 395.
③ E. C. Bridgman, "The Chinese Version of the Bible," *The Chinese Repository*, vol. 4, p. 252.
④ Broomhall, *The Bible in China*, p. 51; Wylie, *Memorials of Protestant Missionaries to the Chinese*, p. 2.
⑤ E. C. Bridgman, "The Chinese Version of the Bible," *The Chinese Repository*, vol. 4, p. 252.

布朗在 1806 年 9 月给英国与海外圣经会的信中，认为其水平还不值得向该会推荐，但认为如果给拉沙 5~6 年的时间，他就能够将《圣经》全部译成中文。布朗又称赞拉沙"是一个彻头彻尾的中国人……他能够像您阅读英文作品那样快地阅读任何中文书籍，而且还可以写得同样快"。① 从布朗这封信来看，至少到 1806 年，塞兰坡的译经活动主要还是由拉沙进行的。他所透露的另一个信息是，拉沙的译经所存在的问题，不在于他的中文水平不够，而很可能在于他的宗教知识和英文水平不足。这就使他后来在译经活动中降居次要地位，主角则由马希曼担任。

马希曼（1768~1838），生于英国的威尔特夏郡（Weltshire），1794 年受洗为浸礼会教徒。他是英国浸礼会第一位海外传教士，受英美新教第一位传教士威廉·卡瑞（William Carey）事迹的感召，1799 年加入浸礼会差会，同年 12 月到达印度，与卡瑞等一起，在印度从事传教活动。② 在传教的过程中，他开始对中国感兴趣。在印度的英国浸礼会传教士决定，由马希曼来承担将《圣经》翻译为中文的使命。1805 年，马希曼开始跟拉沙学习中文。

大约在 1806 年，马希曼和拉沙开始了长达十几年共同翻译《圣经》的时光。马希曼在 1813 年 12 月写了一封长信给英国与海外圣经会，详细叙述了他们翻译《圣经》的方法和过程。根据马希曼所说的情况，翻译的第一个步骤是由拉沙将英文本的《圣经》篇章反复阅读，然后翻译为中文，马希曼则坐在边上，随时解答拉沙的疑问。第二个步骤是马希曼根据希腊文（或拉丁文）《圣经》（Grisbach 本），对拉沙的翻译逐句进行校阅、改正。接着由马希曼将他称为"《圣经》原本"的文本译为英文，而由拉沙据此对他自己的翻译和马希曼的修正进行两三次校核。之后，将译稿用活字版印出清样。马希曼将清样交给"另一个中国助手校阅"。以往的一些研究都忽略了马希曼的这个中国助手，但他也是塞兰坡翻译小组的成员。马希曼没有提到这位中国助手的姓名和其他情况，只是说他不懂英文，他的任务是在中文字句表达方面提出修改意见。吸收他的意见并第二次印出清样后，进入另一个关键性步骤。马希曼独自用他的希腊文或拉丁文"《圣经》原本"，借助

---

① E. C. Bridgman, "The Chinese Version of the Bible," *The Chinese Repository*, vol. 4, pp. 252 – 253.

② Wylie, *Memorials of Protestant Missionaries to the Chinese*, pp. 1 – 2.

他自己编著的《拉丁文－中文词典》，对清样进行详细的校阅，逐字逐句反复推敲。然后，他再与拉沙和那位中国助手一起讨论他提出异议的地方，直至意见统一。这样修改后印出的清样，由马希曼的儿子约翰·马希曼做一次校阅。马希曼认为约翰在"中文表达方面的知识"比他自己丰富。约翰提出修改意见后，再出清样，马希曼、拉沙和那位中国助手再分头校阅，做进一步的修改、调整。在这之后，中国助手在新出的校样上进行断句，然后由马希曼检查推敲；排印后，再由中国助手检查一遍。马希曼自己做最后一次校阅，全部工作才算结束，交付印刷。这个过程之繁复、马希曼等态度之认真都是比较罕见的。"在译稿（初次）交付排印后，（正式）印刷之前，我们一般对每一页都要进行10~12次校阅。"①

从马希曼的叙述我们可以看出，塞兰坡翻译小组实际上是由4个人组成，即马希曼、拉沙、马希曼的中国助手和马希曼的儿子约翰。因此，在这里翻译的中文《圣经》是集体的产品。1810年，即马礼逊刻印《使徒行传》的那一年，马希曼和拉沙等翻译的《马太福音》在塞兰坡问世。1811年，他们又将《马可福音》交付印刷。② 同年，马希曼和拉沙等将《新约》译完，各篇在这之后陆续出版。1815年，他们将《新约》译文修改后交付出版。1821年，他们翻译的《旧约》也陆续出齐。1822年，他们将全部《圣经》翻译并出版完毕，中文书名即为《圣经》。在印行过程中，他们采用金属活字印刷，较之马礼逊、米怜译本使用木刻版印刷，在技术上较为先进。③

这样，到1820年代，几乎同时出现了两个完整的《圣经》中译本。分别在广州－澳门－马六甲和塞兰坡翻译《圣经》的传教士，都得到了英国与海外圣经会的资助。该会先后为《圣经》的中译付出了12000英镑，其中马礼逊等得到6600英镑。④ 马希曼等得到多少资助，未见具体资料。

---

① E. C. Bridgman, "The Chinese Version of the Bible," *The Chinese Repository*, vol. 4, pp. 253–255.
② 这两篇的中文篇名分别叫《此嘉语由于呀哳所著》和《此嘉语由呀嘞所著》。马敏：《马希曼、拉沙与早期的〈圣经〉中译》，《历史研究》1998年第4期。
③ 马敏：《马希曼、拉沙与早期的〈圣经〉中译》，《历史研究》1998年第4期。
④ E. C. Bridgman, "The Chinese Version of the Bible," *The Chinese Repository*, vol. 4, p. 261. 马礼逊与马希曼之间有通信来往，但他实际上对马希曼的翻译班子是心存芥蒂的。他说自己曾在《季度评论》（*The Quarterly Review*）刊文批评马希曼关于中文的著作。Eliza A. Morrison, ed., *Memoirs of the Life and Labours of Robert Morrison*, vol. 1, pp. 339, 359. 有关双方在《圣经》翻译和中文研究方面的纠葛，参见苏精《马礼逊与中文印刷出版》，第131~152页。

虽然两个小团体的翻译进度、次序有所不同，出版印行的时间也不一样，而且他们都参照了白日昇的译稿，但他们是各自独立翻译的。就出版后的影响而言，马礼逊和米怜的译本则明显大于马希曼和拉沙的译本。这与马礼逊在新教对华传教史上的地位当然不无关系。更重要的是，马礼逊等的译本可以大量地在中国本土和南洋刻印并派送，而马希曼等的译本则没有这种条件。大体来说，马礼逊和米怜的译本以后被来华新教各教派的传教士所参考、采用并推重，而马希曼和拉沙的译本则主要供浸礼会的传教士使用、参考。

鸦片战争前《圣经》中译本的初步修订

完成《圣经》中译是马礼逊一生最重要的事业，但他生前就感到他的这项事业还不够完善，需要再做修订。还在翻译过程中，他就打算完成整个工作后与米怜一起对新旧约译本"加以仔细修订"。[①] 1826 年，他在给英国圣公会的信中说："我现在每天的功课是修正《圣经》中译本；我还要求恒河外方传教团的兄弟们记录他们发现的每一处错误或不当之处。"[②] 他在与麦都思的通信中，要后者帮助他进行修订。在晚年，他还进行了注释《圣经》中译本的工作，[③] 但显然已经没有足够的精力再次进行译本的全面修订，只能希望他的儿子马儒翰"在美国圣经会的支持下"完成他的未竟之业。[④] 至于马希曼等的译本，早在 1818 年它还没有出齐的时候，就有人在孟加拉的一份期刊上发表文章，就翻译的质量进行批评。[⑤]

马礼逊和米怜的译本完成后不久，在欧洲就引起了争议。英国的《季度评论》曾发表文章对马礼逊译本和支持他们的英国与海外圣经会进行批评，而《亚洲学刊》（*The Asiatic Journal*）曾对此予以支持。马礼逊 1828 年1 月致函《亚洲学刊》编者，为译本的不完美辩护，质问"完美的译本在哪里呢？英译本就完美吗？"他还反驳《季度评论》文章作者嘲讽他们"自学"中文的议论，质问在当时情况下，不自学又有何学习中文的途径？[⑥] 在

① Eliza A. Morrison, ed. , *Memoirs of the Life and Labours of Robert Morrison*, vol. 1, p. 480.
② Eliza A. Morrison, ed. , *Memoirs of the Life and Labours of Robert Morrison*, vol. 2, p. 362.
③ Eliza A. Morrison, ed. , *Memoirs of the Life and Labours of Robert Morrison*, vol. 2, p. 368.
④ Medhurst, *China*, p. 547.
⑤ E. C. Bridgman, "the Bible," *The Chinese Repository*, vol. 4, p. 302.
⑥ 马礼逊本打算要求《亚洲学刊》刊登他的这些回应，但信写好后终未发出。Eliza A. Morrison, ed. , *Memoirs of the Life and Labours of Robert Morrison*, vol. 2, pp. 409 – 412.

欧洲批评马礼逊的主要学者之一是克拉普罗特（Heinrich J. Klaproth）。马礼逊认为他和雷慕沙（Joseph Abel-Rémusat）一起，为耶稣会宗派效命，"诋毁新教传教士"。[①] 到 1831 年，不堪克氏持续攻击的马礼逊还是给《亚洲学刊》编者写了一封长信，为自己的《华英词典》和《圣经》翻译辩护。[②] 这件事情还导致了英国与欧陆汉学界之间的争持。据说克拉普罗特曾邀请德庇时联手，但后者予以严词拒绝，并表示同意斯当东的评价：马礼逊作为研究中国的学者"在欧洲为第一"。曾到过中国、对中国语言有所研究的托马斯·曼宁也为马礼逊鸣不平。可见这桩公案在当时影响颇大。[③] 伦敦大学大学学院中文教授、曾在南洋传教的吉德撰写了一篇近百页的《评马礼逊博士的文字事工》（见《马礼逊纪念集》第 2 卷附录），对马礼逊的词典编纂、《圣经》中译和其他文字工作进行了全面的总结和辩护，予以高度评价，也可以看作英国学界和传教士群体对欧陆汉学家的回应。

到 1830 年代，传教士群体里陆续有人开始讨论对马礼逊和米怜的《圣经》译本做全面的修订。麦都思委婉地说，马礼逊等第一批来中国的传教士要学习的是世界上最难的语言，而且在开始学习不久就承担翻译《圣经》的重任，"故此不能指望他们马上就能拿出完美无缺的译本，而需要对他们的译本加以改善也就不奇怪了"。他还介绍了几个中国皈依者的意见。如梁发说："现在这个《圣经》译本的文体与（中文）语言习惯还相差甚远，译者有时用的字过多，并有词义相反或不常见的句子，从而使意思模糊。《圣经》的义理原本就深奥而神秘，如果译本在文体上再难以卒读，人们将懒得去了解这部书。"经常与梁发一起活动的刘泽春也说："现在的这个《圣经》译本冗言赘语过多，从而使人感到意义难明……人们不会拒绝（散发到手的）这部书，但因不懂其意，常常将它弃置一旁。"麦都思带到英国去的那个朱德郎也发表意见，认为他见到的《圣经》译本"（语句）极其累赘，包含了太多的外国术语，与我们的书籍如此不同，以致中国人不能透彻地理解其义，因而拒绝阅读"。[④] 他们所说的译本即马、米的译本。其他一

---

① Eliza A. Morrison, ed., *Memoirs of the Life and Labours of Robert Morrison*, vol. 2, p. 440.

② Eliza A. Morrison, ed., *Memoirs of the Life and Labours of Robert Morrison*, vol. 2, pp. 452 – 457.

③ Eliza A. Morrison, ed., *Memoirs of the Life and Labours of Robert Morrison*, vol. 2, pp. 442, 448 – 450.

④ Medhurst, *China*, pp. 549 – 550.

些传教士也提出了各种各样的意见。

除传教士外，马礼逊的儿子马儒翰也是参与《圣经》译本修订的重要人物。他在少年时代就被其父寄予"修订马礼逊和米怜《圣经》译本"之望。[①] 1834 年 4 月，广州的美部会传教士决定向差会推荐马儒翰领衔修订工作，而此后的修订本亦由其审定。[②] 1835 年，马儒翰和麦都思向英国与海外圣经会递交了一份修订计划，该计划的目标是取得"一个更符合中国语言习惯的"《圣经》中译本。[③] 1836 年 1 月，郭士立在《中国丛报》上发表《圣经中译本的修订》一文，认为"现在需要能为中国人直接使用的《圣经》新译本，对这个新译本的最大希望是，它的文体可以为中国读者所接受"。他还提出，新译本既不能为追求译文的优雅地道而牺牲原文的真义，又不能过分地拘泥文义而使译文不堪卒读，否则就会"迷失这项译事的伟大目标"。[④] 这就表达了对文、义兼顾境界的追求。

1835 年初，裨治文向美部会秘书鲁弗斯·安德森报告："《圣经》的修订，或者说重译，在过去六个月成了我们的主要工作。"[⑤] 这说明修订工作大约在马礼逊去世前就启动了。1836 年，由麦都思、裨治文、郭士立和马儒翰组成了一个修订小组，当年就开始了修订工作。是年 8 月，卫三畏向美部会报告说："修订工作进行得相当快，麦都思和郭士立几乎不间断地从事这项工作。"[⑥] 《新约》的修订在 1835 年底就大致完成了。[⑦] 1837 年，修订后的《新约》在巴达维亚出版，合订一册，计 325 页，名为《新遗诏书》。1839 年后又在新加坡和塞兰坡出版了进一步修订后的版本。[⑧] 1836 年，上述 4 人又着手进行《旧约》的修订，以郭士立为主，当年完成了一

① Eliza A. Morrison, ed. , *Memoirs of the Life and Labours of Robert Morrison*, vol. 2, p. 440.

② 苏精：《中国，开门！：马礼逊及相关人物研究》，第 187~188 页。

③ Spillett, *A Catalogue of Scriptures in the Language of China and the People's Republic of China*, preface, pp. xii – xiii.

④ *The Chinese Repository*, vol. 4, pp. 394 – 395.

⑤ 雷孜智：《千禧年的感召：美国第一位来华新教传教士裨治文传》，第 107 页。

⑥ S. S. Williams to R. Anderson, Frederick W. Williams, ed. , *The Life and Letters of Samuel Wells Williams*, p. 75.

⑦ 雷孜智：《千禧年的感召：美国第一位来华新教传教士裨治文传》，第 108 页。

⑧ 对《圣经》中译问题做过专门研究的伟烈亚力认为，《新约》的修订主要由麦都思进行，麦都思在 1836 年回英国时独自对译稿做了一遍校阅。Wylie, *Memorials of Protestant Missionaries to the Chinese*, p. 31.

小部分。不久因麦都思回英国，修订小组解散，余下的修订工作由郭士立一人完成。1838 年，《旧约》的修订也告蒇事，出版时合订一册，名为《旧遗诏圣书》。^①麦都思回英国后，带了一份《圣经》（可能是《新约》部分）新译本，呈送给英国与海外圣经会，并将他的译本和马礼逊译本的《路加福音》和《歌罗西书》的第一章都回译为英文，加以排列对照，作为附录与一份备忘录一并呈送，以显示其译本的优越之处。英国与海外圣经会把这个附录交给时任伦敦大学中文教授的吉德，请他评判二者的优劣。吉德曾任英华书院校长，与马礼逊有良好的私人关系，也和麦都思共过事。他写了一份评语，陈述了自己的看法，其中说道：

> 我认为新的译本无论是作为一种文字上的成果，还是作为一种译文，都完全是失败的，如果附录中的样本和译者备忘录中贯穿始终的语义学上的评论可代表其整个译本的话。它并不是神的语言的翻译，在很多方面也不是好的中文，中国人也许可以从中领会一些意思，但那不会是《圣经》的教导。作为《圣经》译本它比旧译本要差得多。而且，由于它是在比较好的条件下翻译的，在时间上也比较晚，因此它的优点远比它所声称的要少。

他建议不要采用麦都思等的译本。另外，吉德也指出了马礼逊译本的一些缺陷。这份评语后来与麦都思的附录一起被印刷散发，结果是麦都思等的译本未获得英国与海外圣经会的支持。^②吉德后来还指责麦都思在《中国：现状与展望》一书中对他的评语断章取义，同时对后者援引梁发、刘泽春和朱德郎的话为否定马礼逊译本之依据的做法嗤之以鼻。^③

---

① Wylie, *Memorials of Protestant Missionaries to the Chinese*, p. 62.

② Samuel Kidd, "Critical Notices of Dr. Morrison's Literary Labours," in Eliza A. Morrison, ed., *Memoirs of the Life and Labours of Robert Morrison*, vol. 2, appendix, pp. 71 - 73. 有可能受此结果影响，麦都思在当年出版的《中国：现状与展望》中对这次修订仅有如下简略的评述："有几位传教士以及本土皈依者已经进行过一些尝试，但由于缺乏一个深思熟虑的合作计划，他们的努力从长远来看无甚成效。" Medhurst, *China*, p. 552.

③ Samuel Kidd, "Critical Notices of Dr. Morrison's Literary Labours," in Eliza A. Morrison, ed., *Memoirs of the Life and Labours of Robert Morrison*, vol. 2, appendix, pp. 71 - 74.

不过实事求是地说，新的译本比旧的译本还是有所进步，至少在有的方面是如此。以下是各译本对《约翰福音》第一章第一句的翻译，就可看出一些区别。①

> 白日昇译本：当始已有言，而言在神怀，且言为神。
>
> 马礼逊译本：当始已有言，而其言偕怀，且言为神。
>
> 马希曼译本：原始有道，而其言偕神，又其言为神。
>
> 修订本（1）：元始有道，其道与上帝共在，道者即上帝也。
>
> 修订本（2）：同上。
>
> 修订本（3）：元始已有道，其道与上帝永在，道者即上帝也。
>
> 现代普通话和合译本：太初有道，道与神（上帝）同在，道就是神（上帝）。

从以上这个具体的例子便可以看出，前三个译本的译法，在当时对基督教思想一无所知的中国人看来的确不知所云，而三种修订本的译法有所改进，已比较接近于现代译法。他们的译本在鸦片战争前后多次印行，也说明它可能确实有优越之处。但他们的译本也很难说就是地道的中文，都还存在文句佶屈聱牙的通病。综观传教士的有关言论，新的译本仍无法令人满意。他们认为："无论是新、旧译本都不够符合（中文）语言习惯。于是，一种强烈而不断增长的、几乎所有传教士都有的追求更好译本的愿望就出现了。"② 他们追求完善译本的心理，促成了所谓"委办本"的出现。

"委办本"与"译名之争"

1843年8月22日至9月4日，英美来华新教传教士在香港开会，讨论联合修订《圣经》中译本之事。这次会议是由伦敦会传教士召集的。早在1836年12月，英国与海外圣经会就通过一项决议，要求"伦敦会理事会采取步骤，使马礼逊博士的译本，按博士本人希望的那样得到修正；这样修订过的译本，在得到他们正式的认可后，所有费用将由该会支付"。③ 伦敦会

---

① *The Chinese Repository*, vol. 14, p. 54.

② *The Chinese Repository*, vol. 18, p. 387.

③ Medhurst, *China*, pp. 550 – 551.

的麦都思则在 1838 年就设想过，由伦敦会提供必要的条件与帮助，组织其
传教士集体从事修订工作。① 他的设想成为这次香港会议的基础。

在十几天的会议中，先后参加的有麦都思、理雅各、合信、美魏茶、戴
耶尔、施敦力约翰和施敦力亚历山大（以上为伦敦会传教士），裨治文、波
乃耶（以上为美部会传教士），罗孝全、叔未士、玛高温和粦为仁（以上为
美国浸礼会传教士），以及美国长老会的娄礼华和马礼逊教育会的布朗。在
22 日第一次会议上，与会者一致做出决议：“希望能有一个《圣经》中译
本，比迄今出版的任何一个译本都更适合普遍性的传播。”25 日，会议决定
由“所有来华新教传教士组成修订中文《圣经》的总委员会”，由每个传教
站组成一个地方委员会，所有传教站的传教士均为成员。修订工作先由各地
方委员会分头进行，再由每个传教站派代表组成“代表委员会”，对所有修
订之处做最后的裁决。之后，“将整个译本提交给英国和美国的圣经会”。
28 日，会议选举麦都思为总委员会秘书。与会者还决定先修订《新约》译
本，将其分为 5 个部分，分别由广州与香港、厦门、福州、上海与宁波、曼
谷的传教士来承担。与会者声称，修订工作的目标是，“当工作结束之际，
代表委员会将拿出一个新的译本，而不是只对旧的译本做些修订”。②

这次会议导致了“委办本”或称“代表本”（Delegates' Version）的出
现。但后来的修订工作并未按以上计划进行，而且在修订过程中还出现了一
个长期持续的“译名之争”。

按香港会议的决议，本应先由各传教站进行初步的修订，在相互审阅
后，再由总委员会组织的代表会议最后审定。但鸦片战争后新教各教派忙
于在新的通商口岸发展势力，人员变动甚大；清廷弛禁基督教后，他们更
是利用这一空前的机会集中精力于传教活动，“很少有时间顾及修订工
作”，因为只有“努力传播教义才是他们的首要任务，而修订工作仅被当
作第二位”。③

1845 年，英国与海外圣经会以支付伦敦会在华传教士大量活动费用为

---

①　Medhurst, *China*, pp. 551 – 552.

②　Minutes of the Meeting in Hong Kong, ABCFM Papers, 16. 3. 8, vol. 1 a; *The Chines Repository*, vol. 12, pp. 551 – 553; vol. 18, pp. 387 – 389.

③　*The Chinese Repository*, vol. 18, p. 389.

条件，催促麦都思等将新的译本尽快完成。麦都思于是在 1846 年初，以总委员会秘书的身份发出通告，要求各口岸传教士派出代表，当年 9 月到上海开会，承担修订工作。麦都思是年 5 月到香港与理雅各等商讨事务，专程到广州与裨治文商量此事。但裨治文认为时机没有成熟，坚持将这个会议推迟到 1847 年 6 月举行。① 裨、麦二人在时间问题上有分歧，是因为麦氏认为，只要在他们上一次修订本的基础上加以提高即可，"只需要两个月"，而裨氏则坚持"还有很多重点和难点需要加以考虑并做出决定"。这就埋下了日后分歧的因由。

各地分别选出麦都思与文惠廉（上海）、娄礼华（宁波）、施敦力约翰（厦门）和裨治文（广州与香港）等 5 人作为代表，6 月 28 日在上海开始举行修订会议。7 月 2 日修订工作开始，但到 5 日就遇到了一个难以解决的问题。②

这个难以解决的问题，就是英国和美国的传教士在英文"God"或希腊文"Theos"如何中译的问题上发生分歧和争论，此即"译名之争"。

香港会议上关于译名问题的分歧，起先提出讨论的是浸礼宗传教士和其他教派传教士之间在"baptizo"如何中译问题上的不同意见。马礼逊将这个词译为"洗"，为大部分来华传教士所接受；而马希曼将其译为"蘸"，则为英美浸礼宗传教士所采用，如罗孝全就将他在广州建立的"广州浸礼会"名为"粤东施蘸教会"。英美浸礼宗的领袖人物均对"洗"或"施洗"、"洗礼"的译法表示不满。③ 因此来华浸礼宗传教士坚持不接受这些译法。由于这个词对浸礼宗具有重要意义，因此在 8 月 25 日会议上，决定成立由裨治文和美国浸礼会传教士粦为仁组成的委员会，讨论如何解决这一问题。9 月 1 日，他们向会议报告说，他们"没有准备建议任何（中文）词语来表达它。会议上的情况表明，很难发现有一个（中文）名词既适合浸礼宗教徒，又能为非浸礼宗教徒所接受"。会议决定，浸礼宗传教士和非浸礼宗传教士在修订《圣经》方面继续合作，如果到工作完成之时还没有解决这一

<hr>

① E. C. Bridgman to J. C. Brigham, July 1, 1846, ABCFM Papers, 16.3.8, vol. 3.
② *The Chinese Repository*, vol. 18, pp. 389 – 390.
③ Samuel Kidd, "Critical Notices of Dr. Morrison's Literary Labours," in Eliza A. Morrison, ed., *Memoirs of the Life and Labours of Robert Morrison*, vol. 2, appendix, pp. 47 – 56.

问题，则浸礼宗传教士和非浸礼宗传教士在使用新译《圣经》的不同版本（edition），"在其他方面都保持一致，但在如何翻译这一名词方面可以有所不同"。①

　　但是如何翻译"God""Theos""Deus"的问题没有获得这样的解决。这个译名问题的争论由来已久，早在"礼仪之争"时就已出现。当时耶稣会士主张可以用"天主"，也可以用"上帝""天"（皆利玛窦开始使用。利氏先用"天主"，后用"上帝"），而多明我会及其他修会传教士则主张只用"天主"这一译法。后由教皇克莱门特十一世规定，统一使用"天主"为"Deus"之中文译名，不得使用"上帝"一词。② 马礼逊在开始翻译时遇到此问题，认为可以用"天主"，也可以用"神"来作为"God"的译名，但他倾向于用"Vir-Shin"（活神）③ 来翻译，因为这个词是"最普遍的、易于理解的"，天主教传教士的实践表明，使用"天主"这一"意义上的佳译"并没有使中国人归依基督教，而是使中国人将之与"菩萨"等混为一谈。④ 马礼逊同时还用"真神""真活神""神天""神主""主神"，1831年后还曾用过"神天上帝""天帝主神""真神上帝""天帝""天皇"等称呼。⑤ 马希曼使用的译名也是"神"。米怜在开始时主张使用"神"，但在去世之前转而主张用"上帝"，这从他编辑发行并为之撰稿的《察世俗每月统记传》就可以看出。在这份刊物的前几卷，一般用"神"这一译法，但到后面两三卷则普遍地使用"上帝"作为"God"的对译。1821年，他曾发表题为《表达神性的中文词语》的专文，列举9条理由，论证应用"上帝"来翻译"God"。⑥ 值得一提的是，法国汉学家雷慕沙在与马礼逊的通信中，告知他与塞兰坡的马希曼讨论译名问题，不赞成后者用"神"的译

---

① *The Chinese Repository*, vol. 12, p. 553.
② 徐宗泽：《中国天主教传教史概论》，第 231～232 页；司德敷主编《中华归主：中国基督教事业统计（1901～1920）》（下），第 1060～1061 页。
③ 这里参考邓肇明的译法，见马礼逊夫人编《马礼逊回忆录（全集）：他的生平与事工》，邓肇明译，基督教文艺出版社，2008，第 111 页。
④ Eliza A. Morrison, ed., *Memoirs of the Life and Labours of Robert Morrison*, vol. 1, p. 201.
⑤ Walter H. Medhurst, "An inquiry into the proper mode of rendering the word God...," *The Chinese Repository*, vol. 17, pp. 342－343.
⑥ "Chinese Terms to Express the Deity," *The Indo-Chinese Cleaner*, No. XVI, pp. 97－105.

法，询问马礼逊如何翻译。① 这表明教会之外的欧洲学人对此问题亦加
关注。

麦都思、马儒翰、郭士立等接受了米怜的这种主张，在对马礼逊的译本
加以修订时将"神"改为"上帝"。郭士立早在 1833 年出版的《中国沿海
三次航行记》中就数次使用"上帝"（Shang-te）这个译名，并在书后论述
"中国宗教"时提出使用这一译名的理由。② 在香港会议上，麦都思正式提
出应该使用"上帝"作为更准确的译名。其他伦敦会传教士纷纷赞成麦都
思的意见。但他们要改变《圣经》中最重要的一个名词译法的提议，却遭
到以裨治文为首的美国传教士的反对，他们主张继续使用"神"这个译名。
1843 年 9 月 4 日，即香港会议的最后一天，与会者做出决议："由于难以决
定何者为'God'最合适的中文译名，每个传教站现在可以使用其喜欢的译
法，留待总委员会会议做最后的决定。"③ 由于各传教站没有按计划进行修
订工作，这个问题便被带到 1847 年的上海会议。7 月 5 日的第 3 次会议上，
修订到《马太福音》第一章第 23 节，就遇到了"God"的中译问题。

争论的主要内容是如何翻译"God"，但他们在"Spirit"或"Pheuma"
等名词的译法上也有不同意见。从 1845 年开始，《中国丛报》就成为双方
笔战的平台，直至其终刊。麦都思、郭士立、裨治文、文惠廉等纷纷发表长
篇论文进行论战。娄礼华从 1845 年 3 月到 1847 年 1 月，连续在《中国丛
报》发表 5 篇文章，为"神"这一译名辩护，反对使用"上帝"，郭士立与
麦都思则起而应战。不过，上海会议之前的争论还没有对修订工作本身形成
影响。到 1847 年 7 月 5 日，观点针锋相对的 5 名代表坐到一起进行正式的
修订，如何处理这个严重的分歧便摆在每一个代表面前。

一开始他们还试图解决这一问题。麦都思、施敦力约翰、文惠廉、裨治
文、娄礼华等，在几个星期的时间里集中精力各自翻查中国经籍，搜集论
据，精心准备，进行了面对面的辩论，都希望能说服对方。英国传教士方面
以麦都思为发言人，施敦力约翰为助手；美国传教士方面则以文惠廉为发言

---

① Eliza A. Morrison, ed., *Memoirs of the Life and Labours of Robert Morrison*, vol. 1, pp. 491 – 492.

② Gutzlaff, *Journals of Three Voyages Along the Coast China in 1831, 1832, & 1833*, pp. 108, 115, 278 – 279.

③ Minutes of the Meeting in Hong Kong, ABCFM Papers, 16. 3. 8, vol. 1 a.

人，娄礼华为助手。① 文惠廉虽然没有参加香港会议，但他在裨治文和娄礼华的支持下，坚决维护“神”这种译法。而麦都思和施敦力约翰则寸步不让。双方相持不下，经过了 4 个多月还不能取得一致意见，于是决定将这个问题搁置起来，在修订的过程中暂不翻译，将来由各传教站投票表决。②

这次代表修订会议约在 11 月休会，1848 年 1 月 5 日恢复工作。因娄礼华在 1847 年 8 月遭海盗袭击去世，伦敦会的美魏茶代替了他的位置。文惠廉因为健康原因也没有参加这次会议，因此修订工作是由麦都思、施敦力约翰、裨治文和美魏茶四个人进行的。这一次，在译名的分歧继续存在的同时，修订工作正常进行。到 1849 年 4 月，已完成了《福音书》和《使徒行传》。③ 1850 年 8 月 1 日，《新约》的修订全部完成。④

在这期间，英美传教士之间关于译名的论战继续进行，仅在《中国丛报》上发表的有关文章就有近 30 篇。麦都思的《“God”恰当中文译名之探究》和《从〈佩文韵府〉论“神”的真实字义》还出版了单行本。麦都思和文惠廉仍是双方笔战的代表，理雅各、裨治文、卫三畏、罗啻、克陛存等都在不同程度上参加。后来连英国和美国的圣经会、通晓中文的外交官等，也卷入了这场颇为热闹的论战。一直到“代表委员会”解体，甚至到“委办本”已成为历史的时候，这个关于“译名”的争论都在进行。卫三畏在 1850 年就这种分歧的状况做了概括的说明：“除了少数例外情况，所有主张使用‘上帝’为译名者都属于伦敦会，而所有的美国人都站在美部会传教士一边。宁波和福州的所有传教士都主张用‘神’，在厦门则所有人都用‘上帝’。”⑤

概而言之，美国传教士的观点是：第一，中国人作为“多神论者”，没有独一真神的概念，“最高的存在只是被他们当作众神中的主神”，《圣经》译者只能在中国人的主神和中文中被用来称呼所有神祇的类名之间进行选择。⑥ 第

---

① 争论情况，参见 Walter Lowrie, ed., *Memoirs of the Rev. M. Lowrie*, pp. 440 – 445.
② *The Chinese Repository*, vol. 17, pp. 53 – 54.
③ *The Chinese Repository*, vol. 18, pp. 390 – 391.
④ *The Chinese Repository*, vol. 19, p. 352.
⑤ Frederick W. Williams, ed., *The Life and Letters of Samuel Wells Williams*, p. 175.
⑥ W. Boone, "Defense of the proper rendering of the word Elohim and Theos," *The Chinese Repository*, vol. 19, pp. 346 – 347.

二，正确的做法是，用中国人称呼所有神祇的类名即"神"作为"God"的中译，因为在历史上，各基督教民族在接受基督教时的传统做法，也是用各民族文化中表达神性的类名来作为唯一主宰的译名。娄礼华举例说：宙斯是古希腊人的最高神祇，但在希腊文中用来表达唯一主宰的是"Theos"而不是"Zeus"；朱庇特是古罗马人的最高神祇，但在拉丁文中是用"Deus"和"Dominus"而不是"Jupiter"来表达这唯一主宰的；同样，在北欧虽然有令人敬畏的神祇"Woden"和"Thor"，但"God"和"Lord"这样简单的类名还是被英国和美国的基督徒用来崇拜造物主。因此，"我们应以使徒为榜样，依照所有民族基督徒的习惯，不应选择中国人的最高神祇来称呼耶和华，而应该使用用来表达神性的综合性词，即我们不应当使用'天'或'上帝'而应当使用'神'"。① 第三，"神"这个类名是中国人用来表达最高级存在的崇拜对象，因此可被用来表达"God"的意义。② 第四，反对用"上帝"作为"God"的译名，是因为那将会使人们把基督教具有独特意义的一神论的"God"概念与中国传统文化中的"天"或"上帝"的概念相混淆，丧失其独一真神的含义，会使中国人误解基督教的"God"是指"他们自己的一个偶像。'上帝'在中国人的心目中只被认为是最伟大的神祇之一，即使我们使出浑身解数来解释，我们也将发现无法阻止人们说'你是指玉皇大帝，崇拜他是完全对的'"。③

与此相反，英国传教士的观点则是：第一，用中国人最崇拜的主神作为"God"的译名，符合基督教的历史传统。在历史上，希腊文和拉丁文中用来表达《圣经》中独一真神之观念的"Theos"和"Deus"实际上来源于人们称呼主神的"Zeus"和"Dios"等。④ 第二，"帝"或"上帝"是中国人用来表示最高的主宰、意志的概念，是最高的祭祀和崇拜的对象，是"天

① Walter M. Lowrie, "Remarks on the proper rendering of the word Elohim and Theos...," *The Chinese Repository*, vol. 15, pp. 594 – 598.
② William Boone, "An Essay on the words and phrases suited to express the names of God in Chinese," *The Chinese Repository*, vol. 17, pp. 24 – 25, 50, 58 – 59.
③ Walter M. Lowrie, "Remarks on the proper rendering of the word Elohim and Theos...," *The Chinese Repository*, vol. 15, pp. 594 – 598.
④ Walter H. Medhurst, "An inquiry into the proper mode of rendering the word God...," *The Chinese Repository*, vol. 17, p. 107.

命"之源泉，而"神"则是附属于"上帝"的"某种东西"。麦都思在论文中征引了数十种中国古典文献，包括儒学、道教经典和历代权威著作，从中寻找了大量文字证据，详细讨论了"上帝"在中国人观念系统中的崇高意义。他认为"帝"在中国人的观念中，用于表达"一切的主宰"，是"所有事物的创造者和安排者"，"可以形成光明，也可以创造黑暗，能够产生和平，也能制造邪恶"。因此，"'帝'作为万物的根源，应该被当作天国唯一的主宰和统治者（the Lord and Governor of Heaven）"。① 第三，相反"神"却没有上述含义。"神"可以是复数概念，这就不能表达"唯一的主宰"的思想。它也被用来意指一些精灵，例如中国人所说的"河神""山神"等。"神"有好也有坏，并不一定表示受到崇拜的存在。② 伦敦会的传教士在1850年向香港和通商五口的新教传教士发出公开信，提出反对使用"神"作为"God"中译名称的8点理由。③

从中国语言和中国文化本身的观念来考量，也许"神"和"帝"或"上帝"在字面上都不适合表达基督教最根本的观念——"God"或"Theos"，或"Deus"，也许根本就没有现成的可以表达这个观念的中文字词，因为中国古代没有发展出一神教的信仰，没有用来体现这种信仰的词语。在此情况下，尽管传教士极力想要用一个现成、简洁、不必借助注释或其他解释就可以直接传达基督教这个观念的中文词语来作为适当的译名，实际上是难以做到的。必须在有解释的情况下，才能够使他们选定的某个词在中国信徒或读者中间具有他们要传达的意义。这也意味着，如果接受运用注释和其他方式来解释的做法，则传教士可以有多种而非唯一的选择。事实上，传教士在活动的过程中已经用传教书籍或口头上对这种教义加以解释，以便其传教对象能够理解。香港的英国圣公会主教四美在1850年12月访问福州时，向福建巡抚、因撰著《瀛环志略》而在传教士中颇有名气的徐继畬请教这个问题。徐继畬提出了8条意见，认为"上帝""天主"等都可以

---

① Walter H. Medhurst, "An inquiry into the proper mode of rendering the word God…," *The Chinese Repository*, vol. 17, pp. 161 – 187, 234 – 237.
② Walter H. Medhurst, "Remarks in favor of Shangti for true God," *The Chinese Repository*, vol. 16, pp. 34 – 39.
③ *The Chinese Repository*, vol. 19, pp. 94 – 95.

在中文中代表他们想要表达的意思，他虽然说"神"不是一个很好的译名，但又建议用"天神"或"神天"来代替"上帝"。在他看来，洋教士是不必执着于某个译名的。① 另一个例子是，洪秀全在自己的著作里，虽然接受了麦都思和郭士立等主张的"上帝"这个译名，却用"独一真神惟上帝"这样的提法作为拜上帝教的基本教义，将"神"这个译法也包括进去，作为对"上帝"的一种注释。因此，如果仅从翻译技术的角度看问题，没有理由认为哪一种译法绝对正确，也不能判定哪一种译法不成立。

但是，卷入这场争论的传教士都将自己维护的译法看作唯一正确的。这是因为，他们之间的分歧远远超出了语言文字学的范围，主要在于对中国宗教观念甚至西方本身宗教观念的不同理解，进而涉及对整个中国文化和基督教文化的不同理解。在中国的思想体系中没有与"God"完全相同的观念，这是双方都能同意的。问题的核心在于，在中国文化中是否存在与基督教的根本思想相类似、相契合的观念，译者在多大程度上可以借用中国固有的思想来表达基督教的信仰。英国传教士显然认为，中国古代文献中的"上帝"很接近基督教思想体系中"God"的地位，是超乎一切的"Supreme Ruler"，可以直接借用。而来自新大陆的美国传教士，则着重发掘中国传统思想中表达与俗世事物相区别的神性的概念。但他们认为这已是借用"异教思想"的限度，超越这一限度而在中国文化中寻找与基督教的"God"相当的概念则是荒谬的，因为基督教信仰与"异教思想"存在根本区别。他们的这种倾向与美国带有民族特征的宗教思想是有内在联系的。当时美国教俗各界均认为，他们年轻的民族受到了"特别的神佑"，是神选定的"新以色列"，他们的宗教、道德、精神生活要远远高于"异教徒"，也高于旧大陆。② 因此，他们不能同意将他们的"God"与中国人的"上帝"相提并论，更不能容忍用后者代替前者。同样，也正是由于美国传教士具有这种独特的民族意识，他们才在与英国传教士的争论中绝不退让，拒绝麦都思等主导《圣经》中译这一重要事务的企图。

---

① *The Chinese Repository*, vol. 20, pp. 247 – 250.

② R. Anderson, "Theory of Missions to the Heathen," *The Chinese Repository*, vol. 15, pp. 481 – 498; W. R. Hutchison, *Errand to the World: American Protestant Thought and Foreign Missions*. Chicago: Chicago University Press, 1987.

在以大量文字充分阐述了自己的观点和论据后，他们发现还是说服不了对方。显然，这是一场没有尽头的争论，对他们共同的使命——修订出一个完善的《圣经》中译本是不可避免但又有害无利的。伦敦会传教士在 1850 年初做出了和解的姿态。麦都思等 5 人在 1 月 30 日将一封 21 页的长信寄给五口和香港的新教传教士，在重申反对用"神"的同时，宣称由于译名之争无法解决而影响到《圣经》的修订，建议将"神"与"上帝"这两个译名都放弃，而采用在《大秦景教流行中国碑》中出现的"阿罗阿"（Aloah）或"阿罗诃"（Aloho），作为"God"或"Theos"之译名。他们认为这样既解决了双方的分歧，又可以避免引起"翻译不当"的指责，还可以与中国人的"迷信思想"划清界限。而且这样做比"取用一个旧词，改变它的意思，粗暴地破坏这个民族的语言趣味"更为合理。麦都思等呼吁："停止这场旷日持久的争论的时候已经到来。两个译名的辩护者都已发现二者都遭到了反对。主张用'帝'的辩护者由于所遇到的困难，现在希望退出这个竞赛。"① 但这个提议没有得到美国传教士的响应。裨治文在刊登了该信的摘要后即加编者注，委婉地表示反对。文惠廉则发表文章对这个建议加以否定和嘲讽。②

这样，在"委办本"中就译名问题达成一致不再可能。1850 年 8 月，《新约》的修订完成，凡涉及有争议的译名之处均留下了空白。8 月 1 日的代表会议由文惠廉提议，做出决议，由于在译名问题上无法取得统一，将留下空白的译本"按其现状分寄欧洲和美国的圣经会，由将涉及此译本的各方对其采取的、他们认为对福音在中国的传播最有益处的行动（即印行时在空白处填上'神'或'上帝'等）负完全的责任。本委员会因内部的分歧，将不再对'Theos'和'Pheuma'的译名问题承担任何责任"。③ 这样，传教士们就以不解决问题的方式处理了这个最为困扰的问题，而将决定权交给了印行和使用这个译本的教派和团体。1850 年 12 月，美国圣经会做出决议，在他们印行或资助印行的译本中以"神"作为"God"或"Theos"之

---

① *The Chinese Repository*, vol. 19, pp. 95 – 96.
② *The Chinese Repository*, vol. 19, pp. 96 – 97, 345, 616 – 618.
③ S. S. Williams, "Version of the Old and New Testament in Chinese," *The Chinese Repository*, vol. 19, p. 546.

译名，以"灵"作为"Spirit"或"Pheuma"之译名。① 而在1850年当年，由英国与海外圣经会资助的伦敦会传教士就在上海印行了《福音书》。1852年，他们又在上海出版了完整的"委办本"《新约》。不言而喻，他们使用的译名是"上帝"。事实上这是后来在中国比较通行的译名。

在此需要指出的是，"代表委员会"的修订工作自始至终也得到了中国人的帮助。美魏茶曾说过："代表委员会的几位成员都有他们自己的本地教师，他们中的3位在6年的时间内与我们朝夕相处，提供了最有价值的帮助。"②

1850年8月1日，即《新约》的修订宣告完成的当日，在上海的传教士宣布组成修订《旧约》的委员会。这个委员会除麦都思、文惠廉、裨治文、施敦力约翰和美魏茶5人外，又增加了美国的叔未士和克陛存。此外，香港的理雅各和韩山文、福州的杨顺和怀德也列名为该委员会成员，但他们未到上海。鉴于《新约》修订委员会在译名问题上的教训，在一开始就在决议中规定，在译名问题上"采取与处理《新约》相同的方法"，即将"God"等词留置不译，并特别宣布他们在这个问题上"不负责做出任何决定"。③

做出这样决定的初衷，当然是希望避免因出现分歧而导致内部的分裂，并让修订工作因此迁延时日，但分裂最终还是发生了。1851年2月18日，几位美国传教士突然接到由美魏茶署名的一张便条，通知说，麦都思、施敦力约翰和他自己将退出《旧约》修订委员会，并声称这是他们在接到伦敦会理事会指示后面临的唯一选择。在19日的会议上，他们正式宣布退出该委员会。同日，在上海的伦敦会传教士开会，宣布："由于伦敦会理事会向我们发出通知，要他们的传教士在《旧约》翻译之事上，不要与其他任何机构的人员相联系——尽管他们工作的成果将不会局限于供他们自己的传教士使用，而是将提供给欧洲和美国的圣经会，以及所有在华的新教传教士。"他们做出集体退出新教传教士修订《圣经》的上海地方委员会和麦都

① S. S. Williams, "Proceedings relating to the Chinese version of the Bible," *The Chinese Repository*, vol. 20, pp. 216 – 220.
② Wylie, *Chinese Researches*, pp. 103 – 104.
③ *The Chinese Repository*, vol. 19, pp. 545 – 547.

思、美魏茶退出《旧约》修订委员会的正式决议。次日，他们自己成立了一个"伦敦会领导下的"《旧约》中译委员会（The Committee for Translating the *Old Testament* into Chinese），由麦都思任主席，美魏茶为会议秘书，施敦力约翰为中文秘书，并邀请理雅各参加他们的工作。① 理雅各也积极参加了"译名之争"后期阶段的论辩。英国传教士这个委员会的工作在 1854 年结束。

伦敦会传教士退出后，原来的"《旧约》修订委员会"就只剩下了美国的传教士。后来该委员会把英国安立甘会传教士、1845 年来华的麦丽芝选入该委员会，顶替麦都思的空缺。裨治文被选为该"代表委员会"主席，克陛存为秘书，成员还有文惠廉、叔未士和麦丽芝。② 他们宣称继续代表各口岸传教站。但伦敦会的传教士对这种说法不屑一顾。1851 年 8 月 1 日，麦都思、施敦力约翰和美魏茶联名写信给《中国丛报》编者卫三畏，反驳卫三畏在《中国丛报》上发表的关于伦敦会传教士退出修订委员会的报道，认为其中有关他们退出原因的说法歪曲了事实，并就翻译的文体和他们与美国传教士的关系等问题，对文惠廉和裨治文进行了讽刺和攻击。同时他们论证说，随着他们的退出，修订《旧约》的"代表委员会"已不复存在。根据这封信提供的情况，自 1851 年 3 月起，上海、广州和宁波的伦敦会传教士和香港、厦门、福州三地的所有传教士，都退出了自 1843 年开始的修订计划和相关的委员会。麦都思等据此认为，原来那个"代表委员会"已经支离破碎，其名称亦不复能够存在，而文惠廉、裨治文等人组成的修订团体，"因此也不应自称为'代表委员会'；或者，如果他们要这样自称的话，他们应向公众说明是谁的代表，以及他们现在的这个委员会在组成方面与原来的那个区别何在"。③ 总之，在麦都思等人看来，8 年前由他们倡议、策划和曾经主持的修订计划和修订组织已经寿终正寝。

但裨治文和文惠廉等不理伦敦会传教士的异议，继续使用"代表委员会"的名义，对麦都思等人的"《旧约》中译委员会"也表示出轻蔑的态度。裨治文在写给美国圣经会的信中，认为他们已经向伦敦会传教士"尽

① *The Chinese Repository*, vol. 20, pp. 221 – 223.

② E. C. Bridgman to R. Anderson, March 13, 1851, Shanghai, ABCFM Papers, 16. 3. 8, vol. 3.

③ "On the Chinese Version of the Scriptures to the Editor of *the Chinese Repository*," pp. 1 – 4, ABCFM Papers, 16. 3. 8, vol. 2.

可能地做了让步，但在翻译工作中还有不可放弃的原则，而且过多的猜忌是不利于捍卫《圣经》的纯洁性的"；由于伦敦会传教士与他们在"翻译方法上从翻译《新约》时就已存在，自翻译《旧约》以来更为加剧的分歧"，麦都思等人的退出可以看作"使我们摆脱难堪境地的值得感激的解脱"。① 美部会的档案中保存了一份麦都思、施敦力约翰和美魏茶在1851年2月20日做出成立"《旧约》中译委员会"的决议。该决议的第6条是："我们工作的成果将送给欧洲和美国的圣经会和所有在中国的新教传教士。" 在这一条的后面有人用墨笔做了批注："但是谁会使用它？"从笔迹来看，很像是由裨治文所写。②

后来美国传教士承担翻译、修订任务的主要是裨治文和克陛存。他们决定从《创世记》开始翻译，以忠实于原文，"一点不改变，一点不增加，一点不减少"为原则，使之"在风格上像通行的英文本《圣经》一样忠实、简洁、平实和纯正"。③ 1855年，他们翻译、修订的从《罗马书》到《启示录》的部分在宁波印行。1863年，他们在上海出版了《旧约》的完整译本。④ 不过对他们来说具有讽刺意味的是，他们虽自认为继承了原来的"《旧约》修订委员会"的名义，他们的译本并没有被称为"委办本"，相反，后来被人们称为"委办本"的《旧约》译本却是退出该委员会的伦敦会麦都思等人的译本。

伦敦会传教士则在1854年就已经完成了译订工作。是年，他们在上海印行了主要由他们翻译的《旧约》，但将退出《旧约》修订委员会之前与裨治文等合作翻译的部分，即1850年8月到1851年2月该委员会所译的《创世记》《出埃及记》《利未记》也包括了进去。他们的译本被后人称为"委办本"，这个版本1855年与"委办本"《新约》一起在香港再次被印行。⑤

以上是1843~1851年英美传教士修订《圣经》中译本的主要经过。在

① E. C. Bridgman to R. Anderson, March 13, 1851, Shanghai, ABCFM Papers, 16.3.8, vol. 3.
② 该件存于 ABCFM Papers, 16.3.8, vol. 2.
③ E. C. Bridgman to R. Anderson, March 13, 1851, Shanghai, ABCFM Papers, 16.3.8, vol. 3.
④ Spillett, *A Catalogue of Scriptures in the Language of China and the People's Republic of China*, pp. 17–21.
⑤ Spillett, *A Catalogue of Scriptures in the Language of China and the People's Republic of China*, pp. 14–16.

他们之外，也还有一些其他的译本。如郭士立和麦都思等在1830年代的修订本，在此期间因需要而不断印行；香港的"中国福音会"在1854年和1855年出版了郭士立的新译本；美国浸礼会的粦为仁和高德在此期间根据马希曼的译本也进行了修订《圣经》的工作。高德1850年由美国圣经会赞助在宁波印行了《创世记》，次年又印行了《出埃及记》和《马太福音》。粦为仁也于1851年在香港出版了《创世记》和《出埃及记》。根据英国学者罗伯特·斯比莱特（Robert Spillet）的研究，从1810年到1860年的50年间，新教传教士一共出版了《圣经》完整的译本及《旧约》《新约》分印本、各篇单行本共99种。[①]

鸦片战争这段时期可以说是《圣经》中译史上最重要的时期之一。从马礼逊和马希曼到麦都思、裨治文、高德等，在天主教传教士打下的有限的基础上完整地翻译了《圣经》，并精益求精、追求完善的译本。虽然这个目的并未真正达到，但为以后比较令人满意译本的出现奠定了坚实的基础。这一时期的《圣经》译者为了使其译本适合于大众阅读，都尽量在保持"古典"风格、避免"鄙俚不文"的同时，努力兼顾其易读性。随着时间的推移，《圣经》译本的口语化趋势日益明显。在这个意义上，我们有理由将《圣经》的中译看作近代白话文运动的一个组成部分。

"神"与"上帝"的问题以后一直没有得到解决。1922年《中华归主》的编者还评论说："'God'的译法一直是个使人大伤脑筋的问题。"根据该书提供的情况，1920年出版的各种《圣经》译本中，以译为"上帝"者占绝大多数。文言译本中译为"上帝"者占98％，译为"神"者占2％；白话译本中译为"上帝"者占89％，译为"神"者占11％。[②] 这说明"上帝"这种译法终究还是占了上风。

其他传教书籍的印行

在传教士所谓的"文字布道事业"方面，他们用中文撰写、印行和散发的传教书籍、单张等，无论是在种类上还是在数量上都远远超过了《圣

---

① Spillett, *A Catalogue of Scriptures in the Language of China and the People's Republic of China*, pp. 1–20. 此外，《中华归主：中国基督教事业统计（1901~1920）》下册（第1036~1040页）列有各种《圣经》中译本，包括方言译本的目录，但远未完备。

② 司德敷主编《中华归主：中国基督教事业统计（1901~1920）》（下），第1041页。

经》中译本。这些宣讲基督教教义、阐述基督教伦理道德的传教小册子，或多至数卷，或少至一页，是传教士在具体的活动中必不可少的文字工具，散发这类宣传材料是新教传教士传教活动的主要内容之一。这里只对鸦片战争前后各种传教小册子的撰写和印行情况做简略的介绍。

来华新教传教士中第一个用中文撰写传教小册子的是马礼逊。他于1811年在广州刻印了一种6页的《神道论赎救世总说真本》。到1833年，他一共编印了11种传教小册子。[①] 其中以1812年刻印的《问答浅注耶稣教法》影响较大。这本30页的小册子将基督教的基本教义分为97个问题加以扼要的介绍。第二个撰、刻传教小册子的是米怜。他在不到10年的时间内撰写了19种传教小册子，其中有些是在他去世后才刻印的。[②] 米怜于1819年在马六甲刊刻的《张远两友相论》，是早期来华新教传教士撰写的传教小册子中最著名的一种。这份传教小册子只有20页，通过虚构的基督徒张某与其朋友远某之间的对话，将基督教基本教义分为12个方面的问题加以说明。其他传教士认为这是一部编撰得很好的传教小册子，在米怜死后还将它多次印行。到1833年，该书已印行5万册以上。[③] 就笔者所见，直到19世纪末还有《张远两友相论》的新刊本问世。此外，还有一些传教士对它进行改写，其中有人以所在地的方言改写，有人借用书名。

在他们之后，几乎所有的来华新教传教士都或多或少撰写了传教小册子。由米怜施洗入教的梁发，早在1819年就写出并在广州刻印了37页的《救世录撮要略解》。他去世前一共撰写了7部传教小册子，[④] 最为著名的当然是对洪秀全有重大影响的《劝世良言》。《劝世良言》实际上是由9种传教小册子组成的一部书，初刻于1832年，刻印前经过了马礼逊的审阅。早期来华新教传教士中，以麦都思和郭士立撰写传教小册子的数量最多。伟烈亚力的《新教来华传教士纪念集》著录了麦都思撰写的59种中文著作，其中除《圣经》译本和几种地理书外，阐述基督教教义的约有47种。在这些传教小册子中，以1846年印于上海的《真理通道》部头最大，它是麦都思

---

①　Wylie, *Memorials of Protestant Missionaries to the Chinese*, pp. 4 – 7.

②　Wylie, *Memorials of Protestant Missionaries to the Chinese*, pp. 13 – 19.

③　*The Chinese Repository*, vol. 2, p. 283.

④　Wylie, *Memorials of Protestant Missionaries to the Chinese*, pp. 22 – 25.

礼拜日布道演说的汇集。① 郭士立的中文作品共 61 种，其中约 50 种是传教
小册子，数量比麦都思的还要多。② 其他传教士如裨治文、文惠廉、理雅
各、美魏茶、叔未士、罗孝全、波乃耶、粦为仁、韩山文等都有自撰的传教
小册子刻印。估计 1851 年前新教传教士撰写的中文传教小册子在 300 种左
右。另一个可以说明问题的数字是，从 1810 年到 1875 年，一共出版了 1036
种中文传教书籍，其中《圣经》及《圣经》各篇的单行本共 126 种，其余
是传教士撰写的传教小册子。③

这类传教小册子印行的数量远远超过了《圣经》的中译本。米怜曾对
1819 年之前他和马礼逊主持印行的《圣经》中译本和其他传教小册子的数
量进行过统计，结果显示，共刻印《圣经》10079 册，其他传教小册子
134170 册，后者是前者的 13 倍余。④ 在这之后，随着撰写中文传教小册子
的传教士增多，这类宣传品种类增加，印行的数量更为庞大。以美部会传教
士为例，他们把包括他们自己所撰和他人所写传教小册子的印行和散发，作
为其早期活动的主要内容之一。他们在 1835 年 12 月到 1837 年 2 月之间，
向美部会在新加坡的传教站寄去 18 种传教小册子，供印刷散发的这些传教
小册子多是米怜、郭士立等撰写的。⑤ 1843 年和 1844 年上半年，美部会传
教士印行的传教小册子共 48 种 15 万余册，此外还有活页和单张的传教材料
150 万页左右。⑥ 1850 年，美部会在华传教士印行的传教小册子 17 种，种
数似乎比 1843 年和 1844 年为少，但印刷的册数为 14 万，呈现增加之势。⑦

这些仅仅是美部会方面的情况。如果再加上其他教派印行的，数量一定
更为庞大。特别是清廷对基督教实行弛禁政策后，在中国活动的新教教派在
短期内迅速增加，1850 年已达到 15 个，它们都十分重视"文字布道"工作，
对传教小册子的印行都很积极。虽然每个教派印行的数量不一定都有美部会

---

① Wylie, *Memorials of Protestant Missionaries to the Chinese*, pp. 27 – 36.
② Wylie, *Memorials of Protestant Missionaries to the Chinese*, pp. 56 – 63.
③ *Records of the General Conference of the Protestant Missionaries to China.* Shanghai, 1877, p. 206.
④ Milne, *A Retrospect of the First Ten Years of the Protestant Mission to China*, pp. 267 – 271.
⑤ R. C. Bridgman to the American Board, March 7, 1837, ABCFM Papers, 16. 3. 8, vol. 1 a.
⑥ 据 1843 年和 1844 年 7 月 1 日前（美部会）印行的中文传教小册子目录中的数据统计。
ABCFM Papers, 16. 3. 8, vol. 2.
⑦ 据卫三畏 1850 年 12 月 31 日给美国圣书会报告中的数据统计。ABCFM Papers, 16. 3. 8,
vol. 3.

那样庞大，但也相当可观，加在一起是相当惊人的数字。卫三畏在 1844 年 7
月给美国教友的信中说，仅在香港一地，"传教小册子的印刷很顺利，过去 10
个月中印刷了 100 多万页"。① 如此之多的传教材料最终是要散发给传教对
象，即中国的老百姓的。鸦片战争前，有相当一部分传教小册子是在南洋的
华人中散发的；鸦片战争后，各教派和差会都将传教活动的重点转移到中国
本土，印出的传教小册子基本上在中国沿海以几个通商口岸为中心的地区散
发，少量由传教士携至日本、朝鲜、琉球等地散发。美部会 1840 年代在中
国的传教士有十多名，按上面的数字，他们平均每人每年需向中国群众派发
1 万余册的传教小册子和十多万页的活页单张。因此，对传教士来说，单是
散发这些材料就是一项相当繁重的任务。从各种有关材料来看，散发传教小
册子是早期来华传教士"直接传教活动"的主要内容之一。尽管传教士经
常雇用一些本地人充当散发传教小册子的角色，但他们自己也要花费相当多
的精力在这上面。上述数据可以使我们窥见来华传教士日常活动之一斑。

二 新教传教士中文著述与知识传播

鸦片战争前后新教传教士的"文字布道"工作，还包括撰写非宗教性
的中文著作和举办中文期刊。这些著作和刊物近年来已引起学术界的注
意，但有关讨论尚不全面，也不够深入。研究者经常忽略新教传教士中文
著述和出版活动的思想背景是什么，相互之间有无内在联系。笔者认为，
这一时期新教传教士撰写介绍西学知识的论著，有两个基本的思想背景。
其一，他们希望通过对西方历史和地理知识的介绍，破除中国人蔑视西方
文明的心理。因此他们在向西方描述"半文明"中国的同时，又向中国人
展现一个繁荣进步、文明昌盛的西方。其二，他们试图通过引进西方近代
的科学技术和社会政治、经济观念，对中国人引以为傲的文化知识体系提
出挑战，从而建立起西方文化即基督教文化的权威。这两种思想从根本上
来说都是围绕推进在华传教事业这一主题的。当然，新教传教士出于对西
方近代蓬勃向上的资本主义文明——在他们看来这才是真正的基督教文

① 卫三畏给教友的信，1844 年 7 月 10 日于澳门，第 2 页，ABCFM Papers, 16. 3. 3.

明——的绝对自信，从向"异教徒"传播整体上的基督教文明这种观念出发，从事传播西方近代科学真理的活动，这也是一个不可忽视的因素。

"夷狄"之辩

新教传教士认为只有基督教文明才可以真正称得上文明，而中国则处在野蛮民族与近代文明之间的"半文明"状态。但是，鸦片战争前后的中国人，无论是官员、士绅，还是普通百姓都把包括西方国家在内的所有外国称为"番国"，把外国人称为"夷人"。传教士在他们的同胞中，用"荒谬""可笑""令人讨厌"等字眼，无数次地对中国人的这种观念进行口诛笔伐，但他们还是不得不每天面对怀有这种观念的中国官民。对传教士的传教事业来说，这种观念是致命的障碍，因为中国民众一般不会接受他们所蔑视的"夷人"的宗教。对传教士竭力推进的世俗事业——寻求中国的"开放"来说，这种观念也是首先必须加以克服的。因为在他们看来，只有中国人放弃了"天朝"高高在上的幻想，才会有全面的"开放"和"自由的交往"。这样，改变中国人的上述观念就成为他们迫切的希望。他们所使用的仍然主要是文字工具。

1832 年郭士立与林赛乘阿美士德号在中国沿海航行时，携带了一批题为《大英国人事略说》的中文小册子。这本小册子的作者是英国广州商馆特选委员会主席马治平，[①] 译者可能是马礼逊[②]。这本小册子声称，英国在全世界拥有庞大的领土，对中国没有土地野心，"何得复渴开新地乎"。[③] 作者为英国商人、水手在广东所受到的待遇叫屈，称"最忌恨被人之欺负""耐不得受人凌辱"。[④] 该书最后一段说道："清国人民为高明、勤工、兴旺者，但普天下非独清人如此。素有无智之人，愚然教以：所有之美好人物尽在中国，其余他国为贱陋，无值何也。但人有如是之教训，则何等徒虚小儿之见哉！"作者接着说："英国一处，人民太平安居……无人敢侵害。……

---

① Lindsay, *Report of Proceedings on a Voyage to the Northern Ports of China in the Ship Lord Amherst*, p. 32; Wylie, *Memorials of Protestant Missionaries to the Chinese*, p. 281.

② 笔者在哈佛－燕京图书馆见到此小册子，未见署名，但目录上标记该小册子作者为马礼逊。

③ 《大英国人事略说》，英华书院藏板，道光十二年壬辰孟春新镌，第 2b 页。按《鸦片战争档案史料》（1）第 118～120 页载有全文，原件为山东巡抚讷尔经额奏折所附。经对照，与笔者在哈佛－燕京图书馆所见相同。

④ 《大英国人事略说》，第 2b、3b 页。

英人经大进格物、技艺、文墨、诗书之学，可令人雅致、礼义、圣善之德行也。英人于用兵时被人之畏，于息兵时被人之贵。"所以，"所有各国内清国该修好者，英国为第一也"。① 作者用这种"明白易懂的文体"，力图辩明英国并非"红毛番"，而是兴旺发达、强大而文明的国家。

林赛和郭士立在整个航行的过程中，所到之处都将这本小册子和郭士立所带的传教小册子一起广为散发，以至从福建到山东的官员都随奏折将这些书送往清廷。他们在福州还建议巡抚及其他官员读一读这本小书，并将它送到皇帝那里去。② 他们在朝鲜也将《大英国人事略说》送给该国的官员。③ 不仅如此，他们还和中国官员围绕"夷人"字眼的问题进行过辩论。1832年4月，他们在从澎湖到福州的途中，遇到中国水师一个姓王的官员，问他们是何国人，林赛在纸上写下"大英国"三个字。这位官员说道："胡扯！大英国！你应该说小英国！"林赛立时恼怒起来，指责这个官员"侮辱了我的国家"。据说这个王大人后来不得不道歉。④ 另一次辩论发生在福州。在与中国官员会面时，林赛等又提出"反对用'夷人'字样，我认为它意味着侮辱。他们（指中国官员）否认这一点，说这个字相当于'外国人'的意思"。⑤ 郭士立在航行报告中说，他们刚到宁波时，人们也叫他们"黑鬼""红毛"，但一旦读了《大英国人事略说》，"他们马上以极为尊敬和友好的态度对待我们，每个人都在说'大英国人'"。尽管如此，他看到官方文件中还是用"讨厌的'夷'字"，于是与中国官员发生了争论。⑥

最激烈的辩论发生在上海。6月21日（阴历五月二十三日），苏松太道吴其泰在批复林、郭等要求通商的禀帖时，以"该夷船人胡夏米等知悉"

---

① 《大英国人事略说》，第 5 页。

② 他们在福州散发该小册子的情况，参见 Lindsay, *Report of Proceedings on a Voyage to the Northern Ports of China in the Ship Lord Amherst*, pp. 53 – 54. 福建巡抚魏元烺 4 月 25 日派人向郭士立等索书，参见 Gutzlaff, *Journals of Three Voyages Along the Coast China in 1831, 1832, & 1833*, pp. 173, 176. 山东巡抚将其夹在奏折中送往清廷的情况，参见《鸦片战争档案史料》(1)，第 117 页。

③ Gutzlaff, *Journals of Three Voyoges Along the Coast China in 1831, 1832, & 1833*, pp. 235 – 236.

④ Lindsay, *Report of Proceedings on a Voyage to the Northern Ports of China in the Ship Lord Amherst*, pp. 37 – 38.

⑤ Lindsay, *Report of Proceedings on a Voyage to the Northern Ports of China in the Ship Lord Amherst*, p. 66.

⑥ Gutzlaff, *Journals of Three Voyoges Along the Coast China in 1831, 1832, & 1833*, pp. 282, 284.

开头，拒绝他们的要求，将"原呈掷还"，要他们"遵照旧例回粤贸易"。①
林赛、郭士立激怒之余再上呈文，指责吴其泰的批札"未载礼义的话"，
"惟此凌辱耐不得。因此样的事情触犯本国的体面。夫大英国终不是夷国，
乃系外国。并普天下其权之威，其地之阔，未有上之国"。吴其泰不得不再
次复书辩解，说称其为"夷"，乃是根据中国圣人书中的称呼，孟子还说过
舜为东夷人，文王为西夷人，"岂是坏话？是你多疑了"。但吴其泰大概没
有料到"该夷"居然也能引经据典来驳斥他。他们说如按中国古书的话，
"东方谓之夷"，则英国及其属地均不在中国之东；《大清会典》将周边落后
民族苗、羌、蛮、貊等称为夷；而且苏东坡也说过"夷狄不可以中国之治
治之"，"由此观之，称夷人者，为蛮貊而已矣。倘以大英国民人为夷人，
正是凌辱本国的体面，触犯民人，激怒结仇"。②

　　能写出这样辩词的，无疑是对中国语言文化已经进行了几年研究的郭士
立。在 1830 年代，郭士立是试图改变中国人"华夷观念"最积极的传教
士，也可以说是最积极的西方人。他在自己撰写的若干中文传教小册子中，
也夹杂一些说明英国或西方国家不是"蛮夷"、外国人不是"夷人"的内
容。他写于 1835 年前后的一本题为《正道之论》的传教小册子，开头的部
分就说道：

　　　　远客已明知中国民人，怀礼义的心，视普天下之人如兄弟也。据子
　　曰：四海之内，皆兄弟也。……但只可恨多人怀疑，诚恐与远客交接，
　　甚害于心。……有人曰："外国的人者，为夷矣。夷者也，为朽狯，只
　　留心哄骗，甚害于民之风俗。"答曰："称外国民'夷人'，呜呼！远
　　哉，其错矣！人知礼识义，何以混名呼之'夷人'？据圣人之教四海之
　　内，皆兄弟也。……不论中国之人，外国之民皆出祖宗一个身，岂可不
　　如兄弟相疼爱！兄与兄应言友，弟与弟应言恭，则雍睦昭四海。及结疏
　　远，惟叫做远客'夷人'，分明是绝交，背圣人之道矣。"③

---

① 许地山编《达衷集》，第 49～50 页。
② 许地山编《达衷集》，第 51～54 页。
③ 爱汉者（郭士立）纂《正道之论》，第 1a 页，无出版时间、地点。

他把这段文字置于谈论基督教常识的正文之前，目的是要让读者先破除"夷狄"观念。

1835 年，郭士立刊刻了一本专门以此为宗旨的中文小书，名为《是非略论》。这本小书外观与他写的传教小册子无异，显然是与这类书籍一起散发给各地民众的。全书共 38 页，约 6000 字。为了适合普通群众阅读，郭士立采取了中国民间通俗小说的写作方式，开头这样写道："且说大清国年间，广东省广州府属有两个朋友，一姓李名金柄，一姓陈名择善。"接着说陈择善 14 岁丧父，远赴"大英国"谋生，"不上二十五年，即获利一千余两，故就带此银子回家"。[1] 之后的故事就围绕陈择善回家乡后，与故友李金柄等辩论英国是不是"番鬼""夷人"、是否文明昌盛等问题展开。全书分为 6 回，分别讨论了 6 个方面的问题。

该书第一回《是是非非地，明明白白天》，主要是借陈择善之口说明不可以称英国为"红毛""番国"。书中说李金柄听闻陈择善返乡，前来拜会，询问他这 20 多年到了何处，陈答以"到大英国之京江，叫做滩西江（即泰晤士河），离广东省六万里水路"。李金柄惊问："年兄莫非已到红毛番鬼地方乎？"这就导致了陈择善对作为中国人代表的李金柄的一番教训。陈说：

> 年兄休说恁般卑污无礼的话，只恐大英国人闻之就触怒于他也。……普天下没有鄙薄红毛的人，独汝诞幻无稽之谈，抢白外国的人，全无一毫大丈夫志气。小弟勉强劝谏年兄，自今以后，这样的话头总不要讲，免得外国的人视我们如无知也。于"番鬼"二字，更觉无礼，惹人欺侮。盖年年英国人到广东，有仁义礼貌，又学问聪明，诗词件件过人，何为起此混名，甚不可解。莫说骂人，还是卑污自己之志。

陈择善还引用孔子的话，证明李金柄的无礼。后者"听这激烈言语之际，便觉羞耻"，承认自己说"红毛番鬼"错了，改口说"他们是夷人而已"。不想，陈择善答曰：

---

① 爱汉者（郭士立）纂《是非略论》，道光乙未新镌，新嘉坡坚夏书院藏板，第 1 页。

更不是。据中国之《会典》，苗、羌、蛮、貊、夷民等，都居中国的界内。大英国民之地，离中国数万里，莫说他是同样的野人，乃是身通才艺，天下无比。况且古人曰：惟朝鲜国系东夷也。夫大英国在西北，其属国在东、在西、在北、在南，奈何可称之夷乎？夷人者如禽兽也。苏东坡曰："夷狄不可以中国之治治也……"由此观之，夷人，中国的管下，近于畜类，冥顽不灵。所以称大英国人为夷人，则藐乎其错矣！

他认为应该"称之'外国人'，或称之'远客'，待之以友，视之如己"。[①]

该书第二回的主要矛头是对准清政府的对外政策的。故事说李金柄被陈择善一番教训，口服心不服，想到一份官府的告示也说"夷情诡谲，必须严申禁令"云云，就再去跟陈择善辩论："由是言之，我们各官宪，亦视外国如夷人，致百姓亦叫之夷人，此非大错，亦非失敬缺礼之语。"陈择善反驳说：英国人"性情刚毅，敢作敢为，聪明技艺……况且他们又有侠气、老实、谦让、和气之美德"，不能称为"夷人"；中国官方文书之所以那么说，是他们没有与英国人"往来交易"，对他们的性情不了解，"薄视远客，听小人的毁谤，仍照自是不省察"。鼓励中国官员应与外国人多交往，不要顾虑因此"礼法都废了"，也不要怕"外国的人乘机详问国事"，因为中国的事情外国都已经知道，"就是京师事情亦已识透。因外国人贪各国之学问，乃读我国的书，知我们的事情"。他还对清廷限制外国人活动的一些规章进行了指责。[②]

郭士立阐述的第三个论点是，中外贸易乃互惠互利之事，反驳"外国之人，仰蒙天朝厚恩，食毛践土，若停了这个买卖，岂不是断绝了外国人之生计，他们亦无何可为"这种当时在中国颇为流行的观念。作者指出对外贸易使中国"国家得饷，商贾得利，市人赚钱，皆由此贸易，而且数十万人亦有工业。由是观之，准外国人贸易，沾润本国，使两国各便其用，亦可

---

① 爱汉者纂《是非略论》，第 2~4 页。
② 爱汉者纂《是非略论》，第 5~12 页。

裕国增辉，彼此皆有所益，一些高下也没有，不知何谓厚恩乎！"而且英国
在南洋各地的殖民地都允许中国商人前往贸易，中国也应以宽容的法度，准
许英国商船到厦门、宁波、台湾、福州、南京、天津等地去自由贸易。①

接着，郭士立又以《华夏帝皇虽重，外邦君德亦隆》为题，论述英国
的强大、文明和英国君主的尊荣，进一步证明英国不是可以轻视的蛮夷之
邦，而中国所谓"天朝上国"的观念是站不住脚的。他阐述外国也有"帝
君"，并非"天无二日，民无二主"，又描述了英国版图的广大，殖民地的
众多，说"大英国之帝君抚临亿兆，合四海为一家"。而且"非独大英国如
此，盖另外有大权势之国"，如"俄罗斯、佛兰西、是班呀（西班牙）国
等，皆有其帝君。惟抚御四海，威镇万方，真胜一国之权柄远矣"。作者还
借陈择善之口说明，英国先后两次派使团到北京并不是"进贡"，"盖大英
国之钦差，越数万里重海，至本国朝见，实为结两国友好之约"。他还就英
国王室情况、政治和司法体制、财政状况、军队特别是海军等做了概略的
介绍。②

该书第五回介绍西方的先进科技。郭士立用一位"水师左营游击林琏
成"取代了李金柄的角色。该"林老爷"向陈择善请教了南海、印度洋和
大西洋的海图，陈还向他介绍了外国航海技术的先进，除海图外，还用
"混天仪、量天尺，睹日之高下……"这些都使"林老爷"深为叹服，说
"外国的人十分精巧，超越我水手远矣"。陈择善又向林老爷描述"独以火
蒸之力，抠揄漕轮翩然飘水"的"异事"，以及英国的繁华兴旺，这可以说
是较早介绍蒸汽动力的中文文字。③

最后，作者借"林老爷"与陈择善的对话，介绍英国的教育、文化和社
会风习。陈择善向"林老爷"介绍，英国学校的男女学生，学习"天文、地
里（理）图、史记、本草纲目、算学等，又写字、作文章、吟咏赞神诗，又
学异样的话"。而英国文化发达，"其国之书不胜数，读者亦无已。每年新纂
之书亦有一万余本，各样博问诗书，年年大增加不息也"。"林老爷"听后，
"吃一惊，暗想道，我始以大英国之民如夷人一般，顽逆痴愚。今乃闻其文风

---

① 爱汉者纂《是非略论》，第 12～18 页。
② 爱汉者纂《是非略论》，第 18～26 页。
③ 爱汉者纂《是非略论》，第 26～31 页。

隆盛，令人仰敬"。陈择善对英国社会风俗，特别是男女平等状况的叙述也令
"林老爷"感到大开眼界。此外，作者还讨论了英国人的基督教信仰。①

　　郭士立的这本小册子涉及当时中国对西方认识和态度的所有方面，是当
时西方人直接批评"夷狄"观念的代表作。这里较为详细地介绍它的内容，
是因为它代表了新教传教士和其他来华西方人的观点。郭士立是新教传教士
中最为重视这一问题的人，其他传教士的想法与他一样。例如，1839年伯
驾在给林则徐的信中，曾要求林则徐"放弃那些'强硬的字眼（即傲慢和
侮蔑性的字眼）"，并在这封信的最后一段说道："我无法形容能够（向
您）传达关于外国民族性的正确知识，对我来说是多么快乐。如果钦差大
人能认可这封表达友好感情的信，我将愉快地向他再上禀呈，或尽我所能
效犬马之劳。"②

　　可见，传教士的"夷""洋"之辩早在鸦片战争之前就已开始。中国人
自己则到洋务运动时期才进行这种辩论。这两种"夷""洋"之辩当然从背
景到实质都有所不同，但人们要辩驳的概念和所希望确立的观念是相同的。
郭士立等向中国人的固有观念发起挑战，当然主要是从西方的立场出发，是
为了基督教的传播。但他所讲的道理，例如对清朝上下都笼罩在"天朝上
国"迷梦的揭破，对将西方先进国家当作"夷狄"可笑观念的批评，对英
国和西方其他国家的政治、经济、军事、文化等方面发达兴旺形势的介绍
等，大部分还是符合客观实际的。郭士立等人也比较现实，他们在以上这类
文字中，要求中国人接受的只是"西方（或'大英国'）与中国同样是文明
国家，不得以夷狄视之"的思想，第一步是要中国人承认，来自西洋的
"远客"与中国人是平等的。至于宣扬中国人是较西方为劣等的民族，则是
下一步的事情。

　　郭上立等的上述言行反映了他们对中国人的民族心理，及其对中外关
系、对基督教在华传教事业的影响有足够认识，也反映了传教士对他们受到
歧视的"夷狄"身份感到焦虑不安。但很显然，仅有这种认识是不够的。
与中国官员的辩论和对中国民众直白的说教，都不足以改变中国自上而下根

---

　　① 爱汉者纂《是非略论》，第32～37页。
　　② Stevens, ed. , *The Life, Letters and Journals of the Rev. and Hon. Peter Parker*, pp. 171 - 172.

深蒂固的思想观念。在此基本背景下，新教传教士普遍认识到必须从具体的知识输入入手，向中国人介绍关于世界、关于西方的"正确"观念。这种特定的历史背景，造成了鸦片战争前后西学东渐的鲜明时代特色，即以介绍世界（主要是西方）历史、地理知识为主，同时介绍西方社会发展状况和近代科技。新教传教士希望通过传播这类知识，来改变中国人对自身文明的孤芳自赏和对西方文明的轻侮蔑视。

《察世俗每月统记传》

以中文著述来改变中国人观念的尝试并非始自郭士立。除了阐释教义的传教小册子，在1830年代之前，马礼逊、米怜、麦都思等都撰写过一些介绍世界历史、地理方面的书籍。鸦片战争前新教传教士的中文出版物影响比较大的，是他们所办的几份期刊，其中又以《察世俗每月统记传》和《东西洋考每月统记传》最为引人注意。

《察世俗每月统记传》是历史上第一份中文期刊，1815年8月5日由米怜在马六甲创刊。关于米怜创办这份刊物的背景，前文已做过介绍。这里据笔者了解的情况，先介绍该刊的一般情况。这份刊物的大小与一般传教小册子无异，显然是为了统一刻印的方便，也是为了能与其他传教小册子一起派发。每期封面除印刊名、编者（均署"博爱者纂"）和期号外，都在刊名右侧印上"子曰多闻择其善者而从之"一句。每期5~10页，前后版式有几次变化，每页的行数和每行的字数都不一样。大体说来，后期比前期内容多，印刷也较为美观。尽管当时伦敦会的戴耶尔在马六甲从事中文金属活字字模的制造，但该刊还是一直采用雕版印刷。据笔者的粗略统计，7卷《察世俗每月统记传》约有20万字，即平均每卷约3万字。

从1815年创刊到1822年米怜去世，它前后共发行了7年，一直由米怜负责编辑。米怜同时还是主要撰稿人，在一段时间内他几乎是唯一的撰稿人。1819年米怜在回顾伦敦会在华传教史时，谈及这份刊物说："值得一提的是，在最初的四年中，除极少的篇幅外，其余发表的文字都是由这项工作的策划者独力完成的，他同时还承担其他多种劳作。这项引起普遍兴趣的工作占据了他整整一半的时间和精力。"[1] 此后，伦敦会的其他传教士如麦都

---

① Philip, ed., *The Life and Opinion of the Rev. William Milne*, p. 197.

思及梁发等也为《察世俗每月统记传》撰稿。该刊的发行范围包括"东印度群岛所有华人居留地；还包括暹罗、交趾支那，以及中国本土的部分地区"。在最初 3 年，《察世俗每月统记传》每月发行 500 份，到 1819 年增加到每月 1000 份。①

米怜为该刊确定的宗旨是"将一般知识的传播与宗教和道德的传播结合起来，还要包括能引起人们思考和兴趣的时事介绍。推进基督教的事业是其首要目标，其他事情虽在其次，但也不可忽视。知识和科学是宗教的婢女，也可以用作增进德行的工具"。他认为："这个民族的精神力量被两千多年中始终不变、单调乏味、千篇一律的东西所束缚，要唤醒其处于休眠状态的力量并非易事。……但世界上必须有人在某个时间开始做这件事，这样经过几代人的时间，这个民族就会得到改善。"② 这就表明了，他的目的是把刊物办成以传教方面的内容为主、以时事和科学知识为次的综合性出版物。米怜在创刊号中除阐述"神创造天、地、人、万物"的"根本之道理"外，还指出，"既然万处万人皆由神而原被造化，自然学者不止察一所地方之名物，单问一种人之风俗，乃需勤问及万世、万处、万人，方可比较，辩明是非真假矣"，"故察世俗书必载道理各等也，神理、人道、国俗、天文、地理、偶遇，都必有些，随道之重遂传之。最大是神理，其次人道，又次国俗，是三样多讲，其余随时顺讲"。他还认识到，"富贵之人不多，贫穷与作工者多而得闲少，志虽于道，但读不得多书，一次不过读数条，因此察世俗书每篇必不可长，也不可难明白，盖甚奥之书不能有多用处，因能明甚奥理者少故也"。③ 这表明米怜将"贫穷与作工者"作为他的目标读者。

综观 7 卷《察世俗每月统记传》，可知宗教和道德方面的内容一直占据该刊主要部分，而世俗的内容相对来说一直比较单薄。米怜自己在 1819 年谈到该刊状况时承认："尽管有不少内容想要在《察世俗每月统记传》上发表，开始时却难以付诸实行……到现在为止所发表的文章主要属于宗教、道德之类，少数关于最简明的天文知识、有教育意义的轶事、史实的摘要，及偶尔一些关于重大政治事件的报道，给刊物的面貌带来了一些改变，但这方

① Philip, ed. , *The Life and Opinion of the Rev. William Milne*, p. 198.
② Philip, ed. , *The Life and Opinion of the Rev. William Milne*, pp. 196 – 197.
③ 博爱者（米怜）纂《察世俗每月统记传》，嘉庆乙亥年卷首。

面实际发表的东西比应当发表的要少。"①

在宗教方面,《察世俗每月统记传》发表的文章主要以比较浅易的语言阐述基督教最基本的教义,主要栏目有"古今圣史记""神理"等。米怜撰写的一些中文传教小册子,如著名的《张远两友相论》《诸国异神论》《进小门走窄路截论》《古今圣史记集》等,以及马礼逊的《古时如氏亚国历代略传》都在《察世俗每月统记传》上连载过。其中有些是将《察世俗每月统记传》上连载的文章结集而成。这些栏目、连载文章和许多单篇文章都以阐发教义和讲解《圣经》常识为内容。

《察世俗每月统记传》刊载的非宗教性文章可分为天文和各国概况两大类,此外还有少量的时事报道。现择要予以述论。

关于天文常识方面的系列文章,刊登在第2、3、5卷,在《天文地理论》的总标题下,分别以《日居中》《行星》《侍星》《地为行星》《论地周日每年转运一轮》《论月》《论彗星》《论静星》《论日食》《论月食》为题,介绍西方天文学的基本知识,共7000余字。此外,第5卷还有《天球说》一篇,约2500字。故《察世俗每月统记传》上介绍天文知识的文章共约1万字,占整个刊物1/20的分量。米怜的这些文章介绍了近代西方天文学的重大成果——日心说,关于恒星、行星、卫星、彗星等的基本运行原理,以及日食和月食这两种引起广泛注意和兴趣的天象。在论述地球为绕日运行的行星时,米怜针对当时中国人还没有正确的地球概念的情况,指出:"今世人之意,与古世人比之大不同。今世更细察,而实知天文之士,皆说地体不是甚长、甚宽、甚厚之平地,又不是四方、不动行的,又不是住天之当中,乃是圆如球,而常周日环运行者也。"接着米怜以5000余字的篇幅,以浅显的论说解释为什么说地球是圆的,地球每日自转和绕太阳公转的具体情况,还配有《地每日运行图》《地周日每年转运一轮图》《人居地脚相对图》3幅示意图,形象地展示了因地球自转和公转造成的昼夜更替和四季变化,以及人类生活在地球表面各部分的图景。② 这可以说是最早的以中文介绍近代日心说和地球运行学说的文字。作者对日食和月食现象的解释,也是

---

① Philip, ed., *The Life and Opinion of the Rev. William Milne*, pp. 196 - 197.
② 《察世俗每月统记传》嘉庆丙子年八、九、十月,第90~105页。

依照科学研究的成果，以通俗易懂的语言写出的，还附有绘制比较精细的示意图。他深知在中国民间对这两种天文现象有种种错误的猜想和"解释"，指出："夫日月之食，乃一定而不易之事，且非因天上有何狗、何兽，先食而后吐之。此愚者之错见，学者不可信也。"又批评说："古者今多无学问之人说，日食为凶之兆，是因为不名晓天文，不知日月星与地行走之理，所以说错了。"不过他在用科学批判了迷信后，没有忘记"科学是神学的婢女"，又进行了神学上的解释："日月之食，乃神主预定之如此，且年年常常有之。"① 《天球说》介绍英国科学家所制的天球仪："英吉利国新造的天球，星宿共分九十三宿，内其黄道有宿十二个，天球北半有宿三十四个，天球南半有宿四十七个，与《汉书》内云二十八宿殊不同也。"作者按序号标明了 93 宿的拉丁文读音及其在中文里的意思。他的介绍性文字中有一段值得注意："近来西儒皆宗试学一门，伊不泥旧，不慕新，乃可试之事，务要试过才信也。故此天文、地理、格物等学，百余年来由大兴矣。又且西边读书人与工匠相参，我心谋，你手制作，故此弄出来最巧助学各样仪器，量度天星等是也。"② 这段话强调了近代西方科学注重实验（作者称为试）的精神，是很有意义的。

《察世俗每月统记传》在刊载完上述天文学方面的文章后，从第 6 卷起登载以《全地万国纪略》为总标题的系列文章，分为《论有罗巴列国》《论亚细亚列国》《论亚细亚列国之话》《论亚非利加列国》《论亚默利加列国》（内分概述、《论北亚默利加列国》、《论南亚默利加列国》）等专题，作者可以确定是米怜。这些文章主要介绍世界五大洲各国的概况，旨在为读者提供最简明的各国地理和历史知识。作者在介绍每个大洲的情况时，先简要说明一下该洲的幅员、人口等，再列出各国国名、都城，然后罗列该洲各国的语言、风土、宗教等，计介绍了欧洲（有罗巴列国）28 国、31 种语言；亚洲 46 国、47 种语言；非洲 50 国、9 种语言；北美洲 8 国；南美洲 12 国及 29 个岛屿，以及美洲通用的几种欧洲语言。作者用一共不到 9000 字的篇幅罗列以上内容，可见其简略的程度。在这样简略的文字中，也有一些应予注

---

① 《察世俗每月统记传》嘉庆己卯年正月，第 1~2、7~9 页。
② 《察世俗每月统记传》嘉庆己卯年十一月，第 71~78 页。

意之处。如在论述欧洲部分的结尾，米怜说欧洲也有过野蛮的时代，但"此大不好之规矩，约二千年已息了。而今在普天之下，无有守人伦、重人生命过于有罗巴列国之人也"。[①] 在述及贩卖非洲黑奴时，作者隐去英国之名，说非洲人是被"他国所害"，但谴责这种行为"真为大罪，而其至义之神天必重罚行如此之人也。今此大恶事略止息，而我甚愿在乎普天之下，总不复有一个奴才，至永远也"。[②] 最值得注意的是他在介绍美洲部分的序言中，以1200多字的篇幅叙述了哥伦布发现"新世界"的经过。[③] 虽然明末艾儒略的《职方外纪》对此已有记载，但这仍然可以算是向中国人介绍地理大发现过程最早的文字之一。这些文字合在一起，可以向人们提供整个世界的基本图景。1822年，以上文章被汇集成一本小册子，亦名《全地万国纪略》，在马六甲出版。

在该刊第6卷，一篇题为《法兰西国作乱复平略传》的时事性文章值得注意。该文叙述法国大革命、拿破仑战争和波旁王朝复辟这20多年的历史。作者从英国的立场出发，对法国国王路易十六（写作卢义第十六代）"被乱臣拟斩而弑"之后的动乱，拿破仑（写作拿破戾翁、破拿霸地）的崛起及其称帝，法军与反法联军的较量，拿破仑的失败、退位与复辟，以及在滑铁卢大败后再次去国，被囚禁于海岛等历史事件都做了叙述。文末还谈到拿破仑掠夺各国文物置于卢浮宫（大古典堂）与战后各国取回之事，以及战后法国社会的情况。文章虽然不长，但对这段复杂的历史过程交代得颇为清楚。[④] 这也可能是最早的关于法国大革命及法兰西第一帝国时期历史的中文记述。

该刊第7卷还有一篇《英吉利国字语小引》，简要介绍英语知识。文中说："英国书系在左手而起，读似清文一般。惟清文系在上头起，而往下读，英文系从左手起，而往横读。"作者尽量用中国读者可以理解、想象的方式来介绍英文的特点："英文有二十六音母切字，可以变化相连，生字句不尽数也。其音母切字，略仿佛康熙字典切音之法，原系为示语音，不为形

① 《察世俗每月统记传》嘉庆庚辰年，第25页。该年该刊未分月。
② 《察世俗每月统记传》嘉庆庚辰年，第66页。
③ 《察世俗每月统记传》嘉庆庚辰年，第71~73页。
④ 《察世俗每月统记传》嘉庆庚辰年，第76~80页。

字义而制的，但相连音字母切字后，方可成字义也。"作者列出 26 个大小写英文字母，并用汉字标出顺序和读音，如 A 亚，B 彼，C 西，D 地，E 已，F 富，G 治，H 喜，I 唉，J 这，K 其，L 拉，M 米，N 尼，O 阿，P 被，Q 旧，R 耳，S 士，T 体，U 友，V 非，W 武，X 亦士，Y 外，Z 洗。作者在选用注音的汉字时明显受到广东方言的影响。文末还对英文构词法做了简介。①

如上文所说，《察世俗每月统记传》以宗教内容为主，介绍天文、世界概况及时事的文字只占 1/10 左右。尽管如此，作为历史上第一份中文期刊，作为较早向中国人介绍西方近代科学和世界大势的刊物，它在中国新闻出版史和中西文化交流史上都有其独特地位。

《东西洋考每月统记传》

在《察世俗每月统记传》因米怜去世而停刊后，伦敦会的麦都思曾于1823～1826 年在巴达维亚发行《特选撮要每月统记传》。这份刊物在形式上与《察世俗每月统记传》相似，封面上方横排出版年月（用清朝纪年），中间为刊名，刊名右侧印有孔子之语"子曰亦各言其志也已矣"，右侧标明编者"尚德者纂"。笔者所见该刊仅 1 期，其内容看来与《察世俗每月统记传》相仿佛。② 此外，英华书院的吉德还于 1828 年和 1829 年在马六甲发行了一份中文报纸《天下新闻》。它是由"两位先生"出钱资助而创办的，刊载"可使当地人感兴趣的中国消息，欧洲人的报道及关于欧洲科学、历史、宗教与道德的内容。麦都思撰写的以《圣经》中的历史为内容的《东西史记和合》也在其中的一期登载"。③

《东西洋考每月统记传》月刊由郭士立创办，后期由广州的在华实用知识传播会接办。1833 年 8 月 1 日发行第 1 号（道光癸巳年六月号）。据记载，这一期受到普遍欢迎，"600 份马上销售一空，但还无法满足前来订购的人。第 2 次又印刷了 300 份。很少有中国人出钱订购这份刊物，但有许多

---

① 《察世俗每月统记传》卷 7，第 72 页。
② 笔者在哈佛－燕京图书馆所见为道光乙酉年十一月号。熊月之《西学东渐与晚清社会》（上海人民出版社，1994，第 110 页）对该刊有一段介绍。
③ Wylie, *Memorials of Protestant Missionaries to the Chinese*, pp. 48 – 49.

本落到他们手中"。① 该刊在 1834 年、1835 年、1837 年先后几次停刊、复刊。② 早在 1835 年,郭士立就已答应将该刊交给在华实用知识传播会,以使它在后者的"资助下继续出版",而该会的"委员会已决定接手,不管将来会不会成功"。当年该会就将《东西洋考每月统记传》印了 1000 份。③ 但在这之后,在华实用知识传播会似仍未正式接办,故该会次年 3 月发表的年度报告又说:"郭士立先生的《东西洋考每月统记传》12 期,已交给本会在新加坡的代理人之手……将来《东西洋考每月统记传》的出版由本会负责。本会的中、英文秘书和一些通信会员将为它供稿。将在该刊附登市价表。该刊和本会其他出版物均在新加坡印行,所以希望在那里找到一位编者,同时由郭士立与本会英文秘书共同参加编辑。第 1 号可能已经出版,它是阴历今年的正月号。"④ 1838 年 12 月该会的第 4 次年度报告又说:"《东西洋考每月统记传》继续出版。除郭士立先生出版的 1833 年、1834 年两卷外,4 册半年刊 (four half – yearly volumes) 不久也将完成,准备在以后各期增加一些插图,以使其更具吸引力。"⑤ 这段话中所谓"4 册半年刊"指的是什么,意思难明,因现在未见有这样的半年刊。但裨治文表示在华实用知识传播会要继续将它办下去则是很清楚的。实际上,《东西洋考每月统记传》出到 1838 年便停刊了。《中国丛报》编者在 1843 年的一条消息中说,由"在华实用知识传播会出版的《东西洋考每月统记传》在 1838 年停刊"。⑥ 这应该是很可靠的证据。

　　《东西洋考每月统记传》在形式上对《察世俗每月统记传》有所继承。⑦ 在内容方面,《东西洋考每月统记传》与《察世俗每月统记传》差别

---

① *The Chinese Repository*, vol. 2, p. 186.

② 具体情况可参考黄时鉴《导言》,爱汉者等编《东西洋考每月统记传》,黄时鉴整理,中华书局,1997,第 4~9 页。

③ "First Report of the Society for the Diffusion of Useful Knowledge," *The Chinese Repository*, vol. 4, p. 356.

④ "Second Report of the Society for the Diffusion of Useful Knowledge," *The Chinese Repository*, vol. 5, p. 512.

⑤ *The Chinese Repository*, vol. 7, p. 403.

⑥ *The Chinese Repository*, vol. 12, p. 111.

⑦ 但封面格式有几点变化:一是孔子语录每期都不同,而《察世俗每月统记传》则自始至终只有一句;二是语录的位置移到了刊名的左侧,其他则仍旧;三是该刊后期在封面上刊登目录。

较大，但语言风格基本相同，有些名词采用了《察世俗每月统记传》的用法，如将拿破仑的名字也写作"拿破戾翁"。此外，就笔者所见，《东西洋考每月统记传》有两篇文章完全取自《察世俗每月统记传》，这两篇文章就是《论日食》和《论月食》。郭士立在采用这两篇文章时未加任何改动，示意图也是翻印的。

关于《东西洋考每月统记传》的宗旨，郭士立在1833年6月23日写过一个说明，现择要译录如下。

> 当文明几乎在世界其他各地，都战胜蒙昧和错误而取得迅速进步之时——甚至固执的印度人也已开始以自己的语言出版几份刊物之时，中国人依然停滞不前，其现今的状况一如古老的时代。尽管我们与他们进行了长期的接触，他们仍然自诩为世界各国之翘楚，而将其他国家视为"夷狄"。这种空洞的自负极大地影响了居住在广州的外国人的利益，并影响了他们与中国人之间的交往。
>
> 现在出版这份由广州和澳门的外国人社区资助的月刊，旨在通过向中国人传播我们的文化、科学和原理，批驳这些傲慢和排外的观念。它将免谈政治，也不会用严苛的语言触怒他们的心灵，自有更好的方法证明我们不是"夷狄"。编者宁愿以事实说服中国人，使他们认识到，他们还有很多东西要学习。①

这段话说明，郭士立创办《东西洋考每月统记传》的动机，也是向中国人以"华夷观念"为核心的意识形态挑战。发行《东西洋考每月统记传》是比单独印行《是非略论》庞大得多的计划。郭士立试图通过系统的知识传授来让中国人信服，西方人不是"夷"，而应被平等地看作"远客"或"外国人"。所有传教士都会同意，要让中国人接受基督教，要让中国对外开放，一个必要的前提是促使中国人完成这种观念上的转变。但像郭士立这样，以如此之大的决心、精力和财力来具体地促进或推动这种转变，则是绝无仅有的。

_____

① *The Chinese Repository*, vol. 2, p. 187.

《东西洋考每月统记传》上的一些文章表明，郭士立的确将这份刊物当作直接批评中国人"华夷"观念的阵地。他在第 1 号卷首的《序》中就有这样一段话："夫诚恐因远人以汉话，阐发文艺，人多怀疑以为奇巧。却可恨该人不思宗族、国民之犹水之有分派，木之有分枝，虽远近异势，疏密异形，要其水源则一。故人之待其宗族、列国民须以友恤也。……子曰：四海之内，皆兄弟也。是圣人之言不可弃之言者也。结其外中之绸缪，倘子视外国与中国人当兄弟也。请善读者仰体焉，不轻忽远人之文矣。"① 这段话的意思：其一在于要求读者不要因为他是"远人"就轻视他的文字；其二则在于要中国人将外国人也当作"兄弟"看待，不要轻慢。郭士立还发表过一段关于称呼问题的议论。

　　　　夫蛮狄羌夷之名等，指残虐性情之民。苏东坡曰：夷狄不可以中国之治治也。……且天下之门有三矣：有禽门焉，有人门焉，有圣门焉是也。由于情欲者，入自禽门者也；由于礼义者，入自人门者也；由于独知者，入自圣门者也。夫远客知礼行义，何可称之"夷人"！比较之与禽兽，待之如外夷，呜呼，远其错乎！何其谬论者欤！凡待人必须和颜悦色，不得暴怒骄奢。怀柔远客，是贵国民人之规矩，是以莫若称之"远客"，或"西洋""西方""外国的人"，或以各国的名，一毫也不差。②

郭士立（或许还有其他作者）还采用一些比较活泼的方式，来说明西方的文明进步和中国人视之为"夷狄"的不当。其中一种形式就是模仿到达西方的中国人的口吻，给亲人写信介绍各国的情况。这些"信件"或以亲身经历表明，觉得"叫那居民'夷人'甚怀羞。盖聪明通窍，身晓才艺，何可以为夷者乎！"③ 或描叙所到欧洲之国的文明开化、教育科学发达的情形，④ 或介绍可以增广见闻的知识，等等。

---

① 爱汉者等编《东西洋考每月统记传》，第 3 页。
② 爱汉者等编《东西洋考每月统记传》，第 23 页。
③ 《子外寄父》，爱汉者等编《东西洋考每月统记传》，第 111 页。
④ 《儒外寄朋友书》，爱汉者等编《东西洋考每月统记传》，第 221 页。

与《察世俗每月统记传》相比，《东西洋考每月统记传》最突出的特征在于，它刊登宗教方面的内容很少，而以介绍西方科学知识和政治、经济制度等方面的知识为主，它将更新中国人对世界的认识和向中国传播西方科学知识与社会观念这两种目的，始终如一地结合在一起，其中又以介绍西洋史地知识和社会制度为重点。它在向中国传播西方自然科学和社会观念方面，进行了很有意义的努力。

因《东西洋考每月统记传》内容很丰富，这里无法做详细论述，大体说来，可以分为以下几类。

①世界史及各国历史。《东西洋考每月统记传》在1837年之前一直保持的一个栏目是"东西史记和合"，共刊载11次。其内容是将中国自传说时代到明末的历史与《圣经》中的历史传说、以色列古代史、古罗马史和英国史，取主要事实按年代编排。目的是要让中国读者可以对照中国历史而对西方历史有一个清晰的时间概念，更重要的是要让中国人相信，西方历史同样源远流长，并非没有教化的"夷狄"。当中国的历史传说与《圣经》传说相抵触时，作者就指中国的传说为谬误。如关于中国上古的传说，将盘古开天地到三皇五帝的年代说得很长，与《圣经》上所说的自上帝造人到可考历史的时间差别很大，于是《东西洋考每月统记传》又专门在另一栏目"史记"中刊登文章，提出上古之事"惟有圣书"才可解答，"窃谓羲农去盘古之时必不远，其年可以千计，不可以万计也。尧舜去羲农之世必甚近，其可以百计，不可以千计也。学者不可不察"。① 如前所述，麦都思曾在《天下新闻》刊载过《东西史记和合》。1828年，麦都思曾为美国公理会的《传教先驱》杂志撰写文章，次年刊出。麦氏称，写了关于"中国与欧洲年代学对比"的文章，即在一页中分两个栏目，分别为中国和西方的编年史内容，"对中国和我们自己自古至今的年代学加以对照"。② 可知此文即《天下新闻》所刊、后来在《东西洋考每月统记传》上又连载的《东西史记和合》。他表示，撰写此系列文章，"是针对中国人经常自诩的高度古老性，蔑视欧洲相对较短的历史时代，暗示我们没有比基督教时代更古老的历史记

① 爱汉者等编《东西洋考每月统记传》，第112、124页。
② W. H. Medhurst, "Chinese and European Chronology Compared," *The Missionary Herald*, vol. 25, no. 6, June, 1829, p. 193.

录"，而他写这篇文章就是要"向他们证明，我们拥有可靠的年代学体系，比他们的更为真实，也更加古老，世界历史归属于此年代学体系已如此之久远"。① 可见，这个栏目的设置具有鲜明的文化竞争色彩。"史记"是该刊上持续时间更长的栏目，同样以《圣经》传说和古犹太史为主。英国以外各国历史，很多是在"地理"栏的各国"志略"中介绍的。此外在丁酉七月号还有《史记和合纲鉴》，介绍清朝时期的英国史。

②地理。这方面的文章主要刊登在"地理"一栏。除概论世界各国的《列国地方总论》和《地球全图之总论》外，已刊出的文章主要介绍亚洲（东南亚、印度等）和欧洲诸国。地理方面的文章在分量上与历史类相当，为该刊主要内容之一。

③科技。《东西洋考每月统记传》对天文学知识的介绍范围大致与《察世俗每月统记传》相当，但比后者要详细深入。最引人注目的内容是对蒸汽机的发明和应用的介绍。

④西方政治、经济制度和思想。关于西方的政治、法律制度，《英吉利国公会辩论》《英吉利国政公会》《北亚默利加办国政之会》《批判士》等几篇文章做了专门的介绍，② 虽然还比较简略，但毕竟是较早的以中文叙述西方近代资本主义政治法律制度的文字，是很值得重视的。《公班衙》一文主要介绍荷兰和英国的东印度公司的形成与运作制度。文中还特别说明："公班衙者，为群商捐资储本钱，共同做生意也。"③ 可见作者意在以荷、英公司为例，介绍欧洲的公司制度。另外，戊戌年（1838）各期连载的《贸易》一文，以讲故事的口吻，讲论国际贸易的道理。

⑤时事报道。该刊长期有"新闻"一栏，报告中国和西方各国的重要动态，如英国东印度公司对华贸易特许权的结束、律劳卑来华、中国禁烟问题、美国废奴问题等。

《东西洋考每月统记传》因其丰富的内容而对近代中西文化交流史和中

---

① W. H. Medhurst, "Chinese and European Chronology Compared," *The Missionary Herald*, vol. 25, no. 6, June, 1829, p. 193. 麦都思后来在此问题上彻底改变了自己的观念，参见拙文《十九世纪前期西人对中国上古史的研讨与认识》，《历史研究》2018 年第 4 期。

② 爱汉者等编《东西洋考每月统记传》，第 297、353、365、377、389、406 页。

③ 爱汉者等编《东西洋考每月统记传》，第 418~420 页。

国近代思想文化史具有不容忽视的影响。鸦片战争前后中国"开眼看世界"的思潮，及以这种思潮为背景而进行的对世界史地的研究得益于此刊甚多，《海国图志》《瀛环志略》等著作都从中撷取过资料。这是不少学者已经注意到的现象。①

《千里镜》

1843 年又出现了一份名叫《千里镜》的中文月刊。目前尚未见到该刊留存于世。这里根据的是 1843 年 2 月《中国丛报》上刊登的一则消息，现将其译录如下。

> 我们最近收到一份叫作《千里镜》（英文名 *The Telescope*，中文名音 *Tsien-li-king*）的中文月刊的第一号。如果我们听说的消息不错的话，它是《东西洋考每月统记传》的续刊。《东西洋考每月统记传》曾由在华实用知识传播会出版，1838 年停刊。但新的时代正在来临，我们相信，本地和北方口岸聪明的人们会对这类刊物产生浓厚的兴趣，甚至会进行鼓励。去年，北方几个口岸的官绅了解西方国家的意愿是很急迫的，而这种愿望并不是因为他们想要讨好征服者。将《东西洋考每月统记传》送给他们，他们则贪婪地阅读这份刊物。
>
> 我们手中的这一期杂志的内容，包括一份中英对照年历，亚洲地理和世界地理的文章各一篇，以及几篇新的东西。它的前言论述了为人们提供更准确的关于外国的知识的愿望，以及由此可以带来的不断增长的益处。第 2 篇前言解释为什么用《千里镜》作为刊名、它的宗旨和设想。②

从这段文字来判断，这份刊物不是在广州或澳门、香港出版的，因为作者用"收到""听说"这样的说法。文中强调北方口岸的情况，很可能是因为它是在广东以北的某个地方出版的。文中又说它是《东西洋考每月统记传》的续刊。考虑这几个因素，笔者认为《千里镜》很可能是郭士立在宁波或舟山出版的，因为他是最有资格出版《东西洋考每月统记传》续刊的

---

① 这方面研究的情况，可参见黄时鉴《导言》，爱汉者等编《东西洋考每月统记传》，第 25 ~ 32 页。

② *The Chinese Repository*, vol. 12, pp. 111 – 112.

人。他在鸦片战争后担任过宁波的"民政官"和舟山的英国商务监督，具有出版中文刊物的各种条件。而且在上海、厦门或福州，当时都没有出版这样一份刊物的人员和客观条件。如果可以这样判断的话，那还可以解释为什么这份刊物后来无声无息。因为郭士立在 1843 年底就离开舟山回到澳门，然后到香港，接替病逝的马儒翰任英国香港总督、英国驻华商务监督璞鼎查的中文秘书。这份刊物因为其主办者的生活有如此重大的变动便戛然而止，还没有来得及产生影响便停刊了。

这条消息还说，与《千里镜》一起出版的还有一种中－英对照年历，"比以往历年的都全面"，内容除中西日期对照外，还有天文知识，如太阳系的描述、行星示意图等，当然还有宣扬基督教的内容。

在华实用知识传播会

在华实用知识传播会是居住在广州的外国商人和传教士成立的一个文化团体。它是在英国同名团体的直接影响下出现的。1826 年，英国实用知识传播会（Society for the Diffusion of Useful Knowledge in England）在伦敦成立，它是英国教会和文化界人士共同发起的组织，旨在向公众传播基督教神学、道德和科学知识。它的一个成员在 1833 年给《中国丛报》写信，介绍其活动情况，并提到了中国。① 1834 年 3 月，《中国丛报》上有一篇文章指出，在英国，"已经在最高级庇护人的赞助下成立了一个旨在传播实用知识的团体，甚至国务大臣们也予以重视而与它合作。在广州也应建立同样的组织，将其活动推广到这个世界上最庞大帝国的整个疆域"。②

几个月后，1834 年 11 月 29 日，在广州的英美新教传教士、商人等在帝国馆 6 号开会。会议由美国商人奥立芬主持，《广州纪事报》编辑约翰·斯雷德（John Slade）任会议秘书。会上郭士立提出成立在华实用知识传播会（Society for the Diffusion of Useful Knowledge in China，或译作中国益知会）的建议，然后由马地臣（James Matheson）提议，因义士附议，通过了郭士立的建议。会上还成立了作为执行机构的委员会（committee），由马地臣任会长，奥立芬为司库，因义士、威摩（William Wetmore）、托马斯·福

---

① *The Chinese Repository*, vol. 2, pp. 329 – 331.

② *The Chinese Repository*, vol. 2, pp. 508 – 509.

克思为委员，裨治文和郭士立任中文秘书，马儒翰任英文秘书。12 月 3 日，有关人士再次开会，通过了几项决议，并制定了章程。①

在以后的几年，查顿、特纳（R. Tumer）、约翰·格林先后任会长，马地臣等任司库，委员也多有变更，但中文秘书则一直由裨治文和郭士立担任，马儒翰也一直任英文秘书。1838 年底的第 4 次年度会议又决定增加罗伯聘为英文秘书。该会章程规定，在华实用知识传播会的目的，是"尽其所能，用各种办法，以廉价的方式，准备并出版通俗易懂的、介绍适合中国现状的实用知识的中文书刊"。而中文秘书的职责就是"审查所有提交给本会出版之著作，并就此向委员会做出报告；根据委员会的指令，负责并监督出版、销售和发行事宜"。这样的规定意味着中文秘书将承担该会的主要事务。② 而该会后来出版的中文书，几乎都是郭士立和裨治文编著的。他们是这个组织实际上的灵魂。至于英文秘书，其职责是负责会议记录，处理与会员及外部的通信等，其重要性不及中文秘书。至于会长、司库之类的职务，主要是荣誉性的，他们的实际职责是筹集经费。因此，在华实用知识传播会主要是新教传教士的事业。裨治文的作用更为明显，历次的会议都由他召集，年度报告均由他起草并在年度会议上宣读。

广州英美商民中的头面人物几乎都成为该会的会员，传教士中除两位中文秘书外，伯驾和卫三畏也都列名其中。1835 年，在华实用知识传播会的会员有 47 人，其中在广州的常任会员 29 人，8 人为荣誉会员，10 人为通信会员。精通中文的英国商务监督德庇时被选为荣誉会员，曾任教于英华书院、后被聘为伦敦大学中文教授的吉德则是通信会员。1838 年底，会员已达 83 人，其中 8 人为荣誉会员，16 人为通信会员。③

在华实用知识传播会还与英美的类似组织建立了联系。1834 年 12 月 3 日的第 2 次会议决定，将有关文件送给英国实用知识传播会会长布劳海姆爵士（Lord Brougham）；还决定将相关文件也送给一个新近在纽约成立的"协助在华传播知识的团体"。④

---

① *The Chinese Repository*, vol. 3, pp. 379 – 383.
② *The Chinese Repository*, vol. 3, p. 383.
③ *The Chinese Repository*, vol. 3, p. 383; vol. 7, p. 404.
④ *The Chinese Repository*, vol. 3, p. 381.

马儒翰、郭士立、裨治文等的有关论述，可以说明在华实用知识传播会成立的思想背景和宗旨。马儒翰论述道："现在，许多国家在进步的道路上进行竞赛，正飞速前进，其进程因科学之光的照耀而辉煌灿烂。这是在他们之间传播实用知识的结果。但这一类的知识尚未对这个'中央王国'产生影响，中国仍处于停滞状态，通过拒绝接受'夷人'的影响来保护自己。"尽管造成这种状况的原因主要是"中国人的民族自大和愚昧"，"但我们还是不能逃避责任，不能冷漠和无动于衷地听任他们远离进步的工具，而应唤醒他们沉睡的能量，使他们成为知识的探询者"。① 裨治文在历次报告中也肯定，在华实用知识传播会的目的，就是要向中国人传播"实用"的知识，以帮助中国取得知识进步和社会进步，将西方近代科学文明作为基督教文明的一部分介绍给中国人。

他们又指出，中国人在知识上的进步一方面可以使中国本身加入社会进步的进程，另一方面也可以使西方从这种进步中得益。裨治文和马儒翰都论述过，西方在印度的实验，即通过传播知识来改变印度社会文化的经验，也可以应用于中国。马儒翰认为通过"向他们提供他们所缺乏的知识，并通过友好的思想交流，就可以产生一种思想感情的联合，作为国际交流的最坚实的基础"。在这种考虑下，就不应该忽视"因愚昧无知而实行的狭隘政策与地球上其他国家相隔绝的"3.6 亿中国人，"他们从此将成为我们关心的目标，使我们联合起来为他们的利益而努力"。② 裨治文在演说中则从另一个角度阐述自己的看法。他认为通过向中国人传授西方的科学技术知识，可以使中国人的产品质量提高，从而使"他们和我们共同得益"；更重要的是，"在西方，我们已经通过仔细研究世界各地商业关系史进行了政治策略的调整，从而为商业带来许多利益。如果我们现在也介绍给他们以同样的简明商业史，那么难道我们不可以希望，他们也会认识到政策的改变可以带来利益吗？"③ 这就使他们发起这个组织的动机带有功利的色彩。

裨治文在他的第 3 次报告中论述道，要确定优先向中国人介绍什么知识，必须先弄清"中国人目前最需要的是什么"。他的结论是，中国人最需

---

① *The Chinese Repository*, vol. 3, p. 379.
② *The Chinese Repository*, vol. 3, p. 380.
③ *The Chinese Repository*, vol. 5, p. 508.

要的是历史和地理书，因为这个"如此排外的民族"所具有的人类历史和
世界地理的观念是"非常混乱和不准确的"。因此世界历史和地理知识是占
有优先位置的。① 马儒翰在他的文章中也不止一次将中国人的"民族优越
感"与在华实用知识传播会的使命联系到一起。这说明，通过知识的传播
来改变中国人的"华夷观念"也是该会的一个目标。

这些言论表明，在华实用知识传播会活动的目的，就是通过知识的传
播，首先是西方史地知识的传播，使中国放弃蔑视西洋文明的上国心态，走
上与各国"自由交往"之路，加入西方已遥遥领先的历史进程，从而为西
方在华商业活动和传教事业带来实际利益。

根据该会章程，在华实用知识传播会活动的主要内容就是出版与"实
用知识"有关的中文书籍。郭士立和裨治文从 1834 年就开始写作世界历
史、地理方面的书籍。此外，考虑到向中国人传播的很多知识将是新颖的，
"需要地理、历史和科学方面的许多新名词"，该会已经着手制定一种"中
文术语表"，其面貌将是"依官话的发音编制，但尽可能包括已经在使用的
名词。……已选好要用的中文人名、地名名词"。希望这样可以"建立一个
标准，使其出版物有所依据"。② 裨治文代表在华实用知识传播会的执行委
员会，在第 2 次年度报告中开列了一份详细的、该会希望出版的书目。这份
书目列了 24 种著作，分为历史、地理、自然史（即博物学）、医学、力学
与机械工艺、自然哲学（科学概论、天文学等）、自然神学、文学及其他著
作等，共 9 类，包括著作和译作。从书名来看，都是一些通俗、简介性的
书。裨治文认为，其中历史、地理和自然史 3 项最为重要。历史类包括
《世界史大纲》，各重要国家（如英国、美国、葡萄牙、英属印度、东印度
群岛等）的国别史、商业史、殖民史、西方文化史和重要的传记；地理类
包括《世界地理导论》、世界总图及各国家分图、航海图、游记等；自然史
包括《自然概览》、动物学、植物学图书等；其他各类也都是一些概论介绍
性的书名，但可以看出都以西方新的科学技术成果为介绍对象。这份书目可
以看作一个基本规划。③

① *The Chinese Repository*, vol. 6, p. 335.
② *The Chinese Repository*, vol. 4, pp. 355 – 356.
③ *The Chinese Repository*, vol. 5, pp. 510 – 512.

在华实用知识传播会在以后几年还不断提出一些出版计划，但这些计划大都未见完成。原因有二：一是真正懂得中文的西方人士不多，缺少能以中文写作的西方作者；二是清政府严厉追查外国人出版发行中文作品的活动，中国书商不敢代售该会的出版物，因此发行渠道不畅。但该会除负责出版后期的《东西洋考每月统记传》外，从1838年开始还是出版了以上计划中提到的一些中文书籍，现分别略做介绍。

《古今万国纲鉴》，郭士立著，1838年刊。该书封面写明"道光十八年戊戌仲秋刊"，"新嘉坡坚夏书院藏板"。该书即裨治文的报告中多次提到的"世界通史书"（View of Universal History）。全书共20卷，开头的两卷综合西方和中国关于上古的传说和根据《圣经》记载，叙述以色列人的古代史，然后作者叙述希腊英雄时代、古典时代及斯巴达、雅典的历史，旁及古波斯、巴比伦等国历史；第6、8、9卷共3卷为罗马国史，分别叙述古罗马不同时代及其属国的历史。显然，作者将代表古代西方文明的希腊史和罗马史作为全书的重点。郭士立在第7、12卷叙述耶稣降生及创立基督教、耶稣受难和使徒传教的史事；在第10卷叙述伊斯兰教的创立和伊斯兰教国家的历史。在这之后，全部内容均为西方各国历史：第11卷《异族类迁徙》，叙述欧洲蛮族大迁徙及法国、英国、意大利、日耳曼、西班牙诸国古代史；第13卷《新法子》，简介文艺复兴及发现新大陆之事；第14卷为德意志史（阿里曼、破鲁西）；第15~19卷分别为法国、英国、西班牙、葡萄牙、意大利、瑞士、荷兰、瑞典、俄罗斯、波兰等国近代史，时间讫于道光年间；第20卷为《亚墨利驾国之史》，即美国史，很简单。全书虽分20卷，但内容都极简略，一共不到6万字。实际上该书只是一部欧洲史，1850年在宁波再版。

《万国地理全集》，郭士立著，出版时间、地点不详。该书即裨治文多次提到的"世界地理书"。笔者未见该书。伟烈亚力说它是《东西洋考每月统记传》发表的有关文章的汇集。[①]

《美理哥合省国志略》，裨治文著，1838年刊。[②] 封面写明"道光十八

---

① Wylie, *Memorials of Protestant Missionaries to the Chinese*, p. 60.

② 该书已由刘路生点校，刊于《近代史资料》总第92号，中国社会科学出版社，1997。

年戊戌刊"，"新嘉坡坚夏书院藏板"，与《古今万国纲鉴》相似，署名为高理文，可能是裨治文早期使用的中文名。① 全书分为 27 卷，叙述"新大陆"的发现、英国殖民、美国独立、印第安人、美国地理、物产、经济、政治、法律、宗教、社会、教育、文化、风习等方面的情况。卷首附有地球图和美国地图。其《凡例》中说，是书分为两卷，上卷"统言全国之大略"，下卷则"分省而详说之"，实际则无分省（州）内容，但说明作者一开始就准备写各州情况为另一卷。1844 年该书在香港重刊时，书名改为《亚美利格合众国志略》，笔者所见之本标明"上卷"，内容与《美理哥合省国志略》同，但未见下卷。到 1861 年，该书在上海墨海书馆出版了活字版，书名改为《大美联邦志略》，增加了各州概况的介绍。裨治文这本简明的美国社会、历史著作，对鸦片战争前后中国人对美国的了解与认识起到了关键作用，魏源的《海国图志》和梁廷枏的《海国四说·合省国说》都大量征引该书的内容。②

《广州方言中文文选》（*Chinese Chrestomathy in the Canton Dialect*）系裨治文用中英文双语编著的教材，1841 年在澳门出版。这是一部大部头的教科书，连附录在内共 778 页。该书的正文分为 3 栏：左边栏为英语句子和段落；中间栏为这些句子和段落的中译，依广州方言译出；右边栏则用罗马字将广州话的发音标出。全书分为 17 章，收录日常使用的各类对话、句子和字词，涉及各阶层、行业以及艺术、数学、地理、矿物、植物、动物、医药等方面的内容。最后一章为"政府事务"，又分 8 个部分介绍清朝律例、皇帝和皇室、内阁、军机处、六部、理藩院等有关名词，并列出 462 种官衔的英译名称。在该书的前言部分，裨治文还讨论汉字的注音问题和中文语法问题，并从《四库全书总目》中选出 165 种中国著作目录供使用者参考。③ 这是在华实用知识传播会出版物中唯一面向西方读者的书。裨治文表示编著此书是想达到"向欧洲人提供与中国人进行个人交往的工具，并在中国人中传播英语

---

① 裨治文撰写该书的情况，参见雷孜智《千禧年的感召：美国第一位来华新教传教士裨治文传》，第 125～127 页。

② 相关研究参见陈胜粦《鸦片战争前后中国人对美国的了解和介绍》，《林则徐与鸦片战争论稿》增订本，第 296～300 页；王立新《美国传教士与晚清中国近代化》，天津人民出版社，1997，第 296～302 页。

③ *The Chinese Repository*, vol. 11, pp. 223 - 230.

知识"的双重目的,[①] 但从其内容来看是以前者为主的。

《伊索寓言》,因未见其书,故其所用中文书名不详。译者署名"盲目先生"(Munmooy Seenshang),实际上是罗伯聘。该译本1838年分3册出版,当时颇受欢迎。[②] 1840年该译本由《广州周报》重印,1843年又由戴耶尔和施敦力约翰在新加坡以福建方言改写重印。[③]

以上几本书,加上后期的《东西洋考每月统记传》就是在华实用知识传播会几年活动的具体成果。

在华实用知识传播会1838年12月发表了它的最后一份年度报告。鸦片战争期间,英国人被驱逐出广州和澳门,而该会的会长和许多成员是英国人,有些就是引起事端的鸦片贩子。郭士立和马儒翰随英军活动,于是骨干人物只剩下裨治文,自然无法开展活动。马儒翰1843年底去世;郭士立在此之前在宁波和舟山,回澳门后马上被任命接替马儒翰的职务,长期在香港,不可能再参与该会活动;罗伯聘也长期作为翻译随英军活动。关于它的结局,也没有什么正式的文件可以说明。1841年裨治文的《广州方言中文文选》出版时,《中国丛报》在在华实用知识传播会的名下发布消息,说"在稿源和资金上都面临匮乏的实用知识传播会,在过去的两年中被迫将其工作限于印行一本书——《广州方言中文文选》"。这条消息表明该会在名义上还存在,但已岌岌可危。[④] 而1846年1月,裨治文和马地臣将该会的1300元余款转送给马礼逊教育会,表明它至迟在此时已经结束。

新教传教士的其他中文著作

除以上所述外,新教传教士在1851年之前还撰写、出版了其他一些与知识传播有关的中文书籍。鸦片战争后,传教士在中国本土的出版物在数量上大大上升,其中宗教以外的出版物也为数不少。对此本书不拟一一加以评述,简要情况如表5-1所示。

---

① *The Chinese Repository*, vol. 7, p. 403.
② *The Chinese Repository*, vol. 7, pp. 334–335. 近年学界多人见及、论及该书,指其中文名称为《意拾寓言》,并指出"蒙昧先生"乃罗伯聘之中文教师。如有研究者称获知1840年《广东报》[疑为《广州周报》(*The Canton Press*)]印行之《意拾蒙引》;又见到1840年澳门所印之《意拾寓言》影印本。鲍延毅:《〈意拾寓言(伊索寓言)〉问世的意义及影响》,《北方工业大学学报》1997年第2期。但需注意,《中国丛报》介绍的初版是1838年版,1840年本及以后版本乃重印版。
③ *The Chinese Repository*, vol. 9, p. 201; vol. 13, p. 98.
④ *The Chinese Repository*, vol. 10, p. 53.

表5－1　早期新教传教士的其他著作

书名	作者	出版年份	出版地点	备注
英国文语凡例传	马礼逊	不详	澳门	该书是第1部中文西方语法书
生意公平聚益法	米怜	1818	马六甲英华书院	论述商业及经济方面的道德问题
西游地球闻见略传	马礼逊	1819	马六甲英华书院	以讲故事的形式介绍世界地理和欧洲概况
全地万国纪略	米怜	1822	马六甲英华书院	论各大洲地理概况
地理便童略传	麦都思	1819	马六甲英华书院	叙述各国概况,附世界、中国、亚洲和欧洲地图
咬留吧总论	麦都思	1824	巴达维亚	介绍爪哇历史
犹太国史	郭士立	1839	新加坡	叙述犹太人自古代到当时的历史
贸易通志	郭士立	1840	不详	论国际贸易状况、西方金融、经济制度
制国用之大略	郭士立	1840	不详	介绍西方政府、货币、预算、国用、军事、教育、富源等基本原理
大英国统志	郭士立	1834	不详	该书的有关情况见下文介绍
华英和合通书	波乃耶	1843～1860年代	香港	此为中英对照的年历书,每年一册。其内容还包括天文常识、其他科学知识简介、地图、宗教教义
地球图说	麦嘉缔	1848	宁波	世界地理书,附有各国国旗
天文问答	哈巴安德	1849	宁波	
指南针	胡德迈	1849	宁波	
万国纲鉴	麦嘉缔	1850	宁波	根据郭士立《古今万国纲鉴》改写
平安通书	麦嘉缔	1850～1853	宁波	此为年历书
全体新论	合信	1851	广州	该书的有关情况见下文介绍
天文略论	合信	1851	广州	分38个部分,说明太阳、地球等天体运行情况
博物通书	玛高温	1851	宁波	该书实为年历,附有关于电报、电磁、电池方面的介绍,以及45幅示意图
英华通书	理雅各	1851	香港	中英文年历
格物穷理问答	慕维廉	1851	上海	西方科学知识简介

资料来源：Wylie, *Memorials of Protestant Missionaries to the Chinese*；*The Chinese Repository*；熊月之：《西学东渐与晚清社会》。

表5-1中《大英国统志》和《全体新论》需做进一步说明。

郭士立的《大英国统志》,有些学者将其归类于历史书是不恰当的。其内容并非像书名所显示的那样为英国历史书,而是介绍英国各方面的概况,侧重于现状。这本书也未用学术性著作的体例,而是以讲故事的形式来介绍英国的社会状况。它的主旨乃是劝人尊重英国人,因英国是有高度文明的国家,不可称他们为"夷人"。故此书与前文所引的《是非略论》是风格、形式和宗旨都相同的著作,但更为系统、全面地介绍了英国的社会状况。该书的开头是这样的:"且说当此时有一士,姓叶名棱花,系莞邑石井乡人,自幼在家攻书。侥幸名登金榜,但只可恨虽有各项知识,不能满心。且说两亲已过世,上无兄,下无弟,就定意游外国,阅光景,观风俗。但已良久,教学渐发财。忽一日朋友姓林名德豪,来见他说道:有英国船将开行……"后来这两个人结伴到英国游历多年,回国之后向人们讲述"大英国"之事。还应提到的是,1834年1月《东西洋考每月统记传》中登载过一组诗《兰敦七咏》,编者注明"诗是汉士住大英国京都兰敦所写"。[①] 在《大英国统志》中,该诗被说成是叶棱花的作品。《大英国统志》全书共5卷,卷目分别为《大英国家》《文武民人》《民之规矩、风俗、经营》《城邑、乡殿、庙、房屋》《大英藩属国》。书中另附有4幅地图和英国国王乔治二世、三世、四世等画像4幅。全书共约16000字,仍是一种简明的读物,但较《是非略论》更为系统。《大英国统志》、《东西洋考每月统记传》和《是非略论》几乎在同时出版,相互之间内容的相似之处,恰好说明了郭士立对消除中国人"华夷观念"的重视。

合信的《全体新论》是一本简明的生理学著作。该书是较早将近代西医理论介绍到中国的著作,故在此对其内容略做介绍。该书正文71页,另外附有石印人体器官、骨架、血液循环和生殖系统的解剖示意图,据介绍是"很精确"的。作者在英文序言中表示,本书的目的是向中国人介绍"有趣的和业已证明的关于人体的真知,并在较初步的程度将其以比较解剖学的方法予以图示"。全书分为3个部分:第1部分介绍人体各器官及其功能;第2部分介绍消化、循环和呼吸系统;第3部分介绍生殖系统,这部分还包括

---

① 爱汉者等编《东西洋考每月统记传》,第67页。

"人的历史"、人种等方面的内容。当时达尔文的《物种起源》还没有正式出版，而宗教界接受这种理论更是很久以后的事，故这里所谓"人的历史"仍是"上帝造人"的那一套《圣经》传说。作者坦承在名词翻译方面遇到了很大困难，但毕竟在这方面迈出了可贵的第一步。在编写的过程中合信得到了"一位本地人的帮助"，使该书在中文表达方面克服了困难。他还表示，他写这本书是为了给中国医生提供参考。该书第 1 版印了 1200 册，是传教士作品中发行量比较大的一种。① 后来两广总督叶名琛的父亲出资将该书重印。② 合信的这本小书，是新教传教士向中国系统介绍西医知识的最早尝试。

以上所述可以表明，在鸦片战争前后将近半个世纪的时间内，来华新教传教士作为输入西学的主要群体，向中国介绍的西学是以世界（西方）史地知识为主、西方各国现状为辅，自然科学和技术的知识则处于更次要的位置。这不仅与明末清初天主教传教士介绍西学的情况大不相同，而且与1850 年代以后西学东渐的趋势迥然相异。这个时期可以说是西学东渐史上一个具有鲜明特色的时代。一般认为，近代中国学习西方有器物、制度、文化三个阶段。但鸦片战争前后世界史地知识的引进和更合理的世界历史文化观念的输入，以及中国有识之士对这些知识和观念的吸收采纳，则是这三个阶段之前的一个独特阶段。这是我们在研究中西科技文化交流史时应予以注意的史实。

上文已多次指出传教士向中国传播"实用知识"的主观动机。的确，他们因中国人给予他们的"夷狄"身份而恼怒、焦虑。要消除中国人从文化上对他们的蔑视，以便顺利传播基督教的迫切愿望，是他们撰写数量如此众多的非宗教性读物的主要动机。他们希望通过对西方历史和地理知识的介绍，向中国人展现一个繁荣进步、文明昌盛的西方，破除中国人无视广阔的外部世界，蔑视西方文明的心理，进而影响清政府的对外政策。另外，传教士在极力向中国传播其"宗教真理"的同时，也从传播科学真理的角度出发将这些世俗知识介绍到中国，并认为这两种"真理"都属于基督教文明

① *The Chinese Repository*, vol. 20, pp. 538 – 539.
② Wylie, *Memorials of Protestant Missionaries to the Chinese*, p. 126.

的范畴。他们出于对西方近代蓬勃向上的资本主义文明（在他们看来这才是真正的基督教文明）的绝对自信，从向"异教徒"传播整体上的基督教文明这种观念出发，从事传播西方近代科学真理的活动，试图以此对中国人引以为傲的文化知识体系提出挑战，动摇其权威性，从而建立起西方文化即基督教文化的权威。

不管其动机多么复杂，我们都应该认识到，在客观上，他们的这类文章和著作确实帮助了中国人向外寻求新的历史观、世界观，寻求科学技术的进程。在一定意义上，他们的引导是这个进程出现的重要条件。鸦片战争时期林则徐对西洋知识的主动探询，鸦片战争后魏源的《海国图志》、徐继畲的《瀛环志略》和梁廷枏的《海国四说》这几部划时代著作的出版都可以证明这一点。林、魏、徐、梁等在寻求世界史地知识的过程中还直接从传教士的作品中吸取养料。传教士传播西学的活动符合中国内部进步力量的需要，是因为双方的矛头所向都是清朝的闭关政策。不同的是，前者因为不满这种政策限制了他们活动的自由而希望使它瓦解，而后者则因为这种政策束缚民族的活力、扼杀民族的生机而力图冲破其禁锢。

1850 年代之后，中国的门户陆续被打开，对"夷狄"的蔑视也渐渐被畏惧所取代。清政府甚至被迫答应不再将洋人称为"夷人"。1858 年中英《天津条约》第 51 款就规定："嗣后各式公文，无论京外，内叙大英国官民，自不得提书夷字。"① 从那以后，传教士便不再以输入西洋史地知识为重点，所谓格物之学成为他们优先关注的对象，再次与中国内部的客观需要相吻合。

---

① 王铁崖编《中外旧约章汇编》第 1 册，第 102 页。

第六章

新教传教士对中国的认识与研究

来华传教士的职业特征，决定了他们不仅比其他人士更直接地面临中国文明与西方文明的巨大差异，而且使他们对自己处于中西方文明交会地带的历史性位置有更清楚的认识。在不同的历史条件下，传教士对这种境遇做出的反应也不相同。明末清初的天主教传教士在向中国传播基督教，输入西方天文、历法、数学和其他科学知识的同时，也向西方介绍了一个具有高度文明的中国，引起西方历史上第一次了解和研究中国的浪潮，在某些地区引起了以赞美和向往中国文化为主要特征的"中国热"（Chinamania）。而在 19 世纪上半叶新教传教士来到中国之时，西方近代资本主义文明经过几百年的发展，已在很多方面大大超越了仍处于封建时代的中国文明。这就使新教传教士以与明清之际天主教传教士完全不同的眼光，来审视中国这个东方古国。他们关于中国的报道和评论所展示的中国形象，与天主教传教士已有重大的区别。他们对中国问题进行研究的范围和深度，也与后者有一定的差异。本章将着重考察早期新教传教士对中国的了解与介绍、他们对中国的认识，以及他们对中国语言和历史文化进行的学术研究。

一　新教传教士的中国报道

有各种资料表明，从上古时代开始，西方的文献中就有关于中国的种种记载。① 《旧约·以赛亚书》第 49 章中记耶和华之言："我必使我的众山成为大道，我的大路也被修高。看哪，这些从远方来，这些从北方从西方来，这些从 Aswan 来。"其中的"Aswan"又作"Sinim"，传教士认为这就是指中国。如果这种说法可以成立的话，这是《圣经》中唯一提到中国的地方。美国长老会传教士娄礼华认为，这是神派遣他们来中国传教的预言。②

中古之后，特别是元代基督教传教士到中国进行传教活动后，西方人就渐渐有了关于中国的感性知识，即使这些知识既不全面也不准确。③ 早期对西方认识起到关键性作用的，是在 1275 年来到中国并在中国长期活动的马可·波罗。他的游记于 13 世纪末刊行，是西方第一部系统而详细地介绍中国社会各方面情况的书籍，在西方产生了持久的影响，在很长一段时间内，为西方人想象遥远的中国提供了基本素材。

对近代欧洲认识中国产生主要影响的，是明末清初来到中国的天主教传教士，其中以耶稣会士为主。在两百多年中，他们一方面将西方科学技术的某些内容介绍到中国，另一方面也向西方国家对中国的历史、现状和文化成就做了大量的报道和介绍。④ 如果说传教士和其他人士关于中国的著作，以中国历史文化为主要内容，那么他们以信件的形式直接发自中国的报道，则以他们的所见所闻和亲身经历，向人们描述了他们眼里活生生的中国，对欧洲各界认识中国的影响更为直接。这些信件受到欧洲人的极大重视，其中耶稣会士的信件被汇编成书出版。从 1702 年到 1776 年，由法国耶稣会士主持，卢哥比安（Charles Le Gobien）、杜海尔德和帕都叶（Louis Patouillet）先后任编辑，在巴黎出版了 34 卷《耶稣会士通信集》，收录了大量在东方活动的耶稣会士寄回欧洲的信件，其中来华耶稣会士的通信占了最大的比重。这部通信集在相当长的时间内成为欧洲人了解和研究中国的资料库。在《耶稣会士通信集》之后，在法国还有《中国丛刊》（《北京教士所写的关于中国人的历史、科学、艺术和风俗习惯的札记丛刊》）出版，其资料来源

---

① 国内学者关于这方面的介绍，参见忻剑飞《世界的中国观》，学林出版社，1991，第 1~5 章。

② W. M. Lowrie, "The Land of Sinim," *The Chinese Repository*, vol. 13, p. 113.

③ 参见 Latorrette, *A History of Christian Missions in China*, pp. 66 - 98.

④ 参见 Lewis A. Maverick, *China: A Model for Europe*. San Antonio: P. Anderson Co., 1946, pp. 1 - 64; Thomas H. C. Lee, ed., *China and Europe: Images and Influence in Sixteenth to Eighteenth Centuries*. Hong Kong: Chinese University Press, 1991; 忻剑飞:《世界的中国观》，第 5 章；等等。

也是欧洲到中国的传教士的信件和笔记。此外，传教士还通过一些个人关系，对欧洲的学者和思想家产生不可忽视的影响，如德国哲学家莱布尼兹与意大利耶稣会士闵明我和法国耶稣会士白晋就有多次交往。① 当然，在 16 ~ 18 世纪这个时期，除传教士外，商人、旅行家、受命出使中国的官员等的有关记述和报道也是欧洲人认识中国的依据。此外，中国的茶叶、瓷器、丝绸等带有中国民族特色和先进工艺水平的商品，也带有更直接的关于中国的信息。这些都使欧洲在历史上首次对中国这个东方大国有了实际的认识。近年，有多部著作对此时期的中西交流进行了论述。

因此，新教传教士开始到中国传教之时，西方对中国已经有了一定的了解与研究。但当他们来到中国后，便发现原来从书本上对中国的了解仍然是微不足道的。为了开展传教，他们必须对中国的语言、历史和现状进行系统了解与研究。为了争取欧美公众对在华传教事业的支持，他们也必须向公众传达有关中国的各方面信息。这样，新教传教士就成为继天主教传教士和商人、外交使节之后，向西方社会报道中国情况的一个新群体。

书信、日记、著作及社会交往

新教传教士向其国内介绍在中国的经历和中国社会文化状况最常见的途径，是他们与差会和亲友的通信。他们有义务向差会报告自己的情况和见闻。传教士刚到中国的时候，一般很年轻，与父母、亲属的关系密切，而且因环境和生活条件变化极大，在鸦片战争前他们的生活和活动还受到诸多限制，不免思乡情切。他们将见闻的事物，自己的感受，日常生活，社会活动，新奇、郁闷、无助的心情都写进信里。由于当时来华外国人与母国的通信主要依靠来往的商船，不是很方便，他们的信件往往很长，例如马礼逊到中国后写给差会的第一封信长达 10 个印刷页。② 我们从各差会的档案和在传教士身后整理出版的纪念集③可以看出，每一位传教士都向国内写了数量

---

① 夏瑞春编《德国思想家论中国》，陈爱政等译，江苏人民出版社，1995，第 17 ~ 20 页；孟德卫：《莱布尼兹和儒学》，张学智译，江苏人民出版社，1998，第 3 章。

② Eliza A. Morrison, ed., *Memoirs of the Life and Labours of Robert Morrison*, vol. 1, pp. 159 - 169.

③ 英文一般作 "memoirs" 或 "memorial"，通常中译为 "回忆录"，但其内容与人们对中文 "回忆录" 一词的理解是完全不同的。本书对这类书名一概译为 "纪念集"。

庞大的信件，所涉及的内容除传教活动和个人生活外，相当大的部分是介绍他们对中国的观察与思考。他们的信件有的保存在教会或私人的档案中，有的在他们生前就发表了，有的则在死后得到整理出版，如《马礼逊纪念集》出版于 1839 年，《雅裨理牧师纪念集》出版于 1848 年，《娄礼华牧师纪念集》出版于 1850 年，主要内容都是书信。这些信件都以各种方式，使越来越多的西方人士了解他们所观察到的中国。今天，这些书信则已成为研究传教士思想和活动的重要资料。

新教传教士向差会报告动向和见闻的另一种方式是寄送他们的日记。大部分传教士会这样做。日记的内容当然与传教活动有关，但也大量记录了传教士在中国见闻的事物，以及他们的感受，将其与书信对比参照，便可以比较完整地看到传教士的活动、思想和他们对中国社会、文化等方面的观察。像传教士的书信一样，他们的日记大都保存在传教士所属差会的档案中，也有部分在他们的生前得到发表，或在去世后被整理出版，成为"纪念集"的另一主要部分。郭士立的航行记无疑是新教传教士发表的日记中最为著名的。其他如雅裨理的《在中国及其邻国居留日记（1829～1833）》（*Journal of A Residence in China and the Neighboring Countries, from 1829 – 1833*）也在 1834 年出版。此外，有些传教士的日记还部分地发表于一些刊物上，如在中国出版的《中国丛报》和在美国出版的《传教先驱》《浸会传教杂志》《中国传教呼声》等期刊，就发表过雅裨理、美魏茶、裨治文、郭士立、叔未士、罗孝全等人的日记。无疑，这些日记是西方人了解中国的又一资料来源。

有几位新教传教士在中国期间，撰写了综合性的研究及介绍中国概况和历史文化的著作，对西方普通公众了解中国有一定的作用，这些将在下文介绍。

还应提到的是，在中国活动时间稍长的新教传教士都有回国度假的经历。当他们接受派遣之时，还是默默无闻的神学院毕业生，或是刚受神职的年轻牧师，到他们回国之时，由于差会的宣传和在中国这个东方神秘国度的经历，他们受到社会各界广泛的关注，成为明星式的人物，被当作中国问题专家，到处受到欢迎，不少人还从英美一些著名的学府得到博士学位。像罗孝全那样因个人品行不端而引起广泛指责的几乎是绝无仅有的例子。他们在中国的经历，中国社会、历史、文化状况和民族特性，当然还有对华传教问题等，都是他们与各国政界人士、知识分子、亲朋好友交谈的主要话题，也是他们在各类公众场合发表演说最能耸动视听的主题。在这个过程中，他们向那些对中国基本上所知甚少的人士分享他们对中国的了解和认识。英美公众在这些场合听到传教士对中国的介绍，也许比从书刊上读到有关报道和评论得到的印象更为深刻。

新教传教士发行的英文期刊

传教士能够集中而又及时地向西方公众报道中国的信息，发表他们研究中国的成果，论述他们对中国认识的园地，是由他们自己创办的英文刊物和各差会经营的一些报刊。这里只对传教士自己所办的几份刊物做些介绍。

来华新教传教士所办的最早英文期刊，是 1817 年 5 月至 1822 年由米怜在马六甲出版的季刊《印中搜闻》（*The Indo-Chinese Gleaner*）。出版这份刊物，是根据马礼逊和米怜共同拟订的《恒河外方传教团计划书》的规定，由米怜具体操办经营的，它与英华书院、《察世俗每月统记传》同属恒河外方传教团的事业。米怜除负责编辑、出版发行等事宜外，还是这份刊物的主要撰稿人。此外它的作者还有马礼逊、麦都思和英华书院的其他英国传教士。

关于它的内容，从它首期封面文字可窥见一斑。

> 《印中搜闻》内容包括（伦敦）传教会在东方的传教士通信的摘要，以及关于印度－中国地区各国哲学、神话、文学和历史的综合性介绍，主要来源是以各种当地语言书写的资料。

米怜在发刊词中说，创办《印中搜闻》是为了使伦敦会在东方的传教士了解关于欧洲和亚洲的各类消息，让他们相互了解各地的传教动态，为他们提供互相沟通的媒介，并使人们了解各地"异教徒"的情况。他宣布该刊将主要刊载三类文字：其一，关于传教动态的叙述性文字，传教士的报告和信件摘编；其二，一般性报道，主要是世界各地基督教状况的简要说明；其三，杂俎，包括关于"我们工作所在地"的各国文学、哲学、历史等的评述，以及各国著述的译作。① 后来这份刊物确实将这些作为其主要内容，

---

① *The Indo-Chinese Gleaner*, no. 1, pp. 1 - 8. 另参见 Philip, ed., *The Life and Opinion of the Rev. William Milne*, p. 267.

但应当把"印度-中国地区各国"写作"中国以及恒河外方其他国家"才能名副其实,因为它所报道、论述的对象,主要是中国的社会、历史和文化,兼及南洋的国家和民族,而关于印度的消息与评论是很少的。除 1817年发行的 3 期外,以后各期大致有 3/4 的篇幅刊载有关中国的消息、评论和学术研究性文章,其余 1/4 的篇幅则刊载传教士内部的消息、有关宗教问题的论文等,留给"恒河外方"各国的篇幅就所剩无几了。为了反映这种实际状况,米怜后来在第 3 卷发刊词中将它的内容重新分为以下三类:第一,印度-中国地区的文化,即这些国家(主要是中国)的语文、历史、哲学、神话、医学、地理、古迹等,形式有译文、论说、批评、书评等;第二,印度-中国地区传教动态;第三,印度-中国地区各国消息。米怜还呼吁人们提供关于马来半岛、中国台湾、琉球、日本、交趾支那、暹罗、缅甸、中国西藏等地状况的文章,反映他想改变《印中搜闻》过于侧重报道中国大陆历史和现状的倾向。①

《印中搜闻》中关于中国的内容可以分为三类。一是关于传教士(即马礼逊和米怜)在中国(广州-澳门)活动的情况;二是关于中国社会、政治、经济、军事、文化等各方面动态的报道;三是关于中国历史文化、政治制度等方面的学术研究。《印中搜闻》关于中国动态的报道,一个主要来源是清廷所办的《京报》,还有两广总督衙门所办的《辕门钞》(*Canton Daily Paper*)。此外还有一些隐去作者真实姓名、来自中国的通信。在笔者看来,其中最重要的一个消息来源便是在广州的马礼逊。这些报道所涉及的内容是多方面的,包括清朝中央和地方(主要是广东)政府的动态、官员的任免、财政状况、军事动态(以沿海水师的动向为重点)、司法制度、社会治安、秘密会社的活动与清廷的镇压措施、自然灾害、科举考试、中西关系、中国社会的风俗习惯、社会风气、道德状况、生活水平、宗教信仰等。编者的意图,显然是要向读者提供关于中国的全方位信息。米怜还在他的文章中强调了解和研究中国的重要性。他指出,欧洲对中国注意得太少,"我们听过许多关于三万万中国人的事情,但我们也知道,在英国对基督教怀有热诚的人们当中,没有人努力研究关于中国的知识。无论是政府、国立学院,还是私

---

① *The Indo-Chinese Gleaner*, no. 3, pp. 4-7.

立机构都没有学习中文的人。如果有人讲述关于中国的有趣故事，人们会听，但既没有赞助人，也没有学生会制订什么计划、采取任何行动（来学习中文）。而这恰恰是了解关于人类这个非常庞大部分之情形的先导"。①

《印中搜闻》的目标读者，是英国和欧陆的各界人士、东方英国殖民地的英国人、各地的英国传教士，以及新大陆的英语民族。它的发行量并不大，因为英国殖民地的读者群体比较小，传教士的数量更为有限，而将刊物寄往欧洲和美洲的费用却很高昂。尽管如此，《印中搜闻》还是在欧美的知识界与社会公众中产生了一定的影响。它所刊载的消息、资料、译文和评论，成为人们了解和研究中国的一个重要资料来源，特别是为人们论述嘉庆末年中国的状况提供了不少原始材料。因此它在欧洲和美洲都拥有一定的读者。但米怜去世后，这份杂志也随之停刊，与《察世俗每月统记传》的命运相同。②

马礼逊对《印中搜闻》的停刊感到惋惜。他一方面将很大一部分精力用于中国学术文化的研究，另一方面则努力推动欧洲，特别是英国对中国的一般性了解。从 1830 年代起，他给南洋新加坡、马六甲、槟榔屿等地的英文报刊撰写了大量介绍中国情况的文章。③ 在 1820 年代末 1830 年代初，他也是在广州发行了的英文《广州纪事报》（*The Canton Register*）、《广州周报》（*The Canton Press*）等刊物的积极撰稿人。但他一直想要以某种形式恢复发行一份以中国问题为主要内容的刊物。1827 年，马礼逊试图在英华书院创办一份《印中丛报》（*The Indo-Chinese Repository*），1836 年的《中国丛报》还刊载了这个拟议中的《印中丛报》的计划书。该计划书阐述的《印中丛报》宗旨，也是为了改变欧洲对中国"所知甚少"的局面，主张"对这一独特的、古老的民族加深了解"，内容将是对"恒河外方各国"语言、哲学、行为方式、风俗习惯，以及"印度－中国"地区各国的普通文化进行介绍与研究；"特别希望能探讨中国人的心灵，尽力探索亘古以来中国人

①　*The Indo-Chinese Gleaner*, no. 8, p. 81.

②　关于《印中搜闻》，笔者之专文《〈印中搜闻〉与 19 世纪前期的中西文化交流》（《中山大学学报》2010 年第 2 期）有更详细的介绍和讨论。

③　Murray A. Rubinstein, "The Wars They Wanted: American Missionaries Use of The Chinese Repository Before the Opium War," *The American Neptune, A Quarterly Journal of Maritime History*, vol. 48, No. 4, 1998, pp. 275 – 276.

长期一贯的思维方式和行为方式，发现他们在周围已经发生了变化和进步的情况下，仍然执拗地坚持的东西；对与中国政治生活的真相和目前内政法规系统有关的信息也希望能始终如一地加以探讨，并不断增加对这一工作的兴趣"。该计划书还号召翻译有关中国文学、政治方面的作品和文献。① 显然，这是想承《印中搜闻》未竟之绪，并在对中国报道与研究的深度和广度上加以拓展。计划书很可能出自马礼逊之手，但其愿望则未能实现。

1833 年 5 月，马礼逊和儿子马儒翰利用他们在澳门创办的"英式印刷所"，刊印《布道者与中国杂录》（The Evangelist & Miscellanea Sinica）旬刊和中文《杂文编》（Miscellaneous Papers），但只出版了短暂的时间即告停刊。原因是天主教澳门地区主教皮图拉（Vigario Capitular）认为，该刊的言论与天主教的教义相抵触，向澳门葡萄牙人总督伊德费基（Joao Cabral de Estefique）递交了抗议书，伊德费基则向广州英国商馆特选委员会致函，以所谓"葡萄牙的领土禁止使用印刷机"为由，"要求上述马礼逊所属的驻中国的不列颠商馆的主管，命令他不得在本城使用上述印刷机"。特选委员会将此通知了马儒翰，《布道者与中国杂录》只得宣告停刊。②

《中国丛报》是由美国传教士创办、经营，由美国商人资助的，这在前文已有说明。但它的问世与马礼逊也有关系。裨治文刚到广州不久，马礼逊就请他考虑在广州办一份报道中国情况和研究中国问题的英文期刊。他在给美部会秘书埃瓦茨的信中说："马礼逊似乎越来越想要有一份公开的出版物……我们在考虑办一份现在在孟买发行的那样的期刊。"③ 马礼逊、裨治文等从 1832 年初开始筹办，5 月发行了《中国丛报》的第 1 号。从此，直到 1851 年，《中国丛报》月刊不间断地发行了 20 年，共 232 期，④ 每卷 650 页左右，总共在 13000 页以上。卫三畏还编制了详细的论文分类目录和名词索引

---

① *The Chinese Repository*, vol. 5, p. 149. 原载 *Malacca Observer*, Nov. 29, 1827.
② *The Chinese Repository*, vol. 2, pp. 46, 92; Wylie, *Memorials of Protestant Missionaries to the Chinese*, p. 9; 马士：《东印度公司对华贸易编年史（1635~1834 年）》第 4、5 卷，第 361 页。
③ E. C. Bridgman to Evarts, March 26, 1832, ABCFM Papers, 16.3.8, vol. 1, 转见 Murray A. Rubinstein, "The Wars They Wanted: American Missionaries Use of the Chinese Repository Before the Opium War," *The American Neptune*, *A Quarterly Journal of Maritime History*, vol. 48, No. 4, 1998, p. 276.
④ 其中 1832 年从 5 月起发行了 8 期，1851 年出版至 8 月号停刊。

附在第 20 卷的末尾，为利用和研究这个重要的资料宝库提供了极大的便利。

裨治文在《中国丛报》第 1 号（1832 年 5 月）的《导言》中，比较详细地阐述了该刊的宗旨。裨治文认为，在中西贸易开辟以来的漫长时期里，中西文化交流却没有相应的进展。其原因，一是缺乏最基本的语言知识，"在 30 年前，只有一两个人能够将中文译为英语，也没有一个'天子'的臣民能读、写、说英语"，甚至外国人与广州一带的商民只能用发音不准、言辞俚俗、毫无语法可言的"广州英语"交流。[1] 这样，外国人与中国人之间的相互沟通只能限于很低的层次。二是由于外国人的活动范围受到严格的限制，"地球上如此广大的部分，（外国人）竟不得进入"。裨治文承认耶稣会士和其他天主教修会的传教士曾写下了"为数不少"的关于中国的著作，涉及自然、道德、政治、商业、文化和宗教等内容，但这些著作记录的情况或是已经过时，或是掺杂了许多错误的东西而真假莫辨，或是相互矛盾。对他们的著作，应当加以清理和纠正。裨治文提出，应当对中国进行全方位的报道和研究。在自然史（博物学）方面，应详细调查和研究中国的气候、植物、动物、矿物、地形地貌、江河湖海、农业、物产等；在商业方面，应研究中国古代到现代的发展及其优劣情形；在中国社会的报道与研究方面，应考察社会的构成、民众的道德状况、各种社会关系、民族特性等；为了深入地研究中国的问题，还应对中国的著作进行钻研和翻译，改变以前在这方面"未予以足够重视"的局面，即使"我们并不指望由此可以发现能与西方国家相提并论的文化、科学和各种制度"。[2] 这些都显示，裨治文从一开始就为《中国丛报》规定了比《印中搜闻》更高的目标和更集中的范围，要使它成为西方研究中国最权威的出版物和资料库。

裨治文的理想还不止于此。他认为对中国的报道和研究不仅是为了帮助西方了解中国，而且是以基督教文明来帮助日益衰落的中国文明必不可少的步骤。他写道："在东亚千百万民众中存在令人悲哀的缺乏知识的状况，但我们确实希望，当今西方民族所享有的丰富的、对人类最有价值的、现在正

---

[1]　jargon，英文原意为难懂的土语。"Jargon Spoken at Canton," *The Chinese Repository*, vol. 4, pp. 428–435. 笔者的相关研究见《"广州英语"与十九世纪中叶以前的中西交往》，《近代史研究》2001 年第 3 期。

[2]　*The Chinese Repository*, vol. 1, pp. 1–5.

在使这些民族向前进步、将来还要使其更为进步的知识，能同样被东方民族所享有，并产生同样的效果。"① 而要实现这个目的，西方传教士和其他有志于此的人士就应该深入地了解和研究中国及东亚其他国家的历史、文化和现状，以便寻求传播基督教道德和西方知识的方法。②

从《中国丛报》的内容来看，裨治文所阐述的宗旨基本上得到了实行。它所发表的文章，可以归入几个大的类别。

①中国概况。其中可分为：中国地理，主要是分省政区和地形、地貌，沿海主要城市概况和河道水文资料；中国政府与政治、法律，包括清朝中央和地方行政机构、中央和沿海省份的官员任免更替情况、重要政治事件、谋反与镇压、重要政治人物、中国法律与法制、政治文化，以及重要上谕、奏折和法律文献的译文；中国财政、军事制度与运作状况；中国的"自然史"，包括中国气候、植物、动物、矿物、地形地貌、江河湖海、农业、物产，以及中国在这些方面的著作；等等。

②中国历史与文化。其中可分为：中国历史与史学著作，包括对中国历史事件、人物以及著名史书的评介，一些中外著名人物传记资料也可以归入这一项；中国文化艺术、科学与工艺制造，包括对中国音乐、美术、各门类科技、工艺的研究与介绍；中国语言、文学，这一部分包括对中国语言、文字、语法、语音、方言、语言教育、报刊出版、文学作品等的研究与介绍，特别值得注意的是对西方人研究中国语言文学著作的介绍，对有关中文研究著作的介绍，以及对一些经典和有代表性的文学作品的翻译；中国民族性与民间风习，既包括对中国民族特性的理论研究，也有对各地具体乡风民俗的考察介绍；中国思想、宗教与通俗文化，卫三畏将这一类内容归结为对"异教信仰"（paganism）的研究与介绍；等等。

③中外关系与中国对外贸易。这方面可分为：关于中外关系的总体考察与建议，传教士和其他人士对中西关系的认识；中国对外贸易的历史与现状，特别是清朝的贸易制度、政策，以及与西方的贸易关系；中西贸易的动态；鸦片贸易与中国的禁烟运动，这类文章集中报道鸦片走私、鸦片吸食的

---

① *The Chinese Repository*, vol. 1, p. 5.

② 裨治文在《中国丛报》第2卷的发刊词中认为，英国在印度统治的经验可以同样在中国实施。

状况和林则徐领导的禁烟运动；广州城市状况与广州洋行、外国商馆的情形，这方面的众多文章反映了广州在鸦片战争前后中外贸易和中外关系中的特殊地位，其中对英国和美国商馆情况的报道较多，值得注意的是，该刊还刊载了比较完整的在华外国人名录；中英关系与鸦片战争，这始终都是《中国丛报》关注的一个重点；香港问题，包括英国人对香港割占、经营的经过和港英当局的动态；中国与美国、其他西方国家、日本、南洋等国家、地区的关系，卫三畏把对这些国家和地区情况的研究文章也归入这一类。此外，这方面的文章还包括对一些外国人在华游历活动和游记的评介。

④传教问题。可分为：宗教理论和传教理论；新教在华传教活动，包括对新教传教士个人情况、活动，各地传教团体进展的报道，对清廷基督教政策的关注，也介绍一些天主教传教士活动的情况；医务传教活动，包括医务传教会形成、组织和变化的过程，该会所属各地医院动态和病例报告等；在华外国人成立的文化团体，如在华实用知识传播会、马礼逊教育会及其学校等团体、机构的情况，该刊登载了这些团体的一些正式报告；《圣经》的中译与修订，主要是一些动态的报道，及"译名之争"中的代表性论战文字。

除上述四大类外，还有一些零星的消息、报道、评论，其中也包括了一些值得注意的资料。此外还应指出的是，《中国丛报》各期基本上都有"时事日志"（Journal of Occurrence）栏目，报道中国社会和中外关系等方面的最新动态，并刊载了不少原始文件（包括中国文献之译文），对研究鸦片战争前后的中国历史和中外关系具有相当重要的参考价值。《中国丛报》有时还有"文化评论"（Literary Notice）栏目，报道西方文化、学术界研究中国的状况，来华传教士的学术研究状况，以及编者认为重要的中国出版动态。这两项内容一般放在各期的最后部分。至于裨治文强调的要对天主教传教士和18世纪以前其他欧洲作者关于中国的著作进行系统的评论、纠正的建议，也确实有不少作者起而响应，不过有关文章分散在以上所述各项之中。

为《中国丛报》提供论文和消息的作者群比《印中搜闻》广大得多。新教传教士是其中的主力。几乎这一时期所有差会的来华新教传教士，包括在南洋中国人聚居地区活动的新教传教士都为《中国丛报》写过稿，撰稿较多的有马礼逊、裨治文、卫三畏、郭士立、伯驾等。传教士以外的作者，包括英国和美国的商人、外交官等各种人士，如美国商人京氏、梁发的儿子梁进德、鸦片贩子因义士等都在《中国丛报》上发表过文章。其中以马儒翰的文章和译作最多，有近百篇，比较集中于对中国现状、动态和政治制度的研究。在所有的作者中，裨治文的文章和报道最多，卫三畏居其次。据笔者粗略计算，裨治文撰写的研究性论文和评论在 350 篇左右；卫三畏则写了120 篇左右，他还编制了详细的《中国丛报》总目录和索引。此外，他们编写的消息、报道数量也是相当惊人的。由此可见，他们不仅在《中国丛报》的编辑发行方面全力以赴，而且在对中国的报道和研究方面也花费了巨大的精力。特别值得注意的是裨治文，他虽然没有撰著大部头的中国研究著作，但他在《中国丛报》上发表的数百篇文章，估计总共有 2000 页以上的篇幅，几乎涉及中国问题的每一个方面，而且都有相当的深度，收集、保存了丰富的资料，是他那个时代西方当之无愧的中国问题权威和有较高造诣的汉学家。若再加上他撰写而未署名的消息、评论，《中国丛报》约有1/4的文字出自他之手。

《中国丛报》以 1847 年为界，先后由裨治文、卫三畏负责编辑。它前后发行的数量经常有所变化，开始时从 400 份一直上升到 1000 多份，每年定价 6 元；后来又逐渐下降，到最后一年只有 300 个订户。

当《中国丛报》即将停刊之际，卫三畏既如释重负，又满怀伤感。他在致友人信中说，"我不久就从编辑职位解脱了，因为《丛报》将在数月内终刊。对她的需求与编印者为其付出的辛劳实难相称"，而头绪纷繁的工作也使他们无法耗费太多精力"以保持《丛报》的品位"。① 这是从个人原因解释《中国丛报》之停刊。裨治文 1847 年离开广州后，该刊的实际运作主要由卫三畏进行，他甚至要撰写大部分稿件，这种情况无疑是难以持久的。从经济的观点看，该刊的经营也并不成功。卫三畏后来回忆说："《中国丛报》在最后七年中每年都亏损三四百元；最后一年只剩下 300 个订户，每本三元的定价还不足以支付工人的工资。"② 而原本允诺在该刊亏本时予以

---

① 雷孜智：《千禧年的感召：美国第一位来华新教传教士裨治文传》，第 267 页；Frederick W. Williams, ed., *The Life and Letters of Samuel Wells Williams*, p. 174.

② Frederick W. Williams, ed., *The Life and Letters of Samuel Wells Williams*, p. 178.

补贴的奥立芬却已去世。① 1850 年前后，中西交往的中心从广州移向上海，这意味着该刊原来的支撑群体——在华西人社群也向上海流动，这也意味着该刊的作者群体、读者群体以及经济基础均受影响。另一个关键因素是，裨治文和卫三畏失去越来越强调直接传教、对来华传教士的文化、教育和医学事业均持严厉否定态度的美部会秘书鲁弗斯·安德森的支持，这使得该刊编者在自己的力量之外无所依托。卫三畏明确认识到："安德森博士似乎有轻视并终止所有的印刷所、学校和医院的倾向，而将这里所有传教团的精力都集中于布道。"② 在该刊创刊之初，裨治文其实已经意识到了这一点。③ 故在 1835 年争取到奥立芬的支持，使《中国丛报》实现资金上的独立。1838 年，裨治文又向安德森宣布该刊"不再处于美部会的管辖范围之内"，"用的并不是您的印刷机，也没有怎么使用您的人力、经费"。④ 尽管如此，安德森领导下的美部会希望它派出的传教士在致力于直接的传教事务时心无旁骛，而当万里之外的传教士自己经营的这种文化事业走向终结之时，它绝不会施以援手，或者说这就是其希望的结果。⑤

根据卫三畏提供的数字，《中国丛报》累计印出了 21000 册，在停刊后还剩下不少，陆续卖出一些后，到 1856 年还有 6500 册存于广州美国商馆装箱未及运走，即全部毁于第二次鸦片战争期间广州商馆区的大火。⑥ 与这 6000 多册《中国丛报》一起被毁的还有印刷这份刊物的字模和机器。字模原属东印度公司，即用来印刷马礼逊《华英词典》的那一套，卫三畏 1835 年开始使用。1842 年，璞鼎查代表英国政府将它送给了卫三畏。《中国丛报》未售出的存书和这套机器、字模都被卫三畏视为个人财产。当时西方舆论一致咬定，叶名琛为报复英法联军炮击广州而故意纵火，导致了这场大火，故卫三畏后来就其损失向中国索赔。他索赔的数目是 1550 元，结果得

① 雷孜智：《千禧年的感召：美国第一位来华新教传教士裨治文传》，第 267 页。
② Frederick W. Williams, ed., *The Life and Letters of Samuel Wells Williams*, p. 180.
③ 雷孜智：《千禧年的感召：美国第一位来华新教传教士裨治文传》，第 79 页。
④ 雷孜智：《千禧年的感召：美国第一位来华新教传教士裨治文传》，第 109、170 页。裨治文的这一辩解似乎比较勉强。他自己作为主编和卫三畏作为印刷者都为该刊付出了大量的时间和精力。
⑤ 雷孜智：《千禧年的感召：美国第一位来华新教传教士裨治文传》，第 267 页；Frederick W. Williams, ed., *The Life and Letters of Samuel Wells Williams*, p. 180.
⑥ Frederick W. Williams, ed., *The Life and Letters of Samuel Wells Williams*, pp. 178 – 179.

到全额赔偿，外加利息。①

《中国丛报》虽然最终停刊，但它的影响是长远的。它在发行的时候就已经引起西方知识界的瞩目，不仅来华的西方人士订阅，而且发行到欧洲和美国。有研究者指出："《中国丛报》向英美两国各出版社和教育机构提供了大量的赠刊，一时间，《中国丛报》成为两国关于中国最有价值、最可靠的信息来源。"② 它所发表的不少文章还被美国一些有影响的教会刊物和普通报刊转载，当之无愧地成为西方观察中国的一个重要渠道和了解中国历史文化的权威性出版物。时至今日，这份刊物依然具有明显的学术价值。③

《中国传教呼声》这份刊物的出版地不在中国，而在美国肯塔基州的路易斯维尔，即罗孝全的"罗孝全基金会"和"中国传教会"所在地。前文已经说明了罗孝全来华传教特殊而曲折的背景。在他到中国后，美国浸礼会海外传教差会对这个被认定为"资质平庸"的传教士仍冷眼相待。罗孝全和他在美国西部各州的支持者对此当然不甘心。为了扩大罗孝全在华活动的影响，罗孝全基金会和中国传教会 1838 年 11 月 2 日创办了《中国传教呼声》月刊。④ 该刊的编辑是威廉·巴克，刊物宗旨是以罗孝全的传教活动为中心，报道新教在中国的传教动态，介绍中国社会各方面情况，研究中国语言、文化。该刊只出版了 1839 年 1 卷，共 12 期，刊登的内容包括罗孝全的信件、日记和其他作品，郭士立、叔未士的一些文章也在上面发表。该刊还选载了其他传教士的作品，如麦都思《中国：现状与展望》中关于中国宗教、教育等方面的内容，并将《中国丛报》上的一些文章重新发表。郭士立的长篇论文《论中国语言》（Remarks on the Chinese Language）在该刊多次连载，是它发表的最有分量的学术论文。它也是当时在中国以外唯一以宣传对华传教为主旨的刊物，虽然只出版了 1 卷，但在美国西部有一定的影响，也保存了一些研究资料。

---

① Frederick W. Williams, ed. , *The Life and Letters of Samuel Wells Williams*, pp. 242 – 244.

② 伊丽莎白·马尔科姆（Elizabeth Malcolm）:《中国丛报与中国文学，1800—1850》，转引自雷孜智《千禧年的感召：美国第一位来华新教传教士裨治文传》，第 109 页。

③ 笔者在本书初版后发表了数篇关于《中国丛报》的专题论文；拙著《在华英文报刊与近代早期的中西关系》亦有专章论述，可与以上所述参照阅读。

④ Clifton Judson Allen, *Encyclopedia of Southern Baptists*, vol. 1. Nashville, Tennessee: Broadman Press, 1958, p. 258.

英美各新教教派所办的报刊，如美国的《传教先驱》《浸会传教杂志》，英国的《福音杂志》（*Evangelical Magazine*）等也经常刊载来华传教士的信件、日记等，限于篇幅，这里不一一介绍。

可以毫不夸张地说，新教传教士在西方，特别是在英美逐渐成为不可替代的中国信息来源。郭士立在 1834 年就宣称："迄今为止一直存在的关于中华帝国的错误见解将逐渐为正确的信息所取代，我们每一天都得到了大量的这类信息。"①

早期新教传教士的这些工作，在近代新教在华传教运动中形成了一个长期持续的传统。在这个传统的影响下，大部分新教传教士把对中国现状和历史文化的考察与研究作为自己在华活动的一部分。可以从多种角度分析他们进行这方面工作的动机。满足差会了解中国状况的需要，完成向国内教友报告自己见闻和感想的责任，发展个人在学术上的兴趣等都是促使他们对中国进行报道、评论的重要因素。但应该特别注意到的是，传教士通过自己的文字工作影响西方的知识界和舆论界，从而强调自己的存在，唤起人们对中国的兴趣和对传教事业的关注，这是争取西方社会，特别是基层社区支持其传教工作的一个重要手段。天主教传教士在明末清初时期积极地把中国介绍给欧洲各界，在很大程度上也是为他们的传教事业争取支持，而新教传教士延续了这一传统。不过，由于世界历史的大势已经发生了根本的转变，新教传教士所介绍的中国，已完全不同于一两百年前天主教传教士所描述的中国。

二　新教传教士与英美中国观的演变

应当指出，新教传教士对中国的介绍，有些内容是对客观事实的叙述，例如他们对中国各界动态的报道，对历史事实和某些制度的具体描述，即是如此。但同样不可否认的是，他们也希望借助文字工具，向西方公众传达他们对中国的基本认识和对一系列问题的看法。考察他们对中国的认识，可以使我们对新教传教运动的历史影响有比较全面的估价。

---

① Charles Gutzlaff, *A Sketch of Chinese History*, vol. 2. London：Smith, Elder & Co., 1834, p. 81.

西方中国观的演变

新教传教士对中国的认识，是以西方中国观的演变为背景的。

自 16 世纪欧洲"发现"中国后，随着商业贸易的开展和大量关于中国的报道和著述的出现，产生了欧洲社会了解和认识中国的热潮，以及在此基础上形成的以欣赏、羡慕中国文化、艺术和社会生活方式乃至政治制度为内容的"中国热"。在 16 ~ 18 世纪的欧洲人看来，中国是一个繁荣富庶、物产丰饶、政治清明、拥有最古老优秀的文化和优雅艺术的美好国家。其中人们经常提到的两个人物，是对中国传统文化着迷的莱布尼兹和一度对中国政治制度赞叹不已的伏尔泰。莱布尼兹将他的数学成就与中国经典《易经》联系在一起，是人们所熟知的事实。他对中华文明所取得的成就在总体上也抱有欣赏钦佩的态度。他认为中国文化和中华文明是"全人类最伟大的文化和最发达的文明"，他主张"由中国派教士来教我们自然神学的运用与实践，就像我们派教士去教他们由神启示的神学那样"。莱布尼兹对中国文明的推崇，还可以从下面这句话中看出："如果不是因为基督教给我们以上帝的启示，使我们在超出人的可能性之外的这一方面超过他们的话，假使推举一位智者来裁定哪个民族最杰出，而不是裁定哪个女神最美貌，那么他将会把金苹果交给中国人。"① 伏尔泰对儒家政治学说和中国君主制度的赞美，在欧洲政治思想史上有很大影响，这也是众所周知的。正如黑格尔所概括的："中国常常被称为理想的国家，甚至被当作我们应当效法的样板。"②

但是有大量的事实表明，到了 18 世纪末或 19 世纪初，欧洲的"中国热"逐渐退潮，西方对中国的认识有了根本性的转变。越来越多的西方人士，对一度被视为"样板"的中华帝国产生了轻蔑和敌视的态度，以侮蔑和谩骂取代了以前的尊敬和颂扬。贫穷而野蛮，落后而停滞，闭塞而傲慢，道德败坏，极度虚弱，再加上腐败的专制主义政治制度，构成了西方新的但显然是否定性的中国观，而原来那个文明而先进的中国图像则渐渐湮灭在历史的尘埃中。1794 年出使中国的马戛尔尼回欧洲后就评论说："中华帝国是一艘破旧、疯狂的超级战舰，150 年来她幸运地倚靠能干而机警的官员的努

① 莱布尼茨：《中国近事序言：以中国最近的情况阐释我们时代的历史》，夏瑞春编《德国思想家论中国》，第 3、5、9 页。
② 黑格尔：《东方世界》，夏瑞春编《德国思想家论中国》，第 121 页。

力得以漂浮在水面上，靠她的块头和外表吓唬她的邻居……她也许还不会马上沉没，她也许作为一艘破船还会随波逐流，然后在岸上撞成碎片，但她永不可能在旧的基础上重建。"[1] 更具权威性的是黑格尔的论点。他从自己的思想体系出发，对中国和中国文化发表了很多否定性评论。他认为虽然"很早我们就已经看到中国发展到了今天的状态"，但中国文明在古代经过发展后就不再前进，"那种不断重复出现的、停滞的东西取代了我们称之为历史的东西"。所以，当人类历史向高级阶段演进的时候，"中国和印度都还处在世界历史之外"。[2] 另一位德国哲学家赫尔德甚至说："这个帝国是一具木乃伊，它周身涂有防腐香料，描画有象形文字，并且以丝绸包裹起来；它体内血液循环已经停止，犹如冬眠的动物一般。"[3] 在历史极其短暂的美国，也存在对中国否定和蔑视的态度。作家爱默生在 1824 年发表的一篇评论中说："当我们居高临下对中国这个愚昧国家观察思考得越仔细，她就越显得令人作呕。中华帝国所享有的完全是木乃伊的声誉，她将世界上最丑陋的面貌一成不变地保留了三四千年。我无法在这个民族悠久的呆板单调中看到有什么意义。甚至令人悲悯的非洲也可以说，我曾经创榛辟莽、开引水源而提升了其他地域的文明。但是中国，令人敬畏的愚钝！古老的呆痴！假如世界各国集会，她在会上所能说的只是——'我制出了茶叶'。"[4]

当然，"中国热"时代欧洲人对中国的好感毕竟难以梦过无痕般地消失殆尽，欧洲的评论家在否定了中国文明与新时代的基督教文明可以享有同等地位之后，并没有把中国贬斥到野蛮国家的地位。他们对中国的评价是，中国属于西方文明国家和野蛮民族之外的世界，或者说中国处于西方世界与野蛮民族和东方衰落的文明（印度）之间的地带。[5]

即使在 18 世纪之前，欧洲也存在对中华帝国、中国文化、中国民族性的批评；同样，在 19 世纪之后，在欧美国家也不乏欣赏乃至仰慕中华文化

---

① Stuart Creighton Miller, *The Unwelcome Immigrant*: *The American Image of the Chinese*, *1785 – 1821*. Berkeley: University of California Press, 1969, p. 43.

② 黑格尔：《东方世界》，夏瑞春编《德国思想家论中国》，第 114 页。

③ 赫尔德：《中国》，夏瑞春编《德国思想家论中国》，第 89 页。

④ Miller, *The Unwelcome Immigrant*, p. 16.

⑤ Günther Lottes, "China in Europe Political Thought, 1750 – 1850," in Lee, ed., *China and Europe*, pp. 85, 89.

的人士。但从总体上来看，西方对中国的认识在 18 世纪末 19 世纪初的确发生了很明显的历史性嬗变。

导致这种变化的具体原因和时间，是研究者感兴趣的一个问题。

法国学者阿兰·佩雷菲特（Alan Peyrefitte）认为，1793 年马戛尔尼出使中国及其失败，是欧洲人的中国观发生改变的原因和起点。他写道，"马戛尔尼使团在西方与远东的关系中是个转折点。……它在西方人中开始了对中国形象的一个调整阶段"，"他们看到这个从马可·波罗以来大家都说得天花乱坠的帝国竟是如此的落后"。这个使团把中国虚弱、落后、傲慢不逊、"反对进步、反对科学、反对事业精神"的"真相"揭示给欧洲人看，"从此，中国的形象黯淡了"。[1] 一些美国学者则认为，是导致中国一败涂地的鸦片战争，或是在此之后的自强运动或中国向美国的移民，使美国人的中国观发生了彻底的变化，这些事件暴露出来的中国的衰弱和落后状况，使得美国人对中国从尊敬变为蔑视。[2]

但这些观点被一些进行了更细致研究的学者所否定。美国学者何伟亚的研究表明，从 1750 年代开始，英国知识界和舆论界对欧洲流行的"中国热"就由怀疑而演变为"对中国的全盘批评"。中国学者许明龙则指出，整个欧洲"中国热"的退潮是在 18 世纪中叶。[3] 美国学者斯图尔特·米勒对美国人的中国观的研究也显示，早在 19 世纪初，甚至 18 世纪末，在美国知识界就已经出现了对中国、中国文明和中国民族性的很多否定性评论。[4]

也许另一位英国学者的结论更能说明问题的本质。他认为这种历史性的观念变迁不是因为中国有什么变化，而是由于"西方观点的变化"。[5] 这就是说，西方因其自身的历史演变确立了新的价值体系，使得原来引起"中

---

① 佩雷菲特：《停滞的帝国：两个世界的撞击》，王国卿等译，三联书店，1993，第 552、553、618 页。

② Miller, *The Unwelcome Immigrant*, pp. 16 - 17.

③ 何伟亚：《从东方的习俗与观念的角度看：英国首次赴华使团的计划与执行》；许明龙：《十八世纪欧洲"中国热"退潮原因初探》，均载《中英通使二百周年学术讨论会论文集》；Günther Lottes, "China in Europe Political Thought, 1750 - 1850," in Lee, ed. , *China and Europe*.

④ Miller, *The Unwelcome Immigrant*, chaps. 2 - 4.

⑤ 格雷格·布卢：《西方社会思潮中的中国传统》，转引自何伟亚文，《中英通使二百周年学术讨论会论文集》，第 80 页。

国热"的那些原因在西方人眼里失去了价值，甚至成为否定和贬低中国文明的理由。但笔者认为，西方从根本上改变关于中国的观念，是一个具有深刻而长远的历史影响的现象，不是任何一个单独的事件所可造成。当西方近代资本主义的发展造就了强大的社会生产力，科学文化的飞速进步使西方人进入崭新的精神世界，资本主义政治制度和自由、民主的思想日益健全和深入人心，当这一切使西方变成一个蓬勃兴旺、充满生机和希望的世界之时，东方这个依然酣睡未醒，并逐渐显出虚弱和落后面貌的专制帝国，便不能不渐渐失去其神秘而诱人的光彩，不再能够充当欧洲的"模范"，而成为嘲讽、鄙夷乃至攻击谩骂的对象。这一过程积渐而至，但不可逆转。也许马戛尔尼使团的难堪经历和使团成员对中国"真相"的揭露，给了西方社会对中国表示愤怒和蔑视的时机和资料，但很难说这是决定性的原因。根据多位学者专门研究之结论，笔者也认为可将西方中国观转变的趋势开始显露的时间大致确定为18世纪中期。

在新教传教士初来中国之时，这种演变还在持续进行。他们在来到中国之前，就已经带有成见地鄙视中国这个"异教国家"。而他们到中国后反馈给西方社会的信息和评论，又进一步为这种观念变迁提供了新的原料和动力。

新教传教士对中国的认识

如上所述，新教传教士是在西方对中国的认识发生根本性变化的时代开始来到中国的。他们对中国的观察，一开始就与耶稣会士有着不同的社会和思想文化背景。而他们对中国的认识对演变中的西方中国观也产生了关键作用。也许更准确地说，他们是新教国家知识界在认识和研究中国方面具有特殊身份的主要群体之一。他们所描述的中国，在一定程度上成为西方公众心目中的中国。应该说，新教传教士关于中国的报道，对一些基本的事实还是尽可能地以客观的态度加以介绍。但同时，他们也竭力想要把他们对中国历史与现状的认识与评价传达给他们的读者，希望西方公众接受他们眼里的中国，这就不可避免带有相当的主观性。

由于新教传教士是来华西方人士中具有特殊身份的一个群体，他们对中国的了解与认识也带有宗教上的特征。对他们的中国观，应从新教传教理论开始考察。

虽然 19 世纪以前大部分耶稣会士对中国进行了热烈的赞扬，但他们认为中国文明至少还有一个重大的缺陷，即对基督教的"真理"一无所知。他们认为基督教是唯一真正的宗教，基督教教义是具有超越国家和民族的普遍意义的最高真理，必须用这种真理征服所有的"异教徒"。这种基督教传教运动最根本的观念当然也为新教教派所认同，虽然他们对"基督教真理"含义的理解与天主教不同。米怜这样论述新教传教的理论基础：

> 基督教将整个世界当作它行动的领域：它不知道还有什么别的地方。它只指令所有的民族放弃那些有害的东西，只希望他们接受他们令人悲哀地缺乏的东西。它绝不通过吹捧一个国家的美德，而向另一个国家强加任何东西。它代表在上帝的眼里处于同一水平的"所有民众与国家"……它对福音所及的所有国家，在道德上有同样积极的责任，它在同样的条件下向所有接受它的人——无论老幼、贵贱、智愚、生长于何国——赐予救赎和恩宠；对所有拒绝或侮辱它的人，它实施的雷霆般的惩罚也是一样的，既公正，又没有求恩或逃脱的余地。

这段话对"基督教征服世界"的传教士心态做了典型的表述。米怜还强调："基督教是唯一适合于全世界的宗教，并且是唯一能够将世俗的王国带入永恒福乐的宗教。"而向"异教徒"传教的理由在于："希望得到基督宠爱的人，有义务竭尽全力使基督教的知识得到传播：上帝会因此喜悦，他令其臣仆成为向他人传送仁慈和恩惠的工具，从而赐予他们荣耀和祝福。"①进一步考察下去可以发现，与耶稣会士时代天主教传教思想相比较，新教传教理论的一个突出特点是，强调接受基督教是衡量一个民族是否可以被称为文明的民族，或一个民族文明程度的尺度。将米怜的上述言论综合起来看，他的"在神的面前一切民族平等"思想的实际含义是，只有信奉基督教的民族，在神的面前才是平等的。米怜还认为，亚当的后代带着"神圣的真理"迁移到世界各地，形成许多民族，随着时间的推移，有的民族便逐渐迷失了这真理，放弃了对"真神的崇拜"，而沉沦于"迷信"，"仍然可以

---

① Milne, *A Retrospect of First Ten Years of the Protestant Mission to China*, pp. 3 – 4.

在退化堕落的民族中发现"这种"真理"的零碎片段，例如在中国经典中还"可以发现""造物主崇拜"的痕迹，就是这些民族从虔敬退化到迷信的证明。他认为伦敦会的使命就是"向异教徒和其他未开化的民族"传播福音。① 这就将基督教文明与"异教"国家的文化分成了善恶、高下不同的两个范畴。

明确地把基督教作为衡量文明的尺度，并认为基督教国家的社会制度、道德水准和物质文化也高于"异教"民族的，是美部会秘书鲁弗斯·安德森。安德森在 1845 年将他的一篇布道词编成一本小册子出版，题为《向异教徒传教的理论》（Theory of Missions to the Heathen）。他在其中说道："基督教与教育、工业、民权自由、家庭、政府与社会秩序、尊严的谋生手段、良好的社区秩序是联系在一起的。"这既意味着基督教可以带来一个理想社会，也意味着只有一个像基督教国家那样的社会才能实践基督教教义和道德规范，使皈依者成为真正的基督徒。因此，他提出："我们关于通过传教活动来传播福音的观念是，在异教徒的部落和国家，创造一个高度进步的、像我们自己所享有的一样的社会，而且我们只想用很短的时间来实现这种思想、道德和社会的转变。我们希望第一代的皈依者，即使是野蛮人中的皈依者，能得到我们基本的道德信念，行为方式，政治经济学，社会组织，权利、正义、平等的观念。"他由此继续发挥他的理论，对新教传教运动进行了新的定义，"传教事业具有双重目的，一是以简单而崇高的方法，即按耶稣'劝人与神和解'的精神行事；另一个则是通过各种直接的方法，重新组织皈依者所属的社会系统的结构"，将这些社会变成"文明的"社会。安德森声称："在当今整个文明世界，至少在名义上都是基督教世界，所以现代传教事业必定都在未开化的（uncivilized），或至多是部分开化的（partcivilized）部落和国家进行。"②

安德森的这篇布道词集中体现了新教传教运动在思想上的特点，即将传教对象和地域在总体上看作野蛮的或半开化的民族和国家，即非文

---

① Milne, *A Retrospect of First Ten Years of the Protestant Mission to China*, pp. 25 – 26, 5.

② *The Chinese Repository*, vol. 15, pp. 481 – 498. 卫三畏对这种理论也有过响应。他在 1864 年给《纽约观察家》写的一篇文章中说，基督教纵然不是文明唯一的动因，至少也是文明不可或缺的动因。Miller, *The Unwelcome Immigrant*, pp. 74 – 75.

明国家；而传教的目的则是在传播"基督教真理"的同时，对这些民族和国家在文化、经济、制度等方面都加以改造，使之也上升到"文明的"状态。不是每位新教传教士都明确地发表过这样的言论，但他们的文章和著作都显示，这种理论是他们进行传教活动的基本信念之一。当来华新教传教士对中国的传统和现实进行论述和评价时，米怜和安德森所表达的思想是他们讨论问题的基本语境。米怜在《印中搜闻》发刊词中还写道："关于东方世界的状况，已有博学之士做了很多描述，他们的才能我们永远难望项背。但也有人认为，他们并没有以基督徒的眼光来考察东方异教徒的思想、特性和制度，——毋宁说，他们是以古代西方异教民族的标准，而不是以受到上帝启示的西方民族的标准来进行评判和臧否。"① 这就明确否定了"中国热"时期以赞赏、钦羡中国文明为思想特征的欧洲作家对以中国文明为主的东方文明的描述，并强调基督教是评判世界文明的最高标准。

在这种思想背景下，新教传教士对中国的认识可以概括为以下几个主要方面。

新教传教士认为将"真正的宗教"即纯洁的基督教与"异教"区别开来的，主要在于是否只崇拜"独一的真活神"（the only true and living God），或者从另一方面来说，是否"偶像崇拜"（idolatry）。所谓"偶像崇拜"的含义，从基督教的角度来看，就是对"独一的真活神"或上帝以外的事物，如对有形的图像和实物的崇拜。以此来衡量，不知"独一的真活神"为何物的中国，当然是一个不折不扣的"异教"国家。值得注意的是，新教传教士都以很认真的态度和似乎很沉重的心情，不厌其烦地、一次次地向差会和西方的公众，报道在这个"异教"的中国到处充斥"偶像崇拜"的现象。马礼逊在给伦敦会的第一份报告中就描述道："中国人的宗教仪式等是荒唐可笑和烦琐不堪的。他们在一条又一条街道，永远以灿烂的物品装饰一个又一个神祇，在他们的偶像面前奏乐和表演，供以丰盛的水果、酒水、饼、家禽、烤猪，等等；还点上蜡烛、香火，烧纸，燃放鞭炮。我还看见他们向圆

---

① *The Indo-Chinese Gleaner*, no. 1, p. 5.

月匍匐膜拜，向她倾洒祭酒并陈放水果。这些细节说起来会无穷无尽。"①
1831 年 3 月 15 日（二月初二日），雅裨理刚到广州不久，在外出游行时，
他可能碰到了民间在"龙抬头"这一天举行的仪式，在日记中记述了一些
细节，如："首先吸引了"他注意力的是，游行队伍中那些"装饰奇异并陈
列了镀金偶像的小庙（可能指神龛）"。在这后面人们抬着"像敞开的轿子
一样的东西，里面放着烤猪、装饰性的水果、饼类及鲜花。在队列中，前面
的少男少女鲜衣怒马，其中第一个孩子乃富家子弟，代表官方侍奉着神祇，
其他的孩子手捧看似礼器之物。后面还有成群的少年步行，每一群都穿着
特定颜色的服装；再后面是老老少少的乐手，带着锣、鼓、铃鼓、钹、弦
乐器和管乐器；此外还有大群的苦力，穿着五花八门，个个身上带有宗教
性饰物。这是我所见到过的最为张扬的集体表演"。他评论说："这看上去
更像是中国人被他们的神祇所激怒，而将这仪式当作他们公开表达轻蔑之
意的机会。这就是缺乏圣灵约束和唤醒的人类心灵状况。"② 其他传教士几
乎都多次在通信、日记、著作、文章中描述中国人的"偶像崇拜"，其中
对"祖先崇拜"的讨论比较多。米怜、郭士立、卫三畏等人关于中国的著
作，在论及中国的精神文化时，几乎无一例外地都要谈到这个问题。大部
分早期来华新教传教士在《中国丛报》上发表过论述中国"异教思想"的
文章，这类文章的数量多达 45 篇，马礼逊、裨治文和郭士立是撰稿最多
的作者。

　　传教士认为"迷信"（superstition）是中国人整个精神生活的又一个特
征。娄礼华在给美国长老会差会的一份年度报告中谈到宁波的社会状况时
说："作为愚昧的产儿，迷信比偶像崇拜更牢固地占据着中国人的心灵。他
们的头脑充满了空虚的、对不可见事物的想象。无论是饱学之士还是无知之
人，偶像崇拜者还是无神论者，都同样毫无保留地相信占卜和预言，相信日
期的古凶，以及整个预言体系。出生的年庚日月、生辰八字，可以清楚地预
示一个人的未来命运，没有人在面对不吉之兆时敢于处理重要事务。在一些
比中国更进步的国家的世俗人士中，也流行着不少这样的观念；但如果说在

---

① Eliza A. Morrison, ed., *Memoirs of the Life and Labours of Robert Morrison*, vol. 1, pp. 163 - 164.
② David Abeel, *Journal of A Residence in China and the Neighboring Countries, from 1829 - 1833*. New York: Leavitt, Lord & Co., 1834, pp. 106 - 107.

那些国家中，这样的迷信现象还不是太多的话，这里的此类现象则可以编成迷信指南。"娄礼华还报告了宁波出现的一个集体迷信的现象："像在其他地方一样，对于超自然力量的相信与恐惧造成了许多痛苦。由于其普遍性，这种恐惧所导致的后果更为可怕。最近，这个地区的所有人都陷入惊恐，因为他们相信，一些会魔法的人带来了无数神秘、力量巨大和不可见的精魂。成千的百姓在几个星期的时间内心惊肉跳，在许多个夜晚保持戒备，彻夜不眠。撒旦就是这样统治着他的王国。"① 郭士立在谈到中国人的"迷信"问题时也说："占星术、预言、泥土占卜和跳神问卜术在中国随处可见。尽管有些是被政府所禁止的，但此类禁令从未生效。中国人身带护身符，有众多的守护神，有施加了魔法的场所，等等，这些都是盲目迷信的产儿。我们为在这样一个有杰出的理解力，也不缺乏思考能力的民族中人类本性的堕落而感到悲哀。"②

早期来华新教传教士都明白，中国在宗教方面有佛教、道教和民间信仰的区分（大部分传教士认为儒学不是宗教），但他们对中国人宗教生活关注的重点，不是这些宗教之间的区别，而是它们的一致特征，即他们所说的"迷信"和"偶像崇拜"。如郭士立在他的《中国简史》中就将佛教和道教轻蔑地称为"两种生于本土的迷信"。③ 中国的宗教中，传教士对佛教所抱敌意最大，可能是因为佛教在中国民间的影响最大，而且有着庞大的宗教思想体系，堪与基督教相抗衡。如麦都思和娄礼华都到过普陀山，他们在自己的著作和日记里都从在那里的见闻出发，对佛教及其宗教仪式进行了讽刺和抨击。④

新教传教士既然认为只有基督教才是文明社会的宗教基础，只有在他们所说的"文明社会"才有真正的道德可言，那么按上述他们对中国社会宗教信仰的评论，中国的社会道德遭到他们的指责和攻击就在所难免。娄礼华就将这种"联系"说得很明白："偶像崇拜和迷信的结合，已造成了通常会

---

① Walter Lowrie, ed., *Memoirs of the Rev. Walter M. Low rie*, pp. 382 - 383. 这里所说的情况，与孔飞力在《叫魂》一书中所描述的 1767 年的巫术恐慌具有惊人的相似之处。

② Gutzlaff, *Journals of Three Voyages Along the Coast of China in 1831, 1832 & 1833*, p. 286.

③ Gutzlaff, *A Sketch of Chinese History*, vol. 1, p. 69.

④ Medhurst, *China*, pp. 204 - 209; Walter Lowrie, ed., *Memoirs of the Rev. Walter M. Lowrie*, pp. 338 - 341.

引起的心灵堕落的可怕后果。……道德的严重堕落与异教思想是相伴而来的。"就中国而言，孔子的教诲中也包含最纯洁的道德观念，但"没有成为民众的德性。如果予以正确的刻画，中国的公众道德状况是黑色的"。而所谓"黑色的公众道德状况"，在娄礼华看来，就是"欺瞒、诈骗和放荡淫逸普遍到令人骇异的程度。扯谎不被当作罪行，指责身份尊崇的人说谎甚至不被看作侮辱"。① 美部会传教士弼莱门在一篇布道词中以更加绝对的语气说："基督教与异教之间的区别是无比巨大的。前者是光明的，后者是黑暗的；前者是光明、自由、有力量的，能提升和净化心灵与情感，而后者只不过是黑暗、奴役，会贬低人类高贵的力量。"依据这种观点，他从 5 个方面论述中国的"民族特性"："他们的无知"，"他们的愚蠢"，"他们的冷漠"，"他们精神上的束缚和奴性"，"美德的缺乏"。他的结论是，只有基督教才能帮助中国实现"道德的复活"。②

其他传教士也都有这样的论调。如裨治文说中国人"没有希望，没有神，是罪孽和撒旦心甘情愿的奴隶"。伯驾认为中国是"道德的荒野"。③ 但是，对中国社会道德的这种谩骂式攻击，本身就是宗教偏见和狂热的产物。在事实面前，娄礼华在向他的读者介绍中国"黑色的道德状况"时，也不得不承认："冷血的谋杀、铤而走险的冲突、致命的斗殴，在中国这个地方都很少听闻；也很少有凶恶的暴徒来扰乱社会的宁静。"④ 提出上述道德论的传教士那时还不得不面临一种尴尬：来自具有"基督徒美德"的"文明世界"的许多"商人"，干着最肮脏的、戕害千万中国人身体和灵魂的、为了满足可耻的私欲和对金钱的渴望而进行的鸦片走私，并且毫不理会中国政府的禁令和西方具有良知人士的谴责，将这种疯狂的贸易日复一日地扩大。在此情况下，传教士便不能满足于泛泛地指陈中国人的"道德堕落"，而利用中国社会的确存在的一些恶俗来宣扬自己的观点，其中他们谈论最多的是鸦片吸食和溺婴。

对中国人，特别是沿海地区的官员和居民普遍吸食鸦片的谈论可以在每

---

① Walter Lowrie, ed., *Memoirs of the Rev. Walter M. Lowrie*, pp. 383 - 384.
② *The Chinese Repository*, vol. 16, pp. 321 - 331.
③ Gulick, *Peter Parker and the Opening of China*, pp. 32 - 33.
④ Walter Lowrie, ed., *Memoirs of the Rev. Walter M. Lowrie*, p. 384.

一位传教士的通信和论著中看到。前面已经提到过,裨治文、合信、雅裨理、伯驾等都写过这方面的文章。颇有讽刺意味的是,谈论中国的鸦片吸食现象最多的,竟是新教传教士中唯一参与过鸦片走私的郭士立。在他的《中国沿海三次航行记》中随处可以看到这方面的记述。① 而且他将沿海地区凡是阻碍他活动的中国官员,都一律说成是鸦片烟鬼。大量有关中国人吸食鸦片的报道和每年大量的鸦片进入中国的事实,使鸦片在西方公众的中国图像里占据了一个独特的位置。

溺婴在中国城乡的下层确实是一种长期存在的野蛮习俗。这种习俗早已引起过西方人的注意和议论,例如马戛尔尼使团成员巴罗就对北京的溺婴现象做过夸张的描述,说每天早晨都有成车的死婴从大街小巷被拉走扔掉。新教传教士对此也普遍地加以关注。米怜在 1819 年就提醒他的读者注意这种"可怖的罪行"。② 郭士立的航行记记述了他与林赛在厦门海岸见到的一个情景:"我们在海滩吃惊地发现了一个刚被杀死的漂亮的新生婴儿。……这一带有一种普遍的习俗,就是将刚生下来的女婴溺死。"③ 对溺婴问题谈得最多的是雅裨理。1831 年他在引述巴罗的话时评论道:"中国这种不人道的溺婴行为普遍到什么程度,我们还难以确定。"④ 十多年后,他似乎找到了具体的材料来确定这种习俗的普遍程度。1843 年,《中国丛报》发表了他在厦门活动期间的部分日记。他在日记中对厦门及附近泉州、同安、安溪、晋江、惠安、南安等地溺婴现象做了详细的叙述。他说他访过这些地方的 40 个村镇,进行过统计,结果是:"在不同的地方,杀婴的比例不同,按中国的算法,从极端的七八成到一成不等,而所有地方的平均数,即这些地方杀婴的平均比例,达到了 2/5,或更准确地说为 39%。"雅裨理还提供了一些具体的例证。如他"听说,在距厦门 10 里一个叫 A'unai 的村子,约 1/3 的女婴被毁掉。向我提供这个情况的人说,他曾杀掉自己 4 个孩子中的两个"。还有人向他提供情况说,村子中的女婴"只有一半能活下来",这个人自己就溺死过 3 个女儿。⑤

---

① Gutzlaff, *Journals of Three Voyages Along the Coast of China in 1831, 1832 & 1833*, pp. 86 – 87, 91, 102, 106, 127.

② Milne, *A Retrospect of the First Ten Years of the Protestant Mission to China*, p. 39.

③ Gutzlaff, *Journals of Three Voyages Along the Coast of China in 1831, 1832 & 1833*, p. 157.

④ Abeel, *Journal of A Residence in China and the Neighboring Countries*, p. 128.

⑤ *The Chinese Repository*, vol. 12, pp. 544 – 545.

有人自称将 5 个女儿溺死 4 个，只保留了 1 个。① 与雅裨理一起活动过的娄礼华接受了前者的说法，在日记中也说："在厦门周围地区，有 1/5 或 1/6 的孩子被他们的父母亲手弄死，或经他们同意由别人这样做。"② 他后来在宁波也记述了那里的杀婴现象。

雅裨理认为这种残酷的行为是因为缺乏基督教 "真理" 的滋润所致："一个对自己与真神的关系、自己对真神的义务全然无知，缺少自然的情感，只知道自己世俗利益的心灵，是难以抵挡杀婴的诱惑力的。……我们可以预见，这种现象会一直持续下去，直至它与进步的社会状态相抵触时。"但导致社会走向进步的是什么？"没有其他任何东西，只有神荣耀的福音。"③

考虑到被溺死的一般是女婴，雅裨理和娄礼华所提供的溺婴比例是令人难以置信的。他们所说的比例都未说明是被溺死者在所有女婴中的比例。如果是指在所有男女婴儿中所占比例的话，那么 39% 的婴儿被溺死就意味着近 80% 的女婴不能存活于世。即使雅裨理所说的四成是指女婴中的四成，那也意味着该地区会有近一半的男性没有结婚的机会。如果出现这样的情形，也就不太可能出现大量溺死女婴的现象。因此，虽然我们可以认为溺婴现象在厦门一带可能的确是很严重的，传教士后来也确实为解决这个社会问题尽了一些努力，但还是应该指出，他们的说法是夸张的。西方公众在一再读到这样的报道后对中国的社会道德状况乃至整个民族的看法，是不难想象的。

新教传教士揭露的中国女性的不幸还包括缠足。如雒魏林的《在华行医传教二十年》用近 10 页的篇幅，转引了对缠足问题的评述。④ 其他传教士也或多或少谈论过这个问题。此外，赌博、卖淫等每个社会都存在的现象，也成为传教士抨击中国社会道德的材料。

虽然传教士将中国的社会道德描绘得一团漆黑，但他们难以否认中国具有悠久灿烂的文化。鸦片战争前后几部重要的著作，如麦都思的《中国：

① *The Chinese Repository*, vol. 13, p. 235. 另见 Frederick W. Williams, ed., *The Life and Letters of Samuel Wells Williams*, pp. 230 – 232.

② Walter Lowrie, ed., *Memoirs of the Rev. Walter M. Lowrie*, p. 209.

③ *The Chinese Repository*, vol. 12, p. 548.

④ Lockhart, *The Medical Missionary in China*, pp. 334 – 342.

现状与展望》、卫三畏的《中国总论》和英国商务官员德庇时的《中国人》（*The Chinese*），在这方面都还是实事求是的，对中国古代的文化成就，如孔子的学说、科技工艺、文学、史学、艺术等方面的丰富遗产，以及教育的普及，行政系统及其运作方面的特色等，都做了大体上真实的叙述，甚至在一定程度上还给予积极的评价。《中国丛报》译介了大量的中国经典和文学作品，对孔子、孟子、司马迁、朱熹、汉武帝、朱元璋等著名人物，都有文章介绍他们的生平、思想与事迹。也有不少传教士对清朝的康熙帝怀有兴趣。可以认为，真正具有历史、人文价值的传统文化，即使对中国心怀偏见的新教传教士也无法忽视其值得欣赏赞叹的方面。而且，随着他们对中国文化了解的加深，摆脱了浮躁与挑剔的心态，他们的态度就更加向公正的方向靠拢。

对中国传统文化采取比较客观态度的典型例子是理雅各。他长期在香港从事传教活动，但他一生最重要、足以传世的事业，就是翻译了 9 部中国经典（四书五经）。他在述及中国悠久历史时就写道，他开始认真学习"这个奇特民族的奇特语言，并进一步看到他们拥有宝贵的文化遗产。他们很突出地是一个博学的，或者更恰当地说是善于阅读的民族"。1858 年他在广州目睹了科考的情形，有 7000 多人赶考，他认为这显示了"中国的教育精神"。他写道："真的，他们的文明与我们的迥然不同，但他们已远离了野蛮时代。"他进一步对中国文化的特征加以思考，提出了一个问题：中国文明已经存在了 4000 年，而一些也许取得过"更高成就"的文明，如亚述、波斯、希腊、罗马，以及一些近代的帝国都经历了兴衰盛亡，唯独中国在4000 年后依然存在，原因何在？"很清楚，这是因为这个民族当中必定存在最伟大的美德和社会原则。"在他看来，这种原则在很大程度上可以归因于世界罕有的"对学问的高度尊重"。[1] 他还认为："儒学与基督教并非敌对，不像佛教和婆罗门教。它既不像前者那样主张无神论，也不像后者那样宣扬泛神论。它只是讨论限于东方的、特定时代问题的体系。"在这个体系中也有一些有价值的东西，而传教士也应该去加以探索，"花多少精力去阅读孔夫子的书都不为过"。[2]

---

① Helen Legge, *James Legge*, p. 28.
② Helen Legge, *James Legge*, p. 37.

当然，这些传教士在评说中国历史人物与传统文化时，特别是儒家思想时也是褒贬并存，并非一概加以赞扬的。米怜认为中国的传统文化中有"关于生活的正确观点""许多有用的箴言"等，值得加以重视，但又认为"我们对他们的评价不可避免是很低的"。① 而更多的传教士则将孔子哲学当作"单调陈腐的"东西。② 卫三畏后来甚至在他的信件里举出一个事例，证明一个美国青年因为阅读儒家的书籍，使他对于神和宗教的观念受到"腐蚀"。③

传教士无法忽视中国传统文化，是因为早在基督教产生之前，中国就有了凝聚着东方智慧的道德学说和政治思想，在漫长的时间中取得了辉煌的文化成就。大部分传教士故意对儒家学说采取一种冷漠甚至带有敌意的态度，乃是因为儒学在中国占有令他们艳羡的地位。而且他们相信，只有基督教（新教）才代表未来文明的方向，其他的思想体系总的来说都是错误的和过时的。裨治文就说过，欧洲近代的变化和进步，在思想上主要应该归因于宗教改革，而"中国现在的情形就如同宗教改革前的欧洲"，当欧洲中世纪的黑暗在 16 世纪被冲破，"改革者的光辉升临西半球之时，这里依然像以往那样停留在重重阴霾和自命不凡之中"。因此中国也需要新教"光辉"的照耀。④ 这就从进步与落后的角度，将新教与中国传统文化对立起来。从这样的观念出发，他们认为中国传统文化，主要是儒家文化导致了两个落后于时代的民族特征：停滞性和排外性。

裨治文在同一篇文章中写道："中国是很快就进入现代进步的进程，还是要经过漫长的时间才能进入，在很大程度上取决于外国人所追求的事业。"因为"这个国家的民众相信，人类心灵所可能取得的最高成就，已由他们的先王达到了。他们在思想上和实践上都向过去寻找优秀的东西"。⑤ 这就意味着中国人在思想上早已停滞不前。米怜对此有同样的看法。他认为："在很长的时间里，中国的艺术和科学处于停滞状态。从上次出使中国的英国使节（1816）的叙述来看，他们现在甚至处在退化的状态。中国人

---

① Milne, *A Retrospect of the First Ten Years of the Protestant Mission to China*, pp. 27 – 28.

② Miller, *The Unwelcome Immigrant*, p. 65.

③ Frederick W. Williams, ed., *The Life and Letters of Samuel Wells Williams*, p. 446.

④ E. C. Bridgman, "Intellectual Character of the Chinese," *The Chinese Repository*, vol. 7, pp. 5 – 6.

⑤ *The Chinese Repository*, vol. 7, p. 1.

固执地拒绝进步，并不是因为缺少天才，而是因为他们的原则。他们认为古圣先王及其政府是最为卓越的，是民族智慧和美德的最高体现，而且他们生活的时代与这些圣王的时代大体上是相似的。他们仍然是古代盲目的奴隶。"① 郭士立也认为，中国人的心灵"习惯于服从；它不愿，也不能逾越雷池一步，所有的思想都以传统的教条为准绳，这就削弱了自己的才能，产生了服从于权威的奴性，压抑了探索的精神"。②

新教传教士还认为，中国人对儒学的盲目信从导致了对其他文化的拒绝，从而使整个民族文化出现排外的倾向。

欧美的基督教新教，充满了宗教改革所带来的活力和近代资本主义在各方面蓬勃发展而产生的骄傲与自信，希望能在"一代人的时间内就使全世界皈依基督教"，或者如美国一位宗教家所说的："即使我们不能真正看到基督千年王国的降临，我们也可以见到，而且我们中的一些人一定会见到它降临的决定性的征兆。"③ 然而与传教士及其差会的设想相反，中国的"异教徒"对于他们声称给西方带来了文明和繁荣的基督教显得十分冷漠，除了商人和沿海一些需要到外国人那里寻找工作机会的人，统治者、普通大众和作为社会精英的知识阶层对于寻求发展更深入关系的西方人无动于衷。人们都相信中国是"天朝上国"，而其他国家是"夷狄之邦"。郭士立在第一次航行时就注意到："大部分中国人猜想，欧洲是一个小国，那里住着操不同语言的商人，他们靠与中国的贸易为生。"而当郭士立告诉他们欧洲有许多国家时，他的听众还是认为欧洲只是"一个小岛，只有几千个居民"。④ 这种态度就是传教士一再抨击的"排外"。几乎所有的传教士都对他们的传教活动缺乏具体的成果——无法吸引到皈依者而感到焦虑不安，也对他们在日常生活中遭遇到的不便和冷漠而恼怒不平。麦都思在书中说："如果问一个中国人哪个是最文明的民族，并向他告知欧洲人在技能和武力方面的领先地位，他必定还会毫不犹豫地给予他自己的国家以最荣耀的称赞。"⑤ 伯驾

---

① William Milne, "National Character of the Chinese," *The Chinese Repository*, vol. 1, p. 327.

② "Observations on Traits of Chinese National Character," *The Chinese Repository*, vol. 11, p. 483.

③ Phillips, *Protestant American and the Pagan World*, pp. 7 – 8.

④ Gutzlaff, *Journals of Three Voyages Along the Coast of China in 1831, 1832 & 1833*, pp. 112 – 113.

⑤ Medhurst, *China*, p. 98.

在刚到中国之时，就多次在他的日记和通信中提到中国人的"自大"和
"傲慢"。① 卫三畏在《中国总论》中也说："中国人无疑是世界上最为自高
自大的民族。"② 他在 1849 年写于广州的一封信中为这个断言提供了一个具
体的证据："我上个礼拜日在前往参加布道仪式时，在街道上走了约两英
里，几乎（街上）每 10 个船民中就有一个对我发出诅咒，把我当作最可恨
的外国人之一，'杀'和'番鬼'的喊声从街道的两边传来。"③ 裨治文对
他在广州的一次类似的遭遇长期耿耿于怀。1846 年 7 月 25 日，裨治文夫妇
和另外两个传教士雇了一条船，以便能"休闲"并散发传教小册子。他们
从广州到黄埔附近后，折进珠江南面的一条河流，不久就听到有人喊"杀
番鬼"，附近的许多村民纷纷赶到河边，围观叫骂，手持木棒、竹竿等家
什，群情汹汹，并有人向他们的船投掷大量的石块等物。裨治文等试图平息
这种莫名的怒火，但适得其反。人们叫道："外国鬼子杀了我们的人，我们
就杀你们报仇。不管你们是谁，都要偿还中国人的血债。"这样的围攻持续
了很久，直到他们拼命将船驶远。④ 罗孝全则真的尝到过挨打的滋味。1838
年 5 月 29 日，他带着一个流落到澳门的日本人，一起到澳门附近的村庄去
散书传教，在其中的一个村庄遭到村民的暴打，最后狼狈地离开了。⑤ 裨治
文和罗孝全叙述他们遭遇的信件也都很快在其国内被刊登出来。这样的具体
事例，无疑可以使他们的读者更加相信中国人"排外""傲慢"的观点。

　　中国政府和政治制度一直是西方人感兴趣的对象。新教传教士在这方面
花费了很大精力进行研究和介绍。特别是郭士立、麦都思和卫三畏的几部著
作，对清代中国的行政系统和统治方式都有很详细的论述。不过传教士虽然
都认为中国政治制度是专制主义（despotism），却没有表现出多大的兴趣对
之加以抨击。郭士立则从理论上分析过中国专制主义统治的文化根源。他认
为中国儒家文化所倡导的对古圣先王的崇拜和无条件服从，使人们养成了屈

---

①　Gulick, *Peter Parker and the Opening of China*, pp. 33 – 34.

②　S. S. Williams, *The Middle Kingdom*: *Geography*, *Government*, *Education*, *Social Life Arts*, *Religion & c. of the Chinese Empire and Its Inhabitants with a New Map of the Empire*, vol. 1. New York: John Wiley, 1871, p. 215.

③　Frederick W. Williams, ed. , *The Life and Letters of Samuel Wells Williams*, p. 169.

④　*The Missionary Herald*, vol. 43, pp. 22 – 24.

⑤　*The China Mission Advocate*, vol. 1, pp. 61 – 63.

从于权威的习惯，放弃了思想的权利，"这样，严格地说，他们在精神上还没有开化，服从于教条式箴言的枷锁就很容易地产生了"。这种精神生活的状态，"正是一个专制政府希望它的臣民所处的状态，这样控制他们就很容易"。通过钳制民众的思想，"统治者取得了不可估量的优势，而不怎么担忧民众会失去忍耐。整个法典也是根据实行精神奴役的目的而制定的。法律之上还有法律，律令之上还有律令，规条、上谕、告示、命令、训谕，等等，没完没了。它们合起来限制每个人的行动，使大众成为其统治者手中的木偶。尽管这些法律平时形同具文，但只要统治者高兴，就随时可以实行。他们很艺术地驾驭着一切，当他们需要时，无辜者就会感受到其毁灭性的力量，在受害者觉察之前就很快大祸临头，注定要承受那最为臭名昭著的压迫。官员的仆从使民众处于连续不断的恐惧之中，诡计多端地向牺牲者发动袭击。这是一种真正的奴役"。①

郭士立的论述可以代表当时其他传教士对中国政治的认识。大部分传教士没有像郭士立这样进行严厉的抨击，他们把对清政府的不满主要发泄在对它的"排外"政策的指责上。像罗孝全和裨治文那样直接受到他们所说的民间"排外"情绪冲击的情况毕竟不多。但几乎每一位传教士都很熟悉清廷和地方官吏的文件中"天朝抚有万邦""万国来朝"之类自傲、自大的语言，和对西方来华人士一概加以"化外""夷狄"之类轻蔑称呼，在外国人的名字前面加一个"口"，以示"非我族类"等做法。在清廷正式宣布弛禁基督教之前，几乎每一位传教士都受到清政府限制外国人在华活动和特别禁止外国传教士活动政策的双重影响。从某种意义上说，传教士在书信、日记、报告中对他们在中国传教过程中遭遇的叙述，就是对清朝采取的"排外"政策的一种描述。例如马礼逊在日记中记述的帮助他翻译和刻印中译《圣经》的"高先生和他的儿子"在清廷的追查下"从我这里逃走"之类的事情，② 无疑就透露了清朝具体实行限制外国人活动特别是传教活动的信息。前文对此已有所论述，这里不再赘引。值得再提一下的是，伯驾在鸦片战争爆发后给美国国务卿韦伯斯特的关于对华关系的建议书中，主张美国应

---

① *The Chinese Repository*, vol. 11, p. 483.

② Eliza A. Morrison, ed., *Memoirs of the Life and Labours of Robert Morrison*, vol. 1, p. 377.

该采取措施，防止道光帝上谕中宣称的对英国"永远断绝贸易"的政策实现，因为那将导致"所有的对外关系的完全断绝"。为了表明他并非危言耸听，他提到曾望颜在1840年提出的"封关禁海议"，伯驾评论说："贸易一旦被禁止，要使它恢复，其难度将超过现在及时地重视这个问题而避免这种政策付诸实行。"① 伯驾对美国政府的建议，反映了他对清政府实行彻底的闭关排外政策是很担心的。其他的传教士和西方人士也有和伯驾一样的心态，所以曾望颜的"封关禁海议"一传出，马儒翰立即将之译成英文，发表在1840年11月号的《中国丛报》上。

至于清朝作为一个国家的衰落和腐朽状况，早在新教传教士来中国之前就已经为西方所熟知。1637年，英国船长威德尔率领区区几艘英国商船，就可以无视明朝的防卫而在珠江口横冲直撞；1808年英国借口防止法国人进攻而出兵占领澳门，清政府迫使英国人退出的手段不是武力，而是停止与东印度公司的贸易；次年，堂堂的"天朝上国"为了对付在珠江口一带横行的海盗，竟需要羞答答地请求英国人帮忙。② 这些事实，当然还有清朝在鸦片战争中的惨败，就已足以证明"中华帝国"的虚弱不堪了。郭士立和麦都思、史第芬的中国沿海航行游记，特别是郭士立的《中国沿海三次航行记》所记述的中国沿海防卫状况，无疑再次以具体的事实揭露了清朝不堪一击的情形。而传教士在鸦片战争前讨论如何打破中外关系的局面时，那么多的人建议采取炮舰政策，说明在他们看来，用武力来对付这样一个老大的帝国，是肯定不会有什么风险的。

大部分传教士没有郭士立那样的机会去亲身感受清朝在军事上的虚弱，但他们接触民间下层，能观察到当时在中国普遍存在的贫困现象。美部会的帝礼士将1834年他在广州地区活动的日记，发表在美国公理会所办的《传教先驱》月刊上。他的日记把当时在西方人中最著名的中国城市广州，描绘为一个乞丐成群的地方。他报道说，这些乞丐"从头发花白的七八十岁的老人到八至十岁的儿童都有"，"经常可以发现他们在夜间死去"，而每天早晨在路边成片地睡在一起的，既有活着的乞丐，也有倒地不起的饿殍。他

① Stevens, ed., *The Life, Letters and Journals of the Rev. and Hon. Peter Parker*, p. 187.
② 马士：《东印度公司对华贸易编年史（1635～1834年）》第3卷，第73～122页。

在 1834 年 4 月 15 日给差会的信中说:"今天早晨我所看到的景象使我的心滴血,永生难忘。在我寄给你们的日记里经常提到的那座庙宇前,有已死的人、垂死的人、病人和挨饿的人,衣不蔽体,满身污秽。自 5 个月前我第一次见到这座庙宇以来,我所认识的人中已经有几十个在饥寒交迫中死去。郭士立先生认为,其他省份的贫困情况比这里更为令人忧伤。"① 雅裨理差不多同时也在日记里写道:"人们是如此贫穷,他们的习惯是如此肮脏,以致使周围美丽的景致也黯然失色了。"② 娄礼华在谈到中国的社会情况时也说:"有一件事很肯定,到这里来的传教士会发现人们处于普遍的贫困和愚昧当中。"他认为在西方,以前有很多人认为中国是一个遍地金银、人人锦衣玉食的富庶国度,现在中国也确实有不少富人,但"即使在最严格的意义上,中国的大众都是很贫穷的"。③ 麦都思在谈论中国向东南亚的移民时说:"尽管人们辛勤耕作,但大部分省份的人在谋生方面颇为艰难;很多人死于匮乏,更多的人被迫向外移民。"④ 人们的严重贫困不可避免地造成整个国家的贫困化,甚至连清政府的国家机器也在所难免。郭士立的航行记既记载了福州的所谓"三山举人"向他乞求银两的事,⑤ 也描述了吴淞口守军的贫穷和装备的低劣。⑥

在新教传教士笔下,所谓"天朝"就是这样一个专制、排外、虚弱并且贫穷的国家。

按照米怜、鲁弗斯·安德森和一些传教士的只有基督教国家才是文明国家的定义,中国已经被先验地排除在"文明国家"的范畴之外。而在传教士以大量的文字论述中国的"异教主义",社会道德的堕落,停滞与排外的民族特性,专制、排外、虚弱的政府和国家与民众的普遍贫困后,他们就有了丰富的材料反过来证明他们的"理论"。裨治文关于中国在历史上的地位相当于宗教改革前欧洲的观点,可以看作传教士对中国与西方在人类文明史上相对位置看法的典型概括。他在《中国丛报》第 2 卷的发刊词中再次陈

---

① *The Missionary Herald*, vol. 31, p. 69.
② Abeel, *Journal of A Residence in China and the Neighboring Countries*, p. 116.
③ Walter Lowrie, ed., *Memoirs of the Rev. Walter M. Lowrie*, pp. 248, 232.
④ Medhurst, *China*, p. 39.
⑤ Gutzlaff, *Journals of Three Voyages Along the Coast of China in 1831, 1832 & 1833*, p. 183.《三山举人求帮书》,许地山编《达衷集》,第 27 ~ 31 页。
⑥ Gutzlaff, *Journals of Three Voyages Along the Coast of China in 1831, 1832 & 1833*, pp. 214 – 217.

述了这一论点，认为"从宗教改革的太阳升起之时起，欧洲经过激励和震荡就站到了她的中心位置"。① 那么，除了欧洲和发扬了她的"崇高精神"的北美合众国，其他国家和民族则只能处于人类历史新进程的边缘地带。

当然，安德森们所说的"文明"实际上是指近代的资本主义文明。新教传教士中也没有人将中国说成野蛮国家。米怜认为："在尧、舜的年代，中国刚从野蛮时代走出来。在那之前，中国人生活在蛮荒状态之中。"② 这表明，他认为中国不是野蛮国家。麦都思不同意把"异教世界"一概说成非文明国家，认为也应在这些国家之间进行文明和野蛮的区别，而中国这样一个宁静、有序、行为优雅，并且在相当长的时间里，当其他民族还处于野蛮时代时就表现出很多文明迹象的国家，应属于文明国家。虽然中国没有达到欧洲那样"高度的进步"，没有明确规定公民的权利，科学、艺术不如欧洲昌明，也没有"铁路、隧道、机械，以及所有由燃汽和蒸汽的使用带来的产品和工程"，但与那些"住洞穴、穿兽皮、坐在地上"的民族还是有很大区别的。③ 他在书中以近 40 页的篇幅叙述中国的文明成就。不过可以看出，在他看来，中国的文明与欧洲的文明相比还是有很大距离的。他认为中国"拥有的文明与现在的土耳其，或几个世纪前的英格兰一样多"。④ 实际上与裨治文等的看法并无区别。因此，在传教士看来，中国的位置就在野蛮民族与近代文明——西方资本主义文明之间的中间地带，类似于土耳其。美部会的帝礼仕在公开发表的一篇文章中说，中国处于"半文明、半开化（half-civilized and half-enlightened）的状态"，似乎可代表传教士的基本认识。⑤ 一位美国研究者也建议把早期新教传教士对中国的基本看法概括为卫三畏在某个地方说过的"半文明"（semi-civilization）的国家或"有缺陷的文明"（detective civilization）的国家。⑥ 这其实也是当时在华西人的普遍看法。⑦

① *The Chinese Repository*, vol. 2, p. 2.
② Milne, *A Retrospect of the First Ten Years of the Protestant Mission to China*, p. 18.
③ Medhurst, *China*, pp. 97–98.
④ Medhurst, *China*, pp. 97–98.
⑤ *The Chinese Repository*, vol. 4, p. 572.
⑥ Miller, *The Unwelcome Immigrant*, p. 73.
⑦ 参见拙文《时势、史观与西人对早期中国近代史的论述》，《近代史研究》2019 年第 6 期。

这样，一个崇拜偶像、热衷于迷信、道德堕落、傲慢不逊、封闭排外、普遍贫穷、由一个专制而虚弱并敌视外国人的政府统治的国家，一个"半文明、半开化"的民族，就是早期新教传教士向西方公众展示或介绍的中国形象。在这以阴暗、消极为主色调的图像中，唯一积极的东西就是中国古代文化。它留下的遗产如此丰厚，以至代表着近代资本主义文明的新教传教士也不能视若无睹。这种中国观的形成，有着复杂的、多方面的原因。它带着明显的偏见与敌意，但也有理性的分析和讨论；它既表现了以"欧洲中心论"为主要思想背景的近代西方世界对其他文明的蔑视，也反映了从资本主义文明的角度来审视封建时代的中国而必然产生的评价；它既包含了传教士从固有的观念和偏见出发草率、武断地得出的结论，也包含了他们之中有些人经过冷静观察和思考而形成的观念。他们对中国民族特性、社会道德等的一概否定是充满了偏见的，但他们对清代闭关政策和排外心态的论述，对清朝虚弱腐败的报道则是符合历史事实的。因此，今天来回顾一个半世纪前传教士对中国的认识，应该看到它具有多方面的特征。

新教传教士所表达的关于中国的观念，本身就是西方中国观演变这一潮流的组成部分，并且是有广泛社会影响的、具有决定性作用的组成部分，正如上面提到的那位美国研究者所说的，所有传教士关于中国的评论，"都被宗教界的出版物和新教徒的讲坛加以放大，而对这类非常特殊的、个人化的媒介对大众舆论的影响，现代传播学理论是给予了高度评价的"。[①] 同时还应指出，19 世纪前期形成的这种中国观，对 19 世纪后期乃至 20 世纪前期西方对中国的认识仍有深刻的影响。虽然西方和中国充满了变化的历史过程会不断改变人们的认识，但那些基本观念依旧流传下来，或以各种变态保存下来。甚至在一些当代西方著作中，仍可看到与一个多世纪前新教传教士的论著相似的描述与评论。

三　新教传教士与西方早期汉学

新教传教士在沟通中西文明方面一项不可忽视的成就，就是对中国语言

---

① 　Miller, *The Unwelcome Immigrant*, p. 79.

和历史文化进行了相当广泛的研究，并把他们的研究成果介绍给西方公众和学术界。

传教士对中国语言与历史文化的研究，最直接的原因仍然是传教活动的需要。他们要与自己的传教对象接触，要将基督教信条在口头上和文字上表达出来，就必须熟悉当地的语言，进而对它的特点和规律加以研究。同样，他们要顺利进行"征服异教徒"的事业，就必须了解所在国家的民族特性和社会心理，而了解、研究其历史文化则是必不可少的手段。因此，西方对亚洲、非洲和美洲土著的语言和文化的研究，在初期都与传教士的活动相关。在面对中国这样使用发达的、与西方全然不同的语言系统，拥有悠久文化的民族时，传教士进行有关学术研究的必要性就显得尤为突出。明末清初天主教传教士对中国的报道和研究，对西方近代汉学的出现起到了孕育和催生的作用。① 新教传教士在这方面的努力，与近代西方汉学也有密切的联系。

一般认为，真正意义上的西方汉学（sinology）的开端，是 1815 年法国学者雷慕沙被任命为法兰西学院汉学教授这一事件，它标志着对中国的研究正式迈入西方学术的殿堂。这种普遍的看法意味着，传教士所进行的中国研究不能被称为"汉学"，与从雷慕沙开始的西方学术界进行的汉学研究属于不同的范畴，或者说属于不同的层次。的确，无论是天主教传教士还是新教传教士，他们对中国语言与历史文化的探讨还处于比较浅显的层次，缺乏深湛的研究成果。但是，西方汉学在其初期阶段也是从比较浅显的研究开始的，并且早期的汉学家大都没有到过中国，不得不在相当大的程度上倚赖传教士提供信息和资料，参考乃至利用他们的研究成果。从这个意义上说，新教传教士的有关研究又可以说是早期西方汉学的组成部分。

本节将讨论新教传教士在中国语言、历史文化和中国文献翻译方面的学术成果。他们的学术工作当然不限于这几个方面，例如在中国哲学、宗教方面也有一些著述。但在笔者看来，本书讨论的这个时期他们在这两方面的论

---

① 比较系统的阐述，参见 D. E. Mungello, *Curious Land: Jesuit Accommodation and the Origins of Sinology*. Honolulu: University of Hawai'i Press, 1989; Ming Wilson and John Cayley, eds., *Europe Studies China: Papers from an International Conference on the History of European Sinology*. London: Han-Shan Tang Books, 1995.

述带有太多的宗教偏见，缺乏必要的学术理性，像理雅各那样比较客观地讨论中国宗教的著作①在这个时期是很罕见的，因此这里不拟论述。至于新教传教士在中国地理方面的研究成果，除裨治文和卫三畏依据嘉庆《大清一统志》在《中国丛报》上发表的介绍中国基本地形和政区的系列文章（共20 余篇）外，一般包括在他们的历史文化概述类著作中。

新教传教士与西方早期的中国语言文字研究

这是新教传教士在学术研究方面致力最多的一个领域。早期来华新教传教士的中国语言文字（汉语言文字）研究，主要集中在以下两个方面。

第一，汉语语法与汉字结构的研究。

西方学者根据耶稣会士提供的资料对汉语进行的研究，最早可追溯到17 世纪。17 世纪和 18 世纪初的一些欧洲学者，出于对欧洲语言的不满，极力追寻一种所谓"通用语言"或"世界语言"（universal language），并相信这种语言必须以所谓"原初语言"（primitive language）为基础。根据《圣经》传说，他们相信，上帝在创造亚当之初所教给他的语言是一种纯净、精确和十分简单的语言，由亚当的子孙在世界各地使用，因此这种"亚当的语言"或"人类语言"、"原初语言"，又被称为"通用语言"。据《圣经》上的说法，"那时，天下人的口音、言语都是一样"。但后来人类为了与上帝竞赛而在巴比伦建造通天塔，引起上帝的震怒而报之以惩罚，决定"在那里变乱他们的口音，使他们的言语彼此不通"（《旧约·创世记》第十一章）。在那之后，那里人们的"原初语言"就逐渐混淆丧失了。在一些学者如培根、莱布尼兹、约翰·韦伯（John Webb）等看来，中国人也是亚当的后代，其祖先早在建造通天塔之前就移居到东方，不在上帝施以惩罚的对象之列，他们使用的"原初语言"也就保留了下来。因此，要寻找"原初语言"，就必须研究中国语言。英国学者约翰·韦伯在 1669 年出版了一部题为《关于中华帝国语言为原初语言之可能性的历史探讨》（*An Historical Essay Endeavouring A Probability That the Language of the Empire of China is the Primitive Language*）的论著，专门论述中国人为亚当的后代以及中国语言为

---

① James Legge, *The Religions of China: Confucianism and Taoism Described and Compared with Christianity*. London: Hodder & Stoughton, 1880.

"原初语言"的观点，并结合这种观点对中国语音进行了探讨。① 在韦伯同时代及以后的时期，还有其他学者尝试从这个角度研究中国语言。根据马礼逊提供的情况，1737 年，一位叫佛蒙特（Fourmont）的法国作者也在他的著作中将汉语称为"神的语言"（divine language）。马礼逊还提到一位叫威尔金斯的主教（Bishop Wilkins），在其论述"通用语言"的著作中，表示希望在汉语里寻求一种"表意的"而非"表音的""系统"，使之作为"通用语言"的基础。②

这种对中国语言性质的幻想，在一定程度上反映了"中国热"流行时代欧洲学者对中国文化的好感。而到了新教传教士研究中国语言的时代，与西方中国观的演变相应，对中国语言的这种向往已烟消云散。在汉语研究方面颇有造诣的马礼逊将汉语称为"异教徒的语言"。③ 裨治文以西方语言为标准来对汉语进行评判，他认为汉语有以下特点：常用单字数量少，④ 造成一字多义的现象非常普遍；与此相联系，所有汉字的发音不超过 2000 个，这其中的大部分还是由音调的变化（即四声）才产生的，这在口语中表现为音节变化的不明显，使外国人在对话中，往往因难以辨别字句之间在发音上的轻微区别而不能理解对方的意思；汉语语法简单，缺乏语源学上的词形和重音特点；也没有数、格、语气、时态的区别，名词和动词在句子中没有什么变化，各种成分在句子中的区别与联系只是由其位置的不同来表示，简言之，汉语缺乏西方语言那些"显著的特征"。此外，汉语作品中还普遍存在各种程式、套话、成语、格律等，也是"其他国家"语言中没有而且难以弄清的东西。在他看来，汉语的这些特点都可以说是缺点，而判断其为缺点的理由，就是因为这些特点使汉语与西方语言存在如此巨大的区别，让西

---

① Mungello, *Curious Land*, pp. 174 – 207; Christoph Harbsrneier, "John Webb and the Early History of the Study of the Classical Chinese Language in the West," in Wilson and Cayley, ed., *Europe Studies China*.

② Robert Morrison, *Chinese Miscellany*: *Consisting of Original Extracts from Chinese Authors in the Native Character with Translations and Philological Remarks*. London: The London Missionary Society, 1825, pp. 3, 49.

③ Eliza A. Morrison, ed., *Memoirs of the Life and Labours of Robert Morrison*, vol. 2, p. 220.

④ 他认为有两三千个，如斯当东统计《大清律例》所用的汉字不超过 2000 个；《三国志》所用的汉字单字为 3342 个；马礼逊和米怜翻译《圣经》用汉字 3600 个。

方人难以掌握和使用。① 郭士立在他的论文中，也将汉语说成"语言上的巴比伦通天塔"。② 禆治文和郭士立在语言上的这种典型的西方中心论，与约翰·韦伯以及莱布尼兹、培根等人关于汉语为"原初语言"的论点，是18世纪前后西方两种截然不同的中国观的缩影。

虽然新教传教士对汉语已经失去了他们的先辈曾有的那种尊敬，但从传教、与中国人交往的角度考虑，他们仍然花费巨大的精力，开展对汉语的研究。他们在鸦片战争前后出版关于汉语语法的著述，在学术上有一定的深度，在数量上也颇为可观。在这方面起到开创性作用的依然是马礼逊。

最先出版的由新教传教士撰写的汉语语法书是马希曼的《中国言法》(*Elements of the Chinese Language*)，1814年出版于塞兰坡，这是第一部正式出版的英文汉语语法著作，在西方也有一定的影响。不过，它不是最先完成的汉语语法著作。最先完成的是马礼逊的汉语语法书，英文名为 *A Grammar of the Chinese Language*，中文书名则为《通用汉言之法》。马礼逊早在1811年就完成了这部著作，将它提交给广州英国商馆特选委员会，后来"委员会将它寄送大总督，在加尔各答付印"。③ 但直到1815年，这部著作才在英印学院出版，印刷了500本。④ 马礼逊在前言中说，这本书的目的在于向"学习汉语的人提供实际的帮助"，因此"有意忽略了对这种语言的本质进行探讨"。尽管如此，这本280页论述汉语语法的专门著作，像马希曼的《中国言法》一样，还是以英语语法系统为基本模式，对汉语语法进行了比较全面的分析。马礼逊在书中对汉语的特点做了简单的评论，该书前面的部分介绍了中国的反切注音法和四声声调，及他所确定的汉字语音表，汉字的特点，214个部首表（依《康熙字典》），以及中国人编写的一些汉语字典。其主要部分论述汉语的发音、名词、数字、"之"的用法、名词（数、格、性）、形容词（原级、比较级和最高级）、数词、代词（人称、所有格、疑问、指示、关系、个体、不定）、动词（有、是、做、必须、必要、应该、

---

① E. C. Bridgman, "The Chinese Language," *The Chinese Repository*, vol. 3, pp. 1 – 7.
② Charles Gutzlaff, "Remarks on the Chinese Language," *The China Mission Advocate*, vol. 1, p. 193.
③ 马士：《东印度公司对华贸易编年史（1635～1834年）》第3卷，第161页；Eliza A. Morrison, ed. , *Memoirs of the Life and Labours of Robert Morrison*, vol. 1, pp. 298 – 299.
④ 马士：《东印度公司对华贸易编年史（1635～1834年）》第3卷，第238页。

可以、能、将、让、劝告、增加、打，及非人称）、副词、介词、连词、感叹词，末尾部分还论述了中国方言、句法，介绍了韵律。书中提供了说明汉语语法的大量例句，均为汉英文对照。全书的重点在于对形容词、副词和动词的介绍，而对动词的论述显然是作者最为重视的部分，有关内容近 90 页，占全书近 1/3 的篇幅。马礼逊最重视的动词分别对应于英文的 "to have" "to be" "do, must, ought, should, may, can, will, let" 等，不难看出，这是作者利用英文语法结构和特点作为框架，给予汉语以语法解释的结果。也可以说，他将英文的基本语言规律也当作汉语的语言规律，而将汉语纳入他非常熟悉的母语的语法结构。马礼逊写成这本无前例可援的汉语语法书时，在中国只生活了 4 年，他能取得这样的成就堪称难能可贵。作为第一部系统论述中国语法的著作，该书在汉语语法研究史上具有开拓性意义。

马礼逊在写出上述语法书的同时，还编写了一本篇幅相当的汉语口语对话教材，并在 1812 年由英国商馆特选委员会将它与《通用汉言之法》一起寄到加尔各答。① 但它并没有在印度得到出版，而是 1816 年在澳门由东印度公司印刷所出版。该书名为《中文对话与例句》（*Dialogue and Detached Sentences in the Chinese Language*；*with a Free and Verbal Translation in English*），全书共 262 页，内容是一些日常汉语会话，对外国人比较实用。他在封面上注明，编写本书的宗旨是"向学习中文者提供初级读物"。1817 年，马礼逊又出版了《中国一瞥》（*A View of China*），主要介绍中国历史文化和地理、政治、宗教，也有一些涉及汉语的内容。

1825 年，马礼逊在回国休假期间又在伦敦出版了《汉语杂说》（*Chinese Miscellany*：*Consisting of Original Extracts from Chinese Authors in the Native Character with Translations and Philological Remarks*）一书。马礼逊在这本 52 页的小书中比较概括地介绍了汉语的一般特点和他自己的一些研究心得。他所介绍的内容包括作为汉字生成规律的"六书"；金文、篆书、隶书中的 373 个构成汉字的"象形符号"（symbols），他将这些"象形符号"分成数字、天体、地上事物、人类、动物、植物和人工产品 7 类；汉字的笔画；罗马字母汉字注音法；汉字的 411 个发音；214 个部首的读音与意思；汉语作

---

① 马士：《东印度公司对华贸易编年史（1635~1834 年）》第 3 卷，第 175 页。

品选；汉语文化典籍简介；四书五经提要；欧洲与中国交往简史以及有关中国的著作。书中还附有显示汉字、汉语特征的 12 页图版，其中有几页是马礼逊亲笔所写的汉语字句。在出版这本书的时候，马礼逊正在伦敦开办一所汉语学校，因此，《汉语杂说》可能是他为学生编写的一种教材。与《通用汉言之法》相比，《汉语杂说》没有什么新的内容。

相继出版的马希曼和马礼逊的汉语语法书，虽然掀开了西方汉语语法研究史的重要一页，在当时是难能可贵的学术成果，但还存在种种缺陷。1822年，法国著名汉学家雷慕沙在巴黎出版了他的《汉语语法》（*Elements de la Grammaire Chinoise*）。这是一部在欧洲汉学界产生了较大影响的学术著作，对推动西方的中国语言文字研究起到了不可忽视的作用，其学术价值可以说超过了马希曼和马礼逊的著作。[①] 但雷氏的这部著作也并非全是自己的独创，而是在相当大的程度上依据法国来华耶稣会士马若瑟（Joseph Henri Marie de Premare）研究中国语法的手稿《汉语札记》（*Notitia Linguae Sinicae*），特别是利用了其中的大量资料。马若瑟 1698 年来中国，1724 年以后在广州、澳门一带活动，1735 年去世。他长期致力于中国语文的研究，《汉语札记》是他多年潜心研究的结晶。据介绍，这部著作"既不是简单的语法书，也不是一部修辞学书籍"，而是对汉语的一项综合性研究成果。全书包括"不少于 1.2 万个例句和 5 万个汉字"，在他生前没有出版，其拉丁文手稿经人带回法国后，由上面提到的佛蒙特送交巴黎皇家图书馆，并一直保存在那里。[②] 雷慕沙所参考的就是这个稿本。后来有人抄录了一份，由英国金斯伯罗子爵（Viscount Kingsborough）出资 1500 英镑，经马礼逊安排，在马六甲英华书院出版了该书的拉丁文本。[③] 1847 年，裨治文的堂弟裨雅各将其翻译为英文，由中国丛报社出版。[④]

除以上几种著作外，澳门圣约瑟书院（College of San Jozé）的葡萄牙遣

---

① Christoph Harbsmeier, "John Webb and the Early History of the Study of the Classical Chinese Language in the West," in Wilson and Cayley, ed. , *Europe Studies China*, pp. 332 – 333.

② *The Chinese Repository*, vol. 16, p. 266; vol. 10, pp. 666 – 675.

③ Eliza A. Morrison, ed. , *Memoirs of the Life and Labourof Robert Morrison*, vol. 2, pp. 58, 318; *The Chinese Repository*, vol. 1, p. 152.

④ *The Chinese Repository*, vol. 16, pp. 266 – 267; Frederick W. Williams, ed. , *The Life and Letters of Samuel Wells Williams*, p. 244.

使会传教士江沙维（J. A. Goncalves），在 1828 年和 1829 年先后出版了两种葡文的汉语语法书；① 马礼逊也提到过，他在广州收到从澳门寄来的西班牙文的汉语语法书。② 在英国和欧陆国家也有几种这类著作出版，有些作者的研究范围还越出汉语，涉及蒙古语等语言的研究。③ 这种局面既反映了欧洲对中国语言的研究跨入新的阶段，也说明在中国语法的研究方面，还没有出现真正权威性的著作。这就使更多的新教传教士加入了研究者的行列，其中，在马礼逊之后出版了汉语语法研究著作的新教传教士有郭士立。

郭士立在 1839 年发表了一篇题为《论中国语言》的论文，对以上作者运用欧洲语言的语法结构和有关理论研究汉语语法的做法提出疑问。他写道："欧洲学者的一个重大缺点在于，他们总是给汉语披上西方的外衣……谈论什么单数、复数，现在、过去和将来时态，好像天朝的人研究过亚里士多德和昆体良一样。"他还指出，这种"错误"似乎看上去无害，但"如果外国人在用汉语写作时以这些规则为指导，那就是严重的问题了。现在已有很多这样的作品，尽管对刚到中国的外国人来说它们显得通俗易懂，但中国人难明其义，就像盎格鲁裔美国人看不懂用拉丁文的形式和结构写的英语书一样"。郭士立接着把矛头明确指向新教传教士中最先用这种方法研究汉语语法的马礼逊和马希曼等人，他说："有几种英 - 中文出版物就是使用这种表达方式的，它们使用的字确实是汉字，但这些汉字以及措辞风格则是英语式的。第一批《圣经》翻译者……认为，在翻译上帝的语言时，他们有责任忠实于原文。他们中的一位甚至向笔者肯定，他认为汉语的表达方式缺陷太大，模糊不清，因此他希望，中国人在阅读其译文后，会转而接受我们语法的形式与结构。"郭士立认为这种想法是很荒谬的，正确方法应该是："向他们和他们的文化学习，用他们的语言来表达我们的思想，而将从前那种让他们按我们的方式进行阅读和书写的想法看作毫无希望的任务。"他宣称，"我们在考察过所有这许多忙碌的作者在（汉语）语法方面的成果后，仍然认为还有许多东西没有得到解释，还存在广阔的可以有所发现的领域"，"我们仍然期待能够掌握这门巨大复杂的语言，对之加以分析，并为

① *The Chinese Repository*, vol. 18, p. 403.
② Eliza A. Morrison, ed., *Memoirs of the Life and Labours of Robert Morrison*, vol. 1, p. 206.
③ *The Chinese Repository*, vol. 18, pp. 657 – 661.

学习者提供教诲的天才"。① 应该说，郭士立关于欧洲人的汉语语法研究，是将西方语法的外衣披在汉语之上的论点，确实比较准确地抓住了问题的要害，看到了欧洲学者在中国语言研究中的基本倾向。②

像郭士立那样自负而且雄心勃勃的传教士，其心目中的"天才"当然只可能是他自己。1842 年，郭士立的《中文语法札记》（*Notice on Chinese Grammar*）由麦都思在巴达维亚出版。这部 148 页的语法书由两部分构成，第 1 部分讨论汉语的语音和语源，各以一章论述汉语的发音、字和词；第 2 部分有 9 章，分别研究汉语的名词、形容词、代词、数词、动词、副词、介词、连词、助词和感叹词。从有关资料来看，郭士立这本书并没有像他宣称的那样超出以前学者的成就，与马礼逊的著作并无大异，更谈不上有什么突破。裨治文认为这本书还无法做到综合马礼逊、马希曼、雷慕沙、马若瑟等人著作的优点，修正他们的缺点，弥补他们的不足之处，并直截了当地说，与其写这样一本书，还不如将雷慕沙或马若瑟的书翻译为英文。但在具体问题的处理上，该书与马礼逊的著作相比确实有些区别，如他把所谓"冠词"放到名词部分进行论述；他也将形容词分为原级、比较级和最高级来分析，但又比较正确地指出，汉语词语不能准确地归入哪一类，而要根据上下文确定其词性；在各类词内部的具体划分方面也有一些改进；他在书中还提供了大量的例句。③ 他在 1839 年的那篇文章中已经指出了他发现的汉语名词、"冠词"、代词、数词、副词等的一些特点，并指出大量的成语是汉语的一个突出、优雅的特征。④ 这些都预示了他在自己的著作中进行的一些改进。当然，郭士立自己最终也没有摆脱"为汉语披上西方外衣"的模式。

除以上这些单独出版的著作外，《中国丛报》还发表了多篇论述汉语语法的文章。这里不可能对这些文章一一加以评介。笔者认为，其中分别由戴耶尔和裨治文撰写的两篇关于汉语字词研究的文章具有一定价值。

戴耶尔在题为《汉语的语法结构》的文章中，首先表示不同意"汉语

---

① Charles Gutzlaff, "Remarks on the Chinese Language," *The China Mission Advocate*, vol. 1, pp. 224 – 226.

② 《中国丛报》还发表过几篇文章，提出汉语拼音化的设想。

③ 见裨治文的书评，*The Chinese Repository*, vol. 11, pp. 317 – 321.

④ *The China Mission Advocate*, vol. 1, pp. 226 – 229.

没有语法"的观点，他强调应当注意的是汉语的独特之处，尤其是构词法方面的特点。他认为很多汉语词语的词性并不是固定的，而是在使用过程中由其在句子中所处的位置，以及与其他词语的相互关系来确定。他对汉语各类词语，主要是名词和动词的构词法进行了比较细致的分析。关于名词，他着重研究汉字单字加上气、色、夫、者、匠等字后构成名词的情况，如"怒"加"气"就构成了"怒气"。他还具体考察名词加上其他一些字后构成其性、数、格的规律，如"他"和"们"就构成了"他们"。对动词他也按上述方法考察其构成规律。此外，戴耶尔还就汉语的语态、语气、时态、人称等问题发表了自己的看法。① 戴耶尔长期在马六甲从事汉语金属活字版的研制，有近20年的研究中国文字的经历，他关于汉语构词法的见解是从长期的实践经验中得出的，在学术上具有其独到之处。

裨治文发表的《汉语语法札记》一文，也像戴耶尔那样研究汉语构词法的问题，他还注意到连绵词（他按当时中国人的说法称之为"蚬壳字"）的构成，以及名词同义词在句子中的使用问题。但他这篇文章的特点，在于集中研究了汉语中的量词（他将之放在名词的范畴内研究，称为"表示变化的词"）。裨治文一共列举了85个量词，并提供了它们与其他字一起构成名词性词组和在使用中变化的实例。他认为这85个词还没有囊括全部。② 这就进一步揭示了汉语语法的丰富性。量词是其他学者比较忽略的汉语语法要素，因此裨治文的研究也有填补空白的意义。

这样，以马礼逊和马希曼的著作为开端，在19世纪前期形成了一个西方学者研究汉语语法的学术潮流，新教传教士在其中扮演了重要的角色。这一时期的汉语语法研究，奠定了以后进行更深入研究的基础，对汉语语法体系的建立具有开创之功。虽然如郭士立所说的那样，这种研究带有"为汉语披上西方外衣"的特点，但对初期的探索者来说，这也是他们唯一可以采取的途径。而且，借用西方比较成熟的语法理论来研究汉语语法，可以借鉴并发挥其优长之处，是引进西方文化并将之与中国文化相融合的富有意义的尝试。历史证明，这种尝试对中国近代语言科学的建立发挥过积极的影响。

① *The Chinese Repository*, vol. 8, pp. 347 – 358.
② *The Chinese Repository*, vol. 9, pp. 518 – 530.

第二，词典编纂与汉字注音研究。

（1）新教传教士与中 - 西文词典的编纂。

在这方面首先应该提到的仍然是马礼逊。众所周知，马礼逊的《华英词典》（*A Dictionary of the Chinese Language*）的出版是西方中国语言研究史和中外文化交流史上具有重大意义的事件。以下将首先对这部词典的相关情况做较详细的说明，以这部词典为代表考察传教士编纂出版中 - 西文辞书的情况。

这部巨型语言词典的出版前后经过了 8 年，它分为 3 大部分，具体出版情况如下。

第 1 部分：汉 - 英词典，以汉字部首为序，分为 3 卷。第 1 卷，930 页，1815 年出版；第 2 卷，884 页，1822 年出版；第 3 卷，908 页，1823 年出版。

第 2 部分：汉 - 英词典，以汉字音韵为序，分为 2 卷。第 1 卷，1090 页，1819 年出版；第 2 卷，483 页，1820 年出版。

第 3 部分：英 - 汉词典，1 卷，480 页，1822 年出版。

整部词典为大开本（约相当于今 16 开），6 巨册，正文部分共 4866 页，加上前言、说明和附录，总共在 5000 页以上。

这部词典是马礼逊长达十几年努力的结果。按照伦敦会在马礼逊到中国之前给他的指示，编纂汉语词典是他的两项主要任务之一。他在 1808 年给家人的信中说："我相信神将赐给我健康，给我时间，以使我编成一部华英词典。"[1] 马礼逊其他关于中国语言研究的著作，在一定意义上都是编纂这部词典的副产品。1807 年底他就在斯当东的帮助下编出了一份"汉语字汇"寄给差会，"以便对你们准备派往中国的人有所帮助"。[2] 第一个副产品就是《通用汉言之法》。他的这项工作得到了东印度公司广州特选委员会的支持，特别是得到了主席剌佛的关照。根据东印度公司的资料记载，1812 年 11 月 9 日，他在将《通用汉言之法》提交给特选委员会时也报告了编纂词典的计划，并已明确提出该词典将分为以上所列的 3 个部分。他表示"已收集了

---

① Eliza A. Morrison, ed., *Memoirs of the Life and Labours of Robert Morrison*, vol. 1, p. 219.

② Eliza A. Morrison, ed., *Memoirs of the Life and Labours of Robert Morrison*, vol. 1, p. 186.

极其丰富的资料，使他可以一面抄写，一面交工人排字，所以他请求公司将一部印刷机和两名印刷工送来澳门，并负担出版的费用"。这里所说的印刷工是指排印词典西文部分的人员，汉字部分则由中国工人负责。① 这个要求得到东印度公司的批准。马礼逊的日记也记载了他与东印度公司进行的这项成功的交涉。② 这就使他可以完成伦敦会交给的任务，又可以使差会免除巨大的经济负担。但马礼逊同时又说："词典编纂未像预期的那样进展顺利，因我事务繁剧，不可能在这上面花费很多时间。"③ 到 1814 年，马礼逊在给友人的信中还说："我预备着手进行中文词典的编纂，这件事已经多次谈论过了。"④ 这说明尽管已有长时间的准备，但正式的编写工作迟至 1814 年尚未进行。不过在这之后，看来马礼逊就进入了正式的编写阶段。东印度公司派出的印刷工只有一个人，名叫汤姆斯（P. P. Thoms），他带着一套印刷机器于 1814 年到达澳门，在那里建立了东印度公司印刷所，主要从事马礼逊这部词典的印刷。⑤ 从 1815 年开始，广州英国商馆"每个月的账上都有如下科目——'汤姆斯印刷费，500 元。'……在 1816 年 1 月 17 日，记载'马礼逊的汉文字典第一册已经完成'，送伦敦 600 本——公司 100 本和马礼逊500 本"。⑥ 这个日期说明，《华英词典》的第 1 册很可能是 1815 年底才出版的。此后直至 1823 年，《华英词典》各部分陆续在澳门印刷出版。各卷的出版年代表明，马礼逊的很多工作是在词典出版期间渐次完成的。东印度公司先后为这部词典支付的出版费用达到 12000 元。

马礼逊将这部词典的编纂放在与《圣经》中译相似的高度，曾说"米怜先生和我都认为，完成这一事工对在这些国家传播基督教真理至关重要"，⑦ 因为了解"异教徒"的语言是向其传播宗教的前提。亦如翻译《圣经》一样，马礼逊编纂这部词典也并非白手起家。他在到中国之前，在容三德的帮助下，在英国皇家学会抄录了一部中文－拉丁文词典的手稿，其作

---

① 马士：《东印度公司对华贸易编年史（1635～1834 年）》第 3 卷，第 175 页。
② Eliza A. Morrison, ed. , *Memoirs of the Life and Labours of Robert Morrison*, vol. 1, p. 354.
③ Eliza A. Morrison, ed. , *Memoirs of the Life and Labours of Robert Morrison*, vol. 1, p. 354.
④ Eliza A. Morrison, ed. , *Memoirs of the Life and Labours of Robert Morrison*, vol. 1, p. 383.
⑤ Eliza A. Morrison, ed. , *Memoirs of the Life and Labours of Robert Morrison*, vol. 1, p. 383.
⑥ 马士：《东印度公司对华贸易编年史（1635～1834 年）》第 3 卷，第 238 页。
⑦ Eliza A. Morrison, ed. , *Memoirs of the Life and Labours of Robert Morrison*, vol. 1, pp. 431 – 432.

者是天主教传教士，但没有留下姓名。① 这份手稿的抄件是马礼逊初期学习中文的重要工具。他在到中国后不久给伦敦会秘书的信中说："我正在翻译那份带来的汉拉词典，并将《康熙字典》中的字补充进去。"② 这可以看作他编纂自己的词典的开端。由于他的词典与前人成果有着这样的关系，以致后来法国传教士加略利指责说，他的词典只不过是天主教传教士所编词典的翻译。③ 1834 年底，在四川的一位天主教传教士写信给巴黎的一份天主教传教刊物，说马礼逊在"获得叶宗贤的汉语词典并将其出版后，向知识界宣称他是该词典的作者"。④ 这表明，这位传教士相信马礼逊所参考的主要是叶宗贤的词典。叶宗贤是意大利籍方济各会传教士，其意大利文名字是巴西利奥·布鲁罗（Basilio Brollo）。他是 17 世纪后期到中国活动的传教士，1694～1699 年在南京编成了这部汉拉词典，对7000～9000 个汉字以拉丁文做了翻译和解释。这部手稿在一个多世纪的时间里由欧洲学者辗转传抄，但因经费等方面的原因始终没有出版。1808 年，拿破仑决定法国应该出版一部中文词典，责成前法国驻广州领事小德经（Louis-Joseph de Guignes）负责编纂。小德经利用存于梵蒂冈图书馆的稿本抄件，将它翻译成法文，于1813 年出版，全书共 1112 页，按部首排。该词典是西方正式出版的第一部中西文词典。小德经很不诚实地署上了自己的名字，而将叶宗贤的名字略去不提。后来雷慕沙等了解内情且比较正直的学者对此加以揭露，才算是还了叶宗贤公道。⑤ 马礼逊也参考了这部中法词典。⑥ 加略利等人说马礼逊的词典完全是叶宗贤词典或其他词典的英译，将马礼逊当作另一个小德经是不符合事实的。但马礼逊参考了这些成果也是难以否认的，对此马礼逊并不回避，在 1831 年 7 月致《亚洲学刊》编者的函件中进行了说明，以澄清德国学者克拉普罗特关于他抄袭叶宗贤的指责。⑦

马礼逊不仅参考了前人的研究成果，而且在编纂的过程中还得到了许多

① Milne, *A Retrosspect of the First Ten Years of the Protestant Mission to China*, p. 56.
② Eliza A. Morrison, ed., *Memoirs of the Life and Labours of Robert Morrison*, vol. 1, p. 164.
③ Wylie, *Memorials of Protestant Missionaries to the Chinese*, p. 8.
④ *The Chinese Repository*, vol. 13, p. 596.
⑤ Gialiano, "Sinology in Italy," in Wilson and Cayley, eds., *Europe Studies China*, pp. 69 – 70.
⑥ Eliza A. Morrison, ed., *Memoirs of the Life and Labours of Robert Morrison*, vol. 2, p. 454.
⑦ Eliza A. Morrison, ed., *Memoirs of the Life and Labours of Robert Morrison*, vol. 2, p. 454.

无名中国人的帮助。马礼逊在翻译出版《圣经》和编纂词典的过程中，既长期雇用了地位较低的刻工和其他劳力，也聘请了在汉语方面能够给他提供帮助、有一定知识的中国人做助手，这些人通常包括他的中文教师。他在致《亚洲学刊》编者的信中也就此进行了说明。他在信中提到"帮助我的中国学者"，他们做"收集口语短语和词汇"之类的工作。他还提到，这些人中有一个是秀才（Chinese Bachelor）。这意味着他的词典编辑班子里也有较高层次的人才，可以在汉语知识方面向他提供实质性的帮助。他又说这些人中"有3个已经去世"，这说明他的班子还有一定的规模，并在编纂工作完成后还与他有一定的联系。① 实际上，其他传教士在文字工作中几乎都要借助中国下层读书人的帮助。在鸦片战争前，清朝是禁止中国人教外国人学中文的，更不用说帮外国人译书编书了。这些冒着危险的读书人，所图的无非是一份菲薄的薪水，他们自己既不敢将这类经历记录留存，利用他们的传教士也没有为他们留下任何完整的记述，甚至他们的名字也难以查考。但他们以这样的方式为中西文化交流做出的贡献，是不应忘却的历史事实。

马礼逊的词典分成三大部分，是为了从不同角度适应西方人士学习汉语的需要。每一卷的封面都有汉英文书名、编者姓名、出版地点、出版时间和出版者的名字，还用汉文和英文写上"博雅好古之儒有所据以为考究斯亦善读者之一大助"。第一部分的汉文书名为"字典"，马礼逊主要依据《康熙字典》确定其内容，同时参考了《说文》《玉篇》《唐韵》《广韵》《五韵集韵》《韵会》《正韵》《字汇》《正字通》等汉文工具书。在汉字字数的确定和编排方面，他完全依据《康熙字典》，分汉字为214个部首（"一"至"龠"）；汉字的释义和例句也主要取自该字典。因此，这一部分也可以看作在翻译《康熙字典》的基础上编成的。此外，他个人研究的所得、他所携带的天主教传教士的词典手稿抄件、中国学者的著作，还有他读过的各类著作都是该部分材料的来源。除了依《康熙字典》编排汉字，确定释义和例句，马礼逊还在相关汉字条目之下，就中国社会和历史文化方面重要的人物、制度、风习、典籍等做了详细的说明，如对中国的姓氏、科举制度、孔

---

① Eliza A. Morrison, ed., *Memoirs of the Life and Labours of Robert Morrison*, vol. 2, pp. 453 – 454.

子的生平思想等均以较长的篇幅予以介绍，从而向西方读者提供中国文化方面的一些知识。

该词典第二部分以汉字音序编排，收录 12680 个字。马礼逊将所有汉字的读音定为 411 个，以 A 开头，以 Yung 结尾。他给这部分的汉文书命名为"五车韵府"，这是因为他在编写过程中以《五车韵府》这部汉文著作为基础。《五车韵府》是一部很少见的书，笔者未能找到刻本。据马礼逊说，这部韵府的编者是一位"陈先生"，约生活在明末清初，他毕生的事业就是编著《五车韵府》，但生前没有能出版他的成果，在去世前将手稿交给了他的学生"含一胡"。康熙年间编纂《康熙字典》时，陈先生的另外一位学生潘应宾向皇帝提到他的老师的遗作，并在含一胡那里得到书稿。据说《康熙字典》的字词释义有不少取自该稿。后潘应宾将其老师的遗著出版，并为之作序。① 但因为这部书比较罕见，前面提到的加略利又认为马礼逊这部分主要抄袭叶宗贤的手稿，并否认该书的存在，所以这件事引起了人们的关注。从 1828 年起，法国汉学家儒莲（Stanislas Julien）就开始寻觅《五车韵府》的刻本，到 1844 年他的一位学生终于在澳门寻得一部，从而使加略利对马礼逊的指责不攻自破。后来伦敦会的艾约瑟在上海附近也购得一部，进一步证实了该书的存在。② 这部引起了争议的书，在中国学术史上并无重要的地位，编排也不甚妥当，马礼逊在向中国人请教这部书的有关问题时，看到中国人也对它感到"疑惑"。但它是马礼逊编排的重要工具，他在 1812 年将这部书拆开，然后将其内容按他自己制定的语音表编排。③ 他的这个语音表列 411 个字音，以罗马字母注音，但未反映四声音调。这个数目与他参考的手稿相同，不过在注音方式上差异较大。④ 在这一部分，马礼逊除主要依据《五车韵府》外，还参考了《康熙字典》《佩文韵府》《尔雅》等书。除正文按语音编排汉字并进行释义外，为了使用者的方便，还有一些附表，如第 1 卷的广州方言发音表，汉文星宿名称表；第 2 卷的汉字部首表，专门为这一部分编的部首检字表，"汉字分类表"（按汉字笔画多少排列），辨字

① 参见《华英词典》第 2 部分前言。
② Wylie, *Memorials of Protestant Missionaries to the Chinese*, p. 8.
③ 见马礼逊前言。
④ 见《华英词典》第 2 部分前言中两种语音的对照表。

表（对字形相似的汉字进行辨别），本部分语音（英文字母）检索表，各体（楷、行、草、隶、篆、古）汉字对照表，等等。

第三部分为英－汉词典，部头较小，作者在这部分以汉语解释英文词汇、短语，同时收录了一些汉文格言、习惯用法，还在相应的条目下介绍一些具体的知识，如中国的纪年、度量衡等。也就是说，这个部分既有像现在普通的英文词典那样的内容，而编者又竭力想在正文中将比较地道的汉文表达法和一些具体的知识包括进去。按曾任英华书院校长的吉德的意见，这一部分编排得"比较不完善"，主要是将"汉文书中的段落翻译为英文"做得不够理想。① 也就是说马礼逊收集汉文习惯表达法和具体知识方面的工作未能尽如人意，但这部分是马礼逊耗费精力最多的部分。他在前言中说，他以13 年的时间为这一部分收集资料，不断为此努力，但他感到，他所进行的是一项"一个人用毕生的精力也无法完成的工作"。从这个部分的内容来看，这个马礼逊花费了最多时间、三个部分里比较逊色的部分，才真正是体现他个人成果的部分。尽管这部分的质量从总体上来看次于其他两部分，但原因在于它不像那两个部分有现成的大部头汉文工具书为基础。它作为一种创造性的劳动成果，仍具有重要的文化价值。

马礼逊在十几年里，一面履行广州英国商馆中文翻译的职责，一面从事《圣经》中译的工作，同时还编出了卷帙浩繁的 6 巨册词典。他一生最重要的事业，都是在这十几年完成的。1825 年，他未经申请就获选为英国皇家学会会员。② 《华英词典》像他翻译的《神天圣书》一样，既是他人生的里程碑，也为中西文化交流史写下了新的一页。它本身是当时一部比较权威的中－西文词典，同时开启了 19 世纪包括其他传教士在内的西方学者编纂类似词典的风气，从而为近代的中西文化交流提供了不可缺少的语言工具。在其出版之后不久，日本人、俄国人也希望能获得甚至翻译这部词典。③

在《华英词典》出版完毕后，马礼逊似乎认为他在文化方面的努力可

---

① Samuel Kidd, "Critical Notices of Dr. Morrison's Literary Labours," in Eliza A. Morrison, ed., *Memoirs of the Life and Labours of Robert Morrison*, vol. 2, appendix, p. 25.

② Eliza A. Morrison, ed., *Memoirs of the Life and Labours of Robert Morrison*, vol. 2, p. 303.

③ Eliza A. Morrison, ed., *Memoirs of the Life and Labours of Robert Morrison*, vol. 2, pp. 412 – 413.

以告一段落，要求东印度公司准许他回英国休假。在回英国时，他将在过去十几年中为编纂词典而购买、积累的900多种近1万册中文图书一起带回。马礼逊希望将这批图书捐赠给某个大学或学术机构，条件是在该大学或机构设立一个汉学教授职位。他的愿望是以此推动在英国本土开展汉学研究，以改变他的祖国不甚重视研究中国的状况。但他的一腔热诚没有得到响应，英国海关甚至要对这批图书课以进口税。巴黎皇家图书馆曾有意收购，但马礼逊坚持要把这些书留在英国。伦敦会受马礼逊的委托，将这批图书保管了十多年，马礼逊去世时其去向仍未有着落。直到1835年底，伦敦大学接收了这个当时在欧洲堪称最大的"中文图书馆"，设立了汉学教席。吉德被聘请为伦敦大学，也是英国的第一任中文教授。[①] 因此，《华英词典》的编纂间接地催生了英国的汉学。

马礼逊虽然不再进行大规模的研究，但并没有完全放弃他在中文方面的研究和介绍工作。他的最后一本关于中文的书是《广东省土话字汇》(*Vocabulary of the Canton Dialect*)，1828年出版于澳门。这本以帮助外国人掌握广东方言为目的的书分为三个部分。第一部分是选出英文中的一些常用词，按英文字母顺序排列，在每个单词的后面以中文标出广州方言的译法，并按作者在他的语法书和词典中所使用的拼音系统加以注音，再列举一些例句，这部分有202页。第二部分则将广州方言中的词语和短语按部首顺序排列，然后再以英文释义，有90页。第三部分名义上是附录，但篇幅最多，达354页，作者选录了比较实用的中文词语和短语，在几个"本地人"（即中国助手）的帮助下，将这些词语和短语分为24类，如世界、天文、鸟兽、颜色、饮食、情感、友谊、军事、财产等，相当详细。该书在学术上没有什么创新，但对于需要在广东与中国人打交道，而又没有时间深入钻研中文和当地方言的外国人来说，则是很有用的工具书。

在马礼逊之后，其他新教传教士也编纂了各种类型的中文词典。

据笔者统计，在1849年之前，西方各国学者编著的这类书籍有40种，其中新教传教士编著17种。除以上所述马礼逊的著作外，麦都思、裨治文、卫三畏、戴耶尔、高德、地凡、粦为仁等新教传教士编写的中－西文词典和

---

① 详情见 *The Chinese Repository*, vol. 6, pp. 246–248；vol. 7, p. 113；vol. 10, p. 36.

中文词汇、对话方面的书籍尚有 12 种。此外还有曾在英华书院学习、后任林则徐英文译员的袁德辉著作一种，笔者不打算一一介绍，只将有关情况列入表 6 - 1。

表 6 - 1　其他早期新教传教士编著的中文词典

书名	作者	出版年份	出版地点
Dictionary of the Hokkeen Dialect of the Chinese Language 福建省土话词典	麦都思	1837	澳门
Vocabulary of the Hokkeen Dialect 福建省土话字汇	戴耶尔	1838	新加坡
A Chinese Chrestomathy in the Canton Dialect 广东方言中文文选	裨治文	1841	澳门
A Lexilogus of the English, Malay and Chinese Languages 英文 - 马来文 - 中文词典	英华书院教材	1841	马六甲
First Lessons in the Tie-Chiu Dialect 潮州话*	粦为仁	1841	曼谷
Easy Lessons in Chinese, adapted to the Canton Dialect 拾级大成*	卫三畏	1842	澳门
Chinese and English Dictionary, 2 vols 汉英词典	麦都思	1843	巴达维亚
An English and Chinese Vocabulary in the Court Dialect 英华韵府历阶*	卫三畏	1844	澳门
Chinese Dialogues, Questions and Familiar Sentences 汉英对话、问答与例句	麦都思	1844	上海
A Chinese and English Vocabulary in the Tie-chiu Dialect 汉英潮州土话字汇	高德	1847	曼谷
The Beginner's First Book in the Chinese Language (Canton Vernacular) 中文入门(广州土白)	地凡	1847	香港
English and Chinese Dictionary, 2 vols 英汉词典	麦都思	1848	上海
English and Chinese Student's Assistant, or Colloquial Phrases, Letters & c. 英华学生口语手册	袁德辉	1826	马六甲

注：中文书名后加 * 号者为原书所有，其余为笔者所译。

资料来源："List of works upon China," *The Chinese Repository*, vol. 18, pp. 402 - 408.

表 6-1 的 13 种著作中，除麦都思编纂的词典外，其余均为方言字汇和汉文学习的初级读物，其目标读者是刚到中国的传教士和希望掌握初等汉文知识的商人等。麦都思词典在出版后颇受重视。他所依据的也主要是《康熙字典》，此外还有马礼逊的词典和"一部未留下作者姓名的拉丁文 – 中文词典的手稿"。由于他未做进一步的说明，故难以弄清他所说的"手稿"到底何指。叶宗贤的手稿早在他到东方之前即已出版，故没有必要再使用其抄件，那么麦都思所参考的手稿应另有来源。麦都思的词典篇幅较马礼逊的词典要小，所收汉字也少一些，但编排上有所提高，在罗马字母注音系统上也有所改进（见麦都思《汉英词典》前言）。其他著作主要是教材，对推动西方人士学习中文均有一定意义。而其中的方言词典、字汇的编纂，对开展中国沿海地区方言的研究也有开创性的作用。

（2）新教传教士与汉字注音研究。

在以上词典、字汇类书籍编纂的过程中，一个不可避免的问题就是汉字的注音问题，也就是如何用西方语言的注音方式、使用西文字母为汉字注音，以使西方读者可以快捷地掌握汉字——与西方的拼音文字完全不同的象形文字——的读音。没有一个编者建议使用中国字典所用的反切注音法，甚至也很少有人介绍，因为这种注音方式对不专门研究汉文的西方人来说是无法理解的。马礼逊等传教士和其他词典编著者唯一的选择是以西文字母为汉字注音，并提供一个有规律可循、容易掌握的注音系统。

马礼逊没有具体说明他所制定并在《华英词典》和其他语法、词汇书中使用的汉字注音系统，在多大程度上参考、吸收了叶宗贤在其手稿中使用的注音系统（以拉丁文字母注音）。他在《五车韵府》的第 1 卷刊印了这两个语音系统的对照表，从而为判断这一问题提供了基本的资料。要鉴别马礼逊的系统与叶宗贤的系统之间的关系，需要专门的语音学和拉丁语知识，非笔者可以胜任。但我们还是可以发现，二者具有较密切的关联。至少可以说，《华英词典》里采用的与叶宗贤系统相同和相近的注音，是马礼逊借用和参考叶宗贤系统的结果。而且，二者所确定的汉字读音数量相同，都是411 个。

因为马礼逊的汉字注音表制定在后，他本人又进行了长期的思考和研究，所以可能比叶宗贤的注音有所改进，其他传教士在一段时间内予以采用。但它还不是一种完善的汉字注音系统。正如马儒翰所说，它被广泛采用并非因为"它在所有方面都最实用"，而是因为还没有其他经过检验的更好的注音系统。他认为他父亲的注音系统存在着内在的"不协调"，而且这种不协调并非在保持原有系统的基础上经过局部的修改就可以克服，解决问题的方法是对"整个系统进行修正和更改"。在这种考虑下，马儒翰建议抛弃马礼逊的系统，而采用一种"更适用并且在中国所有方言中都可以保持一致性的语音系统"。他提出了一个注音方案大纲，可以看出，它与马礼逊的注音系统有较大的区别。①

马儒翰后来并没有继续研究这个问题，也没有拿出完整的方案，所以无从判断其设想的优劣。1842年，卫三畏又就此问题发表专文，公布了他制定的新的汉字注音表。② 他将自己的官话、广州话和福建话注音方案与马礼逊的注音表、麦都思的福建方言注音表对照排列，从而显示他的方案与马、麦二人的注音表都有所不同，以下是具体的例子。

表6-2　卫三畏、马礼逊、麦都思注音方案比较

汉字	卫三畏方案	马礼逊方案	卫三畏广州话方案	麦都思福建话方案	卫三畏福建话方案
孝	hiau	heaou	hau	haou	hau
女	nü	neu	nü	le	li
而	rh	urh	i	je	ji

在这之后，还有其他的注音方案不断出现。据裨治文在1846年发表的一篇文章，当时，"英国汉学家中有两三种注音方式"，法国学者有3种，葡萄牙学者有1种，德国人亦有1种。③ 其中应该包括麦都思在《汉英词典》中使用的注音系统。

这种众多汉字注音方案同时出现的局面，反映了西方学术界在汉字注音问题上还处在探索阶段，还没有出现一种权威性的方案。但传教士和其他学

① J. R. Morrison, "System of Orthography for Chinese Words," *The Chinese Repository*, vol. 5, pp. 22 - 30.
② S. S. Williams, "New orthography adopted for representing the sounds of Chinese characters," *The Chinese Repository*, vol. 11, pp. 28 - 44.
③ *The Chinese Repository*, vol. 5, p. 148.

者所进行的这些早期探索，为近现代汉字注音乃至汉语语音学研究，甚至19世纪后期汉字注音方案的基本定型都提供了有益的开端和历史经验。

新教传教士与中国历史文化研究

早期新教传教士的中国语言文字研究与专业汉学家的研究差别不大，在有些方面因为他们具有后者不具备的便利条件，甚至还处于领先的地位。但在中国历史文化的研究方面，他们没有跟上后者达到的研究深度，当雷慕沙、儒莲等已经在中国历史人物、对外关系、宗教文化等方面进行较深入的专题探讨时，他们还停留在撰写介绍中国概况之类书籍的阶段。但是，新教传教士的著作所体现的对中国历史文化的认识与前人有所不同，特别是与早期天主教传教士以及"中国热"时代欧洲其他学者截然不同，代表了新的时期西方对中国认识的一个侧面。当时西方社会对中国的了解与研究还不够充分，这些著作也是受欢迎的读物，其中有些是较受重视的学术成果。在19世纪前期，新教传教士撰写的值得注意的中国历史著作有以下几种。

鉴于"英国读者对与这个有趣而独特帝国的一切都很感兴趣"，马礼逊寄回了一些"中国文献的样本"，包括"孔子的格言、佛之历史及中国文学中的人物神话"，① 后出版为《中国时节》（*Horae Sinicae*）一书，内容包括《三字经》《大学》《佛》《三教源流选译》等。② 《中国一瞥》（*A View of China，for Philological Purpose*）1817年出版于澳门。作者在该书名的副题中标示，这是一本"中国历史、地理、政治、宗教和风习的概览"，概括了这本141页概述性著作的内容。马礼逊在序言中介绍，写作该书的材料本来是"打算作为《华英词典》附录的"。该书的主要部分是中国历史简介，对明清两朝的史事采用由近及远的方法排列，而上古至元代的历史则改用按年代顺序叙述；对清朝的疆域、人口、政区、制度介绍比较详细。在编制中国历史年表时，马礼逊参考了朱熹的《通鉴纲目》和二十一史、《纲鉴会纂》、《历代纪年便览》等中国史书。该书内容简略，但叙述比较扼要清楚，能够向希望了解中国的西方读者提供中国历史的轮廓和清代中国政治、经济、地理等方面的一般情况。

---

① Eliza A. Morrison, ed., *Memoirs of the Life and Labours of Robert Morrison*, vol. 1, p. 297.

② Robert Morrison, *Horae Sinicae*: *Translations from the Popular Literature of the Chinese*. London: Printed for Black and Perry by C. Stower, 1812.

郭士立最先出版的研究中国的专著是英文《中国简史》（*A Sketch of Chinese History*），1834 年在伦敦出版发行，上下两卷共达 900 页。这部著作出版之时，郭士立刚刚结束了他在中国沿海的前 3 次航行，在澳门定居下来，但从其内容来看，他还是进行了一定的准备，收集了不少资料。《中国简史》上卷先对中国的自然地理、政府与法律、民族特性、语言、文化与科学、宗教等方面的情况做简要介绍，以主要篇幅叙述中国自上古传说时代到明代的历史。下卷在结构上有些奇特，作者先以 80 页的篇幅叙述清代历史，然后专门以一章作"结论"，结束了对中国历史的叙述；接下去的一章是"福音在中国的传播"，简单叙述景教、天主教和新教在中国传播的历史；然后又以一章谈论中国对外关系和中国伊斯兰教史；在这之后，转而以 4 章 200 多页的篇幅讨论中国沿海省份商业情况和西方的对华贸易。从全书结构来看，《中国简史》并非深思熟虑之作，但对各代历史的叙述还是简明而紧凑的。该书后半部分关于中外贸易的论述，不仅在当时可为来华西人提供参考，也保留了一些历史文献，对后世学者进行学术研究有利用价值。特别是书后的 11 个附表，都是关于中英、中美贸易很有价值的史料。

他的第 2 部与中国历史文化有关的著作，是 1838 年在伦敦出版的《开放的中国》（*China Opened*），也分上、下两卷，连附录在内近 1100 页。与《中国简史》不同，这部著作侧重对中国做横向考察，力图全面展现清代中国的社会状况。《开放的中国》全书共 27 章，其中有一章简述中国历史，全书主要内容则是对中国疆域和政区的历史演变、满蒙回藏等边疆地区与中央政府的关系、各省地理概况、中国人口、自然物产、语言文学、风俗习惯、传统文化、宗教信仰、科技工艺、科举制度、中央政府、皇室、六部、理藩院、省级政府等方面情况的详细介绍。对清朝政治制度和行政体系的考察尤为详尽，六部中的每一部书中都有专章叙述评介。郭士立写作《开放的中国》比写作《中国简史》准备得更为充分，他在《中国丛报》和其他刊物上就中国政治、法律、对外关系、语言文字、社会习俗、宗教、历史等问题展开专门的讨论，文章数量在 100 篇左右。这就使他在这些方面对中国有比较深入的了解，从而使他的著作不致流于空泛或重复他人的成果。这样全面而清楚地展示清代中国各方面情形的著作，在当时的西方是比较少见的。郭士立的以上两部著作结合起来，便可以构成一部小型的中国百科全书。

郭士立的另一部历史著作是《道光传》（*The Life of Taou-kwang, with Memoirs of the Court of Peking*）。这本书可以说是第一本道光帝传记。郭士立在道光帝去世后不久写成，但到他自己去世后才得以出版。郭士立在这本书中从道光帝早年的情况开始叙述，探讨他即位前后的情形，而重点则在道光帝即位后 30 年中国的政治史、社会史。作者没有说明他是如何收集有关资料的，该书的内容显示，他在这方面下过一番功夫。也许他在鸦片战争后担任的角色有利于他接触有关的信息和材料。不过作为一个英国政府的雇员，同时又策划和管理福汉会这个野心勃勃的组织，郭士立无法得到真正具体翔实的资料，因此书中有不少误解和错误，对道光帝的个人经历和清廷的内幕不能进行准确全面的论述。导致这本著作不能客观公正地叙述历史的一个重要原因，是作者本人的政治立场。道光一朝最重要的事件，是 1840 年开始的鸦片战争和鸦片战争前后中外关系的演变。但郭士立与鸦片贸易和鸦片战争都有很深的关系，基本上站在中国的对立面，所以他对这一段历史的叙述有许多偏颇之处。例如，他对签订了《南京条约》的耆英抱有好感，说耆英"是一个善于思考，讲求实际的人"，是他使道光帝弛禁了基督教；① 他虽然也承认"吸食鸦片是外国人引入中国的一大祸害"，但称赞主张弛禁鸦片进口的人是"聪明的人"，对林则徐的禁烟则抱着敌视的态度，说林则徐"傲慢无礼"，所采取的措施"证明了这个人肆无忌惮的性格"；② 他虽提到林则徐是"第一个对西方国家感兴趣的人"，但对林则徐组织人员翻译西书西报的努力加以冷嘲热讽，说"他雇用了一班译员向他提供消息，后来这些材料被编成了一本书，它是所有出版物中最为离奇，由谎言、虚构和历史组成的杂烩"。③ 这些都表明了他的偏见。但尽管如此，为刚刚去世的中国皇帝作传，在西方作者中还是没有先例的，因此这本 278 页的传记不失为一部有特色的西方人研究中国的著作。

麦都思的《中国：现状与展望》出版于 1838 年。严格来说，麦都思这部在当时很有影响的书并不是一部研究中国历史的著作。它可以分为两大部

---

① Charles Gutzlaff, *The Life of Taou-kwang, with Memoirs of the Court of Peking*. Wilmington, Delaware: Scholar Resources Inc., 1972, pp. 203 – 204.

② Gutzlaff, *The Life of Taou-kwang*, pp. 156, 157, 164.

③ Gutzlaff, *The Life of Taou-kwang*, pp. 163 – 164.

分，第一部分简略地叙述中国历史、人口、政治和法律制度、教育（科举）制度、文学艺术、科学技术、宗教文化等，不到 200 页，旨在向读者综合地介绍中国文明，描述清代中国的社会状况。第二部分则对新教在中国以及南洋中国人居留地传教的历史进行了叙述，并将他在 1835 年与美部会的史第芬在中国沿海航行传教的经历也写入书中，还附带对天主教传教士在中国活动的历史做了简单的追溯，这个部分近 400 页，是全书的重点。虽然如此，该书的第一部分，将作者的中国历史文化知识融会到对中国各方面情况的叙述当中，故无论是对事实的叙述，还是对现象的评论，都有精到之处，与郭士立的大部头著作相比并不逊色，反而显得精练、准确。特别是书中关于中国人口、科举制度、古代文化诸方面的叙述与评论，大体上还是比较准确、客观的。麦都思对新教在华传教史和他个人传教经历的叙述，有很多第一手的材料可供后世的研究者参考利用。

卫三畏的《中国总论》（*The Middle Kingdom*）是鸦片战争后新教传教士研究中国社会文化概况的代表作，也是 19 世纪西方学者撰写的研究中国的优秀著作之一。这部两卷本、长达 1200 余页的著作，在内容安排上与郭士立《开放的中国》相似，全书分为 23 章，比较全面地介绍了中国的社会、政治、文化状况及其历史根源。卫三畏以长期积累的知识和见解为基础写作该书，收集的资料很丰富，叙事、议论均很有见地。《中国总论》所涉及的内容包括中国地理、政区、人口、物产、政治、法律、教育与科举、儒家文化、文学、史学、建筑、服饰、饮食、社会生活、农业、工艺、科技、历史（简介）、宗教、商业与外贸，还各以一章叙述基督教在华传播史（包括景教、天主教和新教）、中国对外关系史（上古至鸦片战争前）和中英鸦片战争，几乎涵盖了中国社会与历史文化的所有重要方面，将其书名译为"总论"是很贴切的。虽然其内容的广泛性决定了它在许多方面很难有学术上的创造，但可以看出，卫三畏对中国历史文化确实有比较深入的了解。也有几个方面的内容是卫三畏进行过独到研究的。卫三畏在《中国丛报》上发表过一系列的研究文章，在中国地理、政区方面有 16 篇，民族特性和民俗文化方面有 21 篇，博物学（自然史）方面有 15 篇，科技工艺方面有 11 篇，语言、文学方面有 14 篇，他还出版了中国语言文字方面的研究著作。这些文章可以使他在写作此书的有关部分时有扎实的基础，从而显示出特色。该书

1848 年出版后多次再版，很受欢迎，长期是美国大学中国历史文化课程的教材。它在西方的影响比郭士立的著作更大。卫三畏先后做了两次修订，直到去世之前还在对该书进行增补，使其在 1848 年初版的基础上继续完善。

中国书籍的翻译

西方对中国文化典籍的翻译亦始自耶稣会士。1662 年，葡萄牙籍耶稣会士郭纳爵（P. Ignatius da Costa，1629 年来中国）将《大学》翻译为拉丁文，在江西南昌出版。① 此后两个世纪中，欧洲传教士和专业学者陆续将一些比较有代表性的中国典籍翻译成各种欧洲文字，其中最受重视的是四书五经和一些启蒙教材。根据发表于《中国丛报》的一份书目，1849 年之前西方翻译的中国书籍共有 50 种。② 但伟烈亚力所编制的另一份书目，列出了1867 年之前西方翻译出版中国书籍共 141 种。③ 这两个数字都包括同一书籍的多次翻译和不同语种的译本。在伟烈亚力所列的 141 种中，有 25 种左右是 1850 年之后翻译出版的，在这之前出版的有 110 余种，比《中国丛报》那个书目多出一倍有余。而《中国丛报》书目中的少数几种，伟烈亚力的书目也未见著录，因此两个目录看来都不完全。这些译书大致可分为中国经典、史书、初级教材、通俗文学四类，还有少数其他领域的著作。

新教传教士翻译中国书籍也始自马希曼和马礼逊。1809 年，马希曼在塞兰坡出版了《孔子的著作》（*The Works of Confucius, with a translation*）第1 卷。这部 725 页的著作有一部分是《论语》前半部的译文。1814 年，他又出版了《大学》的英译本。④ 马礼逊 1817 年在伦敦出版的《中国时节》包括 7 种译文，分别是《三字经》《大学》《三教源流》中摘译的 3 篇关于佛教和道教的译文、一篇《劝戒食牛肉文》和一组"译自一种通俗文丛"的中文书信范本。马礼逊的这个译文集还引起了法国汉学家雷慕沙与他的交往。雷慕沙在 1817 年 5 月，即该书出版后不久从巴黎写信给马礼逊，谈论汉学研究方面的问题，表示希望能得到马礼逊的其他作品，对马礼逊编纂

① "List of works upon China," *The Chinese Repository*, vol. 18, p. 409.
② "List of works upon China," *The Chinese Repository*, vol. 18, pp. 409 – 416.
③ Alexander Wylie, *Notes on Chinese Literature, with Introductory Remarks on the Progressive Advancement of the Art, and a List of Translations from the Chinese into Various European Languages.* Shanghai: American Presbyterian Mission Press, 1867, Introduction, pp. xxiv – xxxx.
④ *The Chinese Repository*, vol. 18, pp. 409 – 410.

《华英词典》的工作表示敬意，并告知他自己研究的情况。① 从马礼逊1820年6月的回信来看，雷慕沙后来还给他写过一封信，并将他翻译的《中庸》寄给了马礼逊。② 当时执欧洲汉学界牛耳的雷慕沙主动与马礼逊进行文字交往，这可以视为欧洲学术界对马礼逊学术成就的肯定，即使二人之间也不无微妙的学术与宗派分歧。

在马礼逊之后翻译中国书籍的，还有麦都思、裨治文、卫三畏等。

表6-3 早期来华新教传教士翻译中国书籍情况

书名	英文书名	译者	出版发表年份	出版地点（发表刊物）
三字经	San-Tsi-King, The Three-Character Classic	马礼逊	1817	伦敦（《中国时节》之一种）
大学	Ta-Hio, The Great Science	马礼逊	1817	伦敦（《中国时节》之一种）
三教源流	Account of foe; Account of the Sect of Tao-Szu	马礼逊	1817	伦敦（《中国时节》之一种）
圣谕广训	The Sacred Edict	米怜	1817	伦敦
四书	The Chinese Classical Works, Commonly Called the Four Books	科力	1828	马六甲
千字文	The Thousand-Character Classic	吉德	1831	马六甲（作为英华书院年度报告附录）
千字文	The 1,000 Character Classic	麦都思	1835	巴达维亚
三字经	The San-Tsze King, or Trimetrical Classic	裨治文	1835	《中国丛报》卷4
千字文	Tseen Tsze Wan, or the Thousand Character Classic	裨治文	1835	《中国丛报》卷4
幼学诗	Keenyun Yewheo Shetee, or Odes Children in Rhyme	裨治文	1835	《中国丛报》卷4
孝经	Heaou King, or Filial Duty	裨治文	1836	《中国丛报》卷5
小学	Seaou Heo, or Primary Lessons	裨治文	1836、1837、1838	《中国丛报》卷5、卷6
百忍歌	Pih Jin Ko, or an Ode on Patience	布朗	1840	《中国丛报》卷9
正德皇游江南	Chingtih Hwang Yu kiangnan, or Travel's of the Emperor Chingtih in Keangnan	秦深（Tkin Shen），英华书院学生	1846	伦敦、纽约

---

① Eliza A. Morrison, ed., *Memoirs of the Life Lahours of Robert Morrisom*, vol. 1, pp. 490 – 492.

② Eliza A. Morrison, ed., *Memoirs of the Life Lahours of Robert Morrisom*, vol. 2, pp. 28 – 30.

续表

书名	英文书名	译者	出版发表年份	出版地点（发表刊物）
书经	*The Shoo King, or the Historical Classic*	麦都思	1846	上海
海岛逸志	*The Chinaman Abroad: or a desultory account of the Malayan Archipelago, particularly of Java*	麦都思	1849	上海
农政全书	*Dissertation on the Silk-manufacture and the Cultivation of the Mulberry*	麦都思	1849	上海
合汗衫	*The Compared Tunic*	卫三畏	1849	《中国丛报》卷18

注：有学者认为秦深乃何进善，见吉瑞德《朝觐东方：理雅各评传》，第27页。

资料来源："List of works upon China," *The Chinese Repository*, vol. 18, pp. 409 – 416；Wylie, *Notes on Chinese Literature*, prefect, pp. 24 – 40.

表6-3提供的情况表明，新教传教士在这个时期对中国书籍的翻译基本上还处在初步阶段，翻译的大都是比较通俗浅显的读物或是作为开蒙读本的经典，如"四书"。但这并不意味着传教士就只能为中国书籍的西译做些辅助性工作。有一位新教传教士在1850年之前虽然没有发表任何翻译作品，但其后以其翻译作品而享誉国际学界，他就是伦敦会的理雅各。理雅各后来将儒家最重要的9种经典翻译成英文。他的译本在很长的时间内在西方都是儒家经典的权威标准译本。不过，他的翻译活动已不在本书讨论的时间范围之内。

除了翻译中国典籍，新教传教士还以其他的方式向西方介绍中国文化。如《印中搜闻》从第5号（1818年8月号）起，连续刊载米怜撰写的《中国文献》（Chinese Bibliography）系列文章。作者选择了一些中国著作，提纲挈领地评介其内容，从而比较系统地向西方读者介绍了中国历史文化典籍。米怜先后在这一系列文章评介的中文著作有《明心宝鉴》、《西方公据》、《圣谕广训》、《三字经》、《御制律历渊源》、《三才图会》、《高厚蒙求》、《佩文韵府》、四书五经等，这个系列的文章都是该刊每期分量最重的文章。另外，该刊还发表了一些中国诗歌和文学作品的译文，以及探讨中国哲学和宗教的文章。《中国丛报》上发表的有关论文从数量和质量上都大大超过了《印中搜闻》,论述中国历史和语言文字问题的论文数量在 100 篇以上,其中有相当一部分是具有特色和见地的,上文已经有所介绍。除专题论文外,《中国丛报》还发表了大量的书评和动态介绍,对西方中国研究的早期历史进行了系统评论和总结,对新出现的研究成果和西方学者的学术活动做及时的报道。据笔者的初步统计,《中国丛报》发表的关于天主教传教士、新教传教士和西方专业汉学研究者著作的书评共有 136 篇,这些评论和报道基本上反映了西方两个多世纪对中国进行研究和介绍的历史。

《中国丛报》还发表了对中国历史文化典籍进行评介的文字 65 篇,涉及经、史、子、集等各个门类,也包括传教士自己的若干中文著作。此外,该刊还登载了 26 篇中国书籍、文献的摘译(不包括表 6 - 3 所列的译文)。这些都使《中国丛报》成为与西方汉学研究关系甚深的一种期刊。

结　语

　　从 1807 年到 1851 年，是近代基督教新教在华传教运动的准备时期。在衡量传教活动成绩的一个重要指标——吸收中国信徒方面，这个时期新教传教士所取得的成果是微不足道的。马礼逊和米怜生前所施洗的几名教徒，除梁发和屈昂外，其他人未见再有记载。裨治文在 1847 年为他的第一个皈依者施洗，1851 年前未再吸收信徒。其他传教士情形基本相同，厦门、宁波、福州和上海各传教站，在 1851 年前所吸纳的中国信徒均屈指可数。而且这些信徒大部分是在传教士身边从事服务工作的仆役，他们可以从传教士那里领取一份固定的薪水。郭士立的福汉会也在 1850 年被人揭破内幕，借用一个当代词语，这个一度似乎蓬勃兴旺的团体也只是一个传教"泡沫"。

　　因此，这个时代留给以后在中国活动的传教士的遗产，不在于早期的新教传教士"征服"了多少个中国"异教徒"，而在于他们建立于这个时期各口岸的传教组织系统，更重要的是他们所摸索出来的传教方法和经验。

　　初期的五个通商口岸和被割让给英国的香港，后来基本上成为全国性或区域性的传教活动中心。整个近代新教在华传教事业即是以这些传教中心为依托，逐步向中国内地和边远省份辐射。还应该看到的是，在本书讨论的这个时期，一批传教士在开拓教务的过程中，因其开创之功而形成历史性的权威，成为后来传教士效法的榜样。还有些传教士在这一时期得到各种训育与锻炼，以后成为新教对华传教运动的精英。

　　福汉会的存在虽然被大多数传教士视为一桩丑闻，但它首先提出的中国内地传教的概念和方法，在一定程度上被后来有重要地位的内地会继承并发扬。在这个时期逐渐形成的医务传教方法，不仅成为在中国长期坚持的传教方法，而且对世界范围内的新教传教运动也有一定影响。近代教会教育的始基也在这一时期建立。马礼逊学校中英文相结合的教育方式，对近代的教会教育具有示范意义。早期的《圣经》中译更为以后不断完善的译本的出现奠定了基础。早期传教士引进西学，并使之服务于传教目的的努力，他们对中国语言和历史文化的研究，以及他们从西方的立场出发对中国社会进行观察与评论的传统，都为以后的新教传教士所继承。还应该提到的是，早期传教士依傍西方的政治、军事和经济势力推进传教事业的做法，也演变成一种恶劣的习惯，在清末激起了剧烈的矛盾和动荡，产生了众所周知的恶果。总之，近代来华新教势力所使用的大部分传教方法，所从事的世俗事业的基本类型，在这个时期几乎都已经进行过初步的尝试。新教在华传教的基本模式，在这个阶段已经大致确定下来了。

接触到这段历史的研究者都会思考，为什么那些新教传教士要把自己活动的范围扩展到一些世俗的领域，为什么一个传教士在某个世俗领域所取得的成就越大，他在教会内部所享有的声望和地位似乎也越高？笔者从以上研究所得到的解释是，新教传教士所有的事业都是围绕着"向中国人传教"这个中心进行的，他们开辟的所有活动领域都是其宗教目的在逻辑上的展开。因此，他们在这些领域的成就，同时被当作广义的在传教事业上所取得的成就。

传教士要与中国人接触，就必须懂得中国的语言，包括传教团（站）所在地的方言土语，因此他们首先必须学习和研究中国的语言。他们还需要向中国这个"喜欢阅读"的民族提供文字上的传教材料。这种现实的需要使几乎每一位早期来华的新教传教士都成了研究中国语文的学者。

中国这个古老的东方大国与非洲和美洲的原始部落不同，有比较发达、一度领先世界的物质文明和精神文明，这种东方文明与传教士熟悉的西方文明截然有别，而普通民众和官绅、士人一样，对自己的文明有独特的自豪感。在此情况下，传教士如欲了解要在精神上征服的对象，就必须花费巨大的精力，了解和研究中国的历史文化、社会风习乃至社会制度。

他们认识到，要让中国人放弃"偶像崇拜"和"迷信"——放弃自己的文化习俗，心悦诚服地接受基督教的教义，就必须向传教对象证明，基督教文化比中国以儒家思想为主体的文化更为优越。至少要证明，在中国人看来奇异难解的基督教不是一种野蛮的信仰。要做到这一点，他们又必须首先让传教对象正视并重视自己，而不被当作化外蛮夷看待；要让中国民众相信，他们所属的国家不是比中国低一等、坐落于某个海岛上的"夷狄之邦"；还要让中国民众信服，基督教世界的物质文明和精神文明都已发展到了很高的程度——甚至比"天朝"更高，他们不仅拥有强大的舰队，拥有与中国相比毫不逊色的庞大版图，还拥有因基督教的启示而日益丰富、日新月异、真正"实用"的知识体系。因此，传教士又以极大的毅力和耐心，承担起向中国人介绍世界大势、西方历史和自然科学的历史重任。

他们还发现，中国的"异教徒"都是讲究实际的人，没有多少人会为了解决灵魂上的问题而向在街头和乡间徘徊的"讲古鬼"请教人生的玄理。他们一般会客气地接受传教士送到手中的传教小册子，有些地方还发生争先恐后地哄抢的事件。但传教士精心印出的、每年上百万页的这类书籍，并没有劝化几个"可悲的灵魂"，而是被用于一些实际的目的，例如男人用来卷烟，女人用来剪鞋样。针对这种情况，传教士发明了一些使人们感兴趣的方法。他们开办医院，向所有愿意去的人提供优质的医疗服务；他们开办学校，不仅教授四书五经，还由来自美国的老师教授地道的英语和其他用英语讲授的课程，这样使穷苦人家的子弟将来可以追求地位不高但很实惠的前程——充当买办或通事。而且，无论是教育还是医疗服务都是免费的。通过这样的方法，传教士既可以改善他们作为"夷人"在一般民众心目中的形象，又可以吸引普通民众，与他们中的一些人发展比较密切的个人关系，从而创造传教的机会。

在新教势力在华活动的前半个世纪，传教士还始终面临随时会发生的来自清廷的政治打击，因为雍正以后清廷一直实行禁教政策。即使在道光弛禁基督教以后，他们仍然面临不能越出五口之界的条约限制。他们因此对中国政府、中国的制度生出无限的恨意，呼吁西方强国政府使用强硬的手段迫使中国"开放"，以让他们与潜在的传教对象实现"自由的交往"。他们为鸦片战争的终于到来而欢呼。当形势的发展表明他们可以借助本国的军事、政治势力来越过政治上和条约上障碍的时候，他们一般会毫不犹豫地抓住机会寻求本国政府或舰队的帮助。作为交换，他们乐于为英国侵略军或美国使团服务，在平时则提供情报，贡献意见。为了传教事业的发展，他们需要进一步扩大活动的范围，需要中国对他们更加"开放"，这种内在动力使他们利用机会制造事端，为英美政府迫使中国政府妥协制造口实。

这样就出现了来华新教传教士在直接的传教活动之外，普遍涉足文化、外交、军事等世俗领域的现象。

以上这种以传教为本位来解释早期来华新教传教士思想和活动的论点，可能会受到来自两个方面的质疑。

第一种疑问可能是，能不能仅仅用宗教原因来解释传教士与西方政治、军事侵略势力的结盟？即是说，当传教士加入或推动西方强国政府的侵华鼓噪和实际行动的时候，在宗教利益的考虑之外，他们是否还有意识地为了其母国的利益或整个"基督教文明世界"的利益，去伤害他们要用"上帝的语言"加以征服的国家和人民？或者，是否可以反过来说，他们的传教活动本身就是近代西方征服东方阴谋的组成部分？

由于近代基督教传教运动与西方殖民侵略势力的关系异常密切，"传教士与殖民主义"的关系是所有研究传教士问题的学者，包括西方学者在内无法回避也不应回避的问题。笔者认为对这种关系应该从两个层面来认识。当英美新教传教士来到中国这个陌生、具有鲜明民族特性的国家之后，他们实际上具有双重身份。一方面，他们是以传播基督教为职志的传教士，这种身份决定了他们必然与清廷的限制政策产生冲突，而他们解决问题的方式是与殖民侵略势力结盟，从宗教的目的出发与后者互相利用，否则他们就难以获得在他们看来必须得到的传教环境。他们让西方各国政府利用自己在中国问题上的特殊知识、关系和能力，以使各国政府支持他们争取有利的传教条件。在这点上新教传教士和天主教传教士都一样，典型的例子是伯驾和裨治文帮助顾盛进行了中美《望厦条约》的谈判，而后者支持他们在条约中塞进允许外国人在五口修建礼拜堂的条款，而加略利则利用剌萼尼对他的依赖，在中法《黄埔条约》谈判中为争取清廷弛禁传教活动不止一次地滥用法国的国家力量，最后达到了目的。因此，在近代中西关系发生历史性转变的时期，传教士成为侵略势力的天然同路人。另一方面，如果不考虑职业的因素和宗教信仰方面的差异，他们的语言、生活习惯、行为方式、民族意识等与其他西方人士没有什么不同。作为普通的西方人，在自己的国家与中国发生冲突之际，传教士在思想上当然容易倾向于自己的国家。正如上文指出的，很少有人能超越民族意识而采取完全公正、客观的立场。但他们在行动上的表现则并非划一。他们有的作为狂热的侵略分子加入其政府的军事、政治或其他行动，有的则不直接卷入冲突，由每个人的境遇、思想、经历和人生态度来决定。这方面的例子有，罗孝全和马礼逊学校的布朗都有被人入室偷窃的经历，罗孝全的态度是坚持无理地向清政府"索赔"并表示要以此来为美国人争取"权益"树立一个可资遵循的先例；而布朗则平静地对待他的遭遇，没有掀起任何风浪。所以，对这方面的情况应做具体分析。

因此，在涉及传教问题的时候，传教士几乎无一例外地赞成西方的强权政治；而中外之间发生的冲突并不直接影响到传教问题时，传教士的反应则因人而异。上文所说的从传教事业角度来解释传教士与帝国主义（殖民主义）之间的关系，就是指第一种情况，即在近代中国这个特殊的历史时期，传教士的宗教使命必然会导致他们与强权政治的结盟。

至于是否可以说传教运动是西方殖民侵略阴谋的组成部分，要视进行这种表述的具体语境而定。如果我们把传教士所追求的对"异教徒"的精神征服理解为文化侵略行径，如果我们注重传教运动带来的那些消极的社会后果，那么这句话是不错的。但应该注意的是，这样说并不意味着传教士与他们的政府有一种具体的共谋关系，并不意味着传教士的派遣属于一种政治计划。根据笔者的了解，这样的计划在早期新教传教士来到中国之时是不存在的。我们至少可以从两个典型事例得到这样的结论：到 1807 年马礼逊来中国的时候，代表英国政府在东方利益的东印度公司不允许他乘坐该公司的船只，马礼逊只好绕道美国来广州；当 1847 年和 1853 年伯驾和卫三畏先后接受了美国政府的任命时，美部会毫不客气地将他们除名。

第二种可能的疑问来自相反的角度。这种疑问可以表述为：能否仅仅从传教的动机来理解传教士举办慈善事业和输入西学的行为？

笔者认为，对这一问题的回答，可以采取与回答"传教士与殖民主义"问题相同的方式。本书从传教的角度来解释传教士在教育、医疗、著述等方面的活动，是指在鸦片战争前后特殊的政治、文化条件下，新教传教士要想达到宗教上的目的，就必然会探索并利用引进西式教育、举办医疗慈善事业等方式，向中国介绍西学等手段或者说战略，所有这些手段都不是预先设定的传教方法。新教海外传教运动本来就是欧美社会的一种新生事物，在 19 世纪前期还处于摸索的阶段。他们可以借鉴天主教的传教经验，但由于严重的教派分歧，这种借鉴也是有一定限度的。而且新教传教士初来中国之时，与明末清初的天主教传教士所面临的政治条件也不一样。伦敦会和美部会对它们第一批传教士的指示，都要求他们根据实际情况来决定如何开展传教活动。因此，它们的传教士在中国活动的初期所采取的方法，只能由传教士自己根据现实条件进行选择。因此可以说，是中国社会所提供的具体历史条件决定了新教在华传教方法。为了适应现实，来华传教士根据需要决定是借鉴别人的经验，还是自己进行创新。伯驾等人根据中国的情形，将医疗服务这种原来是次要的、偶发的、非常规性的手段，发展为一种具有普遍意义的"医务传教"方法，以后被英美各新教差会应用于其他国家，这是来华传教士在传教方法上进行创新的典型例子。郭士立、裨治文等人撰写了大量介绍世界地理和西方历史、概况的著作，是为了克服他们所面临的文化障碍——中国人对"夷人"的蔑视，这是另一个例证。而鸦片战争前后传教士开始向中国人介绍西方的自然科学和社会政治制度，则是受到了英国东印度公司在印度进行的社会改造的启发，希望中国也像印度那样加入"世界进步的进程"。当然，实事求是地说，他们所希望的是中国像印度那样实现知识上、社会生活形态上的西化，为在中国传播"福音"创造条件，而不是政治上的殖民地化。

从这些情况来看，笔者认为传教动机是传教士引进西学、举办医疗和教育事业的基本动力。根据鸦片战争前后中国社会的实际状况，传教士要达到宗教目的，必然要从事这些活动。但这也并不意味着传教是这些活动的唯一目的。由于这些事业都有比较高深的专业知识要求，往往会吸引具有专业兴趣的传教士将其当作活动的主要内容。例如，伯驾的眼科医院在十几年的时间内医治了成千上万的病人，但伯驾所能报告的宗教上的成果只是病人对他这位"大国手"的感激和回家阅读圣书的承诺。尽管如此，他还是乐此不疲。又如，合信在 1850 年代之后陆续将西方近代医学的各个分支系统介绍到中国，也很难仅从传教目的来解释。传教士所举办的教育事业也存在同样的情形。部分传教士所具有的慈善心理、人道主义精神，也是他们举办上述事业不可忽视的原因。对此也不应一笔抹杀。此外，正如本书所提到的，新教传教士在很大程度上将近代西方资本主义文明与基督教文明相等同，因而也将他们的宗教热情体现在对西方科学知识的传播方面，在广义上也可以说他们是西方近代文明的传教士。而且，正如本书已经指出的那样，不管出于什么原因，这些事业在客观上，对近代中国的教育变革、西医科学的建立、西方人文和自然科学的系统引进等都曾产生过积极的、应该肯定的作用。

概而言之，在存在其他多种原因的同时，传教利益是新教传教士进行政治活动，从事教育、医疗和文化事业的基本动力，他们的传教动机必然导致他们卷入近代中国各方面的事件。这种必然性意味着，在面对19世纪的中国这一独特的传教对象时，传教士不可能只进行他们所说的"直接的传教活动"，他们以自己的探索扩充了传教思想的内涵，重新诠释了"传教"的概念。这就是说，在鸦片战争前后的特定历史条件下，传教目的本身决定了来华新教传教士不可能只作为单纯的宣教师进行活动，在宗教与世俗之间游移是他们不可避免的生活形态。而促使传教士进行这种调适的中国社会，也不完全是一个被动的客体，它以自己的形态和特征反过来塑造了外国传教士的传教方法。本书所研究的传教士的那些活动，则是双方相互作用的结果。这也许是所有历史事件共同的发生规律的具体体现。在基督教在华传教史上，这也不是什么新奇的现象，利玛窦等天主教传教士主动适应中国社会文化的做法比新教传教士早了几百年。只不过由于西方的迅速崛起，新教传教士已用不着像他们的先辈那样，在赞叹东方文明成就的同时对"天朝"屈尊俯就。

附　录

附录 1　1807~1851 年来华新教差会

英文名称	中文名称	开始派遣传教士年份
The London Missionary Society	伦敦传教会（简称伦敦会）	1807
The Netherlands Missionary Society	荷兰传教会	1827
The American Board of Commissioners for Foreign Missions	美部会	1829
The American Baptist Board for Foreign Missions（1846 年后称 The American Baptist Missionary Union）	美国浸礼会（1846 年后称美国浸礼会真神堂）	1834
The Board of Foreign Missions of the Protestant Episcopal Church in the United States	美国圣公会	1835
The Church Missionary Society	安立甘会	1837
The Board of Foreign Missions of Presbyterian Church of the United States	美国长老会	1837
The（English）General Baptist Missionary Society	英国浸礼会	1845
The Evangelical Missionary Society at Basel	巴色会	1846
Rhenish Missionary Society	礼贤会	1846
The Board of Foreign Missions of the Southern Baptist Convention in the United States	美南浸信会	1846
The Seventh-Day Baptist Missionary Society of U. S. A.	美国安息浸信会	1847
The Methodist Missionary Society of U. S. A.	美以美会	1847

续表

英文名称	中文名称	开始派遣传教士年份
The Foreign Mission Scheme of the Presbyterian Church in England	英国长老会	1847
The Missionary Society of the Methodist Episcopal Church, South	美国监理会	1848
The Swedish Missionary Society	瑞典传教会	1849
The Casal Missionary Society(German)	德国 Casal 传教会	1850
The Berlin Missionary Union for China	巴陵会	1851
The English Wesleyan Missionary Society	循道会	1851

注:"开始派遣传教士年份"包括传教士开始到东南亚各地华人居留地传教年份。

资料来源:"List of Protestant Missionaries Sent to the Chinese, Societies By Whom They Have Been Sent Out, with the Year when the Mission was Established," ABCFM Papers, 16.3.8;"List of Protestant Missionaries to the Chinese," *The Chinese Repository*, vol. 20, pp. 513 – 514.

附录 2　1807~1851 年来华新教传教士一览

英文名	中文名	所属差会	传教地点	初抵年份
Robert Morrison	马礼逊	伦敦会	广州	1807
William Milne	米怜	伦敦会	马六甲	1813
Walter H. Medhurst	麦都思	伦敦会	马六甲、巴达维亚、上海	1817
John Slater	斯雷特*	伦敦会	巴达维亚	1818
John Ince	英士*	伦敦会	槟榔屿	1818
Samuel Miltion	米尔顿*	伦敦会	新加坡	1818
Robert Fleming	弗莱明*	伦敦会	马六甲	1820
James Humpherys	汉弗雷斯*	伦敦会	马六甲	1821
David Collie	科力*	伦敦会	马六甲	1822
Samuel Kidd	吉德*	伦敦会	马六甲	1824
John Smith	史密斯*	伦敦会	新加坡	1826
Jacob Tomlin	汤姆林*	伦敦会	新加坡、暹罗、马六甲	1826
Samuel Dyer	戴耶*	伦敦会	槟榔屿、马六甲	1827
Charles Gutzlaff	郭士立	荷兰传教会	苏门答腊、暹罗、中国	1827
William Young	养为霖	伦敦会	巴达维亚、厦门	1828
Elijah C. Bridgman	裨治文	美部会	广州、上海	1830
David Abeel	雅裨理	美部会	广州、曼谷、厦门	1830
Herman Roltger	罗特杰*	荷兰传教会	苏门答腊	1832

续表

英文名	中文名	所属差会	传教地点	初抵年份
Ira Tracy	帝礼仕	美部会	广州、新加坡	1833
Samuel W. Williams	卫三畏	美部会	广州、澳门	1833
John Evans	伊万斯*	伦敦会	马六甲	1833
Stephen Johnson	杨顺	美部会	曼谷、福州	1833
Samuel Munson	曼森*	美部会	东印度群岛	1833
Peter Parker	伯驾	美部会	广州	1834
Edwin Stevens	史第芬	美部会	广州	1835
William Dean	粦为仁	美国浸礼会	曼谷、香港	1835
Henry Lockwood	洛克伍德*	美国圣公会	广州、巴达维亚	1835
Francis R. Hanson	汉森*	美国圣公会	广州、巴达维亚	1835
Evan Davies	戴维斯*	伦敦会	槟榔屿	1835
Samuel Wolfe	沃尔夫*	伦敦会	新加坡	1835
J. Lewis Shuck	叔未士	美国浸礼会	澳门、香港、广州、上海	1835
Alanson Reed	里德*	美国浸礼会	曼谷	1835
James T. Dickinson	狄金森*	美部会	新加坡	1836
I. J. Roberts	罗孝全	美国浸礼会	澳门、香港、广州	1836
M. B. Hope	何伯*	美部会	新加坡	1836
Stephen Tracy	特雷西*	美部会	曼谷	1836
Elihu Doty	罗啻	美部会	婆罗洲、厦门	1836
Elbert Nevius	聂维斯*	美部会	婆罗洲	1836
William J. Boone	文惠廉	美国圣公会	巴达维亚、厦门、上海	1837
Robert W. Orr	奥尔*	美国长老会	新加坡	1838
John A. Mitchell	米切尔*	美国长老会	新加坡	1838
Alexander Stronach	施敦力亚历山大	伦敦会	新加坡、厦门	1838
John Stronach	施敦力约翰	伦敦会	新加坡、上海	1838
Edward B. Squire	斯夸尔*	安立甘会	新加坡、澳门	1838
Dyer Ball	波乃耶	美部会	新加坡、广州	1838
George W. Wood	沃德*	美部会	新加坡	1838
William J. Pohlman	波罗满	美部会	婆罗洲、厦门	1838
William Lockhart	雒魏林	伦敦会	澳门、舟山、上海	1839
Samuel Brown	布朗	马礼逊教育会	澳门、上海	1839
Josiah Goddard	高德	美国浸礼会	曼谷、宁波	1839
Nathan Benham	宾汉*	美部会	曼谷	1839
Lyman B. Peet	弼莱门	美部会	曼谷、福州	1839
William B. Diver	戴弗尔*	美部会	澳门	1839

英文名	中文名	所属差会	传教地点	初抵年份
James Legge	理雅各	伦敦会	马六甲、香港	1839
William C. Milne	美魏茶	伦敦会	宁波、上海	1839
Benjamin Hobson	合信	伦敦会	澳门、香港、广州	1839
Thomas McBryde	麦多马	美国长老会	新加坡、厦门、澳门	1840
James C. Hepburn	合文	美国长老会	新加坡、厦门	1841
Walter M. Lowrie	娄礼华	美国长老会	澳门、宁波	1842
W. H. Cumming	甘明	独立	厦门	1842
Daniel J. MacGowan	玛高温	美国浸礼会	宁波	1843
James G. Bridgman	裨雅各	美部会	香港、广州	1844
Richard Cole	柯理	美国长老会、伦敦会	澳门、宁波、香港	1844
Davie B. McCartee	麦嘉缔	美国长老会	宁波	1844
Robert Q. Way	祎理哲	美国长老会	宁波	1844
T. T. Devan	地凡	美国浸礼会	香港、广州	1844
William Gillespie	古列斯皮*	伦敦会	香港、广州	1844
John Lloyd	卢壹	美国长老会	厦门	1844
Andrew P. Happer	哈巴安德	美国长老会	澳门、广州	1844
M. S. Culbertson	克陛存	美国长老会	宁波	1844
A. Ward Loomis	露密士	美国长老会	宁波	1844
George Smith	四美	安立甘会	香港	1844
Thomas McClatchie	麦丽芝	安立甘会	上海	1844
Hugh A. Brown	布朗*	美国长老会	厦门	1845
Samuel W. Banney	邦尼	美部会	广州	1845
H. W. Woods	伍兹*	美国圣公会	上海	1845
R. Graham	格拉汉*	美国圣公会	上海	1845
Thomas H. Hudson	胡德迈	英国浸礼会	宁波	1845
William Jarrom	嘉维廉	英国浸礼会	宁波	1845
William Fairbrother	费尔布拉德*	伦敦会	上海	1845
Edward W. Syle	塞尔*	美国圣公会	上海	1845
William A. Macy	麻西(咩士)	马礼逊教育会	香港	1846
John F. Cleland	克列兰*	伦敦会	广州	1846
E. N. Jeneks	金克思*	美国浸礼会真神堂	曼谷	1846
Samuel Clopton	克劳朴顿*	美南浸信会	广州	1846

续表

英文名	中文名	所属差会	传教地点	初抵年份
George Pearcy	啤士	美南浸信会	广州、上海	1846
William Speer	施慧廉	美国长老会	广州	1846
John B. French	花珪治	美国长老会	广州	1846
John W. Quarterman	卦德明	美国长老会	宁波	1846
Edward C. Lord	劳德	美国浸礼会真神堂	宁波	1847
Soloman Carpenter	贾本德	安息日浸礼会	上海	1847
Nathan Warder	华纳荪	安息日浸礼会	上海	1847
V. N. Talmage	打马字	美部会	厦门	1847
Moses C. White	怀德	美以美会	福州	1847
J. D. Collins	柯林	美以美会	福州	1847
Francis C. Johnson	赞臣	美南浸信会	广州	1847
William Muirhead	慕维廉	伦敦会	上海	1847
B. Southwell	绍思韦	伦敦会	上海	1847
Alexander Wylie	伟烈亚力	伦敦会	上海	1847
Phineas D. Spaulding	司伯丁	美国圣公会	上海	1847
Thomas W. Tobey	托弼	美南浸信会	上海	1847
M. T. Yates	晏玛太	美南浸信会	上海	1847
Henri Hirschberg	赫希伯格 *	伦敦会	香港、广州	1847
Battinson Key	克伊 *	伦敦会	香港	1847
Theodore Hamberg	韩山文	巴色会	香港	1847
Rudolph Lechler	黎力基	巴色会	香港	1847
W. Koster	柯士德	礼贤会	香港	1847
Ferdinand Genaehr	叶纳清	礼贤会	香港	1847
John Johnson	赞臣	美国浸礼会真神堂	香港	1848
Robert S. Maclay	麦利和	美以美会	福州	1848
Henry Hickok	喜谷	美以美会	福州	1848
Seneca Cummings	简明 *	美部会	福州	1848
Caleb C. Baldwin	保灵	美部会	福州	1848
William L. Richards	历浃	美部会	福州	1848
J. Sexton James	詹姆斯 *	美南浸信会	上海	1848
William Farmer	法默 *	安立甘会	上海	1848
R. H. Cobbold	郭保德	安立甘会	宁波	1848
W. A. Russel	陆赐	安立甘会	宁波	1848
Thomas Gilfillan	吉尔菲兰 *	伦敦会	广州、厦门	1848
William Bums	宾维廉	英国长老会	广州、厦门	1848

续表

英文名	中文名	所属差会	传教地点	初抵年份
Wilhelm Lobscheid	罗存德	礼贤会	香港、西乡（东莞）	1848
James Hyslop	海雅各	伦敦会	厦门	1848
Charles Taylor	戴乐安	美以美会	上海	1848
Benjamin Jenkins	秦右	美以美会	上海	1848
Henry Rankin	兰显理	美国长老会	宁波	1849
J. K. Wight	怀特 *	美国长老会	上海	1849
Brayfield W. Whilden	韦尔敦 *	美南浸信会	广州	1849
M. S. Coulter	库尔特 *	美国长老会	宁波	1849
A. Elgquist	吕吉士	瑞典传教会	福州	1849
Carl J. Fast	法士	瑞典传教会	福州	1849
John Hobson	霍布森 *	安立甘会	上海	1849
James H. Young	杨雅各	英国长老会	厦门	1850
Fred F. Gough	岳腓烈	安立甘会	宁波	1850
W. Welton	温敦	安立甘会	福州	1850
Robert D. Jackson	札成	安立甘会	福州	1850
E. T. R. Moncrieff	蒙克利夫 *	安立甘会	香港	1850
Justus Doolittle	卢公明	美部会	福州	1850
R. Krone	科容 *	礼贤会	西乡（东莞）	1850
Carl Vogel	乌卡尔 *	德国 Casal 传教会	香港	1850
Samuel N. D. Martin	孟子元	美国长老会	宁波	1850
W. A. P. Martin	丁韪良	美国长老会	宁波	1850
William Ashmore	耶士谟	美国浸礼会真神堂	曼谷	1851
James Colder	高礼	美以美会	福州	1851
Issac W. Wiley	怀礼	美以美会	福州	1851
George Pearcy	皮尔西 *	独立	香港	1851
Rob. Neumann	那文	巴陵会	香港	1851
J. Von Gennap	金纳普 *	独立	香港	1851
Cleveland Keith	克思 *	美部会	上海	1851
Nelson	尼尔森 *	美部会	上海	1851
John J. Poynts	普因茨 *	美部会	上海	1851

注：1. 本表所列新教传教士，包括欧美各新教差会在"对华传教"（mission to the Chinese）的名义下派往东南亚华人居留地区的传教士。

2. 传教士中文名后凡带有 * 号者为笔者所译。这些传教士当时一般没有使用固定的中文名。其余传教士的中文名均为其当时各自所用的中文名，成为近代以来有关书籍中的惯用译名。

资料来源："List of Protestant Missionaries sent to the Chinese," written in 1855, ABCFM Papers, 16.3.8；"List of Protestant Missionaries to the Chinese, With the present positions of those now among them," *The Chinese Repository*, vol. 20, pp. 513 – 519.

参考文献

史料

爱汉者（郭士立）纂《正道之论》，无出版时间、地点。

爱汉者纂《是非略论》，新嘉坡坚夏书院藏板，道光乙未（1835）新镌。

爱汉者纂《古今万国纲鉴》，新嘉坡坚夏书院藏板，道光十八年（1838）仲秋镌。

爱汉者纂《大英国统志》，道光甲午年（1834）镌，出版地点不详。

爱汉者纂《正教安慰》，道光十六年（1836），新加坡坚夏书院藏板。

爱汉者纂《福音之箴规》，道光十六年（1836），新加坡坚夏书院藏板。

爱汉者纂《救世主耶稣之圣训》，道光十六年（1836），新加坡坚夏书院藏板。

爱汉者纂《全人矩镬》，道光十六年（1836），新加坡坚夏书院藏板。

爱汉者纂《赎罪之道传》，道光丙申年（1836）刊，出版地点不详。

博爱者（米怜）纂《张远两友相论》，福州，道光二十九年（1849）。

博爱者纂《乡训五十二则》，宁波，道光二十八年（1848）。

陈兑、陈孙：《福汉会会员日记》（二种），咸丰二年（1852），荷兰莱顿大学图书馆藏。

陈垣辑录《康熙与罗马教皇使节关系文书》，故宫博物院1932年影印本。

陈垣等编《清代外交史料》，故宫博物院，1932。

高理文（裨治文）：《美理哥合省国志略》，新嘉坡坚夏书院藏板，道光十八年（1838）。

高理文：《亚美利格合众国志略》上卷，香港，1844。

高理文：《大美联邦志略》，墨海书馆，1861。

亨特：《旧中国杂记》，沈正邦译，广东人民出版社，1992。

亨特：《广州番鬼录》，冯树铁译，广东人民出版社，1993。

贾桢等编《筹办夷务始末》咸丰朝，中华书局，1978。

黎家驹等编《英华书院壹百七十年纪念特刊》，香港，1989。

梁廷枏：《海国四说》，骆驿、刘骁点校，中华书局，1993。

两广总督衙门档案，英国外交部文件，编号：FO931。

刘志伟、陈玉环整理《叶名琛档案：清代两广总督衙门残档》，广东人
　民出版社，2012。

马礼逊等译《圣路加氏传福音书》，澳门，1812。

马礼逊等译《神天圣书》，马六甲英华书院藏板，1823。

马礼逊夫人编《马礼逊回忆录（全集）：他的生平与事工》，邓肇明译，
　基督教文艺出版社，2007。

马士：《东印度公司对华贸易编年史（1635～1834年）》，区宗华等译
　校，中山大学出版社，1991。

马志平：《大英国人事略说》，英华书院藏板，道光十二年（1832）版。

容闳：《西学东渐记》，恽铁樵等译，岳麓书社，1985。

司当东：《英使谒见乾隆纪实》，叶笃义译，上海书店出版社，1997。

司德敷主编《中华归主：中国基督教事业统计（1901～1920）》，蔡咏
　春等译，中国社会科学出版社，1987。

王元深：《圣道东来考》，香港，1907。

魏源：《海国图志》，扬州，咸丰二年（1852）。

卫斐列编《卫三畏生平及书信》，顾钧、江莉译，广西师范大学出版
　社，2004。

温国符编辑、邝柳春校订《西广东长老会历史》，启明公司承印，1920。

文庆等编《筹办夷务始末》道光朝，中华书局，1964。

吴立乐主编《浸会在华布道百年史》，中华浸会书局，1936。

谢洪赉：《中国耶稣教会小史》，商务印书馆，1908。

许地山编《达衷集》，商务印书馆，1931，文海出版社1974年影印本。

余淑心等编《福州美以美年会史》，福州知行印刷所，1936。

中国第一历史档案馆编《鸦片战争档案史料》，天津古籍出版社，1992。

中国史学会编《鸦片战争》，上海人民出版社，1957。

中国史学会编《第二次鸦片战争》，上海人民出版社，1978~1979。

《中华基督教历史》特刊，《神学杂志》第10卷第3号，1924年。

《中华基督教会创立七十周年纪念特刊》，香港，1988。

中研院近代史研究所编《四国新档·美国档》，1986。

佐佐木正哉编《鸦片战争的研究》资料篇，近代中国研究委员会，1964。

American Board of Commissioners for Foreign Missions, *Papers of the American Board of Commissioners for Foreign Missions.* microfilm, Research Publications, Woodbridge, Conn, 1985.

Abeel, David. *Journal of A Residence in China and the Neighboring Countries, from 1829 to 1833.* New York: Leavitt, Lord & Co. , 1834.

Anderson, Mary R. *A Cycle in the Celestial Kingdom, or Protestant Mission Schools for Girls in South China, 1827 to the Japanese Invasion.* The Press of Heiter-Starke Printing Co. , 1943.

Anonymous, *The Medical Missionary Society in China.* printed by Chinese Repository Press, 1838.

Ashmore, Lida Scott. *The South China Mission of the American Baptist Foreign Mission Society: A Historical Sketch of Its First Cycle of Sixty Years.* Shanghai: Printed by Methodist Publishing House, 1920.

Balme, Harold. *China and Modern Medicine: A Study in Medical Missionary Development.* London: United Council for Missionary Education, 1921.

Bridgman, Elijah Coleman. *Chinese Chrestomathy in the Canton Dialect.* Macao, 1841.

Bridgman, Eliza J. Gillet, ed. *The Pioneer of American Mission to China: The life and Labors of Elijah Coleman Bridgman.* New York: Anson D. F. Randolph, 1864.

Broomhall, Marshall. *The Bible in China.* London: The China Inland Mission,

1934.

Cadbury, W. and M. Jones. *At the Point of Lancet——100 Years of the Canton Hospital, 1835 – 1935*. Shanghai: Kelly & Walsh, 1935.

Davis, John. *The Chinese*. London: Knight, 1836.

Downing, C. Toogood. *The Stranger in China, or, the Fan-Qui's Visit to the Celestial Empire in 1836 – 1837*, 3 vols. . London: H. Colburn, 1838.

Gutzlaff, Charles. *Journals of Three Voyages Along the Coast of China in 1831, 1832 & 1833*. London: Frederick Westley and A. H. Davis, 1834.

——. *An Appeal to Christians in Behalf of China*. Canton: published at the Office of the Chinese Repository, 1833.

——. *Report of Proceedings on a Voyage to the Northern Ports of China in the Ship Lord Amherst*. London: B. Fellowes, 1833.

——. *A Sketch of Chinese History*. London: Smith, Elder & Co. , 1834.

——. *China Opened*. London: Smith, Elder & Co. , 1838.

——. *Progress of the Chinese Christian Union*. Cork, Guy Brothers, 1849.

——. *The Life of Taou-kwang, with Memoirs of the Court of Peking*. Wilmington, Delaware: Scholar Resources Inc. , 1972.

Hamberg, Theodore. *Report Regarding the Chinese Union at Hongkong*. Printed at the Hongkong Register Office, 1851.

Huc, Evariste R. *Christianity in China, Tartary and Thibet*. London, 1857 – 1858.

Jeter, J. B. , ed. *A Memoir of Mrs. Henrietta Shuck: The First American Female Missionary in China*. Boston: Gould, Kendall & Lincoln, 1846.

Kidd, Samuel. *Critical Notices of Dr. Morrison's Literary Labours, in Memoirs of the Life and Labours of Robert Morrison*, vol. 2.

Lackey, Margaret M. *"Laborers Together": A Study of Southern Baptist Missions in China*. New York: Fleming H. Revell, 1921.

Lacy, Walter N. *A Hundred of China Methodism*. New York, Nashville: Abingdom-Cokesburg Press, 1948.

Legge, Helen. *James Legge: Missionary and Scholar*. London: The Religious

Tract Society, 1905.

Legge, James. *The Religions of China: Confucianism and Taoism Described and Compared with Christianity.* London: Hodder & Stoughton, 1880.

Lindsay, Hugh Hamilton. *Report of Proceedings on a Voyage to the Northern Ports of China in the Ship Lord Amherst.* London: B. Fellowes, 1833.

Lockhart, William. *The Medical Missionary in China: A Narrative of Twenty Years' Experience.* London: Hurst and Blackett, 1861.

Lowrie, Walter, ed. *Memoirs of the Rev. Walter M. Lowrie.* New York: R. Carter & Bros. , 1850.

MacGillivrary, Donald, ed. *A Century of Protestant Missions in China (1807 – 1907) .* Shanghai: Printed at the American Presbyterian Mission Press, 1907.

McIntosh, Gilbert, ed. *The Mission Press in China.* Shanghai: American Presbyterian Mission Press, 1895.

Medhurst, Walter H. *China: Its State and Prospects.* London: John Snow, 1838.

——. *Chinese and English Dictionary.* Batavia, printed at Parapattan, 1843.

——. *Chinese Dialogues.* Shanghai: printed at the mission press, 1844.

——. *English and Chinese Dictionary.* Shanghai: printed at the mission press, 1848.

——. *On the True Meaning of the Word Shin as Exhibited in the Quotations Adduced under that Word in the Chinese Imperial Treasures Called The Pei-Wan-Yun-Foo.* Shanghai: printed at the mission press, 1849.

——. *An Inquiry into the Proper Mode of Rendering the Word God in Translating the Sacred Scripture into the Chinese Language.* Shanghai, printed at the mission press, 1848.

Milne, William. *A Retrospect of the First Ten Years of the Protestant Mission to China.* Malacca: Anglo-Chinese Press, 1820.

Morrison, Eliza A. , ed. *Memoirs of the Life and Labours of Robert Morrison*, 2 vols. . London: Longman, Orme, Brown, Green and Longmans, 1839.

Morrison, Robert. "A Memoir of the Principal Occurrences during An Embassy from the British Government to the Court of China in the Year

1816," *The Pamphleteers*, vol. 15, 1819.

——. *Notices Concerning China and the Port of Canton*. Malacca: The Mission Press, 1823.

——. *To the British Public Interested in the Promotion of Christianity, Morals, and Useful Knowledge among Heathen Nations*. London, 1825.

——. *A Grammar of the Chinese Language*. Serampore: printed at the Mission Press, 1815.

——. *A Dictionary of the Chinese Language*, 6 vols. . Macao: printed at the EIC's Press, 1815 – 1823.

——. *Dialogue and Detached Sentences in the Chinese Language; with a Free and Verbal Translation in English*. Macao: printed at the EIC's Press, 1816.

——. *A View of China, for Philological Purpose*. Macao: printed at the EIC's Press, 1817.

——. *Horae Sinicae: Translations from the Popular Literature of the Chinese*. London: Printed for Black and Perry by C. Stower, 1817.

——. *Chinese Miscellany: Consisting of Original Extracts from Chinese Authors in the Native Character with Translations and Philological Remarks*. London: The London Missionary Society, 1825.

——. *Vocabulary of the Canton Dialect*. Macao: printed at the EIC's Press, 1828.

Morison, Samuel Eliot. *Maritime History of Massachusetts, 1783 – 1860*. Boston: Houghton Mifflin, 1921.

Noyes, Harriet N. *History of the South China Mission of the American Presbyterian Church, 1845 – 1920*. Shanghai: Presbyterian Mission Press, 1927.

Philip, Robert, ed. *The Life and Opinion of the Rev. William Milne*. London: John Snow, 1839.

Records of the General Conference of the Protestant Missionaries to China. Shanghai, 1877.

Richmond, Ametle B. *The American Episcopal Church in China*. New York:

Domestic and Foreign Missionary Society of the Protestant Episcopal Church in the United States of America, 1907.

Shuck, Henrietta. *Scene in China, or Sketches of the Country's Religion and Customs of the Chinese.* Philadelphia: American Baptist Publication Society, 1851.

Speer, Robert E. *Report on the China Missions of the Presbyterian Board of Foreign Missions.* New York: Board of Foreign Missions of the Presbyterian Church in the U. S. A., 1897.

Stevens, George B., ed. *The Life, Letters and Journals of the Rev. and Hon. Peter Parker.* Boston & Chicago: Congregational Sunday-school and Publishing Society, 1896.

Strong, William E. *The Story of American Board.* Boston: American Board of Commissioners for Foreign Missions, 1906.

Tifferington, S. B. *History of Our Baptist Mission Among the Chinese.* Philadelphia: American Baptist Publication Society, 1892.

Townsend, William John. *Robert Morrison: the Pioneer of Chinese Mission.* London: S. W. Patridge & Co., 1888.

Wiley, Isaac W. *The Mission Cemetery and the Fallen Missionaries of Fuh Chau, China, with an Introductory Notice of Fuh Chau and Its Missions.* New York: Carlton & Porter, 1858.

Williams, Frederick W., ed. *The Life and Letters of Samuel Wells Williams.* New York: G. P. Putnam's Sons, 1889.

Williams, Samuel Wells. *Easy Lessons in the Chinese Language, adapted to Canton Dialect.* Macao: Printed at the Office of the Chinese Repository, 1842.

——. *The Middle Kingdom: Geography, Government, Education, Social Life, Arts, Religion & c. of the Chinese Empire and Its Inhabitants with a New Map of the Empire.* New York: John Wiley, 1871.

——. *An English and Chinese Vocabulary in the Court Dialect.* Macao: Printed at the Office of the Chinese Repository, 1844.

——. *Our Relations with the Chinese Empire.* San Francisco, 1877.

——. *The Chinese Commercial Guide.* Canton: Printed at the Office of the Chinese Repository, 1856.

Williamson, G. R., ed. *Memoir of the Rev. David Abeel, D. D., Late Missionary to China.* New York: R. Carter, 1848.

Wylie, Alexander. *Memorials of Protestant Missionaries to the Chinese, Giving a List of Their Publications and Obituary Notice of the Deceased with Copious Indexes.* Shanghai: American Presbyterian Mission Press, 1867.

——. *Notes on Chinese Literature, with Introductory Remarks on the Progressive Advancement of the Art, and A List of Translations from the Chinese into Various European Languages.* Shanghai: American Presbyterian Mission Press, 1867.

——. *Chinese Researches.* Shanghai, 1897.

期刊

爱汉者（郭士立）等编《东西洋考每月统记传》，黄时鉴整理，中华书局，1997。

博爱者（米怜）纂《察世俗每月统记传》，马六甲，1815~1922。

麦都思编《特选撮要每月统记传》，巴达维亚。

The Baptist Missionary Magazine, vols. 18 – 30, 1838 – 1851.

The China Mission Advocate, vol. 1, 1839.

The Chinese Repository, vols. 1 – 20, 1832 – 1851.

The Chinese and General Missionary Gleaner, 1851 – 1853.

The Indo-Chinese Gleaner, 1817 – 1822.

Journal of Presbyterian History

The Missionary Herald, vols. 24 – 56, 1828 – 1860.

American Historical Review

Modern Asian Studies

Papers on Far East Asian History

Pacific Historical Review

The America Neptune, A Quarterly Journal of Maritime History

论著

爱德华·V. 吉利克:《伯驾与中国的开放》,董少新译,广西师范大学
　　出版社,2008。

陈胜粦:《林则徐与鸦片战争论稿》增订本,中山大学出版社,1990。

方汉奇:《中国近代报刊史》,山西人民出版社,1981。

戈公振:《中国报学史》,上海古籍出版社,2003。

龚书铎:《中国近代文化探索》,北京师范大学出版社,1988。

龚书铎:《近代中国与近代文化》,湖南人民出版社,1989。

顾长声:《传教士与近代中国》,上海人民出版社,1995。

顾长声:《从马礼逊到司徒雷登:来华新教传教士评传》,上海人民出
　　版社,1985。

顾卫民:《基督教与近代中国社会》,上海人民出版社,1996。

海恩波:《传教伟人马礼逊》,简又文译,台湾基督教文艺出版社,1987。

吉瑞德:《朝觐东方:理雅各评传》,段怀清、周俐玲译,广西师范大
　　学出版社,2011。

柯文:《在中国发现历史》,林同奇译,商务印书馆,1989。

孔飞力:《叫魂:1768 年中国妖术大恐慌》,陈兼等译,上海三联书店,
　　1999。

来新夏:《林则徐年谱新编》,南开大学出版社,1997。

雷孜智:《千禧年的感召:美国第一位来华新教传教十裨治文传》,尹
　　文涓译,广西师范大学出版社,2008。

李志刚:《基督教早期在华传教史》,台湾商务印书馆,1985。

李志刚:《香港基督教会史研究》,道声出版社,1987。

李志刚:《香港教会掌故》,三联书店香港有限公司,1992。

李志刚:《基督教与近代中国文化论文集》一集,宇宙光出版社,1989。

李志刚：《基督教与近代中国文化论文集》二集，宇宙光出版社，1993。

李志刚：《基督教与近代中国文化论文集》三集，宇宙光出版社，1997。

林治平主编《近代中国与基督教论文集》，宇宙光出版社，1981。

刘瑞滔主编《粤港澳名牧生平》第1卷，香港基督徒送书会，1957。

刘粤声：《香港基督教会史》，香港，1941。

马克斯·韦伯：《新教伦理与资本主义精神》，于晓等译，三联书店，1987。

麦克曼勒斯主编《牛津基督教史》，张景龙等译，贵州人民出版社，1995。

麦沾恩：《中华最早的布道者梁发》，胡簪云译，《近代史资料》1979年第2期。

孟德卫：《莱布尼兹和儒学》，张学智译，江苏人民出版社，1998。

佩雷菲特：《停滞的帝国：两个世界的撞击》，王国卿等译，三联书店，1993。

沙百里：《中国基督徒史》，耿昇、郑德弟译，中国社会科学出版社，1998。

山本七平：《圣经常识》，天津编译中心译，东方出版社，1992。

苏精：《马礼逊与中文印刷出版》，台湾学生书局，2000。

苏精：《中国，开门！：马礼逊及相关人物研究》，基督教中国宗教文化研究社，2005。

苏精：《上帝的人马：十九世纪在华传教士的作为》，基督教中国宗教文化研究社，2006。

苏精：《铸以代刻：传教士与中文印刷变局》，中华书局，2018。

王立新：《美国传教士与晚清中国近代化》，天津人民出版社，1997。

王庆成：《太平天国的历史与思想》，中华书局，1985。

王治心：《中国基督教史纲》，台湾基督教文艺出版社，1993。

卫青心：《法国对华传教政策》，黄庆华译，中国社会科学出版社，1991。

威利斯顿·沃尔克：《基督教会史》，孙善玲等译，中国社会科学出版社，1991。

夏瑞春编《德国思想家论中国》，陈爱政等译，江苏人民出版社，1995。

萧致治主编《鸦片战争史》，福建人民出版社，1996。

忻剑飞：《世界的中国观》，学林出版社，1991。

熊月之：《西学东渐与晚清社会》，上海人民出版社，1994。

徐怀启：《古代基督教史》，华东师范大学出版社，1988。

徐宗泽：《中国天主教传教史概论》，上海书店，1990。

杨国桢：《林则徐传》，人民出版社，1995。

查时杰：《中国基督教人物小传》，中华福音神学院出版社，1983。

张国刚：《德国的汉学研究》，中华书局，1994。

张力、刘鉴唐：《中国教案史》，四川社会科学院出版社，1987。

章开沅、林蔚编《中西文化与教会大学》，湖南教育出版社，1991。

周锡瑞：《义和团运动的起源》，张俊义等译，江苏人民出版社，1994。

Bays, Daniel, ed. *Christianity in China*, *from the 18th Century to the Present*. Stanford: Stanford University Press, 1996.

Beeching, Jack. *The Chinese Opium Wars*. New York, 1975.

Boardman, Eugene Power. *Christian Influence upon the Ideology of the Taiping Rebellion*, *1851 – 1864*. Madison: University of Wisconsin Press, 1952.

Britton, Roswell S. *The Chinese Periodical Press*, *1800 – 1912*. Shanghai: Kelly and Walsh, 1933.

Carlson, Ellsworth C. *The Foochow Missionaries*, *1847 – 1880*. Cambridge, MA: Harvard University Press, 1974.

Ching, Julia and Willard G. Oxtoby. *Discovering China*: *European Interpretations in the Enlightenment*. Rochester: University of Rochester Press, 1992.

Cohen, Paul A. *China and Christianity*: *The Missionary Movement and the Growth of Chinese Anti-foreignism*, *1860 – 1870*. Cambridge, MA: Harvard University Press, 1963.

Coughlin, Margaret Morgan. Strangers in the House: J. Lewis Shuck and Issachar Roberts, First American Baptist Missionaries to China. PhD Diss., University of Virginia, 1972.

Covell, Ralph. *W. A. P. Martin*: *Pioneer of Progress in China.* Washington: Christian University Press, 1978.

De Jong, Gerald F. *The Reformed Church in China, 1842 – 1951.* Grand Rapids, Mich.: William B. Eerdmans Publish Co. , 1992.

Dennett, Tyler. *Americans in Eastern Asia.* New York: Barnes and Noble, 1922.

Endacott, G. B. *A Biographical Sketch Book of Early Hongkong.* Singapore, 1962.

Fairbank, John King. *Trade and Diplomacy on the China Coast*: *The Opening of the Treaty Ports, 1842 – 1854.* Cambridge, MA: Harvard University Press, 1969.

——. *The United States and China*, 4th edition. Cambridge, MA: Harvard University Press, 1983.

——, ed. *Missionary Enterprise in China and America.* Cambridge, MA: Harvard University Press, 1974.

Fay, Peter Ward. *The Opium war, 1840 – 1842.* Chapel Hill: The University of North Carolina Press, 1975.

Goldstein, Jonathan, Jerry Israel and Hilary Conroy, eds. . *America Views China.* Bethlehem: Lehigh University Press, 1991.

Grayson, Benson Lee, ed. *The American Image of China.* New York: Ungar, 1979.

Gregg, Alice H. *China and Educational Autonomy*: *The Changing Role of the Protestant Educational Missionary in China 1807 – 1937.* Syracuse: Syracuse University Press, 1946.

Gulick, Edward V. *Peter Parker and the Opening of China.* Cambridge, MA: Harvard University Press, 1973.

Harrison, Brian. *Waiting for China*: *The Anglo-Chinese College at Malacca, 1818 – 1843.* Hong Kong: Hong Kong University Press, 1979.

Hsü, Immanuel C. Y. *China's Entrance into the Family Nations*: *The Diplomatic Phase, 1858 – 1880.* Cambridge, MA: Harvard University Press, 1960.

Hunter, Jane. *The Gospel of Gentility*: *American Women Missionaries in Turn-of-the Century China*. New Haven: Yale University Press, 1984.

Latorrette, Kenneth S. *A History of Christian Mission in China*. London: Society for Promoting Christian Knowledge, 1929.

Lee, Thomas H. C., ed. *China and Europe*: *Images and Influence in Sixteenth to Eighteenth Centuries*. Hong Kong: Chinese University Press, 1991.

Liu, Kwang-ching, ed. *American Missionaries in China*: *Papers from Harvard Seminars*. Cambridge, MA: the East Asian Research Center, Harvard University, 1966.

Löwenthal, Rudolf. *The Religious Periodical Press in China*. Peking: The Synodal Commission in China, 1940.

Lutz, Jessie, ed. *Christian Mission in China, Evangelists of What?* Boston: Heath, 1966.

Mason, Mary G. *Western Concept of China and the Chinese, 1840 – 1876*. Westport: McGill University Press, 1939.

Maverick, Lewis A. *China*: *A Model for Europe*. San Antonio: P. Anderson Co., 1946.

Miller, Stuart Creighton. *The Unwelcome Immigrant*: *The American Image of the Chinese, 1785 – 1882*. Berkeley: University of California Press, 1969.

Ming Wilson and John Cayley, eds. *Europe Studies China*: *Papers from an International Conference on the History of European Sinology*. London: Han-Shan Tang Books, 1995.

Mungello, D. E. *Curious Land*: *Jesuit Accommodation and the Origins of Sinology*. Honolulu: University of Hawaii Press, 1989.

Newbold, T. J. *Political and Statistical Account of the British Settlements in the Straits of Malacca*, 2 vols. . Singapore: Oxford University Press, 1971.

Phillips, Clifton J. *Protestant American and the Pagan World*. Cambridge, MA: Harvard East Asian Research Center, Harvard University, 1969.

Pruder, George Blackburn. Issachar Jacox Roberts and American Diplomacy in

China During the Taiping Rebellion. PhD Diss. , American University, 1977.

Ride, Lindsay. *Robert Morrison: The Scholar and the Man*. Hong Kong: Hong Kong University Press, 1957.

Robinstein, Murray. *The Origins of the Anglo-American Missionary Enterprise in China, 1807 – 1840*. Lanham: The Scarecrow Press, 1996.

Schlyter, Herman. *Karl Gützlaff Als Missionar in China*. Lund: C. W. K. Gleerup, 1946.

Smith, Carl T. *Chinese Christians: Elites, Middlemen, and the Church in Hong Kong*. Hong Kong: Oxford University Press, 1985.

Spence, Jonathan. *God's Chinese Son: The Taiping Kingdom of Hong Xiuquan*. New York: W. W. Norton Company, 1996.

Spillett, Hubert W. *A Catalogue of Scriptures in the Language of China and the People's Republic of China*. London: British and Foreign Bible Society, 1975.

Strandenaes, Thor. *Principle of Chinese Bible Translation*. Stockholm: Almgvist & Wiksell, international, 1987.

Suzanne, Wilson Barnett and J. K. Fairbank, eds. *Christianity in China: Early Protestant Missionary Writings*. Cambridge, MA: Harvard University Press, 1985.

Tong, Te-kong. *United States Diplomacy in China, 1844 – 1860*. Seattle: University of Washington Press, 1964.

Varg, Paul A. *Missionaries, Chinese, and Diplomats: The American Protestant Missionary Movement in China, 1890 – 1952*. Princeton: Princeton University Press, 1958.

Wanger, Rudolf G. *Reenacting the Heavenly Vision: The Role of Religion in the Taiping Rebellion*. Institute of East Asian Studies, University of California, 1982.

Waley, Arthur. *The Opium War Through Chinese Eyes*. London: George Allen & Unwin Ltd. , 1960.

工具书

《简明不列颠百科全书》，中国大百科全书出版社，1985。

王铁崖编《中外旧约章汇编》第 1 册，三联书店，1957。

中国社会科学院近代史研究所翻译室编《近代来华外国人名辞典》，中
  国社会科学出版社，1981。

Allen, Clifton Judson, ed., *Encyclopedia of Southern Baptists*, 2 vols.. Nashville:
  Broadman Press, 1958.

Dwight, Henry O., Edwin M. Bliss, eds. *The Encyclopedia of Missions*. London,
  1904.

Sanford, Elias Benjamin, ed. *A Concise Cyclopedia of Religious Knowledge*. Hartford,
  1907.

人名索引

原版后记

本课题的研究得到了国家社会科学基金青年项目的资助。

本书是以我博士学位论文为基础修改而成的。自选题至今,已历五载。在此期间,我曾两次得到机会到海外访问研究。本书的主要材料是 1996 ~ 1997 年我在美国各地收集到的。1999 年秋,我再度赴美访问,在资料方面又进行了必要的补充。书稿初成于 1999 年初,通过博士学位论文答辩后,又进行了一些修改,至今可谓数易其稿。在我研究、撰写的过程中,许多前辈师长和同辈朋友提供了无私的帮助。这里谨以简短的语言表达我的感激之情。

首先感谢业师陈胜粦教授。我与陈老师相识于十几年前,到中山大学工作后,长期得到他的教导。自从 1995 年我跟随他攻读博士学位以来,他更是为我的学业耗费了很多心血。对于我在攻读博士学位期间出国研究,先生极力给予支持。本课题的研究和本书的写作以至出版,自始至终得到了他的关怀和教导。甚至在因病住院和恢复休养阶段,陈老师仍常以我的学业为念,一直从各方面给予关怀。这些,我都将没齿难忘。

我要特别表达对我的英语老师弗兰西丝·理查森夫人(Mrs. Francis Richardson)的万分感激之情。由于她的无私帮助和不懈努力,我才得到在攻读博士学位期间赴美国访问研究一年的宝贵机会。在我于华盛顿美国国会图书馆和国家档案馆查阅资料的一个半月中,她又为我提供了免费的食宿之便,并以八十高龄,抽出时间为我创造了解美国社会包括美国教会的机会。没有她的帮助,也就不会有本书的问世。

几年来，我有幸得到国内几位著名学者的指教和帮助。他们是北京师范大学龚书铎教授、华中师范大学章开沅教授、广东社会科学院张磊教授、中国人民大学王汝丰教授和复旦大学陈匡时教授。他们或主持、出席我的博士学位论文答辩会，或耗费精力评阅论文。龚先生数次不厌其烦地倾听我的研究计划，在关键处惠予指点。章先生对我的研究多次给予鼓励和教诲，还邀我参加他主持的国际学术会议。陈先生是我攻读硕士学位时期的导师。我在美国研究期间，多次就许多问题与同在彼邦的陈老师交换意见。回国后我们继续通过电话进行探讨。张先生和王先生在我答辩前后也多次予以具体的指点。在此，我谨向以上各位先生表示由衷的敬意和谢忱。

中山大学历史系及近代中国研究中心的众位先生、同事给了我各种各样的帮助。林家有、梁碧莹、邱捷、桑兵教授出席了我的论文答辩会，或评阅了我的学位论文。桑兵教授拨冗审阅了本书的初稿，提出了不少有益的意见。本系姜伯勤教授长期关怀我的学业，不断给我巨大的、令我永难忘怀的精神鼓励。蔡鸿生、段云章、李吉奎、章文钦、程美宝、向群、黄国信等老师，或关心我的学业，或提供宝贵的资料，或提供其他方面的帮助。中山大学岭南学院的郭小东教授向我提供了几种资料。中山大学图书馆古籍部、历史系和近代中国研究中心资料室的几位老师，为我查阅有关资料提供了许多方便。在这里，我向他们一并表示衷心的感谢。

我还幸运地得到了香港基督教文化协会会长李志刚牧师和澳门蔡高纪念中学校长潘乃昭牧师的指教和帮助。他们各自慷慨地寄赠了几种珍贵的资料和著作，使本书增色不少。

我的好友贺跃夫、钟海谟先生和邱燕陵小姐（Emily Hill），为我在哈佛大学、纽约哥伦比亚大学、协和神学院、纽约公共图书馆、斯坦福大学图书馆等地查阅资料提供了良好的条件。现在加拿大女王大学（Queens University）任教的邱燕陵小姐，在我回国后还为我寄来资料。复旦大学历史系的张荣华先生和复旦大学新闻系的黄瑚先生，也向本人提供了难得的帮助。他们的慷慨和友情，我将铭记在心。

本书稿曾申请中国史学会"东方历史研究出版基金会"的资助并获得通过，列入了"东方历史学术文库"出版计划。但因我的一些客观原因，本书未能按原计划在北京出版。在此，我仍应向基金会阮芳纪先生和评审书稿的各位前辈，向社会科学文献出版社的有关人士表达诚恳的谢意。

　　本丛书主编袁伟时先生、广东教育出版社副社长金炳亮先生和本书责任编辑卢家明先生、姚沙沙女士，均为本书的出版付出心力，借此机会，我也向他们衷心致谢。

　　还应当感谢我的妻子覃洪。在我写作本书期间，她承担了很多本应由我承担的家庭责任。她虽然没有为本书增减一字，但我真切地感到她自始至终在精神上参加了我的研究工作。

2000 年 3 月于中山大学

再版后记

本书初版距今已整整二十年。她在问世之后得到相当多的正面评价，但当初发行不算顺畅。本书问世后次年，她的前身获"全国优秀博士论文奖"，不过其发行状况看来并未因此改善。在出版后的几年中，各地师友不断通过各种方式索要本书，因为"买不到"。另一方面，出版社的门店则告知本书"卖不出"，欢迎我这位作者多多购买。在这双重因素作用下，我数次怀着复杂的心情，成捆地买回，再向各地分别寄送。我说这些并不是为了批评初版本书的广东教育出版社。本书是我的博士学位论文，答辩后不久就有幸列入"荒原学术文丛"。我作为作者，不仅无须为出版经费烦忧，而且还领到在当时来说相当可观的稿费；印制质量也堪称上乘，我自己保存和使用的几本至今尚无发黄衰朽之相。对为本书初版提供帮助和做出努力的各位人士，我仍心存感激。但不可否认的是，因为发行环节存在的某种问题，或许亦因印数不足，不少有需要的读者未能购得本书。多年来经常得到的这类信息使我相信，对本书的需求至今仍然存在。社会科学文献出版社李期耀编辑进行的一次网络调查也证明了这一点。

那么，是直接按原样再版，还是加以认真修订？这个问题让我颇为踌躇。二十年过去，本书在文献、史实、论述诸方面理应加以重新检视，由本人和师友、学生发现的一些错漏亦应加以更正和弥补。但我在完成本书后，除在便中继续积累相关史料外，未在此专题的研究方面再下功夫；因学术兴趣转移，我也渐渐告别传教士或中国近代基督教史研究；如今更是多种任务在身，实难有大段时间全面修订本书。考虑再三，决定走中间路线，即在重新校阅本书文本的同时，根据需要，对内容进行力所能及的、必要的增删和修改。2020年春夏肆虐的疫情让人忧心忡忡，但也使我能安居家中大半年，安排时间从事修订工作。概括起来，所做工作约有数端：第一，重读部分重要文献，包括2000年后收集的相关文献，在此基础上增加史料近200条，据此改写包括绪论在内各章的多个段落，增补了一些内容和注释；第二，重校引文注释，对个别错误之处进行校正；第三，对文本进行细致的审阅，进行文字上的修改，改正初版中的一些错字，对不太理想的句子进行改写；第四，在认真考虑的基础上重新确定章、节标题。

我在初版"后记"中，对帮助我进行研究和写作、出版的各位师友表达了深切的谢忱。这种诚挚的谢意长存于心，这里不再重复。但有两位师长须在此特别提及。先师陈胜粦先生在我开始撰写博士学位论文时已染重病，但在我及诸位同门答辩时仍给予诸多关怀。在本书初版之际，他欣然答允赐序，此后仍十分关心我的成长。陈师在2003年春辞世，距今超过了十七个年头，然师恩长存于我心。我在初版"后记"中还表达了对慷慨助我访美求学的弗兰西丝·理查森夫人的深切谢意。当我2004年初到华盛顿参加学术会议时，顺便拜访了我的这位已住在养老院的老师。她依然精神矍铄，依然充满慈爱。但我2013年访学于耶鲁大学期间，却得知一向健旺的她在暮年难逃病魔之手。她的儿子建议我不要访问探视，以免徒增悲切。2018年1月，她以百岁高龄与世长辞，她多姿多彩的一生则长存于亲朋的记忆中。我也会永记她的丰采，她的恩惠，她的德行。

我在初版"后记"中曾提到，本书原本就有机会在社会科学文献出版社出版，但因个人原因改由广东教育出版社梓行。岂料二十年后，本书修订本交给了社会科学文献出版社，真可谓"缘份天注定"。这要感谢主持其事的诸君，特别是责任编辑李期耀先生的努力。没有他数年来多次的提醒和催促，我恐怕难以下决心进行修订工作。他所提供的原版扫描件成为我此次工作的基础。我提交修改稿后，他又做了大量的工作。本书的再版凝聚着他的心血，在此特致谢忱！

在此次修订过程中，除我自己校阅全书数遍外，我的学生江家欣、叶丹丹、周晓杰分别为我校对本书文本；学生潘乐在为我寻找电子文献方面做了很多工作；还有几位学生分别告知他们发现的错漏之处，恕不一一道及，在此一并表示感谢。尽管我们进行了这些努力，但本书一定还存在未曾发现的问题，有待读者继续赐教。

写完这篇简短的后记，惊觉今日适逢自己五十八岁生日。此时占据我思绪的是对赐给我生命却早已故去的父母的怀念。想到他们一生之劬劳，生我养我之艰辛，而我自 20 多年前起，即因天人相隔而无由报答，不禁怆然。

2021 年 9 月 28 日于广州康乐园寓所

图书在版编目（CIP）数据

在宗教与世俗之间：新教传教士在华南沿海的早期
活动：1807－1851／吴义雄著.－－北京：社会科学文
献出版社，2022.1
ISBN 978－7－5201－8694－0

Ⅰ.①在… Ⅱ.①吴… Ⅲ.①新教－基督教史－华南
地区－1807－1851 Ⅳ.①B979.2

中国版本图书馆 CIP 数据核字（2021）第 144726 号

在宗教与世俗之间

—— 新教传教士在华南沿海的早期活动（1807～1851）

著　　者／吴义雄

出 版 人／王利民
责任编辑／李期耀
责任印制／王京美

出　　版／社会科学文献出版社·历史学分社（010）59367256
　　　　　地址：北京市北三环中路甲29号院华龙大厦　邮编：100029
　　　　　网址：www.ssap.com.cn
发　　行／市场营销中心（010）59367081　59367083
印　　装／北京盛通印刷股份有限公司

规　　格／开　本：787mm×1092mm　1/16
　　　　　印　张：29　字　数：473千字
版　　次／2022年1月第1版　2022年1月第1次印刷
书　　号／ISBN 978－7－5201－8694－0
定　　价／98.00元

本书如有印装质量问题，请与读者服务中心（010－59367028）联系